Günther Rütł

LITERATUR
IN DER
DIKTATUR

Schreiben im Nationalsozialismus
und DDR-Sozialismus

Ferdinand Schöningh
Paderborn · München · Wien · Zürich

Die Deutsche Bibliothek – CIP-Einheitsaufnahme

Literatur in der Diktatur: Schreiben im Nationalsozialismus
und DDR-Sozialismus / Günther Rüther (Hrsg.). –
Paderborn; München; Wien; Zürich: Schöningh, 1997
  ISBN 3-506-77365-8

Einbandgestaltung: Anna Braungart, Regensburg

Gedruckt auf umweltfreundlichem, chlorfrei gebleichtem
und alterungsbeständigem Papier ⊚ ISO 9706

© 1997 Ferdinand Schöningh, Paderborn
(Verlag Ferdinand Schöningh GmbH, Jühenplatz 1, D-33098 Paderborn)

Alle Rechte vorbehalten. Dieses Werk sowie einzelne Teile desselben sind urheberrechtlich
geschützt. Jede Verwertung in anderen als den gesetzlich zugelassenen Fällen ist ohne vorherige
schriftliche Zustimmung des Verlages nicht zulässig.

Printed in Germany. Herstellung: Ferdinand Schöningh, Paderborn

ISBN 3-506-77365-8

Rüther (Hrsg.) · Literatur in der Diktatur

Inhalt

Vorwort 9

I.

Eberhard Lämmert
Beherrschte Literatur.
Vom Elend des Schreibens unter Diktaturen 15

Sebastian Kleinschmidt
Ideenherrschaft als geistige Konstellation.
Zwang und Selbstzwang literarischer Loyalität
in sozialistischen Diktaturen 39

Herta Müller
Die rote Blume und der Stock 53

Carola Groppe
Widerstand oder Anpassung?
Der George-Kreis und das Entscheidungsjahr 1933 59

II.

Jan-Pieter Barbian
Institutionen der Literaturpolitik im „Dritten Reich" 95

Jürgen Schröder
„Wer über Deutschland reden und richten will, muss hier geblieben sein".
Gottfried Benn als Emigrant nach innen 131

Volker Wehdeking
Zwischen Exil und „vorgeschobenem Posten" der Kulturnation.
Thomas Mann als Projektionsfigur für die im Land gebliebenen
Nichtfaschisten 145

Helmuth Kiesel
Zwischen Kritik und Affirmation.
Ernst Jüngers Auseinandersetzung mit dem Nationalsozialismus . . . 163

Axel Vieregg
Der eigenen Fehlbarkeit begegnet?
Günter Eichs Verstrickung ins „Dritte Reich" 173

Sonja Hilzinger
„Wenn es keine Zukunft mehr gibt, ist das Vergangene
umsonst gewesen".
Anna Seghers und die beiden deutschen Diktaturen 195

Hans Dieter Schäfer
Kultur als Simulation.
Das Dritte Reich und die Postmoderne 215

III.

Günther Rüther
Nur „ein Tanz in Ketten"?
DDR-Literatur zwischen Vereinnahmung und Selbstbehauptung .. 249

Joachim Walther
„Kosmonauten der stillen Erkundung".
Schriftsteller und Staatssicherheit. 283

Walter Schmitz
Johannes R. Becher –
der ‚klassische Nationalautor' der DDR 303

Theo Buck
Leben im Widerspruch.
Bertolt Brecht in der DDR 343

Holger Helbig
Zwei Ansichten: Stasi von innen und Stasi von außen.
Zu Uwe Johnsons Romanen „Mutmassungen über Jakob" und
„Das dritte Buch über Achim" 357

Birgit Lermen
„[...] unter den Fittichen der Gewalt".
Peter Huchel und die Diktatur 371

Michael Braun
Schwierigkeiten beim Schreiben der Wahrheit.
Günter de Bruyns literarische Auseinandersetzung
mit der Diktatur 391

Frauke Meyer-Gosau
*In bester Absicht. Bewußte und unbewußte Folgen der Erfahrung
der nationalsozialistischen Diktatur in Christa Wolfs Prosa* 405

Anthonya Visser
*„Die Hoffnung lag im Weg wie eine Falle".
Die Auseinandersetzung mit der sozialistischen Diktatur in
Gedichten Volker Brauns* 421

Frank Hörnigk
*„Kein Verlaß auf die Literatur?" – „Kein Verlaß auf die Literatur!".
Fünf Sätze zum Werk Heiner Müllers* 445

Birgit Dahlke
*„Temporäre autonome Zone".
Mythos und Alltag der inoffiziell publizierenden Literaturszene
im letzten Jahrzehnt der DDR* 463

Anhang

Wolfgang-Michael Böttcher / Michael Braun
*Literatur in der Diktatur.
Eine Auswahlbibliographie* 481

Autorinnen und Autoren 496

Personenregister 500

Vorwort

In einer Diktatur nimmt die Literatur Schaden. Der alle autoritären und noch stärker totalitären Herrschaftsformen kennzeichnende Gesinnungsdruck beschneidet ihre sprachlichen, formalen und inhaltlichen Möglichkeiten. Damit schränkt er maßgeblich die besondere Eigenschaft von Literatur ein, experimentell zu sein und innovativ zu wirken. Zudem wird ihr in der Diktatur verweigert, gesellschaftliche oder individuelle Mißstände, Probleme und Konflikte exemplarisch und thematisch zugespitzt darzustellen. Die Literatur verliert in der Diktatur ihre Autonomie und ihre Souveränität. Sie gerät in Abhängigkeit. Dies haben die beiden großen Diktaturen dieses Jahrhunderts in Deutschland, der Nationalsozialismus und der DDR-Sozialismus, gezeigt.

Die Gefährdung der Literatur durch die Macht ist kein Phänomen unserer Zeit; es gab sie schon in früheren Jahrhunderten. Wohl aber scheint es, daß die modernen Diktaturen die Literatur durch ein umfassendes Netz an Regelungs- und Kontrollinstrumentarien auf eine bis dahin noch nicht gekannte Weise zu beherrschen vermochten. Eine vollständige Instrumentalisierung der Literatur gelang dennoch nicht. Zwei Gründe sind dafür wesentlich: Trotz aller Bereitschaft der Diktatur, ihre politische Macht mit allen zur Verfügung stehenden Mitteln durchzusetzen und sich dabei auch der Literatur zu bedienen, lag es auch immer in ihrem Interesse, einen zwar begrenzten, aber doch wahrnehmbaren politikfreien Raum zuzulassen, der dem Leser als Refugium jenseits der Ideologie dienen konnte. Er sollte insbesondere auf diejenigen befriedend wirken, die der totalitären Macht distanziert oder kritisch gegenüberstanden.

Aus dieser Diskrepanz zwischen dem theoretisch begründeten totalitären Anspruch sowohl des Nationalsozialismus wie auch des DDR-Sozialismus und dem politisch-praktischen Vollzug in der Ausgestaltung der beiden Diktaturen im Alltag wußte zumindest ein Teil der Literatur Nutzen zu ziehen. Ohne unmittelbar das bestehende politische System zu verurteilen, aber es doch in Frage zu stellen, gelang es ihr immer wieder, die Zensur zu überlisten und dem aufmerksamen Leser die kritischen Intentionen der jeweiligen Autoren durchsichtig werden zu lassen. So darf das Erscheinen von Ernst Jüngers *Marmorklippen* (1939) ebenso als Sensation empfunden werden wie Christa Wolfs *Nachdenken über Christa T.* (1968). Man mag Werke dieser Art als verschlüsselt, unverbindlich und unbestimmt, esoterisch, inkonsequent und den tatsächlichen Verhältnissen gar nicht oder nur ungenügend Rechnung tragend, als „Spiel mit sechserlei Bällen" (Elisabeth Langgässer) anfechten. Nicht zu übersehen ist jedoch, daß von ihnen in der Diktatur eine starke Signalwirkung ausging und sie als massive Kritik an den bestehenden Verhältnissen empfunden wurden.

Der vorliegende Band schildert das Leben von Schriftstellerinnen und Schriftstellern bzw. ihre Literatur in der Diktatur. Dabei wird exemplarisch vorgegangen. Mit Stefan George und seinem Kreis sowie mit Thomas Mann rücken zwei Autoren ins Blickfeld, die beide 1933 Deutschland verließen, mit Blick auf den Nationalsozialismus jedoch in ganz unterschiedlichem Lichte betrachtet werden müssen. Dies nicht nur, weil Stefan George bereits im Jahr der Machtergreifung Hitlers starb, während Thomas Mann Zeit hatte, den Nationalsozialismus vom Exil aus zu demaskieren, sondern vor allem, weil der von George begründete „ästhetische Fundamentalismus" (Stefan Breuer) sich als anfällig für die Ideen des „Neuen Reiches" erwies. Im Gegensatz zu denjenigen, die ins Exil gingen, versuchten Gottfried Benn und Ernst Jünger persönlich und literarisch auf ganz unterschiedliche Weise in der inneren Emigration durch die Anfechtungen der Nazi-Diktatur zu gelangen. Wie schwierig dies im Einzelfall gewesen sein muß, zeigte sich besonders bei den jüngeren Autoren wie Günter Eich, Wolfgang Koeppen oder Alfred Andersch, die kein großer Name schützte. Nach 1945 blendeten sie ihre literarische Arbeit im Nationalsozialismus weitgehend aus und sprachen gerne im Geiste der damaligen Zeit von einem literarischen Neuanfang, von dem aber nur in eingeschränktem Maße die Rede sein konnte.

Vorgestellt werden auch Autoren, die beide Diktaturen durchlitten oder – wie Bertolt Brecht, Anna Seghers und Johannes R. Becher – nach der Rückkehr aus dem Exil ihre Heimat im kommunistischen Teil Deutschlands wählten. Während Anna Seghers und bis in die zweite Hälfte der sechziger Jahre hinein auch Christa Wolf und Franz Fühmann die Nähe zum SED-Staat suchten, blieben andere – wie Johannes Bobrowski, Volker Braun, Günter de Bruyn und Sarah Kirsch – auf Distanz zu ihm. Heiner Müllers und Peter Huchels Weg durch die Verstrickungen der SED-Diktatur konnte nicht unterschiedlicher verlaufen, obwohl sich beide einer Vereinnahmung zu entziehen wußten. Hier zeigt sich, wie stark Schriftsteller unter Druck gesetzt wurden, wenn sie – wie Peter Huchel als Chefredakteur der Zeitschrift *Sinn und Form* – unmittelbar beruflich abhängig von der Kulturbürokratie waren. Aber auch wenn dies nicht zutraf, konnte die Zensur, wie das Beispiel Uwe Johnson zeigt, zu einem Berufsverbot als Schriftsteller und damit zu einer existentiellen Bedrohung führen, die einen Ausweg in der Flucht von Ost nach West suchte. Uwe Johnson veröffentlichte in der DDR nichts, aber sein Roman *Mutmassungen über Jakob* (1959) machte ihn zum ersten DDR-Autor, dessen Werk im geteilten Deutschland ausschließlich im Westen erschien und dort große Beachtung fand.

Kennzeichnend für die ausgewählten Autoren ist die Beherrschung oder Gefährdung ihrer Literatur durch die Macht. Damit gewinnt auch die Frage an Bedeutung, in welcher Nähe oder Distanz ihr Werk bzw. Teile davon zu den beiden deutschen Diktaturen dieses Jahrhunderts standen. Es soll sichtbar werden, auf welch subtile, oftmals aber auch brutale Art und Weise sich die Diktatur der Literatur zu bemächtigen versuchte und wie unterschiedlich jeder einzelne Schriftsteller auf diese Übergriffe reagierte. Unberücksichtigt blieben diejenigen, die als Protagonisten des nationalsozialistischen Regimes – wie etwa Hans Friedrich Blunck, Hanns Johst, Erwin Guido Kolbenheyer und Edwin Erich Dwinger – oder Komplizen des SED-Regimes – wie etwa Kuba (alias Kurt Bartel), Helmut Baierl, Hermann Kant und Günther Deicke – galten.

Dem Band geht es nicht um einen Vergleich der Literatur in beiden deutschen Diktaturen dieses Jahrhunderts. Schon gar nicht geht er von einer Gleichsetzung aus. Der Leser wird jedoch bemerken, daß sich die Mechanismen der nationalsozialistischen Diktatur ähnlich wie die der SED-Diktatur auf das schriftstellerische Schaffen ausgewirkt haben. Besonders deutlich wird dies dort, wo auf die Institutionen der Literaturpolitik, die ja in beiden Fällen die Zerstörung der Freiheit und der Autonomie der Schriftstellerinnen und Schriftsteller zum Ziel hatten, näher eingegangen wird.

Danken möchte ich sehr herzlich allen Autoren, die zum Gelingen des Buches beigetragen haben, sowie Wolfgang-Michael Böttcher und Dr. Michael Braun für die redaktionelle Mitarbeit.

Wesseling-Eichholz, im April 1997 *Günther Rüther*

I.

Eberhard Lämmert

Beherrschte Literatur

Vom Elend des Schreibens unter Diktaturen

I. Selbstverantwortung der Kunst

Als im Jahre 1794 ein preußischer Ministerialerlaß bekannt wurde, der es Immanuel Kant untersagte, in seinen Schriften weiterhin zu Fragen der Religion Stellung zu nehmen, und gleichzeitig den Lehrkörper der Universität Königsberg anwies, alle Verbreitung der Lehren Kants zu unterlassen, da reagierten Verlage und Redaktionen, die sich aufklärerischen Schriften geöffnet hatten, bemerkenswert rasch. Nicolais *Allgemeine Deutsche Bibliothek* kehrte Preußen den Rücken und wanderte nach Kiel aus, und sogar die *Berlinische Monatsschrift* suchte sich jenseits der preußischen Grenzen in Jena ein neues Domizil. Auch der Gemaßregelte selbst, der in seinem Leben noch keinen Schritt über Ostpreußen hinaus getan hatte, sah für die eigene Zukunft nun schon diesen äußersten Schritt voraus: „Um das Leben zu Ende zu bringen, wird sich doch wohl ein Winkel der Erde ausfinden lassen."[1] Was setzt dem nun Siebzigjährigen den Stachel zu dieser lebensentscheidenden Konsequenz?

Für Kant, der soeben als den bedeutenden Gewinn der Aufklärung „den Ausgang des Menschen aus seiner selbstverschuldeten Unmündigkeit" bezeichnet hatte, sollte es als einziger Instanz der Vernunft erlaubt sein, ein Richteramt über das Denken auszuüben, und dies galt ihm auch als unverzichtbare Vorbedingung für die Wahrheitssuche des Wissenschaftlers.

Nicht weniger rigoros hatte sich zur gleichen Zeit für die Dichtung ein neuer Wahrheitsanspruch durchgesetzt, nachdem die Schriftsteller sich von der herkömmlichen Auftragsarbeit losgesagt und mit der Genie-Ästhetik eine neue Selbstverantwortlichkeit für ihre Phantasiearbeit zugeschrieben hatten. Das Leitbild vom Dichter als „second maker", als zweitem Schöpfer, das von England her den Kontinent erreichte, stattete bis weit ins 20. Jahrhundert hinein – besonders nachhaltig in Deutschland – den Dichter und den „freien Schriftsteller" nicht nur mit dem Nimbus einer nurmehr selbstverant-

---

[1] Vgl. Hans J. Schütz: „Wer ein gutes Buch vernichtet, der tötet die Vernunft selbst". Literaturfreiheit und Buchzensur in Europa. In: Der Zensur zum Trotz. Das gefesselte Wort und die Freiheit in Europa. Hg. von Paul Raabe u.a., Weinheim 1991 (= Ausstellungskataloge der Herzog August Bibliothek, Nr. 64), S. 5.

worteten Produktivität aus, sondern ebenso mit einer Pflicht zur Unabhängigkeit von allen obrigkeitlichen Instanzen, die den Wahrheitsanspruch seiner Texte einschränken oder gar beugen könnten. Diese mit der Schöpfungsästhetik befestigte Idealvorstellung, die je nach Perspektive als ein Säkularisierungsprozeß oder auch als die ersatzweise Stiftung einer bürgerlichen Kunstreligion verstanden werden kann, reicht noch bis in die Formulierungen der internationalen Charta des PEN-Klubs hinein und verlieh den Dichtern das zweifelhafte Amt, mit oder ohne Auftrag ihrer Mitbürger das „Gewissen der Nation" zu sein.

Was in allen Jahrhunderten zuvor für markante Einzelfälle gilt, wird mit der Proklamation einer derartigen Sonderstellung des Schriftstellers nach der Ablösung absolutistischer Regierungsformen in Europa nahezu zur Regel: Die einmal behauptete und in der neuen Ästhetik befestigte Eigenverantwortlichkeit des Autors für seine Verse oder seine Prosa bringt ihn alsbald in Konflikte mit den jeweils herrschenden Obrigkeiten oder auch Moralkonventionen und zwingt ihn dadurch in eine oft ostentativ auf sich genommene Einzelexistenz. Nahezu allen bedeutenden Dichterbiographien der letzten beiden Jahrhunderte sind solche Stadien abzulesen, in vielen und darunter in markanten Fällen allerdings auch die Kehrseite solcher Selbstisolierung: der jähe Umschlag in ein leidenschaftliches Engagement an politische Utopien, wobei die Sehnsucht nach einer wiederzugewinnenden Gemeinsamkeit und der geheime Wunsch nach einem großen Resonanzraum für die eigene Stimme nicht selten ineinandergreifen. Dem folgt allerdings – sofern nicht Opportunismus oder errungene Staatsämter dieser Erfahrung Dauer verleihen möchten – ebenso regelhaft eine enttäuschte Abkehr, sobald die Utopien beginnen, sich in der Praxis zu verunreinigen. Ein unbedingtes Bestehen auf der Unabhängigkeit der Kunst mit allen ihren Folgen für ein weithin isoliertes Künstlerdasein und ein zu Zeiten heftiges Engagement für noch nicht realisierte Lebensformen, *poesie pure* und *littérature engagée*, gehen so aus der Autonomisierung der Kunst in Europa als scheinbar antipodische Erscheinungen hervor und nehmen doch, etwa bei Byron oder bei Victor Hugo, aber auch unter den deutschen Romantikern, zeitweilig von derselben Person Besitz.

Ich zeichne dieses skizzenhafte Umrißbild von den gewissermaßen berufsständischen Vorgaben, die den freien Schriftstellern seit zweihundert Jahren aus dem Postulat einer kreativen Selbstverantwortung für ihr Schaffen erwachsen, hier nur bis zu dem Punkte nach, an dem deutlich werden kann, daß nicht erst eine im engeren Sinne politische Entscheidung ihm oder ihr den Rückzug in eine selbstgewählte Isolation oder aber die enthusiastische Einmischung in eine gesellschaftsverändernde Bewegung nahelegen kann. Schon die deutschen, dann die polnischen und die griechischen Freiheitskriege im frühen 19. Jahrhundert können von dem ungewöhnlichen Sog Zeugnis ablegen, der ganze Generationen von Dichtern zu volksliednahen Anfeuerungsreimen und hernach zu subtil-persönlichem Ausdruck ihrer enttäuschten Hoffnungen verleitet.

II. Die „freien Künste" und die Diktatur

Die Selbstverpflichtung zum Einzelgänger oder aber zum Stimmführer auf ein utopisches Ziel hin, wie sie seit nunmehr zweihundert Jahren den europäischen Schriftstellern mit dem Dogma von der Autonomie der Kunst eingeräumt oder sogar nahegelegt sind, muß man voll in Anschlag bringen, um das Ausmaß an Deformation, ja an drohender Selbstzerstörung zu ermessen, denen jedes nach solchen Maximen verfaßte Gedicht, jedes Stück und jeder Roman unter der Herrschaft einer der Diktaturen des 20. Jahrhunderts notwendig ausgesetzt ist. Gewiß gab es in den vorausliegenden Jahrhunderten der abendländischen Kultur immer wieder Dichter, die sich im Einverständnis mit der Macht von einem Fürsten zu beiderseitigem Ruhme mit einem Lorbeer krönen ließen; und ebenso gab es die Eingekerkerten, denen das Schreibzeug, oder die Verbannten, denen die Verbindung mit den Menschen der eigenen Sprache entzogen war, um sie mundtot zu machen. Aber den Dichtern eines Landes insgesamt nur den einen oder den anderen Weg zu öffnen oder das Zwischenreich einer versklavten oder bis zur Unkenntlichkeit vieldeutigen Sprache offenzuhalten, das bleibt, ungeachtet der Vorspiele unter den Dekabristen oder den Jungdeutschen, ein Charakteristikum der süd-, mittel- und osteuropäischen Diktaturen des 20. Jahrhunderts.

Nicht daß den Künstlern damit prinzipiell anderes widerfahren wäre als allen Menschen, die unter die Herrschaft dieser Diktaturen gerieten, und insbesondere denen, über die sie Tod, Austreibung oder lebenslange Demütigungen verhängten. Deshalb soll im folgenden das Ausmaß an Überzeugungstäterschaft oder auch blanker Niedertracht auf der einen und an Entrechtung und Demütigung auf der anderen Seite, das Schriftsteller unter den Diktaturen entfalteten, erlitten oder auch einander zufügten, nicht eigens thematisiert werden; denn in diesem Betracht kommt ihnen kein Sonderstatus zu, es sei denn, der mit ihren Schriften erreichte Bekanntheitsgrad gibt ihrem persönlichen Fall ein für die allgemeinen Verhältnisse demonstratives Gewicht.

Anders steht es jedoch mit der seit dem 18. Jahrhundert in Europa allenthalben neu definierten Eigenart und Bestimmung der „freien Künste". Solange nämlich die Autonomie ihrer Ausübung zu ihrer Definition gehört – und das reicht von ihrer klassischen Neubestimmung bis zum Artikel 5 unseres Grundgesetzes – richten moderne Diktaturen, schon weil sie immer auch Gesinnungsdiktaturen sind, eine so definierte Kunst in ihrem Herrschaftsbereich nicht nur partiell, sondern insgesamt zugrunde und setzen eine in ihrem Sinne herrschende, monumentale und idyllische an ihre Stelle. Aber sogar die ihnen hörige oder ihre Ideen propagierende Kunst wird dabei im Wortsinne zweitrangig, denn sie muß den Wortschatz und die Eindeutigkeit der Phrasen und der Bilder übernehmen, die das monotone Sprachreglement jeder Diktatur ihnen vorgibt. Allerdings können auf solchem Wege Fabrikate von bemerkenswerter Kunstfertigkeit entstehen und auch als Instrumente der Politik eingesetzt werden. Aber selbst dann, wenn dem Autor subjektive Überzeugung die Hand geführt hat, kommt dem so diktierten Text kein Eigenwert mehr zu, der gegen diese Vorbestimmtheit ins Feld zu führen wäre. Hinweise auf den nachgeordnet dienenden Charakter der Künste fehlen denn auch in keiner Deklaration der Machthaber, selbst wenn, wie in Goebbels' Version, „nur geweihte Hände" das Recht haben, „am Altar der Kunst zu dienen."[2]

Nicht weniger, wenngleich mit auch mit entgegengesetzter Wirkung, ist die von exilierten Schriftstellern verfaßte Literatur gekennzeichnet von der Ausgrenzung, die ein totalitäres Regime auch über die Autoren verhängte, die sich ihm entzogen. Auch wer mit Recht zögert, angesichts der Aufsplitterung in unübersehbare Einzelschicksale und die von Ort zu Ort höchst unterschiedlichen Schreibbedingungen von einer allgemeinen Deformation der Exilliteratur durch die Diktaturen zu sprechen, der muß sich nur der lebenslangen Zerwürfnisse erinnern, die selbst der Niederwurf einer Diktatur zwischen den Autoren einer sogenannten „inneren Emigration" und den gewaltsam oder freiwillig ins Exil gegangenen regelhaft nach sich zieht. Zu unterschiedlich sind zuvor die jeweils auszustehenden Leiden gewesen, und mit doppelter Verbitterung hält jeder dem anderen diejenigen vor, die der andere nicht auf sich nehmen mußte. Auf diese Weise zieht die Gewalt, die eine Diktatur über das Schreiben diesseits und auch jenseits ihrer Grenzen ausgeübt hat, selbst nach ihrem eigenen Erlöschen noch jahrelang, und für einige Autoren lebenslang, ihre Spur nach sich.

Ebenso nachhaltig wirkt die zurückgelassene Diktatur noch aus der Ferne auf die Themen und die Sprache der exilierten Autoren ein. Dabei ist allerdings zuerst der beträchtlichen Zahl derer zu gedenken, die nicht schon über einen auch im Ausland bekannten Namen verfügten und deshalb nur schwer oder niemals eine Chance fanden, weitere Arbeiten zu veröffentlichen. Lieselotte Maas hat in ihrem *Handbuch der deutschen Exilpresse* auch die Verkümmerungsformen ausgewiesen, denen verheißungsvolle Arbeiten jüngerer Autoren an ungünstigen Fluchtorten unterlagen.[3] Aber selbst an den nachmals berühmten Büchern von Autoren, die einen geachteten Namen schon mitbrachten, hat die verstoßende Diktatur noch aus der Ferne sichtbar ihren Anteil. So hat Ignazio Silone nach seiner Ausbürgerung und dem Verbot seiner Werke im faschistischen Italien seine hernach bekanntesten Romane mit dem Ziel geschrieben, sie zur Stärkung der Widerstandskraft gegen Unterdrückung und Gewalt illegal in Italien zirkulieren zu lassen, und seine 1938 als Dialog verbreitete *Schule der Diktatoren* ist von der Schweiz her auch zu deutschen

---

[2] Goebbels bei der Gründung der Reichskulturkammer in der Berliner Krolloper am 15.11.1933. In: Dokumente der deutschen Politik. Hg. von Paul Meyer-Benneckenstein. Berlin 1939. Bd. I, S. 364 ff. – Zit. nach Hildegard Brenner: Die Kunstpolitik des Nationalsozialismus. Reinbek b. Hamburg 1963, S. 54.

[3] Lieselotte Maas: Handbuch der deutschen Exilpresse 1933-1945. München 1976 ff., Bd. 4, 1990: Die Zeitungen des deutschen Exils in Europa von 1933-1939 in Einzeldarstellungen. Vgl. die Einführung, besonders S. 26 ff. und passim.

Lesern gelangt.⁴ In demselben Jahr hat auch Bertolt Brecht den von der Hitler-Diktatur Exilierten zu ihrer ferneren Lebensarbeit das Motto geschrieben:

> In mir streiten sich
> Die Begeisterung über den blühenden Apfelbaum
> Und das Entsetzen über die Reden des Anstreichers.
> Aber nur das zweite
> Drängt mich zum Schreibtisch.⁵

Von seinen Versen über *Die Auswanderung der Dichter* über Feuchtwangers Trilogie *Der Wartesaal* bis zu Thomas Manns weit ausgreifender *Joseph*-Tetralogie von der Zeit vor, während und nach dem Exil des Volkes Israel bei den Ägyptern haben die von der nationalsozialistischen Diktatur vertriebenen Autoren eine Literatur hervorgebracht, die sich in autobiographischer Deutlichkeit oder in Gleichnisbildern aus der Geschichte eine eigene Humanität und damit auch ein „anderes Deutschland" zu bewahren suchte, als es innerhalb der deutschen Grenzen entstanden war.

Die Teilung der Deutschen und auch ihrer Literatur ist nicht erst ein Werk der Alliierten von Jalta gewesen. Für die Themen sowohl wie für die Schreibart, die ein Autor wählen konnte, war es vom Zeitpunkt der nationalsozialistischen Machtergreifung an von entscheidendem Belang, auf welcher Seite er sich nach der Teilung der Deutschen in Volksgenossen und in solche, die es nicht sein durften, wiederfand. Auch dann, wenn eigener Entschluß oder Nötigung ihn im Lande hielten, ließen die Gesinnungsdiktaturen des 20. Jahrhunderts zwischen Befürwortern und Gegnern ihrer Politik keine neutrale Zone mehr zu, sondern brandmarkten jeden, der in seinen Publikationen Zeichen der aktiven Zustimmung unterließ, als Regimegegner und -schädling mit den einschränkenden oder vernichtenden Folgen, die sich für jedwede künftige publizistische Betätigung daraus ergaben. Aus diesem Grunde tragen schließlich auch die Texte derjenigen, die sich aus ganz unterschiedlichen Gründen dem Sog der diktatorischen Forderung zur Huldigung des Regimes entzogen, gemeinsame Spuren und Narben aus dieser Vorentscheidung davon. So ist zwischen der dem Nationalsozialismus hörigen Literatur und der Literatur der exilierten Deutschen auch im Lande selbst eine Literatur anzutreffen, auf die das Wort „beherrscht" sogar in einer eigentümlichen Verdoppelung zutrifft, und entsprechendes gilt, wenn auch in spezifischen Varianten, für die nichtkonforme Literatur, die in den Grenzen Spaniens und Italiens und späterhin unter den sozialistischen Diktaturen Mittel- und Osteuropas entstand.

Ein Urteil darüber, was und wieviel ein totalitäres Regime über die nichtkonforme Literatur innerhalb des eigenen Herrschaftsbereichs vermag, ver-

---

⁴ Ignazio Silone: La scuola dei dittatori (1938), dt.: Die Schule der Diktatoren. Zürich 1938.
⁵ Bertolt Brecht: Schlechte Zeit für Lyrik. In: Gesammelte Werke. Bd. 9: Gedichte 2, Frankfurt a. M. 1967, S. 744.

langt äußerste Behutsamkeit, führt aber womöglich auch zu differenzierteren Befunden über Anpassungs- und Abwehrkräfte der Literatur, als sie der regimehörigen oder auch der außer seiner Reichweite geschriebenen abzugewinnen sind. Welche typischen Deformationen fügt ein totalitäres Regime, das neben der Ästhetisierung seiner eigenen Politik in Riesenaufmärschen, Monumentalbauten und Herrschaftssymbolen den Künsten höchstens im Unterhaltungssektor willig einigen Spielraum läßt, der von ihr nicht geförderten Literatur zu, aber auch welche List nötigt sie ihr auf, um zu bestehen und womöglich auch Leser zu erreichen? An den Texten einiger Autoren aus den beiden deutschen Diktaturen möchte ich dieser Frage im einzelnen und vergleichend nachgehen, um damit womöglich auch dem ebenso oft voreilig vergebenen wie verweigerten Etikett einer „Widerstandsliteratur" genauere Befunde entgegenzuhalten.

III. Auswege der Kunst

Im Winter 1939/40 schrieb Alfred Andersch zehn jeweils kaum seitenlange Prosaskizzen, denen er später den Namen „Modelle" oder auch „Probierstücke" gab. Was er dort als Prosa einer ästhetischen Abstandnahme von den Zeitverhältnissen einübt, führt er dann in der *Skizze zu einem jungen Mann* als verkapptes Selbstbildnis an der Lebenshaltung eines Freundes vor, der sich zu „einer gewissen stoischen Grundhaltung zu den nun einmal gegebenen Tatsachen der Zeit" entschloß und damit „die Gebärde eines freieren und erlauchteren Lebens" vollzog, „als es uns gemeinhin erlaubt ist."[6] Der um diesen Preis wiedererrungenen Autonomie entspricht die unverhofft in ihm erweckte Sehnsucht nach einer Grenzenlosigkeit, in der „auch er selbst mit seinen Gedanken und Taten unendlich werden konnte."[7]

In seinen zuerst 1950 veröffentlichten Bericht *Die Kirschen der Freiheit* rückt Andersch schon zwei Jahre später Passagen ein, die er teilweise textgleich, teilweise variiert jenen Skizzen entnommen hat, und dort kommentiert er sie nun mit Bekenntnissen, in denen sich Lebensbericht und Kunsttheorie eigentümlich verschränken. Nach einer dreimonatigen Haft im Konzentrationslager Dachau und nach einer nochmaligen Verhaftung, die ihm als kaum zwanzigjährigem Angehörigen einer kommunistischen Jugendorganisation widerfuhr, entschloß er sich, wie er schreibt nach leidenschaftlicher Rilke-Lektüre, „die Gesellschaft, die sich rings um mich als Organisationsform den totalen Staat errichtete", schlicht zu ignorieren. „Der

---

[6] Alfred Andersch: Skizze zu einem jungen Mann. Werkmanuskript unter der Zugangs-Nr. 80.584 im Deutschen Literaturarchiv Marbach a. N.; danach zit. bei: Helmut Peitsch: Ästhetische Introversion und Nationalsozialismus. Die Erzähler Martin Raschke, Ernst Schnabel und Alfred Andersch. In: Leid der Worte. Panorama des literarischen Nationalsozialismus. Hg. von Jörg Thunecke. Bonn 1987 (= Abh. zur Kunst-, Musik- und Literaturwissenschaft 367), S. 339. – Text auch vollständig abgedruckt bei Volker Wehdeking: Alfred Andersch. Stuttgart 1983, im Anhang S. 166-177.

[7] Peitsch (Anm. 6), S. 341.

Ausweg, den ich wählte, hieß Kunst. [...] Der Preis, den ich für die Emigration aus der Geschichte bezahlte, war hoch; [...] Ich brachte dieses Kunststück fertig. Ich antwortete auf den totalen Staat mit der totalen Introversion."[8] Schon die *Skizzen*, die in den Jahren dieser Selbstisolierung entstehen, zeichnen sich durch eine preziös-umständliche Schreibweise aus, die Andersch selbst später als „Kalligraphie" bezeichnet, und in seiner für viele in Deutschland verbliebene Autoren sprechenden Rechtfertigungsschrift von 1948, *Deutsche Literatur in der Entscheidung*, heißt es schließlich lapidar, „daß jede Dichtung, die unter der Herrschaft des Nationalsozialismus ans Licht kam, Gegnerschaft gegen ihn bedeutete, sofern sie nur Dichtung war".[9]

Man kann, ja man soll diesen Satz und die ihm voraufgehenden Bekenntnisse zur „totalen Introversion" mit Hilfe der Kunst sorgfältig abwägen gegen den häufig erhobenen Vorwurf eines Eskapismus, der sich der politischen Mitverantwortung für die „nun einmal gegebenen Tatsachen der Zeit" entzieht. Selbst wenn Andersch in seiner *Skizze* aus Vorsicht nur einen Freund beschreibt, demgegenüber der Erzähler sich sogar eher ambivalent verhält, ist der Weg, den er persönlich und andere gleich ihm damit angetreten haben, keineswegs nur ein Ausweg. Auch das Wort „Autonomie" fällt in dieser Skizze bei der Beschreibung jenes „freieren und erlauchteren Lebens", das der Freund stoisch gewählt hat, nicht ohne Bedacht. Andersch versammelt hier vielmehr alle Kriterien, die seit mindestens zwei Jahrhunderten für eine Dichtung gelten sollen, wenn sie ihren Namen zu Recht trägt. Insofern steht auch der scheinbar zirkelschließende Satz, daß Dichtung unter der Herrschaft des Nationalsozialismus Gegnerschaft gegen ihn bedeutete, sofern sie nur Dichtung war, in einem historischen Zusammenhang, der es auch den Autoren unter den Diktaturen des 20. Jahrhunderts immer wieder nahelegt, den Rückzug auf sich selbst auch unter Zwängen noch als eine freie Entscheidung zu sich selbst zu empfinden. So versteht sich schließlich auch der Satz, der bei Andersch jener Selbstbehauptung der Dichtung unter dem Nationalsozialismus unmittelbar voraufgeht: „Denn deutsche Literatur, sobald sie den Namen einer Literatur noch behaupten kann, war identisch mit Emigration, mit Distanz, mit Ferne von der Diktatur".

Auch der Begriff „innere Emigration", so höhnisch er vielfach schon zu seiner Zeit und erst recht von späterer Warte aus gebraucht und so ungeschickt er auch von manchen verteidigt worden ist, ist von daher neu zu beleuchten. Denn der Rückzug in eine eigene Kunstwelt um den Preis jeglicher oder höchstens einer sehr vorsichtigen Einmischung in die Zeitverhältnisse ist mit einem willentlichen „aus dem Lande gehen" tatsächlich in mehr als einer Hinsicht treffend benannt: Die Trennung von Freunden und Kollegen, die einen anderen Weg gehen, die Beschränkung auf einen von wenigen ver-

---

[8] Alfred Andersch: Die Kirschen der Freiheit. Ein Bericht (zuerst 1952). Zürich 1968, S. 50 f.
[9] Alfred Andersch: Deutsche Literatur in der Entscheidung (zuerst in der Karlsruher Zeitschrift „Volk und Zeit" 1948). Neuausgabe in: Das Alfred Andersch Lesebuch. Zürich 1979, S. 114; zit. bei Helmut Peitsch (Anm. 6), S. 321 f.

trauten Menschen umgebenen und womöglich abgelegenen Wohnort und sogar der erzwungene Verzicht auf Publikation für einen, der das Schreiben zu seinem Beruf gemacht hat, wird von diesem Begriff, in dem ästhetische Theorie und Lebenspraxis ineinander übergehen, im ganzen zutreffend erfaßt – allerdings auch das Elend, das mit dieser Entscheidung für den Schreiber selbst verbunden ist, nämlich das Schweigen über die vielen Untaten rings umher oder doch mindestens der Verzicht, anders als in mehrbödig verklausulierten Bildern oder in doppeldeutigen Wörtern von den Hauptsachen zu schreiben, die gegenwärtig das Leben von Millionen anderen bestimmen. „Elend" – das Wort, das in früheren Jahrhunderten und noch in Goethes *Hermann und Dorothea* das notvolle Leben im Ausland bezeichnete – kennzeichnet deshalb doppelt treffend den Zustand einer verordneten, aber auch selbstgewählten Eingrenzung dieser Literatur innerhalb der Landesgrenzen eines totalitären Regimes.

IV. Verdeckte Schreibweisen unter der NS-Herrschaft

Eine der literarischen Formen, die unter solchen Bedingungen ein letztes Refugium darstellen, ist das literarische Tagebuch. Den Tagebüchern von Oskar Loerke, der nach seiner Ausbootung als Sekretär der Akademie in äußerster Zurückgezogenheit lebte, verdanken wir immerhin die ausgiebigsten und charakterschärfsten Nachzeichnungen der Protagonisten des literarischen Lebens in Berlin nach der Machtübernahme. Diese Tagebücher reden von den materiellen so gut wie von den zwischenmenschlichen Konflikten, denen jeder ausgesetzt war, sobald er seiner Distanz von der unheilvollen Politik der neuen Machthaber öffentlich Ausdruck gab, aber sie machen auch einen Autor kenntlich, der sich bewußt in eine politikferne Heimstatt des Dichtertums zurückzieht, um sein poetisches Werk dem Zugriff der politischen Macht allenfalls zu entziehen – nicht aber gegen sie zu obstruieren. Sein Fazit ist der Beschluß: „Ich will mich nicht zum Märtyrer machen lassen auf einem Gebiete, das mich nicht angeht."[10]

Aber ausgerechnet in einem Brief an den gerade gefeierten Hermann Stehr fällt auch der Satz, den man dagegenlesen muß: „Zu leicht will ich meinen Widersachern nicht jeden Triumph machen."[11] Dennoch drängen sich ihm mitten unter den Versen über den „Silberdistelwald"[12] und den Heckenrosenzaun, hinter denen er sich und sein Haus verbirgt, schon 1934 auch Verse auf, die bei aller artistischen Doppeldeutigkeit doch kaum verhüllte Anklageverse sind.

---

[10] Oskar Loerke: Tagebücher 1903-1939. Hg. von Hermann Kasack. Heidelberg, Darmstadt 1955, S. 283. Eintragung vom 1.11.1933.
[11] Ebd., Brief an Hermann Stehr vom 5.12.1933, S. 287.
[12] Vgl. das Gedicht „Der Silberdistelwald" in dem gleichnamigen Gedichtband von 1934. In: Oskar Loerke: Gedichte und Prosa. Bd. 1: Die Gedichte. Frankfurt a. M. 1958, S. 402.

Genesungsheim
Was schlug man diesen zum Krüppel?
Er dachte hinter der Stirn:
Da öffnete ihm der Knüppel
Den Schädel, und Hirn war nur Hirn.

Warum haben Jauche-Humpen
Dort jenen die Augen verbrannt?
Sie haben einen Lumpen
Einen Lumpen genannt.

Warum schweigt dieser im Knebel?
Weil sein Gewissen schrie!
Wes Kopf sprang zum Reiche der Nebel?
Dessen Gurgel vor Ekel spie![13]

Und aus dem Jahr vor seinem Tode 1941 stammt der „Leitspruch":

Jedwedes blutgefügte Reich
Sinkt ein, dem Maulwurfshügel gleich.
Jedwedes lichtgeborene Wort
Wirkt durch das Dunkel fort und fort.[14]

Ein solcher Leitsatz verbindet und verteidigt auch Loerkes zeitentrückte Naturlyrik mit einer Verheißung, die verbannte Dichter sich von Ovid her durch die Jahrhunderte weiterreichen: „Über meine Kunst haben auch ein Kaiser und sein Reich keine Macht, denn auch über deren Tod hinaus wird man mich lesen können".[15] So stärkt Ovid die eigene Zuversicht in einem Trostgedicht an eine junge Dichterin, und so richtet er auch vom Rande der zivilisierten Welt seine Elegien an die Nachgeborenen.

Ebenso werden im Reich der braunen Machthaber „Der Mohn" und die „Silberdistelklause" zu geflügelten Worten, unter denen Friedrich Georg Jünger seine Verse, handgeschrieben und vervielfältigt, unter Freunden kreisen läßt,[16] und denselben Topos von der Distel als dem Kraut, das „gegen den eisigen Anschlag der Nacht" abzuschirmen vermag, wählt später der von der DDR zuerst zum Nationalpreisträger erhobene Peter Huchel in der Abgeschiedenheit, in den die Literaturaufseher des Zentralkomitees der SED und der Ostberliner Akademie der Künste ihn mit der Entfernung aus der Redaktion von *Sinn und Form* gezwungen haben.

Nicht nur, weil die bedichtete Natur die unverfänglichste Gelegenheit zur Camouflage einer offenen Anklage bietet, ist sie ein besonderer Schutzbezirk

---

[13] Loerke: Genesungsheim. Ebd., S. 440.
[14] Loerke: Leitspruch. November 1940. Ebd., S. 614.
[15] Vgl. Ovidius Naso: Tristia III. 7, 45-48. In: Tristia. Hg. von Georg Luck. Bd. 1: Text und Übersetzung. Heidelberg 1967.
[16] Friedrich Georg Jünger: Sämtliche Gedichte I. Stuttgart 1985. Darin: „Der Mohn", S. 44 f., und die Texte des Gedichtbandes „Silberdistelklause" (68 S., zuerst Hamburg o. J. [1947]).

für nichtkonforme Literatur. Als ein Elementarbereich, der alle politischen Wechsel überdauert, wird sogar noch bis in die siebziger Jahre unseres Jahrhunderts die Berufung auf ihre Beständigkeit gegenüber Folter und Mord, die Menschen einander antun, zu einer *medicina mentis*, wenn die gesellschaftlichen Beziehungen freiwillig oder genötigt abbrechen.

> Ich bette mich ein
> in die eisige Mulde meiner Jahre.
> Ich spalte Holz
> das zähe splittrige Holz der Einsamkeit.[17]

So hebt Huchel sich dichtend über die bittersten Jahre der Isolation, in denen schließlich einzig seine Frau mit Übersetzungen aus dem Russischen noch ihren Lebensunterhalt bestreiten kann.

Die Spannweite solcher Schreibmöglichkeiten und deren ambivalente politische Qualität wird vollends deutlich, wenn man von Loerke oder Huchel den Blick zu Ernst Jünger hinüberlenkt. Eine Textprobe aus den *Marmorklippen* läßt rasch erkennen, wie breit nach der einen oder der anderen Richtung der Zeiger ausschlagen kann, wenn dieselbe literarische Tradition ausgeschöpft wird:

> Wenn wir indessen im Herbarium oder in der Bibliothek die Lage gründlicher besprachen, entschlossen wir uns immer fester, allein durch reine Geistesmacht zu widerstehen. [...] Indes die Untat im Lande wie ein Pilzgeflecht im morschen Holze wucherte, versenkten wir uns immer tiefer in das Mysterium der Blumen, und ihre Kelche schienen uns größer und leuchtender als sonst. [...] Und freudig erfaßte uns das Wissen, daß die Vernichtung in den Elementen nicht Heimstatt findet und daß ihr Trug sich auf der Oberfläche gleich Nebelbildern kräuselt, die der Sonne nicht widerstehen. Und wir erahneten: wenn wir in jenen Zeiten lebten, die unzerstörbar sind, dann würden wir aus jeder Phase der Vernichtung wie durch offene Tore aus einem Festgemach in immer strahlendere gehen.[18]

Es macht schon einen Unterschied, ob blanke Not oder ein Anspruch auf völlige Unberührbarkeit durch die Schrecken der Zeit den Rückzug in ein unangreifbares Elementarreich oder auch in ein hohes Geisterreich rechtfertigen. Und dennoch galt gerade dieses Buch Ernst Jüngers, in dem er alle Register der Naturmagie und auch des überkommenen Dichtermythos zieht, mit der Fülle seiner dunklen Anspielungen auf den Vernichtungswahn des Oberförsters schon während der Hitlerzeit unter einer nicht großen, aber doch beachtlichen literarischen Gemeinde als Widerstandsliteratur par excellence. Gegner und Opfer des Nationalsozialismus, wie etwa Joseph Wulf, gehörten zu seinen Bewunderern. Und doch: War das Widerstandsliteratur? Den Autor von *Die totale Mobilmachung* und *Der Arbeiter* hat man lange in die Reihe der Zubereiter eines gesellschaftlichen Klimas gerückt, das dem Nationalsozialismus die Einrichtung einer Diktatur erleichterte. Aber so we-

---

[17] Peter Huchel: April 63. In: Gezählte Tage. Gedichte. Frankfurt a. M. 1972, S. 81.
[18] Ernst Jünger: Auf den Marmor-Klippen (zuerst 1939). In: Sämtliche Werke. Bd. 15: Erzählende Schriften 1. Stuttgart 1978, gegen Ende des Kap. 15, S. 297 f.

nig wie Stefan George war Ernst Jünger nach der Machtergreifung von seinen unerbetenen Bewunderern zu vereinnahmen, und je einförmiger die von den Machthabern vorgegebenen Sprachregelungen wurden, desto wirksamer konnten Texte, die sich über diese Regeln mit einer geschliffen mehrdeutigen Sprache hinwegsetzten, auf die Aufmerksamkeit derjenigen Leser rechnen, die sich dem Sog und auch den Verbrechen der neuen Zeit zu entziehen suchten. Erst die jeweilige Lebenssituation macht derart beziehungsreiche Texte in einer bestimmten Richtung sprechend, und die politisch keineswegs einhellig zuzuordnende Gruppierung der Stimmen, die Jüngers Sprache abweisen oder bewundern, enthüllt die starke Abhängigkeit des Urteils über Texte wie etwa die *Marmorklippen* von den Lebensumständen, in denen sie gelesen werden.[19] Was zu anderen Zeiten als die selbstherrliche Vorspiegelung eines unversehrten Lebens erscheint, das sich in Zeiten, in denen das Banale blutig herrscht, ein privates Alibi verschafft, kann von mitbetroffenen Lesern durchaus als ein mentaler Schutzwall gegen die mörderischen, aber auch verführerischen Zwänge einer Gesinnungsdiktatur erfahren werden.[20]

Das lenkt den Blick auf die Leserschaft, die von solcher Literatur, und erst recht von den in ihr enthaltenen Verschlüsselungen, erreicht werden konnte. Jedwede literarische Schlüsselsprache setzt eine mehr oder minder ausgereifte literarische Vorbildung voraus. Anderseits legt ihre Hoffnung, noch unterm Siegel der Doppeldeutigkeit zwar von Lesern, nicht aber von der Zensur voll verstanden zu werden, ihr zwar einen preziösen Sprachstil, aber keineswegs eigenwillige ästhetische Experimente oder Neuerungen nahe. So nimmt es nicht wunder, daß sich auch die nichtkonforme Literatur neben Sujets aus den Bezirken der Natur und des einfachen Lebens mit Vorliebe an einem Genre versuchte, das auch die staatshörigen Autoren reich mit Beschlag belegt hatten: am historischen Roman.

In diesen Fällen war auch die Zensur besonders aufmerksam. Als Werner Bergengruen seinen Roman *Der Großtyrann und das Gericht* 1935 in einer Tageszeitung zum Vorabdruck bringen wollte, forderte bereits die Redaktion der Zeitung ihn auf, den Titel zu ändern: der Roman dürfe nur „Die Versuchung" heißen, und überhaupt dürfe die Bezeichnung „Großtyrann" nicht ein einziges Mal gebraucht werden, sondern sei durch „Forscher", „Regent" oder dergleichen zu ersetzen. Jeder Hinweis auf die Kinderlosigkeit oder die

---

[19] Was Uwe Grüning zur „Macht" von Autoren mit bekanntem Namen in der DDR bemerkt, gilt vielfach auch für die metyphysisch überhöhte Prosa der „inneren Emigration": „Der Deutungsspielraum machte viele Texte besser als sie waren." Vgl. Grüning: Deutschland – Deutschland. Politische Wirklichkeit und dichterische Gegenwelt. In: Autor, Macht, Staat. Literatur und Politik in Deutschland. Ein notwendiger Dialog. Hg. von Gerd Langguth. Düsseldorf 1994, S. 169. – Instruktive Nachweise von zeitgenössischen und nachbetrachtenden Urteilen über die Wirkung von Jüngers „Marmorklippen" stellt Friedrich Denk zusammen: Die Zensur der Nachgeborenen. Zur regimekritischen Literatur im Dritten Reich. Weilheim in OB. 1995, S. 364-372.
[20] Hierzu und zum folgenden ausführlicher Eberhard Lämmert: Beherrschte Prosa. Poetische Lizenzen in Deutschland zwischen 1933 und 1945. In: Neue Rundschau 86 (1975), S. 404-421, besonders S. 407 ff.

Baulust dieses Regenten haben wegzufallen. Sämtliche Äußerungen über Politik, Macht, Staatsraison, Rechtsprechung seien als störende Abschweifung zugunsten der künstlerischen Geschlossenheit zu streichen. Dieses auch 1935 schon abgestandene ästhetische Werturteil dient hier als der Hebel, um unliebsame Stellen, an denen der Autor auch nur halbdirekt seine Meinung äußern könnte, ohne Angabe des eigentlichen Grundes auszuschalten.

Übrig bleiben für den Autor unter solchen Umständen nur verkappte Reflexionen und Fragen, die man unscheinbaren Figuren in den Mund legte, und wiederum der Griff zur Naturmetaphorik, hier der Wetterbeschreibung. Mit einer solchen Wettermetaphorik setzt die Kernhandlung des Romans ein: Ein Wind, der feucht und heiß von Südosten weht, beginnt den Himmel eines Landes und bald auch den Gemütszustand der unter ihm lebenden Menschen zu beherrschen.

> Bei einigen bewirkt er eine Lähmung ihrer Entschluß-, bei anderen ihrer Urteilskräfte, in diesem Unmut und Ängstlichkeit, in jenem ein übermäßiges und prahlerisches Selbstvertrauen. [...] Hier hat er ein leibliches Mißbehagen im Gefolge, dort eine Verwirrung der Seele und des Gewissens, und selbst ein strenger Richter setzt es mildernd in Anschlag, wenn eine Tat der Wildheit, Leidenschaft oder Auflehnung zu der Zeit dieses Windes begangen wurde.[21]

Man wird die Vorsicht nicht verkennen, mit der Bergengruen alle Festlegung, selbst innerhalb der beschriebenen Naturbeobachtungen, scheut. So ist auch die Figur des Großtyrannen nicht im ganzen, sondern nur in Einzelzügen dem Diktator Hitler nachgebildet, etwa in der Bezeichnung seiner Wachmannschaften als Spürhunde oder als Menschenfischer; letzteres ist gewissermaßen eine dreibödige Camouflage: Menschenfischer = Jünger = Gestapo-Leute. Entscheidend für diesen Prosastil ist der Umstand, daß jeder dieser Sätze auch in einem ganz unpolitischen Zusammenhang verstanden werden kann und daß seine Schauplätze wie seine Chronologie in abgelegene Länder und Jahrhunderte verlegt sind.

Dieser immer wieder zur Widerstandsliteratur gerechnete Roman liegt aber nun auch Jahrzehnte nach 1945 allein in der beschnittenen Fassung vor, die sein Autor ihm 1935 auf Geheiß einer vorauseilend eifrigen, redaktionellen Zensur und einer womöglich noch weiterreichenden Selbstzensur damals geben mußte. Ein Torso nach Diktat? Bergengruen, mit einer Jüdin verheiratet, hatte allen Grund, Vorsicht walten zu lassen.

Das Beispiel macht klar, daß alle unter einer Diktatur *veröffentlichte* Literatur in ihren Aussagemöglichkeiten so begrenzt war, daß von einem Beitrag zum politischen Widerstand, den sie zu leisten vermochte, allenfalls nur in den Grenzen zu sprechen ist, in denen das Klopfzeichen eines Mitgefangenen beim Nachbarn schon die Kraft zum Durchstehen der Haftdauer bestärken kann. Autoren, die einmal diese Grenze durchstießen wie Ernst Wiechert mit seinem Protest gegen die Verschleppung Martin Niemöllers in ein KZ, wird das Schweigen befohlen, oder sie werden zum Schweigen gebracht. Aber auch in diesen enggesteckten

---

[21] Werner Bergengruen: Der Großtyrann und das Gericht. Hamburg o. J. (1935), S. 87 f.

Grenzen bedeutet Schreiben unter einem totalitären Regime nicht selten ebenso viel für den Durchhaltewillen des Autors wie für sein Publikum.

Einzig der Entschluß zu einer *illegalen* Verbreitung von Texten in Abschriften, privatgedruckten Handzetteln und Broschüren läßt Texte zu, die ohne Verschlüsselung auskommen und damit Widerstand direkt formulieren können. Auch dann aber betrifft, schon wegen der möglichen Identifikation von Orten und Namen, der Entschluß, „ohne Verschlüsselung" zu sprechen, meist nicht den gesamten Text. Selbst ein Gedicht mit dem Titel „Die Illegalen", das sein Autor Gregor Walden in Kreisen der Widerstandsbewegung kursieren ließ und das nach der Studentenrevolte der Geschwister Scholl in München unter der Hand verteilt wurde, muß „Mars und Saturn" anrufen, imaginäre Schädelstätten, lange Schlangen der Erschlagenen und bleiche Schatten der Kommenden ins Unbestimmte heben, um die konkreten Orte der Kerkerhaft und der Folter zu verdecken, damit es den Fahndern nicht zu leicht gemacht wird, den Urheber und seinen Kreis zu identifizieren:

> Wir, die Verlorenen,
> Wir, den Strick um den Hals,
> Erstickt vom Würgen der Lüge, gehetzt von Verrat,
> Rote Fische zappelnd im stählernen Netz,
> Doppelgesichtig, Verzweifelte, blutige Schatten
> Der größeren Toten, der lange Erschlagenen,
> Bleiche Schatten des Kommenden,
> Das wir nicht sehen werden –
>
> Wir auf verlorenem Posten
> Im zehnten Jahre des Krieges.

Das ist zehn Jahre nach 1933 ein verzweifelter Widerstandstext, der mit dem Letzten rechnet:

> Laß uns, wenn unter dem Fallbeil, am Galgen,
> In den Kasernen der Marter die letzten Lügen zerbrechen,
> Einmal die Wahrheit bekennen und einmal
> Einmal rufen, endlich erhobenen Hauptes:
>
> Es lebe die Freiheit.[22]

Die Mehrdeutigkeit der fiktionalen Dichtung hat Platon dazu veranlaßt, die Dichter Lügner zu nennen. Hier ruft ein Gedicht selbst seinen Sprecher vom letzten Vorrecht des Dichters, das für den Illegalen längst auch lebensrettende Waffe wurde, zurück zu einer Wahrheit, die nur frei Sprechenden möglich ist. Und damit schließt sich ein Kreis bis zu dem Selbstbekenntnis von Kant um 1800, daß nur ein Land, das dem Einzelnen selbstverantwortete Mündigkeit gewährt, auch die Bedingung für die Möglichkeit einer nicht deformierten Literatur liefern kann.

---

[22] Gregor Walden: Die Illegalen. In: De Profundis. Deutsche Lyrik in dieser Zeit. Eine Anthologie aus zwölf Jahren. Hg. von Gunter Groll. München 1946, S. 447-449.

V. Zwei deutsche Diktaturen

Bisher war fast nur von der unter der Herrschaft des Nationalsozialismus verfaßten Literatur die Rede und nur gelegentlich allgemein von der Literatur unter totalitären Regimen. Weil nacheinander zwei Diktaturen auf deutschem Boden ihren Ort hatten, lassen die Reglements des Umgangs mit nichtkonformer Literatur auch manchen direkten Vergleich zu: Der Zwang für Autoren, einem politischen Dachverband – hier Reichsschrifttumskammer, dort Schriftstellerverband – anzugehören, von denen ausgeschlossen zu werden, ein Veröffentlichungs- und fast immer auch ein Berufsverbot bedeutete; befohlene oder vorauseilende Vorzensur in Verlagen und Redaktionen; Sanktionen bei Druck im Ausland; Bespitzelung des Privatlebens, Hausdurchsuchungen und Gefügigkeitsdruck durch Drohung mit der Repression auf Angehörige; Abkehr oder gar Verrat von Freunden und die ständige Zumutung, Solidaritätserklärungen zu einzelnen Aktionen des Regimes abzugeben; die schmale Hoffnung auf den konkurrierenden Eifer verschiedener Parteiinstanzen und Behörden – und aus allen diesen und noch anderen Gründen der Zwang zur Sklavensprache und schon bei der Wahl des Sujets die ständige Gefahr eines „Spieles mit sechserlei Bällen", wie Elisabeth Langgässer es formuliert hat.[23] Für dies und gewiß noch für weitere Komponenten des Lebens und Schreibens unter Diktaturen lassen sich Parallelen finden, die offensichtlich mit dem System einer ungeteilten Machtausübung mehr oder minder zwingend verbunden sind. So weit leistet auch die Totalitarismustheorie Erklärungshilfe für die typischen Rahmenbedingungen, mit denen die Künste in modernen Diktaturen zu rechnen haben. Sowohl die Willkür als auch der Automatismus der eingesetzten Herrschaftsinstrumente kann von einer solchen Theorie zutreffend beschrieben werden.

Ob ein solches Erklärungsinstrument allerdings ausreicht, der historischen *Praxis* der Machtausübung und damit auch den konkreten Behinderungen, Beschädigungen und Zerstörungen gerecht zu werden, die Büchern so gut wie Menschen in einem solchen System zugefügt werden, das ist nicht nur eine Frage der wissenschaftlichen oder politischen Perspektive. Denn selbst eingerechnet, daß die beiden Diktaturen auf deutschem Boden fast unmittelbar auseinander folgten und beide in erheblichem Maße noch von der Untertanenmentalität der Wilhelminischen Aera durchsetzt waren, wie Hans Joachim Schädlich das für die Verhältnisse in der DDR in seinem Tableau: „Besuch des Kaisers von Rußland bei dem Kaiser von Deutschland" aufs genaueste demonstriert hat,[24] und selbst dann noch, wenn man den Grundsatz der „bestimmten Negation" auf manche Erscheinungen in beiden Diktaturen anwendet – die historischen Unterschiede liegen zu sehr auf der Hand, um ihnen ein bloß sekundäres Gewicht zuzumessen.

---

[23] Elisabeth Langgässer in der Rede zum Kongreß „Schriftsteller unter der Hitlerdiktatur" (zuerst in: Ost und West, Oktober 1947). In: Vaterland, Muttersprache. Deutsche Schriftsteller und ihr Staat seit 1945. Zusammengestellt von Klaus Wagenbach u. a. Berlin 1994, S. 75.
[24] Hans Joachim Schädlich: Besuch des Kaisers von Rußland bei dem Kaiser von Deutschland. In: Versuchte Nähe. Prosa. Reinbek b. Hamburg 1977, S. 105-132.

Da hier die Situation der Schriftsteller und deren Auswirkung auf ihre Schreibweise zur Rede stehen, beschränke ich mich auch bei der Musterung der Unterschiede auf diesen Bereich. Dem Postulat ideologischer Gleichschaltung hatte das nationalsozialistische Regime ein weiteres Ausschließungssystem noch vorgeschaltet, das ohne Achtung der politischen Einstellung wirksam wurde: den Arier-Nachweis. Die Akkumulation dieser beiden Kriterien bewirkte, daß das Land schon im ersten Jahr der nationalsozialistischen Herrschaft die Mehrzahl seiner auch international bekannten Autoren ausbürgerte oder – im Hinblick auf jüdische Familienangehörige – zur Distanznahme zwang. Der verordnete Antifaschismus der Sowjetzone und dann der DDR zog umgekehrt bedeutende Schriftsteller aus dem Exil ins Land und gab nicht zuletzt mit dem Nimbus dieser Autoren, zu denen auch jüdische zählten, der vom Sowjetsystem abhängigen neuen Ideologie anfangs auch einen Befreiungscharakter. Insofern wird dadurch auch die historische Reihenfolge zu einem unterscheidenden Kriterium: sie ist, aufgrund der gemeinsamen deutschen Vergangenheit, nicht umgekehrt zu denken. Die nationalsozialistische Diktatur hat während ihrer zwölfjährigen Dauer in ihrer Kulturpolitik so gut wie keine Epocheneinschnitte, es sei denn eine stufenweise und durch den Krieg forcierte Verschärfung ihrer Sanktionen gegen nichtkonforme Autoren. Das DDR-Regime hat in seiner vierzigjährigen Dauer bei einer ungleich größeren Verfestigung des politischen Apparats und der Organisation seiner Spitzeldienste mehrere Lockerungsschübe, die kritisch eingestellten Autoren periodisch die Hoffnung gaben, für ihre Arbeit weitere Spielräume zu gewinnen und womöglich sogar an der Veränderung des Staates mitzuarbeiten. Entsprechend nimmt das Verfolgungs- und selbst das Ausbürgerungssystem in der DDR häufig den Charakter eines langwierigen Prozesses an, während einmal getroffene Entscheidungen des nationalsozialistischen Regimes mit wenigen Ausnahmen unabänderlich sind. Auch die Zensur – von beiden Regimen als Begriff peinlich vermieden, als Praxis gleich durchgreifend – vollzieht sich im nationalsozialistischen Regime eher als ein Akt unwiderruflicher Entscheidung, in der DDR als Korrektur-, Überredungs- und schließlich Erzwingungsprozeß, worin sich im einen Fall vorherrschende Ausgrenzungsabsicht, im andern vorherrschende Anwerbungsabsicht ausdrückt, da der sozialistische Staat idealiter die antifaschistisch eingeschworene Gesamtheit seiner Bewohner, der nationalsozialistische jedoch nur eine nach Blut und Gesinnung ausgesonderte Bevölkerung umfassen sollte.

Der durchgreifende historische Unterschied zwischen beiden Systemen, was die Schriftstellerpolitik betrifft, beruht jedoch auf dem lapidaren Umstand, daß es für die nichtkonformen Schriftsteller im nationalsozialistischen Staat keinen, im Falle der DDR jedoch einen zweiten deutschen Staat jenseits der Grenzen der Diktatur gegeben hat. Undenkbar, daß die Diskussion zwischen Ministerium, Zensurbehörde, Verlag und Gutachtern über die Veröffentlichungen des *Hinze-Kunze-Romans* von Volker Braun so lange hin und her gehen und trotz nur spärlich durchgesetzten Änderungen schließlich mit einer Auslieferungserlaubnis des Buches enden konnte, wäre nicht seine Veröffentlichung in der Bundesrepublik inzwischen möglich gewesen. Die Drohung mit einer „andernorts" herbeizuführenden Veröffentlichung hat auch bei dem nachfolgenden Gedichtband Volker Brauns mit dem schon bezeichnenden Titel *Langsamer knirschender Morgen* schließlich die Zensurprozesse in ein halb resigniertes Gezerre verwandelt, für das der beschwörende Satz des Verlagsleiters Eberhard Günther an den Stellvertretenden Minister für Kultur symptomatisch ist: „In der BRD und anderen kapitalistischen Ländern wird genau verfolgt, wie wir mit Braun arbeiten."[25] Hoffnungen auf eine derartige Hilfestellung, aber auch eine daraus allmählich erwachsende Selbstsicherheit konnte schon aus diesem einzigen Grunde kein Autor unter dem nationalsozialistischen Regime entwickeln.

VI. Zensur und Schreiben in der SED-Diktatur

Es ist deshalb auch kein Zufall, daß eine Sondierung des nichtkonformen Schreibverhaltens in der DDR-Literatur mit großer Regelmäßigkeit zu Autoren führt, die früher oder später freiwillig, oft unter beträchtlichen Mühen und Demütigungen oder auch gezwungenermaßen das Land gewechselt, dann aber in der Bundesrepublik eine zweite Schriftstellerexistenz begründet haben. Ein Autor, der mit einer Kontrafaktur zu Johannes R. Bechers *Verteidigung der Poesie* schon verhältnismäßig früh auf diesen Weg gedrängt wurde, ist Reiner Kunze. Er schrieb 1966 ein lapidares Gedicht, das freilich erst zehn Jahre später, nämlich 1976, bei Rowohlt veröffentlicht wurde.

> Von der notwendigkeit der zensur
>
> Retuschierbar ist
> alles
>
> Nur
> das negativ nicht
> in uns.[26]

Hier läßt Kunze jenes alte Privileg von der Mündigkeit des Denkens, das um 1800 zum ersten Kriterium für die selbstverantwortete Kunst der Moderne wurde, hart auf die Verhältnisse einer Diktatur treffen, die das Verbiegen und Retuschieren der Wörter und Sätze verlangen und damit Kunst zur bloßen Propaganda degradieren wollen. Doch auch ihn, der immer nachdrücklicher

---

[25] Das insgesamt 44 Monate dauernde Ringen um die Veröffentlichung von Volker Brauns Gedichtband dokumentiert ausführlich das Ausstellungsbuch: Zensur in der DDR. Geschichte, Praxis und 'Ästhetik' der Behinderung von Literatur. Hg. von Ernest Wichner und Herbert Wiesner. Berlin 1991, S. 161-165; der zitierte Satz S. 163. Vorher über ähnliche Querelen mit dem Hinze-Kunze-Roman von Volker Braun S. 151-161.
[26] Reiner Kunze: Von der notwendigkeit der zensur (zuerst 1966). In: Die wunderbaren Jahre. Prosa. Ausgewählte Gedichte. Frankfurt a. M. 1986, S. 168.

darauf besteht, in die verordnete Sprache nicht einstimmen zu müssen, drängt erst die Niederschlagung des Prager Frühlings aus der SED. Die dann folgende Zeit wachsender Bedrängnis endet nach der Veröffentlichung seiner Prosaskizzen *Die wunderbaren Jahre* in der Bundesrepublik mit einer Ausschließung aus dem Schriftstellerverband und einer mühsam erwirkten Ausreise. An Kunzes Prosa in diesem Bande, dessen anzüglicher Titel übrigens mit Bedacht aus Truman Capotes *Grasharfe* entlehnt ist, läßt sich eine schon bald in der DDR entwickelte Weise des nichtkonformen Erzählens auffinden, die in der nationalsozialistischen Diktatur unmöglich gewesen wäre. Kunze experimentiert dort mit Kurzformen im Stil von Anekdoten, szenischen Ausschnitten, Berichten, die oft kaum eine Seite ausmachen, und seine beharrlich durchgehaltene Technik besteht darin, als Berichterstatter keinerlei Stellung zu nehmen, gegebenenfalls die Genauigkeit sogar so weit zu treiben, daß das Berichtete ohne jeden Kommentar nur als Gehörtes im Konjunktiv weitergegeben wird. Beispielsweise ein Begräbnis.

> In E., sagte sie, habe sich ein Schüler erhängt.
> Am nächsten Morgen hätten Jungen verschiedener Klassen schwarze Armbinden getragen, aber die Schulleitung habe durchblicken lassen, daß die Armbinden als Ausdruck oppositioneller Haltung gewertet würden. Der Schüler sei Mitglied der Jungen Gemeinde gewesen.

So setzt der Bericht über die Verhinderung eines letzten Freundschaftsdienstes für ein zum Vorbild nicht taugendes Mitglied der Gesellschaft sich fort bis zu den Zeilen:

> Die Parteimitglieder habe man angewiesen, Gespräche über den Toten zu unterbinden. Am Tag der Beerdigung sei für die Zeit des Unterrichts ein Schülerwachdienst eingeführt worden, und die Schultür sei abgeschlossen gewesen.[27]

In Capotes Roman ist es das Gras, das im Winde immer eine Geschichte erzählt und so alles bewahrt – das ist die Anspielung für den Kenner. Die berichtende Prosa aber ist frei von jedem metaphorischem Schmuck und frei auch von jeder sich einmischenden Anspielung. Sie kann so gelesen werden, wie sie dasteht, und allein die Zusammenstellung der Ereignisse in der Wiedergabe eines Dritten wirbt um nachdenkliche und auf die eigenen Verhältnisse zu beziehende Lektüre: Ein Autor, der seinem Leser dieselbe Mündigkeit läßt, wenn er aufschreibt, was zu berichten ist.

Dazu paßt auch ein Text von Hans Joachim Schädlich aus dessen Sammlung kurzer Prosastücke unter dem wiederum anspielungsreichen Titel *Versuchte Nähe*. Schädlich geht hier Erscheinungen seiner Zeit nach, insbesondere dem Umgang der Mächtigen mit dem Volk oder, wie es in der Titelgeschichte nach Vorschrift heißt, mit den „Tätigen"; in einem Falle aber auch einem Dichter, oder genauer einem „den Mächtigen dienlichen Mann", der sich auftragsgemäß um den schriftlichen Nachlaß eines Dichters bemüht,

---
[27] Reiner Kunze: Beweggründe. Ebd., S. 64.

dessen Name, so sei er beauftragt, geschützt werden müsse vor Feinden. So besucht er die Freundin des Dichters.

> Daß sie zögere, sagte der andere, könne der am besten verstehen, dem, wie ihm, das Wort des Dichters vieles bedeute. Jedoch dürfe sie seine Stimme, die bestimmt sei für alle, nicht zurückhalten. Und: es gehe ihr nichts verloren. Denn sie gebe die Aufzeichnungen ihm, und so doch allen, so kehre sein Wort zu ihr zurück. Und immer werde ihr Name geknüpft sein an seinen.
>
> Vor allem aber dem Feind müsse entgegengetreten werden, der sich, wie vertraulich zu erfahren gewesen, anschicke, den Namen des Dichters zu verunglimpfen. Nämlich durch die Behauptung, irgendwer wolle verschließen, was der Dichter zuletzt und schon früher nicht laut gesagt habe. So versuche der Feind, den Dichter von Volk und Rat abzuschneiden.[28]

Schädlich arbeitet hier mit demselben Kunstgriff einer nur in der Möglichkeitsform berichtenden Schreibweise: So gibt der Text sich ganz distanziert und wirkt gerade deshalb vertrauenerweckend für den Leser und schwer angreifbar für die Zensur, weil er sich jeder persönlichen Meinungsäußerung entzieht. Auch dazu verhilft der Konjunktiv. Das ganze Arrangement läßt obendrein offen, ob dies ein fiktiver oder ein präzise berichteter Vorgang ist.

Auch in der DDR entfaltet die nichtkonforme Literatur so ein System von literarischen Abschirmungsmaßnahmen, das jedoch grundverschieden ist von der elementaren oder mythischen Metaphorik der nonkonformen nationalsozialistischen Literatur. Zeigen, wie es ist und andere darüber nachdenken lassen: Das ist die Frucht eines am sozialistischen Realismus geschulten, aber von ihm abgelösten Blick für das jenseits aller Gesellschaftstheorie tatsächlich Geschehene. – Auch das ging nicht immer gut, und im Falle Schädlichs war die Unvertrautheit mit dem wirklichen Geschehen in der Bundesrepublik dann der Grund zu einem sechsjährigen Schweigen nach dem Übertritt.

Christa Wolf ist nicht übergetreten, vielmehr zu großer Achtung und hohen Ehren im Lande gelangt, und doch hat sie, von ihrem Roman *Der geteilte Himmel* angefangen, so gut wie keine Prosa vorgelegt, die nicht Gegenstand harter Auseinandersetzungen im Schriftstellerverband, in der Ministerialbürokratie und in der Öffentlichkeit geworden wäre.

Eine besonders konfliktreiche Veröffentlichungsgeschichte hat Christa Wolfs *Nachdenken über Christa T.*. Die vom Mitteldeutschen Verlag eingedruckte Jahreszahl 1968 täuscht. Denn erst nach der Veröffentlichung des Romans im westdeutschen Luchterhand-Verlag und nach zahlreichen Lizenzgesuchen ausländischer Verlage wurde das Buch im Juli 1969 in der DDR in einer begrenzten Auflage ausgeliefert.[29] Zuvor übte der Leiter des Verlages mehrfach harsche Selbstkritik, sah allerdings „das entscheidende

---

[28] Hans Joachim Schädlich: Nachlaß. In: Schädlich (Anm. 24), S. 84 f.
[29] Christa Wolf hat sich selbst zu diesem Vorgang ausführlich geäußert in einem Brief an den Leiter des Berliner Literaturhauses, Herbert Wiesner, vom 8. 2. 1991. Abgedruckt in: Zensur in der DDR (Anm. 25), S. 85-89.

Versäumnis des Verlags in der Zusammenarbeit mit der Autorin".[30] Und noch im Mai 1969, noch immer vor der Auslieferung des Buches, bringt er die eigene und die ihm befohlene Kritik auf den Punkt: „Sozialistisch-realistische Literatur verfügt weder über den inneren noch über den äußeren Auftrag, dem Individualismus auf ihrem gesellschaftlichen Gelände sonstwie schöne Denkmäler zu setzen. Sollen die Toten ihre Toten begraben".[31]

Nachdenken über Christa T. ist deshalb ein so bedenkliches Buch für das geforderte „Lebensbewußtsein" der DDR,[32] weil seine Titelfigur in ihrer schwankenden Ich-Suche keineswegs zur Identifikation einlädt, weil in diesem Buche vielmehr von einer kaum verhüllten Autorstimme über sie kritisch nachgedacht wird.[33] Diese Autorstimme begründet ihr Vorgehen damit, zu ihrer Zeit seien „die Menschen nicht leicht zu sehen hinter den überlebensgroßen Papptafeln".[34] Ein Nachdenken über die Gründe, warum das schwankende Leben der Christa T. bisher nicht zu sich selbst gekommen ist und wo seine Möglichkeiten liegen, führt die Autorin als eine Ich-Erzählung vor, und alsbald erweist sich ihre Distanz zu der Titelheldin, die ihren Vornamen teilt, als der Kunstgriff, im Wortsinne aus der Zeit zu springen und einen Beobachterstand zu wählen, der die eine in der anderen nicht nur widerzuspiegeln, sondern auch zu beurteilen erlaubt. Dafür ein knappes Anschauungsbeispiel: Die Ich-Erzählerin läßt Christa T. zu sich selber reden: „Anpassen lernen! Und wenn nicht ich es wäre, die sich anzupassen hätte? –". Der Gedankenstrich zeigt einen jähen Umsprung der Perspektive an, und dann folgt sofort ein Nachsatz: „Doch so weit ging sie nicht."[35] Dieser Nachsatz ist nach dem erzählten Selbstgespräch der Titelheldin eben der Kunstgriff, dem Leser eine kritische Lektüre anzubieten und mindestens eine nachdenkliche auszulösen. Wenn diese, mit sich selbst nicht weit genug gegangene Christa T. zuletzt an mangelndem Lebenswillen stirbt, vollzieht die Autorin im ganzen noch einmal diese, ihr von der parteilichen Kritik besonders angekreidete Ermunterung, den Fall zum eigenen Nachdenken zu nutzen. Damit bietet sie ihren Lesern im Jahr des Überfalls auf Prag, 1968, eine Prosa an, die ohne irgendein politisches Argument eine der empfindlichsten Einschränkungen des Lebens in der DDR-Diktatur zum Thema macht.

---

[30] Berichtet von Heinz Sachs in „Neues Deutschland" vom 14. 5. 1969. Zit. in: Zensur in der DDR (Anm. 25), S. 84.
[31] Max Walter Schulz, zit. ebd., S. 84.
[32] So Johannes R. Becher in einem Grundsatzreferat auf dem Sechsten Deutschen Schriftstellerkongreß. Ausführlicher zitiert von Heinrich Mohr: Die zeitgemäße Autorin – Christa Wolf in der DDR. In: Erinnerte Zukunft. 11 Studien zum Werk Christa Wolfs. Hg. von Wolfram Mauser. Würzburg 1985, S. 34.
[33] Diese Schreibart kündigt der Titel des Buches bereits an. Dazu ausführlicher Heinz-Dieter Weber: „Phantastische Genauigkeit". Der historische Sinn der Schreibart Christa Wolfs. In: Erinnerte Zukunft (Anm. 32), S. 92.
[34] Christa Wolf: Nachdenken über Christa T. Halle/Saale 1968, S. 72. – Vgl. dazu auch: Wolfram Mauser: „Gezeichnet zeichnend". Tod und Verwandlung im Werk Christa Wolfs. In: Erinnerte Zukunft (Anm. 32), S. 191.
[35] Wolf (Anm. 34), S. 95.

Nachdenken über Christa T. wurde, obwohl Christa Wolf seither als „Abweichlerin" galt, mit den seit 1973 durchgesetzten Neuauflagen zu einem der meistgelesenen Bücher in der DDR. Elke Mehnert, die eine Studie über *Äsopische Schreibweise bei Autoren der DDR* vorgelegt hat, teilt darüber eine Selbsterfahrung mit: „Die Autorin hat zur Sprache gebracht, was mich bewegt hat. Über ihre Texte redend, konnte ich über tabuisierte Themen sprechen, ohne einer unmittelbaren Gefahr ausgesetzt zu sein."[36] Damit wird eine Funktion solcher Bücher unterstrichen, die man nicht gering schätzen sollte, wenn auch, wie Elke Mehnert voraussetzt, jeder Leser möglicherweise andere Leseerfahrungen macht. Aber die Möglichkeit, an einem „dritten Ort", nämlich an einem, den man selber wählt und an dem man mit sich allein sein kann, lesend mit einer Autorin Zwiesprache zu halten über anderswo nicht Sagbares, bleibt ein kostbares Gut, und der Gedanke von Elke Mehnert ist nicht so fern, hier geradezu von einem „konspirativen Treffpunkt zwischen Autoren und Lesern" zu reden. Nachdem schon Franz Fühmann den Mythos als einen solchen „dritten Ort" empfohlen hatte,[37] weil sich in seinem Namen gleichnishaft von sozialen wie von psychischen Realitäten und dabei doch in einer schützenden Distanz reden läßt, unternahm auch Christa Wolf den Schritt, aus der Perspektive und mit dem vielsagenden mythischen Hintergrund der antiken Seherin Kassandra die äußere und die innere Verfassung von Menschen diesseits und jenseits der deutsch-deutschen Mauer auszuleuchten.[38]

Wenn die Rückbesinnung auf die eigene Individualität auch unter DDR-Autoren zum Programm wird, so finden sie gerade damit unter ihren besonders gelagerten Verhältnissen den Anschluß an jene Lebenshaltung, die europäischen Schriftstellern seit zwei Jahrhunderten auch ohne Not als eine Art von Selbstverpflichtung vorschwebte. Nur sollte dabei nicht unbedacht bleiben, unter welchen immer neuen Konflikten das Schreiben selbst anerkannter Autoren wie Christa Wolf sich abspielte: In einem Vortrag vor Medizinern bekennt sie noch 1984, also nach ihrem Welterfolg mit *Kassandra*,

---

[36] Elke Mehnert: Äsopische Schreibweise bei Autoren der DDR. In: Zensur und Selbstzensur in der Literatur. Hg. von Peter Brockmeier und Gerhart R. Kaiser. Würzburg 1996, S. 267.

[37] Franz Fühmann: Das mythische Element in der Literatur. In: Erfahrungen und Widersprüche. Rostock 1975, S. 194 ff. – Dazu auch: Mehnert (Anm. 36), S. 270.

[38] Vgl. dazu auch Günter de Bruyn, der in seinen „Märkischen Forschungen" ausgerechnet angesichts der Berliner Mauer Erzählformen anspricht, die ihm den Weg öffnen, „den geringen Freiraum des Erlaubten etwas zu erweitern". Auch er kommt dabei anschließend auf metaphorische Schreibweisen zu sprechen. Darüber de Bruyn selbst: Der Einzelne und die Macht. Günter de Bruyn im Gespräch mit Frank Hafner am 5.5.1983 in Ulm. In: Günter de Bruyn. Materialien zu Leben und Werk. Hg. von Uwe Wittstock. Frankfurt a. M. 1991, S. 82 f. Am Ende dieses Gesprächs reklamiert de Bruyn auch dort ausführlich „eine Verteidigung des Individuums gegen die Ansprüche der Macht" (ebd., S. 89). – Dazu ausführlich Jork Gothart Mix: Vom großen Wir zum eigenen Ich. Schriftstellerisches Selbstverständnis, Kulturpolitik und Zensur im „real-existierenden Sozialismus" der DDR. In: Zensur und Kultur. Zwischen Weimarer Klassik und Weimarer Republik mit einem Ausblick bis heute. Hg. von John A. McCarthy und Werner von der Ohe. Tübingen 1995; speziell zu de Bruyn, S. 190 f.

ihre bare Angst und Versuchung zur Selbstzensur beim Schreiben über konfliktdrohende Themen: „ – immer dann ist Angst am Werke, meist die Angst vor zu weit gehenden Einsichten oder/und die Angst vor der Verletzung von Tabus."[39] Angst vor zu weit gehenden Einsichten – man hört die Christa T. im Selbstgespräch. Aber dieses Selbstbekenntnis Christa Wolfs ist nicht mit einem poetischen Kunstgriff aufzufangen. Denn tatsächlich muß sie noch im selben Jahr zugestehen, daß in der Ostauflage ihrer Frankfurter Vorlesungen über *Voraussetzungen einer Erzählung: Kassandra* alle Passagen gekürzt wurden, die das Atomwettrüsten der beiden Weltmächte nicht nur nach einer, sondern nach beiden Seiten kritisieren.[40]

Diese Angst, von der selbst eine in Ost und West so uneingeschränkt anerkannte Autorin wie Christa Wolf als ihrer ständigen Begleiterin spricht, ist tatsächlich die am tiefsten eingreifende Macht, über die eine Diktatur verfügt, um die Literatur innerhalb ihrer Grenzen zu beherrschen. Schon der Autor, der die Zensur seiner Arbeit befürchten muß, wird, wie Christoph Hein noch 1987 gesteht, „Selbstzensur üben und den Text verraten", und selbst für den Fall, daß er gegen die Zensur anschreibt, wird er „Verrat an dem Text begehen, da er seine Wahrheit unwillentlich und möglicherweise unwissentlich polemisch verändert".[41] Noch krasser hat Jurek Becker die schmerzhafte und bisweilen tödliche Tiefenwirkung dieser Angst aufgedeckt, als er auf die absoluten Verluste hinwies, die jeder Literatur unter einer Diktatur entstehen: „Das meiste von dem, was verboten ist, wird gar nicht erst geschrieben [...]."[42]

Erst wenn diese nicht absehbaren Verluste eingerechnet sind, ist voll zu ermessen, in welchem Maße herrschende Diktaturen die Literatur in ihren Grenzen verkümmern lassen. Schließlich bleibt es bei allen direkten und indirekten Maßnahmen zur Regulierung der Schriftsteller auch eine Generationenfrage, wie leicht oder schwer das vielköpfige Kontrollsystem von Partei, Staat und Schriftstellerverband auf dem einzelnen Autor lastete. Man mag die Inszenierung der Prenzlauer Berg-Connection für zugelassen oder gar

---

[39] Christa Wolf: Die Dimension des Autors II. Berlin, Weimar 1986, S. 271. Vgl. Manfred Jäger: Das Wechselspiel von Selbstzensur und Literaturlenkung in der DDR. In: „Literaturentwicklungsprozesse". Die Zensur der Literatur in der DDR. Hg. von Ernest Wichner und Herbert Wiesner. Frankfurt a. M. 1993, S. 22.

[40] Vgl. Christa Wolf: Kassandra. Vier Vorlesungen und Eine Erzählung. Berlin, Weimar: Aufbau-Verlag, 1983. – Christa Wolf: Voraussetzungen einer Erzählung: Kassandra. Frankfurter Poetik-Vorlesungen. Darmstadt, Neuwied: Luchterhand, 1983. Unter den sieben Passagen mit insgesamt 62 Zeilen, die im Text des Aufbau-Verlags mit der Angabe [...] ausgelassen sind, findet sich eine, die ausdrücklich auf die „frei Schaffenden" eingeht, die „anders denken als reden, anders reden als schreiben". Die weggekürzte Stelle lautet: „sie für ihren Teil, da sie erkannt habe, daß Zensur und Selbstzensur kriegsfördernd seien; da sie sich klargemacht habe, daß wir die Zeit nicht haben, unsere ‚eigentlichen' Bücher auf später zu verschieben – sie habe aufgehört mit dem Reden und Schreiben mit gespaltener Zunge ... " (S. 109 der Luchterhand-Ausgabe).

[41] Christoph Hein in einem Redebeitrag zum X. Schriftstellerkongreß am 4. 12. 1987. In: Vaterland, Muttersprache (Anm. 23), S. 399.

[42] Jurek Becker in: Der Spiegel, 3. 3. 1980. In: Vaterland, Muttersprache (Anm. 23). S. 396.

geplant halten – ihre Aussteiger-Mentalität löst einen Konflikt, der für die Älteren lebenswichtig wurde, nahezu in Luft auf, und ihre Verse und Prosastücke heben sich schon seit der Mitte der achtziger Jahre von der bis dahin in der DDR vorherrschenden Literatur weiter ab als von den Schreibspielen und den multimedialen Experimenten ihrer Altersgenossen in anderen Gegenden Europas. Und dennoch hat „Angst" auch dort ihren Ort. Diese Erfahrung seiner Generation hält der in Prag geborene Jan Faktor als den ersten seiner *Sechzehn Punkte zur Prenzlauer-Berg-Szene* fest: „Angst, war in der DDR offensichtlich auch dort präsent, wo sie kein Thema war und ausdrücklich auch kein Thema sein sollte. Die Angst arbeitete unterschwellig ohne Zweifel auch in denen, die von ihr nichts wissen wollten und die erst mal aus ganz anderen Gründen nicht auf politische Konfrontation mit der Macht aus waren."[43]

VII. Die feine Trennungslinie zwischen Machtopportunismus und Kunstautonomie

Die These, daß Diktatur *alle* Kunst deformiert oder instrumentalisiert, trifft auch hier zu. Indessen gibt es auch eine neue Wachheit, die aus den letzten Jahren der DDR hinüberreicht in die keineswegs schrankenlose Freiheit der Literatur nach der Vereinigung. Durs Grünbein schrieb zu dem Streit, der sich zwischen Wolf Biermann und Sascha Anderson entspann, einen Artikel unter der Überschrift *Im Namen der Füchse*, in dem er die gegenseitige politische Zensur der Autoren aufs Korn nimmt. Sein Plädoyer richtet sich nun auch gegen die Durchsetzung ästhetischer Theorien mit politischen Argumenten. Und dabei führt er die alte These von der Kunstautonomie gegen beide Streithähne ins Feld: „Gewiß, es gibt einen Unterschied zwischen Gestapo und Rilke. Die feine Trennungslinie zwischen Machtopportunismus und Kunstautonomie herauszufinden ist eine, nur eine der Hausaufgaben des artistischen Eigensinns, in jeder Gesellschaft, in unendlich vielen Zwangslagen". Unversehens richtet sich da bei Grünbein, zwischen der „Larmoyanz vergeßlicher Kollaborateure" und dem „verbalen Maschinengewehrrattern" Wolf Biermanns, ein neues Verständnis auf für „die anthropologische Einsamkeit Hölderlins, die Verlassenheit Mandelstams (,Ich bin ein Chinese'), die Verächtlichkeiten Büchners. Das *No one to talk to* ist das Fazit jeder feinhörigen Poesie."[44]

Man könnte sorgenfrei aus dem Schatten heraustreten, den die europäischen Diktaturen zwölf, zwanzig oder vierzig Jahre über die in ihren Grenzen entstandene Literatur und deren Autoren geworfen haben, wäre ein

---

[43] Jan Faktor: Sechzehn Punkte zur Prenzlauer-Berg-Szene. In: MachtSpiele. Literatur und Staatssicherheit. Hg. von Peter Böthig und Klaus Michael. Leipzig 1993, S. 91.
[44] Durs Grünbein: Im Namen der Füchse. Gibt es eine neue literarische Zensur? In: MachtSpiele (Anm. 43), S. 327 f.

derart unbekümmerter und geistvoll geschriebener Rückgriff auf die ehrwürdigen Maximen einer autonomen Kunst die hinreichende Lösung auch für alle Herausforderungen der Zukunft. Nicht zu vergessen ist, daß um 1800 eine solche Autonomie noch vielfach absolutistischen Verhältnissen abgetrotzt war. Sie heute ungeprüft zu reklamieren, heißt womöglich auch, jene Maximen zu übersehen, die in der Vorstellung vom Schriftsteller als dem „Gewissen der Nation" etwas prahlerisch angehäuft, aber doch bedenkenswert waren. Der freie Entschluß, nicht nur für sich, sondern auch im Namen der anderen zu reden, die eine Stimme nötig haben, wäre in einer Zukunft, in der immer mehr Menschen verschiedener Herkunft, Kultur und Sprache auf engem Raum zusammenleben müssen, ein Vorsatz, der dem Spiel mit den Wörtern und ihren Bedeutungen neues Gewicht geben kann. So entwirft beispielsweise Elke Erb für alle, die hinsehen wollen, ein gemeinsames „Schuldgefühl" ohne allen Gewissenszwang: „Man hat den Mond angebissen. Er hängt am Himmel. Vielleicht sieht es keiner. Vielleicht halten sie ihn für unangebissen – ".[45] Auch die Erde hat man angebissen. Da gibt es viel zu tun und, weil die Schuld schon an den Tag tritt, auch viel zu schreiben.

EIN SCHULDGEFÜHL

NUR WEIL DIE SCHULD

AN DEN TAG TRITT

                Man
                 hat de
                  n Mond
                   angebiss
                    en. Er h
                     ängt am
                      Himmel. V
                      ielleicht
                      sieht
                      es
                      k
                     ein
                    er. V
                   ielleicht
                  halten sie
                 ihn für una
              ngebissen –

DA IST

---

[45] Elke Erb: Ein Schuldgefühl. In: Kastanienallee. Texte und Kommentare. Berlin, Weimar o. J. (1987), S. 17. – Unveränderter Nachdruck Salzburg, Wien 1988.

Sebastian Kleinschmidt

Ideenherrschaft als geistige Konstellation

Zwang und Selbstzwang literarischer Loyalität
in sozialistischen Diktaturen

I. Revolution und Identifikation

Das Wort Diktatur zählt in der Sprache der Politik nicht zu den wertneutralen Begriffen. Was jedermann weiß, wenn er auch sonst nichts weiß, ist, daß Diktaturen Formen von Zwangsherrschaft sind, die auf Angst beruhen und sich und anderen die Wahrheit verschleiern, die Wahrheit über die Lügen inbegriffen. Im allgemeinen fällt es daher schwer, sie aus freiem Willen zu bejahen. Zugleich dulden sie nicht, daß man sie verneint. Eben deshalb lehrt die Erfahrung, daß sie verhindert werden müssen, ehe sie errichtet sind. Ist eine Diktatur erst ausgebaut, hat sie auch alle Möglichkeiten, dafür zu sorgen, daß sie nicht beseitigt werden kann.

Des unschönen Wortes wegen erlauben Diktaturen normalerweise nicht, daß man sie so nennt. Es ist eine Orwellsche Welt. Der polnische Dichter Alexander Wat äußerte einmal: „Der Verlust der Freiheit, die Tyrannei, den Mißbrauch, den Hunger hätten wir leichter ertragen können, wären wir nicht gezwungen gewesen, sie Freiheit, Gerechtigkeit, das Wohl des Volkes zu nennen".[1] Es gehört zum Wesen der modernen Diktatur, daß man sie, im Gegensatz zur antiken, erst nach ihrem Untergang als das bezeichnen darf, was sie ist. – Doch nicht nur das. Ein Wort steht ja zu der Sache, die es benennt, nicht nur nach Art eines Etiketts, sondern es ist auch Schlüssel, um ins Innere zu gelangen. Und so wird ein jeder auch feststellen, wie viel ihm verborgen war, solange er den Schlüssel nicht besaß. Geologie studiert man am Tage nach dem Erdbeben, heißt es.

Vergleichbares gilt für das Verhältnis von Literatur und Diktatur. Nicht daß, wie die Sicherheitsapparate der Macht etwa, die Literatur dem Eisberg glich, der nur zu einem Zehntel aus dem Wasser ragt. Durchaus nicht. Sie war präsent, jedenfalls im Prinzip, und lagerte nicht in verschlossenen Schubladen hinter geheimen Türen. Und doch stellen sich auch hier nach dem Beben andere Fragen als vorher.

Eine dieser Fragen ist, warum es, jedenfalls in der DDR, über vier Jahrzehnte, von Ausnahmen abgesehen, diese nach außen hin fast durch nichts

---

[1] Alexander Wat: My Century: The Odyssey of a Polish Intellectual. Berkeley 1990, S. 173.

zu erschütternde Loyalität der Schriftsteller zum Staat gegeben hat. Eine Loyalität, die auch unter den Bedingungen einer nach und nach relativ autonom werdenden Literatur Bestand hatte. Ja, selbst im Protest noch, wie der Wortlaut der Petition gegen die Ausbürgerung Biermanns vom November 1976 bezeugt.[2]

Was lag dieser Loyalität zugrunde? Sie muß mehr als nur äußere Motive gehabt haben, denn allein durch Druck von der einen und wohlverstandene Taktik von der anderen Seite, die es natürlich zur Genüge gab, ist sie nicht zu erklären. Es muß in der Sache selbst eine wirkliche Identifikation gegeben haben. Aber worin bestand sie? Schließlich hat sie doch etwas Rätselhaftes in ihrer Dauer; denn wie man die Dinge auch dreht und wendet, es war am Ende Loyalität gegenüber einem Staatswesen, von dem Manès Sperber sagte, daß es „der radikalste Feind der geistigen Freiheit war".[3]

Hermann Heller, sozialdemokratischer Rechtsgelehrter, Gegenspieler Carl Schmitts, schreibt in seiner 1934 posthum erschienenen *Staatslehre*, Augustinus paraphrasierend: „ohne Festellung einer Sinnfunktion der spezifisch staatlichen Macht ist diese weder von einer Räuberbande noch von einem Kohlen-Kartell oder einem Kegelklub zu unterscheiden".[4]

Diktaturen von links sind in der Regel Folge von Revolutionen, also eines beabsichtigten und offen erklärten Bruchs mit der überkommenen Staats- und Rechtsordnung zum Zwecke einer radikalen Veränderung der sozialen Rangordnung zu eigenen Gunsten. So etwas kann nur im Namen eines alles Bisherige für nicht mehr sinnvoll und daher für null und nichtig erklärenden neuen politischen Generalziels, das in Zeiten tiefgreifender Krise der gesellschaftlichen Autorität schlagartig resonanzfähig wird, unternommen werden. Für unser Wertgefühl nun scheint ein großer Unterschied zwischen den Worten Diktatur und Revolution zu bestehen. Das eine schreckt ab, das andere zieht an. „Damals war die Revolution noch nicht die gesetzlich angetraute Ehefrau, die das vom Gesetz garantierte Monopol eifersüchtig hütete. Die Revolution war eine junge Geliebte mit feurigen Augen, und ich war in

---

[2] „Wolf Biermann war und ist ein unbequemer Dichter – das hat er mit vielen Dichtern der Vergangenheit gemein. – Unser sozialistischer Staat, eingedenk der Worte aus Marxens ‚18. Brumaire', dem zufolge die proletarische Revolution sich unablässig selber kritisiert, müßte im Gegensatz zu anachronistischen Gesellschaftsformen eine solche Unbequemlichkeit gelassen nachdenkend ertragen können. – Wir identifizieren uns nicht mit jedem Wort und jeder Handlung Biermanns und distanzieren uns von Versuchen, die Vorgänge um Biermann gegen die DDR zu mißbrauchen. Biermann selbst hat nie, auch nicht in Köln, Zweifel daran gelassen, für welchen der beiden deutschen Staaten er bei aller Kritik eintritt. – Wir protestieren gegen seine Ausbürgerung und bitten darum, die beschlossene Maßnahme zu überdenken." Erstunterzeichner des von Stephan Hermlin initiierten offenen Briefes waren: Sarah Kirsch, Christa Wolf, Volker Braun, Franz Fühmann, Stephan Hermlin, Stefan Heym, Günter Kunert, Heiner Müller, Rolf Schneider, Gerhard Wolf, Jurek Becker und Erich Arendt. Zit. nach: Wolfgang Emmerich: Kleine Literaturgeschichte der DDR. Erweiterte Neuausgabe. Leipzig 1996, S. 254.
[3] Manès Sperber: Vorwort zu: Jürgen Rühle: Literatur und Revolution. Die Schriftsteller und der Kommunismus in der Epoche Lenins und Stalins. Frankfurt a. M., Olten, Wien 1987, S. 23.
[4] Hermann Heller: Staatslehre. Hrsg. v. Gerhart Niemeyer. Leiden 1934, S. 203.

sie verliebt",⁵ schrieb Jewgeni Samjatin, ein Autor, der sich nichts hat vormachen lassen, über die russische Revolution von 1905. Solche Worte wären über eine Diktatur undenkbar. Dennoch hat Diktatur ihre Wurzel in der Revolution, und zwar in gelungener Revolution, von dorther kommt ihre „Sinnfunktion".

Sehen wir näher hin. 1937 veröffentlicht Heinrich Mann unter dem Titel *Verwirklichte Idee* zum 20. Jahrestag der Oktoberrevolution einen Artikel in der Moskauer Zeitschrift *Internationale Literatur*.

> „Glaubwürdig wird versichert", schreibt er, „daß die Sowjetunion mehr Gedrucktes liest als irgendein anderes Land. Das entspricht allerdings der Richtung eines Staates, der seine Menschen nicht wie Tiere hochzüchten will. Vielmehr gedenkt er sie zu einem besseren, gefestigten Menschentum hinanzuführen. Damit der Fortschritt, jeder Fortschritt, ob ökonomisch oder kulturell, Dauer erhält, müssen viele und endlich die meisten Menschen fähig werden, zu erkennen, Selbstkritik zu üben, ihresgleichen zu begreifen; sie müssen ein begründetes Urteil über das Gemeinwohl erwerben. Eine öffentliche Meinung muß frei und offen zur Geltung kommen, ohne daß es darum erlaubt oder auch nur erwünscht wäre, den Staat selbst anzugreifen. Ein Staat, der nicht mehr gegen, sondern für den Menschen und sein Glück besteht, braucht keinen Angriff und verdient ihn nicht. Das ist besonders für Schriftsteller, als Denker und als öffentliche Personen, kein Schade, sondern ein wahrer Segen. Wir haben unser Leben lang so sehr gelitten unter Staaten, die gegen uns bestanden, gegen unsere Erkenntnis, gegen unser vernünftiges Wissen um das, was gerecht und menschlich wäre. Endlich unternimmt ein Staat, aus den Menschen das zu machen, was wir schon immer wollten: vernünftige Wesen, die allesamt arbeiten für das Glück jedes einzelnen, und aus jedem einzelnen soll etwas Höheres und Besseres werden innerhalb einer Gesamtheit, die sich weiter vervollkommnet. Zu wissen, daß es einen solchen Staat gibt, macht glücklich".⁶

Es geht hier nicht darum, das in diesen Worten gezeichnete Bild der Sowjetunion mit den bitteren Realitäten jener Jahre zu konfrontieren, sondern darum, den Kern der Identifikation mit dem neuen Staat, die ein Einverständnis mit seiner Sinnfunktion darstellt, deutlich zu machen. Heinrich Manns Fürsprache offenbart sich als metapolitische Ideen-Bejahung, als Konsequenz einer gleichsam anthropologischen Wertewahl und allerletzter moralphilosophischer Prinzipienentscheidung, die im Rausch des Bekennens umstandslos zur Affirmation aller ihrer institutionellen Verkörperungen gerät. Die Wonnen des Gutheißens gelten der großen Erzählung, der großen Vision, die der revolutionäre Staat zu verwirklichen erklärt. Mit Marx' berühmten Worten von 1844: „Die Kritik der Religion endet mit der Lehre, daß der Mensch das höchste Wesen für den Menschen sei, also mit dem kategorischen Imperativ, alle Verhältnisse umzuwerfen, in denen der Mensch ein erniedrigtes, ein

---

⁵ Zit. nach Jewgeni Samjatin: Aufsätze, Autobiographie, Brief an Stalin. Nachwort von Karlheinz Kasper. Leipzig 1991, S. 157.
⁶ Heinrich Mann: Verwirklichte Idee. In: ders.: Verteidigung der Kultur. Antifaschistische Streitschriften und Essays. Berlin 1973, S. 436 f.

geknechtetes, ein verlassenes, ein verächtliches Wesen ist".[7] Umwerfen der Verhältnisse heißt Umstürzen der auf Privateigentum gegründeten bürgerlichen Konkurrenz-Gesellschaft als ein System nicht nur geschichtlich nicht länger zu rechtfertigender sozialer Ungerechtigkeit, sondern auch tiefgreifender menschlicher Selbstentfremdung. Das ist die eine Seite des welthistorischen Auftrags. Die andere lautet kommunistischer Neuaufbau der Gesellschaft im ganzen. Positive Aufhebung des den Menschen mit sich und anderen entzweienden Privateigentums, Reintegration des durch Arbeitsteilung zerstückelten menschlichen Wesens und Emanzipation der durch Klassenunterdrückung verkümmerten menschlichen Natur; also: volle Entfaltung aller Qualitäten und Vermögen und bewußte Rückeroberung ursprünglicher Gemeinschaftlichkeit durch nunmehr freie und geistig reiche Individuen.

> „Dieser Kommunismus", schreibt Marx, „ist als vollendeter Naturalismus gleich Humanismus, als vollendeter Humanismus gleich Naturalismus, er ist die wahrhafte Auflösung des Widerstreites zwischen dem Menschen mit der Natur und mit dem Menschen, die wahre Auflösung des Streits zwischen Existenz und Wesen, zwischen Vergegenständlichung und Selbstbetätigung, zwischen Freiheit und Notwendigkeit, zwischen Individuum und Gattung. Er ist das aufgelöste Rätsel der Geschichte und weiß sich als diese Lösung".[8]

Das ist nun nicht schlechthin ein Plan, die Grundprobleme der modernen Menschheit zu lösen, sondern das ist das Versprechen, die Antagonismen menschlicher Existenz zu überwinden. In solcher Verheißung steckt, nach einem Wort Ernst Blochs, der theologische Glutkern der Lehre. Es ist fürwahr utopisches Urgestein, Utopie hier aber nicht mehr im Sinne der überlieferten literarischen Gattung und ihrer traditionellen Intention, eben jener „Anzüglichkeit aus der Ferne" (Gadamer),[9] deren Zweck nicht Zukunftsplanung, sondern Gegenwartskritik war. Das Charakteristische der Marxschen Utopie ist die entschiedene Wendung ins Konstruktive, ihr Telos der Verwirklichung, der tatsächliche Praxisbezug im Sinne eines Entwurfs positiver Handlungsziele. Daher die philosophische Radikalität, der Messianismus in dem, was preisgegeben, und in dem, was in Aussicht gestellt wird. Ein renaissancehafter, prometheischer Traum vom endlich menschengemäßen Leben auf Erden, den einzulösen die Geschichte jetzt und hier erstmals auf die Tagesordnung setzt. Die Geschichte, deren bis dato unerkannte Bewegungsgesetze die neue Wissenschaft aufgedeckt hat. Konsequenterweise faßt Marx im vollen Bewußtsein der Tragweite seiner Antizipationen den Kommunismus als das Ende der bisherigen Geschichte und als Beginn der nun mit Wissen und Einsicht vollzogenen wirklichen Geschichte der Menschheit auf.

---

[7] Karl Marx: Zur Kritik der Hegelschen Rechtsphilosophie. Einleitung. In: Marx Engels Werke. Bd.1. Berlin 1957, S. 385.
[8] Karl Marx: Ökonomisch-philosophische Manuskripte (1844). In: Marx Engels Werke. Ergänzungsband, Erster Teil. Berlin 1973, S. 536.
[9] Hans-Georg Gadamer: Vernunft im Zeitalter der Wissenschaft. Aufsätze. Frankfurt a. M. 1991, S. 67.

Daß von einer solchen Vision moralische Impulse, intellektuelle Anziehungskraft und Inspiration ausgingen, gerade für Schriftsteller, braucht nicht zu verwundern. Es liegt in der Natur des Ganzheitsbezugs des menschlichen Geistes, daß er empfänglich ist für Identifikationsmöglichkeiten mit dem Allgemeinen, dem Allgemeinen als einem wahrhaft Gemeinsamen und alle Verbindenden. Der sozialistische Gedanke hat diesem Bedürfnis eine mächtige Stimme gegeben. Sie ist von vielen gehört worden, von einigen mit Erschrecken, von den meisten mit Begeisterung.

Doch solange der Kommunismus nur im Buche steht, ist er auch nur ein Wollen, und die Weisheit des Properz, „In großen Dingen genügt es, auch nur gewollt zu haben", gehört nicht zu seinen Maximen. Marx war in erster Linie Revolutionär, und er hätte mit Hegel gesagt, daß die Lorbeeren des bloßen Wollens trockene Blätter sind, die niemals gegrünt haben. So geschieht es also, ist die Situation einmal gegeben, daß die Utopie zum Werkzeug der Revolution und die Revolution zur Ankunft der Utopie gerät. Mit der Oktoberrevolution 1917 in Rußland ist der Fall eingetreten.

Daß die tatsächliche Revolution, im Unterschied zur bloß vorgestellten, einen Kompromiß erzwingt zwischen Utopie und historischer Wirklichkeit, ist unvermeidlich. Denn es genügt bekanntlich nicht, daß der Gedanke zur Verwirklichung drängt, die Wirklichkeit muß sich selbst zum Gedanken drängen, und sie tut dies selbstverständlich in der Form, in der sie als geschichtlich vorgefundene gegeben ist.

Man weiß, die siegreiche russische Revolution mündete schon nach kurzer Zeit, bereits unter Lenin, in die despotische Einparteienherrschaft der Bolschewiki, später in eine alles umfassende totalitäre Diktatur Stalins. Nach 1945 breitete sich das System über ganz Ost- und Südosteuropa, das halbierte Deutschland, China, Nordkorea, Vietnam und Kuba aus. Die sozialistischen Länder haben sich bis ans Ende ihrer Existenz offiziell zum Marxschen Programm des Kommunismus bekannt.

Unter dem Aspekt der geistigen Konstellation der Diktatur ist nun entscheidend, daß die Revolution die Ideen, in deren Namen sie gesiegt hat, nach dem Machtwechsel institutionalisiert, und zwar als Machtinstrument der neuen Autorität. Der Marxismus, einschließlich seiner Leninschen Zusätze, wird zu Ideologie des neuen Staates. Die Philosophie bekommt amtlichen, bindenden Charakter. Und da der neue Staat, ganz anders als alle Staaten zuvor, die Gesellschaft beherrscht, läuft dies auf organisierte Verstaatlichung des gesamten öffentlichen Denkens hinaus. Der Gesellschaft wird in allen ihren Gliederungen ideologische Homogenität, eine jedwede Differenz im Politischen rigoros ausschließende Geschlossenheit aufgezwungen, die nur ein anderes Wort für Kollektivierung des Bewußtseins ist. Indoktrination, Gleichschaltung, Überwachung und Zensur sind die logische Folge. So installiert sich schließlich die Alleinherrschaft der sozialistischen Idee als Weltanschauungsmonopol auf Wahrheit, als konkurrenzlose ideokratische Diktatur, die überall den Boden bereitet für geistigen Inzest großen Stils. Alles geschieht fortan im Namen historischer Gesetze, eines unausweichlichen Klassenkampfs, wissenschaftlich stichhaltig begründeter Erkenntnis, im Namen von Moral, Fortschritt und Freiheit. Ja, auch Freiheit, denn Freiheit ist das Vermögen zum Guten, *libertas est propensio in bonum*.

Diese Totalisierung der Ideologie begann nicht erst mit Stalin, wenngleich sie unter ihm erst allgemeine terroristische Ausformung und Vollendung erfuhr. Schon Lenin formuliert die zu durchgreifender Machtinstrumentalisierung nicht nur einladende, sondern auffordernde Theorie der Parteilichkeit, die nur ein Entweder-oder, ein Für-uns oder Gegen-uns erlaubt, und jede dritte Position ausschließt. Brechts *Gewehre der Frau Carrar* wurde nicht nur interpretiert, das wurde gelernt. Das Gewehr von der Wand zu nehmen, wurde als Gebot verinnerlicht, und Friedrich Wolfs *Professor Mamlock* war vor allem wegen der Aussage Schulstoff: „Du kannst zwischen den Stühlen nicht sitzen!" Als Reifeprüfung galt, sich entschieden zu haben, und zwar zweifelsfrei, anders als im Christentum, in dem ja Zweifel und Befragung zulässig, sogar geboten sind.

Bürgerliche oder sozialistische Ideologie – ein Mittelding gibt es nach Lenin nicht: „Darum bedeutet jede Herabminderung der sozialistischen Ideologie, jedes Abschwenken von ihr zugleich eine Stärkung der bürgerlichen Ideologie".[10] Wer wen? wird zur Haupt- und Staatsfrage aller Kultur und Wissenschaft, aller Politik und Philosophie, zum Kern einer Buch und Welt ausdeutenden Hermeneutik des Widerlegens. Im eigenen Lager betreibt man „Sammlung von Sinn", im Lager der Andersdenkenden „Übung des Argwohns".[11] Bildung, die Fähigkeit also, Gesichtspunkte anderer denken zu können, gerät generell unter Verdacht.

Daß damit äußerst geistlosem Manichäismus Tür und Tor geöffnet ist, versteht sich. Und nicht irgendwo, sondern überall: im Kindergarten wie in der Schule, auf der Universität, an den Akademien, in der Presse, natürlich vor allem in der Partei selbst. Die eigene Sache besitzt alle Attribute des Positiven, Wahrheit, Humanität, Progressivität, die gegnerische ausschließlich negative, allem voran Unwissenschaftlichkeit, die es zurückzuweisen gilt. Ein Staat gewordenes Jesuitenseminar, in seinen komischen Zügen ganz wie bei Buñuel:

> „Auch an den Philosophieunterricht kann ich mich erinnern, in dem unser Lehrer uns mit mitleidigem Lächeln die Lehren des armen Kant erklärte. Zum Beispiel wies er uns nach, wie jämmerlich sich Kant in seinen metaphysischen Schlußfolgerungen geirrt hatte. Wir schrieben emsig mit. In der nächsten Stunde rief der Lehrer dann einen Schüler auf und befahl: ‚Mantécon! Widerlegen Sie Kant!' Wenn der Schüler Mantécon seine Lektion gut gelernt hatte, dauerte die Widerlegung keine zwei Minuten".[12]

Neben naiver Wahrheitsgewißheit ist auf diese Weise natürlich auch ein unerschütterlicher Moraldämonismus, eine Art moralischer Besessenheit, in die Fundamente des Staates gegossen. Er selbst verkörpert das Gute, wer und

---

[10] W.I. Lenin: Was tun? In: Lenin Werke. Bd.5. Berlin 1960, S. 395 f.
[11] Die Unterscheidung stammt von Paul Ricoeur. Vgl. ders.: Die Interpretation. Ein Versuch über Freud. Frankfurt a. M. 1974.
[12] Luis Buñuel: Mein letzter Seufzer. Erinnerungen. Berlin 1984, S. 38.

was sich ihm entgegenstellt das Böse. Und Böses gilt es auszumerzen. Sozialismus oder Barbarei, lautete eine der berühmtesten Kurzfassungen dieser Art zu denken. Das Schicksal der Kritik, ja überhaupt geistiger Freiheit war damit besiegelt, die einzig mögliche Form von Loyalität diktiert. Rosa Luxemburgs Satz, daß Freiheit immer auch die Freiheit Andersdenkender sei, kommt auf den sozialistischen Index, Parteilichkeit wird Verfassungsprinzip. Und so geschieht es, daß jede soziale, politische, historische, kulturelle, philosophische, moralische, ja ästhetische Gegebenheit offiziell unter diesem Schema betrachtet wird. Auch Schriftsteller, keineswegs unmaßgebliche, befolgten den Grundsatz. Brecht notiert 1941:

> „wann wird die Zeit kommen, wo ein realismus möglich ist, wie die dialektik ihn ermöglichen könnte? schon die darstellung von zuständen als latente, balancen sich zusammenbrauender konflikte stößt heute auf enorme schwierigkeiten. die zielstrebigkeit des schreibers eliminiert allzu viele tendenzen des zu beschreibenden zustandes, unaufhörlich müssen wir idealisieren, da wir eben unaufhörlich partei nehmen und damit propangandieren müssen".[13]

Es ist Zwang und Selbstzwang in einem. Kolakowski hat ihn am tiefsten gesehen. „Erpressung mit der einzigen Alternative" lautet seine Diagnose. Als psychologisch-philosophische Methode ist sie bis zur finalen Implosion des Realsozialismus ein wesentliches, wenn auch zum Ende hin etwas kraftlos gewordenes Element seiner Ideenherrschaft geblieben.

> „Tatsächlich ging der Stalinismus", schreibt Kolakowski, „immer so vor, daß er Situationen schuf, in denen jede Kritik an ihm objektiv und automatisch zu einer Befürwortung der Reaktion, zu einer Solidaritätserklärung für den Imperialismus der kapitalistischen Welt wurde. Der Stalinismus machte jede soziale Kritik dadurch wirkungslos, daß er sie ständig in eine konterrevolutionäre Position umzudeuten versuchte. Daher waren die am weitesten links stehenden Kräfte, also diejenigen, die den kommunistischen Ideen am nächsten standen, immer Gegenstand seiner wütendsten und brutalsten Angriffe. [...] Das ist nicht weiter verwunderlich. Seit Jahrhunderten weiß man, daß die Scheiterhaufen vor allem für die Häretiker bestimmt sind und nicht für die Heiden; Bücher von Nichtkatholiken stehen nur selten auf dem Index der katholischen Kirche. Jener besondere und wohlbekannte mitleidlose Haß, mit dem beinahe jede Organisation, die eine politische Ideologie besitzt, ihre Häretiker, Dissidenten, Apostaten oder Renegaten verfolgt, überwiegt hundertfach die leidenschaftliche Ablehnung der unzweifelhaften und anerkannten Feinde. Dieser Haß ist ein leicht zu erklärendes Produkt solcher sozialen Beziehungen, in denen eine politische oder religiöse Organisation zum Selbstzweck wird, obwohl sie ursprünglich, im Bewußtsein ihrer Schöpfer, nur als Werkzeug gedacht war".[14]

Damit kommen wir zum geistigen Grunddilemma linker Ideokratie. Jeder neuen Generation marxistischer Intellektueller fiel früher oder später der

---
[13] Bertolt Brecht: Arbeitsjournal 1938-1955. Berlin, Weimar 1977, S. 150.
[14] Leszek Kolakowski: Der Mensch ohne Alternative. Von der Möglichkeit und Unmöglichkeit, Marxist zu sein. München 1964, S. 70.

unüberbrückbare Abgrund zwischen der Vision von Marx und der Wirklichkeit der neuen Gesellschaft ins Auge. Das Festhalten an der Idee, das Anklammern an die ‚gute Sache' erlaubte Kritik an der Realität und an der sie stützenden offiziellen Ideologie jedoch nur vom Standpunkt dieser Idee. Und damit war der Kritiker in der Zwickmühle. Einerseits war diese Kritik die gefährlichste und insofern gefürchtetste, andererseits war sie angesichts der koexistierenden bürgerlichen Welt ständig gezwungen, ihre Verbundenheit mit der sozialistischen zu beteuern. So verblieb man also ‚geistlich' und moralisch im selben Kreis und war infolge der berühmten Angst vorm Beifall von der falschen Seite auch immer wieder aus dem Kreis heraus ideologisch unter Druck zu setzen. Das Resultat ist ein dauernder innerer Zwiespalt, lauter Gedanken, die einander anklagen und rechtfertigen, wie Paulus im Römerbrief von der Gewissensnot sagt.

Hier zeigt sich das Muster der Reformation. Reformation protestiert gegen die falsche Theokratie im Namen der wahren. In der DDR ist, von Ausnahmen abgesehen, der Großteil der kritischen Intellektuellen, Schriftsteller und Künstler in diesem Muster verblieben. Rudolf Bahro, für den das damals auch galt, schrieb 1977:

> „Reformation erreicht vielleicht nicht unbedingt, aber sie beabsichtigt immer Rekonstruktion, Wiederherstellung und Regeneration, Wiedergeburt ist also wesentlich ‚positiv', nicht selten jedoch mit letztlich konservativer Konsequenz wie beim Luthertum. Es ist eine Konstante jeglicher Kirchenorganisation, daß ihre Reformation von ihren gläubigen Ketzern ausgeht: Den Tempel zerstören, um ihn schöner wieder aufzubauen; die Wechsler austreiben, damit sich wieder die Gläubigen einfinden können".[15]

Nur wenige in der DDR allerdings haben furchtlos wie einst Luther in diese Richtung gewirkt, nur wenige haben den versteinerten Verhältnissen ihre eigene Melodie vorgesungen und sie dadurch zum Tanzen gezwungen wie Havemann, Biermann oder Bahro. Das erste und schwierigste ist immer: unerschrocken aussprechen, was ist. Die zähe Übereinkunft der allgemeinen Schönrederei aufkündigen. Der Gegenwart ein Wahrheitsverhältnis zu sich selbst zurückgewinnen. Und damit auch zur Vergangenheit. Denn noch niemals lag Vergangenes so im Dunkeln wie ausgerechnet bei denen, die gerade die Geschichte zum Zeugen ihrer Wahrheit bestimmt hatten. Hier das Schweigen zu brechen bedurfte es wahrlich des Mutes der Furchtlosen. Er bleibt entscheidend für jedweden geistigen Befreiungsakt unter diktatorischen Verhältnissen, denn Diktaturen beruhen auf Angst, sind Fortsetzung der Politik mit den Mitteln der Angst. Ihr Ziel ist es, überall die Wahrheit des Wirklichen auszublenden. Dies trägt durchaus Früchte, nicht nur, weil die Ausblendung in beträchtlichem Ausmaß gelingt, sondern auch insofern, als das plötzliche Begegnen der Wahrheit für den Menschen ein angstvolles Zusammenzucken bewirkt, da er, wie Manès Sperber sagt, sich ihrethalben

---

[15] Rudolf Bahro: Die Alternative. Zur Kritik des real existierenden Sozialismus. Köln, Frankfurt a. M. 1977, S. 412 f.

„von all jenen Hoffnungen entfernen muß, die ein Stück seiner seelischen Landschaft sind".[16] Die diffizilste aller Freiheiten ist die Angstfreiheit. Sie wächst nur denen zu, die durch die Angst hindurchgegangen sind, die sie kennen und überwunden haben.

Vor allem hierin liegt das lutherische Moment im Wirken der radikalen reformsozialistischen Opposition. Aber anders als die Minorität der Havemann, Biermann und Bahro wollten die meisten der an Reform Interessierten es in Melanchthons Art versuchen, gemäßigt, leise und leisetretend, stets darauf bedacht, nicht allzusehr aus dem Kreis des offiziellen Gesellschaftsvertrags herauszutreten. Dennoch war man dankbar, daß es sie gab. Denn die übrigen, und das war die Mehrzahl, hielten es mit ‚Papst und Kurie', glaubenstreu oder jedenfalls gehorsam, solange es geboten war.

So schließt sich der Kreis. Das Geheimnis der Loyalität des Geistes gegenüber der Macht, der Kultur gegenüber dem Staat, liegt, wenn sie nicht bloße Anpassung oder Heuchelei war, in der moralischen und philosophischen Identifikation mit der Utopie, der sozialistischen Idee an sich, der ‚gerechten Sache', dem „Einfachen, das schwer zu machen ist", wie es bei Brecht zum Lobe des Kommunismus heißt. Diese Billigung ist nicht allein rational begründet, schon gar nicht wie ein skeptisch Schritt für Schritt durch Argumente erarbeiteter Standpunkt, zumal niemand ernsthaft Versuche unternahm, die Marxsche Lehre aus Prinzip einer kritischen Prüfung zu unterziehen, das heißt: auch ihre Gegner unbefangen und der Wahrheit verpflichtet studierte oder gar externe Alternativen zum System erwog. Die Identifikation war zu großen Teilen guten Glaubens, naiv, gefühlsbetont, gestützt von Wünschen und Sehnsüchten, Legenden und Traditionen. Aber auch von Unwissenheit, Vorurteilen, Opportunismus und Ressentiments. So wurde sie, alles in allem besehen, schließlich nicht nur zur Quelle immanenter ‚protestantischer' Kritik, sondern, so paradox es klingt, zugleich zu einer Quelle des Unvermögens zum Widerstand, zum Selbstzwang einer letztlich wenn auch noch so schmerzvollen Rechtfertigung.

Der Zusammenhang, um den es hier geht, ist von Norbert Elias analysiert worden:

> „Ganz allgemein kann man sich aus Unterdrückung durch Widerstand oder durch Auflehnung gegen den Unterdrücker befreien. Aber das ist nur möglich, wenn Untertanen über ein integriertes Gedanken- und Wertesystem verfügen, das sich dem ihrer Herren [...] entgegensetzen läßt. Wenn ihr Gedanken- und Wertesystem mehr oder weniger mit dem der Herren identisch ist, wenn ihr eigenes Gewissen und Wir-Ideal auf der Seite der Unterdrücker steht, können sich die negativen Komponenten ihrer Gefühlseinstellung zu jenen nicht direkt und offen äußern. Die Spannungen und Konflikte zwischen Untertanen und Herren, zwischen Unterdrückten und Unterdrückern werden zu inneren Spannungen und Konflikten der Beherrschten und Unterdrückten selbst. Hände, die sich

---

[16] Manès Sperber: Die erhabene Heuchelei der Ideologie. In: Theo Faulhaber, Adelbert Reif: An den Grenzen der Ratio. Conturengespräche. München 1988, S. 15.

sonst vielleicht gegen die Herren erhoben hätten, werden gelähmt. Die durch Unterdrückung produzierte Feindseligkeit wird ohnmächtig und unerlebbar. Der hauptsächliche Schauplatz des Kampfes verschiebt sich vom zwischenmenschlichen auf das innermenschliche Feld".[17]

Der ‚Protestantismus' der reformsozialistischen Kritik an der realsozialistischen Macht befand sich in einer solchen Lage. Die Kontrahenten standen im selben Wir-Ideal. Die Identifikation mit der Idee, der Idee des Sozialismus, einem Wunschbild, dem es an Generosität nicht gebrach, wird so auch zur Quelle von Verblendung. Es ist eine Form von Blendung durch das Ziel. Als solche wird sie dem Geblendeten erst im Scheitern einsehbar. Das ist kein blitzhaftes Erkennen, eher ein auch seelisch schwieriges Losreißen aus Bindungen, ein allmähliches, schmerzhaftes Lernen. Wie das ewige Brot der Philosophie, das auf dem Feld der Niederlage wächst.

Was aber wird aus der Idee? Ist sie nun ein toter Hund, für immer begraben, oder ein Wiederauferstehungskandidat, sobald nur etwas Zeit vergangen ist?

1937 schrieb Manès Sperber: „Eine Idee ist verloren, zutiefst entwertet, sobald ihre Anhänger keine Möglichkeit mehr haben, was mit ihr und in ihrem Namen geschieht, zu kontrollieren, gutzuheißen oder zu verwerfen".[18]

Dennoch gibt es Leute, die glauben, mit dem Ende der mißglückten Verwirklichung werde der Idee früher oder später ihre ursprüngliche Kraft und Vernünftigkeit zurückzugewinnen sein, denn nun sei sie wieder frei von den Hypotheken einer falscher Applikation.

Wie steht es, zum Schluß gefragt, also mit dem Vernunftgehalt der Utopie? Alle Utopie lebt vom Ändern-Dürfen und vom Ändern-Wollen der Welt. Dabei beruft sie sich auf noble Ideen der Aufklärung, nämlich die Perfektibilität des Menschen und die Konstruktibilität der Welt. Das Leitmotiv heißt Rousseau, die optimistische Anthropologie: Also die Auffassung, daß der Mensch von Natur aus gut sei und daß es lediglich von den gesellschaftlichen Einrichtungen herrühre, wenn er dem Bösen verfällt. Da das Böse nur Resultat verkehrter sozialer Institutionen ist und mit diesen verschwinden würde, gehören diese Verhältnisse umgeworfen. Und damit muß dann ins Werk gesetzt werden, was Popper „holistic social engineering"[19] nennt, die Technologie des Neubaus der Gesellschaftsordnung von Grund auf.

Das magische Zentrum der Utopie ist die Idee einer Welt, die sich ausschließlich aus ihren positiven Elementen zusammensetzen läßt, der Glaube an ein vom Prinzip her konfliktfreies Wertesystem, die Vorstellung, daß es allseitig gesegnete, nichts als Erfüllung versprechende Verhältnisse geben könne, und daß, wie Hans Jonas sagt, der in solche Verhältnisse gestellte Mensch so gut sein werde wie sie, da sie es ihm erlaubten. Es ist der Traum vom eigentlichen Menschen, der erst kommen wird, weil er unter den bis-

---

[17] Norbert Elias: Studien über die Deutschen. Frankfurt a. M. 1989, S. 489.
[18] Manès Sperber: Die Tyrannis und andere Essays aus der Zeit der Verachtung. München 1987, S. 91.
[19] Vgl. Karl Popper: Die offene Gesellschaft und ihre Feinde. Bd.1. Tübingen 1992, S. 187.

herigen Gegebenheiten noch nicht kommen konnte.[20] Eine Art in die Zukunft gelegte Selbstvergötterung des Menschen.

> „Hier", bemerkt Jonas gegen Ernst Bloch, „steckt der Grundfehler der ganzen Ontologie des Noch-Nicht-Seins und des darauf gegründeten Primats der Hoffnung. Die schlichte und weder erhebende noch niederdrückende, aber allerdings in ehrfürchtige Pflicht nehmende Wahrheit ist, daß der ‚eigentliche Mensch' seit je da war – in seinen Höhen und Tiefen, in seiner Größe und seiner Erbärmlichkeit, seinem Glück und seiner Qual, seiner Rechtfertigung und seiner Schuld – kurz, in aller von ihm unzertrennlichen Zweideutigkeit. Diese selbst beheben wollen heißt den Menschen in der Unergründlichkeit seiner Freiheit aufheben wollen".[21]

Es geht in dieser zentralen Frage nicht mehr darum, ob das Menschenbild der optimistischen Anthropologie ein realisierbares Ideal ist oder eine nicht zu verwirklichende Utopie, sondern darum, daß hier ein tiefgreifender Irrtum in der Auffassung vom Menschen vorliegt.

Die sozialistische Ideenherrschaft, aufragend auf diesem Grunde, ist anthropologisch auf Sand gebaut. Insofern könnte sein, daß der Zusammenbruch des Kommunismus ein philosophisches Ereignis ist.[22] Denn philosophisch nennt man Ereignisse, die uns zwingen, unser Bewußtsein zu berichten.

II. Ästhetische Differenz und Distanz

Überall und immer hat Kunst die Fähigkeit besessen, von den Fehlern dieser Welt zu profitieren. In der sozialistischen Diktatur profitiert sie folglich von den Fehlern im System der Ideenherrschaft. Das fängt bei der einfachen Tatsache an, daß Literatur ja nicht gezwungen ist, ihre Verallgemeinerungen auf den unzweideutigen Begriff zu bringen, sie verkörpert keine Glaubenssätze oder Lehrmeinungen, ist keine Inszenierung von Ideen, keine Allegorie des Argumentierens. Unter den Bedingungen eines ideologischen Monopols können literarische Werke daher schon durch bloße Schilderung des Lebens, wie es ist, spektakuläre Wahrheitseffekte erzielen. Geringfügig abweichende politische Akzentuierungen führen zu enormen Wirkungen. Aber nicht jede Meuterei ist Kunst. Um so schwieriger die Frage, ob die Künste aus der Zensur nicht auch Gewinn gezogen haben. Nicht daß sie ihnen gefallen hätte. Wir alle erinnern uns noch an Christoph Heins Worte von vor 1989: „Die Zensur ist überlebt, nutzlos, paradox, menschenfeindlich, volksfeindlich, ungesetzlich und strafbar".[23] Aber hat Goethe unrecht, wenn er sagt, Zensur

---

[20] Vgl. Hans Jonas: Das Prinzip Verantwortung. Frankfurt a. M. 1984, S. 314.
[21] Ebd., S. 381 f.
[22] So der Titel eines Vortrags, den Leszek Kolakowski auf dem XVI. Deutschen Kongreß für Philosophie 1993 in Berlin gehalten hat.
[23] Christoph Hein: Diskussionsgrundlage für die Arbeitsgruppe IV „Literatur und Wirkung" auf dem X. Schriftstellerkongreß der DDR vom 24. bis 28. November 1987 in Berlin. Zit. nach: ders.: Als Kind habe ich Stalin gesehen. Essais und Reden. Berlin, Weimar 1990, S. 81.

lehre gut zu schreiben? Ernst Jünger pflichtete ihm bei, Zensur verfeinere den Stil. Borges ist noch entschiedener: „Die Zensur ist die Mutter der Metapher". Es handelt sich bei diesen Autoren keineswegs um Masochisten, nur wissen sie aus eigener Erfahrung, wie sehr Kunst ein Versuch ist, aus unerträglichen Spannungen Erlösung zu schaffen. „Große Literatur, große Gedanken", sagt George Steiner, „gedeihen unter Druck".[24]

Man hat die Frage aufgeworfen, ob geschlossene Gesellschaften eine Zensur haben, weil das Wort des Schriftstellers in ihnen mehr Gewicht besitzt, oder ob es die Zensur ist, die dem Schriftstellerwort dieses Gewicht verleiht. Man kann es offen lassen. In jedem Fall bewirkt Zensur, und das ihr entsprechende Klima allumfassender ideologischer Wachsamkeit, eine eigene Ästhetik, ja, sie lockt sie hervor. Es ist die Ästhetik der Anspielung. Sie hat es zu großen Werken gebracht, denkt man an Bulgakows *Meister und Margarita*. Auch aus der DDR-Literatur ließen sich Theaterstücke und Erzählungen nennen: Heiner Müllers *Philoktet*, Volker Brauns *Großer Frieden* oder Christa Wolfs *Kein Ort. Nirgends*. Es sind, auch über die genannten Werke hinaus, sehr verschiedene Standpunkte, die sich hier artikulieren. Gemeinsam ist ihnen die geistige Distanz zum offiziellen Selbstbild von Staat und Kultur, die Intention auf künstlerische Wahrheitserhellung in einer Welt des politischen Selbstbetrugs und der allgemeinen gesellschaftlichen Heuchelei.

Mit dem Namen Christa Wolf verbindet sich der Einspruch des Gewissens, die moralische Differenz. Mit dem Volker Brauns der Einspruch der Idee, die utopische Differenz. Bei Heiner Müller vertieft sich der Abstand. Sein Werk ist Symbol für die Persistenz der Tragödie im Handeln derer, die angetreten waren, sie geschichtlich zu überwinden.

Differenz und Distanz sind Fluchtpunkte der Ästhetik der Anspielung. Sie ist keine Ästhetik des Widerstands, aber doch ein Schutzraum der Freiheit. Der Freiheit zum Abstand. Abstand gewinnen ist nicht wenig in einem politischen System, dessen Wesen die Vereinnahmung ist. Die Kunst der Anspielung ist die Methode, sich ihr zu entziehen, ohne den Kurs des offenen Widerstands einzuschlagen. Es ist die Kunst indirekter Spiegelungen, die Kunst der Orts- und Zeitversetzung, des geborgten Gewandes und der geliehenen Zunge, die Kunst verschlüsselter Sprache und die Kunst, zwischen den Zeilen zu sprechen. Ihre Wirkung liegt darin, daß das Publikum selbst etwas dazu beitragen muß, um den vollen Sinn zu erschließen, vorausgesetzt, daß es die Anspielungen und ihre Feinheiten versteht.

Die Poetologie der Allusion ist alt, und sie hat viele Formen und Gattungen, aber immer ist sie ein Spiel der Freiheit mit der Unfreiheit. Diese Spannung ist ihr Reiz, der Charme ihres äsopischen Wesens. Sollte man sie darum eine Sklavensprache nennen? Gewiß, Äsop war ein Sklave, und der römische Dichter Phädrus sagte über ihn und seine Art zu reden:

---

[24] George Steiner: Gespräch mit Ronald A. Sharp. In: Sinn und Form 49 (1996) H. 3, S. 370.

> Jetzt sei, weshalb die Fabel man erfand,
> noch kurz berichtet. Der bedrängte Sklave, der
> was er wollte, nicht zu sagen wagte,
> barg seines Herzens Meinung in der Fabel ...

Was wäre literarisch von Äsop wohl geblieben, hätte er ‚uncodiert' gesprochen, gewissermaßen ‚Klartext'? Es hätte der Fabel nicht mehr bedurft. Offene Rede hätte der bedrängten Seele freien Lauf gegeben und alles Oszillieren der Bedeutung, das unbestimmte Bestimmte, die verdeckten Entsprechungen, das ganze schöne Spiel des Hintersinns als Ballast literarischer Umschreibung abgeworfen. So wäre der Sinn des Redens zwar genau gewesen, aber doch ohne Geheimnis, endlich und ohne Genuß. Anspielung hingegen, mag sie durch Unfreiheit erzwungen sein, erschöpft sich nicht so leicht. Ihr in der Schwebe gehaltener Bezug zur Welt ermöglicht der poetischen Struktur, auch in wechselnden Kontexten sich eine besondere Verweiskraft zu bewahren.

III. Was bleibt von der Literatur der verlorenen Welt?

Damit ergibt sich die Frage, was aus den Anspielungen wird, wenn das, worauf sie gerichtet waren, ausgespielt hat. Die Welt sozialistischer Ideenherrschaft ist verloren gegangen, mit ihr die Bevormundung des öffentlichen Bewußtseins und so auch die Zwinge, die Literatur und Gesellschaft in geistiger Spannung hielt.

Was also wird aus der Literatur der verlorenen Welt? Was bleibt von ihr? Zunächst sollte nicht vergessen werden, wie sehr die Fixierung aufs Politische und Moralische den Blick auf die Literatur verstellt. Literatur bringt mehr zur Sprache als eine wie auch immer geartete Ansicht zur politischen und moralischen Ordnung der Dinge. Das Entscheidende am Kunstwerk überschreitet diese Perspektive, weil der Mensch selbst sie überschreitet. Literatur, die diesen Namen verdient, führt Ewig-Menschliches vor Augen, veranschaulicht Seinsbestimmungen, die unter allen Staatsformen gedeihen; die unerschöpflichen Variationen der immer wieder neuen Erfahrung des Lebens, eines jeden Kindheit, Jugend, Reife. Macht, Ohnmacht. Hoffnung, Verzweiflung. Altern, Liebe und Tod und noch einiges mehr. „Die wahre Resonanz ist die Unveränderlichkeit der menschlichen Natur und der Menschlichkeit inmitten aller Veränderungen",[25] sagt der Philosoph Hans-Georg Gadamer.

Ob und was von der Literatur einer untergegangenen Welt bleibt, entscheidet sich im Wiederlesen. Joseph A. Schumpeter, Wirtschaftstheoretiker, definiert Größe als Wiederauferstehung:

> „Die meisten Schöpfungen des Verstandes oder der Phantasie entschwinden für ewig nach einer Frist, die zwischen einer Stunde nach dem Essen und einer Generation variieren kann. Einige jedoch nicht. Sie tauchen wohl unter, doch sie

---

[25] Hans-Georg Gadamer: Rainer Maria Rilke nach fünfzig Jahren. In: ders.: Gedicht und Gespräch. Frankfurt a. M. 1990, S. 86.

kehren zurück, und sie kehren zurück nicht als unerkennbare Elemente des Kulturerbes, sondern in ihrem eigenen Kleid und mit ihren persönlichen Wunden, die man sehen und berühren kann. Diese Schöpfungen dürfen wir die großen nennen, – es ist kein Nachteil dieser Definition, daß sie Größe und Vitalität miteinander verbindet".[26]

Bleiben wird also, was im Wiederlesen wiederaufersteht, weil es sich in neuer und an neuer Wirklichkeit bewährt, nicht historisch als Gedächtnis für Vergangenes, sondern lebendig, als ursprüngliche Wahrnehmung von Gegenwart. Kriterium des Bleibens ist, was stets Kriterium für Qualität und damit auch Dauer war, die innere Potenz des Kunstwerks zu wandelbarer Vergegenwärtigung, zur Metamorphose seines Sinns. Gadamer, dessen Hermeneutik ja um solche Fragen kreist, hat sehr schön bemerkt, daß ein Werk „sich bewahrt, weil es sich selber deutet; was also derart sagend ist, daß es nicht eine Aussage über ein Verschollenes ist, ein bloßes, selbst noch zu deutendes Zeugnis von etwas, sondern das der jeweiligen Gegenwart etwas so sagt, als sei es eigens ihr gesagt".[27]

---

[26] Joseph A. Schumpeter: Kapitalismus, Sozialismus und Demokratie. Tübingen 1987, S. 17.
[27] Hans-Georg Gadamer: Wahrheit und Methode. In: ders.: Gesammelte Werke. Bd. 1. Tübingen 1990, S. 294 f.

Herta Müller

Die rote Blume und der Stock

Auf den Sitzungen, mit denen die Leute in der Diktatur einen großen Teil ihrer Zeit zubrachten, zeigte sich das klarste Bild des Sprechens in der überwachten Gesellschaft Rumäniens. Wahrscheinlich nicht nur dieser Diktatur. Alles Halbauthentische, jeder persönliche Hauch, jedes individuelle Fingerzucken waren bei den Rednern aus der Welt geschafft. Ich sah und hörte austauschbaren Figuren zu, die sich vom einzelnen Menschen weg, in die glatte Mechanik einer politischen Position begeben hatten, um der Karriere zu entsprechen. In Rumänien wurde alle Ideologie des Regimes durch den Personenkult Ceaușescus gebündelt. Mit der gleichen Methode, wie mir im Kindesalter der Dorfpfarrer die Angst vor Gott in den Kopf setzen wollte, verbreiteten die Funktionäre ihre sozialistische Religion: Was du auch tust, Gott sieht dich, er ist endlos und überall. Das zigtausend Male ins Land gestellte Porträt des Diktators wurde unterstützt durch die Berieselung mit seiner Stimme. Durch stundenlange Übertragungen seiner Reden im Rundfunk und Fernsehen sollte diese Stimme als Kontrolle jeden Tag in der Luft liegen. Diese Stimme war jedem im Lande so bekannt wie das Rauschen von Wind oder fallendem Regen. Ihr Sprachduktus, ihre begleitende Gestik war so bekannt wie die Stirnlocke, die Augen, die Nase, der Mund des Diktators. Und das Wiederkäuen der immerselben, gestanzten Fertigteile war so bekannt wie die Geräusche alltäglicher Gegenstände. Die Wiederholung der Fertigteile garantierte die Anerkennung beim Reden nicht mehr ganz. Daher gaben sich die Funktionäre bei ihren öffentlichen Auftritten Mühe, die Gestik Ceaușescus nachzuahmen. Der oberste Sprecher des Regimes hatte vier Schulklassen absolviert und nicht nur Probleme mit komplexeren Inhalten und der einfachsten Grammatik. Er hatte zusätzlich eine Sprachstörung. Beim Wechsel von Vokalen und schnellen Aufeinanderfolgen von Konsonanten blieb ihm die Zunge hängen, er nuschelte. Von dieser Sprachstörung versuchte er durch kleingehacktes, gebellartiges Silbensprechen und ständiges Händeflattern abzulenken. Deshalb brachte die Nachahmung seiner Sprechweise eine besonders auffällige, tragisch-lächerliche Verzerrung der rumänischen Sprache mit sich.

Ich sagte damals oft, die jüngsten Funktionäre im Land seien die ältesten. Denn sie schafften die Imitation des Diktators ohne Anstrengung, wie es schien, und perfekter als die älteren. Natürlich hatten sie diese auch nötiger, ihre Karriere hatte erst angefangen. Aber nachdem ich mit Kindergartenkindern zu tun hatte, blieb mir die Meinung nicht erspart, daß die Jungfunktionäre gar nicht imitierten. Sie waren es selber, sie hatten gar keine andere, eigene Gestik.

Ich war zwei Wochen Kindergärtnerin und merkte, daß die Imitation Ceaușescus schon bei Fünjährigen unübersehbar war. Die Kinder waren versessen auf Parteigedichte und patriotische Lieder, und die Landeshymne. Ich kam an diesen Kindergarten nach längerer Arbeitslosigkeit infolge der Entlassungen aus der Fabrik und einigen Schulen, die mich alle nicht mehr nahmen wegen: „Individualismus, Nichtanpassung ans Kollektiv und Fehlen sozialistischen Bewußtseins." Das Unterrichtsjahr hatte längst angefangen, ich sollte eine an Gelbsucht erkrankte Kindergärtnerin, mit deren Genesung nicht so schnell zu rechnen war, vertreten. Ich dachte mir, als ich die Stelle annahm, so schlimm wie in den Schulen könne es nicht sein. Ein bißchen Kindheit werde es in diesem Staat ja noch geben, die leere, gleichmäßige Zerstörung durch Ideologie könne man bei so Kleinen nicht anwenden, da gäbe es noch Bausteine, Puppen oder Tänze. Auch hatte ich überhaupt kein Geld, aber Schulden und Wohnungsraten, die jeden Monat bezahlt werden mußten. Ich wußte, in die Abhängigkeit einer Mieterin sollte man in meinem Fall nicht gelangen. Denn jeder Vermieter hätte mich bei der ersten Drohung durch den Geheimdienst auf die Straße gesetzt. Ich hing am Tropf meiner Mutter, einer LPG-Bäuerin, die viel schuften mußte, um mich über Wasser zu halten.

Die Kindergartendirektorin führte mich an meinem ersten Arbeitstag zu meiner Gruppe. Als wir die Klasse betraten, sagte sie fast kryptisch: „Die Hymne." Automatisch stellten sich die Kinder in einen Halbkreis, preßten die Hände kerzengerade an die Schenkel, streckten die Hälse lang, richteten die Augen nach oben. Es waren Kinder von ihren Tischchen aufgesprungen, aber im Halbkreis standen und sangen Soldaten. Es wurde mehr geschrieen und gebellt als gesungen. Auf die Lautstärke und Körperhaltung schien es anzukommen. Der Hymne war sehr lang, hatte in den letzten Jahren etliche Strophen hinzugewonnen. Ich glaube, sie hatte zu der Zeit ihre Sieben-Strophen-Länge erreicht. Ich war nach längerer Arbeitslosigkeit nicht auf dem Laufenden, den Text der neuen Strophen kannte ich gar nicht. Nach der letzten Strophe löste sich der Halbkreis auf, tobend, kreischend wurden aus den Strammstehern wieder Unbändige. Die Direktorin nahm einen Stock aus dem Regal: „Ohne den geht es nicht", sagte sie. Dann flüsterte sie mir ins Ohr und rief vier Kinder zu sich. Ich solle sie mir ansehen, sagte sie, und schickte die vier auf ihre Plätze zurück. Dann weihte sie mich in die Funktionen ihrer Eltern oder Großeltern ein. Ein Junge war sogar der Enkel des Parteisekretärs, da müsse man besonders aufpassen, meinte sie. Er dulde keine Widerrede, und man müsse ihn auch in Schutz nehmen vor den anderen, was immer er anstelle. Dann überließ sie mich der Gruppe. Im Regal lagen an die zehn Stöcke, bleistiftdicke, lineallange Baumzweige. Drei davon waren zerbrochen.

Draußen schneite es an diesem Tag die ersten großen, zerzausten Flocken, die liegen blieben in diesem Jahr. Ich fragte die Gruppe, welches Winterlied sie gerne singen möchten. Winterlied, sie kannten keines. Dann fragte ich nach einem Sommerlied. Sie schüttelten die Köpfe. Dann nach einem Frühlings- oder Herbstlied. Endlich schlug ein Junge ein Lied übers Blumenpflücken vor. Sie sangen von Gras und Wiese. Also doch ein Sommerlied, dachte ich, auch wenn es diese Einteilung hier nicht gibt. Kurz darauf war es soweit: Nach der ersten Sommerstrophe steuerte das Lied in der zweiten auf den Personenkult zu. Die schönste, rote Blume wurde dem geliebten Führer geschenkt. In der dritten Strophe freute der Führer sich und lächelte, weil er zu allen Kindern im Land der Beste war.

Die Einzelheiten der ersten Strophe, die Wiese, das Gras, das Blumenpflücken wurden in den Köpfen gar nicht nachvollzogen. Das ganze Singen, vom ersten Wort an, klang fiebrig, es trieb die Kinder in Eile. Sie sangen immer lauter, bellender, schneller, je näher das Schenken der Blume und das Lächeln des Führers im Text kamen. Dieses Lied, das dem Sommer eine Strophe gönnte, verbot das Nachvollziehen der Landschaft, in der es seinen Anlauf nahm. Aber genauso verbot es das Nachvollziehen des Schenkens. Ceaușescu hielt zwar oft Kinder auf dem Arm, doch wurden diese vorher tagelang in ärztlicher Quarantäne gehalten, um eine Krankheitsübertagung auszuschließen. Das Lied forderte geistige Abwesenheit beim Singen. Sie hatte alles, was im Kindergarten geschah, im Griff.

Ich kannte einige Winterlieder aus meiner eigenen Kinderzeit. Das einfachste war: „Schneeflöckchen, Weißröckchen". Ich sang, erklärte die Wörter, und daß jeder mal zusehen solle, wie der Schnee aus dem Himmel auf die Stadt fällt. Die kleinen Gesichter sahen mich verschlossen an. Das Staunen, das behütet, auch wenn es verängstigt, das durch poetische Bilder zusammengefaßte Hören und Sehen, das auch dort noch Halt gibt, wo es sentimental macht – es wurde mit Absicht von ihnen ferngehalten. Die Schönheit fallenden Schnees, die sich seit Menschengedenken individuell betrachten läßt, war kein Thema. Auch in diesem Bereich war das Land ausgestiegen aus der Geschichte der Gefühle. Es wurde verhindert, daß Sprachbilder wie „Weißröckchen" oder „du wohnst in den Wolken" die Kinderköpfe besetzten. Auch war das Schneelied diesen so früh Verführten zu still. Ihre Gefühlsregungen begannen erst beim Strammstehen und Bellen. Sich als Einzelner zu begreifen und von diesem Punkt aus die Details an sich und den Dingen auszuhalten, wie es zu einer zivilen Sozialisation gehört, das wurde nicht zugelassen. Diese Verhinderung an Persönlichem brachte es später in jedem einzelnen Leben soweit, daß man ihm in keiner Hinsicht gewachsen war. Und genau das wollte der Staat: Die Schwäche sollte an der Stelle beginnen, wo die eigene, zu dünne Haut sitzt. Die vom Regime angebotene Flucht aus der Schwäche war Anbiederung an die Stärke der Macht, Selbstverleugnung und Unterwürfigkeit als Chance zum Weiterkommen. Ein Sensorium, das sich selbst aufrichtet, das ohne diese Flucht zurechtkommt, sollte nicht enstehen können.

Ich sagte an diesem ersten Arbeitstag im Kindergarten, die Kinder sollen Mäntel, Mützen, Schuhe anziehen, wir gehen hinaus in den Hof, in den Schnee. Die Direktorin hörte Lärm im Kleiderraum. Sie riß ihre Bürotür auf. Es gehe um ein Schneelied, sagte ich, und warum solle ich den Kindern drinnen erzählen wie Flocken fallen. In einer halben Stunde seien wir wieder in der Klasse. „Was stellen Sie sich vor", schrie sie, „dieses Lied steht in keinem Programm." Wir mußten zurück in die Klasse. Spiele und Pause und Essen, dann wieder das Lied.

Am nächsten Morgen fragte ich als erstes, ob jemand den Flocken, die „in den Wolken wohnen" zugesehen habe. Da war ich das Kind, ich hatte es getan. Um mir Mut zu machen für den Tag, hatte ich mir auf dem Weg zur Arbeit das Lied sogar stumm in den Kopf gesungen. Verlegen fragte ich, ob sie sich an das Lied von gestern noch erinnern. Da sagte ein Junge: „Genossin, wir müssen zuerst die Hymne singen." Ich fragte: „Wollt ihr oder müßt ihr." Die Kinder riefen im Chor: „Ja, wir wollen." Ich fügte mich und ließ die Kinder die Hymne singen. Und wie am Vortag standen sie im Nu in ihrem Halbkreis, preßten die Hände an die Schenkel, streckten die Hälse, hoben die Blicke und sangen und sangen. Bis ich sagte: „Gut, jetzt versuchen wir das Schneelied zu singen." Da sagte ein Mädchen: „Genossin, wir müssen die Hymne ganz singen." Es wäre zwecklos gewesen, wieder nach dem Wollen zu fragen, ich sagte nur: „Dann singt sie ganz." Sie sangen die restlichen Strophen. Der Halbkreis löste sich auf. Alle, außer einem Jungen setzten sich an die Tischchen zurück. Der Junge kam auf mich zu, sah mir ins Gesicht und fragte: „Genossin, warum haben Sie nicht mitgesungen. Unsere andere Genossin hat immer mitgesungen." Ich lächelte und sagte: „Wenn ich mitsinge, dann höre ich nicht, ob ihr richtig oder falsch singt." Ich hatte Glück, der kleine Wächter war auf meine Antwort nicht gefaßt. Ich auch nicht. Er lief zurück an sein Tischchen. Er gehörte nicht zu den vier höheren Wesen der Gruppe. Für den Moment war ich auf meine Lüge stolz. Aber die Umstände, wie es zu dieser Lüge kommen mußte und gekommen war, nahmen mir für den ganzen Tag die Ruhe.

Ich ging jeden Morgen mit größerem Widerwillen in den Kindergarten. Die pausenlose Bewachung durch Kinderaugen lähmte mich. Mir war schon klar, eine bewußte Entscheidung für das Schneelied gegen die Parteilieder war bei Fünfjährigen nicht zu erwarten. Aber sie hätten ja ohne Komplizenschaft, unbewußt, instinktiv an dem Schneelied mehr Gefallen finden können als am Bellen und Strammstehen ihrer Lieder. Objektiv war es verboten den Kleinsten, Dreijährigen etwas Persönliches mitzugeben, aber subjektiv wäre es bei ihnen noch möglich gewesen. Bei den Fünfjährigen war es auch subjektiv unmöglich, es war zu spät. Das stand mir von Tag zu Tag kategorischer vor Augen. Der Mißbrauch menschlicher Substanz war verinnerlicht, er hatte süchtig auf seine Fortsetzung gemacht. Die Zerstörung war bei Fünfjährigen fertig geschehen.

Dies war die eine Hälfte der Tatsachen. Die andere Hälfte war der Stock. Alle Kinder, außer den höheren Wesen, in deren Herkunft ich zwecks Schonung eingeweiht worden war, zogen, egal wie und wann ich mich ihnen näherte, automatisch den Nacken ein. Ich hatte den Stock nicht in der Hand, aber sie waren so an Prügel gewöhnt, daß sie mit angstverzerrten Gesichtern zu mir schielten und bettelten: „Nicht schlagen, bitte nicht schlagen." Und jene, die nicht in Reichweite waren, riefen: „Jetzt kriegst du, jetzt kriegst du."

Ich benutzte den Stock kein einziges Mal. Die Folge davon: Ich konnte mir um Aufmerksamkeit bittend, erklärend, auch schreiend keine fünf Minuten am Stück Gehör verschaffen. Auch dafür war es zu spät. Der gewöhnlich gesprochene Wortlaut, egal in welcher Tonlage, war kein Verständigungsmittel. Der Trance des Phrasendreschens entsprach nur der Stock.

Diese Kinder versuchten, mich zu zwingen, ihr Bedürfnis nach Prügel zu stillen. Sie fühlten sich im Stich gelassen, hingen in hysterischer Leere, weil die Prügel nicht kam. Das Weinen unterm Stock war für sie das einzige, wodurch sie sich als Person spürten. Es hob sie heraus aus dem Kollektiv.

Im Vorbeigehen an halboffenen Türen der anderen Klassen hörte ich die Stöcke schlagen und krachen und die Kinder weinen. Für Direktorin und Kolleginnen, die prügelten und vielleicht noch mehr bei den Kindern, die weinen wollten, war ich aus demselben Grund unfähig: Für die einen nicht gewillt, für die anderen nicht imstande, den Stock zu benutzen.

Aber auch mir selber war ich immer weniger gewachsen. Nicht so werden wie die anderen, und nicht so bleiben können, wie ich war – dieser Zwiespalt war nicht zu lösen. Ich kündigte nach zwei Wochen.

Der gesprochene Wortlaut, der intuitiv im Kopf entsteht, durch den wir uns wie selbstverständlich aufeinander beziehen, ist nicht angeboren. Er kann gelernt oder verhindert werden. In der Diktatur wurde er bei Kindern durch Erziehung verhindert. Und bei Erwachsenen, wo er in Reminiszenzen vorhanden war, getilgt.

Carola Groppe

Widerstand oder Anpassung?

Der George-Kreis und das Entscheidungsjahr 1933

Hans Norbert Fügen stellte 1974 in einem Aufsatz – die Gegnerschaft vieler Georgeaner zur Weimarer Republik kommentierend – fest: „Hinter dem elitären Schleier des Kreises wird ein Moment der Übereinstimmung mit der Masse der deutschen Bevölkerung sichtbar. [...] die Opposition des George-Kreises vollzog sich nicht theoretisch-verbal, sondern durch und durch praktisch. Sie läßt sich klar aus der Struktur des Kreises ableiten, wo alles im tiefsten Sinne undemokratisch ist [...]. In seiner Struktur stellt der George-Kreis den Grundwiderspruch zur Weimarer Republik dar, denn er realisiert in allen Einzelheiten das Prinzip der persönlichen Moralität und stellt es dem bürgerlich-demokratischen Prinzip der institutionellen Legalität gegenüber".[1]

Waren die Mitglieder des George-Kreises tatsächlich via Kreiszugehörigkeit Anti-Demokraten? Läßt die interne Kreisstruktur gesicherte Rückschlüsse auf die politische Haltung der Kreismitglieder zu? Inwieweit verfolgten die Kreismitglieder wirklich politische Ziele? Diese Fragen lassen sich nicht beantworten, ohne die Vorgeschichte des Kreises, seine Entstehung im Kaiserreich und seine Hauptwirkungsphase zwischen 1910 und 1930 einzubeziehen. Das Jahr 1933 soll demgemäß als ein „Entscheidungsjahr" betrachtet werden, als das Jahr, in dem nicht nur die charismatische Mitte des Kreises, George, starb, womit dem Kreis sein zentrales Strukturmoment entzogen wurde, besonders, da der Tod zentraler, kreisgestaltender Protagonisten – Friedrich Wolters und Friedrich Gundolf – vorausgegangen war, sondern in dem der George-Kreis auch in seinem Selbstverständnis als Bildungselite – ausgedrückt in der Selbstbeschreibung als „Geheimes Deutschland" – stärker als andere Teile der Bevölkerung durch die jüdischen Kreismitglieder zu einer dezidierten Stellungnahme herausgefordert wurde. Das Jahr 1933 ist also – über die skizzierte Problemstellung hinaus – dazu angetan, als Hintergrund einer Deutung des George-Kreises zu dienen, um daran anschließend die Gesichtspunkte zu diskutieren, die zu einer möglichen Sympathie mit den Nationalsozialisten oder auch zu einer

---

[1] Hans Norbert Fügen: Der George-Kreis in der „dritten Generation". In: Wolfgang Rothe (Hrsg.): Die deutsche Literatur in der Weimarer Republik. Stuttgart 1974, S. 334-358, hier S. 354.

Ablehnung ihrer Bestrebungen geführt haben. Zugleich ist zu berücksichtigen, daß das Verhalten der Bevölkerung und damit auch der Georgeaner zu den Ereignissen im Jahr 1933 nicht nur aus der wissenden Perspektive des die folgenden Ereignisse Überblickenden (Weltkrieg und millionenfacher Mord an den Juden) beurteilt werden kann. Die Zeitgenossen mit den Ergebnissen einer umfassenden historischen Forschung, wie sie in den letzten Jahrzehnten z.B. von Hans Mommsen oder Eberhard Jäckel vorgelegt wurden, zu konfrontieren, ist ein problematischer Ansatz. Selbst bei Kenntnis des politischen Programms der Nationalsozialisten, welches zum Zeitpunkt der Machtübernahme noch keinesfalls als konkret bezeichnet werden kann, gingen viele Zeitgenossen nicht davon aus, daß militante politische Parolen auch zu Taten führen würden, schon deshalb nicht, weil man völkisches Gedankengut und faschistische Programme von vielen rechten politischen Splittergruppen und weltanschaulichen Bewegungen bereits kannte. Man mag dies angesichts des Verhaltens der nationalsozialistischen Schlägertrupps in den Straßen und an den Universitäten und angesichts der demagogischen Reden Hitlers und Goebbels' naiv finden; dennoch: für viele Zeitgenossen war die Machtübernahme zunächst – vor dem Hintergrund der chaotischen politischen Verhältnisse in der Weimarer Republik – mit der Hoffnung auf eine neue Ordnung in der Politik und auf eine Beendigung der wirtschaftlichen Depressionsphase und der Massenarbeitslosigkeit verbunden. Der „Fall" Max Kommerell ist das prototypische Beispiel eines solchen Denkens.

Der George-Kreis und das Jahr 1933 – diese Problemstellung ist weder mit Hinweisen auf vermeintlich rechte politische oder gar völkische Aussagen in Georges Spätwerk, d.h. seit dem *Siebenten Ring* (1907), so problematisch diese in sich selbst sein mögen, noch durch den Verweis auf die einige Jahre anhaltende Wertschätzung der Georgeschen Spätlyrik durch die Nationalsozialisten,[2] aber ebensowenig mit Hinweisen auf den Widerstand des 20. Juli 1944 unter der maßgeblichen Führung von Claus Schenk Graf von Stauffenberg, der in seiner Jugend zur dritten Kreisgeneration des George-Kreises gehörte, zu erledigen. Die Fragestellung erfordert vielmehr eine differenzierte, sozial- und ideengeschichtlich arbeitende Analyse, die die einzigartige soziale Formation „George-Kreis" vorsichtig in ihrer sozialen und geistigen Relevanz gewichtet und sie zugleich in einen größeren gesellschaftspolitischen Zusammenhang stellt. „Die Geschichte ist nicht Schwarz und Weiß, sein Grundmuster nicht das eines Schachbretts".[3] Eine so vorgehende Analyse wird jedoch kaum zu griffigen Thesen und Ergebnissen gelangen. Arbeiten, die diese vorweisen können, vernachlässigen entweder die Komplexität

---

[2] Vgl. Franz K. von Stockert: Stefan George und sein Kreis. Wirkungsgeschichte vor und nach dem 30. Januar 1933. In: Beda Allemann (Hrsg.): Literatur und Germanistik nach der „Machtübernahme". Colloquium zur 50. Wiederkehr des 30. Januar 1933. Bonn 1983, S. 52-89, hier S. 83 ff.

[3] Thomas Nipperdey: Deutsche Geschichte 1866-1918. Bd. 2: Machtstaat vor der Demokratie. 2. Auflage. München 1993, S. 905.

der Fragestellung oder haben gezielt die Wirkung ihrer Ergebnisse im Auge. Die hier vorgenommene gesellschaftspolitische und weltanschauliche Ortsbestimmung des George-Kreises vor dem Hintergrund der politischen Entwicklungen im Jahr 1933 erhebt keinen Anspruch auf eine vollständige Lösung des Problemkomplexes und begrenzt sich in diesem Zusammenhang auf die Darstellung des Verhaltens der Kreismitglieder; eine Untersuchung zum Wirkungspotential der Lyrik Georges und der Kreisschriften im Umfeld der nationalsozialistischen Ideologie wird damit ausgeschlossen.[4] Ebenfalls nicht diskutiert wird das Verhalten Georges zu den Ereignissen im Jahr 1933, das allenfalls spekulativ zu diagnostizieren wäre. Georges nur in den retrospektiven und mit bestimmten Wirkungsabsichten verfaßten Kreiserinnerungen wiedergegebene, ambivalent zustimmende bis ambivalent ablehnende Sentenzen zu der nationalsozialistischen Bewegung,[5] d.h. das Fehlen authentischer Aussagen zu den Ereignissen, sind kaum dazu angetan, seine Haltung zu kennzeichnen. Während in den Erinnerungsbüchern an der Mythisierung Georges gearbeitet wird, d.h. dessen Persönlichkeit und Überzeugungen im außerästhetischen Bereich auch dort nicht zu ermitteln sind, stellen sich die jeweiligen Kreismitglieder in den veröffentlichten und in den unpublizierten Briefwechseln, die ich im Stefan George-Archiv (Württembergische Landesbibliothek Stuttgart) einsehen konnte, wesentlich konkreter dar als George selbst, der auch in der internen Kreiskorrespondenz seine „private Seite" gleichsam unter Verschluß hält.[6]

Im folgenden Text soll von der zweiten und dritten Kreisgeneration die Rede sein,[7] von dem eigentlichen George-Kreis also, der sich nach dem Dichterkreis um die *Blätter für die Kunst* mit dem jungen Studenten der Literatur- und Kunstgeschichte, der Philosophie und Nationalökonomie Friedrich Gundolf und dem Niederschönhausener Akademikerkreis um Friedrich Wolters und Berthold Vallentin zwischen 1899 und 1907 formierte

---

[4] Vgl. zur Wirkungsgeschichte der Lyrik Georges sowie der Kreispublikationen exemplarisch Bodo Würffel: Wirkungswille und Prophetie. Studien zu Werk und Wirkung Stefan Georges. Bonn 1978, besonders S. 212 ff.; Klaus Landfried: Stefan George – Politik des Unpolitischen. Heidelberg 1975, S. 187 ff.; Stockert (Anm. 2), S. 52-89; als neueste Untersuchung, hier jedoch noch nicht berücksichtigt: Michael Petrow: Der Dichter als Führer? Zur Wirkung Stefan Georges im „Dritten Reich". Marburg 1995.

[5] Diese reichen von der eigenen „ahnherrschaft der neuen nationalen bewegung" (George an Morwitz vom 10.5.1933, zit. nach: Stockert [Anm. 2], S. 75) bis zu: „Glauben Sie ja nicht, daß es mir gut geht, wenn es meinen besten Freunden [den jüdischen Kreismitgliedern] so schlecht geht". Zit. nach: Kurt Hildebrandt: Erinnerungen an Stefan George und seinen Kreis. Bonn 1965, S. 232.

[6] Stefan Breuers These, mit dem George-Kreis sei es „wie mit den meisten Sekten. Während die Person des Gründers im Rampenlicht steht und relativ klar zu erkennen ist, bewegen sich die meisten Jünger im Dunkeln oder im Halbschatten", wendet diesen Tatbestand in sein Gegenteil. Stefan Breuer: Ästhetischer Fundamentalismus. Stefan George und der deutsche Antimodernismus. Darmstadt 1995, S. 62.

[7] Vgl. zur Generationeneinteilung im George-Kreis Hansjürgen Linke: Das Kultische in der Dichtung Stefan Georges und seiner Schule. München, Düsseldorf 1960. Textband, S. 141; Fügen (Anm. 1), S. 335.

und von ihrem zentralen Programm, der *Rekonstitution der Bildung.* Dazu ist es nötig, einen kurzen Exkurs über die *Konstitution des Bildungsprinzips,* d.h. der Bildungsidee und des Bildungssystems, durch die Dichter der Klassik, die Philosophen des deutschen Idealismus und durch pragmatische Bildungsreformer wie Wilhelm von Humboldt vorauszuschicken.

I. Zum Bildungsbegriff des frühen 19. Jahrhunderts

Der Bildungsbegriff des frühen 19. Jahrhunderts sah eine – im Kern des Individuums bereits angelegte – aktive Gestaltung zu einer umfassend gebildeten, reflektierten, einzigartigen Persönlichkeit vor; Bildung bezog sich immer auf den „ganzen" Menschen,[8] sollte ihm Zielperspektiven vorgeben, staatliche, regionale und konfessionelle Schranken überwinden und die politische Durchsetzung der bürgerlichen Gesellschaft fördern. Die Bildungsidee enthielt damit eine utopische Dimension, war ebenso wie die zur gleichen Zeit entwickelte klassische Ästhetik Anspruchs-, nicht Realitätsprinzip.

Das sogenannte älteste Systemprogramm des deutschen Idealismus von 1796/97, als dessen Verfasser heute Hegel – unter gedanklicher Mitwirkung von Schelling und Hölderlin – gilt, ist eines der wichtigsten und eindrucksvollsten Beispiele für die um 1800 emphatisch entwickelte Bildungsidee und – damit untrennbar verbunden – auch für die Grundlegung des Bildungssystems. Jede Metaphysik, so heißt es dort, fällt zukünftig in die Moral. Der Mensch wird zum handelnden Subjekt der Geschichte, die Ethik entwickelt sich als „vollständiges System aller Ideen", metaphysische Sinnorientierung wird abgelöst durch historische. Polemisch wird im Text eine Spannung erzeugt zwischen ständischer Gesellschaft auf der einen Seite und der als „erster", als grundlegender Idee entwickelten „Vorstellung von mir selbst als einem absolut freien Wesen" auf der anderen Seite.[9] Im Text heißt es: „Mit dem freien, selbstbewußten Wesen tritt zugleich eine ganze Welt – aus dem Nichts hervor – die einzig wahre Schöpfung aus nichts".[10] Der sich selbst gestaltende freie Mensch (die „einzig wahre Schöpfung aus nichts"), der gebildete Bürger, ist die Grundlage und Bezugsebene aller weiteren Argumentation. Gefordert wird die harmonische Ausbildung aller im Menschen liegenden Fähigkeiten, der Vernunft ebenso wie der Sinnlichkeit, anstelle einer funktionalen, standesbezogenen Ausbildung. „Die Poesie", so heißt es, „bekommt dadurch eine höhere Würde, sie wird am Ende wieder, was sie am Anfang war – Lehrerin der Menschheit".[11] Poesie ermöglicht für Hegel die

---

[8] Vgl. Reinhart Koselleck: Einleitung – Zur anthropologischen und semantischen Struktur der Bildung. In: ders. (Hrsg.): Bildungsbürgertum im 19. Jahrhundert. Teil 2: Bildungsgüter und Bildungswissen. Stuttgart 1990, S. 11-46, hier S. 21.

[9] Georg Wilhelm Friedrich Hegel: Das älteste Systemprogramm des deutschen Idealismus. In: Werke in 20 Bänden. Werke 1: Frühe Schriften. Frankfurt a. M. 1971, S. 234-236, hier S. 234.

[10] Ebd., S. 234.

[11] Ebd., S. 235.

harmonische Ausbildung aller menschlichen Vermögen, sie erlaubt ihre rationale Durchdringung wie die sinnliche Aufnahme ihrer Inhalte. Die Poesie besitzt daher im Systemprogramm die ästhetische Kraft, als Bildungsinhalt zur Ermittlung des Wahren zu verhelfen – die durch sie gebildeten Menschen finden zur „ganzheitlichen" Erkenntnis der nötigen Reformen des Gemeinwesens –, in ihr wird das Wahre zugleich auf einer höheren Ebene dargestellt. Vernunft und Sinnlichkeit, Wissenschaft und Dichtung müssen in einem neuen Gemeinwesen auf allen Ebenen einen Bund eingehen, sie müssen „in der Schönheit verschwistert sein".[12] So können nach Hegel „Aufgeklärte und Unaufgeklärte sich die Hand reichen", es „herrscht ewige Einheit unter uns".[13] Am Ende dieser als fortschreitender Bildungsprozeß gedachten Versöhnung von Gebildeten und Volk steht dann die freie, gleiche, brüderliche Staatsbürgergesellschaft, die zugleich zu einer nationalen Identität findet. Bildung wird zur zentralen Aufgabe des Einzelnen und des Staates, die neue Staatsbürgergesellschaft schafft den Bildungs- und Kulturstaat, die Dichter erhalten in ihm eine zentrale Bedeutung. Sie werden zu „Führern der Menschheit" in eine bessere Zukunft.

Diese komplexen Aufgaben wurden jedoch nicht allein dem Bildungsstreben des Individuums überlassen. Für die Reform der Gesellschaft zu einer Staatsbürgergesellschaft wurden Institutionen geschaffen, die die Bildung ermöglichten. Dies waren die aufeinander bezogenen Schulformen der unteren, mittleren und höheren Bildung und die Universität als Ort der wissenschaftlichen Bildung. Im Verlauf des 19. Jahrhunderts verlagerte sich die Aufmerksamkeit mehr und mehr von der Bildungsidee auf das Bildungssystem. Der gesamtgesellschaftliche Erfolg des deutschen Bildungssystems – zugleich Bedingung sozialen Aufstiegs und der sozialen Absicherung des Bürgertums – beruhte im besonderen auf den in ihm verliehenen Abschlüssen und deren Verzahnung mit dem öffentlichen Berufslaufbahnsystem (im Kaiserreich dann von Handel und Industrie weitgehend übernommen). Parallel zu dieser Entwicklung verlief die Spezialisierung in der Wissenschaft ab der Mitte des 19. Jahrhunderts, verbunden mit einer rasanten Ausdifferenzierung der Fächer und der zunehmenden Reduktion des allgemeinen, auf Bildung bezogenen Anspruchs. Der um die Jahrhundertwende 1900 so gescholtene Positivismus in den Geisteswissenschaften – Spezialisierung, „Biographismus" und Konzentration auf editorische Problemstellungen – hatte ab der Jahrhundertmitte mehr und mehr die philosophische Reflexion und die sachübergreifenden Synthesen verdrängt.

Bildungspolitisch brisant wurde diese Entwicklung aber erst zu dem Zeitpunkt, an dem die Institutionen der Bildung selbst in eine Krise gerieten, d.h. in den Phasen der sogenannten „Qualifikationskrisen",[14] die im späten

---

[12] Ebd., S. 235.
[13] Ebd., S. 236.
[14] Vgl. dazu ausführlich Detlef K. Müller: Qualifikationskrise und Schulreform. In: Zeitschrift für Pädagogik. 14. Beiheft 1977, S. 13-35.

19. Jahrhundert sukzessive alle akademischen Fächer erfaßten und auf die Abschlüsse im höheren Schulwesen zurückwirkten. Ganze Kohorten junger Akademiker standen zwischen 1880 und 1895/1900 und erneut ab 1925 vor weitgehend geschlossenen Arbeitsmärkten. Parallel zu dieser Entwicklung war ein ganzer Teil des Systems, die Geisteswissenschaften, in dem Maße in eine Legitimationskrise geraten, in dem die Naturwissenschaften nach der Jahrhundertmitte ihren wissenschaftlichen und gesellschaftlichen Siegeszug angetreten hatten. Die Qualifikationskrise des Systems und die Krise der Inhalte zwang zur Überprüfung der theoretischen Voraussetzungen. Hier setzt die Phase ein, die ich mit dem Begriff der *Rekonstitution* beschreibe und die zunächst zusammenfassend als Reflexion über die Ursprünge des Bildungsprinzips und über das Zusammenwirken von Bildungsidee und Bildungssystem, wie es in der Konstitutionsphase konzipiert worden war, bezeichnet werden kann. Diese Rekonstitutionsphase setzte in zwei Diskursfeldern parallel ein, im dichterischen Feld mit den elitären Bestrebungen der Ästhetizisten und im geisteswissenschaftlichen Feld mit den Reformbestrebungen Wilhelm Diltheys. Wissenschaftler wie Dichter griffen dabei zurück auf die im Bildungsbegriff um 1800 formulierte geistige Führungsposition der Dichter.

II. Die Rekonstitution der Bildung in Dichtung und Wissenschaft

Die in den Werken der Ästhetizisten um die Jahrhundertwende beschworene Krise des Verhältnisses von Individuum und Gesellschaft und die damit verbundene Krise der Gestaltung eben dieses Verhältnisses wurde zunächst gelöst durch die Reautonomisierung der Dichtung und ihrer Inhalte.[15] Dichtung sollte durch die der Sprache zugeschriebenen metaphysischen Qualitäten die im dichterischen Erlebnis entstandenen Eindrücke und Erlebnisse formulieren und zu einem Weltbild in der Weise zusammenfassen, daß es als geschlossene Form die Einheit der Erfahrung simulieren konnte.[16] Das „Leben", im „Erlebnis" erfahren und vom Dichter gestaltet, sollte von ihm auch zur Vision eines schönen und guten Lebens gestaltet werden. Dichtung sollte wieder, wie es im Systemprogramm hieß, zur „Lehrerin der Menschheit" werden, indem sie ein neues geistiges Reich, eine neue Bildungseinheit schuf. Hugo von Hofmannsthal, Rudolf Borchardt, Stefan George und die Mitglieder des George-Kreises sowie Thomas Mann arbeiteten an Erneuerungsprojekten im Zeichen einer neuen, durch den Dichter gestalteten Bildung, an

---

[15] In den „Blättern für die Kunst", der Dichterzeitschrift Stefan Georges, hieß es 1894: „Das gedicht ist der höchste der endgültige ausdruck eines geschehens: nicht wiedergabe eines gedankens sondern einer stimmung. was in der malerei wirkt ist verteilung, linie und farbe, in der dichtung: auswahl mass und klang". Einleitungen und Merksprüche. Folge II. Bd. 2 (1894). In: Blätter für die Kunst. Eine auslese aus den jahren 1892-98. Berlin 1899, S. 13.
[16] Vgl. Wolfdietrich Rasch: Aspekte der deutschen Literatur um 1900. In: ders.: Zur deutschen Literatur seit der Jahrhundertwende. Stuttgart 1967, S. 1-48, hier S. 19.

Utopien vom „schönen Leben".[17] Der Dichter als Lebensführer, das wurde seit der Jahrhundertwende auch zu einer Grundüberzeugung der reformbereiten Gruppen in den Geisteswissenschaften, die Vermittlung und Interpretation der durch die Dichtung bereitgestellten Weltdeutungen im Gegensatz zu den großen Editionsprojekten der positivistischen Philologie der wissenschaftlichen Vorgängergeneration ihre eigentliche Aufgabe.

Die Erneuerungsbewegung innerhalb der Geisteswissenschaften um die Jahrhundertwende nahm vor allem die Impulse und Überlegungen auf, die Wilhelm Dilthey in seiner Konzeption der Geistesgeschichte entwickelt hatte. Dilthey hatte 1887 in seiner Antrittsrede bei der Aufnahme in die preußische Akademie der Wissenschaften seine zentrale Idee pointiert formuliert: „Das bedeutende Individuum ist nicht nur der Grundkörper der Geschichte, sondern in gewissem Verstande die größte Realität derselben. Ja während alle Natur nur Erscheinung und Gewand des Unerfaßbaren ist, erfahren wir hier allein die Wirklichkeit in vollem Sinn, [...] nicht gesehen, sondern erlebt".[18] Wertekonstruktion gehörte zu Diltheys theoretischer Grundlegung der Geisteswissenschaften und sollte durch eine philosophische Begründung der Geisteswissenschaften ermöglicht werden. Die Geisteswissenschaften – so Diltheys ambitioniertes Projekt – sollten durch die Aufschließung der gesellschaftlich-geschichtlichen Wirklichkeit, die eine lebensweltlich-gegenwärtige Orientierung ermöglichen sollte, den Naturwissenschaften gleichberechtigt gegenübertreten. Spürbare öffentlichkeitswirksame Konturen bekamen Diltheys Ideen, als drei neue Generationen von Wissenschaftlern ihre Karrieren begannen: die erste etwa um 1890 (die Pioniergeneration), exemplarisch vertreten durch Wissenschaftler wie Georg Simmel, Kurt Breysig, den Philosophen Karl Joël und – in Teilbereichen seiner Arbeit – Max Weber, die zweite ungefähr zwanzig Jahre später, die dritte in der Konsolidierungsphase der Weimarer Republik in der Mitte der zwanziger Jahre.

Nach der ersten Pioniergeneration, die noch vornehmlich in außerwissenschaftlichen Essays nach dem individuellen und gesamtgesellschaftlichen Bildungswert einer historisch und positivistisch arbeitenden Geisteswissenschaft zu fragen begann, betrat eine Wissenschaftsgeneration die Bühne, die aus ihrer Perspektive endgültig ernstmachte mit den Forderungen Diltheys: Wissenschaft sollte Weltanschauung und Sinndeutung vermitteln, sie sollte Übersetzerfunktionen für die Dichtung übernehmen, d.h. die in der Dich-

---

[17] Vgl. dazu das Vorspiel in Georges „Der Teppich des Lebens", in dem der Engel, den das „schöne leben" dem Dichter gesandt hat, diesen in einem mystischen Akt zum Dichter weiht. Stefan George: Der Teppich des Lebens und die Lieder von Traum und Tod mit einem Vorspiel. In: ders.: Sämtliche Werke in 18 Bänden. Hrsg. von Georg Peter Landmann und Ute Oelmann. Stuttgart 1982 ff. Bd. V. Stuttgart 1984, S. 10.

[18] Zit. nach: Ulrich Herrmann: Materialien und Bemerkungen über die Konzeption und die Kategorien der „Geistesgeschichte" bei Wilhelm Dilthey. In: Christoph König, Eberhard Lämmert (Hrsg.): Literaturwissenschaft und Geistesgeschichte 1910-1925. Frankfurt a. M. 1993, S. 46-57, hier S. 47.

tung, vornehmlich der deutschen Dichtung der Klassik und Romantik, vorgestellten Lebensentwürfe und Sinnkonzepte darstellen und an die bürgerliche Jugend an den Universitäten weitergeben. Diltheys Reformbestrebungen wurden in einem impliziten Kampf um Positionen im wissenschaftlichen Feld weiterentwickelt, transformiert und schließlich für das Bürgertum sozial distinktiv[19] nutzbar gemacht. Exemplarische Protagonisten dieser zweiten Wissenschaftlergeneration waren die Mitglieder des George-Kreises in der zweiten Generation. Sie waren zudem im Gesamtzusammenhang dieser Reformbestrebungen die profilierteste Gruppe, waren die Ideengeber der Reformen und waren zugleich die am stärksten außerwissenschaftlich orientierte Gruppierung, die die Wissenschaft nicht zum alleinigen Inhalt ihrer Reformabsichten erklärte, sondern Dichtung, die deutsche Dichtung der Vergangenheit und die gegenwärtige Dichtung Georges sowie die eigene Zugehörigkeit zum „Geheimen Deutschland"[20] mindestens gleichwertig danebenstellten. Die Georgeaner erhielten damit aber gerade für das wissenschaftliche Feld insgesamt sowie für ihre Wissenschaftlergeneration im besonderen eine herausragende Funktion: Geisteshistoriker in der Tradition Diltheys konnten sich – trotz mancher inhaltlicher und methodischer Differenzen – auf den Kreis als „Gründungsmythos" berufen, Historisten und Empiristen sich von den Bestrebungen der Geistesgeschichte unter Bezug auf den Kreis konkret absetzen. Gleichzeitig konstituierte sich die Geisteswissenschaft gegen den George-Kreis neu, indem sie dessen Extrempositionen abwehrte, einige Wertüberzeugungen und wissenschaftliche Theoreme aber in die eigene wissenschaftliche Arbeit überführte, ohne sie als weltanschauliche Positionen ausweisen zu müssen. In diesem Potential liegt die große öffentliche Wirkung des Kreises in den zwanziger Jahren mitbegründet. 1929 stellte Eduard Spranger fest, daß, „ohne ein Körnchen vom Geiste Nietzsches oder Stefan Georges [...] heut kaum eine Dissertation mehr entstehen" könnte.[21] Ernst Troeltsch schlug in den zwanziger Jahren an der Berliner Universität vor, eine Preisaufgabe über „Die Wissenschaftstheorien des George-Kreises" auszuschreiben.[22]

---

[19] Bildung und ihre Inhalte wurden zum 'Erlebnis', das nur dem zur Kultur und zur Bildung 'Auserwählten' offenstand. Bildung konnte nach diesem Bildungsbegriff nicht mehr durch Leistung und Qualifikation erworben werden, sondern war Gnadengeschenk und damit in erster Linie denjenigen gebildeten Bürgern vorbehalten, die seit ihrer Kindheit mit Bildungsgütern umgingen und selbstbewußt mit diesen argumentieren konnten. Vgl. zur Distinktionsfunktion des rekonstituierten Bildungsbegriffs meine im Herbst 1997 im Böhlau-Verlag erscheinende Studie: Die Macht der Bildung. Das Bildungsprinzip des deutschen Bürgertums und der Stefan George-Kreis 1890-1933.

[20] Zum ersten Mal taucht der Begriff als Kreisbeschreibung wohl bei Wolfskehl auf. Vgl. Karl Wolfskehl: Die Blätter für die Kunst und die neuste Literatur. In: Friedrich Gundolf, Friedrich Wolters (Hrsg.): Jahrbuch für die geistige Bewegung. Bd. 1. Berlin 1910, S. 1-18, hier S. 14 ff.

[21] Eduard Spranger: Der Sinn der Voraussetzungslosigkeit in den Geisteswissenschaften. In: ders.: Gesammelte Schriften Bd. VI. Tübingen 1980, S. 151-183, hier S. 156.

[22] Ernst Troeltsch: Die Revolution in der Wissenschaft. In: Hans Albert, Ernst Topitsch (Hrsg.): Werturteilsstreit. Darmstadt 1971, S. 92-124, hier S. 122.

III. Der George-Kreis als soziale Formation

Der George-Kreis war eine soziale Formation, die sich vor allem aus der akademischen Jugend rekrutierte. Die Mitglieder der zweiten Generation des George-Kreises, in den siebziger und achtziger Jahren des 19. Jahrhunderts geboren, stammten aus bürgerlichen Familien und gehörten durch ihre Berufe zur Elite des Bürgertums. Die Kreismitglieder kamen aus allen bürgerlichen Gruppierungen: sie stammten wie Friedrich und Ernst Gundolf aus Professorenhäusern oder wie Friedrich Wolters, Berthold Vallentin und Ernst Morwitz aus etablierten Kaufmannsfamilien. Damit nicht den „Aufsteigermilieus", sondern *etablierten* bürgerlichen Familien zuzurechnen, brachten sie bereits ein genuin bürgerliches Bewußtsein mit, das sich über die angestammte Teilhabe an und Mitgestaltung der Kultur und über den Anspruch auf eine damit verbundene gesellschaftliche Führungsposition konstituierte. Der Kreis war konfessionell gemischt, die Kreismitglieder waren jüdischer, katholischer oder protestantischer Herkunft. Die überwiegende Mehrheit der Kreismitglieder absolvierte ein geisteswissenschaftliches (oder juristisches) Studium, das sie wiederum in überwiegender Mehrheit mit einer Promotion abschlossen. Sie waren – selbst ihren eigenen Idealvorstellungen nach – *keine* „Rentnerexistenzen",[23] sondern arbeiteten bis auf wenige Ausnahmen in bildungsbürgerlichen Berufen. Die Mehrzahl der Kreismitglieder war als Privatdozent, Extra-Ordinarius oder Ordinarius an der Universität tätig, so z.B. Friedrich Gundolf, Friedrich Wolters, Kurt Hildebrandt, Julius Landmann, Edgar Salin, Arthur Salz, Max Kommerell und Ernst Kantorowicz, oder arbeitete wie Berthold Vallentin und Ernst Morwitz als Rechtsanwalt oder Richter.[24] Rentnerexistenzen führten aufgrund ihres ererbten Vermögens lediglich Stefan George selbst, der jedoch über den Verkauf seiner Bücher über ein zusätzliches Einkommen verfügte, Karl Wolfskehl, der wie viele Kreismitglieder in der Literaturwissenschaft promoviert hatte und über Privatvermögen verfügte, Ernst Glöckner und der nur dem Randbereich des Kreises zuzurechnende Erich von Kahler. Die Kreismitglieder waren somit nicht ausschließlich in eine gesellschaftsferne, elitäre Gemeinschaft eingebunden, sondern mußten sich in ihrem Alltag ebenso bewähren wie an-

---

[23] Vgl.: „Auf der anderen Seite ist es bei einer primär künstlerischen charismatischen Jüngerschaft denkbar, daß die Enthebung aus den Wirtschaftskämpfen durch Begrenzung der im eigentlichen Sinn Berufenen auf 'wirtschaftlich Unabhängige' (also: Rentner) als das Normale gilt (so im Kreise Stefan Georges, wenigstens der primären Absicht nach)". Max Weber: Wirtschaft und Gesellschaft. Grundriß der verstehenden Soziologie. 5. revidierte Auflage. Studienausgabe. Tübingen 1980, S. 142. Die Georgeaner fühlten sich mit einigem Recht von dieser Typisierung ihres Kreises angegriffen, noch dazu durch einen Wissenschaftler, der selbst für eine längere Zeit eine Rentnerexistenz außerhalb der Universität führte.
[24] Hans Norbert Fügen macht weit genauere Angaben über Anzahl der Kreismitglieder, Universitätsbildung der Väter (in 25 Fällen), Berufstätigkeit (ein Viertel der Kreismitglieder als Hochschullehrer) und Gymnasialabschlüsse (bei etwa 66 Kreismitgliedern). Leider schlüsselt Fügen diese Zahlen nicht auf, so daß sie sich nicht nachvollziehen lassen. Vgl. Fügen (Anm. 1), S. 342.

dere Berufstätige. Stefan George nahm ihnen die Entscheidungen über ihren Lebensstil, ihre Religionspraxis und ihre Berufsausübung nicht ab, drängte aber bei Entscheidungszwängen zur Wahl bildungsbürgerlicher Reproduktionsformen, vorzugsweise im Rahmen einer Hochschullaufbahn.[25] Bürgerliche Berufe und Karrieren waren im George-Kreis die Regel und von George gewünscht, „Literatentum" dagegen, das heißt die Existenz als freier Schriftsteller oder als Journalist, wurde von George abgelehnt. Die Georgeaner konnten aus ihrer beruflichen Tätigkeit heraus – das hatte George erkannt – ihre Aufgaben für den Kreis wahrnehmen, d.h. wissenschaftliche Werke und essayistische Abhandlungen schreiben, neue Kreismitglieder aus ihrem beruflichen Umfeld rekrutieren und diese innerhalb des Kreises erziehen. Obwohl sich der Kreis auch weiterhin – wie in der ersten Generation – als Dichterzirkel verstand, war er gegen Ende des Kaiserreichs de facto zu einem Kreis aus geisteswissenschaftlichen Akademikern und Hochschullehrern mit einem sich selbst zugeschriebenen Anspruch einer obersten „Instanz" für Bildung geworden. Ihre Ideen und Ideale setzten die Georgeaner in erster Linie über die Hochschultätigkeit der Kreismitglieder um.[26] Sie erreichten auf diese Weise große Teile der jungen Akademiker und Studierenden in den geisteswissenschaftlichen Fächern und, da ein großer Teil von diesen als Lehrer ins Lehramt eintrat, mittelbar auch große Teile der Schülerschaft der höheren Schulen.

Das im Rahmen des Dichterkreises der *Blätter für die Kunst* entwickelte Modell des Kreises als einer nach gleichen Prinzipien dichtenden und wirkenden Gemeinschaft wurde als Strukturmerkmal in die Wissenschaftsproduktion übernommen. Das Kreismodell wurde zudem durch eine neue hierarchische Organisationsstruktur mit George als charismatischer Mitte stabilisiert. Über die Kreismitglieder der zweiten Generation entstand zugleich ein neues Lebensmodell, das die Wirkung auf das Bildungsbürgertum und besonders auf die bildungsbürgerliche Jugend noch erhöhte: das Modell des Dichter-Wissenschaftlers. Bestand der frühe Kreis um die *Blätter für die Kunst* aus hauptamtlichen Dichtern, so waren die „Blätterdichter" der zweiten Kreisgeneration wie Gundolf Nebenerwerbsdichter[27]. Sie demonstrierten als Wissenschaftler und höhere Beamte, daß das „schöne Leben" auch im

---

[25] Vgl.: „Meine Lebenslaufbahn hält er an der Zeit zu definitivieren. Wenn wir schon selbst nicht die Höhe erreichen, müssen wir Stellungen finden, von denen aus wir die nächste Generation influieren können. – Wenn der Bürger uns nähren soll, müssen wir etwas für ihn tun. Der Meister ist für Juristerei, aber auch das Gelehrtentum findet er gut". Berthold Vallentin: Gesprächsaufzeichnung vom 30. Dezember 1907. In: ders.: Gespräche mit Stefan George. Castrum Peregrini 44-45. Amsterdam 1960, S. 25.

[26] Vgl. dazu jetzt, bezogen auf die Bedeutung des George-Kreises für die Germanistik, Rainer Kolk: George-Kreis und zeitgenössische Germanistik 1910-1930. In: George-Jahrbuch 1 (1996/1997). Hrsg. im Auftrag der Stefan-George-Gesellschaft von Wolfgang Braungart und Ute Oelmann, S. 107-123, hier S. 114 ff.

[27] Vgl. zu Gundolfs Existenz als 'Nebenerwerbsdichter' Ernst Osterkamp: Friedrich Gundolf zwischen Kunst und Wissenschaft. Zur Problematik eines Germanisten aus dem George-Kreis. In: König, Lämmert (Anm. 18), S. 177-198, hier S. 181.

Rahmen bildungsbürgerlicher Berufsausübung möglich war. Die Höherwertigkeit der Dichtung gegenüber der Wissenschaft blieb in diesem Zusammenhang zwar bestehen, der Wissenschaft wurde jedoch eine so grundlegende Vermittlerfunktion zugestanden, daß die Selbstwahrnehmung der Kreismitglieder als Dichter nicht mit ihrer beruflichen Existenz als Hochschullehrer kollidierte. Die Wissenschaft vermittelte handlungsorientierende Vorbilder, beschrieb exemplarische Biographien des schönen Lebens, und sie war Erzieherin der Jugend an den Universitäten. Wissenschaft im Sinne des George-Kreises sollte zur Dichtung hinführen, sensibel machen für deren Bedeutung für Individuum und Gesellschaft und den Rezipienten letztlich so in die Ideen einer höheren Welt hineinziehen, daß daraus neue Lebensformen und ein neues Bewußtsein entstehen konnten. Das Ziel, das mit dieser Vereinigung von Wissenschaft und Weltanschauung verfolgt wurde, war die Ermöglichung einer neuen Bildung durch die Konstruktion eines neuen, ganzheitlichen Weltbildes. Die Anteilnahme Georges an den wissenschaftlichen Werken der Kreismitglieder ist belegt,[28] besonders gelungene Textabschnitte wurden bei den Kreiszusammenkünften wie die Dichtung kultisch gelesen. Der in der Forschung häufig vermerkte Widerspruch zwischen dem schönen Leben im Zeichen der Kunst und der beruflichen Realisierung vieler Georgeaner als Hochschullehrer und der damit verbundenen Profanierung des Lebens im „hohen Augenblick" (kairos) durch die Zugeständnisse an den Alltag löst sich daher weitgehend auf, wenn die Bestrebungen des George-Kreises als Versuch einer *Rekonstitution der Bildung* begriffen werden.

IV. Kreiserziehung und Persönlichkeitsentwicklung

Das „schöne Leben", das seinen Ausdruck in den gemeinsamen Treffen des Kreises, den dort stattfindenden Lesefesten, Gruppengesprächen und „sokratischen Gesprächen" zwischen Meister und Schüler auf langen Spaziergängen oder Reisen in unterschiedlichen Landschaften fand,[29] erzeugte das Hochgefühl, an einer hohen Gemeinschaft im Zeichen der Dichtung teilzuhaben. Die Erziehung zur und vermittels der Dichtung besaß im George-Kreis daher vielfache Funktionen: sie sollte Werteskalen im Sinne des Kreises vermitteln; die eigene lyrische Produktion sollte zudem die gesamte Persön-

---

[28] Vgl. Edgar Salin: Um Stefan George. Erinnerung und Zeugnis. 2. Auflage. Düsseldorf, München 1954, S. 42 ff.
[29] Vgl. exemplarisch Gundolf an Wolfskehl vom 23.8.1899. In: Stefan George – Friedrich Gundolf. Briefwechsel. Hrsg. von Robert Boehringer mit Georg Peter Landmann. München, Düsseldorf 1962, S. 36. Bis in die Peripherie wirkte diese beeindruckende 'Kreis-Tradition': Nach Arnold Rothe hat Ernst Robert Curtius, mit Klaus Mann bekannt, diesen 1924 in Heidelberg durch solche Gespräche in der Natur mit der französischen Literatur vertraut gemacht. Vgl. Arnold Rothe: Curtius in Heidelberg. In: ders., Walter Berschin (Hrsg.): Ernst Robert Curtius. Werk, Wirkung, Zukunftsperspektiven. Heidelberger Symposion zum hundertsten Geburtstag 1986. Heidelberg 1989, S. 57-102, hier S. 90 ff.

lichkeit formen. Robert Boehringer beschrieb 1932 in seiner Abhandlung „Über das Leben von Gedichten" die Befassung mit Lyrik als Erziehungsprogramm: „hören, lesen, abschreiben, auswendiglernen, hersagen, deuten und übersetzen"[30] waren die verschiedenen Zugangsweisen zum Gedicht, die dem einzelnen Schüler vermittelt werden sollten. Mit dem Lesen und Auswendiglernen sollte immer das laute Sprechen und das gleichzeitige Kontrollieren der richtigen Betonung und Phrasierung durch einen Zuhörer verbunden sein.[31] Das Lesen von Gedichten wurde dadurch zu einer Gemeinschafts- und Erziehungshandlung; befreundete Jugendliche oder Erzieher und Zögling sollten diese Tätigkeit gemeinsam ausüben. Innerhalb dieser Gemeinschaften war George – durch das Verfassen von Gedichten, durch gemeinschaftliches Lesen und durch Gespräche – zudem immer imaginär präsent. Die Lesefeste im „Kugelzimmer" über Wolfskehls Münchner Wohnung vor dem Ersten Weltkrieg, später die Lesefeste in den Berliner Ateliers von Ludwig Thormaelen und Alexander Zschokke stellten darüber hinaus eine kultische Handlung dar, die den Kreis immer wieder neu konstituieren sollte.[32] In Anlehnung an das Symposion Platons wurde im Kugelzimmer ein griechisches Szenario aufgebaut, das vom Anspruch her nicht historistisch verstanden wurde, sondern in der Überzeugung der Georgeaner die Möglichkeit darstellte, wie in der Symposionsituation den kairos zu erleben.[33] Die scharf gezogene Grenze zur Alltagswelt schuf Liminalitätspositionen, die jedoch keinen konflikthaften Gegensatz zum alltäglichen Leben darstellten, sondern im Gegenteil dieses in einen von den Beteiligten als sinnhaft erfüllt empfundenen größeren Zusammenhang stellten.[34] Die sichtbare Verbindung von Theorie und Praxis machte einen großen Teil der Glaubwürdigkeit der vertretenen Weltanschauung aus. Die im Bild der platonischen Akademie gedachte Einheit von Erziehung, Bildung und Wissenschaft, die zugleich an Humboldts Universitätskonzept anknüpfen wollte, wirkte auf die bildungsbürgerliche Jugend faszinierend, wurde von älteren Wissenschaftlern und Dichtern jedoch als anachronistisch und grotesk empfunden.

---

[30] Robert Boehringer: Das Leben von Gedichten. In: Georg Peter Landmann (Hrsg.): Der George-Kreis. Eine Auswahl aus seinen Schriften. Köln, Berlin 1965, S. 101-111, hier S. 101 ff.

[31] Ebd., S. 110.

[32] Vgl. zum kultischen und rituellen Aspekten der Lyrik Georges und deren Funktion für den Kreis jetzt ausführlich Wolfgang Braungart: „Durch Dich, für Dich, in Deinem Zeichen". Stefan Georges poetische Eucharistie. In: George-Jahrbuch 1 (Anm. 26), S. 53-79; Landfried (Anm. 4), S. 176 ff.; Braungart betont zu Recht die sozialen Qualitäten von Georges ästhetischen Überzeugungen, verbindet das Rituelle jedoch stärker mit der katholischen Tradition als mit der Antikenrezeption. Vgl. Braungart, S. 55 ff.

[33] Vgl. als Schilderung Hildebrandt (Anm. 5), S. 67 ff; Herbert Steiner: Stefan George. In: ders.: Begegnungen mit Dichtern. Tübingen 1963, S. 9-23, hier S. 13 ff.

[34] Meike Werner hat dies für den Sera-Kreis auf der Tagung des Archivs der deutschen Jugendbewegung 1993 „Junge Generation und Krisen der Moderne 1870-1930" in ihrem Vortrag „Ambivalenzen kultureller Praxis in der Jugendbewegung: Das Beispiel des Jenenser Sera-Kreises" ausgeführt und dabei herausgestellt, daß die außeralltägliche Erfahrung in kultischen Feiern, verbunden mit einer rationalen Orientierung im Alltag, typisch ist für individuelle wie gemeinschaftlich durchlebte Phasen der Neuorientierung.

In der dritten Kreisgeneration, den ab der Jahrhundertwende Geborenen, zu der unter anderen die Brüder Uxkull-Gyllenband, die Brüder Stauffenberg, Max Kommerell, Johann Anton und Ernst Kantorowicz zählten, trat zwischen George und die Kreisaspiranten die Instanz des älteren Mentors aus der zweiten Kreisgeneration, vorzugsweise durch Ernst Morwitz und Friedrich Wolters vertreten. Die Beziehung zu George kam immer seltener direkt zustande, sondern wurde vom jeweiligen Mentor unter Mitwirkung Georges vorbereitet und inszeniert und wiederholte im wesentlichen die durch George vorgenommene Initiation des Mentors, wurde jedoch durch die unsichtbare Instanz, die hinter diesem Prozeß stand und auf die dieser ausgerichtet war, in seiner Wirkung ungeheuer verstärkt. Der Zugang zum Kreis wurde als oft jahrelanger Initiationsprozeß veranstaltet. In der nach Max Weber charismatisch-puritanisch zu nennenden Erziehungspraxis[35] des George-Kreises bestand ein labiles Gleichgewicht zwischen den unterschiedlichen Anforderungen, die George und die Mentoren an junge Kreismitglieder stellten. In der Theorie sollte die Erziehung im Kreis für die Jugendlichen die Möglichkeit bereitstellen, sich im Rahmen einer Freundesgemeinschaft zu Persönlichkeiten zu bilden.[36] Dieser hohe Anspruch wurde jedoch in der Praxis immer wieder eingeholt durch die rigiden Grenzen, die der Entfaltung der Person gezogen wurden. Für den einzelnen Zögling hatte das konflikthafte Verhältnis von Theorie und Praxis weitreichende Konsequenzen: Einerseits wurde die in der bildungsbürgerlichen Jugend so häufige Selbstwahrnehmung als Dichter ernstgenommen, ihr Selbstbewußtsein dadurch gestärkt; andererseits wurde dieses Selbstbewußtsein durch die Kreisatmosphäre und die weltanschauliche Gebundenheit immer wieder in Frage gestellt; das Bewußtsein, einer Bildungselite anzugehören, wurde den Jugendlichen ebenso vermittelt wie die geringe Bedeutung, die sie selbst für diese Elite besaßen (durchaus vergleichbar mit der Erziehungsmethode der englischen public schools und Eliteuniversitäten). Die labile Balance, die diese Faktoren im Bewußtsein der Jugendlichen hervorriefen, wird an den Briefen der Zöglinge, die ich im George-Archiv Stuttgart eingesehen habe, deutlich: permanente Selbstbeobachtung und -diagnostik, Rechtfertigung des eigenen Handelns, gegenseitige Kontrolle und Beobachtung der Freunde in Hinblick auf die richtige oder falsche Entwicklung des anderen und ein manchmal fast ängstliches Werben um die Gunst des Mentors kennzeichnen viele Briefe. Die Reflexionsfähigkeit und Wertsetzung der Jugendlichen wurde ganz auf den Kreis konzentriert, die Entwicklung der eigenen Person der

---

35 Vgl. Weber: Wirtschaft und Gesellschaft (Anm. 23), S. 677; ders.: Gesammelte Abhandlungen zur Religionssoziologie I. 5. Auflage. Tübingen 1963, S. 117.
36 Rainer Kolk hat daher die Erziehung im George-Kreis zu Recht als einen „kompletten Sozialisationsvorgang" beschrieben, der sowohl „kognitive wie affektiv-soziale Aspekte des Lernens" berühre. Rainer Kolk: Das schöne Leben. Stefan George und sein Kreis in Heidelberg. In: Hubert Treiber, Karol Sauerland (Hrsg.): Heidelberg im Schnittpunkt intellektueller Kreise. Zur Topographie der „geistigen Geselligkeit" eines „Weltdorfes": 1850-1950. Opladen 1995, S. 310-327, hier S. 316.

Lenkung und Bewertung des Mentors überlassen; Gemeinschaftsbewußtsein als Elite und Reduktion des individuellen Selbstbewußtseins bestanden nebeneinander. Die Balance zwischen Stärkung der Person – auch gegen Widerstände – und der problematischen Unterordnung unter die unhinterfragbare Autorität von Mentor und Meister war daher labil.

Mit zunehmendem Alter der Kreismitglieder wurden ihre Positionen im Kreis und ihre Beziehung zu George entscheidend verändert. Solange sie selbst die „schöne Jugend" repräsentierten, standen sie im Mittelpunkt des Kreises; sie traten über in die „andre riege"[37], als Erzieher und Lehrer, wenn sie erwachsen wurden. Aus jugendlichen Jüngern wurden – wie im Falle von Morwitz und Wolters – Erzieher und Lehrer, deren Beziehungen zu George sich, soweit aus den von mir eingesehenen Briefen im George-Archiv ermittelbar, trotz der unbezweifelbaren Führerschaft Georges mehr und mehr zu Partnerschaftsverhältnissen entwickelten. Mit zunehmendem Alter, der Festigung der Beziehung zu George und der Identität mit seiner Erzieherrolle verschwanden z.B. bei Morwitz die Unsicherheiten in der Wahrnehmung der eigenen Person in bezug auf den Kreis; Morwitz redet nicht mehr wie der Jünger zum Meister, sondern spricht zunehmend als Gleichberechtigter. Wenn die Kreismitglieder ihre eigene Entwicklung mit der Weltanschauung des Kreises in Übereinstimmung zu bringen vermochten, waren Rollenwechsel und berufliche Karriere, d.h. ein Erwachsenwerden im Kreis möglich. Für andere Kreismitglieder wie Gundolf oder Kommerell bedeutete dieser Prozeß dagegen eine kritische Reflexion über den Grad ihrer Selbstbestimmung und eine langsame Lösung von der Weltanschauung des Kreises.[38] Der humanistische Anspruch, die gebildete Persönlichkeit sei zugleich die freie Persönlichkeit, die ihren Platz in der Gesellschaft in einem Reflexionsprozeß selbständig findet, wurde durch den Absolutheitsanspruch der Kreisexistenz ständig in Frage gestellt. Eine Entlassung aus dem Kreis war nicht impliziert. Auch hier galt: „Wer je die flamme umschritt / Bleibe der flamme trabant".[39] Im Denken Georges und der Kreismitglieder hieß Freiheit der Person nicht die Frei-

---

[37] Stefan George: Der Stern des Bundes. In: ders.: Sämtliche Werke in 18 Bänden (Anm. 17). Bd. VIII. Stuttgart 1993, S. 67.

[38] Mit der äußerlichen Trennung ging jedoch nicht zugleich eine innere Befreiung einher, die nach einer – wie im Falle Gundolfs – jahrzehntelangen Identität mit Meister und Kreis häufig jahrelang dauerte oder gar nicht gelang. – Im Rahmen eines psychosozialen Ansatzes hat Stefan Breuer für George und die Georgeaner daher jeweils defizitäre Persönlichkeitsstrukturen ermitteln wollen, für George getragen von einem gestörten Narzißmus, gefolgt von einem nicht regulierten Größen-Selbst, für die Kreismitglieder ebenfalls in einem gestörten Narzißmus wurzelnd, verstärkt durch eine idealisierte Eltern-Imago, so daß sich für Breuer zwei defizitäre Persönlichkeitsstrukturen in idealer Form ergänzten und zu einer pathologischen Gemeinschaftsform, einer ästhetisch-fundamentalistischen Sekte, vereinigten. Solche Pauschalisierungen sind jedoch kaum dazu angetan, Bedeutung und Struktur des George-Kreises deutlich zu machen, z.B. wenn Breuer versucht ist, den Georgeanern „einen ausgeprägten Todestrieb zu attestieren", und diesen noch mit der „ungewöhnlichen Anziehungskraft" verbindet, die „ein anderer Meister aus Deutschland" auf diese ausgeübt haben soll. Vgl. Breuer: Ästhetischer Fundamentalismus (Anm. 6), S. 27 ff., 54, 68 ff., Zitat S. 68.

[39] George: Der Stern des Bundes (Anm. 37), S. 84.

heit *von* Bindung, sondern die Freiheit *zur* Bindung. Trennungen vom Kreis wie im Falle von Gundolf und Kommerell wurden daher als Verlassen des Raums der Bildung und als Schwäche der jeweiligen Persönlichkeit empfunden. Die im Kreis erfahrene Erziehung prägte die Kreismitglieder lebenslang. Sie war wie die Kreispublikationen ein ambitioniertes Projekt der Bildung, der schmale Grad zwischen „Wahrheit" und „Veranstaltung" (Bruno Liebrucks) wurde dabei jedoch wiederholt überschritten.

V. „Gefolgschaft und Jüngertum" – „Herrschaft und Dienst"

Im Kreis wurden zudem verschiedene Konzepte einer Rekonstitution der Bildung vertreten, die die Orientierung der jüngeren Kreismitglieder nicht erleichterte. Am prägnantesten lassen sich die unterschiedlichen Konzepte anhand der zwei für die Außenwirkung des Kreises hervorstechendsten Mitglieder beschreiben: *Friedrich Wolters* und *Friedrich Gundolf*, die beide auf ihre Weise das Bild des George-Kreises zwischen 1910 und 1933 bestimmt haben.[40]
In *Gefolgschaft und Jüngertum*, in den *Blättern für die Kunst* 1908/09 parallel zu Wolters' *Herrschaft und Dienst* erschienen, hatte Gundolf versucht, *seine* Auffassung von Meister und Jüngertum darzulegen. Unter dem Stichwort „Die Liebe" schrieb er: „Wessen sehnsucht nach einem Ewigen in diesem sterblichen menschen und dem wort das er bringt erfüllt wird ° wer in ihm grenzenlosen gehalt begrenzte gestalt werden sieht und wem dieser meister unersetzbar ist der darf sich Jünger nennen".[41] Ist somit George die Emanation der höheren Bildung, eine ins Leben getretene Manifestation eines höheren Prinzips, so verehrt der Jünger letztlich diese Idee im Meister. Gundolf wehrte sich gegen ein Gefolgschaftsverständnis, das – von ihm im Bild der Kirche eingefangen – sich dogmatisch innerhalb der Gemeinschaft verhält und in der Vermittlung der neuen Weltsicht dogmatisch vorgeht, und betonte ausdrücklich: „Überreden und verdammen mag er [der Jünger] keinen der zweifelt: bescheidet er sich doch damit dass geist nur dem geist begreiflich wird und machtzwang nicht ins seelenreich gehört".[42] Für Gundolf ist das selbständige Erkennen, das autonome Handeln in der Gemeinschaft und die selbstauferlegte Unterordnung unter die Idee, nicht unter die Person, die entscheidende Eigenschaft des Jüngers. Die Bindung von Meister und Jünger in einer Liebesgemeinschaft im gemeinsamen Dienst an der Idee verbürgt nach Gundolf die Möglichkeit einer Persönlichkeitsbildung in der modernen Gesellschaft.[43] Bildung bedeutet für Gundolf – in Übereinstimmung mit dem kul-

---

[40] Die unterschiedlichen Auslegungen, die polemisch oder affirmativ den George-Kreis beanspruchten und noch beanspruchen, orientieren sich implizit jeweils an den Auslegungen von Gundolf oder Wolters.
[41] Friedrich Gundolf: Gefolgschaft und Jüngertum. In: Blätter für die Kunst. 8. Folge 1908/09, S. 106-112, hier S. 109.
[42] Ebd., S. 110.
[43] Ebd., S. 111.

turkritischen und lebensphilosophischen Diskurs der Jahrhundertwende – die Einheit von Denken und Handeln durch eine Weltanschauung. Bildung signalisiert Ganzheit und sinnhafte Lebensdeutung; ihr fällt in der Gegenwart die Funktion erneuter Synthesebildung zu: „In bestimmten heroen stellt sich die kultureinheit wieder her: an die stelle von gesamtkulturen treten menschen welche in sich kulturen sind und um sich her kultur schaffen [...]: in ihnen wird [...] das wesen gestalt".[44] Die Dichter schaffen die Ideen, sie verändern den Lauf der Geschichte und werden zum Korrektiv der Gegenwart. Wenn Gundolf in der Wissenschaft gegen Positivismus und Relativismus den Begriff des „Vorbilds" ins Feld führt, so wird die „wechselwirkung der schöpferischen und empfänglichen menschen" als Movens der Geschichte zugleich ausgedehnt auf die Wechselwirkung zwischen Dozent und Hörer. Hier werden die Vorbilder zum mythischen Bild, aus den erlebten Bildern erstehen für die Zuhörer neue Bilder und neue Ideen für die Gegenwart. Die durch die Dichter sprachlich und lebensweltlich geschaffenen Bildungssynthesen gestalten nach Gundolf in der Geschichte die Formung eines Ausdruckskanons und ermöglichen die Ausprägung gemeinsamer Mentalitäten. Wie Ulrich Raulff überzeugend dargelegt hat, ist für Gundolf der historische Entwicklungsprozeß der deutschen Nation vor allem eine „Bildungs- und Sprachgeschichte".[45] Die Formung der Sprache durch die Dichter wurde damit für Gundolf zum aktiven Element einer „Bildungsgeschichte der deutschen Nation" im doppelten Sinne, die Analyse des Lebens und Werks der Dichter zum Mittelpunkt der Darstellung der Bildungsentwicklung. Anders als Wolters, der die Geschichte retrospektiv nach den Kategorien der Weltanschauung des Kreises deutete, stellte Gundolf den Kreis stärker in eine Bildungstradition und begriff ihn als Fortsetzung dessen, was er als Entwicklungsgeschichte in seiner Habilitationsschrift „Shakespeare und der deutsche Geist" geschildert hatte: durch die Rezeption Shakespeares habe Deutschland zu einer geistigen Identität gefunden, deren Höhepunkt die deutsche Klassik darstelle; Georges Dichtung sollte für die Gegenwart dieselbe Funktion übernehmen.

Friedrich Gundolfs Bildungskonzept enthielt keine gesellschaftliche oder gar politische Option. Sein Konzept hatte sich eine *Rekonstitution der Bildung für die aufnahmebereiten Zuhörer* zum Ziel gesetzt. Gundolfs Vorträge und Publikationen waren Bildungsangebote; sie versprachen keine staatliche Erneuerung durch den Dichter, sie postulierten auch keine neue nationale Identität, die durch den aktiven Eingriff in das gesellschaftliche und politische Geschehen herbeigeführt werden konnte, sondern sie sprachen konkret die Gebildeten an, Studierende und gebildete Bürger, und formierten ihr Publikum implizit zu einer Bildungselite, der sie Deutungsangebote mach-

---

[44] Friedrich Gundolf: Vorbilder. In: ders., Friedrich Wolters (Hrsg.): Jahrbuch für die geistige Bewegung. Bd. 3. Berlin 1912, S. 1-20, hier S. 8.

[45] Vgl. Ulrich Raulff: Der Bildungshistoriker Friedrich Gundolf. Nachwort zu: Friedrich Gundolf: Anfänge deutscher Geschichtsschreibung von Tschudi bis Winckelmann. Neuauflage. Frankfurt a. M. 1992, S. 115-154, hier S. 144.

ten. Die Bildungsgemeinschaft (als Kreis um George oder als Rezeptionsgemeinschaft der Hörer) war in Gundolfs Deutung ein Refugium gegenüber den zersetzenden Tendenzen der Gesellschaft, sie schuf daher einen spezifischen *Frei*raum für den Einzelnen. Die Einordnung in einen übergeordneten Zusammenhang, wie Gundolf ihn verstand, ist nicht als Verzicht auf Individualität zu werten, sondern als Versuch, als entwickelte Persönlichkeit innerhalb eines Sinnzusammenhangs zu handeln. Diese Elemente möchte ich zusammenfassend die *Heidelberger ästhetische Auslegung* nennen, da sie maßgeblich durch Gundolf in Heidelberg entwickelt, vertreten und von ihm an die Heidelberger Georgeaner weitergegeben wurde. Implizit teilten diese Auffassung, soweit dies aus Erinnerungen und Briefen zu entnehmen ist, auch Robert Boehringer und Ernst Morwitz, Edith und Julius Landmann sowie viele an der Peripherie des Kreises stehenden Kreismitglieder besonders der zweiten Generation, z.B. Ernst Bertram.

Liest man auf dieser Grundlage Wolters' *Herrschaft und Dienst*, so ist ein gravierender Unterschied in der Haltung festzustellen: ist für Gundolf der *Meister* der Mittler zwischen Idee und Jüngern, so ist der *Herrscher* für Wolters die Inkarnation der eigenen Schöpfung, der selbstgeschaffenen Ideenwelt. Daher ist der Herrscher in Wolters' Vorstellungswelt Täter: „Die Geistige Tat ist der inhalt der Herrschaft ° durch welche der Herrscher ° gleichgültig ob er ein überkommenes gut zu verwalten oder ein unerhörtes zu errichten hat [...] mit innerem zwange die Ebenen des Reiches seiner Formung unterwirft".[46] Ziel ist das Handeln in der Gegenwart, für das die Jüngergemeinschaft nur Ausgangspunkt der Aktion, nicht aber Erfüllung sein kann. Aus der schicksalhaft in die Gegenwart gestellten Herrscherfigur erwächst so die „schöpfung einer welt". Die unreflektierte Übertragung des Tatbegriffs auf die Gesellschaft[47] als der unbedingten und damit nicht hinterfragbaren schöpferischen Handlung des geistigen Führers aus dessen Wissen um das Höchste gerät in die Nähe eines politisch verwendbaren Führerkults und steht in Wolters' Schriften selbst im Widerspruch zur Konzeption einer Bildungsgemeinschaft, die auch bei ihm dem Individuum die Möglichkeit einer freiheitlichen Persönlichkeitsbildung eröffnen sollte. Auf der letzten Stufe des „Dienstes", der Selbsthingabe, wird der Dienst am Herrschenden und an seinem Reich in der kultischen Gemeinschaft von Herrschendem und Dienenden jedoch letztlich zur Selbstaufgabe des Einzelnen.[48]

Friedrich Wolters, ein strategisch agierender und politisch denkender Kopf und in der Weimarer Republik die im Kreis dominierende Figur nach George, sah in der Dichter- und Wissenschaftlergemeinschaft die Keimzelle einer großen nationalen Bewegung. Die Forderung nach einer künstlerischen Weltanschau-

---

[46] Friedrich Wolters: Herrschaft und Dienst. In: Blätter für die Kunst (Anm. 41), S. 133-138, hier S. 136.
[47] Vgl. Gerhard Zöfel: Die Wirkung des Dichters. Mythologie und Hermeneutik in der Literaturwissenschaft um Stefan George. Frankfurt a. M., Bern u.a. 1987, S. 51.
[48] Friedrich Wolters: Herrschaft und Dienst. 2. Auflage. Berlin 1920, S. 58 ff.

ung als Richtmaß auch des politischen Feldes führte zur Abwertung eigengesetzlichen Fortschreitens von Wissenschaft und Gesellschaft und zu einer Inbeziehungsetzung von geistiger und gesellschaftlicher Entwicklung; die Bildungsgemeinschaft wird dadurch zugleich zur Herrscherelite, die neue platonische Akademie zur Schule der zukünftigen kulturellen und politischen Führer.

Die Dichtung ist in Wolters' Verständnis – um einen Begriff Thomas Nipperdeys zu gebrauchen – das *Vorpolitische*.[49] Aus dieser Voraussetzung folgerte Wolters z.B.,

> „daß er [Goethe; C. G.] sich das Tathafte im Staatlichen und Kriegerischen verboten hatte, um seine Kräfte auf das ihm Nötig-Erscheinende zu sammeln, aber wir erkennen deutlich durch die Hüllen seiner Verschwiegenheit, daß er in einer höheren menschlichen Einheit auch diese Kräfte des staatlichen und kriegerischen Handelns einbezogen wünschte und im heldischen Menschen und in der heldischen Gemeinschaft eine Harmonie des Geistigen und Staatlichen sah".[50]

Georges Mission in seiner Zeit ist in Wolters' Interpretation diejenige Goethes in der damaligen Zeit: die Zusammenführung von Bildung und staatlicher Erneuerung. Dieses Denkmodell erfuhr in Wolters' Schriften eine weitreichende Konkretisierung in einer – gegenüber der Heidelberger ästhetischen Auslegung – *„politischen Ästhetik"*. Dennoch sollte, trotz vieler Gemeinsamkeiten, auf dem grundsätzlichen Unterschied zwischen einer sich dezidiert als politisch verstehenden Bewegung wie der (heterogenen) „Konservativen Revolution"[51] und einer Bewegung, der es um die Rekonstitution von Bildung zu tun war, bestanden werden. Selbst wenn die Georgeaner, vor allem in der Nachfolge Wolters', die Grenze zum Politischen wiederholt überschritten, so ist doch zur Erfassung und Bewertung ihrer Bestrebungen ein klassifikatorischer Zugriff nötig, der gerade in Bezug auf die Ereignisse 1933 von höchster Bedeutung ist[52] und die ambivalent-faszinierte Haltung mancher Kreismitglieder besser begreifbar macht, die gerade aus der Ähnlichkeit vieler Aussagen resultierte, und die selbst den Fehler begingen, die Felder nicht mehr voneinander zu unterscheiden. Die offene Semantik Georgescher Gedichte und die bewußte kryptische Verrätselung seiner Äußerungen in Gesprächsaufzeichnungen und Briefen machten zugleich die Stärke und die Schwäche der „geistigen Bewegung" aus. Einerseits ließen

---

[49] „Der Bereich der unpolitischen Veränderungen war zugleich ein Bereich des Vorpolitischen, der letzten Endes mit Vehemenz auf die Politik selbst durchschlagen mußte". Thomas Nipperdey: War die Wilhelminische Gesellschaft eine Untertanen-Gesellschaft? In: ders.: Nachdenken über die deutsche Geschichte. Essays. 2. Auflage. München 1986, S. 172-185, hier S. 180.

[50] Friedrich Wolters: Goethe als Erzieher zum vaterländischen Denken. In: ders.: Vier Reden über das Vaterland. Breslau 1927, S. 33-58, hier S. 53.

[51] Vgl. Stefan Breuer: Anatomie der Konservativen Revolution. Darmstadt 1993, S. 31 ff.; Louis Dupeux: ‚Kulturpessimismus', Konservative Revolution und Modernität. In: Manfred Gangl, Gérard Raulet (Hrsg.): Intellektuellendiskurse in der Weimarer Republik. Zur politischen Kultur einer Gemengelage. Darmstadt 1994, S. 287-299.

[52] Klaus Landfried und Bodo Würffel haben sich des Themas daher auch aus zwei vorsichtig abwägenden Positionen angenähert: Für Klaus Landfried besteht eine grundsätzliche Differenz zwischen den Sphären der Dichtung und der Politik, er definiert daher Politik als das Gegenbild zum „schönen Leben" (Landfried [Anm. 4], S. 187). Gleichzeitig sieht er eine Veränder-

sich Georges Vorstellungen einer zukünftigen Bildungselite dadurch nur schwer auf die Ebene der politischen Konkretisierung bringen, andererseits waren sie gerade durch ihre Offenheit politisch funktionalisierbar.[53] Ein Modell zukünftiger politischer Herrschaft wird von Wolters im Unterschied zu den Autoren der Konservativen Revolution nicht entwickelt. Wolters griff lediglich auf die im George-Kreis verbreitete Denkfigur des Geheimen Deutschland,[54] auf die geistige Herrschaft der Dichterheroen zurück. Die gesellschaftliche und politische Praxis der Gegenwart blieb in Wolters' Reden eine Leerstelle.

VI. Das Jahr 1933 und die kreisinterne Entwicklung

Es ist bei einer Fragestellung, die das konkrete Verhalten der Kreismitglieder und seine Hintergründe zum Inhalt hat, nicht sinnvoll, dieses vor allem in Hinblick auf weltanschauliche Gemeinsamkeiten mit den Nationalsozialisten zu tun.[55] Wie eingangs erwähnt, war das ideologische Programm der Nationalsozialisten bei der Machtübernahme noch keineswegs gefestigt, die Haltung zum Kapitalismus, zur Technik, zur Industriegesellschaft noch keineswegs so eindeutig, wie dies nachträglich erscheint; charismatische Parolen ersetzten die – noch – fehlenden, schließlich in vieler Hinsicht pragmatisch-strategisch eingesetzten Handlungsmaximen. Am 30. Januar 1933 wurde Hitler von Hinden-

---

rung in Georges Werk seit dem „Siebenten Ring" in Form einer zunehmenden Vermischung der „geistig-göttlichen" und der „menschlich-leiblichen" Sphäre (ebd., S. 198). Vorsichtig spekuliert Landfried, daß George aufgrund seines geistigen Aristokratismus sich vom Massenhaften und Rassistischen der Nationalsozialisten hätte abgestoßen fühlen müssen (ebd., S. 200). Letztlich bleibt bei Landfried als ambivalentes Ergebnis stehen, daß Georges dichterische Aussagen zwar nicht bruchlos in das politische Feld zu übersetzen sind und vor diesem selbst als getrennte Bereiche weiterbestanden, jedoch durch die Kreismitglieder teilweise bereits in dieses übertragen wurden; Landfried konstatiert daher bei George einen „unpolitischen Nationalismus" und eine politische Latenz der Aussage (ebd., S. 203 ff., 245 ff.). Bodo Würffel betrachtet aus der Perspektive der Werkrezeption die politische Anschlußfähigkeit der dichterischen Aussage und läßt damit eine Bewertung der konkreten politischen Haltung Georges und der Kreismitglieder aus der Betrachtung heraus. Für ihn ist es vor allem die Allgemeingültigkeit der Aussagen („Leerformen", Würffel [Anm. 4], S. 237), die zur politischen Aktualisierungsmöglichkeit der Gedichte führte (ebd., S. 218 ff.), und er schreibt dabei den wissenschaftlichen Werken der Kreismitglieder eine deutliche Teilschuld zu (ebd., S. 240 ff.).
53 Vgl. Würffel (Anm. 4), S. 218 ff.
54 Die Selbstcharakterisierung als ‚Geheimes Deutschland' hatte drei Bedeutungen: 1. bedeutete sie die ‚heimliche Herrschaft' der Dichter und Denker über die Bildung und Identität der deutschen Nation, wie sie Wolters und Gundolf beschrieben hatten, 2. bedeutete sie eine Selbstbeschreibung des George-Kreises als gegenwärtige geistige Akademie im erstgenannten Sinne, 3. bedeutete sie die Herrschaft der Dichter und Denker in der Geschichte mit der Fortsetzung ihrer Bestrebungen durch den George-Kreis. Damit eröffnete sich zugleich die theoretische Möglichkeit einer Ausweitung der Bestrebungen in den gegenwärtigen gesellschaftlichen Raum und in die Zukunft durch Erziehung.
55 Stefan Breuer hat die ideologischen Trennlinien zwischen einem von ihm ausgemachten „ästhetischen Fundamentalismus" und dem Faschismus definiert. Breuer faßt die Trennlinien in drei Punkten zusammen: 1. ein kleinbürgerlicher Kunstgeschmack, den George und sein Kreis gerade hatten beseitigen wollen, 2. ein positivistisches Verständnis von Wissenschaft und

burg zum Reichkanzler berufen. Das Ermächtigungsgesetz vom 24. März gab dem Reichkanzler gesetzgebende und ausführende Gewalt auch gegen die Verfassung.[56] Bereits am 7. April 1933 trat das „Gesetz zur Wiederherstellung des Berufsbeamtentums" in Kraft, juristisch abgesichert durch das Ermächtigungsgesetz. Dieses Gesetz, das faktisch die Entlassung aller oppositionellen Hochschullehrer sowie der jüdischen Professoren und Dozenten vorsah, soweit diese nicht unter den Frontkämpferstatus[57] fielen, stellte die Mitglieder des George-Kreises sehr schnell vor ein tiefgreifendes Problem. Da viele von ihnen als Hochschullehrer und Beamte tätig waren, wurden sie durch das Beamtengesetz sofort mit der Ausgrenzung der Juden und damit ihrer jüdischen Freunde im Kreis aus dem öffentlichen Leben konfrontiert und somit mit dem Regierungsantritt der Nationalsozialisten vor eine konkrete Entscheidung gestellt. Konnte sich ein Kreismitglied der Verantwortung für die jüdischen Mitglieder der „Neuen Bildungsakademie" entziehen? Wie verhielten sich die Kreismitglieder gegenüber diesem Anspruch?

Im George-Kreis war bereits in den zwanziger Jahren ein weltanschaulicher Generationenkonflikt aufgebrochen, den Edith Landmann sensibel vermerkte und George 1926 vortrug:

> „Ich erläuterte ihm, wie, seit Willi Stein nach Berlin und in Berührung mit Thormaelen gekommen sei, das Wilde und Schroffe seines Wesens bis zum Hass gegen alles, was nicht soldatisch, männlich und tathaft war, sich gesteigert und so auch gegen mich gewendet hatte [...]. Er hatte sich zu den Jüngeren gesellt, welche sich den älteren Freunden des Meisters, den Verfassern von ‚Geistbüchern' erst latent oppositionell, später in offner Feindschaft gegenüberstellten. [...] Mit ihrer Ranküne gegen den Geist hing eng [...] ihre Wendung auch gegen die Juden zusammen, bei denen sie die Schätzung der vitalen Werte [...] vermissten".[58]

Durch das Ausscheiden von Friedrich Gundolf aus dem Kreis, die damit verbundene Verdrängung der „Heidelberger ästhetischen Auslegung" und der autonomen Georgeaner wie Robert Boehringer, Berthold Vallentin und Ernst

---

eine positive Haltung zur Technik gegenüber einer wissenschaftskritischen und technikfeindlichen Haltung der Georgeaner, 3. eine positive Einstellung – trotz aller Agrarromantik – zur Industriegesellschaft einschließlich ihrer Wirtschaftsformen und 4. eine generelle Zeitbejahung, d.h. ein dezidierter Modernismus, gegenüber einer Zeitablehnung durch den ästhetischen Fundamentalismus. Auf der anderen Seite verbucht Breuer die weltanschaulichen Schnittmengen: 1. das Herbeisehnen des „großen Mannes", der eine neue geistige und vielleicht auch gesellschaftliche Ordnung herstellen könne, 2. latente Ressentiments der nichtjüdischen Kreismitglieder gegenüber dem jüdischen Bevölkerungsteil, 3. in der gemeinsamen Wertschätzung des Charisma. Vgl. Breuer: Ästhetischer Fundamentalismus (Anm. 6), S. 233 ff.

[56] Vgl. Helmut Heiber: Die Republik von Weimar. 16. von Hermann Graml durchgesehene und ergänzte Auflage. München 1985, S. 258 ff.; Peter Hoffmann: Claus Graf Schenk von Stauffenberg und seine Brüder. Stuttgart 1992, S. 107 ff.

[57] Jüdische Dozenten, die im Ersten Weltkrieg für Deutschland gekämpft hatten, waren von dem Gesetz (noch) ausgenommen. Vgl. Eckhart Grünewald: Ernst Kantorowicz und Stefan George. Beiträge zur Biographie des Historikers bis zum Jahre 1938 und zu seinem Jugendwerk „Kaiser Friedrich der Zweite". Wiesbaden 1982, S. 113 ff.

[58] Edith Landmann: Gespräche mit Stefan George. Düsseldorf, München 1963, S. 158.

Morwitz aus dem inneren Zirkel durch die zunehmende Dominanz von Wolters wurde die dritte Generation stark von Wolters geprägt. Mit dem Eintritt der dritten Generation änderte sich der Charakter des Kreises daher entscheidend. Aus gleichberechtigten Einzelpersonen mit Bezug auf George wurde unter dem Einfluß von Wolters und durch die neue Institution des Mentors eine homogene Jugendgemeinschaft mit einer relativ einheitlichen Deutung der Georgeschen Sendung geformt. Auffällig ist in diesem Zusammenhang auch die Veränderung der konfessionellen Zusammensetzung der Kreismitglieder: in der dritten Generation gab es, mir bisher nicht erklärlich, bis auf Ernst Kantorowicz und Percy Gothein keine Jugendlichen mehr mit jüdischem Hintergrund.[59]

Als die Nationalsozialisten die Macht übernahmen, war die „große Zeit" des George-Kreises bereits Vergangenheit. An den Universitäten gehörten ihre kämpferischen Überzeugungen bereits dem wissenschaftlichen Alltag an, wichtige Kreismitglieder waren zu Beginn der dreißiger Jahre gestorben, so Friedrich Gundolf und Friedrich Wolters. Die dritte Kreisgeneration baute lediglich auf dem von der zweiten Kreisgeneration Erreichten auf, setzte dem aber nichts Neues mehr hinzu. Nur noch zwei Büchern der dritten Kreisgeneration war es vergönnt, öffentlich für Aufsehen zu sorgen: Ernst Kantorowicz' *Kaiser Friedrich der Zweite* (1927) und Max Kommerells *Der Dichter als Führer in der deutschen Klassik* (1928). Max Kommerell und Ernst Kantorowicz sollen daher im Mittelpunkt der folgenden Ausführungen stehen. Dazu sollen zwei Abhandlungen der Autoren zuvor näher untersucht werden: Kantorowicz' Vortrag auf dem Historikertag in Halle 1930 „Geschichtsforschung und Geschichtsschreibung" und Kommerells im Februar 1931 gehaltener Vortrag „Jugend ohne Goethe", der kurz nach der endgültigen Trennung vom George-Kreis 1930 gehalten wurde,[60] jedoch gedanklich noch ganz in dessen Bahnen verläuft.

VII. Bildung und Politik – die Deutungen Max Kommerells und Ernst Kantorowicz' als Beispiele des Interpretationsspektrums im George-Kreis

Max Kommerell, am 25. Februar 1902 als jüngstes von sieben Kindern in einer protestantischen, bildungsbürgerlichen Familie geboren, legte 1919 auf dem Gymnasium in Bad Cannstatt das Abitur ab.[61] Eine für die bürgerliche Jugend nach 1900 fast klassisch zu nennende Sozialisation folgte: eine Faszination durch

---
[59] Vgl. Hoffmann (Anm. 56), S. 76 ff.
[60] Zur Trennung Kommerells vom George-Kreis vgl. die Dokumente in: Max Kommerell: Briefe und Aufzeichnungen 1919-1944. Aus dem Nachlaß hrsg. von Inge Jens. Olten, Freiburg i.Br. 1967, S. 170 ff.
[61] Vgl. Inge Jens: Über Max Kommerell. In: Max Kommerell: Briefe und Aufzeichnungen (Anm. 60), S. 7-41, hier S. 8 ff.; Dorothea Hölscher-Lohmeyer: Entwürfe einer Jugend. Zu den frühen unveröffentlichten Briefen Max Kommerells. In: Hans-Henrik Krummacher (Hrsg.): Zeit der Moderne. Stuttgart 1984, S. 339-362, hier S. 346.

die Dichtung, eigene Versuche als Dichter, gefördert durch einen älteren Mentor, hier den Gymnasiallehrer Ernst Kayka, Teilnahme an der Jugendbewegung, schließlich durch das Studium in Heidelberg Überleitung in einen Studentenkreis um den Studenten Emil Henk, in dem Stefan Georges Lyrik und das Gedankengut des Kreises diskutiert wurden; nach drei Heidelberger Semestern wechselte Kommerell zusammen mit Ewald Volhard nach Marburg und gehörte gemeinsam mit diesem, Walter Elze, Johann und Walter Anton der Kreisfiliation um Friedrich Wolters an, dessen Gedankengut Kommerell bis zur Trennung vom Kreis teilte und in *Der Dichter als Führer in der deutschen Klassik* umsetzte.

Max Kommerell, seit dem Wintersemester 1930/31 28jähriger Privatdozent für Germanische Philologie in Frankfurt a.M., richtete in seinem Vortrag einen Appell an die gebildete Jugend, die ihr vermittelte Bildung nicht leichtfertig gegen das Linsengericht vermeintlichen Adels durch Blut und Boden einzutauschen:

> „[...] wer meint, daß niemand hinderlicher sei als Goethe [...], daß der Deutsche sich wieder in die blutstarke und blutgierige blonde Bestie zurückverwandle, der sei erinnert: Bildung als Gipfel der Menschheit einzubüßen reichen einige Minuten der Zerstörung hin, die einmal verscherzte wiederzuerwerben bedarf es der Jahrhunderte".[62]

Kommerell grenzte diesen Aufruf auf eine bestimmte Klientel ein:

> „Im Sinn habe ich [...] die Jugend, die sich selbst als die Umkehrung zu den bürgerlichen Lebensformen und Lebenswerten begriff, und die sich zwischen 1900 und jetzt in der Jugendbewegung sammelte, [...] ferner eine engere, von heutiger Dichtung stark ergriffene Jugend [...]".[63]

„Jugend ohne Goethe" beschrieb den inneren Gegensatz zwischen den Bedürfnissen einer nach Lebenssinn suchenden Jugend und dem Lebensentwurf Goethes: „Gesetz ist das erste und letzte – aber allem gemeinhin so Genannten undenklich fern, weil dies Gesetz angeschaut ist: Urform der Gestalt sowohl wie des Geschehens oder um beides zusammenzufassen: der Bildung [...]".[64] „Darum ist Goethe ihr [der Jugend; C. G.] eigentlicher, ihr ewiger Feind".[65] Goethe wird in Kommerells Darstellung dem Bedürfnis der Jugend nach freier Entfaltung explizit entgegengestellt. Nicht Jugend und Natur sollten die Leitbilder zukünftiger gesellschaftlicher Reform sein, sondern Dichtung und Bildung: „Da aber die Natur, jedes Gesicht zu spiegeln bereit, ihr eigenes so am tiefsten verbirgt, erlebte der Verworrene in ihr Verworrenes, und bereitete sich wider Wissen und Wollen auf die Gesinnung der Technik vor: Verworrenes will Gewalt".[66] Welche Aufgabe sollte die Dichtung konkret übernehmen? Kommerell antwortete ganz im Sinne des George-Kreises:

---

[62] Max Kommerell: Jugend ohne Goethe. Frankfurt a. M. 1931, S. 37.
[63] Ebd., S. 5.
[64] Ebd., S. 19.
[65] Ebd., S. 10.
[66] Ebd., S. 17.

„Dichtung als Vorwegnahme der heutigen Wirklichkeit oder, von der Jugend aus gesehen, als Spiegelung ihres Lebens nach rückwärts, ist ihr einer großer Sinn [...]. So erst fühlt sich der Mensch in einer überschwänglichen Vollheit: was ihm die Gegenwart versagt, besitzt er in der Sage".[67]

So kann für Kommerell die Selbstverwirklichungsforderung der Jugend nur über die Bildung erfolgen, die der verantwortungsbewußte Erzieher gestaltet und führt:

„Darf überhaupt der Leitsatz gelten: der Jugend Jugendgemäßes? Mindestens verliert solches Entgegenkommen jede Würze ohne den gelegentlichen Versuch, die Jugend an das ihr Entgegengesetzte heranzunötigen und sie die Ehrfurcht davor, womöglich die Liebe dazu zu lehren".[68]

Daher ist Kommerells Programm, den Abstand von Goethe in keiner Weise aufzuheben oder zu verkleinern, sondern, ganz im Sinne des Humboldtschen Bildungsprinzips, über die so ermöglichte Selbstdistanz den verantwortlichen Umgang mit sich selbst und der Gesellschaft einzuüben. Kommerell verfolgte mit der Rede eine bestimmte Absicht. Ihm ging es, auch nach der Trennung von George, um eine Rekonstitution der Bildung, dem zentralen Projekt des gesamten Kreises, das aber nun durch Kommerell mit spezifischen Vorzeichen versehen wurde, die sich gegen eine Umformung der Gesellschaft unter dem Zeichen einer nationalistischen Veränderung richteten. Bildung wurde in deutlicher Annäherung an die Heidelberger ästhetische Auslegung als Angebot an die Jugend verstanden und zugleich – in konkreter Konfrontation gegen das Wolterssche Modell – als Heilmittel gegen simplifizierende Lebenskonzepte und Weltmodelle angeboten.

Ernst Kantorowicz, 1895 als Sohn eines jüdischen Fabrikanten in Posen geboren, besuchte dort das vornehme Königliche Auguste Viktoria-Gymnasium und legte 1913 das Abitur ab. 1914 meldete er sich freiwillig zum Kriegsdienst und studierte ab 1918 Philosophie in Berlin. 1919 war Kantorowicz als Freikorpskämpfer wieder in Posen und studierte schließlich ab dem WS 1919/20 in Heidelberg Nationalökonomie.[69] Dort begegnete er Stefan George, befreundete sich mit Woldemar von Uxkull-Gyllenband, mit dem er zeitweise zusammenlebte, promovierte 1922 bei Eberhard Gothein und veröffentlichte 1927 seine aufsehenerregende Studie „Kaiser Friedrich der Zeite", an deren Redaktion Stefan George selbst aktiv beteiligt war.[70] 1930 wurde Kantorowicz als Honorarprofessor nach Frankfurt a. M. berufen; als der Lehrstuhl für Mittelalterliche Geschichte dort 1932 vakant wurde, wurde er ordentlicher Professor.[71] Auf dem Historikertag 1930 in

---

[67] Ebd., S. 34.
[68] Ebd., S. 33.
[69] Vgl. zur Biographie Grünewald (Anm. 57), S. 4 ff.
[70] Vgl. ebd., S. 72 ff.
[71] Vgl. Ernst Kantorowicz: Curriculum vitae. Masch. 2 S.; Ernst Kantorowicz Collection AR 7216. Box 2. Folder 7. Leo Baeck Institute New York (LBI).

Halle hielt Ernst Kantorowicz eine vielbeachtete Rede über „Geschichtsforschung und Geschichtsschreibung", die dort für so großes Aufsehen sorgte, daß sie in gekürzter Form in der *Deutschen Allgemeinen Zeitung* erschien.[72] Kantorowicz begann mit einem harten Angriff auf die etablierte Geschichtsforschung, der er – typisch für die Argumentation im George-Kreis – historische Indifferenz sowie fehlende Darstellungskraft vorwarf. „Die positive Geschichts*forschung* macht sich eines Uebergriffs in das Gebiet der Kunst schuldig, wenn sie versucht, die Geschichts*schreibung* unter ihre Arbeitsregeln zu zwingen".[73] Diese Unterscheidung von Geschichtsforschung und Geschichtsschreibung, von Friedrich Gundolf und Ernst Bertram entwickelt, wurde von Kantorowicz in spezifischer Weise weitergeführt: die positivistische Geschichtswissenschaft sei an das Postulat der Voraussetzungslosigkeit von Erkenntnis gebunden, das dazu führe, daß über die Standortgebundenheit jeder Erkenntnis nicht mehr nachgedacht werde. Die angeblich voraussetzungslose Geschichtsforschung gerate dadurch in die Nähe der historischen Belletristik, eine Zusammenstellung, die auf dem Historikertag, wie Eckhart Grünewald zu Recht vermutet, für beträchtlichen Aufruhr gesorgt haben muß.[74] Kantorowicz forderte somit eine standortbezogene Geschichtsschreibung, eine gefährliche Position, wenn sie über die Reflexion der Standortbezogenheit jeder Erkenntnis hinaus eine Geschichtsschreibung *für* einen Standpunkt meint. Kantorowicz forderte eine künstlerische, im Sinne des George-Kreises eine wertende und auswählende Haltung zu den Gegenständen der Geschichtsschreibung, deren Rezeption er einer kleinen Elite von Gebildeten reservieren wollte. Durch die Erzeugung eines geistigen Reichs für die Gebildeten sei zudem ein neues deutsches Nationalgefühl hervorzubringen, das den durch positivistische Geschichtsforschung und publikumsorientierte Belletristik hervorgebrachten zerstörerischen „Zweifel an der Nation"[75] beseitigen könne. In einem erweiterten Abdruck der Rede schließt sich daran eine aufschlußreiche Ausführung über die wissenschaftlichen Werke aus dem George-Kreis an:

> „Lediglich darin, daß sie mit diesem Glauben an den Tag der Deutschen, an den Genius der Nation dienen, liegt ihr Wert begründet. [...] Denn nicht, wie man so gern glauben möchte, ein ästhetisches oder phänomenologisches Dogma waltet hier, sondern es ist lediglich das Dogma von der würdigen Zukunft der Nation und ihrer Ehre, von dem diese Werke getragen werden [...]".[76]

---

[72] Vgl. zu der Auseinandersetzung um Kantorowicz' Rede ausführlich Grünewald (Anm. 57), S. 90 ff.

[73] Ernst Kantorowicz: Geschichtsforschung und Geschichtsschreibung. In: Deutsche Allgemeine Zeitung, 26.4.1930. Nr. 192-193, S. 7.

[74] Vgl. Grünewald (Anm. 57), S. 93.

[75] Ernst Kantorowicz: Geschichtsforschung (Anm. 73), S. 7.

[76] Ernst Kantorowicz: Über Grenzen, Möglichkeiten und Aufgaben der Darstellung mittelalterlicher Geschichte. Vortrag auf der Historiker-Tagung. Halle a. d. S., 24. April 1930. In: Der Ring 3 (1930), S. 333-335. Zit. nach: Grünewald (Anm. 57), S. 96.

Während Kommerell nach der Trennung vom Kreis zur Heidelberger ästhetischen Auslegung zurückkehrte, argumentierte Kantorowicz weiter im Rahmen der politischen Ästhetik von Friedrich Wolters. Während Kommerell die nationalsozialistische Bewegung zunächst begrüßte, lehnte Kantorowicz sie – begründet auch durch seine jüdische Herkunft – ebenso ab wie Robert Boehringer, Edith Landmann und Ernst Morwitz. Es gab somit unterschiedlichste Optionen einer politischen Stellungnahme, die zugleich *nicht* unmittelbar aus den bildungspolitischen Überzeugungen ableitbar sind.

Max Kommerell schrieb im Juni 1930 an seinen Freund Johann Anton: „Dass dir die Hitlerei zu viel in Lappalien herumpfuscht, versteh ich – aber schliesslich ists keine *geistige Bewegung*, und wichtig ist dass sie allerorten [...] umkämpfte Losung werde. Was für Massen Symbolkraft hat, ist andres als was für uns: *wo's* los geht, ist nicht wichtig [...]". Max Kommerell bezeichnete sich selbst als „im Politischen [...] gänzlich Unempfindlich", in dessen Bereich nur „Mittel und Stufe" gelte.[77] Als die Nationalsozialisten bei den Reichstagswahlen im Juli 1932 ihre bisherigen 110 Mandate auf 230 Mandate hatten ausbauen können, schrieb Kommerell aufatmend: „freilich muß man sie geistig aufbessern",[78] aber „die Centrumsherrschaft ist gebrochen, und eine Regierung ist da, derer man sich nicht schämt".[79] George und die Georgeaner verstanden sich selbst nicht als unpolitisch, sondern das Engagement für eine neue Bildung und eine neue Kultur war in ihrem Bewußtsein sowie in dem der meisten Bildungsbürger höchst politisch. Die konkrete Tagespolitik war in ihrem Bewußtsein jedoch lediglich dazu geeignet, die richtigen Rahmenbedingungen für die Entfaltung der Bildung und der Kultur zu setzen. Die unterschiedliche Gewichtung der kulturellen und der politischen Sphäre ließ daher die Stellungnahme zu einer neuen politischen Bewegung, die für sich in Anspruch nahm, nicht nur die Politik, sondern die gesamte nationale Kultur durch eine neue deutsche Bildung und eine neue deutsche Jugend zu revolutionieren, doppelt schwierig erscheinen. Gleichzeitig war ein Rückzug vor einer politischen Anbindung des geistigen Reichs in den Raum des Vorpolitischen möglich. Die Deutung des geistigen Reichs als autonome Sphäre der Bildung und Kultur für eine auserwählte Elite konnte zugleich die Hilflosigkeit bezüglich der eigenen Haltung zu der politischen Entwicklung verdecken und entweder den Rückzug in die Privatsphäre oder auch die Integration in die neue Bewegung als eines notwendigen Übels des geringgeschätzten politischen und gesellschaftlichen Lebens legitimieren, eine Argumentationsformel, die z.B. Kurt Hildebrandt noch nach dem Zweiten Weltkrieg wählte.[80]

---

[77] Kommerell an Johann Anton vom 24.6.1930. Zit. nach: Hoffmann (Anm. 56), S. 489 ff.
[78] Kommerell an Jul Strebel vom Sommer 1932. Zit. nach: Jens (Anm. 60), S. 28.
[79] Kommerell an Andreas Heusler vom 10.7.1932. Zit. nach: Jens (Anm. 60), S. 28.
[80] Vgl. Hildebrandt (Anm. 5), S. 229.

VIII. Die Deutungen der Ereignisse von 1933 durch dessen Befürworter im George-Kreis

Der Nationalsozialismus konnte als erster Schritt auf dem Weg in ein Georgesches Reich interpretiert werden – so bei Kurt Hildebrandt und Ernst Bertram aus der zweiten Kreisgeneration, bei Woldemar von Uxkull-Gyllenband, Johann Anton, zum Teil bei Max Kommerell und den Brüdern Stauffenberg aus der dritten Kreisgeneration, die die Machtübernahme als den Aufbruch in eine neue, geordnete und nationale Zukunft positiv wahrnahmen –, konnte aber auch als völlige Negation der Bildungserneuerung, wie sie George anvisierte, verstanden werden. Diese Auffassung vertraten zum Beispiel Robert Boehringer, Ernst Morwitz und viele Vertreter der Heidelberger Auslegung. Die Kreismitglieder, die sich in Reden oder Aufzeichnungen mit der neuen politischen Lage und deren Konsequenzen für das „Geistige Reich" auseinandersetzten, gaben darin noch einmal Antworten auf eine Problemstellung, die den Kreis im Innersten betraf: nämlich auf die Frage, ob der Kreis als Bildungselite zu deuten sei, die autonom von politischen Entwicklungen vorbildhaft als Gemeinschaft zu agieren habe, oder ob der Kreis als Kernzelle einer umfassenden Erneuerung zu sehen sei, die dementsprechend auf die Existenz des einzelnen Mitglieds keine Rücksicht zu nehmen brauche. Wie verhielten sich die Kreismitglieder, von denen Zeugnisse über ihre Haltung zur Machtübernahme der Nationalsozialisten vorliegen, nun konkret zu der Frage, ob sie die „neue Bildungsakademie" inklusive ihrer jüdischen Mitglieder schützen oder ob sie diese zugunsten einer möglichen neuen Bewegung aufgeben wollten? Und so stellte sich 1933 im übertragenen Sinne noch einmal die Frage: *Gundolf oder Wolters*?

Kurt Hildebrandt trat bereits am 28. April 1933 in die NSDAP ein, wie ein Brief an Stefan George im George-Archiv Stuttgart belegt und legitimierte dies als beruflichen Zwang. Nach Anfrage bei dem nationalsozialistischen Minister für Wissenschaft, Kunst und Volksbildung, Rust, hoffte er auf eine philosophische Professur.[81] Hildebrandt erhielt 1934 – als Ausweis seiner Eignung hatte er sein 1933 erschienenes Buch „Platon. Der Kampf des Geistes um die Macht" eingereicht – einen Lehrstuhl für Philosophie in Kiel, nachdem die beiden Lehrstuhlinhaber, Richard Kroner, der jüdischer Abstammung war und Julius Stenzel, der mit einer jüdischen Frau verheiratet war, „entpflichtet" worden waren. Ulrich K. Goldsmith hat zudem dargelegt, daß Hildebrandt, der sich früh mit eugenischen Theorien befaßte und seine 1920 als Doppelband erschienenen Publikationen *Norm und Verfall des Staates* und *Norm und Entartung des Menschen* 1934 unter dem Titel *Norm, Entartung und Verfall. Bezogen auf den Einzelnen, die Rasse, den Staat* wiederauflegen ließ. Hildebrandts Wiederveröffentlichung enthielt im Vorwort

---

[81] Vgl. zu diesem Vorgang ausführlich Ulrich K. Goldsmith: Wilamowitz and the *Georgekreis*: New Documents. In: William M. Calder u.a. (Hrsg.): Wilamowitz nach 50 Jahren. Darmstadt 1985, S. 583-611, hier S. 606 ff.

eine Verherrlichung der nationalsozialistischen Bewegung als nationale Erneuerung.[82] In seinem Erinnerungsbuch hat Hildebrandt diese Vorgänge äußerst beschönigend beschrieben. „Noch versicherte die Partei, keinem Juden würde ein Härchen gekrümmt, erst allmählich sickerte manches von rohester Behandlung durch".[83] Allein die Entfernung der jüdischen Hochschullehrer aus Hildebrandts unmittelbarer Umgebung hätte diesen vom Gegenteil überzeugen müssen. 1945 wurde Hildebrandt seines Kieler Lehrstuhls enthoben. Zwischen 1950 und 1963 lehrte er erneut in Kiel.[84]

Ernst Bertram hatte 1933 in seiner Rede vor der Bonner Studentenschaft, „Möglichkeiten deutscher Klassik", Stefan George als den Dichter gekennzeichnet, der „die mächtigen Wirklichkeiten von heute und künftig mit heraufgerufen, zu denen wir uns heute mit so hohen Hoffnungen bekennen".[85] Nach Bertram schuf das echte verkündende Wort zugleich die Wirklichkeit, die es beschwor. Die ‚Möglichkeiten deutscher Klassik', die Bertram als „Gebilde, darinnen antiker, vor allem griechischer Geist sich germanisch-nordischem, vielfältig deutschem Geist [...] zu einer neuen höheren Einheit sich vermählt",[86] verstand, sah dieser durch Georges Werk im neuen nationalsozialistischen Staat Wirklichkeit werden. Aus George wurde ein „mythischer Orpheus", dessen Gedichte die „Forderung einer Großen Ordnung, einer lebendigen Gesetzlichkeit, darin Gesang und Staat eines werden"[87] enthielten. Neue deutsche Klassik als Vollendung der griechischen Kultur, dies war in Bertrams Deutung jedoch nicht mehr die Entwicklung einer neuen Kulturhöhe durch die Rezeption der Antike, sondern ein kultureller Eroberungsfeldzug aus der rassischen und damit auch kulturellen Überlegenheit des Ariertums gegenüber allen anderen Völkern. Das Geheime Deutschland wurde zum geistigen Wegbereiter des nationalsozialistischen Deutschland, zum Verkünder des neuen Staates.

Woldemar von Uxkull-Gyllenband, der zeitweise mit Ernst Kantorowicz zusammengelebt hatte und als Jugendlicher von Ernst Morwitz jahrelang in engster Gemeinschaft erzogen worden war, hielt 1933 zum 65. Geburtstag Georges eine Rede vor der Studentenschaft Tübingen. Uxkull beschwor in dieser Rede George als den Schöpfer der Nation und Garanten nationaler Erneuerung.[88] Uxkull stellte kulturkritische Theoreme des George-Kreises in den neuen politischen Diskurs: „Durch Hygiene und den Ausbau humanitärer Einrichtungen sind viele Völker überaltert; [...] Heute weiß ein jeder,

---

[82] Vgl. Goldsmith (Anm. 81), S. 608 ff.
[83] Hildebrandt (Anm. 5), S. 231.
[84] Vgl. Goldsmith (Anm. 81), S. 609.
[85] Ernst Bertram: Möglichkeiten deutscher Klassik. In: ders.: Deutsche Gestalten. Fest- und Gedenkreden. Leipzig 1934, S. 246-279, hier S. 246.
[86] Ebd., S. 248 ff.
[87] Ebd., S. 275.
[88] Woldemar von Uxkull-Gyllenband: Das revolutionäre Ethos bei Stefan George. Rede gehalten zum 65. Geburtstag des Dichters vor der Studentenschaft der Universität Tübingen. Tübingen 1933, S. 8.

wohin der vermeintliche Fortschritt geführt hat: zur Herrschaft des Dinges über den Menschen [...]!"[89] Daher könne nur „innerhalb der Gefolgschaft als höchstem Ausdruck des Gemeinschaftswillen [...] die heroische Weltauffassung wiedergeboren und gegen die Zersetzung des Individualistischen erfolgreich gekämpft werden, weil die überragende Person als Führer die Gemeinschaft erneuert und prägt".[90] Der George-Kreis erschien als erste Realisierung dieser Forderung. Uxkulls Retrospektive gipfelt in der Feststellung, daß „vom Tage an, wo die Germanen bewußt in die Geschichte getreten sind, jede Welterschütterung und Erneuerung aus Deutschland gekommen ist", das auch jetzt „die Welt erretten" soll.[91] Mit dem von Uxkull in diesem Zusammenhang zitierten Gedicht „Der Dichter in Zeiten der Wirren" mit den Schlußversen von dem „jung geschlecht", „das von sich spie was mürb und feig und lau", und dem Retter, „[...] der heftet / Das wahre sinnbild auf das völkische banner / Er führt durch sturm und grausige signale / Des frührots seiner treuen schar zum werk / Des wachen tags und pflanzt das Neue Reich"[92] wurde das Werk Georges zur seherischen Verkündung der jetzt in die Tat umgesetzten neuen deutschen Erfüllung. Uxkull verunglückte 1939 bei einem Autounfall, Claus von Stauffenberg, der mit Uxkulls Interpretationen zunächst weitgehend übereinstimmte, wurde jedoch später, durch die Ereignisse über den Unterschied zwischen Bildungsreich und Drittem Reich belehrt, zu einem führenden Mitglied des Widerstands vom 20. Juli und entnahm dazu entscheidende Denkkategorien der Weltanschauung des George-Kreises.[93]

Edith Landmann hat in ihrem 1933 geschriebenen Entwurf „An die deutschen Juden, die zum Geheimen Deutschland hielten" implizit eine Schilderung der Diskussionen gegeben, die zwischen Juden und „Ariern" im Kreis entstanden und die Argumentation der mit den Nationalsozialisten sympathisierenden Kreismitglieder wiedergegeben: „‚Wie könnt denn von dem allen, was vorgeht [hatten diese ihre jüdischen Freunde gefragt], ihr euch betroffen fühlen, ihr, an denen das Wunder der Verwandlung sich vollzogen?' Nicht ihr seid gemeint; längst hattet ihr aufgehört, Juden zu sein".[94] Edith Landmann antwortete darauf: „Es ist eine bequeme, plebejische, pauschale Lösung unserer Lebensfrage, zu sagen: Juden sind Pack, das weg muss. Und Du und Du, natürlich, Ihr seid Ausnahmen, ihr könnt bleiben".[95] Erich von Kahler, selbst Jude, hat in seinen Erinnerungen an George die schnelle Integration mancher Georgeaner in den neuen Staat vor dem Hintergrund des

---

[89] Ebd., S. 4 ff.
[90] Ebd., S. 6.
[91] Ebd., S. 8.
[92] Zit. nach: Ebd., S. 23.
[93] Vgl. zur Beziehung George-Kreis und Widerstand des 20. Juli ausführlich und differenziert abwägend Hoffmann (Anm. 56).
[94] Edith Landmann: An die deutschen Juden, die zum geheimen Deutschland hielten. Typoskript. 20 S. Stefan George-Collection. AR 1038. Leo Baeck Institute New York (LBI), S. 2.
[95] Ebd., S. 9. LBI.

Georgeschen Weltbildes einer pointierten Kritik unterzogen. „Man muß zugeben, daß gewisse Analogien bestehen, gewisse Prädispositionen geschaffen wurden. Man muß sagen was ist. Es ist wahr, daß einige wenige aus dem George-Kreis dem Taumel verfallen sind und, wiewohl an dem Menschenbild Georges erzogen, die Analogien zu Identitäten herabgewürdigt haben;"[96] Analogien zu Identitäten machen: dies ist wohl die treffendste Formel für die Interpretationen derjenigen Georgeaner, die im neuen Staat die Basis für das Neue Reich sahen.

IX. Die Deutung der Machtübernahme durch die jüdischen Kreismitglieder

Wie verhielten sich die jüdischen Kreismitglieder angesichts der Ereignisse und der drohenden Berufsenthebung? Wie standen sie zu den auftretenden Spannungen im Kreis?

Ernst Morwitz, Kammergerichtsrat in Berlin, äußerte sich nicht öffentlich. Vom Kammergerichtspräsidenten wurden ihm als „Nichtarier" nach 1933 weiterhin hervorragende Zeugnisse ausgestellt. „Die ihm gegen Reich und Volk obliegenden Pflichten erfüllt er mit Ernst und ohne Abneigung."[97] 1938 emigrierte Morwitz in die Vereinigten Staaten. Karl Wolfskehl verließ Deutschland fluchtartig nach dem Reichstagsbrand am 27. Februar 1933. Im Kreis nicht mit den Mitgliedern der Woltersschule, sondern mit den autonomeren Kreismitgliedern wie den Brüdern Gundolf und Robert Boehringer, aber auch mit Edgar Salin eng befreundet, flüchtete er in die Schweiz zu Edgar Salin,[98] ging von dort nach Italien und emigrierte 1938 nach Neuseeland. Daß Wolfskehl zu vielen Georgeanern der zweiten, besonders aber der dritten Kreisgeneration keinen Zugang mehr herstellen konnte, zeigt symptomatisch sein Brief an Albert Verwey, den er 1932, schon angesichts der an Einfluß gewinnenden Nationalsozialisten, schrieb: „Auch von den übrigen Juden aus Georges Umgebung ist keiner in der Seelenlage zu spüren, worum es geht; [...] Auch sie, die gescheiten und wohlmeinenden unter ihnen finden den auf sie gerichteten Blick garnicht so gorgonisch [...]".[99] Ernst Gundolf und Ernst Morwitz, als Juden in ihrer Existenz bedroht, brachen ebenso wie Edith Landmann den Kontakt zu den mit den Nationalsozialisten sympathisierenden Mitgliedern des Kreises ab.[100]

---

[96] Erich von Kahler: Stefan George. Größe und Tragik. Pfullingen 1964, S. 24.
[97] Personalakten des Justiz-Ministeriums. Betreffend Dr. Ernst Morwitz. 1914 Litt.M. Nr. 2169. Blatt ohne Zählung. Bundesarchiv Koblenz.
[98] Vgl. Karl Wolfskehl. 1869-1969. Leben und Werk in Dokumenten. Ausstellungskatalog zur gleichnamigen Ausstellung in der Hessischen Landesbibliothek Darmstadt. Hrsg. von Manfred Schlösser. Darmstadt 1969, S. 352 ff.
[99] Wolfskehl an Albert Verwey vom 26.10.1932. Zit. nach: Karl Wolfskehl. 1869-1969 (Anm. 98), S. 354.
[100] Vgl. Hildebrandt (Anm. 5), S. 240 ff.

Fast zeitgleich mit Hildebrandts mitgeteiltem Parteieintritt, am 20. April 1933, bat Ernst Kantorowicz in einem Brief an den preußischen Minister für Wissenschaft, Kunst und Volksbildung um Beurlaubung aus dem Amt für das Sommersemester 1933:

> „obwohl ich auf Grund meiner Veröffentlichungen über den Stauferkaiser Friedrich den Zweiten für meine Gesinnung gegenüber einem wieder nationalen Deutschland keines Ausweises [...] bedarf; [...] solange jeder Jude als solcher rassenmäßig für minderwertig erachtet wird; solange die Tatsache, überhaupt jüdisches Blut in den Adern zu haben, zugleich einen Gesinnungsdefekt involviert; [...] solange erscheint es mir unvereinbar mit der Würde eines Hochschullehrers, sein nur auf innerer Wahrheit begründetes Amt verantwortlich zu versehen, und solange auch als eine Verletzung des Schamgefühls der Studenten, seine Lehrtätigkeit, als wäre nichts geschehen, stillschweigend wieder aufzunehmen".[101]

Die Briefe des Sommers 1933 an Stefan George[102] spiegeln deutlich die Zerrissenheit von Kantorowicz, der dritten Kreisgeneration angehörig und durch deren Vorstellungen geprägt, angesichts der politischen Ereignisse. Dagegen fanden Karl Wolfskehl, Edith Landmann und Ernst Morwitz aus der ersten und zweiten Generation schnell zu einer deutlichen Trennung von „Geistigem Reich" und Drittem Reich.

Im Oktober erhielt Kantorowicz eine Einladung des New College in Oxford und bat im November um weitere Beurlaubung für das Wintersemester 1933/34 sowie das Sommersemester 1934.[103] Bevor die Zustimmung des Ministeriums im Dezember 1933 eintraf, nahm Kantorowicz seine Lehrtätigkeit in Frankfurt wieder auf und begann die Vorlesung über das deutsche Interregnum des Mittelalters mit dem Eröffnungsvortrag „Das geheime Deutschland" am 14. November 1933.[104] In einem Brief vom November 1933 an George (George-Archiv Stuttgart) begründete Kantorowicz seine Themenwahl für die Wiederaufnahme seiner Vorlesungstätigkeit mit dem Argument, daß ein ‚aufbauendes Thema' in der gegenwärtigen Situation nicht möglich sei, eine Vorlesung über das Interregnum des Mittelalters (als Bild für die nationalsozialistische Herrschaft) und das schließliche Wiedererstarken eines ‚Geheimen Deutschland' in den Stauferkaisern jedoch eine implizite kritische Stellungnahme zu Ereignissen 1933 sein könnte. Kantorowicz definierte das Geheime Deutschland in zweifacher Weise: als den Kreis um den Dichter Stefan George und als „geheime Gemeinschaft der Dichter und Weisen, der Helden und Heiligen, der Opfrer und Opfer, welche Deutschland hervorgebracht hat und die Deutschland sich dargebracht haben .. die Gemeinschaft derer, die [...] allein das echte Antlitz der Deutschen erschufen".[105] Nach

---

[101] Beurlaubungsgesuch vom 20.4.1933. Zit. nach: Grünewald (Anm. 57), S. 114 ff.
[102] Im George-Archiv. Württembergische Landesbibliothek Stuttgart.
[103] Vgl. Grünewald (Anm. 57), S. 125.
[104] Vgl. zu diesen Ereignissen Grünewald (Anm. 57), S. 118 ff., und Kantorowicz: Curriculum vitae (Anm. 71).
[105] Ernst Kantorowicz: Das Geheime Deutschland. Typoskript. 22 S.; Nachlaß 114. Edgar Salin. C 34, S. 4. Universitätsbibliothek Basel. Handschriftenabteilung (UBB).

Kantorowicz war dieses Reich der großen Geister unzerstörbar, denn „man wird ihrer nicht habhaft, indem man ihr Bild auf die Strasse zerrt, sie dem Markt anähnelt und dann als eigen Fleisch und Blut feiert".[106] Die Annäherung an das Reich der Dichtung sei nur durch Ehrfurcht und Liebe möglich, das Geheime Deutschland daher repräsentiert durch „Schönheit Adel Grösse".[107] Wenn Kantorowicz die Träger des Geheimen Deutschland in ihrem Rang danach bewertete, wie hoch „das Maass ihres Teilhabens an jenen Grundmächten der Tiefe"[108] ist, so war daraus kein Kriterium einer ethischen Orientierung zu entnehmen, sondern nur eine spezifische Ambivalenz des Redners gegenüber Pathos, Heldentum, vermeintlichem Adel und nationaler Größe. Kantorowicz betonte aber gegenüber der Blut- und Boden-Ideologie der Nationalsozialisten die Bedeutung der Bildung: eine Erziehung zur Wertschätzung der Schönheit und die Ehrfurcht vor der Kultur, das waren nach Kantorowicz Grundvoraussetzungen der Teilhabe am Geheimen Deutschland.[109] Als Zukunftsvision formulierte Kantorowicz wie Wolters den „Kulturstaat", mit den Philosophenkönigen an der Spitze:

> „Dann aber gibt es kein ‚geheimes Deutschland' mehr [...]. Bis dahin ist aber noch ein weiter Weg ... bis dahin hat über die verborgnen Kräfte noch das ‚geheime Deutschland' zu wachen, dessen Herrscher, selbst unangreifbar und ewig, dem jeweiligen Feinde innen und aussen zurufen: ‚Hemmt uns: untilgbar ist das wort das blüht. / Hört uns! trotz eurer gunst: es blüht -/ Übt an uns mord und reicher blüht was blüht!' "[110]

Die *aristokratische Haltung*, die Ernst Kantorowicz einnahm und seine öffentliche Verpflichtung auf Bildung und Kultur im Kontext einer bestimmten Tradition war – trotz der politischen Vagheit vieler seiner Aussagen – eine deutliche Absage an die Nationalsozialisten. Kantorowicz löste die Frage „Gundolf oder Wolters" mit einer „Gundolfschen" Option für eine von politischen Ereignissen unabhängige Bildungselite, bezog jedoch (als Angehöriger der dritten Kreisgeneration) zugleich die Wolterssche Vorstellung einer staatlichen Erneuerung ein, indem er die zukünftige Formung eines neuen Staates durch diese Elite nicht ausschloß. Im Dezember unterbrach Kantorowicz seine Vorlesung aufgrund von Boykott-Aktionen nationalsozialistischer Studenten. Zu Beginn des Jahres 1934 weilte Kantorowicz in Oxford.[111] Im Juli 1934 kehrte er nach Deutschland zurück, da seine Erlaubnis zum Auslandsaufenthalt ablief. Im November 1934 verlor er seinen Lehrstuhl in Frankfurt, seitdem lebte er in Berlin.[112] Über das Jahr 1938 bis zur Ankunft in New York Anfang 1939 schrieb Kantorowicz in einem Brief:

---

[106] Ebd., S. 5, UBB.
[107] Ebd., S. 6, UBB.
[108] Ebd., S. 11, UBB.
[109] Ebd., S. 18 ff., UBB.
[110] Ebd., S. 22, UBB.
[111] Vgl. Grünewald (Anm. 57), S. 128 ff.
[112] Kantorowicz: Curriculum vitae (Anm. 71).

„In July 1938, being then in Berlin, I received a letter form Dr. Demuth asking me whether I were prepared to apply for a professorship in California. I answered in the affirmative handing over to him my curriculum vitae and applied immediately for a passport. After having received invitations from Harvard, Yale and Smith college to read a paper when coming to this country, I was granted finally, on november 29th, 1938, a passport and a visitor's visa to the U.S. [Nach der Reichskristallnacht 1938 floh Kantorowicz mit Hilfe des Verlegers Helmut Küpper[113] nach England.] On December 6 I left for Oxford, where I was staying with the Warden of Wadham College, going then to London, where I lectured at the Courtauld Institute (University of London) in January 1939, Then I crossed to the U.S., arriving at New York ten days ago".[114]

Im Sommer 1933 schrieb Edith Landmann ihren Aufruf „An die deutschen Juden, die zum geheimen Deutschland hielten", der die klarste Stellungnahme eines Kreismitglieds zu den Ereignissen 1933 enthielt. Edith Landmann stellte zu Beginn die rhetorische Frage:

„Schaudern wir vor dieser Parodie auf das Neue Reich, die vom Dritten Reich gemimt wird, vor diesem Massengejohle, das plötzlich den Seelengesang des Einsamsten nachgröhlt und seine Verse [...] durch jedes Radio gröhlen lässt, oder sollen wir frohlockend über den Triumph: das dennoch behütete heilige Geheimnis, das trotz deren Gunst blühende Geheime Deutschland, in diesen Bastarden des Neuen Reichs die lang Ersehnten begrüssen [...]?"[115]

Mit „dem Land, der Sprache, dem Geist, mit allen Tugenden und Untugenden deutschen Wesens so bis ins innerste eins geworden",[116] empfand Edith Landmann die Haltung der mit den Nationalsozialisten sympathisierenden Kreismitglieder als Verrat am Geheimen Deutschland, das bis dahin Juden und „Arier" eingeschlossen hatte: wer einmal von „diesem Taumel barbarischer Absolutheit" ergriffen sei, wer „dem grossen deutschen Aufbruch nicht glaubt fernbleiben zu dürfen", der sage implizit auch Ja zur Judenpolitik der Nationalsozialisten.[117] „Jeder von euch, der durch dieses Tor geht, wendet nun uns den Rücken, lässt uns nun draussen stehn".[118] Edith Landmann argumentierte: „Das Blut, das der Verwandlung fähig war, konnte nicht unedel sein, unseres so wenig wie eures. Ist die Rede vom schlechten Blut richtig, [...] so kann es keine Ausnahmen geben".[119] Da ihr als Jüdin eine weitere Teilhabe an der deutschen Kultur versperrt war und sie die neuen Machthaber als Gegensatz aller bisherigen deutschen Bildung und Humanität verstand, entwarf Edith Landmann die Utopie eines Bildungsstaats, angelehnt an Platons *Politeia*.

---

[113] Helmut Küpper hatte von seinem Schwiegervater Georg Bondi, der Jude war, den Verlag übernommen.
[114] Kantorowicz an Bernhard Flexner / New York vom 15.2.1939 aus New York. Ernst Kantorowicz Collection AR 7216. Box 2. Folder 7. LBI.
[115] Edith Landmann: An die deutschen Juden (Anm. 94), S. 1.
[116] Ebd., S. 3.
[117] Ebd., S. 4 ff.
[118] Ebd., S. 7.
[119] Ebd., S. 8.

"Omaruru", so die Bezeichnung für diesen Staat, hieß zugleich: für die deutschen Juden und die deutsche Bildungswelt war in Deutschland kein Platz mehr. Es bedeutete darüber hinaus die bemerkenswerte Empfehlung, als deutsche Juden *nicht* die Assimilation in anderen Staaten zu suchen, die die Aufgabe des ‚Deutschtums', als deren spezifische Träger Edith Landmann die Mitglieder des Geheimen Deutschlands und die Rezipienten seiner Werke empfand, bedeutet hätte. Für Edith Landmann bestand die einzige Möglichkeit der Bewahrung der deutschen Bildung in der Errichtung einer kleinen Siedlung, deren Bewohner (in die sie die nicht mit dem nationalsozialistischen Regime sympathisierenden „Arier" einbezog) im Sinne Georges das „hohe Leben" im Rahmen der deutschen Kultur führen sollten: „Halten wir also zusammen; seien wir, was wir in Deutschland waren: Deutsche jüdischer Abstammung, denen der Geist der deutschen Dichtung heilig war, an irgend einem anderen Orte der Welt [...]".[120] So sollte eine Bildungsakademie entstehen, die der deutschen Bildung das Überleben sichern sollte: „[...] wir brauchen keine neue Sprache zu lernen [...], denn wir haben die Sprache des Dichters, und unsere Jugend wird aufwachsen mit dem Leben von Gedichten wie die griechische mit den Gesängen des Homer".[121] „Omaruru" war die Fortsetzung und Radikalisierung der Gundolfschen Interpretation des Geheimen Deutschland als Bildungselite und Bewahrer kultureller Traditionen:

> „Halten wir den Boden, den wir hier gewonnen [...] fest, so haben wir, was allen nur völkisch gegründeten staatlichen Neubildungen fehlt: die geistige Mitte. Wir tragen das Geheime Deutschland mit uns, tragen es in Metall geritzt, und schon steht uns reinlich gezimmert die heilige Lade, gefüllt mit den heiligen Büchern".[122]

Die politische Entwicklung machte Edith Landmann, die ihre jüdische Herkunft bis 1933 kaum noch wahrgenommen hatte, zur Zionistin.[123] 1937 emigrierte sie in die Schweiz. Wera Lewin, mit Edith Landmann befreundet, wollte sie dazu bewegen, Israel zu besuchen.[124] Dazu kam es nicht mehr. Nach einer Amerikareise starb Edith Landmann 1951 im Alter von 74 Jahren in der Schweiz.

X. Fazit

Der George-Kreis zerbrach schließlich nicht nur an den politischen Gegebenheiten, die seine innere Struktur (Juden und „Arier") auflöste und an dem Fehlen einer charismatischen Mitte nach dem Tod Georges, sondern ebenso

---

[120] Ebd., S. 13.
[121] Ebd., S. 18.
[122] Ebd., S. 17.
[123] Vgl. Michael Landmann: Edith Landmann. In: ders.: Erinnerungen an Stefan George. Seine Freundschaft mit Julius und Edith Landmann. Castrum Peregrini 29. H. 141-142, S. 107-141, hier S. 137.
[124] Vgl. ebd., S. 138.

an der offenen Semantik seiner Überzeugungen, die im Kaiserreich und in der Weimarer Republik gerade einen Teil seiner Faszination ausgemacht und die Möglichkeit einer umfassenden Rezeption bereitgestellt hatte. Konkret führte die Diskriminierung der Juden im nationalsozialistischen Deutschland zu einer schnelleren Spaltung des George-Kreises als es vielleicht ohne diese das Selbstverständnis des Kreises als Bildungselite treffende Problematik geschehen wäre. Nach dem Tod Georges am 4. Dezember 1933 zerfiel der Kreis in Gruppen und Einzelpersonen, die sich entweder als legitime Nachfolger und Bewahrer des Georgeschen Erbes begriffen – wie Berthold von Stauffenberg, dem mit Robert Boehringer die Treuhandschaft für Georges Nachlaß durch dessen letztwillige Verfügung übertragen worden war und der zu seinem Nacherben erst Frank Mehnert, nach dessen Tod seinen Bruder Claus bestimmt hatte[125] –, und in diejenigen, die sich, wie es Kantorowicz in einem Brief 1933 an George ausgedrückt hatte, Haltung und Weltbild dessen verpflichtet fühlten, dem man ein Leben lang gefolgt sei.[126] Die neue platonische Akademie, die den geistigen Adel, unabhängig von Konfession oder Beruf, so hoch geschätzt hatte, versagte in ihrer schwersten Belastungsprobe. Die ambivalente Erziehungspraxis des Kreises und die aus ihr resultierenden Persönlichkeitsmuster trugen dazu ebenso bei wie die durch die internen Kreisüberzeugungen hervorgerufene Sehnsucht nach Vergemeinschaftung und nach dem „großen Menschen". Selbst die größte Nähe zu jüdischen Mitbürgern hatte nicht vor einer Sympathie mit den Nationalsozialisten geschützt, sondern eine konkrete Stellungnahme zur Judenpolitik der Nationalsozialisten wurde – wie bei Edith Landmann dargestellt – durch subtile Argumentationen umgangen.

---

[125] Vgl. Hoffmann (Anm. 56), S. 78.
[126] Vgl. Brief vom 5. Juni 1933 im George-Archiv Stuttgart.

II.

Jan-Pieter Barbian

Institutionen der Literaturpolitik im „Dritten Reich"[1]

I. Der Zugriff auf die Interessenvertretungen der Schriftstellerschaft und des Buchhandels

Die Kultur der Weimarer Republik, die zentrale Domäne der Außenseiter, wie Peter Gay treffend formuliert hat,[2] war ebenso wie das politische System der Republik bereits zu Beginn der 30er Jahre von den Angriffen der nationalkonservativen und völkischen Parteien und Bewegungen angeschlagen.[3] Ob Oswald Spengler und seine Gesinnungsgenossen im Umkreis der „konservativen Revolution" oder die Heerschar der völkischen Verleger und Publizisten,[4] ob der DNVP-Führer Alfred Hugenberg mit seinem weitverzweigten Medien-Konzern (August Scherl Verlag, Vera Verlagsanstalt, Ufa, Ala Anzeigen GmbH, Te-

---

[1] Die Ausführungen dieses Beitrages beruhen auf den Ergebnissen meiner Studie „Literaturpolitik im ‚Dritten Reich'. Institutionen, Kompetenzen, Betätigungsfelder". Aktualisierte und überarbeitete Ausgabe. München 1995. Aufgrund der noch nicht abgeschlossenen Umstrukturierung des Bundesarchivs und der Übernahme des Berlin Document Center durch den Bund (jetzt: Bundesarchiv, Abteilung III Berlin-Zehlendorf) können sich Änderungen in der Lagerung und Verzeichnung der von mir ausgewerteten Bestände ergeben bzw. bereits ergeben haben. So ist u.a. die Zentralisierung der staatlichen und parteiamtlichen Bestände zur NS-Zeit an einem neuen Archivstandort in Berlin-Lichterfelde vorgesehen. Angaben zum aktuellen Stand der Lagerung und Verzeichnung der im folgenden angegebenen Aktenbestände können daher nur über die Bundesarchivverwaltung in Koblenz oder Potsdam in Erfahrung gebracht werden.
[2] Peter Gay: Die Republik der Außenseiter. Geist und Kultur der Weimarer Zeit 1918-1933. Aus dem Amerikanischen von Helmut Lindemann. Frankfurt a. M. 1987 (Originalausgabe New York 1968).
[3] Zum Kontext u.a. Karl Dietrich Bracher: Die Auflösung der Weimarer Republik. Eine Studie zum Problem des Machtverfalls in der Demokratie. Villingen ⁵1971; Hagen Schulze: Weimar. Deutschland 1917-1933. Berlin 1982; Detlev J. K. Peukert: Die Weimarer Republik. Krisenjahre der Klassischen Moderne. Frankfurt a. M. 1987; Hans Mommsen: Die verspielte Freiheit. Der Weg der Republik von Weimar in den Untergang 1918-1933. Frankfurt a. M., Berlin 1990; Heinrich August Winkler: Weimar 1918-1933. Die Geschichte der ersten deutschen Demokratie. München 1993.
[4] Grundlegend dazu Armin Mohler: Die konservative Revolution in Deutschland 1918-1932. Ein Handbuch. 2., völlig neu bearbeitete und erweiterte Fassung. Darmstadt 1972; Jeffrey Herf: Reactionary modernism. Technology, culture and politics in Weimar and the Third Reich. Cambridge u.a. 1984, S. 1-69. Zur politischen Wirksamkeit Spenglers vgl. Detlef Felken: Oswald Spengler: Konservativer Denker zwischen Kaiserreich und Diktatur. München 1988; Frederik Willem Boterman: Oswald Spengler en Der Untergang des Abendlandes: cultuurpes-

legraphen-Union)⁵ oder Max Amann als Direktor des NS-eigenen Franz Eher Verlags (mit dem Bestseller *Mein Kampf*), ob Alfred Rosenberg mit seinem seit 1927/28 aufgezogenen „Kampfbund für deutsche Kultur"⁶ oder Joseph Goebbels in seinen Funktionen als Gauleiter von Berlin, als emsiger Publizist der nationalsozialistischen Presse (*Der Angriff*) und ab 1932 als Reichspropagandaleiter der NSDAP, ob Wilhelm Frick als Innen- und Volksbildungsminister in Thüringen (1930/31) und als Leiter der immer einflußreicher werdenden nationalsozialistischen Fraktion im Reichstag oder Adolf Hitler als charismatischer Parteiführer und unermüdlicher Wahlkämpfer – nicht nur in Berlin, sondern im gesamten Reichsgebiet wurden die republikanische Kultur der Moderne verhöhnt und die „Gegenbilder" der politischen Rechten aufgebaut.⁷ Die Entfaltungsmöglichkeiten der kulturellen Avantgarde und der demokratisch eingestellten Publizistik wurden zudem durch politisch motivierte Entscheidungen der republikfeindlichen Justiz, durch politisch beeinflußte Zensurinstanzen wie die Filmoberprüfstelle in Berlin und die Filmprüfstelle in München, durch die 1930 einsetzende Notverordnungspolitik der Präsidialregierungen Brüning, von Papen und von Schleicher erheblich eingeschränkt.⁸

---

simist en politiek activist. Amsterdam 1992. Das „weite Feld" der völkischen Verleger in den Jahren 1918 bis 1933 hat erstmals Justus H. Ulbricht systematisch untersucht: Die Bücher des heimlichen Deutschland. Zur Geschichte völkischer Verlage in der Weimarer Republik In: Revue d'Allemagne et des pays de langue allemande 22 (1990), S. 401-413; „Die Quellen des Lebens rauschen in leicht zugänglicher Fassung...". Zur Literaturpolitik völkischer Verlage in der Weimarer Republik. In: Von Göschen bis Rowohlt. Beiträge zur Geschichte des deutschen Verlagswesens. Festschrift für Heinz Sarkowski zum 65. Geburtstag. Hrsg. von Monika Estermann und Michael Knoche. Wiesbaden 1990, S. 177-197; „Ein heimlich offener Bund für das große Morgen...". Methoden systematischer Weltanschauungsproduktion während der Weimarer Republik. In: Buchhandelsgeschichte 1993/1. Beilage zum Börsenblatt für den Deutschen Buchhandel Nr. 24 vom 26.3.1993, B1-B17.

5 S. hierzu Marion Holzbach: Das „System Hugenberg". Die Organisation bürgerlicher Sammlungspolitik vor dem Aufstieg des Nationalsozialismus. Stuttgart 1981 (= Studien zur Zeitgeschichte, Bd. 18); Klaus Kreimeier: Die Ufa-Story. Geschichte eines Filmkonzerns. München, Wien 1992, S. 190-205.

6 Zu Gründung und Tätigkeit des KfdK s. Hildegard Brenner: Die Kunstpolitik des Nationalsozialismus. Reinbek b. Hamburg 1963, S. 7-21, und Reinhard Bollmus: Das Amt Rosenberg und seine Gegner. Studien zum Machtkampf im nationalsozialistischen Herrschaftssystem. Stuttgart 1970, S. 27-39.

7 Vgl. im einzelnen Kurt Sontheimer: Antidemokratisches Denken in der Weimarer Republik. Die politischen Ideen des deutschen Nationalismus zwischen 1918 und 1933. München 1962; Klaus Bergmann: Agrarromantik und Großstadtfeindschaft. Meisenheim am Glan 1970 (= Marburger Abhandlungen zur Politischen Wissenschaft, Bd. 20); Peukert: Die Weimarer Republik (Anm. 3), S. 218-242; Jost Hermand: Der alte Traum vom neuen Reich. Völkische Utopien und Nationalsozialismus. Frankfurt a. M. 1988; Gerhard Paul: Aufstand der Bilder. Die NS-Propaganda vor 1933. Bonn 1990; Barbian: Literaturpolitik im „Dritten Reich". S. 48-70.

8 Dazu John Willet: Explosion der Mitte. Kunst + Politik 1917-1933. Aus dem Englischen von Benjamin Schwarz. München 1981; Klaus Petersen: Literatur und Justiz in der Weimarer Republik. Stuttgart 1988; Jan Pieter Barbian: Filme mit Lücken. Die Lichtspielzensur in der Weimarer Republik: von der sozialethischen Schutzmaßnahme zum politischen Instrument. In: Der deutsche Film von den Anfängen bis zur Gegenwart. Hrsg. von Uli Jung. Trier 1993 (= Filmgeschichte International, Bd. 1), S. 51-78.

Diese hier nur grob skizzierte Ausgangssituation gilt es zu beachten, um die Entwicklung besser verstehen zu können, die nach der Ernennung Adolf Hitlers zum Reichskanzler am 30. Januar 1933 einsetzte. Die im Laufe des nächsten Halbjahres vollzogene „Gleichschaltung" war ein vielschichtiger Prozeß, bei dem Institutionen und Verbände des öffentlichen Lebens in ihrer personellen Zusammensetzung verändert und ihrer organisatorischen und rechtlichen Eigenständigkeit beraubt wurden.[9] Zum Großteil erfolgte dies auf Druck nationalsozialistischer Funktionäre, die ihre neuen exekutiven Machtmittel zur Beseitigung des von der Weimarer Reichsverfassung garantierten Grundrechts der freien Meinungsäußerung durch Wort, Schrift, Druck, Bild o.ä. (§ 118) nutzten. Die „Notverordnungen" des Reichspräsidenten vom 4. und 28. Februar 1933 setzten bereits wesentliche Elemente des demokratischen Rechtsstaates außer Kraft,[10] bevor das „Ermächtigungsgesetz" vom 24. März 1933 jegliche parlamentarische Kontrolle beseitigte und Hitler den Weg zur unumschränkten Herrschaft ebnete. Mit einer Reihe weiterer Gesetze wurde die Struktur auch des kulturellen Lebens nachhaltig verändert. Das sogenannte Gesetz zur Wiederherstellung des Berufsbeamtentums vom 7. April 1933 traf sozialdemokratische, liberale und – unabhängig von der politischen Einstellung – sämtliche jüdische Mitarbeiter der Kulturbürokratie auf Reichs-, Länder- und Kommunalebene (insbesondere in Preußen) ebenso wie die aus politischen oder rassischen Gründen „unerwünschten" Lehrer an Universitäten und Kunstakademien, Mitarbeiter an Museen, Musikhochschulen und Theatern sowie Bibliothekare.[11] Mit dem „Gesetz über die Einziehung kommunistischen Vermögens" vom 26. Mai und dem „Gesetz über die Einziehung volks- und staatsfeindlichen Vermögens" vom 14. Juli 1933 wurden die bedeutenden Buch-, Zeitungs- und Zeitschriftenverlage sowie die Vertriebsfirmen von KPD und SPD endgültig zerschlagen.[12] Deren Substanz war allerdings schon seit Februar 1933 durch Buch- und Zeitungsverbote sowie durch die Flucht zahlreicher Linksintellektueller ins Exil geschwächt. Diese Emigrationsbewegung umfaßte allein

---

[9] Siehe dazu im einzelnen Karl Dietrich Bracher/Gerhard Schulz/Wolfgang Sauer: Die nationalsozialistische Machtergreifung. Studien zur Errichtung des totalitären Herrschaftssystems in Deutschland 1933-1934. 3 Bde. 2., durchgesehene Auflage. Köln, Opladen 1962; Martin Broszat: Der Staat Hitlers. Grundlegung und Entwicklung seiner inneren Verfassung. München 1969; Horst Möller: Das Ende der Weimarer Demokratie und die nationalsozialistische Revolution von 1933. In: Das Dritte Reich. Herrschaftsstruktur und Geschichte. Hrsg. von Martin Broszat und Horst Möller. München 1983, S. 9-37; Hans-Ulrich Thamer: Verführung und Gewalt. Deutschland 1933-1945. Berlin 1986, S. 231-336; Norbert Frei: Der Führerstaat. Nationalsozialistische Herrschaft 1933-1945. München 1987, S. 38-85.

[10] RGBL/Teil I Nr. 8 vom 6.2.1933, S. 35-40, und Nr. 17 vom 28.2.1933, S. 83.

[11] Dazu Hans Mommsen: Beamtentum im Dritten Reich. Mit ausgewählten Quellen zur nationalsozialistischen Beamtenpolitik. Stuttgart 1966 (= Schriftenreihe der Vierteljahreshefte für Zeitgeschichte, Bd. 13), S. 39-61.

[12] Zum Text der Gesetze s. RGBL/Teil I Nr. 55 vom 27.5.1933, S. 293, und Nr. 81 vom 15.7.1933, S. 479-480. Zum Kontext Oron J. Hale: Presse in der Zwangsjacke 1933-1945. Aus dem Amerikanischen von Wilhelm und Modeste Pferdekamp. Düsseldorf 1965, S. 68-82; Norbert Frei: Journalismus im Dritten Reich. München 1989, S. 9-38.

rund 5.500 Persönlichkeiten aus Literatur, Kunst, Theater, Film, Wissenschaft und Publizistik.[13]

Die auf den ersten Blick erstaunlich rasche Umgestaltung und Neuformierung des kulturellen Lebens war jedoch nicht allein die Folge der nach dem 30. Januar errungenen und rasch erweiterten Machtpositionen der NSDAP. Karl Dietrich Bracher hat zu Recht von einem „Prozeß des ‚Anempfindens' an die Macht" gesprochen und damit zum einen die Haltung zahlreicher Intellektueller charakterisiert, die die „Gleichschaltung" von Kunst und Wissenschaft aktiv unterstützt haben.[14] Zum anderen haben aber auch viele Institutionen und Verbände die nationalsozialistischen Eingriffe ohne nennenswerte Widerstände akzeptiert, sie zum Teil sogar mit willfährigem Entgegenkommen gefördert. Erklärbar ist dieser traurige Befund aus der tiefen Verunsicherung und Orientierungslosigkeit, die das offenkundige Versagen der republikanischen Parteien und Institutionen im Angesicht der existentiellen Krise von Staat und Gesellschaft bei den Intellektuellen ebenso wie bei der Gesamtbevölkerung auslöste. Hinzu kam, daß die schroffe Polarisierung des politischen Lebens seit Beginn der dreißiger Jahre nicht spurlos an der Kultur vorbeigegangen war.

Was den Bereich der Literatur betrifft, so waren hier im wesentlichen vier Institutionen für die Nationalsozialisten von politischem Interesse. Als erste, repräsentative Vertretung der Schriftstellerschaft wurde die 1926 gegründete Sektion für Dichtkunst in der Preußischen Akademie der Künste von der „nationalsozialistischen Revolution" erfaßt.[15] Im kurzen Zeitraum zwischen dem 15. Februar und dem 7. Juni 1933 erfolgten einschneidende Veränderungen: zunächst wurde der durch das Ausscheiden Heinrich Manns vakant gewordene Vorsitz in der Sektion mit Hanns Johst neu besetzt, der seit 1932 als Reichsleiter der „Fachgruppe Schrifttum" im Kampfbund für deutsche Kultur fungierte, enge Kontakte zu Heinrich Himmler unterhielt und Mitte Februar 1933 bereits zum Ersten Dramaturgen am Preußischen Staatstheater

---

[13] Zahlenangabe bei Horst Möller: Exodus der Kultur. Schriftsteller, Wissenschaftler und Künstler in der Emigration nach 1933. München 1984, S. 38.

[14] Karl Dietrich Bracher: Die deutsche Diktatur. Entstehung, Struktur, Folgen des Nationalsozialismus. 3. Auflage. Köln, Berlin 1970, S. 272. S. dazu auch Jan-Pieter Barbian: „Moral, wo bist du in der Zeit der Krise!". Über den Zusammenhang von Kultur und Barbarei im „Dritten Reich". In: Bücher haben ihre Geschichte: Kinder- und Jugendliteratur, Literatur und Nationalsozialismus, Deutschdidaktik. Norbert Hopster zum 60. Geburtstag. Hrsg. von Petra Josting und Jan Wirrer. Hildesheim, Zürich, New York 1996, S. 3-22, hier S. 4-9.

[15] Vgl. zum folgenden Hildegard Brenner: Ende einer bürgerlichen Kunst-Institution. Die politische Formierung der Preußischen Akademie der Künste ab 1933. Stuttgart 1972 (= Schriftenreihe der Vierteljahreshefte für Zeitgeschichte, Nr. 24); Inge Jens: Dichter zwischen rechts und links. Die Geschichte der Sektion für Dichtkunst an der Preußischen Akademie der Künste, dargestellt nach den Dokumenten. München 1979, hier S. 189-228; Walter Huder: Die sogenannte Reinigung. Die „Gleichschaltung" der Sektion für Dichtkunst der Preußischen Akademie der Künste 1933. In: Exilforschung 4 (1986), S. 144-159; Werner Mittenzwei: Der Untergang einer Akademie oder Die Mentalität des ewigen Deutschen. Der Einfluß der nationalkonservativen Dichter an der Preußischen Akademie der Künste 1918 bis 1947. Berlin 1992, hier S. 217-297; Barbian: Literaturpolitik im „Dritten Reich", S. 71-79.

ernannt worden war;[16] zu seinem Stellvertreter avancierte der nationalistische Barde Hans Friedrich Blunck; der Sektions-Sekretär Oskar Loerke wurde von Werner Beumelburg, einem Autor kriegsverherrlichender Bücher, verdrängt. Die jüdischen Autoren der Sektion schloß die Akademie-Leitung in vermeintlich sinngemäßer Anwendung des „Gesetzes zur Wiederherstellung des Berufsbeamtentums" vom 7. April 1933 aus, obwohl es sich bei ihnen überhaupt nicht um Beamte handelte. An die Stelle der ins Exil geflohenen und der aus politischen oder rassischen Gründen verstoßenen Mitglieder „wählte" eine Rumpfsektion Autoren nationalkonservativer und völkisch-nationalsozialistischer Provenienz nach.[17] Aufgrund der institutionellen und finanziellen Abhängigkeit der Dichtungs-Sektion vom preußischen Kultusministerium, dessen kommissarischer Leiter seit dem 4. Februar 1933 der Nationalsozialist Bernhard Rust war, wurde diesem Neuformierungsprozeß zwar entscheidend Vorschub geleistet. Ohne das bereitwillige Entgegenkommen aus der Akademie selbst hätte das Ende der republikanischen Repräsentationseinrichtung jedoch weniger reibungslos stattfinden können.

Es war der Akademie-Präsident Max von Schillings, der Heinrich Mann aufgrund eines von ihm mitunterzeichneten Aufrufs zur Bildung einer demokratischen Einheitsfront gegen die nationalsozialistische Diktatur für „untragbar" hielt und ihm den Rücktritt nahelegte. Und es war Gottfried Benn – unter Hilfestellung des politisch naiven Oskar Loerke –, der die noch verbliebenen Sektionsmitglieder Mitte März 1933 folgenden Revers unterzeichnen ließ: „Sind Sie bereit, unter Anerkennung der veränderten geschichtlichen Lage weiter Ihre Person der Preußischen Akademie der Künste zur Verfügung zu stellen? Eine Bejahung dieser Frage schließt die öffentliche politische Betätigung gegen die Reichsregierung aus und verpflichtet Sie zu einer loyalen Mitarbeit an den satzungsgemäß der Akademie zufallenden nationalen kulturellen Aufgaben im Sinne der veränderten geschichtlichen Lage".[18]

Dies war eines von vielen für das Jahr 1933 typischen Dokumenten der Unterwerfung, dem 18 von 27 Sektionsmitgliedern, unter ihnen Gerhart Hauptmann, Georg Kaiser, Walter von Molo und Franz Werfel, ihre Zustimmung gaben. Trotz personeller Zusammensetzung im Sinne der neuen

---

[16] Zu Johsts Übergang vom ambitionierten expressionistischen Autor zum nationalsozialistischen Propagandisten s. Helmut F. Pfanner: Hanns Johst: Vom Expressionismus zum Nationalsozialismus. The Hague, Paris 1970 (= Studies in German Literature, Vol. XVII).

[17] Zu Entstehung, Entwicklung, Repräsentanten und Publikationen dieser Literaturrichtungen s. im einzelnen Uwe-Karsten Ketelsen: Literatur und Drittes Reich. 2., durchgesehene Auflage. Greifswald 1994; Siegfried Lokatis: Hanseatische Verlagsanstalt. Politisches Buchmarketing im „Dritten Reich". In: Archiv für Geschichte des Buchwesens (im folgenden: AGB) 38 (1992), S. 1-189; Andreas Meyer: Die Verlagsfusion Langen-Müller. Zur Buchmarkt- und Kulturpolitik des Deutschnationalen Handlungsgehilfen-Verbands (DHV) in der Endphase der Weimarer Republik. In: AGB 32 (1989), S. 1-271.

[18] Zitiert nach der von Max von Schillings korrigierten Fassung bei Brenner: Ende einer bürgerlichen Kunst-Institution (Anm. 15), S. 58/59. Der Schlußsatz in der Bennschen Fassung lautete: „[...] und verpflichtet Sie zu einer loyalen Mitarbeit an den satzungsgemäß der Akademie zufallenden Aufgaben der Nation".

Machthaber, einem ambitionierten Arbeitsprogramm und wiederholter Huldigungsadressen an die Reichsregierung wurde die nun in „Deutsche Akademie für Dichtung" umbenannte Sektion allerdings rasch zum Spielball der unterschiedlichen Interessen des preußischen Ministerpräsidenten Göring, seines Kultusministers Rust und des umtriebigen Goebbels. Autoren wie Hans Grimm, Rudolf G. Binding, Werner Beumelburg, Gottfried Benn, Erwin Guido Kolbenheyer, Börries Freiherr von Münchhausen oder Will Vesper, die den Aufstieg des Nationalsozialismus durchaus wohlwollend begleitet hatten, mußten erkennen, daß die Akademie nach der „Gleichschaltung" politisch völlig kaltgestellt worden war.

Einen ähnlichen Bedeutungsverlust erfuhr die deutsche Sektion des seit 1921 bestehenden PEN-Clubs. Die Neubesetzung ihres Vorstands und die Auswechslung ihres Mitgliederbestandes setzten drei Tage nach den Reichstagswahlen vom 5. März 1933 ein und waren bereits bis Ende April abgeschlossen.[19] In den Vorstand der noch bis zum Februar 1933 von Alfred Kerr geleiteten Schriftstellervereinigung rückten überwiegend nationalsozialistische Vorkämpfer ein: der Staatskommissar im preußischen Kultusministerium Hans Hinkel, der gleichzeitig als Reichsorganisationsleiter und preußischer Landesleiter in Alfred Rosenbergs „Kampfbund für deutsche Kultur" fungierte; erneut Hanns Johst, der mit Hinkel eng befreundet war; Erich Kochanowski, Geschäftsführer und Organisationsleiter der KfdK-Landesleitung Berlin; sowie Rainer Schlösser, der ebenfalls dem Kampfbund angehörte und seit 1932 für den Kulturteil des Völkischen Beobachters verantwortlich war. Es ist mithin keine Überraschung, daß die Generalmitgliederversammlung des deutschen PEN-Clubs am 23. April 1933 „dem einmütigen Willen Ausdruck" verlieh, „fortan im Gleichklang [!] mit der nationalen Erhebung zu arbeiten".[20] Daß eine Instrumentalisierung der international angesehenen deutschen PEN-Sektion für die außenpolitischen Ziele der Nationalsozialisten dann aber doch letztlich scheiterte, lag an der spezifischen Organisationsstruktur des internationalen PEN-Clubs und an der politischen Konsequenz der englischen Verbandsspitze. Das Exekutivkomitee verabschiedete Anfang November 1933 in London eine Resolution gegen die Unterdrückung andersdenkender Schriftsteller in Deutschland. Der bei der Sitzung anwesende deutsche Delegierte Edgar von Schmidt-Pauli sah sich daraufhin gezwungen, den Austritt der deutschen Sektion aus dem internationalen PEN-Club zu erklären. Im Gegenzug wurde eine „Union nationaler Schriftsteller" ins Leben gerufen mit Hanns Johst und Gottfried

---

[19] Eine detaillierte Darstellung zum deutschen PEN-Zentrum in der Weimarer Republik und zu seiner „Gleichschaltung" im Jahre 1933 fehlt bislang. Zum folgenden s. die Belege bei Barbian: Literaturpolitik im „Dritten Reich", S. 80–88.

[20] Diese Pressemeldung vom 24.4.1933 über die Beschlußfassung der Generalmitgliederversammlung des deutschen PEN-Zentrums vom Vortage wird zitiert in dem Katalogband „Der deutsche PEN-Club im Exil 1933–1945". Eine Ausstellung der Deutschen Bibliothek Frankfurt a. M., hrsg. von Werner Berthold und Brita Eckart. Frankfurt a. M. 1980 (= Sonderveröffentlichungen der Deutschen Bibliothek, Nr. 10), S. 11.

Benn an der Spitze. Die Union, die im März 1934 mit einem hochtrabenden „Aufruf" zur Errettung der abendländischen Kultur an die nationale und internationale Öffentlichkeit trat,[21] verschwand allerdings schon bald wieder in der Versenkung.

Auch an der Neuformierung der bedeutendsten Interessenvertretung der Autorenschaft in der Weimarer Republik, dem Schutzverband deutscher Schriftsteller (SDS),[22] war eines ihrer Gründungsmitglieder aus dem Jahre 1909 maßgeblich beteiligt. Der – ähnlich wie Johst und Benn – vom Expressionismus zum Nationalsozialismus übergewechselte Hanns Heinz Ewers[23] drang mit einer Reihe nationalistisch gesinnter Schriftsteller am 11. März 1933 in eine Vorstandssitzung des SDS ein und erhob die Forderung, „[...] daß sofort die größere Anzahl des Vorstandes ihren Rücktritt erklären solle".[24] In der selbstherrlichen Schilderung der Ereignisse, zu der sich Ewers 1940 angesichts des Verbots seiner sämtlichen vor 1933 erschienenen Schriften genötigt sah, heißt es weiter: „[...] die übrigen sollten bleiben, um nun ihrerseits neue, von mir genannte Vorstandsmitglieder hinzuwählen. Ich ging dann mit meinen Leuten hinaus, ließ dem Vorstand eine Viertelstunde Zeit, sich zu entscheiden. Was ich erwartet hatte, geschah: so groß war die Angst und die Feigheit der Herren, daß sie sofort alles taten, was man von ihnen verlangte".[25] An die Spitze des Verbands trat – offiziell ab dem 4. Mai 1933 – Götz Otto Stoffregen, ehemaliges Freikorps-Mitglied, Journalist diverser nationalistischer Presseorgane und seit 1932 Mitglied der NSDAP.[26] Sein Stellvertreter wurde der Vorsitzende des Verbands Deutscher Erzähler (VDE), Hans Richter. Doch erst nach der Zusammenfassung des SDS mit dem VDE, dem Deutschen Schriftstellerverein und dem Kartell lyrischer Autoren im Reichsverband Deutscher Schriftsteller (RDS) am 9. Juni 1933 wurden Zielsetzung und Mitgliederstruktur der bislang freiwilligen Interessenvertretung grundlegend verändert. In der neuen Satzung wurde das „Führerprinzip" festgeschrieben. Für die Aufnahme in den Verband war nicht mehr nur die professionelle schriftstellerische Betätigung, sondern auch der Nachweis einer „deutschblütigen Abstammung" sowie eines „politisch einwandfreien" Verhaltens erforderlich. Sinn bekam diese Spitze gegen jüdische, linke und liberale Schriftsteller jedoch erst durch die Definition des RDS als einer „Zwangsorganisation", deren „Mitgliedschaft in Zukunft

---

[21] An die Schriftsteller aller Länder! Aufruf der „Union nationaler Schriftsteller". In: Völkischer Beobachter/Berliner Ausgabe vom 1.3.1934.

[22] Zu Entstehung, Entwicklung und Politik des SDS im Kaiserreich und in der Weimarer Republik s. Ernst Fischer: Der „Schutzverband Deutscher Schriftsteller" 1909-1933. In: AGB 21 (1980), Sp. 1-666.

[23] S. dazu im einzelnen Wilfried Kugel: Der Unverantwortliche. Hanns Heinz Ewers – Biographie und Psychogramm. Düsseldorf 1992.

[24] Schreiben von Ewers an die RSK vom 10.6.1940, hier Anlage 1 „Betrifft: Mein Verhältnis zur Schrifttumskammer", S. 2. In: Bundesarchiv (im folgenden BArch) Berlin-Zehlendorf/RSK/H.H. Ewers.

[25] Ebd.

[26] BArch Berlin-Zehlendorf/RSK/G.O. Stoffregen.

entscheidend dafür sein wird, ob ein Schriftwerk in Deutschland verlegt werden kann oder nicht".[27]

Während bei den Schriftstellervereinigungen immerhin noch massiver politischer Druck die latente Bereitschaft zur Verstoßung der bis 1933 erfolgreichen Schriftstellerkollegen der politischen Linken verstärkt hatte, reagierte der Börsenverein der Deutschen Buchhändler auf die neuen Machtverhältnisse mit einer beispiellosen Serie opportunistischer Anpassungsakte. Im *Börsenblatt für den Deutschen Buchhandel* vom 3. Mai 1933 veröffentlichte der Gesamtvorstand des Börsenvereins ein bereits am 12. April in Leipzig verabschiedetes „Sofortprogramm für den deutschen Buchhandel".[28] Nach einleitenden Bekundungen zur Kooperationsbereitschaft mit der „nationale[n] Erhebung" formulierten Vorsteher Dr. Friedrich Oldenbourg und seine sieben Vorstandskollegen Forderungen, die den Buchhändlerstand mit Hilfe staatlicher Unterstützung aus der Wirtschaftskrise führen sollten. Durch Erhebung des Börsenvereins zur „Zwangsorganisation für alle Buchhändler" (Punkt 1), durch „staatliche Konzessionierung der buchhändlerischen Gewerbebetriebe" (Punkt 2), durch Zurückdrängen der buchhändlerischen Betätigung staatlicher Einrichtungen, von Gewerkschaften, Vereinen und Parteien (Punkt 3), durch „Abbau" der Buchgemeinschaften (Punkt 7), durch „sofortige und restlose Beseitigung des Buchverlags und -vertriebs von Warenhäusern" (Punkt 8) sowie durch gesetzliche „Maßnahmen gegen die ungesunde und volksschädigende Ausbreitung der sogenannten modernen Leihbibliotheken" (Punkt 9) sollte der Markt bereinigt und die privatwirtschaftliche Initiative der traditionellen Buchhandelsunternehmen gestärkt werden. Als Gegenleistung für die Erfüllung der wirtschaftlichen Wünsche hielt der Börsenverein für die nationalsozialistischen Machthaber den Punkt 10 bereit: „In der Judenfrage vertraut sich der Vorstand der Führung der Reichsregierung an. Ihre Anordnungen wird er für seinen Einflußbereich ohne Vorbehalt durchführen".[29] Um den Worten auch gleich entsprechende Taten folgen zu lassen, wurde im Börsenblatt vom 13. Mai 1933 eine Liste mit zwölf Schriftstellern veröffentlicht – unter ihnen Lion Feuchtwanger, Alfred Kerr, Emil Ludwig, Heinrich Mann, Erich Maria Remarque, Kurt Tucholsky, Arnold Zweig –, die „für das deutsche Ansehen als schädigend zu erachten sind" und deren Werke daher vom Buchhandel nicht weiter vertrieben werden sollten.[30] Damit übernahm der Börsenverein im Grunde das Werturteil, das die Deutsche Studentenschaft mit ihrer „Aktion wider den undeutschen Geist" und den Bücherverbrennun-

---

[27] Zitat aus den RDS-Richtlinien bei Fischer: Schutzverband deutscher Schriftsteller (Anm. 22), Sp. 625.
[28] Bbl. 100 (1933), Redaktioneller Teil, Nr. 101 vom 3.5.1933, S. 321-322. Das „Sofortprogramm" ist unterzeichnet von Friedrich Oldenbourg, Heinrich Boysen, Hellmut von Hase, Paul Nitschmann, Friedrich Alt, Herbert Hoffmann, Albert Diederich, Ernst Reinhardt.
[29] Ebd., S. 322.
[30] Bbl. 100 (1933), Redaktioneller Teil, Nr. 110 vom 13.5.1933.

gen vom 10. Mai 1933 in nahezu allen Hochschulstädten des Deutschen Reiches ausgesprochen hatte.[31]

Für den 14. Mai 1933, also wenige Tage nach diesen Ereignissen, hatte sich der Propagandaminister mit seinem Staatssekretär und Wirtschaftsfachmann Walther Funk zum traditionellen Kantate-Treffen im Leipziger Buchhändlerhaus angekündigt. In seiner Rede vor dem Plenum betonte Goebbels geschickt die staatserhaltende und -erneuernde Funktion der neuen „Regierung der nationalen Erhebung":

> „Diese Regierung weiß, wie nötig sie den Geist hat, diese Regierung weiß, wessen die Seele des Volkes bedarf und diese Regierung ist auch überzeugt, daß das Buch, das dem Geist der Zeit gerecht wird, auch in Zukunft seinen Weg machen wird. Und so glauben wir, nicht nur dem deutschen Volk wirtschaftlich und politisch einen Weg nach oben zu zeigen, sondern auch kulturell und geistig, allerdings unter einer Voraussetzung: so weitherzig wir in den Methoden sind, und so human wir mit unseren Gegnern verfahren [sic!], so eng, so hart und so unerbittlich sind wir in den Prinzipien, müssen wir in den Prinzipien sein. Denn sollen Prinzipien einen Staat tragen, dann müssen sie von einer mitleidlosen Härte erscheinen. Nur auf hartem Grunde kann ein Staatswesen aufgebaut werden, diese Ideen, die mit dem 30. Januar 1933 zum Durchbruch kamen, sind ihrem Wesen nach antiinternational, antipazifistisch und antidemokratisch. Sie sind ihrem Wesen nach in den Gedanken des Kampfes erhärtet, in der Absicht, das deutsche Volk und sein Denken wieder zurückzuführen auf Rasse, Religion und Volkstum, ihrem Wesen nach auch den Gedanken der autoritativen Persönlichkeit auf allen Gebieten des öffentlichen Lebens durchzusetzen".[32]

Das Protokoll der Rede verzeichnet „stürmischer Beifall". Trotz dieser schamlosen Anbiederung und der ebenfalls am 14. Mai erfolgten Einsetzung eines „Aktionsausschusses", der die „Anpassung" der reichsdeutschen buchhändlerischen Fach-, Kreis- und Ortsvereine an die „veränderten Zeitverhältnisse" vorantreiben sollte,[33] blieb allerdings auch die Börsenvereins-Spitze von einschneidenden Umbesetzungsmaßnahmen nicht verschont. Ende Mai 1934 wurde der seit 1930 amtierende Börsenvereinsvorsteher Friedrich Oldenbourg – nach einer Auseinandersetzung mit dem Präsidium der neu errichteten Reichsschrifttumskammer über die Pläne zur Neustrukturierung

---

[31] S. dazu im einzelnen Hans-Wolfgang Strätz: Die geistige SA rückt ein. Die studentische „Aktion wider den undeutschen Geist" im Frühjahr 1933. In: Vierteljahreshefte für Zeitgeschichte (im folgenden VfZG) 16 (1968), S. 347-372; Die Bücherverbrennung. Zum 10. Mai 1933. Hrsg. von Gerhard Sauder. München 1983; „Das war ein Vorspiel nur...". Bücherverbrennung Deutschland 1933. Voraussetzungen und Folgen. Berlin, Wien 1983; Horst Denkler/Eberhard Lämmert (Hrsg.): „Das war ein Vorspiel nur...". Berliner Colloquium zur Literaturpolitik im „Dritten Reich". Berlin 1985 (= Schriftenreihe der Akademie der Künste, Bd. 15); Barbian: Literaturpolitik im „Dritten Reich", S. 128-141.

[32] Bbl. 100 (1933), Redaktioneller Teil, Nr. 112 vom 16.5.1933, S. 355.

[33] Bbl. 100 (1933), Redaktioneller Teil, Nr. 114 vom 18.5.1933, S. 361. Dem am 15.5.1933 durch die Hauptversammlung des Börsenvereins bestätigten „Aktionsausschuß" gehörten neben Friedrich Oldenbourg die nationalsozialistischen Buchhändler und Verleger Martin Riegel, Karl Baur, Theodor Fritsch jun. sowie Dr. Heinz Wismann vom Propagandaministerium an.

des deutschen Buchexports – auf Druck der Kammer abgesetzt.[34] Und nach dem kurzen Interregnum von Kurt Vowinckel, einem Berliner Verleger geopolitischer Schriften, setzte sich im September 1934 der erst 29jährige Wilhelm Baur an die Spitze des Verbands.[35] Baur war nicht nur NSDAP-Mitglied seit 1920,[36] sondern hatte sich im parteieigenen Verlag Franz Eher Nachfolger vom Volontär zum Leiter des Berliner Buchverlages emporgearbeitet. Binnen weniger Jahre avancierte er dann – unter Protektion des Verlagsdirektors Max Amann – durch seine leitenden Positionen im Börsenverein und in der Reichsschrifttumskammer zu einer Schlüsselfigur im deutschen Buchhandel.[37]

II. Die Gründung des Propagandaministeriums und der Reichskulturkammer

Im Prozeß der „Gleichschaltung" des kulturellen Lebens hatte der Kampfbund für deutsche Kultur eine wesentliche Rolle gespielt. Obwohl es der Kampfbundführung seit der Gründung im Jahre 1928 gelungen war, von München aus ein umfangreiches Netz von Orts- und Fachgruppen aufzubauen und die Mitgliederzahlen bis 1933 auf rund 6.000 zu steigern,[38] waren die politischen Erfolge insgesamt eher bescheiden geblieben. Zudem stand der Kampfbund aufgrund des Mißmanagements seines Geschäftsführers Gotthard Urban Ende 1932 vor dem Konkurs.[39] Erst die nationalsozialistische Machtübernahme brachte den Kampfbund wieder ins Spiel. Es war vor allem die preußische Landesleitung in Berlin, die sich nun unter Führung des als „Kommissar zur besonderen Verwendung" ins preußische Kultusministerium berufenen Hans Hinkel energisch in die personelle Neuformierung sowohl der Schriftstellerverbände als auch einer Reihe weiterer kultureller Institutionen und Verbände einmischte. Gleichzeitig wandten sich Vorstände kultureller Berufsverbände aus ganz Deutschland an die Kampfbundführung, um die „Gleichschaltung" in gemeinsamer Absprache zu vollziehen. Daß trotz dieser vielfältigen Aktivitäten der Kampfbund für die weitere

---

[34] S. zu diesen Vorgängen im einzelnen Sächsisches Staatsarchiv Leipzig (im folgenden StA Leipzig)/Börsenverein der Deutschen Buchhändler (BV) F 6884.
[35] Im einzelnen Bbl. 100 (1933), Redaktioneller Teil, Nr. 224 vom 25.9.1934, S. 833-838.
[36] BArch Berlin-Zehlendorf/Masterfile/W. Baur: Ersteintritt 22.11.1920 (Nr. 2430), Wiedereintritt nach dem Verbot der NSDAP am 21.3.1925 (Nr. 51).
[37] Wilhelm Baur wurde – unter Beibehaltung seines Vorsteher-Amtes beim Börsenverein – Mitte Oktober 1934 Vositzender des neu gegründeten Bundes Reichsdeutscher Buchhändler e.V. Zum 1.10.1936 wurde dieser „Bund" aufgelöst, seine Mitglieder in der „Gruppe Buchhandel" der RSK zusammengefaßt. Im August 1937 wurde Baur von Goebbels zum Vizepräsidenten der RSK ernannt. Hinzu kamen noch Funktionen Baurs im Rahmen der Reichspressekammer und in Max Amanns Amt als Reichsleiter für die Presse der NSDAP.
[38] Zahlenangabe bei Bollmus: Das Amt Rosenberg (Anm. 6), S. 29.
[39] S. dazu das Schreiben des Verlegers Hugo Bruckmann an Alfred Rosenberg vom 9.11.1932, BArch Koblenz NS 8/123 Bl. 207-208.

Entwicklung der Kulturpolitik im „Dritten Reich" rasch völlig bedeutungslos wurde, hing zum einen damit zusammen, daß er auch 1933 noch keine parteiamtliche Anerkennung besaß, mithin ohne offizielles Mandat und finanzielle Unterstützung der NSDAP auftrat. Zum anderen ging Rosenberg auf Distanz zu Hans Hinkel, so daß die größte und wichtigste Landesleitung des Kampfbundes lahmgelegt wurde.

Nutznießer der politischen Unfähigkeit Rosenbergs und seiner Kampfbundtruppe war Joseph Goebbels. Der Reichspropagandaleiter der NSDAP und Gauleiter von Berlin hatte sofort erkannt, daß nur ein staatliches Amt mit seinen exekutiven Machtmitteln die wirkungsvolle Durchsetzung politischer Interessen garantieren konnte. Auf Vorschlag Hitlers wurde Goebbels am 13. März 1933 zunächst zum Reichsminister für Volksaufklärung und Propaganda ernannt. Ende Juni mußten die traditionellen Reichsressorts auf Anordnung des Reichskanzlers eine Fülle von Kompetenzen an das neue Ministerium abtreten, darunter auch diejenigen für das Rundfunk-, Presse-, Theater-, Film-, Musik- und Literaturwesen.[40] Auf dieser gesetzlichen Grundlage und mit den Einnahmen aus dem staatlich monopolisierten Rundfunk konnte Goebbels in der Folge ein Ministerium aufbauen, das im Laufe der Jahre mehr als 500 Mitarbeiter beschäftigte und 1939 über einen Etat von 97 Millionen RM verfügte.[41] Hinzu kamen noch die im Juli 1933 eingeführten 13 Landesstellen des Ministeriums (ab September 1933: Reichspropagandaämter).

Eine weitere kulturpolitisch relevante Institution, die mit dem Namen von Goebbels verbunden ist, war die Reichskulturkammer (RKK). Die Gründung dieser „Körperschaft des öffentlichen Rechts" war eine Reaktion auf die Bestrebungen der Deutschen Arbeitsfront (DAF), die sich nach der Zerschlagung der Freien Gewerkschaften am 2. Mai 1933 darum bemühte, auch die Kulturberufe in ihre Einheitsorganisation aus Arbeitgebern und Arbeitnehmern zu übernehmen.[42] Im Laufe des August 1933 gewann Goebbels die Zustimmung Hitlers für seinen Plan, sämtliche Kulturberufe unter dem Dach einer berufsständischen Institution zusammenzufassen, die die Interessen der Künstlerschaft in angeblich „freier Selbstverwaltung" wahrnehmen sollte, deren Leitung sich Goebbels jedoch selbst vorbehielt.[43] Mit einem am

---

[40] Der Text der Verordnung Hitlers in RGBL/Teil I Nr. 75 vom 5.7.1933, S. 449.
[41] Die Zahlenangaben zu den Mitarbeitern bei Peter Diehl-Thiele: Partei und Staat im Dritten Reich, S. 219/Fn. 47; die Angabe zum Etat bei Helmut Heiber: Joseph Goebbels. München 1965, S. 130. S. ergänzend Ernest K. Bramsted: Goebbels und die nationalsozialistische Propaganda 1925-1945. Aus dem Englischen von H. E. Strakosch. Frankfurt a. M. 1971.
[42] Schreiben von Staatssekretär Walther Funk an den Stellvertreter des Führers, Rudolf Heß, vom 23.8.1933, BArch Potsdam 50.01/162 Bl. 3-4.
[43] S. dazu die im August 1933 vom Propagandaministerium der Reichskanzlei vorgelegten „Grundgedanken für die Errichtung einer Reichskulturkammer", BArch Potsdam R 43 II/1241 Bl. 4-7; sowie den Eintrag über die Zustimmung Hitlers im Goebbelsschen Tagebuch vom 25.8.1933. In: Die Tagebücher von Joseph Goebbels. Sämtliche Fragmente. Hrsg. von Elke Fröhlich im Auftrag des Instituts für Zeitgeschichte und in Verbindung mit dem Bundesarchiv. Teil I: Aufzeichnungen 1924 bis 1941. München 1987, hier Bd. 2, S. 461.

22. September 1933 verabschiedeten Reichsgesetz wurde dann die Reichskulturkammer errichtet, bestehend aus einer Reichsschrifttums-, einer Reichspresse-, einer Reichsrundfunk-, einer Reichstheater-, einer Reichsmusik-, einer Reichsfilmkammer und einer Reichskammer der bildenden Künste.[44]

Eine am 1. November 1933 erlassene umfangreiche „Verordnung zur Durchführung des Reichskulturkammer-Gesetzes"[45] machte die Mitgliedschaft in einer der sieben Einzelkammern für all diejenigen zur Pflicht, die „bei der Erzeugung, der Wiedergabe, der geistigen oder technischen Verarbeitung, der Verbreitung, der Erhaltung, dem Absatz oder der Vermittlung des Absatzes von Kulturgut" mitwirkten (§ 4). Ausschlaggebendes Kriterium für die „Kulturkammerpflichtigkeit" war also der enge Zusammenhang von kultureller Betätigung und Öffentlichkeit. Dabei sollte unerheblich sein, ob dies in einem kommerziellen oder gemeinnützigen Rahmen, durch Einzelpersonen oder Personenzusammenschlüsse, durch Reichsangehörige oder in Deutschland arbeitende Ausländer, durch Selbständige oder Angestellte gegeben war (§ 6). Über die Aufnahme oder Ablehnung eines Antragstellers und den Ausschluß eines Mitglieds hatten die Präsidenten der Einzelkammern unter dem Gesichtspunkt der „Zuverlässigkeit und Eignung" (§ 10) zu entscheiden. Darüber hinaus konnten die Präsidenten mit Hilfe von „Amtlichen Bekanntmachungen" und „Anordnungen" Bedingungen für die Betriebszulassung und -führung sowie für den Abschluß arbeits- und sozialrechtlicher Vereinbarungen festlegen (§ 25), „Ordnungsstrafen" verhängen und die Einschaltung der Polizeibehörden verfügen (§§ 28, 29). Es bestand allerdings die Möglichkeit, gegen die Entscheidungen der Einzelkammern beim Präsidenten der Reichskulturkammer, also bei Goebbels, Beschwerde einzulegen. Da bei den Verhandlungen über das Kulturkammergesetz im Reichskabinett eine finanzielle Belastung von Reich, Ländern und Gemeinden ausgeschlossen worden war, mußten die bei den Einzelkammern entstehenden Verwaltungskosten über die Mitgliedschaftsbeiträge finanziert werden. Deren Zahlung wurde zur Pflicht gemacht, ihre Einziehung wie „öffentliche Abgaben" gehandhabt (§§ 24, 30).

In § 1 der Durchführungsverordnung zum Kulturkammergesetz war der Reichsverband der deutschen Schriftsteller e.V. zu einer „Körperschaft des öffentlichen Rechts" mit dem Titel „Reichsschrifttumskammer" (RSK) erklärt worden.[46] An ihre Spitze trat Hans Friedrich Blunck als Präsident. Zum

---

[44] RGBL/Teil I Nr. 105 vom 26.9.1933, S. 661-662. S. zum Kontext Barbian: Literaturpolitik im „Dritten Reich", S. 189-196; Volker Dahm: Anfänge und Ideologie der Reichskulturkammer. Die „Berufsgemeinschaft" als Instrument kulturpolitischer Steuerung und sozialer Reglementierung. In: VfZG 34 (1986), S. 53-84; Uwe Julius Faustmann: Die Reichskulturkammer. Aufbau, Funktion und rechtliche Grundlagen einer Körperschaft des öffentlichen Rechts im nationalsozialistischen Regime. Aachen 1995 (= Berichte aus der Rechtswissenschaft).

[45] RGBL/Teil I Nr. 123 vom 3.11.1933, S. 797-800.

[46] Ein Verfahren, das – wie der mit den Gesetzesvorbereitungen betraute Ministerialbeamte Dr. Hans Schmidt-Leonhardt in einem Kommentar zugeben mußte – „mit den Augen eines Formaljuristen des liberalen Systems angesehen, ungewöhnlich und gewagt" war, da mit ihm bis-

Vizepräsidenten wurde Dr. Heinz Wismann ernannt, der als Mitarbeiter des Propagandaministeriums die enge Verzahnung von Kammer- und Ministeriumspolitik garantieren sollte. Aus dem anfangs noch recht bescheidenen Mitarbeiterstab wurde im Zuge der Umwandlung des RDS in die „Gruppe Schriftsteller" zum 1.10.1935 und der Zuweisung weiterer literaturpolitischer Kompetenzen im Laufe der 30er Jahre ein aufgedunsener bürokratischer Apparat, der sich im wesentlichen aus den Pflichtbeiträgen der Kammermitglieder finanzierte.[47] Für die Verleger und Buchhändler war zunächst der Börsenverein zuständig. Aufgrund seiner internationalen Verflechtung wurde er jedoch im Oktober 1934 wieder aus der RSK ausgegliedert und auf die Wahrnehmung rein wirtschaftlicher Aufgaben beschränkt. Die Stelle des Börsenvereins innerhalb der Kammerverwaltung nahm der neu gegründete „Bund Reichsdeutscher Buchhändler" ein, der seinerseits am 1. Oktober 1936 in der „Gruppe Buchhandel" mit Sitz in Leipzig aufging.

III. Die Herrschaft miteinander konkurrierender Bürokratien

Propagandaministerium und Reichskulturkammer waren, obwohl beide dem Zuständigkeitsbereich von Goebbels angehörten, keineswegs homogen kooperierende Institutionen. Das hing zunächst damit zusammen, daß die überstürzte Gründung der Reichskulturkammer die Einzelkammern vor erhebliche organisatorische Probleme stellte. Erst Mitte der 30er Jahre konnten die meisten Fachverbände, die 1933 in die Einzelkammern integriert worden waren, aufgelöst und damit eine einheitliche Verwaltungsstruktur hergestellt werden. Die Kammerverwaltungen, in denen nun zum Teil die ehemaligen Verbandsfunktionäre als Angestellte des Staates tätig waren, vertraten aber weiterhin die Interessen ihrer Mitglieder, was zu häufigen politischen Grundsatzstreitigkeiten mit der Ministerialbürokratie führte. Zudem setzten sich in einzelnen Kammern Sonderinteressen durch, die der offiziellen Politik des Ministeriums zuwiderliefen.[48] Durch ein großes Kompetenzrevirement, mit dem Goebbels im April 1938 die Kammern auf ihre „berufsständischen" Aufgaben einschränkte, während sämtliche kulturpolitischen Aufgaben in der Folge von den ministeriellen Fachabteilungen wahrgenommen werden sollten, konnten die Reibungsflächen zwar vermindert, aber letztlich doch nicht ganz beseitigt werden.

---

lang private und autonome Vereinigungen in den Status staatlicher Behörden erhoben wurden. Hans Schmidt-Leonhardt: Die Reichskulturkammer, S. 11. In: Grundlagen, Aufbau und Wirtschaftsordnung des nationalsozialistischen Staates. Bd. I/Gruppe 2/Beitrag 20. Hrsg. von Hans-Heinrich Lammers und Hans Pfundtner. Berlin 1936.

47 Im § 30 der Ersten Durchführungsverordnung zum RKK-Gesetz vom 1.11.1933 war festgelegt worden: „Beiträge zu den Kammern werden wie öffentliche Abgaben beigetrieben". Zur Finanzierung der RSK-Verwaltungsausgaben s. die Haushaltsvoranschläge für die Jahre 1934 bis 1945 in BArch Potsdam R 2/4873-4885.

48 S. dazu Hale: Presse in der Zwangsjacke (Anm. 12), S. 97-100 und S. 136-147; Karl-Dietrich Abel: Presselenkung im NS-Staat. Eine Studie zur Geschichte der Publizistik in der nationalsozialistischen Zeit. Berlin 1968, S. 2-26; Barbian: Literaturpolitik im „Dritten Reich", S. 341-345.

Besonders gut verdeutlichen läßt sich dies im Hinblick auf die für die staatliche Literaturpolitik zuständigen Behörden. Obwohl Goebbels vor seinem Einstieg in die Politik schriftstellerische Ambitionen entwickelt hatte, war weder in der Reichspropagandaleitung noch im ersten Geschäftsverteilungsplan des Propagandaministeriums eine eigene Schrifttumsabteilung vorgesehen. Für die spärlichen, aus dem Reichsinnenministerium übernommenen literaturpolitischen Aufgaben war lediglich ein Hilfsreferat in der Abteilung „Propaganda" zuständig. Dessen Leiter, Dr. Heinz Wismann, der sich in der Phase der „Gleichschaltung" der schriftstellerischen und buchhändlerischen Interessenvertretungen als engagierter, aber dezenter Funktionär erwiesen hatte, dehnte erstmals mit der Gründung der RSK seinen Betätigungsbereich erheblich aus. Als Vizepräsident kontrollierte und steuerte er in entscheidendem Maße die Politik der Kammer.

Zu Beginn des Jahres 1934 versuchte Wismann – mit Rückendeckung seines Ministers –, die im Juni 1933 von Mitarbeitern des KfdK gegründete „Reichsstelle zur Förderung des deutschen Schrifttums" für das Propagandaministerium zu vereinnahmen. Nachdem dieses Vorhaben, das dem Ministerium sowohl den Mitarbeiterstab als auch die in der Reichsstelle geleistete Aufbauarbeit eingebracht hätte, am entschiedenen Widerstand Rosenbergs gescheitert war, konnte Wismann im Juni 1934 mit der Gründung der Reichsschrifttumsstelle als einer dem Ministerium nachgeordneten Behörde seinen Anspruch auf eine stärkere Profilierung der staatlichen Exekutive in der Literaturpolitik verwirklichen. Die noch im gleichen Jahr gebildete Reichsarbeitsgemeinschaft für deutsche Buchwerbung, die zur Vorbereitung der seit 1934 im Herbst eines jeden Jahres veranstalteten „Woche des Deutschen Buches" dienen sollte, war ein weiteres Führungsinstrument unter Leitung Wismanns. Am 1. Oktober 1934 avancierte er schließlich noch zum Leiter der im Propagandaministerium neu installierten Schrifttumsabteilung. Das große Aufgabengebiet, das Wismann inzwischen für seine neue Abteilung reserviert hatte, mußte allerdings von nur drei Mitarbeitern betreut werden. Neben dem Abteilungsleiter gab es zunächst nur zwei Referenten, die für sämtliche Schrifttumsfragen im In- und Ausland sowie für das Büchereiwesen zuständig waren. Dennoch war mit dem institutionellen Ausbau des Jahres 1934 das Fundament für eine staatlich zentralisierte Kontrolle und Gestaltung der Literaturpolitik geschaffen worden, das durch eine Aufstockung der Referenten sowie eine Ausdehnung der Zuständigkeiten hätte gefestigt und erweitert werden können. Daß dieses Ziel bis zum Ende des „Dritten Reiches" nicht realisiert werden konnte, hing mit einer Vielzahl von Faktoren zusammen.

Mit der von Hitler geförderten Gründung des Reichsministeriums für Wissenschaft, Erziehung und Volksbildung hatte Goebbels im Mai 1934 bereits die Zuständigkeit für das gesamte wissenschaftliche Büchereiwesen, für die fachliche Aufsicht über das Volksbüchereiwesen und für das Schulbuchwesen verloren. Bernhard Rust erwies sich zwar als ausgesprochen schwacher Minister. Doch verfügte er über eine Reihe kompetenter und durchsetzungsfähiger Mitarbeiter, die die Versuche von Goebbels, den Einfluß auf die drei genannten Sachbereiche zurückzugewinnen, erfolgreich abwehren konnten. Die Reichsschrifttumskammer war den Einmischungen einer Reihe von Reichsleitern der NSDAP mit ihren zugehörigen Verwaltungsapparaten ausgesetzt. Max Amann, der Direktor des Eher Verlags, Reichsleiter für die Presse der NSDAP und Präsident der Reichspressekammer, bestimmte über seinen in Leipzig residierenden Zögling Wilhelm Baur in ganz entscheidendem Maße die Buchhandelspolitik mit. Der Reichsführer-SS Heinrich Himmler schleuste Mitarbeiter des SD in die Kammerverwaltung ein.[49] Dabei wurde er tatkräftig von Hanns Johst unterstützt, der im Oktober 1935 als Nachfolger des auf Druck der Gestapo zum Rücktritt gezwungenen Hans Friedrich Blunck an die Spitze der RSK getreten war. Martin Bormann schaltete sich zunächst als Stabsleiter im Stab Stellvertreter des Führers, ab Mai 1941 dann als machtbewußter Leiter der Partei-Kanzlei der NSDAP immer wieder in die Kammerpolitik ein.[50] Robert Ley, der Reichsorganisationsleiter der NSDAP und Leiter der DAF, sabotierte zum einen die sozialpolitischen Maßnahmen der Kammer zur Besserstellung der Autoren, Buchhändler und Verleger; zum anderen betrieb er über die DAF-eigenen Verlagsunternehmen sowie über die von der DAF übernommene Büchergilde Gutenberg und über den während des Krieges in den besetzten Gebieten aufgebauten Frontbuchhandel eine von der Goebbelsschen Schrifttumsbürokratie weitgehend unabhängige Buchpolitik.[51]

Der staatlichen Literaturpolitik zuwiderlaufende Sonderinteressen verfolgten auch die beiden wichtigsten parteiamtlichen Schrifttumsstellen. Die bereits erwähnte Reichsstelle zur Förderung des deutschen Schrifttums war aus der 1932 gegründeten „Buchberatungsstelle" der KfdK-Landesleitung Franken in Nürnberg hervorgegangen. Da Gründung und Aufbau der Reichsstelle nur mit finanzieller Unterstützung des Propaganda- und des Reichsinnenministeriums, des Börsenvereins sowie des Langen-Müller Verlags möglich gewesen waren, saß neben den langjährigen Kampfbund-Mitarbeitern Hans Hagemeyer, Dr. Rainer Schlösser und Dr. Hellmuth Langenbucher auch Dr. Heinz Wismann als Vertreter des Propagandaministeriums in der Reichsführung.[52] Erklärte Ziele der Reichsstelle waren die „Säuberung" des Buchmarktes von „entarteter" Literatur der „Systemzeit" und die Propagierung des „arteigenen deutschen Schrifttums". An dieser Aufgabenstellung

---

[49] Innerhalb der RSK-Verwaltung gehörten der Vizepräsident und Leiter der „Gruppe Buchhandel" Wilhelm Baur, der Geschäftsführer Wilhelm Ihde, der Justitiar Günther Gentz, der zeitweise für Buchverbotsfragen zuständige Referent Herbert Menz und der Leiter der Abteilung III (Buchhandel) in Leipzig, Karl Thulke, der SS an. Ihre aktive Tätigkeit für den SD ist für Ihde, Menz und Thulke in den SS-Personalakten des BArch Berlin-Zehlendorf belegt.
[50] S. im einzelnen Barbian: Literaturpolitik im „Dritten Reich", S. 322-332.
[51] Vgl. ebd., S. 332-341, sowie Lokatis: Die Hanseatische Verlagsanstalt (Anm. 17), S. 75-146.
[52] Eine detaillierte Beschreibung der Entwicklung, der Aufgaben und personellen Zusammensetzung der Reichsstelle zur Förderung des deutschen Schrifttums e.V. aus dem Jahre 1933 findet sich in der Deutschen Bibliothek/Abteilung Leipzig (Sign. 1933 B 3809).

änderte sich prinzipiell nichts, als die Reichsstelle nach dem gescheiterten Vereinnahmungsversuch Wismanns verselbständigt werden mußte. Im Juni 1934 wurde sie in die neu geschaffene Dienststelle Alfred Rosenbergs als „Beauftragter des Führers für die gesamte weltanschauliche Schulung und Erziehung der NSDAP" integriert und in Personalunion mit der „Abteilung Schrifttumspflege" (später „Amt/Hauptamt Schrifttum") von Hans Hagemeyer geleitet.[53] Ein riesiger Mitarbeiterstab aus Parteiangestellten auf Reichs-, Gau- und Kreisebene, ehrenamtlichen Hauptlektoren und Lektoren nahm bis 1945 die wohl umfassendste Kontrolle der gesamten deutschsprachigen Literatur vor.[54] Allerdings gelang es dieser Parteidienststelle nicht, ihrer aufwendigen Tätigkeit eine ähnlich verbindliche Wirkung zu verleihen wie den Entscheidungen der RSK oder des Propagandaministeriums. Weder auf die Zulassung der auf dem Gebiet der Literatur tätigen Berufsgruppen noch auf die Buchzensur erlangte die Rosenbergsche Schrifttumsstelle jemals bestimmenden Einfluß. Dabei darf jedoch nicht außer acht gelassen werden, daß die weltanschaulich weitaus radikalere Literaturpolitik des Amtes Rosenberg die staatlichen Stellen in zahlreichen Fällen zu Konzessionen zwingen konnte. Auch waren die Gutachten des der Dienststelle Rosenberg angeschlossenen „Kulturpolitischen Archivs" durchaus in der Lage, Lesungen bestimmter Autoren in den von der DAF unterhaltenen Freizeit- und Bildungseinrichtungen zu unterbinden oder Gestapo und SD zum Vorgehen gegen politisch „auffällige" Schriftsteller und Buchhändler zu animieren.[55]

Die Parteiamtliche Prüfungskommission zum Schutze des nationalsozialistischen Schrifttums (PPK) war im April 1934 aufgrund einer „Verfügung" des Stellvertreters des Führers, Rudolf Heß, gegründet worden.[56] Sie sollte das seit 1933 auf den Markt drängende „Konjunkturschrifttum" über den Nationalsozialismus sichten und bewerten. Um den in der Parteizentrale in München weitgehend funktionslos gewordenen Reichsgeschäftsführer der NSDAP zu reaktivieren, schlug der geschäftstüchtige Max Amann vor, Philipp Bouhler zum Vorsitzenden der Kommission zu ernennen – mit dem Hintergedanken, daß die Publikationsflut zur nationalsozialistischen Bewe-

---

[53] S. Bernhard Payr: Das Amt Schrifttumspflege. Seine Entwicklungsgeschichte und seine Organisation. Berlin 1941. Zu den genauen Umständen der Gründung des sogenannten Reichsüberwachungsamtes s. Bollmus: Das Amt Rosenberg (Anm. 6), S. 54-85.

[54] Die Gutachten der Rosenbergschen Schrifttumsstelle(n) wurden teilweise publiziert in der Zeitschrift „Bücherkunde" 1 (1934) bis 11 (1944). Die monatlich und jährlich herausgegebenen Gutachtenanzeiger, die positive oder negative Bewertungen zu Autoren, Büchern und Zeitschriften enthielten, waren hingegen „streng vertraulich" und nur für den internen Dienstgebrauch bestimmt. BArch Koblenz NSD 16/27: Jahres-Gutachtenanzeiger 1936-1940.

[55] Eine umfangreiche Sammlung solcher kulturpolitischen Gutachten, die insbesondere für das Deutsche Volksbildungswerk auf Anfrage bestimmt waren, befindet sich in BArch Koblenz NS 15/27-33, 253-254, 256.

[56] Die „Verfügung" ist zusammen mit anderen Dokumenten zur PPK abgedruckt in „Verleger-Mitteilungen der Parteiamtlichen Prüfungskommission", „Rundschreiben 3", Berlin (7.12.) 1938. Als Manuskript gedruckt. Verwendung nur für den internen Verkehr mit der parteiamtlichen Prüfungskommission. BArch Koblenz NSD 2/14.

gung eingedämmt und sämtliche Neuerscheinungen zu diesem Themengebiet in den Parteiverlag lanciert werden sollten.[57] Daß diese Rechnung dann doch nicht aufging, die PPK vielmehr einen eigenständigen Kurs in der Literaturpolitik zu steuern begann, hängt mit einer für Bürokratien im allgemeinen, für das nationalsozialistische Herrschaftssystem allerdings besonders typischen Reaktionsweise ihrer Entscheidungsträger zusammen: einmal erworbene Kompetenzen und Verwaltungsapparate wurden gegen alle Widerstände nicht nur bewahrt, sondern sukzessive ausgebaut. Ähnlich wie Rosenberg, der allenfalls die Prüfung von Literatur auf ihre Verwertbarkeit hinsichtlich der weltanschaulichen Schulung der NSDAP-Mitglieder für sich hätte beanspruchen können, tatsächlich jedoch die Entwicklung der gesamten deutschen Literatur und Publizistik überwachen ließ, dehnte auch Bouhler seine Zuständigkeit auf sämtliche Schriften im nationalsozialistisch gewordenen Deutschland aus. Dabei kam der PPK zum einen zugute, daß sie im Gegensatz zur Rosenbergschen Schrifttumsstelle über eine Zensurvollmacht verfügte, die von Hitler ausdrücklich anerkannt und von ihm wiederholt bestätigt wurde. Zum anderen verstand es Bouhler geschickt, durch „Arbeitsabkommen" mit anderen Herrschaftsträgern auf staatlicher und parteiamtlicher Ebene seinen Einfluß auf die Gestaltung der Literaturpolitik abzusichern und auszuweiten. Zwangsläufige Folge dieser Entwicklung war ein bis zum Kriegsbeginn ungestörtes Wachstum der haupt- wie nebenamtlich tätigen Mitarbeiter der PPK, so daß eine vierte umfangreiche Schrifttumsbürokratie entstand.

Die Liste der Parteidienststellen, mit denen sich die auf staatlicher Seite agierenden Behörden auseinanderzusetzen hatten, ist damit aber noch längst nicht abgeschlossen. Nationalsozialistischer Lehrerbund, Reichsjugendführung, Reichsfrauenführung, Reichsrechtsamt, Reichsnährstand und Rassenpolitisches Amt leisteten sich jeweils eigene Abteilungen oder Lektorate für Literatur.[58] Daß sich der Anspruch auf die zentrale Steuerung der Literaturpolitik durch das Propagandaministerium nur partiell verwirklichen ließ, hing aber nicht nur mit der Existenz miteinander konkurrierender Führungspersonen und Ämter zusammen. Goebbels selbst bot seinen Feinden wiederholt Anlaß zu Kritik und zur Begleichung offener Rechnungen, etwa in der Personalpolitik. Sein Abteilungsleiter Wismann, der seit 1933 die Fäden der staatlichen Literaturpolitik gezogen und zusammengehalten hatte, mußte im August 1937 aus dem Ministerium ausscheiden, weil er noch bis 1934 mit einer Jüdin verheiratet gewesen war. Von seinem Nachfolger Karl Heinz Hederich, der in Personalunion stellvertretender Leiter der PPK blieb, versprach sich Goebbels eine Vereinheitlichung der staatlichen und parteiamtlichen Schrifttumsbürokratien. Doch schon im Oktober 1938 muß-

---

[57] S. das 6seitige Schreiben Amanns an Bouhler vom 10.12.1938, BArch Koblenz NS 11/9.
[58] Vgl. dazu im Überblick Barbian: Literaturpolitik im „Dritten Reich", S. 345-364. Ergänzend Petra Josting: Der Jugendschrifttums-Kampf des Nationalsozialistischen Lehrerbundes. Hildesheim, Zürich, New York 1995 (= Germanistische Texte und Studien, Bd. 50).

te sich Goebbels wieder von Hederich trennen, da dieser sich durch seinen Omnipotenzanspruch sowohl mit Amann und Rosenberg als auch mit anderen Fachabteilungen innerhalb des Propagandaministeriums angelegt hatte. Der immerhin von Hederich begonnene personelle und inhaltliche Ausbau der ministeriellen Schrifttumsabteilung konnte dann zwar von seinem Nachfolger Alfred-Ingemar Berndt fortgesetzt werden. Doch wechselte Berndt, der rasch die wenig aussichtsreiche Situation der Schrifttumsabteilung erkannt hatte, im Herbst 1939 wieder in die Rundfunkabteilung. Erst unter Wilhelm Haegert, dem früheren Stabsleiter der Reichspropagandaleitung der NSDAP und bis 1937 Leiter der Abteilung „Propaganda" im Ministerium, trat ab der Jahreswende 1939/40 eine personelle Konsolidierung ein.

Daß Haegert im Verlauf des Krieges die Position der Schrifttumsabteilung auch in sachlicher Hinsicht deutlich festigen konnte, war die Folge der wiedergewonnenen Machtstellung von Goebbels innerhalb des Führungszentrums der NSDAP. Aufgrund seines forschen Auftretens im Jahr 1933, seiner Intellektualität und seiner Fähigkeit, sich in den Vordergrund zu spielen, hatte sich der Propagandaminister zahlreiche Feinde geschaffen. Die öffentlich bekannt gewordene Affäre mit der Filmschauspielerin Lida Baarova, die von Goebbels initiierten antijüdischen Pogrome in der Nacht des 9. November 1938 und die Verlagerung der nationalsozialistischen Politik auf die Expansion nach außen hatten den anfangs so starken Minister ins politische Abseits geführt. Erst seit der Kriegswende 1941/42, als der „Führer" wieder auf seinen Chefpropagandisten angewiesen war, erlangte Goebbels seine Unterstützung durch Hitler und damit seine alte Durchsetzungsfähigkeit zurück.

IV. Die Politik gegenüber den Schriftstellern

Die Darstellung der Literaturpolitik staatlicher und parteiamtlicher Dienststellen gegenüber den in Deutschland verbliebenen Schriftstellern muß zwei Ebenen berücksichtigen: zum einen die Ebene der politischen Inhalte und Ziele, die die verschiedenen Bürokratien verfolgten, zum anderen die konkrete Lebens- und Arbeitssituation der Schriftsteller unter den Bedingungen der Diktatur. Beide Ebenen standen während der Jahre 1933 bis 1945 in einem ständigen Spannungs- und Wechselverhältnis. Es ist naheliegend, zunächst an die politische Kontrolle der Schriftsteller zu denken. Der gesetzlich geregelte Zwang zur Mitgliedschaft in der Reichsschrifttumskammer schuf dafür die Grundlage. Wer Mitglied des RDS und nach dessen Auflösung der „Gruppe Schriftsteller" in der RSK werden wollte, mußte ein bürokratisches Aufnahmeverfahren durchlaufen, das jedem einzelnen genaue Auskünfte über seine politische Vergangenheit, über seine „rassische Abstammung", über seine Publikationstätigkeit und über seine Einkünfte abverlangte. Zudem mußten zwei Bürgen benannt werden, die die charakterliche und politische Zuverlässigkeit ebenso wie die berufliche Eignung des Antragstellers bezeugen sollten. Die Kammerverwaltung gab sich damit jedoch noch nicht zufrieden. Seit April 1938 gehörte die Einholung eines „politischen Führungszeugnisses" bei der zuständigen NSDAP-Gauleitung zum festen Bestandteil der Aufnahmeformalitäten. Kamen dabei Zweifel an der politischen Zuverlässigkeit des Antragstellers auf, wurde zusätzlich ein Gutachten bei der Gestapo angefordert. Die Folge dieser Verwaltungsvorschriften war, daß Gestapo- und SD-Stellen sowie Gau-, Kreis- und Ortsgruppenleitungen der NSDAP die in ihrem jeweiligen Zuständigkeitsbereich lebenden Schriftsteller regelmäßig zu überwachen begannen. Wie sich an zahlreichen Fallbeispielen nachweisen läßt, trafen die Gutachten aber nicht immer die tatsächliche Einstellung eines observierten Schriftstellers zum nationalsozialistischen Regime. Zum anderen weigerte sich die Kammerverwaltung oft genug, aus ablehnenden Gutachten von Polizei- oder Parteidienststellen die Konsequenz eines Kammer-Ausschlusses zu ziehen – was wiederholt zu heftigen Kontroversen zwischen den beteiligten staatlichen und parteiamtlichen Bürokratien führte.

Neben die Kontrolle der Person, die zum Ausschluß aus der Kammer und damit zum Verbot der weiteren Berufsausübung, im Extremfall auch zur Internierung im Zuchthaus oder im Konzentrationslager führen konnte, trat die Überwachung der Publikationen. Das im Laufe der 30er Jahre entwickelte Zensurverfahren, auf das weiter unten noch näher eingegangen wird, erwies sich in der Praxis keineswegs als lückenlos: zum einen weil die personellen und organisatorischen Voraussetzungen für eine Vorzensur der immensen Buchproduktion im Deutschen Reich fehlten,[59] zum anderen weil die staatliche Schrifttumsbürokratie die Nachzensur in vielen Fällen weniger scharf anwandte als dies von Parteidienststellen gewünscht wurde.[60] Wie eine Analyse der Autoren mit indizierten Werken beweist, zog das Verbot eines oder mehrerer Bücher eines im deutschen Reichsgebiet lebenden Schriftstellers auch nicht zwangsläufig den Ausschluß aus der RSK nach sich. Doch sorgten die Buchverbote der RSK und des Propagandaministeriums sowie die regelmäßig wiederkehrenden Beschlagnahmeaktionen der Gestapo, verbunden mit häufig feststellbaren Einflußnahmen von Parteigruppierungen und Interessenverbänden auf das Verbot oder die inhaltliche Neufassung einzelner Bücher, für ein Klima latenter Verunsicherung, das sich während des Krieges noch einmal deutlich verschärfte. So übte im April 1943 der RSK-

---

[59] S. in BArch Koblenz NS 8/248 Bl. 80-83 den Bericht von Bernhard Payr, dem damaligen Leiter des Rosenbergschen Schrifttumsamtes, vom 8.5.1943 über eine am Tag zuvor stattgefundene Sitzung im Propagandaministerium, bei der über die „Führerordnung" betreffend die Kontrolle des Buch- und Zeitschriftenexports diskutiert worden war.

[60] Nur so ist erklärbar, weshalb eine Reihe von Werken – etwa der Roman „Schwarze Weide" von Horst Lange, Ernst Jüngers „Marmorklippen", Ernst Wiecherts Roman „Das einfache Leben", „Das Reich der Dämonen" von Frank Thiess oder Werner Bergengruens Berlin-Roman „Am Himmel wie auf Erden" – erscheinen konnten, obwohl in ihnen verschlüsselte Kritik am NS-System geäußert oder Gegenbilder zur nationalsozialistischen Gesellschaft entworfen wurden. S. zur parteiamtlichen Kritik u.a. den vom Hauptlektorat „Schöngeistiges Schrifttum" in der Dienststelle Rosenberg vorgelegten „Jahresbericht 1940". In: Lektoren-Brief 4 (1941), H. 5/6, S. 4-8, BArch Koblenz NSD 16/59.

Geschäftsführer Wilhelm Ihde, der sich selbst nebenberuflich als Autor betätigte, gegenüber seinem Präsidenten eine bemerkenswerte Kritik an den zunehmend kleinkarierteren Zensurforderungen parteiamtlicher Dienststellen: „Man predigt in der Lautstärke germanischer Luren: lebt gefährlich! Tut's einer, so schlägt man ihn auf's Haupt. Da muß jede Muse, die noch einigermaßen etwas auf sich hält, ihr Haupt verhüllen".[61]

Auf der anderen Seite war die staatliche Schrifttumsbürokratie darum bemüht, die regimetreuen Schriftsteller im Rahmen der Kontrolle und Steuerung der öffentlichen Lesungen zu fördern und für die propagandistischen Ziele des nationalsozialistischen Staates dienstbar zu machen. Im Laufe des Jahres 1934 wurde zunächst die Organisation des Vortragswesens im Inland über eine „Arbeitsgemeinschaft der literarischen Gesellschaften und Vortragsveranstalter" innerhalb der RSK vereinheitlicht. Nach einer Reihe von Umstrukturierungen war ab 1937 die dem Propagandaministerium nachgeordnete Reichsschrifttumsstelle (ab 1939 fortgeführt als Werbe- und Beratungsamt für das deutsche Schrifttum) für die Planung und Durchführung von Dichterlesungen zuständig. Sie versuchte mit sogenannten Vorschlagslisten, die zwischen 1937 und 1943 jährlich herausgegeben wurden, mit „Anschlußtafeln" zu Lesereisen, mit kostenlos zur Verfügung gestellten Vortrags- und Verlagsprospekten, teilweise sogar mit der Übernahme von Reise- und Honorarkosten öffentliche Lesungen einer genau ausgewählten Gruppe von Autoren nachhaltig zu fördern. Dem Rosenbergschen Schrifttumsamt und dem zum Machtbereich Leys gehörenden Deutschen Volksbildungswerk war die vom Propagandaministerium getroffene Autorenauswahl allerdings noch zu „liberal". Sie bauten daher seit Mitte der 30er Jahre mit einem politisch erheblich verengten Kreis von Autoren ein umfangreiches Vortragsnetz auf, das in Konkurrenz zu den staatlich geförderten Leseveranstaltungen trat. Der Einsatz deutscher Schriftsteller im Ausland blieb dagegen eine unbestrittene Domäne der staatlichen Schrifttumsbürokratie. Seit 1935 fanden im Begleitprogramm zur „Woche des Deutschen Buches im Ausland" regelmäßig Lesungen von Autoren statt, wobei die Auswahl der Lesenden nach strengeren politischen Maßstäben erfolgte als im Inland. Zwischen 1940 und 1943 wurde die „Schrifttumspropaganda" über Autorenlesungen und Buchausstellungen im befreundeten und besetzten Ausland noch einmal besonders intensiviert. Das nationalsozialistische Deutschland, auf dem Zenit seiner Macht angelangt, war in dieser Zeit darum bemüht, sich auch als führender Kulturstaat in Europa zu etablieren. Daß die Schriftsteller wie alle anderen Musen dabei jedoch letztlich nur als Handlanger der politischen Machthaber benutzt werden sollten, wird an der „Europäischen Schriftstellervereinigung" deutlich. Sie wurde im Herbst 1941 gegründet – am Rande des Weimarer Dichtertref-

---

[61] Das Schreiben Ihdes an Johst vom 14.4.1943 findet sich in BArch Potsdam R 56 V/26 Bl. 94. Der Anlaß war die Kritik der NSDAP-Gauleitung Franken an dem Roman einer schriftstellerisch tätigen Ärztin, der unterdrückt werden sollte, weil in ihm die Rolle der Frau in der deutschen Gesellschaft angeblich zu positiv dargestellt worden war.

fens, das seit 1938 bereits das alljährliche Beiprogramm zur Eröffnung der
„Woche des Deutschen Buches" abgegeben hatte. Aus dem Etat des Propagandaministeriums finanziert, sollte die von Hans Carossa präsidierte Vereinigung den internationalen PEN-Club ablösen. Doch obwohl sich eine Reihe renommierter Autoren, unter ihnen Felix Timmermans, Robert Brasillach, Pierre Drieu la Rochelle, Paul Morand, John Knittel und Ernesto Giménez Caballero, zur Verfügung stellten, konnte sich die kaum mehr als 30 Mitglieder zählende Vereinigung nicht selbständig profilieren und trat nach 1943 überhaupt nicht mehr in Erscheinung.

Es bleibt die Frage, ob der nationalsozialistischen Literaturpolitik irgendwelche positiven Ergebnisse zugebilligt werden können. Wenn überhaupt, so lagen sie allenfalls in dem, was als „berufsständische Betreuung durch die Reichsschrifttumskammer" bezeichnet wurde. Der RDS, der 1933 die Keimzelle der RSK gebildet hatte, brachte zahlreiche Forderungen zur Verbesserung der rechtlichen, wirtschaftlichen und sozialen Situation seiner Mitglieder in die Kammer ein; Forderungen, die größtenteils schon von seiner Vorgängerorganisation, dem SDS, erhoben worden waren. Der nach zähen Verhandlungen zwischen Autoren- und Verlegerseite Anfang Juni 1935 von der RSK in Kraft gesetzte „Normal-Verlagsvertrag" gehört zu den wenigen Erfolgen, die die berufsständische Vertretung der Schriftstellerschaft verbuchen konnte. Dagegen blieb die angestrebte grundlegende Reform des Urheber- und Verlagsrechts während des Krieges auf der Strecke. Und bei dem im November 1943 eingeführten „Normalvertrag über den Erwerb des Weltverfilmungsrechts an einem bereits erschienenen Werke des Schrifttums" setzte die Filmlobby im Propagandaministerium ihre wirtschaftlichen Interessen gegen die Forderungen der RSK nach einer stärkeren Berücksichtigung der rechtlichen und finanziellen Ansprüche der Autoren durch.

Nicht viel besser sah es hinsichtlich der Bestrebungen zur Verbesserung der Einkommensverhältnisse der Schriftsteller aus. Wie aus den jährlichen Beitragsaufstellungen der RSK, die nach dem jeweiligen Bruttoverdienst errechnet wurden, hervorgeht,[62] mußte sich das Gros mit dem Existenzminimum zufriedengeben. Daß es den Schriftstellern auch unter dem Nationalsozialismus wirtschaftlich kaum besser ging als in der Weimarer Republik, war zunächst die Folge von Einsparungen im kulturellen Bereich seit September 1936.[63] Während des Krieges wurden die Schriftsteller zunehmend Opfer der durch Papierknappheit, durch Personalreduzierung, Schließung und Zerstörung von Verlagen erheblich eingeschränkten Produktion und Verbreitung von Büchern. Die bereits in Friedenszeiten und dann verstärkt während des Krieges entstehende soziale Not zahlreicher Schriftsteller wurde von der Kammer an die traditionsreiche Deutsche Schillerstiftung in Wei-

---

[62] Die Haushaltsvoranschläge der RSK für 1934 bis 1945 sind gesammelt in BArch Potsdam R 2/4873-4885.
[63] S. dazu die Klagen, mit denen sich eine Reihe von Autoren im Frühjahr 1937 an die RSK wandten, in BArch Potsdam R 56 V/81.

mar delegiert. Um den Etat der Stiftung jedoch nur mit solchen „Fällen" zu belasten, deren Versorgung zwecks Nutzbarmachung für die „geistige Aufrüstung der Heimatfront" geboten erschien, wurde ab 1941 eine beträchtliche Anzahl schriftstellerisch tätiger RSK-Mitglieder über die Aufhebung ihrer UK-Stellung in die Wehrmacht oder in Rüstungsbetriebe abgeschoben.[64] Während die soziale Absicherung über das Niveau eines staatlich gewährten Almosens nicht hinauskam, wobei für die Vergabe auch noch politische Kriterien ausschlaggebend waren, versandete das Projekt einer Altersversorgung in den Mühlen der Bürokratie. Goebbels machte sich persönlich auf der Feier zur Eröffnung der „Woche des Deutschen Buches" im Herbst 1938 zum Protagonisten einer staatlich geregelten sozialen Absicherung der Schriftsteller im Alter.[65] Doch bis Kriegsende kam das Vorhaben über behördliche Aktenvorgänge und Beratungen nicht hinaus.

Die Verhaltensweisen der Schriftsteller gegenüber der staatlichen und parteiamtlichen Literaturpolitik waren im einzelnen höchst unterschiedlich. Es gab Autoren wie Hanns Johst oder Hans Friedrich Blunck, die ihre exponierte Stellung zur Steigerung ihrer Buchumsätze nutzten.[66] Neben ihnen stand die Garde der nationalsozialistischen Apologeten, die in und mit ihren Werken den politischen Vorgaben der Machthaber beredten Ausdruck verliehen: Heinrich Anacker, Bruno Brehm, Edwin Erich Dwinger, Kurt Eggers, Herybert Menzel, Agnes Miegel, Wilhelm Pleyer, Gerhard Schumann, Hans Zöberlein und zahlreiche andere.[67] NSDAP-Mitgliedschaft allein war jedoch keineswegs die Garantie für eine staatliche und parteiamtliche Förderung, wie das Beispiel Will Vespers zeigt. Für das Amt Rosenberg war der Autor nach einer polemischen Auseinandersetzung im Jahre 1934 persona non grata.[68] Und angesichts der Papierknappheit wurde 1943 Vespers pro-

---

[64] Die Aufrechnung der Sozialunterstützung durch die der RSK unterstehende Schillerstiftung gegen einen Beitrag der Schriftsteller zur „geistigen Aufrüstung" findet sich in einem Schreiben des RSK-Referenten Metzner an den Oberbürgermeister Weimars vom 2.2.1940, BArch Potsdam R 56 V/76 Bl. 406. S. dazu auch die „Aktenvermerke" der Kammer-Referenten Alfred Richard Meyer und Loth vom 23.5.1941 betr. „Arbeitsbeschaffung und Arbeitsvermittlung", BArch Potsdam R 56 V/12 Bl. 16, 17.
[65] Die Rede von Goebbels ist wiedergegeben im Bbl. 105 (1938), Redaktioneller Teil, Nr. 255 vom 2.11.1938, hier S. 853.
[66] S. zum Beleg die Korrespondenz Johsts in seiner SS-Personalakte im BArch Berlin-Zehlendorf sowie die RSK-Personalakte Bluncks ebd.
[67] Dazu Ernst Loewy: Literatur unterm Hakenkreuz. Das Dritte Reich und seine Dichtung. Eine Dokumentation. Frankfurt a. M. 1983 (Originalausgabe 1966); Die deutsche Literatur im Dritten Reich. Themen – Traditionen – Wirkungen. Hrsg. von Horst Denkler und Karl Prümm. Stuttgart 1976; Uwe-Karsten Ketelsen: Völkisch-nationale und nationalsozialistische Literatur in Deutschland 1890-1945. Stuttgart 1976, S. 79-105; Kunst und Literatur im deutschen Faschismus. Hrsg. von Ralf Schnell. Stuttgart 1978 (= Literaturwissenschaft und Sozialwissenschaften, Bd. 10); Leid der Worte. Panorama des literarischen Nationalsozialismus. Hrsg. von Jörg Thunecke. Bonn 1987 (= Abhandlungen zur Kunst-, Musik- und Literaturwissenschaft, Bd. 367).
[68] S. das Fernschreiben der Partei-Kanzlei an Pg. Tießler vom 29.5.1942 betr. Beurteilung des Dichters Will Vesper, BArch Koblenz NS 18/307.

nonciert nationalsozialistische Zeitschrift *Die neue Literatur* kurzerhand mit der im Deutschen Verlag erscheinenden *Europäischen Literatur* zusammengelegt, ohne daß ihr Begründer und Herausgeber weiterhin Berücksichtigung fand.[69] Auch Autoren, die sich wie Gottfried Benn, Arnolt Bronnen oder Hanns Heinz Ewers den Nationalsozialisten in der Anfangsphase dienstbar gemacht hatten, fielen Mitte der 30er Jahre in Ungnade.[70]

Eine andere Gruppe von Schriftstellern, die während der Weimarer Republik dem rechten Parteienspektrum nahegestanden hatten, geriet unversehens in Gegensatz zur nationalsozialistischen Kulturpolitik. Angeführt von Hans Grimm, dem Autor des Kolonialromans *Volk ohne Raum* (1926), traf sich seit 1934 jährlich in Lippoldsberg die „Elite" der nationalkonservativen Dichter. Zu den Teilnehmern dieser „Lippoldsberger Dichtertreffen" zählten u.a. Paul Alverdes, Rudolf G. Binding, Friedrich Bischoff, Hans Carossa, Joachim von der Goltz, Benno von Mechow, Ernst von Salomon, Rudolf Alexander Schröder, August Winnig.[71] Die Treffen fanden ein jähes Ende, nachdem der um seine Führungsfunktion im deutschen Schrifttum besorgte Propagandaminister Hans Grimm für den Fall der Fortsetzung seines „sektiererischen" Engagements das Schicksal Ernst Wiecherts angedroht hatte.[72] Dieser war 1938 aufgrund seiner offen bekundeten Solidarität mit Martin Niemöller von der Gestapo verhaftet und nach einem zweimonatigen Zuchthausaufenthalt von

---

[69] Mitteilung des Reichsverbands der deutschen Zeitschriften-Verleger an Langen-Müller Verlag vom 5.2.1943, Deutsches Literaturarchiv Marbach am Neckar (im folgenden DLA)/Nachlaß Will Vesper, hier: Korrespondenz Langen-Müller Verlag, Mappe 9 1942-1943. Zu Vespers Herausgebertätigkeit Gisela Berglund: Der Kampf um den Leser im Dritten Reich. Die Literaturpolitik der „Neuen Literatur" (Will Vesper) und der „Nationalsozialistischen Monatshefte". Worms 1980 (= Deutsches Exil 1933-1945. Eine Schriftenreihe, Bd. 11).

[70] Während Benn nach einem Angriff in der SS-Zeitschrift „Das Schwarze Korps", 2. Jg./Folge 19 vom 7.5.1936, S. 7 („Der Selbsterreger!"), am 18.3.1938 aus der RSK ausgeschlossen worden war, wurden die vor 1933 erschienenen Werke von Bronnen und Ewers fast ausnahmslos auf den Verbotsindex der RSK gesetzt. S. im einzelnen die RSK-Personalakten dieser Autoren im BArch Berlin-Zehlendorf sowie Glenn R. Cuomo: Purging an „Art Bolshevist": The Persecution of Gottfried Benn in the Years 1933-1938. In: German Studies Review 9 (1986), S. 85-105; Harald Kaas: Der faschistische Piccolo. Arnolt Bronnen. In: Intellektuelle im Bann des Nationalsozialismus. Hrsg. von Karl Corino. Hamburg 1980, S. 136-149; Friedbert Aspetsberger: arnolt bronnen. Biographie. Wien 1995.

[71] Ernst von Salomon: Der Fragebogen. Reinbek b. Hamburg 1961 (Originalausgabe 1951), hier S. 193-198; Hans Carossa: Ungleiche Welten. Wiesbaden 1951; August Winnig: Aus zwanzig Jahren 1925-1945. Hamburg 1951, hier S. 142-145; zum Kontext Heinz Sarkowicz: Zwischen Sympathie und Apologie: Der Schriftsteller Hans Grimm und sein Verhältnis zum Nationalsozialismus. In: Intellektuelle im Bann des Nationalsozialismus (Anm. 70), S. 120-135; Ketelsen: Literatur und Drittes Reich (Anm. 17), S. 199-215.

[72] DLA/Nachlaß Hans Grimm, hier: Korrespondenz mit NS-Partei- und Regierungsstellen, F-G: Gedächtnisprotokoll über die Besprechung am 2.12.[1938] 12.30 h mit Reichsminister Dr. G. in Gegenwart des Reichspressechefs Dr. Dietrich, S. 1-7. Vgl. dazu Goebbels-Tagebücher Teil I, Bd. 3, S. 500: „Der Dichter Hans Grimm macht Dichtertreffen mit etwas negativer Tendenz. Ich werde jetzt dieses Treffen etwas näher unter die Lupe nehmen. Ich dulde unter den Dichtern keine Bekenntnisfront. Ich werde diesen ewigen Stänkern <!> Beine machen" (5.8.1938); zur Besprechung mit Grimm ebd., S. 541-42 (3.12.1938).

Anfang Juli bis Ende August im Konzentrationslager Buchenwald interniert worden.[73] Fehlte die entsprechende Protektion, wie sie etwa Gottfried Benn, Ernst Jünger oder Erich Ebermayer besaßen,[74] so konnten die Grenzen der Ablehnung des Nationalsozialismus bei gleichzeitigem Rückzug in eine machtgeschützte Privatnische sehr schnell erreicht sein. Die Ambivalenz des Herrschaftssystems wird allerdings daran deutlich, daß die als exemplarisch zu bezeichnende „Bestrafung" Wiecherts für seinen „Ungehorsam" nichts am Erscheinen seiner Bücher, der alten wie der neuen, änderte.[75] Besonders schwierig zu fassen sind die Schriftsteller, die der sogenannten inneren Emigration zuzurechnen sind, und zwar deshalb, weil das Spektrum der ablehnenden Verhaltensweisen gegenüber der staatlichen und parteiamtlichen Politik außerordentlich vielfältig war.[76] Oskar Loerke, Lektor des S. Fischer

---

[73] Ernst Wiechert: Der Totenwald. Ein Bericht. München 1957 (= Ernst Wiechert: Sämtliche Werke, Bd. 9). Zur Position von Goebbels im „Fall Wiechert" s. Goebbels-Tagebücher Teil I, Bd. 3, S. 499 (4.8.1938) und S. 522 (30.8.1938).

[74] Zu diesem Aspekt Glenn R. Cuomo: Hanns Johst und die Reichschrifttumskammer. Ihr Einfluß auf die Situation des Schriftstellers im Dritten Reich. In: Leid der Worte (Anm. 67), S. 108-132, und Peter de Mendelssohn: Über die Linie des geringsten Widerstandes. Versuch über Ernst Jünger. In: ders.: Der Geist in der Despotie. Versuche über die moralischen Möglichkeiten des Intellektuellen in der totalitären Gesellschaft. Frankfurt a. M. 1987 (Originalausgabe 1953), S. 173-235. Philipp Bouhler war ein Vetter Erich Ebermayers, der den vom Regime angegriffenen Schriftsteller wiederholt mit Informationen über drohende Zwangsmaßnahmen versorgte und sich schützend vor ihn stellte. S. im einzelnen die Memoiren Ebermayers: Denn heute gehört uns Deutschland... Persönliches und politisches Tagebuch. Von der Machtergreifung bis zum 31.12.1935. Hamburg, Wien 1959, und ders.: „...und morgen die ganze Welt". Erinnerungen an Deutschlands dunkle Zeit. Bayreuth 1966 [1936-1939].

[75] Dazu hieß es in der für den Staatssekretär im Reichsinnenministerium Hans Pfundtner bestimmten „Auskunft" über Wiechert, die der Leiter der Schrifttumsabteilung im Propagandaministerium, Wilhelm Haegert, am 13.1.1940 abgab: „Nach seiner Entlassung wurde dem Schriftsteller durch den Herrn Reichsminister [Goebbels] Gelegenheit gegeben, seine Einstellung zu revidieren. So wurde zunächst sein durch die Inhaftierung notwendig gewordener Ausschluß aus der Reichsschrifttumskammer auf dem Gnadenwege gestundet und er selbst zum ersten vom Reichspropagandaministerium veranstalteten ‚Großdeutschen Dichtertreffen' in Weimar eingeladen. Wiechert hat bei einem Empfang durch den Herrn Minister zum Ausdruck gebracht, daß er dieses Entgegenkommen als besonderen Gnadenerweis ansehe und sich in Zukunft bemühen werde, sich dessen würdig zu erweisen. Aus diesem Grunde wurde von einem Verbot der Bücher Wiecherts abgesehen, die nach wie vor im Buchhandel vertrieben werden können. Es ist ihm lediglich zur Auflage gemacht worden, jedes neue Werk vor Erscheinen zur Durchsicht vorzulegen" (BArch Potsdam R 18/5645 Bl. 99). Aus der umfangreichen Literatur zu Wiechert nach 1945 s. vor allem Hildegard Chatellier: Ernst Wiechert im Urteil der deutschen Zeitschriftenpresse 1933-1945. Ein Beitrag zur nationalsozialistischen Literatur- und Pressepolitik. In: Recherches Germaniques 3 (1973), S. 153-195; Guido Reiner: Ernst Wiechert im Dritten Reich. Eine Dokumentation. Paris 1974 (= Ernst-Wiechert-Bibliographie 2. Teil); Jörg Hattwig: Das Dritte Reich im Werk Ernst Wiecherts. Geschichtsdenken, Selbstverständnis und literarische Praxis. Frankfurt a. M. u.a. 1984 (= Europäische Hochschulschriften. Reihe I, Bd. 739).

[76] Kritisch dazu Eberhard Lämmert: Beherrschte Prosa. Poetische Lizenzen in Deutschland zwischen 1933 und 1945. In: Neue Rundschau 86 (1975), S. 404-421; Klaus Thoenelt: Innere Emigration: Fiktion oder Wirklichkeit? Literarische Tradition und Nationalsozialismus in den Werken Ernst Wiecherts, Hans Carossas und Hans Falladas (1933-1945). In: Leid der Worte (Anm. 67), S. 321-347.

Verlags, oder die konfessionell gebundenen Theodor Haecker und Reinhold Schneider zogen sich konsequent aus der Öffentlichkeit zurück, ohne jedoch ihre Publikationstätigkeit aufzugeben.[77] Frank Thiess, der sich nach dem Krieg in der Auseinandersetzung mit Thomas Mann zu einem der Protagonisten der „inneren Emigration" stilisierte,[78] verstand es von Anfang an recht gut, seine Buchveröffentlichungen den veränderten politischen Rahmenbedingungen des Buchmarktes anzupassen und staatliche Behörden gegen Verbotsforderungen parteiamtlicher Schrifttumsstellen zu mobilisieren.[79]

Die meisten jüdischen Schriftsteller waren zunächst noch in die RSK aufgenommen worden, da der Propagandaminister mit Rücksicht auf die im November 1933 an die Spitzen der Einzelkammern berufenen Künstler von Weltrang und aus außenpolitischem Kalkül auf einen „Arierparagraphen" im Kulturkammerrecht verzichtet hatte. Doch nachdem Goebbels auf der Kulturkammer-Tagung vom 7. Februar 1934 die Ansicht geäußert hatte, daß „ein jüdischer Zeitgenosse im allgemeinen ungeeignet [sei], Deutschlands Kulturgut zu verwalten",[80] wurden bis Ende 1935 sämtliche „nichtarischen" Autoren aus der RSK ausgeschlossen und Anträge auf Neuaufnahme einheitlich abgelehnt. Da die RSK ab 1935/36 von ihren Mitgliedern und deren Ehepartnern einen bis zum Jahre 1800 zurückreichenden „Ariernachweis" verlangte, weitete sich diese „Problemgruppe" rasch aus. Der „jüdisch versippte" Stefan Andres nahm daher ab 1938 Zuflucht im abgelegenen italienischen Positano,[81] während Jochen Klepper trotz seiner jüdischen Ehefrau in Berlin blieb. Aufgrund seines Erfolgsromans „Der Vater" (1937) (der selbst in nationalsozialistischen Zeitungen positiv besprochen

---

[77] S. die RSK-Personalakten im BArch Berlin-Zehlendorf. Ergänzend Oskar Loerke: Tagebücher 1903-1939. Hrsg. von Hermann Kasack. Darmstadt 1956, hier S. 259-346; Theodor Haecker: Tag- und Nachtbücher 1939-1945. München 1947; Reinhold Schneider: Verhüllter Tag. Freiburg 1959.

[78] S. im einzelnen: Die große Kontroverse. Ein Briefwechsel um Deutschland. Hrsg. und bearbeitet von J. F. G. Grosser. Hamburg u.a. 1963; Jan-Pieter Barbian: Die vollendete Ohnmacht? Das Verhältnis der Schriftsteller zu den staatlichen und parteiamtlichen „Schrifttumsstellen" im „Dritten Reich". In: Internationales Archiv für Sozialgeschichte der deutschen Literatur 20 (1995) H.1, S. 137-160.

[79] S. zum einen in BArch Berlin-Zehlendorf/RSK/F. Thiess die Korrespondenz des Autors mit Hans Hinkel aus den Jahren 1934/1935 sowie dessen Interventionen beim Stellvertreter des Führers und im Propagandaministerium; s. zum anderen die Vorgänge um Thiess' romantisches Spiel „Der ewige Taugenichts" (Korrespondenz zwischen dem Staatstheater Stuttgart und dem Propagandaministerium mit hausinternem Schriftwechsel zwischen der Theater- und der Schrifttumsabteilung) von September 1935 bis März 1936. In: BArch Potsdam 50.01/Bd. 200, Bl. 50-69. Weiteres bei Gerhard Renner: Frank Thiess: Ein „freier Schriftsteller" im Nationalsozialismus. In: Buchhandelsgeschichte 1990/2, Beilage zum Börsenblatt für den deutschen Buchhandel Nr. 51 vom 26.6.1990, B41-B50.

[80] Die Rede von Goebbels über den „ständischen Aufbau der Kulturberufe" ist wiedergegeben in der Ersten Früh-Ausgabe des Deutschen Nachrichtenbüros 1. Jg., Nr. 288 vom 8.2.1934, BArch Potsdam R 43 II/1241 Bl. 18-19, hier Bl. 19. Vgl. in diesem Sinne auch bereits die Interpretation des Kulturkammerrechts durch Karl Friedrich Schrieber: Die Reichskulturkammer. Organisation und Ziele der deutschen Kulturpolitik, Berlin 1934, hier S. 29.

[81] BArch Berlin-Zehlendorf/RSK/St. Andres. Der Autor blieb aufgrund einer „Sondergenehmigung" bis 1940 Mitglied der RSK. Die Löschung aus der Mitgliederkartei erfolgte wegen der Verlegung seines ständigen Wohnsitzes ins Ausland, der aufgrund der allgemeinen gesetzlichen

worden war) erhielt er eine „Sondergenehmigung", für die die Zustimmung des Präsidenten der RKK, also von Goebbels persönlich, erforderlich war.[82] Sie ermöglichte ihm, wenn auch unter erschwerten Bedingungen, die Weiterarbeit bis zu seinem Freitod im Dezember 1942. Auch Werner Bergengruen, der mit einer „Dreivierteljüdin" verheiratet war, und dem mit einer „Volljüdin" verheirateten Otto Suhr wurde eine solche „Sondergenehmigung" erteilt.[83] Elisabeth Langgässer und Mascha Kaléko hingegen verloren 1936 auf Anweisung der RSK ihre Berufszulassung und damit das Recht zur Publikation ihrer literarischen Arbeiten.[84] Während Ludwig Fulda aufgrund seiner aussichtslosen beruflichen und persönlichen Lebenssituation 1939 Suizid beging, wurde dem 1940 aus Heidelberg emigrierten und im Herbst des gleiches Jahres im französischen Internierungslager Gurs festgesetzten Alfred Mombert immerhin noch die Ausreise in die Schweiz gestattet.[85] Insgesamt wurden den sogenannten nichtarischen oder nichtarisch versippten Schriftstellern von der nationalsozialistischen Schrifttumsbürokratie jedoch nur in äußerst begrenztem Umfang diejenigen Rechte zugestanden, die selbst politisch „unerwünschten" oder aus ästhetischen Gründen abgelehnte „arische" Kollegen in Anspruch nehmen konnten.

Mußte Erich Kästner seine bisherigen Bestseller ab 1933 im Ausland absetzen lassen und ansonsten – mit Ausnahme des Drehbuchs zum „Münchhausen"-Film der Ufa (1943) – auf Publikationen in Deutschland verzichten,[86] wurden

---

Bestimmungen eine Mitgliedschaft in der RKK ausschloß. S. auch Stefan Andres: Jahrgang 1906. Ein Junge vom Lande. In: Stefan Andres. Ein Reader zu Person und Werk. Hrsg. von Wilhelm Große. Trier 1980, S. 13-47.

[82] Im einzelnen Ernst G. Riemschneider: Der Fall Klepper. Eine Dokumentation, Stuttgart 1975; Hellmut Seier: Kollaborative und oppositionelle Momente der inneren Emigration Jochen Kleppers. In: Jahrbuch für die Geschichte Mittel- und Ostdeutschlands VIII (1959), S. 319-347; Jochen Klepper: Unter dem Schatten deiner Flügel. Aus den Tagebüchern der Jahre 1932-1942. Hrsg. von Hildegard Klepper. Stuttgart 1956; ders.: Briefwechsel 1925-1942. Hrsg. und bearbeitet von Ernst G. Riemschneider. Stuttgart 1973.

[83] BArch Berlin-Zehlendorf/RSK/W. Bergengruen. Die von der RKK-Zentralverwaltung erstellte Karteikarte zu Bergengruen trägt den Vermerk: „Min.Rat Dr. Wismann hat sich aufgrund des literarischen Wertes der Veröffentlichungen des B. für ihn eingesetzt" (o. D., vermutlich 1935/36). Demgegenüber hieß es in einem auf Anfrage der RSK ausgestellten „Gesamturteil" der NSDAP-Ortsgruppenleitung München-Salin vom 14.6.1940: „Bergengruen dürfte politisch nicht zuverlässig sein. Wenn er auch[,] wenn dazu Anlaß besteht[,] an seinem Fenster die Hakenkreuzfahne zeigt, oder bei Sammlungen immer und gerne gibt, so gibt seine sonstige Haltung trotzdem Anlaß[,] ihn als politisch unzuverlässig anzusehen" (BArch Berlin-Zehlendorf/RSK). S. auch Werner Bergengruen: Schreibtischerinnerungen. München 1961, S. 160-210.

[84] Elisabeth Langgässer: Schriftsteller unter der Hitler-Diktatur. In: Ost und West 1 (1947) H. 4, S. 36-41.

[85] S. BArch Berlin-Zehlendorf/RSK/A. Mombert; Alfred Mombert: Briefe aus den Jahren 1893-1942. Ausgewählt und hrsg. von B. J. Morse. Heidelberg, Darmstadt 1961 (= Veröffentlichung der Deutschen Akademie für Sprache und Dichtung, 26), hier S. 143-183; Mittenzwei: Der Untergang einer Akademie (Anm. 15), S. 471-482.

[86] BArch Berlin-Zehlendorf/RSK/E. Kästner. Vgl. dazu Dieter Mank: Erich Kästner im nationalsozialistischen Deutschland 1933-1945: Zeit ohne Werk? Frankfurt a. M., Bern 1981 (= Europäische Hochschulschriften, Reihe I, Bd. 418); Klaus Kordon: Die Zeit ist kaputt. Die Lebensgeschichte des Erich Kästner. Weinheim, Basel, 3. Auflage 1995.

dem „Asphaltliteraten" Hans Fallada trotz ständiger Einsprüche Vespers und Rosenbergs vom Propagandaministerium weitgehend unbeschränkte Arbeitsmöglichkeiten zugestanden.[87] Auch Ernst Glaeser, Gerhart Pohl und Walter Bauer, die bis Anfang der 30er Jahre der KPD, dem Bund proletarisch-revolutionärer Schriftsteller oder der Liga für Menschenrechte nahegestanden hatten und deren Werke nach 1933 auf die staatlichen Verbotsindices gesetzt worden waren, wurden trotz erheblicher Bedenken im nationalsozialistischen Verwaltungsapparat nicht aus der RSK ausgeschlossen.[88] Axel Eggebrecht, der 1933 für seine Tätigkeit bei der *Weltbühne* noch ins Konzentrationslager eingeliefert worden war, Erich Ebermayer und andere regimekritische Autoren entdeckten den Film und die hierfür benötigten Drehbücher als „Reduit".[89] Andere – wie etwa Hermann Stresau, der 1933 als Bibliothekar entlassen wurde, und Martin Beheim-Schwarzbach, dessen Werke indiziert wurden, – hielten sich vor allem mit Übersetzungstätigkeiten über Wasser.[90] Günter Weisenborn, der dem Widerstandskreis um die „Rote Kapelle" angehörte und deshalb bereits 1942 von der Gestapo „auf Verdacht" verhaftet worden war, wurde während seines Zuchthausaufenthaltes sogar die Abfassung von Dramen gestattet.[91]

Während ein Einzelgänger wie Eugen Gottlob Winkler, der zu den größten Talenten unter den jungen Lyrikern und Essayisten zählte, dem politischen und kulturellen Uniformitätsdruck des Regimes nicht standhielt und 1937 im Alter von erst 25 Jahren aus dem Leben schied,[92] erhielten zahlreiche andere Nachwuchsautoren, deren Erscheinungsbild zumeist erst mit der Literatur in der Bundesrepublik Deutschland und in der DDR verbunden wird, bereits im „Dritten Reich" ihre ersten Publikationschancen. Zu erwähnen sind u.a. Alfred Andersch, Johannes Bobrowski, Günter Eich, Gerd Gaiser, Curt Hohoff, Marie Luise Kaschnitz, Hermann Kasack, Wolfgang

---

[87] BArch Berlin-Zehlendorf/RSK/R. Ditzen (= Hans Fallada).
[88] S. die RSK-Personalakten von Bauer, Gläser und Pohl im BArch Berlin-Zehlendorf, in denen sich jeweils Aktenvermerke der Mitarbeiter aus Kammer und Propagandaministerium zur politischen Beurteilung sowie umfangreiche Korrespondenzen mit den Rechtsanwälten der vom Ausschluß bedrohten Schriftsteller finden. Dazu auch Cuomo: Hanns Johst und die Reichsschrifttumskammer (Anm. 74), S. 116-119.
[89] BArch Berlin-Zehlendorf/RSK/A. Eggebrecht und BArch Berlin-Zehlendorf/RSK/E. Ebermayer. Vgl. auch Axel Eggebrecht: Der halbe Weg. Zwischenbilanz einer Epoche. Reinbek b. Hamburg 1981 (Originalausgabe 1975), S. 326-341; Ebermayer: Denn heute gehört uns Deutschland... (Anm. 74), und ders.: „...und morgen die ganze Welt" (Anm. 74).
[90] S. die Personalakten der beiden Autoren in BArch Berlin-Zehlendorf/RSK. Vgl. auch Hermann Stresau: Von Jahr zu Jahr. Berlin 1948.
[91] Schreiben des Chefs der Sipo und des SD (IV A) an den Reichsminister für Volksaufklärung und Propaganda (z.Hd. des persönlichen Referenten von Staatssekretär Gutterer) vom 25.1.1943, BArch Potsdam 50.01/Bd. 210 Bl. 578. Das Schreiben trägt den handschriftlichen Vermerk (vom 28.1.): „Laut Auskunft von Dr. Raech handelt es sich um eine hochvertrauliche Angelegenheit, bei der die Schuld von W., der in seiner Haft viele Vergünstigungen genießt, nicht bis dato erwiesen ist".
[92] Vgl. Eugen Gottlob Winkler: Briefe 1932-1936. Hrsg. von Walter Warnach. Bad Salzig 1949; ders.: Die Erkundung der Linie. Erzählung, Aufsatz, Gedicht. Hrsg. und mit einem Essay von Durs Grünbein. Leipzig 1993.

Koeppen, Hermann Lenz, Hans-Erich Nossack, Herbert Reinecker, Luise Rinser, Ernst Schnabel, Wolfdietrich Schnurre, Wolfgang Weyrauch.[93] Im Rahmen eines Presseempfangs in Berlin zur Vorstellung des Buches *Lieder der Stille. Eine Auswahl neuer Lyrik*, den die Reichsschrifttumsstelle organisiert hatte, trat im November 1934 auch Peter Huchel erstmals an die Öffentlichkeit.[94] Heinz Günther [Konsalik] bewarb sich als 16jähriger Schüler im April 1940 nachdrücklich um die Mitgliedschaft in der RSK, wobei er in seinem „Lebenslauf" besonders auf seine Tätigkeit für die Kölner Gestapo hinwies.[95] Auch der gerade 27jährige Karl Krolow ließ die RSK am 8. März 1942 wissen: „Mit der Aufnahme meiner Mitarbeit an deutschen Großzeitungen ist zu rechnen. Zudem bin ich mit einem Verlag in Verhandlungen über Buchveröffentlichung getreten. Ich halte daher meine Anmeldung mit der Bitte um Aufnahme für unumgänglich".[96]

V. Die Politik auf dem Gebiet des Buchhandels

Das deutsche Verlags- und Buchhandelswesen wurde bereits in den ersten beiden Jahren der nationalsozialistischen Herrschaft grundlegend verändert. Die kommunistischen und sozialdemokratischen Verlage hatten entweder rechtzeitig die Flucht ins Exil angetreten oder waren zugunsten nationalsozialistischer Unternehmen enteignet worden. Das umfangreiche Verlagsimperium des Deutschen Handlungsgehilfen Verbandes, zu dem u.a. der Langen-Müller Verlag in München und die Hanseatische Verlagsanstalt in Hamburg gehörten, verleibte sich die DAF als neue Einheitsgewerkschaft ein.[97] Die von unterschiedlichen Instanzen betriebene „Säuberung" des Buchmarktes und der Büchereien, die keineswegs auf die studentische „Aktion wider den undeutschen Geist" vom Frühjahr 1933 beschränkt blieb, gefährdete die wirtschaftliche Substanz zahlreicher Verlage, Buchhandlungen und Leihbüchereien.[98] Die Inhaber des Ullstein-Konzerns wurden von Max

---

[93] S. jeweils die RSK-Personalakten im BArch Berlin-Zehlendorf. Zum Übergang der Literatur vom „Dritten Reich" zur BRD bzw. DDR s. Hans Dieter Schäfer: Das gespaltene Bewußtsein. Über deutsche Kultur und Lebenswirklichkeit 1933-1945. München, Wien 1981, S. 7-71, und Elisabeth Endres: Die Literatur der Adenauerzeit. München 1980.

[94] S. den Bericht von A. D.: Junge Lyrik. Eine Veranstaltung der Reichsschrifttumsstelle. In: Berliner Tageblatt, Nr. 540 vom 14.11.1935. Der Auswahlband war von Edgar Diehl, einem Referenten der Reichsschrifttumsstelle, im Wilhelm Heyne Verlag Dresden herausgegeben worden.

[95] BArch Berlin-Zehlendorf/RSK/H. Günther-Konsalik. Der von Günther persönlich unterzeichnete Lebenslauf vom 1.4.1940, in dem er auf seine Gestapotätigkeit hinweist (S. 4), findet sich ebd.

[96] Postkarte aus Kattowitz/O.S. vom 8.3.1942, BArch Berlin-Zehlendorf/RSK/K. Krolow. Aufgrund seiner nur sporadischen Publikationstätigkeit erhielt Krolow allerdings nur einen sogenannten Befreiungsschein von der Mitgliedschaft, der ihn jedoch wie jedes ordentliche Kammermitglied zur Befolgung der RSK-Anordnungen verpflichtete.

[97] Vgl. Meyer: Die Verlagsfusion Langen-Müller (Anm. 17), S. 207-219, und Lokatis: Die Hanseatische Verlagsanstalt (Anm. 17), S. 36-44.

[98] S. dazu im einzelnen Barbian: Literaturpolitik im „Dritten Reich", S. 128-154.

Amann ausgebootet und das umsatzstärkste Verlagsunternehmen im Deutschen Reich Anfang 1934 zu einem Spottpreis dem Eher Verlag einverleibt.[99] Gleichzeitig begann Amann eine systematische Politik der Konzentration und Monopolisierung, die vor jüdischen, liberalen und konfessionellen Verlagen ebensowenig haltmachte wie vor parteieigenen. Die Leihbüchereien, vom Börsenverein zu einem der Hauptgegner des traditionellen Buchhandels erklärt, wurden von der RSK einer strengen Konzessionierung, Reglementierung und fortlaufenden Überwachung durch SD und Gestapo unterworfen.[100] Ab 1934 zwang die Kammer den Reisebuchhändlern, den Verlegern von Unterhaltungsliteratur, den Verlegern von Schriften astrologischen, graphologischen und okkulten Inhalts, Verlegern von Fachliteratur sowie den Adreß- und Anzeigenbuchverlagen auf, ihre aktuelle Buchproduktion bei staatlichen „Beratungsstellen" vorzulegen. Trotz dieser rigiden Eingriffe blieb die Politik der staatlichen Schrifttumsbürokratie gegenüber dem Buchhandel ambivalent.

Verglichen mit den Autoren setzte die Reichsschrifttumskammer das Instrument der Berufszulassung zunächst weitaus behutsamer und differenzierter ein. Selbst Verleger wie Ernst Rowohlt und Gustav Kiepenheuer, deren Produktion aus republikanischer Zeit 1933 nahezu vollständig verboten worden war, erhielten durch die Mitgliedschaft im Bund Reichsdeutscher Buchhändler die Möglichkeit zur Weiterarbeit. Ähnlich wie die ehemaligen „Linksaußen" Rowohlt und Kiepenheuer konnte auch der Unterhaltungsverleger Wilhelm Goldmann durch Anpassung seines Verlagsprogramms an die veränderten politischen Rahmenbedingungen überleben. Während die jüdischen Buchvertreter und Lektoren bereits bis 1935 aus der Kammer ausgeschlossen wurden, zog sich die Ausschaltung der „nichtarischen" Verleger und Buchhändler noch bis 1938 hin.[101] Begünstigt von der Schrifttumsabteilung des Propagandaministeriums konnte Gottfried Bermann Fischer Ende 1936 den Verlag seines Schwiegervaters noch zu relativ günstigen Konditionen veräußern, die in Deutschland verbotenen Publikationen nach Wien transferieren und einen Teil der Autorenrechte in sein dort neu aufgebautes Verlagsunternehmen einbringen.[102] An die Spitze der in Deutschland verbliebenen S. Fischer Verlags KG trat mit Peter Suhrkamp ein Mann, von dem bekannt gewesen sein dürfte, daß er die literarische Tradition des Unterneh-

---

[99] Im einzelnen Hale: Presse in der Zwangsjacke (Anm. 12), S. 136-142.
[100] Vgl. hierzu und zum folgenden Barbian: Literaturpolitik im „Dritten Reich", S. 566-621.
[101] S. im einzelnen Volker Dahm: Das jüdische Buch im Dritten Reich. Teil 1: Die Ausschaltung der jüdischen Autoren, Verleger und Buchhändler. Frankfurt a. M. 1979 (= Sonderdruck aus dem AGB 20). S. ergänzend Barbian: Literaturpolitik im „Dritten Reich", S. 507-514, und Hans Benecke: Eine Buchhandlung in Berlin. Erinnerungen an eine schwere Zeit. Frankfurt a. M. 1995, hier S. 85-156.
[102] Der Vorgang ist detailliert überliefert in BArch Berlin-Zehlendorf/RSK/G. Bermann Fischer. S. dazu auch Jan-Pieter Barbian: Glücksstunde oder nationalsozialistisches Kalkül? Die „Arisierung" des S. Fischer Verlages 1935-1937. In: Menora. Jahrbuch für deutsch-jüdische Geschichte 7 (1996), S. 61-94.

mens im Rahmen des Möglichen fortsetzen würde und daß er dem Nationalsozialismus keine Sympathie entgegenbrachte.

Nichts wäre jedoch falscher als die Annahme, hinter diesen überraschenden Einzelfallentscheidungen hätten humanitäre Motive gestanden. Vielmehr ging es dem Propagandaministerium um den Erhalt des Scheins einer nach innen wie nach außen vorzeigbaren kulturellen Vielfalt. In Verbindung mit dem Reichswirtschaftsministerium hatte man zudem ein besonderes Interesse daran, die wirtschaftliche Substanz des deutschen Buchhandels nicht zu gefährden, was den Erhalt von Arbeitsplätzen und die Sicherung des Buchexports miteinschloß. Die ökonomische Konsolidierung des durch die Weltwirtschaftskrise erheblich angeschlagenen deutschen Buchhandels zählt denn auch zu den größten Erfolgen der staatlichen Literaturpolitik nach 1933. Das Gros der deutschen Verlags- und Buchhandelsunternehmen konnte ab 1938 und vor allem in den ersten Jahren des Zweiten Weltkrieges rapide ansteigende Umsätze verbuchen.

Diese Entwicklung war nicht nur die Folge einer durch die immensen Rüstungsanstrengungen begünstigten Hochkonjunktur, verbunden mit der gestiegenen Kaufkraft der Bevölkerung, sondern auch das Resultat massiver staatlicher Werbekampagnen und Subventionen für die Buchwirtschaft. So wurde der seit 1929 vom Reichsinnenministerium geförderte „Tag des Buches" nach Übernahme der literaturpolitischen Kompetenzen durch das Propagandaministerium ab 1934 zu der jährlich im Herbst abgehaltenen „Woche des Deutschen Buches" ausgeweitet. Sie stellte eine geschickte Synthese wirtschaftlicher und politischer Propaganda dar, die sich hinter der von Goebbels immer wieder ausgegebenen Devise „Mit dem Buch ins Volk" verbarg. Erhöhter Buchabsatz und verstärkte Leserresonanz garantierten nämlich nicht nur die Aufbesserung der Kassen von Verlags-, Sortiments- und Buchhandelsfirmen, sondern gleichermaßen die Verbreitung der in den propagierten Büchern enthaltenen nationalsozialistischen Ideologie. Der gleiche Mechanismus wirkte bei der seit 1935 jeweils im Frühjahr von den staatlichen Schrifttumsstellen intensivierten „Fachbuchwerbung". Denn von der Weiterbildung mittels Literatur profitierten neben den Fachbuchverlagen die vorwiegend angesprochenen technischen Berufssparten. Deren Leistungssteigerung sollte wiederum der Rüstungswirtschaft zugute kommen. Für die nachhaltige Wirkung beider Großkundgebungen sorgten die umfangreiche Berichterstattung in der Tagespresse, im Rundfunk und in Fachzeitschriften sowie die Publikation von Listen mit „empfehlenswerter" Literatur, die in der Reichsschrifttumskammer beziehungsweise in der Reichsschrifttumsstelle erarbeitet worden waren. Beträchtliche Finanzmittel des Staates floßen von 1935 bis 1943 in die Stimulierung des Buchexports über die neu eingerichtete Wirtschaftsstelle des deutschen Buchhandels,[103] in die Durchführung von Buchausstellungen im In- und Ausland, in den Ausbau des Volks- und

---

[103] S. hierzu und zum folgenden im einzelnen Barbian: Literaturpolitik im „Dritten Reich", S. 219–226 und S. 621–669.

Schülerbüchereiwesens sowie der wissenschaftlichen Bibliotheken, in den Aufbau von Frontbuchhandlungen, Übersetzungsagenturen und deutschen Buchhandlungen im besetzten Ausland.

Die Kehrseite dieser teils öffentlich, teils im verborgenen betriebenen Subventionspolitik waren die ständigen Eingriffe des Staates in die Produktion und den Absatz der Bücher. Es gelang zwar nicht, eine generelle Präventivzensur nach dem Vorbild der Sowjetunion aufzubauen. Doch setzte das Propagandaministerium bis 1936 die Zentralisierung der Nachzensur in seinem Zuständigkeitsbereich durch. Die seit 1935 zunächst in der RSK, ab 1. April 1938 dann in der Schrifttumsabteilung des Propagandaministeriums geführte „Liste des schädlichen und unerwünschten Schrifttums" wurde von 1938 bis zum Februar 1945 in der Deutschen Bücherei in Leipzig erarbeitet. Da seit einer von Goebbels unterzeichneten Anordnung vom 20. September 1935 jede neu erschienene Druckschrift an die Deutsche Bücherei „innerhalb einer Woche nach Erscheinen" abzuliefern war, konnte die deutschsprachige Verlagsproduktion, einschließlich der im Exil veröffentlichten Literatur, von der staatlichen Schrifttumsbürokratie bei Bedarf relativ lückenlos eingesehen werden. Unabhängig vom Propagandaministerium nahmen auch die Gestapo, der SD, das Schrifttumsamt Rosenbergs und Bouhlers Parteiamtliche Prüfungskommission eine systematische Sichtung des Buchmarktes vor. Vor allem die PPK, die unter dem Vorwand des Schutzes der nationalsozialistischen Idee immer mehr Literaturgruppen in ihren Überwachungsauftrag einbezog, machte von ihrer Zensurvollmacht regen Gebrauch. Die Mitarbeiter der Dienststelle gingen sogar dazu über, Artikel aus dem Themenbereich des Nationalsozialismus für lexikalische Nachschlagewerke wie die Brockhaus Enzyklopädie und Meyers Lexikon selbst zu verfassen. Schließlich griff auch Hitler persönlich unter Mißachtung des von Goebbels aufgebauten Instanzenweges in einer Reihe von Einzelfällen mit der Anordnung von Buchverboten in das Zensurwesen ein.[104]

Obwohl die Marktgesetze des Buchhandels auch unter dem Nationalsozialismus im Prinzip eingehalten wurden, schlug der Primat der Politik immer wieder durch. Die Regelung der Exportfrage war 1934/35 vom Leiter der Schrifttumsabteilung des Propagandaministeriums gegen den entschiedenen Widerstand der Börsenvereins-Spitze durchgesetzt worden. Daß auch 1937 das Mißtrauen gegen die Buchhändlerschaft bei Wismann immer noch tief saß, wird an einem „Sonderauftrag" deutlich, den er dem ehemaligen RSK-Geschäftsführer Gunther Haupt erteilte. Haupt sollte die Lagerbestände und das Katalogwesen der wichtigsten deutschen Sortimentsfirmen überprüfen. Als Ergebnis seiner umfangreichen Recherchen in Leipzig und Stuttgart schlug der „Sonderbeauftragte" vor, die Barsortimente Koehler & Volckmar

---

[104] „Führerentscheidungen", die zu Buchverboten führten, sind bereits in den dreißiger Jahren nachweisbar. Sie traten vermehrt jedoch erst ab 1941 auf, als sich die Partei-Kanzlei der NSDAP in die Literaturpolitik des Propagandaministeriums und der RSK einzumischen begann. S. die Belege bei Barbian: Literaturpolitik im „Dritten Reich", S. 541-544.

sowie Koch & Neff & Oettinger unmittelbar dem Staat zu unterstellen.¹⁰⁵ Daß es dazu nicht kam, hing zum einen mit dem noch im Juni 1937 erfolgten Sturz von Wismann zusammen. Zum anderen war die Rechtsposition des Konzerns so unangreifbar – und vermutlich auch der Rückhalt in einflußreichen Kreisen der Wirtschaft so stark –, daß Konzernchef Theodor Volckmar-Frentzel Ende 1937 sogar den Versuch von RSK-Präsident Johst abwehren konnte, ihn aus der Kammer auszuschließen.¹⁰⁶ Von einem Ausschluß Volckmar-Frentzels hätte vor allem der Eher-Konzern profitiert.¹⁰⁷

Aufgrund der hervorragenden Beziehungen Max Amanns zu Hitler, aufgrund seiner Doppelfunktion als Präsident der Reichspressekammer und als Reichsleiter für die Presse der NSDAP sowie aufgrund der Machtstellung seines Zöglings Wilhelm Baur in der Buchhandelszentrale Leipzig konnte der Zentralparteiverlag im Laufe der 30er Jahre eine in der deutschen Buchhandelsgeschichte einzigartige Monopolisierung betreiben. Der Aufkauf des Ullstein Verlags, der mit seinen rund 8.000 Beschäftigten und einem Geschäftsumsatz von rund 50 Millionen Reichsmark den Eher Verlag um ein Vielfaches übertraf,¹⁰⁸ war nur der Auftakt einer spektakulären Serie von Erwerbungen gewesen. Auf einer vertraulichen Liste vom April 1943 sind nicht weniger als 37 Verlage aufgeführt.¹⁰⁹ Darunter finden sich neben einer Reihe von nationalsozialistischen Gauverlagen so angesehene Namen wie Deutsche Verlagsanstalt, Frankfurter Societätsdruckerei GmbH, Rowohlt Verlag GmbH, Knorr & Hirth KG, Albert Langen-Georg Müller Verlag GmbH. Während des Krieges gelang es dem Amann-Trust, auch in den besetzten Gebieten eine Monopolstellung auf dem Buch-, Zeitschriften- und Zeitungsmarkt aufzubauen.¹¹⁰ Anfang September 1944 folgte schließlich noch der Kauf von Hugenbergs August Scherl GmbH. Schon 1939 war der Zentralparteiverlag zum größten Wirtschaftsunternehmen des Deutschen Reiches avanciert.¹¹¹ Was Amann allerdings nicht erreichte, war die Ausschaltung des Koehler & Volckmar-Konzerns und damit die Kontrolle über den Zwischenbuchhandel.

---

¹⁰⁵ „Denkschrift über eine mögliche Neuorganisation der Barsortimente Koehler & Volckmar, Leipzig, und Koch & Neff und Oettinger, Stuttgart [...]" vom Juni 1937, BArch Berlin-Zehlendorf/RSK/G. Haupt.
¹⁰⁶ Der Vorgang ist überliefert in StA Leipzig Koehler & Volckmar/122.
¹⁰⁷ Eine der treibenden Kräfte beim Ausschlußverfahren war Wilhelm Baur gewesen, der hier wie in einer Vielzahl anderer Fälle seine staatliche Funktion als Vizepräsident der RSK und „Leiter des deutschen Buchhandels" für die Geschäftsinteressen des Zentralparteiverlags mißbrauchte.
¹⁰⁸ Zahlenangaben bei Hale: Presse in der Zwangsjacke (Anm. 12), S. 142.
¹⁰⁹ BArch Koblenz NS 8/213 Bl. 255-255/Rs. Hale: Presse in der Zwangsjacke (Anm. 12), gibt an, daß 1943 ca. 150 Verlagsunternehmen mit rund 35.000 Beschäftigten zum Eher-Konzern gehörten (S. 25-26). S. ergänzend zur Einverleibung der Frankfurter Societätsdruckerei Günther Gillessen: Auf verlorenem Posten. Die Frankfurter Zeitung im Dritten Reich. Berlin 1986, S. 389-399. Vgl. auch Barbian: Literaturpolitik im „Dritten Reich", S. 694-703.
¹¹⁰ S. dazu den groben Überblick bei Hale: Presse in der Zwangsjacke (Anm. 12), S. 278-282. Eine detaillierte Untersuchung der Aktivitäten des Zentralparteiverlags in den besetzten Gebieten wie überhaupt zur dortigen NS-Kulturpolitik fehlt bislang.
¹¹¹ Ebd., S. 266.

Die in Leipzig aufgebaute Firma Lühe & Co. konnte jedenfalls trotz massiver Begünstigung durch die Kammerpolitik Wilhelm Baurs bis Kriegsende die traditionsreichen Barsortimente nicht vom Markt verdrängen.

Trotz der mit Kriegsbeginn eingeführten Papierkontingentierung, für deren Durchführung im Bereich der Buchproduktion die dem Propagandaministerium unterstehende Wirtschaftsstelle des deutschen Buchhandels verantwortlich war,[112] konnten Verlage und Sortimentsbuchhandlungen die beträchtlich gestiegene Nachfrage nach Büchern bis 1941 noch weitgehend befriedigen. Mit dem Überfall auf die Sowjetunion am 22. Juni 1941 setzte jedoch eine deutlich wahrnehmbare Anspannung der inneren Ressourcen ein. Wurde der Arbeitsbetrieb im Verlags- und Buchhandelsgewerbe zunächst durch den Abzug von Personal in die Wehrmacht und Rüstungsproduktion beeinträchtigt, so führte die ab 1942 spürbar werdende Verknappung von Papier und Einbandstoffen zu erheblichen Engpässen. Um die verbleibenden Kontingente mußte nun in der Wirtschaftsstelle des deutschen Buchhandels erbittert gekämpft werden. Neben der wissenschaftlichen Produktion war es dabei vor allem die politische Literatur, für die staatliche Behörden, die Wehrmacht und Parteidienststellen das knapp gewordene Papier zu beschaffen wußten.[113]

Dennoch blieb die Herausstellung eines mitten im Kriege noch stets reichhaltigen kulturellen Lebens ein bis ins Jahr 1944 gängiger Topos nationalsozialistischer Propaganda, der den Glauben an die politische Führung erhalten und die öffentliche Kampfmoral stärken sollte. Während die Dienststelle Rosenberg schon seit 1939 mit der ihr eigenen Beflissenheit in jedem Kriegswinter die „Büchersammlung der NSDAP für die Wehrmacht" organisierte,[114] reklamierte die staatliche Schrifttumsbürokratie die Erfüllung der Lesebedürfnisse der deutschen Bevölkerung als ihren Beitrag zur Festigung der „inneren Front". „Entspannung und Lockerung" nach den „ungeheuren Leistungen dieses Jahres" und nach „anstrengender Tagesarbeit" gaben die Literaturfunktionäre Wilhelm Haegert und Wilhelm Baur als Losung für den Winter 1941/42 aus.[115] Sie appellierten an die deutschen Buchhändler, ihre verknappten Buchbestände „in allererster Linie" dem deutschen Soldaten,

---

[112] Zu den Hintergründen der Betrauung der „Wirtschaftsstelle" mit der Papierzuteilung, die Wilhelm Baur gerne in seinem Machtbereich als Vorsteher des Börsenvereins verankert gesehen hätte, s. Karl Baur: „Wenn ich so zurückdenke...". Ein Leben als Verleger in bewegter Zeit. München 1985, hier S. 249-252. Die Papierzuteilung für periodisches Schrifttum erfolgte über die von Amann geleitete Reichspressekammer.

[113] So wies RSK-Geschäftsführer Wilhelm Ihde RSK-Präsident Johst in einem Schreiben vom 20.2.1942 auf den Mißstand hin, daß „[...] unglaubliche Papiermengen beansprucht werden für politisches Propagandamaterial und daß die Männer, die das Papier bewilligen, sich im vorhinein darüber klar sind, daß – abgesehen vom Ausland – kein Mensch in Deutschland diese Druckschriften überhaupt in die Hand nimmt, geschweige denn lesen werde", BArch Potsdam R 56 V/26 Bl. 189/Rs.

[114] S. dazu die von Rosenberg verfaßte „Meldung an den Führer über die Bücherspende der NSDAP für die Deutsche Wehrmacht" (o. D., Dezember 1939), BArch Koblenz NS 8/176 Bl. 95-99.

[115] „An den deutschen Buchhandel" (27.9.1941). In: Bbl. 108 (1941), Redaktioneller Teil, Nr. 226 vom 27.9.1941, S. 329.

dem deutschen Rüstungsarbeiter und den „deutschen werktätigen Frauen" zu öffnen, da sie „heute vor anderen einen Anspruch auf die Werte und Kräfte der deutschen Kultur erheben können".[116] Mochten sich diese Forderungen auf dem Papier gut ausnehmen, in der Praxis stellten sie die Kammerverwaltung vor ungeheure Organisationsprobleme. Denn die Firmen des Buchhandels und Verlagswesens bedurften als Bombengeschädigte vielfach selbst der Unterstützung durch die Kammer, bevor sie deren Auftrag zur Versorgung der Bevölkerung mit Lesestoff überhaupt erfüllen konnten. Zu diesem Zweck wurden in Leipzig seit 1943 über eine zehnprozentige Produktionsabgabe der Verlage rund 300 Buchkontingente mit je maximal 1.800 Bänden angelegt, die von ausgebombten Sortimenten und Leihbüchereien zum Wiederaufbau ihres Vertriebs- und Leihverkehrs kostenlos abgerufen werden konnten. Aus dem gleichen Reservoir lieferte die Kammer beträchtliche Sonderrationen an Büchern in die vom Luftkrieg zerstörten Buchhandelszentren und industriellen Ballungsgebiete.[117]

Die Folge der immer knapper werdenden Produktions- und Lieferungskapazitäten war eine Unternehmenskonzentration, die durch die Zerstörung der Buchhandelszentren Leipzig, Berlin und Stuttgart noch beschleunigt wurde. Zudem geriet Goebbels durch die Ausrufung des „totalen Kriegseinsatzes" in seiner Sportpalast-Rede vom 30. Januar 1943 in Zugzwang.[118] Um Reserven für die Wehrmacht und Arbeitspersonal für die Rüstungsindustrie freizusetzen, wurden nun vom Propagandaministerium umfangreiche Betriebsstillegungen erwogen. Aufgrund der von der Reichsschrifttumskammer geäußerten Einwände sowie aufgrund der Mitwirkung der Reichspropagandaämter, der Gauleitungen und der Landeswirtschaftsämter fielen die dann tatsächlich erfolgten Schließungen allerdings regional höchst unterschiedlich aus, in jedem Fall jedoch weitaus moderater als ursprünglich geplant.[119] Zu umfassenderen Stillegungen kam es erst, nachdem Goebbels am 20. Juli 1944 von Hitler zum „Reichsbevollmächtigten für den totalen Kriegseinsatz" ernannt worden war. Ab dem 1. September 1944 mußten nun der gesamte Reise- und Versandbuchhandel geschlossen, der Grossobuchhandel und das Leihbüchereiwesen drastisch reduziert, mindestens 50 Prozent der Arbeitskräfte des Sortiments abgezogen und die Verlagsunternehmen bis auf einen Kernbestand von rund 220 Firmen abgebaut werden.[120]

---

[116] Ebd.
[117] Tätigkeitsbericht des RSK-Referenten Georg von Kommerstädt für die „Gruppe Buchhandel" vom 10.5.1944, BArch Potsdam R 56 V/35 Bl. 178-181.
[118] Goebbels-Reden. Hrsg. von Helmut Heiber. Bd. 2. Düsseldorf 1972, S. 158-171.
[119] S. dazu den „Bericht über die gemeinschaftliche Sitzung des Rates der Gruppe Buchhandel und des Kleinen Rates des Börsenvereins am Dienstag, dem 5.10.1943 in Leipzig", hier Pkt. I (Bericht des Vorstehers), S. 2, StA Leipzig BV/Nr. 737.
[120] „Merkblatt zur totalen Mobilmachung des Buchhandels". In: Beilage zum Bbl. vom 9.9.1944. Zur Umsetzung dieser RSK-Anordnungen s. den „Bericht über die gemeinsame Sitzung des Kleinen Rates des Börsenvereins und des Rates der Gruppe Buchhandel in Rathen a. d. Elbe am 27. September 1944", hier Pkt. II (Bericht der Gruppe Buchhandel über die Maßnahmen zur totalen Mobilmachung), S. 3. StA Leipzig BV/Nr. 738.

Zu einer Zeit, als sich über dem kulturellen Leben in Deutschland der Vorhang senkte, gingen allein in der staatlichen Schrifttumsbürokratie noch mehr als 100 Angestellte ihren behördlichen Pflichten nach,[121] führten die Dienststelle Rosenberg und die Prüfungskommission Bouhlers über die Partei-Kanzlei der NSDAP einen erbitterten Kampf um Kompetenzen und Mitarbeiterzahlen.[122] Den „Kulturschaffenden" hingegen wurde vom Leiter der Abteilung „Organisation" in der Hauptgeschäftsführung der Reichskulturkammer im Oktober 1944 lapidar mitgeteilt: „Die Kunst aber ist zur Zeit weder absolut noch relativ erforderlich. Im augenblicklichen Stand des Krieges gibt es deshalb für den deutschen Künstler keine andere Verpflichtung, als unmittelbar mitzuwirken an der Erreichung des Endsieges, und zwar als Soldat oder aber als Helfer für die Wehrhaftmachung, für die Wehrhafthaltung unseres Reiches".[123]

---

[121] Vgl. die „Übersicht über die vorhandenen Angestellten" im Haushaltsvoranschlag der RSK für das Rechnungsjahr 1945, hier Ausgabetitel 4, BArch Koblenz R 2/4885 Bl. 14.
[122] S. die Korrespondenz zwischen Bormann und Rosenberg vom September 1944 in BArch Koblenz NS 8/191 Bl. 120, Bl. 149-152.
[123] Hans-Peter Meister: Der Künstler im Krieg. In: Die Reichskulturkammer 2 (1944), S. 137-141, hier S. 140.

Jürgen Schröder

„Wer über Deutschland reden und richten will, muss hier geblieben sein"

Gottfried Benn als Emigrant nach innen

Dem Andenken
Reinhard Alters (1943 – 1996)

I. Ein deutsch-deutscher „Fall"

Der Titel dieses Sammelbandes – Literatur in der Diktatur (es reimt sich sogar!) – könnte dazu verführen, mit dem Blick auf Gottfried Benn eine simple Rechnung aufzumachen: da dieser Dichter bekanntlich von beiden, dem nationalsozialistischen wie dem kommunistischen Regime geächtet wurde – im März 1938 erfolgte sein Ausschluß aus der Reichsschrifttumskammer und damit das endgültige Schreib- und Veröffentlichungsverbot, in der DDR wurde Benns Werk wegen seines politischen Fehltritts in den Jahren 1933/34, als er sich öffentlich zum „Neuen Staat" bekannte, nicht mehr veröffentlicht, erst im doppelten Jubiläumsjahr 1986 (Geburts- und Todesjahr 1886/1956) erschien eine kleine Gedichtauswahl –, sei er nicht nur zum Opfer und Märtyrer zweier deutscher Unrechtsstaaten geworden, sondern auch zum objektiven Zeugen dafür, daß das Hitler-Reich und die DDR im Grunde vom gleichen Kaliber und Stamme gewesen sind, zum Zeugen also auch für die Berechtigung der Totalitarismus-These.

Diese Rechnung geht nicht auf, sie ist falsch. Wenn sich etwas an dem „Doppelverbot" und dem deutsch-deutschen „Fall" Benn ablesen läßt, dann sind es die *Unterschiede* zwischen der braunen und der roten Diktatur. Und zwar weniger deshalb, weil es auch hier jene oft schamvoll verschwiegene Kongruenzzone zwischen Ost- und Westdeutschland in den allerersten Nachkriegsjahren gegeben hat – auch Döblin (und nicht nur Johannes R. Becher) hat vehement vor Benn gewarnt, in den drei Westzonen durfte erst 1949 wieder ein Buch von ihm erscheinen –, als vielmehr darum, weil die Motive, die Umstände und die Folgen der jeweiligen Ausgrenzung und Tabuisierung völlig andere waren, von dem *Haupt*unterschied ganz zu schweigen, daß nämlich Benns heimliches Weiterschreiben nach 1938 unter einer ständigen Todesdrohung stand, die es so, trotz aller Schikanen, in der DDR niemals gegeben hat. Hätte seine Arztpraxis zufällig in Ostberlin gelegen, so wäre er vermutlich noch im Jahre 1945 nach Westberlin umgezogen.

Die Gründe für seine offizielle Verfemung in der SBZ/DDR sind zunächst durchaus nachvollziehbar.

Erstens mußte Benns schnöde Absage an die „literarischen Emigranten" dort ungleich nachhaltiger weiterwirken als in Westdeutschland. Dort, in Ostberlin, waren sie nämlich willkommen und in großer Zahl zurückgekehrt, hier bei uns bekanntlich nicht – eines der unerfreulichsten Kapitel der westdeutschen Nachkriegsgeschichte, in dem erst in den letzten Jahren lauter gelesen wird.

Zweitens hatte es, ausgelöst durch Georg Lukács (1934) und Klaus Mann (1937), in der Moskauer Exilzeitschrift *Das Wort* die sog. „Expressionismus-Debatte" gegeben, in der Gottfried Benn, nicht ohne Grund und eigenes Verschulden, zum Stein des Anstoßes wurde. Diese Debatte, in der es eigentlich um das Verhältnis des „sozialistischen Realismus" zur künstlerischen Moderne ging, wurde in der DDR mit Beginn der fünfziger Jahre – Stichwort „Aufbauliteratur" und Abgrenzung zum Westen – wieder aufgenommen und verschärft fortgesetzt. Sie mußte einer Rehabilitation des als Nihilist und Formalist verschrieenen Benn ebenfalls entgegenstehen.

Drittens konnte man von einem unsicheren Staat, der sein schütteres Selbstverständnis aus dem strikten Antifaschismus, das heißt aus einer antifaschistischen Kampferfahrung, Gesinnung und Ideologie bezog, nicht erwarten, daß er sich mit Politikern und Intellektuellen, die, aus welchen Gründen und wie lange auch immer, mit dem Nationalsozialismus gemeinsame Sache gemacht hatten, sogleich arrangierte und versöhnte. Zumal nicht mit jenen, von denen kein öffentliches Wort des Bedauerns zu hören war (Benns Autobiographie *Doppelleben* ist alles andere als ein solches!).

Hier liegt nun, *viertens,* zugleich der fundamentale Unterschied der beiden Diktaturen und damit auch die entscheidende Differenz in ihrer Zensur-, Verbots- und Unterdrückungspraxis. Sie stehen nämlich keineswegs gleichwertig und direkt vergleichbar nebeneinander –, so als wären sie nichts als feindliche Brüder, als giftige Äpfel vom gleichen Stamm. Wollte man ihr Verhältnis in einer Verwandtschaftskonstellation fassen, so müßte man eher von einer vertrackten Vater-Sohn-Beziehung sprechen, in der der aufbegehrende Sohn von einem permanenten nachträglichen Vater- und Tyrannenmord zu leben versuchte. Denn ohne Hitler (und ohne Stalin) hätte es niemals eine DDR gegeben. Die große Diktatur hat die kleine, die Anti-Hitler-Diktatur, erst produziert. Sie gleichzusetzen, wäre eine ‚simplification terrible'. Wie das gesamte geteilte Deutschland ist auch die DDR die historische Folge, Reaktion und Antwort auf das „Dritte Reich". Es gehörte zu ihrem „antifaschistischen Gründungsmythos", daß sich ihre „Diktatur des Proletariats" unter der Leitung und der Vorhut der Partei als eine Bastion der Freiheit gegen Faschismus und Kapitalismus ausgeben konnte.[1] Wer dieses seltsame und be-

---

[1] Die vergleichende Diktatur-Forschung zum nationalsozialistischen Regime und zur DDR befindet sich noch in den Anfängen. Ich verweise auf einen Beitrag von Eckhard Jesse: War die DDR totalitär? In: Aus Parlament und Zeitgeschichte. Beilage zur Wochenzeitung Das Parla-

sondere deutsch-deutsche Filiations- und Abhängigkeitsverhältnis erkennt und berücksichtigt, der spricht die DDR nicht frei von ihrer moralischen und politischen Eigenverantwortung, wohl aber stellt er die Tatsache in Rechnung, daß das Hitler-Deutschland auch noch eine Teilverantwortung für all das mitträgt, was in der DDR geschah und nicht geschah. Mit anderen Worten: sie war und ist ein gesamtdeutsches Erbe. Für sie gilt noch radikaler, was Botho Strauß 1989 mit dem Blick auf die Bundesrepublik im Jahre 1989 im *Spiegel Spezial* zum Thema „100 Jahre Hitler" formuliert hat:

> „Er, die Tragödie meiner Nachgeborenheit; die schwarze Sonne, um die sämtliche Wertplaneten dieser Republik kreisen, der moralische, der intellektuelle, der ästhetische Planet, der soziale, psychologische, traditionale, der emanzipatorische [...]. Der häßlichste Deutsche beherrscht fort und fort jeden leidenschaftlichen Gedanken über die Deutschen [...]. Dieser mächtigste Nachzehrer unter den Deutschen ist ohnehin immerzu anwesend in der endlosen Verkettung ihrer Negationen, Radikalismen, Nichtungsgelüste, Gesinnungsfieber. In meinem Zeitleben bleibt alles von innen und außen durch Vergangenheit erpreßt. Es gibt kein von ihm verschontes Schreiben und Meinen".[2]

Aus dieser gemeinsamen historisch-politischen Hypothek folgt schließlich: die ehemalige und die jetzige Bundesrepublik sind weit entfernt von einer gleichsam archimedischen und neutralen Position, von der aus sie, als säßen wir in Schweden oder in den USA, über das Thema „Literatur im ‚Dritten Reich' und in der DDR" abgeklärt und objektiv sprechen und urteilen könnten. Wir alle, und nicht nur die Bewohner der ehemaligen DDR, sind in diesen fragwürdigen Komplex, von der gesamtdeutschen Tradition ganz zu schweigen, zutiefst verstrickt. Daß die Westdeutschen von den historischen und politischen Unbilden des Ostens verschont geblieben sind, heißt eben nicht zugleich, daß sie auch unbeteiligt waren und sind. Diese bis heute weitverbreitete und selbstgerechte Illusion, die der inneren Wiedervereinigung noch lange im Weg stehen wird, sollte zerstört werden.

Auf unseren deutsch-deutschen „Fall" Gottfried Benn und seine geteilte Rezeption im geteilten Deutschland angewendet, heißt dies: wenn man auf

---

ment, B 40/94, 7. Oktober 1994, S. 12-23, und auf einen Tübinger Studium-Generale-Vortrag des Zeithistorikers und DDR-Forschers Günther Heydemann unter dem Titel: NS- und SED-Staat – Zwei deutsche Diktaturen? Probleme und Methoden eines Diktaturvergleichs. Die Thesen von Jesse ist, „daß sich die DDR von einem durch und durch totalitären System in den ersten Jahren in eine zunehmend auch von autoritären Zügen bestimmte Diktatur umgeformt hat" (S. 13), die im Unterschied zu jener „mehr Rechtssicherheit", einen „begrenzten Pluralismus" (S. 15) und eine gewisse Entideologisierung und „Entpolitisierung" (S. 17-19) aufweise. Günther Heydemann referiert den kontroversen Forschungsstand, arbeitet behutsam die gravierenden Unterschiede und die offenkundigen Gemeinsamkeiten der beiden Regime heraus und erläutert sie am Beispiel des jeweiligen Umgangs mit der evangelischen und katholischen Kirche. – Daß es für die DDR, im Unterschied zum „Dritten Reich", möglich ist, auch eine positive Kulturbilanz zu ziehen, zeigt Irma Hanke in ihrem Aufsatz „Deutsche Traditionen. Notizen zur Kulturpolitik der DDR". In: Gisela Helwig (Hrsg.): Rückblicke in die DDR. Köln 1995, S. 75-84.
[2] Der Spiegel, Spezial Nr. 2, 1989, S. 102.

diesem Felde überhaupt urteilen und richten wollte, dann müßte man das frühzeitige und triumphale Comeback Benns in der Bundesrepublik weitaus bedenklicher finden als seine offizielle Verbannung aus der „Literaturgesellschaft" DDR. „Offizielle" – denn auch für ihn gilt, was Heiner Müller und Volker Braun immer wieder beteuert haben: daß ein unveröffentlichtes Werk in der DDR mehr Wirkung habe als ein veröffentlichtes in der BRD.

Sie haben Gottfried Benn, mehr oder weniger heimlich, ja alle gelesen, heißen sie nun Franz Fühmann, Heiner Müller, Johannes R. Becher oder Durs Grünbein. Becher hat sich geradezu monomanisch, bis hin zu seinen sentimentalen Abschiedsversen auf den toten Benn, mit seinem feindlichen Zwillingsbruder auseinandergesetzt. Und Heiner Müller, um ein konkretes Beispiel zu geben, hat 1957, in einer vernichtenden Rezension des Lyrikers Günter Grass, über Benn immerhin folgendes geschrieben:

> „Das Gedicht wird Stenogramm der Barbarei. Der letzte bedeutende Versuch, aus dieser Pose einen Mythos zu kreieren, war die Dichtung Gottfried Benns. Sie hat Format, weil sie sowohl die Barbarei wie den Schmerz über die Barbarei in ihrer formalen Struktur im Hegelschen Doppelsinn aufhebt. Nichts davon bei Grass und seinesgleichen".[3]

In der Bundesrepublik hingegen geriet Gottfried Benn 1948/49, sein Comeback vorbereitend, nicht wegen seiner wenigen profaschistischen Schriften in innere und äußere Zensurschwierigkeiten, sondern – seltsam, aber wahr – wegen seiner in der Kriegszeit entstandenen, antinationalsozialistischen Schriften.[4]

II. „Zum Thema Geschichte"

Als Benn im Frühjahr 1949 nämlich die Veröffentlichung des Bandes *Ausdruckswelt*[5] vorbereitete, der seine trotz des Schreibverbots in der Kriegszeit entstandenen Essays enthält, schrieb er an den Herausgeber des *Merkur*, Hans Paeschke, um ihm den Einleitungsessay „Kunst und Drittes Reich" als Vorabdruck anzubieten. Bei seiner Charakteristik dieser Schrift kamen auch Bedenken des Verlegers Max Niedermayer zur Sprache:

> „Der letzte Teil ist von großer Schärfe und ich merke meinem sonst sehr verehrten Verleger an, daß er, daß man in Westdeutschland an gewisse Themen nicht mehr gern rührt. Das wird mich aber nicht abhalten, ihn in dem Buch zu bringen. Es ist in diesem Zusammenhang und in dieser Beleuchtung das Thema Kunst und Totaler Staat noch nicht geschrieben.

---

[3] Heiner Müller. In: Rotwelsch. West-Berlin 1982, S. 126; zuerst in: Neue Deutsche Literatur 1957, H. 1.
[4] Das Folgende bietet eine gekürzte und leicht veränderte Fassung eines Aufsatzes, der unter dem Titel: „Es knistert im Gebälk". Gottfried Benn – ein Emigrant nach innen erschienen ist. In: Exilforschung. Ein internationales Jahrbuch 12 (1994). Aspekte der künstlerischen Inneren Emigration 1933-1945, S. 31-52.
[5] Gottfried Benn: Ausdruckswelt. Wiesbaden 1949.

Und da es das Thema meiner Generation war, das Thema der nicht Emigrierten, gehört es zu meinem Arbeitsbereich. Ich bin ja immer der Meinung gewesen, daß die Emigranten die Dinge nicht mit der Schärfe gesehen und erfahren haben wie wir. Übrigens fällt gegen die Emigranten kein Wort, das steht gar nicht zur Diskussion in dem Essay".[6]

Aufschlußreich ist dieser Vorgang, weil hier ein Autor, der zwischen 1945 und 1949 wegen seiner profaschistischen Äußerungen in den Jahren 1933/34 umstritten und „anrüchig" war – auf diese Phase kann ich hier nicht eingehen![7] –, nun plötzlich wegen seiner krassen antifaschistischen Ausfälle Bedenken hervorruft.

Aber noch aufschlußreicher ist ein in diesem Zusammenhang eher verschwiegener Vorgang: daß nämlich der Essay „Zum Thema Geschichte", der ursprünglich an zweiter Stelle in dem Band der *Ausdruckswelt* vorgesehen war, tatsächlich der Zensur Benns und seiner Umgebung zum Opfer gefallen ist.[8] Er erscheint erst nach seinem Tode am 11.7.1959 in der *Frankfurter Allgemeinen Zeitung*. Und als ihn Dieter Wellershoff noch im gleichen Jahr in den ersten Band der *Gesammelten Werke* aufnahm, kommentierte er in seinen Anmerkungen lakonisch: „Der Essay wurde aus Rücksicht auf noch bestehende Empfindlichkeiten nicht veröffentlicht" (I, 621).[9]

In der Tat geht der Essay „Zum Thema Geschichte" noch weitaus bösartiger und schärfer mit Deutschland und den Deutschen ins Gericht als die anderen in der Kriegszeit entstandenen Aufsätze. Vor allem aber sind seine Anklagen konkreter und beschränken sich nicht auf ästhetische Abscheu und Polemik. Nur hier wird der Mord an den Juden angeprangert (I, 377), nur hier wird die hitlerhörige Generalität sarkastisch gegeißelt (I, 379-382),[10] nur hier wird der Nationalsozialismus ausdrücklich mit Deutschland und den Deutschen gleichgesetzt: „Nein, man muß bekennen, es waren nicht die Bestien, es war

---

[6] Ders.: Ausgewählte Briefe. Mit einem Nachwort von Max Rychner. Wiesbaden 1957, S. 145 f. (Brief vom 19. 3. 1949).

[7] Diese Phase schildere ich in meinem Buch: Gottfried Benn. Poesie und Sozialisation. Stuttgart, Berlin, Köln, Mainz 1978, S. 138-177.

[8] Ich finde nur einen kargen Briefhinweis an den Verleger Niedermayer darüber: „Thema Geschichte bleibt also fort. Kern eines neuen Buchs wird es auch nicht werden, – keine Besorgnisse für neue Buchofferten!" In: Gottfried Benn: Briefe an einen Verleger. Max Niedermayer zum 60. Geburtstag. Hrsg. von Marguerite Valerie Schlüter. Wiesbaden 1965, S. 18.

[9] Im folgenden wird unter Angabe der Bandzahl in römischen sowie der Seitenzahl in arabischen Ziffern nach dieser Ausgabe zitiert: Gottfried Benn: Gesammelte Werke in vier Bänden. Hrsg. von Dieter Wellershoff. Wiesbaden 1958 ff. – In Gottfried Benn: Sämtliche Werke. Stuttgarter Ausgabe in Verbindung mit Ilse Benn. Hrsg. von Gerhard Schuster. Bd. IV: Prosa 2. Stuttgart 1989, S. 689, findet sich ein ähnlicher Hinweis, warum der Essay „Zum Thema Geschichte" nicht schon 1949 erschienen ist. In der Redaktionsbemerkung der „Frankfurter Allgemeinen Zeitung" heißt es: „Ursprünglich sollte dieser Essay, der an Rücksichtslosigkeit nichts zu wünschen übrigläßt, bereits in den 1949 erschienenen Band ‚Ausdruckswelt' aufgenommen werden. Doch wurden damals manche Bedenken wach; die Wunden schienen noch zu frisch. ‚Ich schleife Hektor nicht', hat Benn damals, sich den Bedenken beugend, gesagt." Ich verweise an dieser Stelle insgesamt auf die Lesarten und Hinweise zu den Kriegsessays Gottfried Benns.

[10] Vgl. das Gedicht „General".

Deutschland, das in dieser Bewegung seine Identität zur Darstellung brachte",
so korrigiert und überbietet Benn ein Diktum von Heinrich Mann (I, 379).

Aufschlußreich ist der Brief an Hans Paeschke aber auch wegen seiner Bemerkungen über die Emigranten und die „nicht Emigrierten". Die Überzeugung – die er übrigens mit der Mehrheit der Deutschen teilte –, daß „die Emigranten die Dinge nicht mit der Schärfe gesehen und erfahren haben wie wir", ist bei Benn durchgehend.[11] Die bündigste Formulierung findet sich in dem vorletzten Kriegsbrief an Oelze: „Wer über Deutschland reden u. richten will, muss hier geblieben sein".[12] In diesem Brief spricht er auch von seinem Plan, an den Schluß des Essaybandes noch ein Kapitel mit dem Titel „Willkommen den literarischen Emigranten" zu setzen, „Bezug nehmend auf jenen ‚Offenen Brief an die l. E.', 1933. Ich würde sagen, dass ich meine damaligen Positionen im wesentlichen aufrecht erhalte u. dass ich auch rückblickend das Bleiben in Deutschland für das Richtigere halte".[13] Damals, in diesem Brief von 1933, hatte Benn geschrieben, daß hinter der „Bewegung" das „ganze Volk" stünde, „wenn es sein muß, auch untergangsbereit" (IV, 247). Jetzt verrät er nur einen einzigen Satz aus der ungeschrieben gebliebenen „Willkommens"-Schrift: „Der Untergang eines Volkes, selbst wenn es sich um das (...) handelt, ist eine ernste Sache, die sich nicht mit literarischen Arabesken von Miami aus, auch nicht mit einem an sich gerechtfertigten Hass abtun lässt, hier handelt es sich um Kern- u. Substanzfragen – tua res agitur!"[14]

Dennoch wäre es verfehlt, diesen Begrüßungsplan als Fortsetzung des Streits mit den literarischen Emigranten zu werten oder gar als Ausdruck einer unverminderten Gegnerschaft. Er scheint im Gegenteil eher der zaghafte Versuch einer Verständigung, einer Wiedergutmachung, ja, einer verhaltenen Werbung gewesen zu sein. Denn Gottfried Benn, dem inneren Emigranten par excellence, standen die Exilschriftsteller weitaus näher als die Vertreter der inneren Emigration. Vor allem für diejenigen, die in dieser Zeit noch schreiben und veröffentlichen durften, hatte er nichts als Verachtung übrig. Sein Verdikt über die literarische Produktion im „Dritten Reich" steht demjenigen Thomas Manns nicht nach, der bekanntlich von dem „Geruch von Blut und Schande" sprach, der allen Büchern anhafte, die zwischen 1933 und 1945 in Deutschland gedruckt werden konnten.[15] Während der Arbeit am *Weinhaus Wolf*, einer ersten Prosaabrechnung mit dem Hitler-Reich, schreibt Benn in einem Brief vom 4.4.1937: „Ich betrachte ausnahmslos u. al-

---

[11] Vgl. Den Traum alleine tragen. Neue Texte, Briefe und Dokumente. Hrsg. von Paul Raabe und Max Niedermayer. Wiesbaden 1966, S. 193, (Brief vom 22. 2. 1937); Lyrik und Prosa, S. 174; außerdem: Briefe an F. W. Oelze. Hrsg. von Harald Steinhagen und Jürgen Schröder. Wiesbaden, München 1977 ff., Nr. 116, S. 164.

[12] Briefe an F. W. Oelze (Anm. 11), Nr. 291 vom 19. 3. 1945, S. 388; vgl. auch das scharfe Urteil in einem Brief an Max Niedermayer vom 6. 4. 1949. In: Briefe an einen Verleger (Anm. 8), S. 16.

[13] Ebd.

[14] Ebd.

[15] Thomas Mann: Warum ich nicht nach Deutschland zurückgehe (Brief vom 12. 10. 1945). In: ders.: Gesammelte Werke in zwölf Bänden. Bd. XII: Reden und Aufsätze 4. Frankfurt a. M. 1960, S. 957.

les, was ich irgendwo aus deutschem Hirn gedruckt sehe von vornherein für allerletzten Dreck. Was heute die Lizenz der Schriftleiter u. Lektoren passiert, muß Dreck sein". Und weiter unten erscheint dann seine radikale Gegenvorstellung: „Heute hat überhaupt nur Zweck, mit ganz gefährlichen, rücksichtslosen brutalen Mitteln vorzugehn, wenn man sich den geistigen Fragen nähert. Was nicht direkt ins KZ-Lager führt, ist albern. Verbrennen lassen müssten sich mal wieder ein paar Denker oder Theologen, das würde was helfen, mit Papier kommt man den Bestien nicht bei".[16]

So macht er sich ohne Unterschied über die inneren Emigranten lustig, über die literarischen Widerstandsbemühungen eines Ernst Wiechert, die diesen 1938 vorübergehend in das Konzentrationslager Buchenwald bringen sollten,[17] ebenso wie über Rudolf G. Binding;[18] und Hans Carossa, Rudolf Alexander Schröder[19] und Ernst Jünger schneiden nicht besser bei ihm ab.[20] Die Brüder Mann dagegen bleiben ihm nahe, ja, näher als der früher so bevorzugte Heinrich rückt ihm Thomas Mann, allein deshalb, weil er im Krieg und nach dem Krieg mit ähnlicher Schärfe über Deutschland urteilte. Vor allem seine Radioreden, mit ihrem „alttestamentlichen Geifer und Haß", imponierten ihm gewaltig.[21] Wenn Benn sich von den Exilschriftstellern zwischen 1934 und 1945 abgrenzte, so nicht deshalb, weil sie zu scharf, sondern weil sie in seinen Augen zu milde und naiv über den Nationalsozialismus, das „Dritte Reich" und die Deutschen urteilten. Klaus Manns *Mephisto*-Roman (1934) z. B. mißfiel ihm, weil die „Kritik am N. S. schwach. Zu schwach" ist.[22] Heinrich Mann, der zwischen den „Bestien" des Nationalsozialismus und Deutschland unterschieden wissen wollte, korrigierte er in seinem schon zitierten Essay „Zum Thema Geschichte" (I, 375 f.; 379).[23]

Erst als sich Gottfried Benn in den unmittelbaren Nachkriegsjahren von den Exilschriftstellern verleumdet und verfolgt fühlte (namentlich von Johannes R. Becher und Alfred Döblin), kehrte sein alter Affekt gegen sie wieder zurück.[24] Typisch für ihn ist es jedoch, daß er bei der „Grossen Kontroverse" zwischen der inneren Emigration und Thomas Mann entschieden

---

[16] Den Traum alleine tragen (Anm. 11), S. 198.
[17] Briefe an F. W. Oelze (Anm. 11), Nr. 85 vom 2.7.1936, S. 130.
[18] Ebd., Nr. 103 vom 15. 10. 1936, S. 151 f.
[19] Ebd., Nr. 63 vom 27. 1. 1936, S. 104.
[20] Ebd., Nr. 26 vom 20. 5. 1936, S. 52.
[21] Er hebt ihn im Vorwort zur „Ausdruckswelt" eigens hervor (IV, 403); am 20. 4. 1949 schreibt er an Max Niedermayer: „Thomas Mann. Ich denke innerlich an seine Radioreden im Rundfunk, die in ihrem alttestamentlichen Geifer und Haß damals mir sehr gefielen und das ausdrückten, was mir selber auf der Seele brannte." In: Briefe an einen Verleger (Anm. 8), S. 18.
[22] Den Traum alleine tragen (Anm. 11), S. 192 f.
[23] Heinrich Mann schrieb am Schluß des Essays „Im Reich der Verkrachten" (1933): „Seht euch alle an, die im Reich der Verkrachten den Kopf hoch tragen und die anderen zertreten dürfen. Deutschland holt jetzt seine Bestien und seine Verrückten hervor. Seht sie euch gut an, und dann sagt noch, man müsse Deutschland nehmen wie es ist, und das sei Deutschland!" In: Heinrich Mann: Der Haß. Deutsche Zeitgeschichte. Frankfurt a.M. 1987, S. 89.
[24] Sicher nicht ganz ohne Ursache. Hans Mayer, gewiß nicht der Voreingenommenheit für Gottfried Benn verdächtig, hat in seinem Essay „Exil und innere Emigration" festgestellt: „Was

Front machte gegen beide Seiten, gegen Walter von Molo aber noch deutlicher als gegen Thomas Mann.²⁵ „Th. M.'s Antwort finde ich genau so lachhaft wie Sie es fanden", schreibt er am 25.12.1945 an Oelze,²⁶ „der Hilferuf des W. v. M. [Walter von Molo; d.V.] war allerdings noch wesentlich niedriger u. gänzlich subaltern, – wie sollte es auch anders sein".²⁷ So suchte Benn auch hier den Platz, den er zeitlebens bevorzugte: zwischen den Fronten, isoliert und einsam und auf verlorenem Posten. Er hat sich ab 1934 zweifellos noch ‚exilierter' gefühlt als die literarischen Emigranten und seine eigene heimliche Opposition gegen das nationalsozialistische Regime für treffender und radikaler gehalten als deren Widerstand fernab im Ausland. Wenn es Steigerungsformen der Emigration gäbe, dann hätte Benn der inneren Emigration den Positiv, den Exilschriftstellern den Komparativ, sich selbst aber den Superlativ zugesprochen.

III. „Doppelleben"

Mit den oben zitierten Sätzen aus dem Brief vom 4.4.1937 zu den geistigen Fragen in der nationalsozialistischen Diktatur umschreibt Gottfried Benn sein eigenes, seit dem „Röhm-Putsch" gültiges Programm. Dessen eigentümliche Radikalität – und dazu gehört auch die Berufung auf die Märtyreropfer – entsteht aus der strikten Trennung zwischen Geist und Macht, aus dem Rekurs auf die theologische Zwei-Reiche-Lehre. Seine Absage an die Vorstellung einer „Verwirklichung" des Geistes in dieser Welt, wie sie ihm die nationalsozialistische Bewegung kurzfristig vorspiegelte, ist fortan absolut. Am 30.9.1934 schrieb er an Ina Seidel: Nietzsches „blonde Bestie, seine Züchtungskapitel sind immer noch Träume von der Vereinigung von Geist u. Macht. Das ist vorbei. Es sind *zwei* Reiche".²⁸ In dieser Zeit trat Gottfried Benn einen Weg in die innere Emigration an, seinen „Weg nach Innen",²⁹ auf dem er bis zu seinem Tode im Jahre 1956 nicht mehr umkehren sollte. Er hat diesen Rückzug aus der Sphäre der Öffentlichkeit, die er abwechselnd mit

---

Gottfried Benn unter dem Titel ‚Kunst und Macht' im Jahre 1934 geschrieben hatte, verbreitet durch Rundfunkreden in Berlin über den ‚Neuen Staat und die Intellektuellen', also gegen die Emigranten gerichtet, blieb unvergessen. Daß jener Redner über Kunst und Macht aber bald darauf selbst vom ‚Schwarzen Korps' gejagt und aus Berlin vertrieben wurde, nahm man ‚draußen' kaum mehr zur Kenntnis, höchstens mit einiger Schadenfreude. Damit war auch für die kommenden Jahre alles abgetan, was Benn in seiner ‚inneren' Emigration als Arzt der Reichswehr und in Hannover im Weinhaus Wolf schreiben und meditieren mochte." In: Hans Mayer: Die umerzogene Literatur. Deutsche Schriftsteller und Bücher 1945-1967. Berlin 1988, S. 34.

²⁵ Vgl. Die Grosse Kontroverse. Ein Briefwechsel um Deutschland. Hrsg. u. bearb. von J. F. G. Grosser. Hamburg, Genf, Paris 1963.
²⁶ Briefe an F. W. Oelze (Anm. 11), Nr. 298, S. 12.
²⁷ Zu Frank Thiess vgl. ebd., Nr. 300 vom 14. 1. 1946, S. 16.
²⁸ Ausgewählte Briefe (Anm. 6), S. 61.
²⁹ Gottfried Benn: Briefwechsel mit Paul Hindemith. Hrsg. von Ann Clark Fehn. Wiesbaden, München 1978, S. 59.

den austauschbaren Namen der Geschichte, der Politik, der Gesellschaft, der Wirklichkeit, der Natur, des Lebens und auch mit dem Namen Deutschland belegte und denunzierte, von Anfang an nicht als vorübergehend empfunden und verstanden, sondern als eine unwiderrufliche Entscheidung, deren Folgen alle Bereiche seiner Existenz erfaßten und definierten. Das „Tausendjährige Reich", das schon nach zwölf Jahren enden sollte, wurde ihm zum abstoßenden Inbild und Stellvertreter aller vergangenen und künftigen Reiche dieser Welt. In seiner Lyrik zwischen 1934 und 1936 übernahm er deshalb mit dem Gestus einer Nachfolge Christi die Rolle des leidenden Gerechten und des unschuldigen Opfers und Märtyrers.[30]

Aber er hatte die Möglichkeit eines „Opfertods" auch ganz real vor Augen. Während einer im Frühjahr 1936 kulminierenden Lebenskrise schrieb er an Frank Maraun: „Wissen Sie, ich mache diese subalterne Kunstpolitik nicht mehr mit. Ich bin 50 Jahre, – soll man mich erschießen. Es kommt bestimmt aus Opfertoden auch nichts heraus, aber sie sind doch wohl noch besser als Dreck zu machen".[31] Diese Krise wurde auch durch das Gefühl verursacht, daß ihm die Reichswehr als die „aristokratische Form der Emigrierung"[32] nicht den erwarteten Schutzraum bieten konnte. Die bedrohlichen Angriffe häuften sich. Im Januar 1937 erschien die letzte Veröffentlichung Benns im „Dritten Reich",[33] im März 1938 erfolgte der Ausschluß aus der Reichsschrifttumskammer und damit das Schreib- und Veröffentlichungsverbot. Benn hat später selber erläutert: „Die Armee ist die aristokratische Form der Emigration', – das stimmte 1935, erst nach dem Abgang von Fritsch wurde es anders",[34] d. h. im Februar 1938, als ihn Keitel an der Spitze der Armee ablöste und Hitler den Oberbefehl übernahm.

Dieses Ereignis, zusammen mit dem Schreibverbot, bildet auch eine unübersehbare Zäsur in der literarischen Produktion Gottfried Benns. Trug sie bis dahin ebenfalls einen elitären und aristokratischen Emigrationsgestus – vor allem das *Weinhaus Wolf*, in dem ein vornehmer Gentleman „aus der Kolonial- und Konsulatssphäre" den Ton angibt und sehr pauschal mit den „weißen Völkern" überhaupt abrechnet –, so wird sie ab jetzt erst „gefährlich", „rücksichtslos" und „brutal". Der aristokratische Gestus macht zum Teil einem geradezu plebejischen Platz. Erst von nun an schreibt Gottfried Benn Texte, die ihn „direkt ins KZ-Lager" hätten führen können. Den Anfang bildet das Gedicht „General", das er Oelze am 30.10.1938 schickte. Den Höhepunkt markieren die beiden Essays „Kunst und Drittes Reich" (1941) und „Zum Thema Geschichte" (1943) und das Gedicht „Monolog" (1941).

---

[30] Vgl. dazu meinen Beitrag: Imitatio Christi. Ein lyrisches Bewältigungsmodell in den Jahren 1934 – 1936. In: Jürgen Schröder: Gottfried Benn und die Deutschen. Studien zu Werk, Person und Zeitgeschichte. Tübingen 1986, S. 39-57, S. 42 ff.
[31] Ausgewählte Briefe (Anm. 6), S. 68.
[32] Briefe an F. W. Oelze (Anm. 11), Nr. 16 vom 18. 11. 1934, S. 39.
[33] Harald Steinhagen: Die Statischen Gedichte von Gottfried Benn. Die Vollendung seiner expressionistischen Lyrik. Stuttgart 1969, S. 42.
[34] Ausgewählte Briefe (Anm. 6), (Brief vom 12.8.1949), S. 169.

Gleichzeitig mit diesen wütenden, haßerfüllten Attacken nach außen beschleunigte und vertiefte sich, in den „biographischen", klassizistischen und statischen Gedichten und in der zugehörigen Kunstlehre, die sublime Rückzugsbewegung „nach Innen", in den Geist, in die Kunst, in die *Ausdruckswelt* als dem eigentlichen Exilland Gottfried Benns. Vermutlich in dieser Zeit hat er sie definiert: „Die Ausdruckswelt steht zwischen der geschichtlichen und der nihilistischen als eine gegen beide geistig erkämpfte menschliche Oberwelt, ist also eine Art Niemandsland, zurückgelassenes Handeln und herausgelöstes Gesicht" (I, 391). Das Pamphlet-Gedicht „Monolog" (1941) bildet neben dem früheren „General" (1938) die einzige poetische Ausnahme, weil es beide Bewegungen, nach außen und nach innen, in sich vereint. Die eigentliche, stabilisierende Achse seiner prekären Schreibexistenz aber war der Briefwechsel mit dem Bremer Großkaufmann Friedrich Wilhelm Oelze.

Als erste Bilanz kann vermerkt werden, daß es unter den in Deutschland gebliebenen Schriftstellern neben Gottfried Benn wohl keinen zweiten gibt, der trotz des Schreibverbots in seinen Briefen, in Lyrik, Prosa und Essay so unverhüllt, so rücksichtslos und so „brutal" mit dem nationalsozialistischen Regime und seinem Deutschland ins Gericht gegangen ist, und keinen, der in dieser Hinsicht mehr riskiert hat als er. Benn hat sich nicht gescheut, einen Privatdruck seiner *Zweiundzwanzig Gedichte* (den „Monolog" eingeschlossen) zu veranstalten und im Herbst 1943 einige Exemplare unter Bekannte und Freunde zu verteilen.[35] Trotzdem wäre es völlig undenkbar, ihn sich unter den Männern des 20. Juli 1944 vorzustellen.

Denn auf der anderen Seite brachte es seine strikte Zwei-Reiche-Lehre mit sich, daß wohl niemand ein perfekteres „Doppelleben" geführt hat als er. So absolut sein Widerstand in der Schrift, im Reich des Geistes und der Kunst gewesen ist, so total war seine Anpassung und Tarnung im Reich der Geschichte, des Krieges und des alltäglichen Lebens. Da er nicht mehr an irgendeine „Verwirklichung" glaubte, erschien ihm der Gedanke, im Raum des Politischen aktiv Widerstand zu leisten, absolut widersinnig und naiv. Einzig ein passiver „Opfertod" paßte zu seiner Zwei-Reiche-Lehre, und ihn hat er niemals für sich selbst ausgeschlossen (vgl. II, 151). Der Sphäre des aktiven Handelns und der „Tat" aber hat er sich apriori verschlossen.

Ermöglicht wurde ihm dieses Doppelleben durch seine „Emigrierung" in die Sanitätsabteilung der Armee; dank einer Reihe günstiger Umstände konnte er es bis zum Kriegsende aufrechterhalten (Arbeit für die „Versorgung", in der Etappe usw.). Schon in seinen Briefen aus Hannover hat er davon gesprochen; in der „Centrale" des „Bendlerblocks", der „berühmten Stätte des Oberkommandos",[36] hat er es bewußt kultiviert, und in Landsberg

---

[35] Briefe an F. W. Oelze (Anm. 11), Nr. 255 vom 7. 8. 1943 und Nr. 259 vom 10. 11. 1943, S. 340 und 345. Mit dem Gedicht „Monolog" ist allenfalls Werner Bergengruens 1937 anonym in Österreich erschienenes Gedicht „Das Dauernde" zu vergleichen. (In: Werner Bergengruen: Der ewige Kaiser. Graz 1951, S. 44 f.). Es besitzt freilich bei weitem nicht die sarkastische Brutalität der Bennschen Sprache.

[36] Ebd., Nr. 166 vom 10.10.1939, S. 219.

a. d. Warthe ist der Oberstabsarzt Gottfried Benn fast nur noch die Maske des Schriftstellers und Künstlers Gottfried Benn gewesen.

Erst diese Beobachtung ermöglicht es, das Eigentümliche seiner literarischen Opposition zu erkennen. Sie ist auch deshalb so radikal, weil sie sich alle Verbindungen und Bezüge zur lebenspraktischen Sphäre abgeschnitten und versagt hat, weil sie keinen Weg nach außen kennt. Das bedeutet umgekehrt: sie hatte auch die enormen inneren Kosten des „Doppellebens", die Leiden der Anpassung, des „Dienstes" und des zähneknirschenden Stillehaltens im Bereich des Literarischen zu kompensieren. Daher rührt das allzu Laute, Grelle, Schrille und Maßlose in den polemischen und satirischen Ausbrüchen, daher kommt die offenkundige Ventilfunktion dieser rücksichtslosen Texte, mit denen sich der Schreiber Luft machen mußte in einer zunehmend erstickenden Atmosphäre. Daher das Affektive seines Verbalradikalismus, d. h. die Tatsache, daß selbst und gerade in den Essays der Intellekt eindeutig im Dienst eines aggressiven oder defensiven Affektes steht. Der einzelne Satz in ihnen will und kann gar nicht inhaltlich ernst genommen werden – das würde zu grotesken, manchmal hanebüchenen Resultaten führen. Er ist entweder eine Waffe, die der befreienden Attacke, oder ein Mittel, das dem inneren Emigrationsvorgang dient, entweder Angriff oder Verteidigung.[37] Als Benn der kathartischen und therapeutischen Wirkung dieses Schreibens und dieser Schriften nicht mehr bedurfte, konnte er sich umso eher zu den erwähnten Nachkriegskonzessionen bereitfinden.

Schließlich erklärt die Beobachtung einer strikten Trennung zwischen spiritueller und geschichtlicher Welt, zwischen „zwei Klassen von Menschen", den handelnden und den tiefen (II, 139), den „Verbrechern und Mönchen" (II, 223), auch das auffälligste Phänomen seiner nationalsozialistischen und Deutschland-kritischen Schriften: daß sie nämlich völlig unhistorisch und unpolitisch verfahren, daß sie sich ausschließlich auf eine geistige, moralische und ästhetische Polemik kaprizieren. „Die Fresse von Cäsaren und das Gehirn von Troglodyten, die Moral des Protoplasmas und das Ehrgefühl von Hotelratten", das ist die Quintessenz seiner Kritik an den NS-Chargen (I, 318). „Für dieses Volk sind einiige Zwillinge wichtiger als Genies", so lautet Benns zentrales Verdikt über die Deutschen (I, 320). Zusammengenommen sind sie für ihn die „Mikrozephalen" (die Kleinköpfigen!; vgl. I, 313, 322, 371), von einer irrwitzigen „Geschichte" bevorzugt an ihren Wendepunkten eingesetzt. Man spürt förmlich die seelische Erleichterung und Befriedigung, die sich der Autor mit solch schneidenden und blitzenden Aperçus verschafft hat.

Konsequenterweise hat Benn denn auch darauf verzichtet, seine Kriegsschriften nach 1945 als Beweis seiner „illegalen antifaschistischen Tätigkeit" auszugeben und vorzulegen (IV, 109). Das hätte ihn ja noch nachträglich in

---

[37] Zu dem komplizierten Begriff des „Doppellebens" und dem dialektischen Verhältnis von Leben und Kunst bei Gottfried Benn siehe die grundsätzlichen Überlegungen von Harald Steinhagen im IV. Abschnitt seines Vortrags: Die Kunst als die eigentliche Aufgabe des Lebens. Gottfried Benns Rückzug in die Ausdruckswelt. In: studi germanici (nuova serie) XXIII (1985), S. 101-124, 115 ff.

die verhaßte Sphäre des Politischen und Historischen eingereiht. Er hat eine ihm ganz eigene Art reklamiert, „sich zu absentieren u. im hinhaltenden Widerstand – infanteristisch gesprochen – den Dingen zu begegnen."[38] Immerhin hat ihn diese „innere Sabotage"[39] befähigt, die ganze Hoffnungslosigkeit der deutschen Lage vom ersten Tag des Zweiten Weltkriegs an klar zu erkennen und sich durch keine noch so laute Siegesfanfare davon ablenken zu lassen. „Es knistert im Gebälk"[40] – dieses Geräusch hat er von Anfang an gehört. Die Oelze-Briefe sind voll von unheilkündenden Signalen.

IV. Innere Emigration als Lebensform

Auf niemand trifft Reinhold Grimms auf Deutschland und die Deutschen gemünztes Wort von der „‚inneren Emigration' als Lebensform" wohl genauer zu als auf Gottfried Benn.[41] Zwischen 1934 und 1945 wird diese Lebensform nur besonders sichtbar. Sichtbarer als zuvor tritt aber auch ihr *Prozeß*charakter ans Licht. Benns Leben und Werk in dieser Zeit sind geprägt von lauter Emigrationsgesten, imaginativen Auswanderungsvorgängen und Rückzugszeichen.

Seine Gedichte, seine Essays und seine Prosa-Schriften aus dieser Zeit werden durchströmt, strukturiert und erfüllt von solchen emigrantischen Bewegungen und sind im Grunde um ihretwillen geschrieben. Diese Bewegungen zu erkennen und zu verfolgen ist deshalb wesentlicher, als ihre Inhalte und Thesen zu befragen. Vor allem den eigenwilligen Essays mit ihren abenteuerlichen geschichtlichen und kulturgeschichtlichen Behauptungen und Panoramen würde man damit nicht gerecht. Über ihren „prismatischen Infantilismus" (II, 255) war sich Benn klarer als mancher seiner Interpreten.

In immer neuen Anläufen und Variationen versuchte er zwischen 1941 und 1943, seinen spirituellen und ästhetischen Flucht- und Asylraum zu definieren, zu begründen und abzusichern. Seine Essays sind gleichsam die Grenzwächter, die für die notwendige Deckung nach außen zu sorgen hatten und so einen ungestörten schöpferischen Rückzug nach innen ermöglichten. Sie hatten freilich auch die schon erwähnte Funktion, innere Kräfte gegen den wachsenden Druck der Kriegsjahre, gegen die ihn täglich zermürbende deutsche „Wirklichkeit" zu mobilisieren.[42]

---

[38] Briefe an F. W. Oelze (Anm. 11), Nr. 283 vom 25.12.1944, S. 376.
[39] Ebd., Nr. 210, S.278.
[40] Ebd., Nr. 221 vom 14.12.1941, S. 296.
[41] Reinhold Grimm: Im Dickicht der inneren Emigration. In: Die deutsche Literatur im Dritten Reich. Themen – Traditionen – Wirkungen. Hrsg. von Horst Denkler und Karl Prümm. Stuttgart 1976, S. 418 f.
[42] Vgl. Briefe an F. W. Oelze (Anm. 11), Nr. 202 vom 24.4.1941: „Das Altern, das Herz, die Schlaflosigkeit, die Depressionen, die völlige Isoliertheit, die ununterbrochene innere Spannung, sich zu halten, auch sich zu verbergen, all dies zusammen ist kaum erträglich."

Die massivste seelische Entlastung in dieser Zeit brachte ihm zweifellos die Arbeit an dem Essay „Zum Thema Geschichte" (1943), entstanden vermutlich in den letzten bedrückenden Berliner Monaten vor der Übersiedlung nach Landsberg a.d. Warthe. Diese Arbeit kennt nur ein einziges Ziel: die Welt der Geschichte (und ihrer Philosophen Hegel, Darwin und Nietzsche) ad absurdum zu führen. Zwei Seiten des „sogenannten kleinen Ploetz" von 1891 genügen Benn, um ihr das endgültige Urteil zu sprechen: „das Ganze ist zweifellos die Krankengeschichte von Irren" (I, 383). Am Ende dieses wütenden Destruktionswerkes steht wiederum nur eins, die Hervorbringung von „hinterlassungsfähigen abgeschlossenen Gebilden", die „Arbeit an der Ausdruckswelt, ohne Erwarten, aber auch nicht ohne Hoffnung –: etwas anderes hat die Stunde für uns nicht" (I, 387).

„Etwas anderes hat die Stunde für uns nicht" – Benn mußte für seinen bedingungslosen Weg nach innen, für die therapeutische Funktion seines Schreibens und für die Autonomie-Erklärung der Kunst (die besonders programmatisch zu hören ist in dem Widerstandsgedicht „Verse" von Weihnachten 1941) einen hohen Preis bezahlen, den Preis eines seltsam amputierten Handlungsbegriffs.

Das läßt sich nirgends deutlicher ablesen, als an seinem von „alttestamentliche[m] Geifer und Haß" gegen das Hitler-Regime strotzenden „Monolog"-Gedicht (III, 226 ff.). Seine vierte Strophe entwirft eine merkwürdige Alternative zwischen „Sterben" und „Handeln":

> Sterben heißt, dies alles ungelöst verlassen,
> die Bilder ungesichert, die Träume
> im Riß der Welten stehn und hungern lassen –
> doch Handeln heißt, die Niedrigkeit bedienen,
> der Schande Hilfe leihen, die Einsamkeit,
> die große Lösung der Gesichte,
> das Traumverlangen hinterhältig fällen
> für Vorteil, Schmuck, Beförderungen, Nachruf.

Sowohl das Sterben wie das Handeln bedeuten hiernach Verrat an der Kunst, an der „Ausdruckswelt". Denn die Möglichkeit eines aktiven Widerstands gegen das Hitler-Regime, obwohl es von dem Gedicht als ein greuliches Sündenbabel geschildert wird, ist von vornherein aus dem Handlungsbegriff ausgeblendet. Die Verse suggerieren die Vorstellung, als habe es für den Handelnden nur den Weg der Anpassung, des Opportunismus, der Prostitution und des Selbstverrats gegeben – der Sanitätsoffizier Gottfried Benn wurde in der Tat mehrmals befördert! Während der „Erde" in der dritten Strophe des Gedichts der Vorwurf gemacht wird, ihre widernatürliche Verunstaltung durch der „Tiere Abart" ohne Gegenwehr zu erdulden, bleibt der Mensch von diesem Tadel ausgenommen. Als Alternative und Gegenbild erscheint wiederum nur das Tun des Künstlers und der Kunst. Verraten wird durch den opportunistischen Dienst für das „Dritte Reich" nicht die Möglichkeit eines konspirativen Widerstands, sondern der einsame Dienst für die „Ausdruckswelt".

V. Wirkungen nach 1945

Es bleibt am Schluß noch die Frage nach der Wirkung und Nachwirkung einer solchen einsamen, unveröffentlichten „Literatur in der Diktatur". Cui bono? Für wen war sie eigentlich geschrieben, außer für Benn selber und seinen winzigen Kreis?

Als aus seinen vollen Schubladen seit 1948 drei Bände mit Lyrik, Prosa und Essays in rascher Folge erschienen, da traf ein im wesentlichen in den Kriegsjahren entstandenes und von einer spezifischen inneren Emigration geprägtes Werk mit beträchtlicher Verspätung auf das deutsche Nachkriegspublikum.

Auf diese Weise kam es zu einer besonders merkwürdigen Ungleichzeitigkeit zwischen Werk und Rezeption. Was Benn selber mitten im Krieg schmerzlich erfahren, gefühlt, gelitten und formuliert hatte, konnten sich seine Leser nun, nach der tiefen historischen Zäsur von 1945, friedlich und gefahrlos zu Gemüte führen. Sie benutzten seinen Schutzanzug, mit dem er mühsam überlebt hatte, um sich nachträglich gegen das Hitler-Regime und seine Folgelasten abzuschirmen. Sie wurden, wieder einmal „verspätet", mit Gottfried Benn ein Volk von nachholenden Widerständlern und Inneren Emigranten.

Gleichzeitig fanden sie bei ihm ausgesprochen, was die meisten von ihnen insgeheim dachten: „auch heute bin ich der Meinung, daß der N. S. ein echter und tiefangelegter Versuch war, das wankende Abendland zu retten. Daß dann ungeeignete und kriminelle Elemente das Übergewicht bekamen, ist nicht meine Schuld und war nicht ohne weiteres vorauszusehn".[43] Und seine extreme Geschichts-, Politik- und Ideologiefeindschaft – „Die Öffentlichkeit ist der Gestank einer Senkgrube und die Politik das Gebiet von Reduzierten"[44] – mußte bei den gebrannten Nachkriegsdeutschen und ihrer „Ohnemich"-Mentalität ebenfalls auf große Resonanz stoßen.

Von dieser windschiefen und kompensatorischen Wirkung der Bennschen Schriften wurden die Bürger der DDR ausgeschlossen. Sie wurden dafür mit Friedrich Wolf, Johannes R. Becher, Anna Seghers und Bertolt Brecht „abgespeist". Diese staatliche Bevormundung war, wie gesagt, in den ersten Jahren verständlich. Aber war sie deshalb auch berechtigt? Zweifellos ist ihr die bürgerliche Freiheit vorzuziehen, inklusive der Freiheit zum Irrtum, zur Verdrängung und zur Realitätsflucht.

Es spricht jedoch für Gottfried Benn, daß er sein durchschlagendes „Comeback" in der Bundesrepublik mit recht gemischten Gefühlen aufgenommen hat.[45]

---

[43] In: Briefe an einen Verleger (Anm. 8), S. 15.
[44] In: Ausgewählte Briefe (Anm. 6), S. 198 (Brief vom 12.10.1950).
[45] Vgl. die Zusammenfassung bei Gottfried Willems: Großstadt- und Bewußtseinspoesie. Über Realismus in der modernen Lyrik, insbesondere im lyrischen Spätwerk Gottfried Benns und in der deutschen Lyrik seit 1945. Tübingen 1981, S. 22-25.

Volker Wehdeking

Zwischen Exil und „vorgeschobenem Posten" der Kulturnation

Thomas Mann als Projektionsfigur für die im Land gebliebenen Nichtfaschisten

Es lohnt, aus der schon beinah ‚historischen' Distanz von mehr als fünfzig Jahren nach dem Zweiten Weltkrieg den Umständen des lange hinausgeschobenen Entschlusses zum Exil bei Thomas Mann und seinen wechselnden Positionen gegenüber den daheimgebliebenen Nichtfaschisten und inneren Emigranten nachzugehen. Auch wenn die Vita Thomas Manns in und nach den Hitlerjahren, seine Äußerungen in der „Großen Kontroverse" im Streit zwischen Exil und innerer Emigration in den ersten Nachkriegsjahren in der Germanistik längst geklärt und gut belegt erscheinen, so gibt es doch neue Textfunde im Kreis der Familie und vor allem in den Tagebüchern, die laut testamentarischer Bestimmung des Nobelpreisträgers erst nach 1975 geöffnet werden durften. Die Nachkriegszeit wird in diesen Dokumenten erst ab Mitte der achtziger Jahre in der Edition von Peter de Mendelssohn und Inge Jens zugänglich. Thomas Mann, so wird nun noch deutlicher, brauchte fast drei Jahre des Zögerns in der Schweiz, vom Frühjahr 1933 bis Anfang 1936, um sich von der Perspektive einer eigenen „inneren Emigration" in der Münchner Villa an der Poschinger Straße zu lösen, bis er nicht mehr auf die Duldung der nationalsozialistischen Kulturbürokratie und den Erhalt des Münchner Domizils sowie der Staatsbürgerschaft hoffen durfte. Lange hoffte er auch, wie viele andere deutsche Autoren, darunter auch bürgerliche jüdische Schriftsteller, eine Rückkehr nach Deutschland sei mittelfristig möglich, der Krieg mithin vermeidbar. Dem Druck in der eigenen Familie, besonders durch Erika und Klaus Mann vom Beginn des Dritten Reichs an, 1936 aber auch durch Golo und Katia Mann, gab er schließlich nach und erklärte sich solidarisch mit den Exilschriftstellern.

Kaum war der Krieg vorbei, holte Thomas Mann diese Exil-Entscheidung, die schließlich zur Emigration an die amerikanische Westküste und zur US-Staatsbürgerschaft geführt hatte, in einer Kontroverse mit den in Deutschland verbliebenen inneren Emigranten ein, die ihn zur Rückkehr an ihre Seite baten. Die damaligen Akteure auf deutscher Seite waren Walter von Molo und Frank Thiess. Während von Molo Thomas Mann bat, als „guter Arzt" nach Deutschland zurückzukehren, schrieb Frank Thiess, er glaube, daß die inneren Emigranten andere Erfahrungen gemacht und ein schwierigeres Los gewählt hätten. Mann antwortete (in einem offenen Brief in der Bayerischen Staatszeitung, die unter US-Lizenz erschien) am 12. Oktober 1945 unter dem Eindruck der KZ-Enthüllungen – und im Werk seit 1943 über Deutschlands Teufelspakt im *Doktor Faustus* arbeitend – auf diese Provokation sehr irritiert und schrieb (in der Fassung vom 7. September) an Walter von Molo:

> „Ja, Deutschland ist mir in all diesen Jahren doch recht fremd geworden. Es ist, das müssen Sie zugeben, ein beängstigendes Land. Ich gestehe, daß ich mich vor den deutschen Trümmern fürchte – den steinernen und den menschlichen. Und ich fürchte, daß die Verständigung zwischen einem, der den Hexensabbat von außen erlebte, und Euch, die Ihr mitgetanzt und Herrn Urian aufgewartet habt, immerhin schwierig wäre. [...], sogar schon durch die naive Unmittelbarkeit des Wiederanknüpfens, so, als seien diese zwölf Jahre gar nicht gewesen. Auch Bücher sind es wohl einmal, die kommen. Soll ich bekennen, daß ich sie nicht gern gesehen und bald weggestellt habe? Es mag Aberglaube sein, aber in meinen Augen sind Bücher, die von 1933 bis 1945 in Deutschland überhaupt gedruckt werden konnten, weniger als wertlos und nicht gut in die Hand zu nehmen. Ein Geruch von Blut und Schande haftet ihnen an; sie sollten alle eingestampft werden".[1]

Es liegt auf der Hand, daß solche Urteile einer späteren nüchternen Überprüfung der damaligen literarischen und soziopolitischen Situation nicht standhalten konnten. Beide Seiten der Kontroverse nahmen einen pathetisch formulierten und überzogenen Standpunkt ein, der sich gewiß auf jene sich von Jahr zu Jahr dramatisch wandelnden Perspektiven von Kriegsende und Nachkriegszeit und die damals noch kaum mögliche Bestandsaufnahme zurückführen läßt. Thomas Mann konnte die uns heute zugängliche, nicht unbeträchtliche Zahl der sich einer nationalsozialistischen Ideologie verweigernden Texte noch nicht kennen. Spätestens seit Hans Dieter Schäfers Studien zum *Gespaltenen Bewußtsein. Deutsche Kultur und Lebenswirklichkeit 1933-1945* (1981) und seiner Anthologie „moderner Klassik im Dritten Reich", *Am Rande der Nacht* (1984), wissen wir von den Schwierigkeiten der Autorenzuordnung mit den Etiketten Widerstandsliteratur, innere Emigration – ein Begriff, der ohne Gruppenbezug wegen seiner Pauschalität und Diffusität im Sozialen angesichts komplexer Einzelfälle eher als Verlegenheitskürzel erscheint – und nichtfaschistische Literatur der nationalsozialistischen Zeit. Zu den bekannten Namen gehören hier Werner Bergengruen, Ricarda Huch, Friedrich Reck-Malleczewen, Reinhold Schneider, die Brüder Ernst und Friedrich Georg Jünger, Jochen Klepper, Frank Thiess, Ernst Wiechert, Eugen Gottlob Winkler, Rudolf Alexander Schröder, die Lyriker Oskar Loerke, Wilhelm Lehmann, Albrecht Haushofer und Hans Carossa. Hinzu traten die nichtnationalsozialistischen Autoren um die Dresdener Zeitschrift *Kolonne* (1929-32, Günter Eich, Peter Huchel, Marie Luise

---

[1] Thomas Mann: Briefe 1937-1947. Hrsg. von Erika Mann. Bd. 2. Frankfurt a. M. 1963, S. 443. – Zum Literaturstreit insgesamt vgl.: J. F. G. Grosser (Hrsg.): Die große Kontroverse. Hamburg 1963.

Kaschnitz, Horst Lange, Elisabeth Langgässer, Friedo Lampe, Martin Raschke, Oda Schaefer) und jene des „Magischen Realismus", darüber hinaus eine Reihe jüngerer Autoren, die zum Teil noch zu Beginn des Dritten Reiches publiziert hatten und nun verstummen mußten, nur in Zeitschriften oder – trotz eingereichter Manuskripte – gar nicht zum Publizieren kamen (Alfred Andersch, Emil Barth, Johannes Bobrowski, Wolfgang Borchert, Gerd Gaiser, Rudolf Hagelstange, Felix Hartlaub, Gustav René Hocke, Hermann Kasack, Wolfgang Koeppen, Karl Krolow, Wolf von Niebelschütz, Hans Erich Nossack, Wolfgang Weyrauch). Diese Autoren hatten das harsche Diktum Thomas Manns nicht verdient. Neben den „kodierten" Texten, die zwischen den Zeilen verhüllt, aber problematischerweise auch ins überzeitlich Metaphysische gewendet, Systemkritik versuchten, gab es alles andere als gesinnungsfördernde Literatur bei der Zwischengeneration der etwa 1900 bis 1915 Geborenen und der Jungen Generation einer ästhetisch „abgemilderten Moderne" im Dritten Reich. Auch wenn viele von ihnen sich in eine staats- und politikferne Sphäre zurückzogen, resignative Naturmagie, Metaphysik und die Nähe zum deutschen Existenzialismus vor allem Heideggers suchten (und damit für Zeitkritik und Aufklärung, geschweige denn Widerstand, verloren waren), konnte man sie keinesfalls als „wertlos" in einem moralischen Sinne bezeichnen.

Wie die von Thomas Mann gewählten Höllen- und Hexen-Metaphern seiner Replik auf von Molo und Thiess erkennen lassen, verstellte dem Autor seine eigene Arbeit am *Faustus*-Roman jede sozialkritische Analyse zugunsten einer Allegorie. Der lange Abstand des Exils und die Enthüllungen aus den KZs führten zur Vision eines dem „Bösen" verfallenen, zur Person amalgamierten Deutschland, das, ähnlich der Leverkühn-Figur seines faustischen Entwicklungsromans, der Krankheit im Teufelspakt verfiel. Unnötig zu sagen, daß es sich hier um die Lieblingsthematik Thomas Manns vom Künstler als krankem Bürger handelt, die Reihe der Spinell, Tonio Kröger, Aschenbach und – das Faschismusthema präfigurierend – Cavaliere Cipolla war nun ins Dämonische überhöht. Schon bei der Stoffwahl im Frühjahr 1943 kehrte er wie der verehrte Goethe zu einem alten Thema zurück, als es um Faustisches ging. Ein Notat aus dem Jahre 1904 fiel ihm auf: „Figur des syphilitischen Künstlers: als Dr. Faust und dem Teufel Verschriebener. Das Gift wirkt als Rausch, Stimulans, Inspiration: er darf in entzückter Begeisterung geniale, wunderbare Werke schaffen, der Teufel führt ihm die Hand. Schließlich aber holt ihn der Teufel: Paralyse [...]"; im Vortrag „Deutschland und die Deutschen" erfolgte 1945 die komplexe politische Umsetzung dieses thematischen Nukleus zum Deutschlandbild.[2]

So konnte es kaum zu sozialkritischen Differenzierungen zwischen Hitler-Anhängern, Mitläufern und dem „Anderen Deutschland" der Nichtfaschisten kommen, denn in jenen Jahren der Arbeit am *Doktor Faustus* postulierte

---
[2] Die Faust-Notiz ist enthalten in: Thomas Mann: Notizbücher. Hrsg. von H. Wysling. Bd. 7. Frankfurt a. M. 1992, S. 155.

Mann – ebenfalls in dem Vortrag „Germany and the Germans" (Deutschland und die Deutschen, 1945) – ein allegorisches Deutschlandmodell dämonischer Wandelbarkeit bei ungünstiger historischer Großwetterlage. Tatsächlich hatte Thomas Mann in der Vorbereitungsphase zum Faustroman R. L. Stevensons *Dr. Jekyll and Mr. Hyde* gelesen und daraus sein Modell vervollständigt, in die These mündend: „daß es nicht zwei Deutschland gibt, ein böses und ein gutes, sondern nur eines, dem sein Bestes durch Teufelslist zum Bösen ausschlug. Das böse Deutschland, das ist das fehlgegangene gute, das gute im Unglück, in Schuld und Untergang".[3]

Dennoch zeugen Tagebucheinträge und Briefe aus der Zeit kurz vor Kriegsende davon, daß der Autor es eigentlich besser wußte. Als der Sohn Golo Mann ihm im Gefolge der Armee General Pattons von den ersten „befreiten" Deutschen berichtet, die selbstgerecht in der Meinung befangen seien, „die Unschuldigen müßten nun für die Schuldigen bezahlen", verschweigt er nicht, daß es auch „einige gute Menschen" darunter gäbe, „bei denen das Ansehen seines Vaters erstaunlich sei".[4]

Dies führt zu der These, daß der humane, zu Demokratie, Rechtsstaat und Wahrung der Menschenrechte disponierte Thomas Mann tatsächlich eine Projektionsfigur ersten Ranges für die daheimgebliebenen Nichtfaschisten, Autoren wie Leser, darstellte. Die These läßt sich u. a. mit der frühen Nachkriegs-Rezeption in der amerikanischen Kriegsgefangenen-Zeitschrift *Der Ruf* – Vorläufer des Blattes von Richter und Andersch – für Herbst 1945 breiter belegen, als naturgemäß im Trümmer-Deutschland die Dokumente für eine solche Einstellung schwer zu finden sind. Und selbst als Golo Mann vom Schrecken der ersten Konzentrationslager berichtet, nachdem General Patton Weimar erreicht und Buchenwald befreit hatte, schreibt der hier erstmals fairer differenzierende Repräsentant des anderen Deutschland an Agnes Meyer, die „patriotische Emigration" nähme es ihm übel, daß er durch „diese Katastrophe alles Deutsche, die deutsche Geschichte, den deutschen Geist als mitbetroffen" empfände. „Aber kann man denn anders?" Die richtige Lehre daraus sei vielleicht nicht „Seht, das ist Deutschland!", sondern: „Seht, das ist der Faschismus! Dieser Taten ist er fähig, und in jedem Lande, das ihm verfällt, wird er ihrer fähig sein".[5]

I. Das lange Zögern vor dem Exil und die neue Identität als Repräsentant der Kulturnation

Zu Beginn des Dritten Reiches sah der nun in der Schweiz lebende Nobelpreisträger die Dinge verständlicherweise wesentlich hoffnungsvoller und in

---

[3] Deutschland und die Deutschen. In: Thomas Mann: Essays. Bd. 2: Politik. Hrsg. von Hermann Kurzke. Frankfurt a. M. 1977, S. 297.
[4] Thomas Mann: Tagebücher. Bd. 6. Frankfurt a. M. 1986, S. 613.
[5] Thomas Mann: Briefwechsel mit Agnes E. Meyer 1937-1955. Hrsg. von H. R. Vaget. Frankfurt a. M. 1992, S. 625.

manchem den Intentionen der inneren Emigration verwandt. Der emeritierte Heidelberger Germanist Peter Michelsen konnte in einem Beitrag 1995[6] plausibel darlegen, daß nicht, wie noch 1990 von Ralf Schnell in Walter Killys *Literaturlexikon* zur „Inneren Emigration" summiert,[7] Frank Thiess diesen „vieldeutig" und „umstritten" erscheinenden Begriff schon 1933 prägte (wobei sich Thiess ohne Beleg nur an eine solche Prägung im Brief an Hans Hinkel erinnert), sondern Thomas Mann im selben Jahr durch einen Tagebucheintrag: „Las nach dem Abendessen die neue Nummer dieser Zeitschrift [die *Weltbühne*; V. W.]. Gutes über den deutschen Wahlschwindel und die innere Emigration, zu der ich im Grunde gehöre".[8] Das betreffende Heft der Prager Zeitschrift[9] bezieht sich auf einen Bericht der *Frankfurter Zeitung* über „Emigration in Deutschland", wo es um „das Los jener Deutschen" geht, „die, aus ihrem Wirkungskreis gerissen, in Deutschland verharren, abgekapselt von der Welt und ohne irgendeine Beziehung zu dem, was um sie herum vorgeht." Dies war in der Tat eine Umschreibung des Phänomens, in dem sich auch der seit Frühjahr 1933 in Zürich lebende Autor nach dem „Protest der Richard-Wagner-Stadt München" (u. a. von Richard Strauß und Pfitzner unterzeichnet) gegen seinen Wagner-Vortrag vom 10. Februar in der Universität ohne gültigen Paß in Wartestellung gegenüber Hitler-Deutschland befand.

Michelsen plädiert anhand dieses Fundes für ein Überdenken der gerade auch durch Thomas Mann in polemischen Repliken in den Nachkriegsjahren verfestigten, krassen Entgegensetzung von äußerer und innerer Emigration. Die behutsam differenzierende, bei aller Einfühlung distanzierte neue Biografie von Donald A. Prater spricht zwar auch angesichts der Tagebücher Thomas Manns insgesamt von der „anhaltenden Abneigung" gegen die ‚inneren Emigranten', denen er sogar „Verachtung" entgegenbrachte,[10] aber es fehlt in den Hitlerjahren nicht an Appellen, die sich aus dem Exil an die „anständigen Elemente in Deutschland" richten.[11] Michelsen erinnert an die drei Jahre des Zögerns vor dem Schritt ins Exil, als Thomas Mann seinem Tagebuch öfters die Versuchung zu einer Art isoliertem Antifaschismus bei gleichzeitigem Verbleiben in Deutschland anvertraute, die der inneren Emigration im Ansatz nahekam: „Nervöse Unruhe, die wahrscheinlich mit Gedanken an eine Rückkehr nach Deutschland zusammen-

---

[6] Wohin ich gehöre. Thomas Mann und die ‚innere Emigration'. In: Frankfurter Allgemeine Zeitung, 2. 6. 1995.

[7] Vgl. Ralf Schnell: Innere Emigration. In: Literaturlexikon. Hrsg. von Walter Killy. Bd. 13. Gütersloh, München 1990, S. 436 ff.

[8] Thomas Mann: Tagebücher. Bd. 2: 1933-1934. Hrsg. von Peter de Mendelssohn. Frankfurt a. M. 1977. Eintrag vom 7.11. 1933.

[9] Brief aus Berlin. Neue Weltbühne 1 (1933) H. 44. Prag, 2.11.1933. Abs. 5: „Emigration in Deutschland".

[10] Donald A. Prater: Thomas Mann. A Life. Oxford 1995. Dt. Thomas Mann. Deutscher und Weltbürger. München 1995, S. 534 und 519.

[11] Brief an G. Murray, 1940. In: Die Briefe Thomas Manns. Regesten und Register. Hrsg. von H. Bürgin und H. O. Mayer, Frankfurt a. M. 1976 ff., Bd. 3, S. 273.

hängt. Schließlich brauchte man sich nicht zu benehmen wie Hauptmann und Strauß, sondern könnte eine ernste und jedes Hervortreten ablehnende Isolierung bewahren. Freunde gäbe es genug".[12] Allerdings zeigt eine mit neuen Dokumenten aufwartende Sammlung von Essays und privaten Texten Erika Manns zu diesen „Jahren der Schwebe" (Peter de Mendelssohn) mit dem Titel *Mein Vater, der Zauberer*[13] auch die konsequente Abkehr Thomas Manns nach 1936 von solchen Versuchungen und einem anhaltenden Zaudern, als Erika, Klaus und Golo Mann mit vereinten Kräften zu einer klaren Stellungnahme (zu Eduard Korrodis *NZZ*-Beitrag vom 26.1.1936) auf seiten der Emigranten drängten. Erika ging soweit, in einem Brief das lange mehrdeutige Verharren des Vaters als „Häßlichkeit und Gefährlichkeit"[14] zu verurteilen. Ihrer Meinung nach beschwöre es die Spaltung der Emigration herauf. Ihr Vater sollte nicht länger aus Rücksicht auf seinen Verleger Bermann schweigen. Die auf Seiten des radikaleren Emigrantenflügels stehende Tochter konnte darin nur den Opportunismus zu erhaltender Verlagsbeziehungen des Vaters sehen. Seine „Bücher im Beinahe-Schmutz eines halbgleichgeschalteten Pseudo-Emigrantenverlages" weiter erscheinen zu lassen, schien ihr das Opfer der Mehrdeutigkeit nicht wert.

Mit dem dann fast ein Jahr später, im Dezember 1936, erfolgenden Entzug der Staatsbürgerschaft durch das Deutsche Reich wurde zwar der politische Schlußstrich unter alle Rückkehrmöglichkeiten gezogen. Erst im Jahre 1949 kehrte Thomas Mann in die Schweiz zurück; es hatte lange gedauert, bis er auch Freunden wie Ernst Bertram, der sich mit der nationalsozialistischen Ideologie eingelassen hatte, wieder verzeihen konnte. Aus Anlaß des verliehenen Goethe-Preises der Stadt Frankfurt und der Goethe-Feiern in beiden Teilen Deutschlands besuchte er auch die einstige Heimat. Seinem Selbstverständnis eines „vorgeschobenen Postens" gegenüber der deutschen Kulturnation folgend, mied er es, in das Extrem des Kalten Krieges zwischen Mc Carthyismus und Stalinismus getrieben zu werden: die grundsätzliche Einheit Deutschlands sollte durch seinen Gang nach Frankfurt *und* Weimar symbolisiert werden. Thomas Mann sah sich dabei als repräsentativer und unabhängiger deutscher Autor, dessen Territorium die von der deutschen Teilung unberührte deutsche Sprache blieb. Diese, nach 1989 durch Günter de Bruyn aktualisierte, von Thomas Mann schon bald im Exil vertretene, kulturnationale Konzeption der deutschen Einheit konnte eine integrierende Rolle im Dialog des ‚Weltbürgers' mit den nichtfaschistischen Lesern und Autoren während der nationalsozialistischen Zeit spielen. Ihr nachzugehen lohnt, auch wenn die Distanz zur inneren Emigration seit 1936 unüberbrückbar blieb.

---

[12] Mann: Tagebücher. Bd. 2 (Anm. 8), S. 251.
[13] Erika Mann: Mein Vater, der Zauberer. Hrsg. von Irmela von der Lühe und Uwe Naumann. Reinbek b. Hamburg 1996.
[14] Ebd., Brief Erika Manns an den Vater, 26. 1. 1936, S. 105 und 107.

II. Deutschland als geistige Lebensform

Günter de Bruyn hat in seinem Essayband *Jubelschreie, Trauergesänge. Deutsche Befindlichkeiten* (1991) jenen Begriff einer „deutschen Kulturnation", die nicht bei Nationalstaat und Bismarck-Reich beginnt, sondern „vielleicht bis zu Luther" zurückreicht (sicher nicht ohne Kenntnis der Schriften des im Nachkriegs-Berlin schon hochgeschätzten Thomas Mann), neuerlich auf die Überwindung der deutschen Teilung gemünzt.[15] Seine Definition kommt dem Selbstverständnis Thomas Manns und dessen Zugehörigkeit zu einer auch außerhalb des Dritten Reichs fortbestehenden deutschen Kulturnation in der Tradition Goethes sehr nahe. De Bruyn formuliert unter dem frischen Eindruck der überwundenen deutschen Grenze:

> „Als Gottsched in Leipzig seine ‚Deutsche Gesellschaft' gründete, Lessing sich in Hamburg um ein Theater bemühte, das der ganzen Nation gehören sollte, [...] und Herder erkannte, daß die Kulturen im weitesten Sinne (also die Sprachen, die Lieder, die Dichtungen, Sitten, Gebräuche) es sind, die die Nationen bilden – war es schon da, dieses unverwüstliche, aber doch langlebige Band, das in klassischer Zeit, die eine Zeit politischer Zerrissenheit war, ein nationales Zusammengehörigkeitsgefühl schuf. [...]
>
> Von der Existenz einer deutschen Kulturnation auszugehen, zu der man gehört, ob man will oder nicht, scheint mir ehrlicher und objektiver als das Reden von nationalen Gefühlen, die die Massen angeblich bewegen oder auch angeblich nicht.[...] Der Begriff der Kulturnation [...], sozusagen metapolitisch [...] sagt aus, daß die Deutschen, durch Kultur und Geschichte bedingt, zusammengehören, aber über Grenzen, Verfassungsgrundsätze und Souveränitätsrechte sagt er nichts".[16]

Im Jahre 1938, per Schiff von einer Europareise nach New York zurückkehrend und vom drohenden Anschluß Österreichs hörend, gab Thomas Mann am 22. Februar eine Pressekonferenz, die dieses Kulturnation-Verständnis vorwegnimmt. Das scheinbar überzogene „Wo ich bin, ist Deutschland" wurde später von der *Times* aus dem Zusammenhang gelöst, auf die Exilsituation gemünzt, was nur bedeuten sollte, daß Mann nun angesichts der „vergifteten Atmosphäre in Deutschland" das Exil nicht länger als Verlust empfand: „Wo ich bin, ist Deutschland. Ich trage meine deutsche Kultur in mir. Ich habe Kontakt mit der Welt und halte mich nicht für entehrt".[17] In dem 1939 erschienenen Goethe-Roman *Lotte in Weimar* nutzte der Exilautor Goethes Selbstgespräch über sein Deutschtum zu einer Selbstdarstellung im Geiste der unverbrüchlichen Kulturnation:

---

[15] Zur identifikatorischen Thomas-Mann-Lektüre de Bruyns vgl. ders.: Zwischenbilanz. Eine Jugend in Berlin. Frankfurt a. M. 1992, S. 324, und: Vierzig Jahre. Ein Lebensbericht. Frankfurt a. M. 1996, S. 56.

[16] Günter de Bruyn: Jubelschreie, Trauergesänge. Deutsche Befindlichkeiten. Frankfurt a. M. 1991. S. 21, 25.

[17] Mann: Briefwechsel mit Agnes E. Meyer (Anm. 5), S. 833.

„Daß sie den Reiz der Wahrheit nicht kennen, ist zu beklagen, – daß ihnen Dunst und Rausch und all berserkerisches Unmaß so teuer, ist widerwärtig, – daß sie sich jedem verzückten Schurken gläubig hingeben, der ihr Niedrigstes aufruft [...]. Sie meinen, sie sind Deutschland, aber ich bins, und gings zugrunde mit Stumpf und Stiel, es dauerte in mir. Gebärdet euch, wie ihr wollt, das Meine abzuwehren, – ich stehe doch für euch. Das aber ists, daß ich für die Versöhnung weit eher geboren, als für die Tragödie [...] Humanität als universelle Ubiquität [...] denn Deutschtum ist Freiheit, Bildung, Allseitigkeit und Liebe – daß sies nicht wissen, ändert nichts daran".[18]

Kurz vor Neujahr 1946, als die Angriffe aus dem Lager der inneren Emigranten immer noch nicht nachlassen wollten, und Thomas Mann schon überlegte, ob er diesen „Drückebergern", für ihn „Ofenhocker des Unglücks, die nichts gelernt und nichts vergessen haben", noch schärfer antworten sollte, als er dies in dem höflichen Brief an von Molo getan hatte, sah er schließlich in der Thematik und Art seiner Werke auch ohne die baldige Rückkehr genug Deutschtum verwirklicht. Zudem habe ihn das Exil verändert. Ganz im Sinne des verehrten Politikers F. D. Roosevelt glaubte er an ein neues „One World"-Konzept mit der allmählichen Überwindung des Nationalismus; er sah sich bereits als Europäer und Weltbürger:

„Mein deutsches Erbe habe ich mitgenommen. Ich habe aber auch von deutschem Elend dieser Jahre wahrhaftig nichts versäumt. [...] Man gönne mir mein Weltdeutschtum, das mir in der Seele schon natürlich, als ich noch zu Hause war, und den vorgeschobenen Posten deutscher Kultur, den ich noch einige Lebensjahre mit Anstand zu halten suchen werde".[19]

Schließlich konnte Thomas Mann – aus der Perspektive der neuen Einheit seit 1990 prophetisch und ganz in der Nähe von Günter de Bruyns ‚metapolitischem' Begriff der Kulturnation – anläßlich seines Besuchs in Frankfurt *und* Weimar bei den Goethefeiern 1949, dem Jahr der deutschen Teilung, darauf hinweisen, seine Weimarer Anwesenheit symbolisiere die grundsätzliche Einheit Deutschlands: Wer, wenn nicht ein unabhängiger Schriftsteller, „dessen wahre Heimat die von der Zoneneinteilung unberührte deutsche Sprache ist", sei dafür besser geeignet?[20]

III. Thomas Manns nichtfaschistische Leser im Dritten Reich und ihre isolierte Situation

Die wenigen deutschen Literatur-Nobelpreisträger des 20. Jahrhunderts, Thomas Mann, Hermann Hesse, Nelly Sachs und Heinrich Böll fanden sich

---

[18] Thomas Mann: Lotte in Weimar. In: Gesammelte Werke. Bd. 2. Frankfurt a. M. 1990, S. 657 f.
[19] Thomas Mann: Deutsche Hörer! Radiosendungen nach Deutschland aus den Jahren 1940 bis 1945. Frankfurt a. M. 1995, S. 156. Sendung der BBC vom 8.11.1945.
[20] Volkmar Hansen, Gert Heine: Frage und Antwort – Interviews mit Thomas Mann 1909-1955. Hamburg 1983, S. 308.

allesamt in der Position des guten Gewissens der Nation und in der oft schwierigen Rolle einer herausgehobenen moralischen Instanz. Das gilt im besonderen Maße für die zu bewahrende Integrität unter den nicht zum Hitler-Staat disponierten Deutschen, die ihre Hoffnungs-Projektionen auf ein anderes Deutschland richteten, auf Humanität, Demokratie, christliche Werte, die republikanische deutsche Tradition, für die beide Brüder Mann in der Weimarer Republik engagiert eingetreten waren, und die Wahrung von Rechtsstaatlichkeit und Menschenrechten. Auf die bekannteren Exilschriftsteller projizierten die daheimgebliebenen nichtfaschistischen Autoren und Leser einen Teil ihrer eigenen Identität, und das galt in besonderem Maße für die moralische Autorität Thomas Manns, der sich denn auch in den Kriegsjahren (von Herbst 1940 bis Ende 1945) über den offiziell verbotenen BBC an die deutschen Hörer wandte.[21] Kein Wunder, daß aus diesen Kreisen, etwa auch in der Zeitschrift der „Jungen Generation" *Der Ruf* (unter wechselnden Redaktionen in den USA und München 1945 bis 1949 erschienen) der Appell an eine Rückkehr Thomas Manns erging, daß sich innerhalb der frühen Gruppe 47 besonders Alfred Andersch auf Thomas Mann bezog, und ein der Gruppe nahestehender Wolfgang Koeppen schon bei der Arbeit an seinem zweiten, verdeckt faschismuskritischen Roman *Die Mauer schwankt* (1935), „drei Seiten täglich vor Arbeitsbeginn" den *Tod in Venedig* wieder las.

Koeppen war 1935 bis 1938 in Holland mit dem Gedanken an Emigration umgegangen, kannte Klaus und Erika Mann, schrieb sogar für Erikas Widerstands-Kabarett „Die Pfeffermühle", war dann aber aus Existenz- und Sprachgründen nach Berlin zurückgekehrt, da er von seinem Schreiben nicht länger im Ausland leben konnte, und hatte sich beim Film untergestellt, bevor er die letzten Kriegsjahre im Untergrund eines Feldafinger Hotelkellers verlebte. Seine späten Erinnerungen in veröffentlichten Gesprächen[22] sind daher besonders aufschlußreich für die Problematik der inneren Emigration aus der Sicht eines Betroffenen, aber auch im Hinblick auf den Umgang mit der Familie Mann:

> „Als ich von Holland zurückkam, war dies sehr gefährlich. Ich hatte für die ,Pfeffermühle', Erika Manns Kabarett geschrieben und mit Juden gelebt, der Gestapo-Mann mitten unter uns, an der Lesetafel des Grandhotels in Den Haag. Erika haßte mich von dem Augenblick an, als sie erfuhr, daß ich nach Deutschland zurück wollte. Aber ich habe mich in meinem Haß auf Hitler nicht zu einer endgültigen Trennung von Deutschland durchringen können. [...] Wenn mir Klaus Mann sagte, der das sehr gut konnte, schreib doch englisch, das konnte ich nicht. Vielleicht irgend etwas, aber nicht das, was ich schreiben wollte. [...]"[23]

> „Man muß bedenken, selbst Intellektuelle wollen nicht plötzlich aus ihrem Beruf gefeuert werden, ihr Brot, ihre Existenz verlieren, wenn da ein Regierungswechsel stattgefunden hat. Die Reichsschriftumskammer war damals noch mil-

---

[21] Mann: Deutsche Hörer! (Anm. 19).
[22] Wolfgang Koeppen: Einer der schreibt. Gespräche und Interviews. Frankfurt a. M. 1995.
[23] Die Last der verlorenen Jahre. Koeppen-Gespräch mit Volker Wehdeking. In: Einer der schreibt, ebd., S. 215.

der in ihren Aufnahmebedingungen als die Reichspressekammer. [...] Auch mein Freund Max Tau, nach dem Zweiten Weltkrieg der erste Träger des Friedenspreises des deutschen Buchhandels, damals Lektor im Verlag Bruno Cassirer, war in die Reichsschrifttumskammer [...] aufgenommen worden, das war selbstverständlich kein Bekenntnis, die Vernunft sagte, wir müssen das durchstehen, [...] es wird nicht lange dauern. Betrachtet man es heute, war diese Meinung naiv. [...]

Die Innere Emigration, ein weites Feld. [...] Eine Existenz für einen jungen deutschen Schriftsteller aber gab es im Ausland nicht. Die wenigen Verlage, die Literatur deutscher Emigranten druckten, in Holland Albert de Lange und Querido, verlangten Manuskripte von großen deutschen Schriftstellern, weltberühmten Namen, die auch im Ausland den Absatz wenigstens einer kleinen Auflage verbürgten.

Von weithin unbekannten jungen Schriftstellern war dies nicht zu erwarten. Viele endeten schrecklich, nach Hungerjahren und Blitzkrieg und Sieg zurückgeschleppt in deutsche Lager. Einige, einer der begabtesten meiner Generation, Wolfgang Helmert, brachten sich vorher um. Helmert in Paris. Wir waren wirklich [...] die verlorene Generation. Jeder, der nach dem Ausbruch des Dritten Reiches noch glaubte, ein Schriftsteller zu sein, [...] der ein Thema hatte für einen Roman, ein Stück, Gedichte, der sich mitteilen wollte, sah den Weg verbaut. Die Nationalsozialisten hatten eine überholte, vernebelte Vorstellung von deutscher Dichtung. Sie wollten den Dichter wieder in die Dachkammer setzen, lieber noch zu den Wiederkäuern in den Bauernerbhof. Literatur war ihnen verhaßt. Das war etwas Großstädtisches, Dekadentes, von vornherein Undeutsches. Erwünscht war ein Barde für das Lagerfeuer der Hitlerjugend. [...]

Die Nazistudenten hatten schon vor der Bücherverbrennung am Schwarzen Brett der Berliner Universität erklärt, daß jüdische Verlage Bücher nur noch in hebräischer Schrift drucken dürften. Anders sei es Landesverrat. [Auf die Möglichkeit befragt, sich in Deutschland zusammenzuschließen und Widerstand zu leisten, findet Koeppen die ‚Frage absurd'; V. W.] Einen organisierten Widerstand, noch dazu von so gewaltfernen Leuten wie Schriftstellern, gab es nicht. [...] Das Dritte Reich war perfekt, jeden Widerstand zu zerschlagen, jeden Gegner zu vernichten. Eine Gestalt wie Biermann in der DDR wäre schlimm gescheitert. Eine Chance zu überleben, abseits zu bleiben, ‚nicht schuld daran zu sein', hatte allein der Einzelgänger, der alte Steppenwolf".[24]

Hier werden wichtige Aspekte einer politisch und moralisch integren Alternative zur Emigration für noch nicht namhafte, jüngere Autoren der nationalsozialistischen Zeit aufgezeigt und verneint. Die Bezüge zur Mann-Familie lassen erahnen, wie rigoros Erika Mann Druck auf ihren Vater ausgeübt haben muß, damit dieser dem komplexen Geflecht von Rücksichten auf den Literaturbetrieb, den möglichen Verlust seiner deutschen Leser, zusammen mit dem Verlag, hinter die Solidarität mit den Emigranten zurückstellte. Selbst sein Bruder Heinrich als Vertreter des progressiven Emigranten-Flügels riet zum Erhalt der deutschen Leserschaft: „Das heißt: im Innern den Kampf gegen die Machthaber führen".[25] Der „Zauberer" verfolgte mit Sorge,

---
[24] Zeit des Steppenwolfs. Koeppen-Interview mit Günter Jurczyk. In: Einer der schreibt, ebd., S. 169-174.
[25] Thomas Mann: Briefwechsel mit Heinrich Mann. Hrsg. von H. Wysling. Frankfurt a. M. 1984, S. 183.

letztlich aber loyal, die Nöte des halb in die Emigration gezwungenen Verlages von Samuel Fischer, wobei die jüdisch-deutschen Verlagsautoren, aber auch Thomas Manns *Joseph*-Tetralogie, von Bermann ab 1936 in Österreich, später in Stockholm herausgebracht wurden, wo auch *Lotte in Weimar* erschien.

Sicher am meisten litt Thomas Mann am Verlust seiner Münchner Villa in der Poschinger Straße und dem Abschied von der Stadt, in der die Familie vierzig Jahre gewohnt hatte, zumal ihm bis 1936 der Münchner Anwalt noch Hoffnung auf die Rücknahme der Beschlagnahmung machte. Und dies verstand die engagierte Erika Mann, seine größte literarische Stütze, sehr gut, als sie dem Vater viel später, bei seinem letzten Besuch in München im Jahre 1952 in bewegten Worten eine Feuilleton-Reminiszenz widmete:

> „Daß er volle 40 Jahre – die entscheidenden – in München verbracht, wie gern er dort gelebt und wie sehr schließlich die Wahlheimat ihm zur echten geworden, weiß von seinen Lesern eine Minorität. Unser Haus, ‚die Poschi', – da ist sie wieder, – das helle Wasser des Brunnens [der Vergangenheit; d.V.] läßt sie mich schauen. Wie hübsch es war, unser ‚Kinderhaus', und wie stolz freute der ‚Zauberer' sich an diesem Besitz. [...] Wir lebten in München nicht viel anders als später – in Sanary, Küsnacht, Princeton, Pacific Palisades, [...]. Aber [...] Entscheidend ist, daß unser Vater teilnahm an ‚München'; daß die ‚Ehre' der Stadt und ihr guter Name ihm Herzenssache waren; [...] daß hier jede gelungene Theateraufführung, jedes schöne Konzert ihn hochstimmten, [...] daß die ‚Anlagen des Herzogparks' und seine sumpfigen Jagdgründe die Landschaft waren, in der ‚Herr und Hund' sich ergehen, und Unordnung und frühes Leid das Kindchen befielen [...] und in die ‚Poschi' der Nobel-Preis wehte. [...] , der sie hier verlebt, sollte die tiefste Anhänglichkeit nicht spüren für dieses München?"[26]

Man kann also dem damals auf der Höhe seines literarischen Ruhms und nicht mehr weit vom 60. Geburtstag befindlichen Nobelpreisträger schon nachfühlen, welche psychologischen Schwierigkeiten er bei der Exil-Entscheidung hatte. Der Kultursoziologe Pierre Bourdieu hat mit seinen Thesen zum kulturellen Feld und dem dort auch durchschlagenden, weil die „Gesamtheit der Felder" dominierenden „Feld der Macht" nebst ökonomischen Faktoren für den kulturellen Bereich betont, daß die Intellektuellen, Künstler und Schriftsteller, zwar der politischen und ökonomischen Macht gegenüber „Beherrschte" bleiben, aber bei Besitz von „viel kulturellem Kapital" auch zu den Herrschenden gehören, also eine „beherrschte Fraktion der herrschenden Klasse" darstellen können.[27] Das trifft sicher auf Thomas Mann mit seinem Habitus eines „Geistesfürsten" in besonderem Maße zu.

---

[26] Erika Mann: Die heimische Stadt. Thomas Mann und München. In: Mein Vater, der Zauberer (Anm. 13), S. 269 ff.

[27] Pierre Bourdieu: Das intellektuelle Feld. In: Rede und Antwort. Frankfurt a. M. 1992 [Choses dites, dt., Paris 1987]; vgl. auch ders.: Die feinen Unterschiede. Kritik der gesellschaftlichen Urteilskraft. Frankfurt a. M. 1982 [La distinction, dt., Paris 1979], dort vor allem: Der Habitus und der Raum der Lebensstile.

Sein Habitus der unantastbaren Stunden am Schreibtisch, der Kälte gegenüber den meisten Familienmitgliedern, des großen Auftritts bei Vorträgen in den Aulen der Universitäten, schließlich in den USA in riesigen Arenen (wie jener des Madison Square Garden, New York, wo er vor zwanzigtausend Zuhörern mit dem Vortrag *Dieser Friede* die Appeasement-Politik bekämpft) entwickelt solche Züge mit der Zunahme seiner, auch politischen, Reputation. Thomas Mann reist selten ohne ein Dutzend Koffer, wird wie ein Programmpunkt bei den Salzburger Festspielen einbezogen, gibt schon an Bord im New Yorker Hafen eine Pressekonferenz, wird schließlich nach all den internationalen Ehrendoktorgraden und Verdienstorden auch von der Stadt München in der Trümmerzeit durch eine Delegation gebeten, wenigstens für Monate wieder dort zu leben, man werde die zerbombte Villa in der Poschinger Straße so rasch es geht restituieren. Am Ende empfängt ihn der Papst – in einer „Spezial-Audienz" am 29. April 1953. Beeindruckt kniet er, für den der Faustroman sein eigener „Parsival" war, und der sich an Goethe, Wagner, Hauptmann mißt, vor jenem Pius XII., mit dem sich Böll oder Hochhuth so schwer taten, und küßt den „Ring des Fischers" –, ein Geistesfürst vor dem höchsten geistlichen Thron. Es gehört zu dem in solchen Konstellationen kaum wiederholbaren Habitus einer dominierenden Stellung im literarischen Feld der Zeit, die Aspekte von Herrschaft mitzuverkörpern. In sein Tagebuch notiert Thomas Mann am 1. 5. 1953 zur Papst-Audienz aus olympischer Perspektive:

> „rührendstes und stärkstes Erlebnis, das seltsam tief in mir fortwirkt. In den rotausgeschlagenen Vorzimmern Begegnung mit Hutchins und Mortimer Adler, die auf meinen Allein-Empfang warten mußten. Dieser im Stehen. Die weiße Gestalt des Papstes vor mich tretend. Bewegte Kniebeugung und Dank für die Gnade. Hielt lange meine Hand. Über den Anlaß meines römischen Besuches und meinen Eindruck von der Stadt, wo man in Jahrhunderten wandelt. *Über Deutschland,* offenbar seine glücklichste Zeit, und *die auf die Dauer zu erwartende Wiedervereinigung* [Hervorhebungen V. W.]. Die Wartburg, sein Wort darüber und die Einheit der religiösen Welt. Kniete nicht vor einem Menschen und Politiker, sondern vor einem weißen geistlich milden Idol, das 2 abendländische Jahrtausende vergegenwärtigt. Zur Verabschiedung Überreichung der kleinen Gedenk-Medaille. ‚Ich weiß nicht, ob ich Ihnen vielleicht zur Erinnerung ...'. Darreichung der Hand. ‚Ist das der Ring des Fischers? Darf ich ihn küssen?' Ich tat es. Beglückwünschung zu meinem Wirken und Entlassung. Rückweg gewiesen von den Kämmerlingen in lila Seidenmänteln. Durch die Audienz im Stehen erinnert an Napoleon mit Goethe in Erfurt".[28]

Die intensive, fast dramatische Dichte dieser kleinen Vignette aus dem letzten Tagebuch macht noch einmal die erzählerischen Qualitäten Manns deutlich. Nach Bourdieu bedingt die soziale Struktur-Homologie auch, daß, wer große Macht auf einem Feld besitzt, wahrscheinlich auch auf einem anderen Feld ein gewichtiges Wort mitreden kann. Auch dies trifft für den Zeitkriti-

---

[28] Thomas Mann: Tagebücher. Bd. 9. Hrsg. von Inge Jens. Frankfurt a. M. 1995, S. 53 f.

ker, Verfasser politischer Essays und Vortragenden Thomas Mann natürlich zu. Man beachtet seine Entscheidungen und Begründungen in Deutschland und zunehmend im Ausland. Die Wahl des Exils geschieht auch vor dem Hintergrund eines Gezerres der nationalsozialistischen Kulturinstanzen; bis 1936 bestanden seinethalben sogar Spannungen des deutschen Außenministeriums mit dem Ministerium des Inneren. Die besondere Macht der Kulturproduzenten sieht Bourdieu in der „genuin symbolischen Macht, sichtbar und glaubhaft zu machen, die mehr oder minder verworrenen, undeutlichen und unformulierten, ja unformulierbaren Erfahrungen der natürlichen und der sozialen Welt explizit zu machen, ans Tageslicht zu heben – und sie damit existent werden zu lassen".[29]

Wenige Beispiele des Ränkespiels der kulturpolitischen Instanzen sollen genügen. Im Herbst 1934 betrieb das Innenministerium bereits die Ausbürgerung des unbequemen Verteidigers der Weimarer Republik und seiner humanistischen Mahnungen an die politische Moral („Von deutscher Republik", 1922; „Deutsche Ansprache. Ein Appell an die Vernunft", 1930). Man hatte sein Münchner Haus durchsuchen lassen, verhörte das Personal, und Golo Mann brachte die frühen Tagebücher (mit sicherlich homoerotischen Notaten, etwa über die Liebe zu Paul Ehrenberg, über deren Verwendung in falschen Händen der Autor höchst besorgt war) in einem Koffer mit dem vertrauten Chauffeur zum Bahnhof, von wo sie nach Bandol gehen sollten. Er konnte nicht ahnen, daß der Chauffeur nach Aufgabe des Koffers die Politische Polizei benachrichtigte. Die Grenzpolizeistelle in Lindau durchsuchte die Tagebücher, die mit fast einem Monat Verspätung doch noch nach Bandol gelangten. Thomas Mann konnte nun nicht mehr sicher sein, was die nationalsozialistischen Instanzen gegen ihn zu Propagandazwecken in der Hand hatten. Er wußte nicht, daß man sich nur für Verlagsverträge interessiert hatte, die Rückschlüsse auf sein Einkommen zuließen.[30] Später hat er diese frühen Tagebücher vernichtet. Auch nicht wissen konnte er, daß das Außenministerium sich im Herbst 1934 intern noch gegen seine Ausbürgerung aussprach:

> „Thomas Mann gilt seit Jahren als einer der vornehmsten Vertreter des deutschen Schrifttums [...] eine der wichtigsten und gefährlichsten Methoden der deutschfeindlichen – und gerade der jüdischen – Hetzpropaganda gegen das neue Deutschland [ist] die kulturelle Diffamierung [...] Diese Tendenzen [...] würden durch eine Ausbürgerung Thomas Manns zweifellos einen starken Antrieb erhalten [...] Es würde außerdem nicht im Reichsinteresse liegen, Mann durch seine Ausbürgerung in das Lager der antideutschen Hetzer zu treiben".[31]

Thomas Mann zeigte sich mithilfe seines „symbolischen Kapitals", der Kraft, die Dinge beim Namen zu nennen und notfalls mit List zu taktieren, dem übermächtigen Gegner gewachsen. Die Gelegenheit, seinen Exilentschluß mit maxi-

---

[29] Bourdieu: Rede und Antwort (Anm. 27), S. 162.
[30] Prater (Anm. 10), S. 723.
[31] Ebd., S. 316.

maler Wirkung gegen die nationalsozialistische Kulturpolitik zu verkünden und sich zugleich der Solidarität der Emigranten zu versichern, kam Ende Januar 1936. Der konservative Kritiker der *Neuen Zürcher Zeitung*, Eduard Korrodi hatte in einem Thomas Mann bewundernden Beitrag gegen Leopold Schwarzschild, den Herausgeber des Emigranten-*Tage-Buchs* in Paris Stellung bezogen, der die wichtige deutsche Literatur fast vollständig in der Emigration sah. Korrodi bestritt dies mit Hinweisen auf die verbliebenen Hauptmann und Ricarda Huch und spielte auch auf Thomas Mann an. Mann betonte nun die Vielfältigkeit im Lager der Exilschriftsteller, verwies auf die Gegnerschaft der Nazis nicht nur gegenüber den Juden, sondern Europa, „den christlich-antiken Elementen der abendländischen Gesittung" in einem Versuch der „Abschüttelung zivilisatorischer Bindungen" und schloß mit der Vorhersage, daß vom gegenwärtigen Deutschland für es selbst und die Welt „nichts Gutes" kommen könne: „Diese Überzeugung hat mich das Land meiden lassen, in dessen geistiger Überlieferung ich stärker wurzele, als diejenigen, die seit drei Jahren schwanken, ob sie es wagen sollen, mir vor aller Welt mein Deutschtum abzusprechen".[32] Geschickt spielt der Nobelpreisträger sein kulturelles Kapital gegen die Herrschenden aus, reklamiert moralische Überlegenheit und Zivilisation gegen das neue Barbarentum und verwandelt sein eigenes Zögern vor dem Exil in eine Inkonsequenz des Hitler-Staats. Das übrige Europa, zunächst Österreich, Frankreich, dann die Tschechei, schließlich die USA, sehen ihn bald als den „asketischen Nobelpreisträger, der Vaterland, Heim, Besitz um eines Ideals wegen aufgegeben" hat.[33] Der geschliffene und würdige Protest gegen die Aberkennung der Bonner Ehrendoktorwürde verbindet die Zurückweisung der Kränkung (inzwischen hatte Harvard ihm diese Würde zuteil werden lassen und es sollten noch viele namhafte Universitäten folgen) mit einer politischen Rhetorik für den Frieden und höheren Sorge für das Vaterland, die die Nazis in das Licht gewissenloser Kriegstreiber rückt; der Protest gipfelt in dem pathetischen Ausruf: „Gott helfe unserm verdüsterten und mißbrauchten Lande und lehre es, seinen Frieden zu machen mit der Welt und mit sich selbst".[34] Es spricht für die ungeheure Resonanz dieses Appells, auch unter den deutschen Nichtfaschisten, daß er (vom Züricher Verlag Oprecht als Flugschrift gedruckt) bereits 1937 einen Absatz von zwanzigtausend Exemplaren erreicht hatte.

Ermutigt durch eine solche Resonanz im deutschsprachigen Raum, plante Thomas Mann noch im Mai 1939 in den USA, eine Reihe von Flugschriften mit je fünftausend Auflage nach Deutschland einzuschmuggeln, verfaßt von emigrierten Wissenschaftlern (darunter der Physiker James Franck), Theologen wie Paul Tillich, Künstlern wie Lotte Lehmann und Max Reinhardt und namhaften Autoren, „um auf unpolitische Weise an die besseren Gefühle der Deutschen zu appellieren".[35] Das Projekt wurde zwar vom Krieg überholt,

---

[32] Thomas Mann: Gesammelte Werke. Bd. 11. Frankfurt a. M. 1990, S. 788-793.
[33] Mann: Briefwechsel mit Agnes E. Meyer (Anm. 5), S. 839.
[34] Thomas Mann: Gesammelte Werke. Bd. 12. Frankfurt a. M. 1990, S. 786-92.
[35] Prater (Anm. 10), S. 407.

Zwischen Exil und Kulturnation. Thomas Mann als Projektionsfigur 159

jedoch ist es ein wichtiger Beleg für die hohe Meinung Manns von den Nichtfaschisten und Hitlergegnern in Deutschland, daß er immer noch hoffte, die Deutschen könnten sich selbst Hitlers entledigen oder im Kriegsfall „*vor der Niederlage* dem Regime die Gefolgschaft verweigern", wie er seinem Bruder Heinrich zu dem Projekt schrieb.[36] Nach Abschluß der *Joseph*-Romane gab es im Herbst 1942 mit der Einladung zu einem Filmprojekt über die zehn Gebote und ihre Pervertierung durch Hitler noch einmal die Chance, die resultierende Erzählung *Das Gesetz* am Ende – bei allem Interesse an der Konzeption von Moses als Künstler – als Forum für den moralischen Appell gegen den nationalsozialistischen Staat zu nutzen.

Daß all dies bei den nichtfaschistischen Lesern tatsächlich ein beträchtliches Echo fand, ergeht aus Beiträgen in der für die Entwicklung der Nachkriegsliteratur so wichtigen Zeitschrift *Der Ruf*, in deren Vorläufer – einem amerikanischen Kriegsgefangenen-Blatt – im Juli und Oktober 1945 wichtige Rezeptionsbelege zu finden sind. Alfred Andersch, der Mitte 1944 in Italien zu den Amerikanern desertierte und zuvor einige Erzählungen bei Suhrkamp unterzubringen versucht hatte, war nun in Fort Kearney als kriegsgefangener Redakteur tätig. Er schreibt im *Ruf* anonym über Manns Vortrag „Deutschland und die Deutschen" (unter dem Titel „Deutscher Geist / In der Sicht Thomas Manns"[37]) und illustriert, bei aller Skepsis gegenüber Manns Musik-Thesen, seine schon länger andauernde identifikatorische Bewunderung. Mit den Modellen Jean-Paul Sartre und Thomas Mann beginnt er sein engagiertes journalistisches und erzählerisches Nachkriegswerk und stellt 1950 eine Sammlung *Thomas Mann, Politische Dokumente 1930-1950* vor:

> „Immer wieder, wenn wir uns mit dem Werk Thomas Manns beschäftigen, bewegt uns die selbstverständliche Humanität, mit der dieser Geist jegliche Infektion aus autoritären [...], die Würde des Menschenbildes beeinträchtigenden Welten abstößt. [...] liberale Geisteskultur, die politisch um die Problematik der Demokratie ringt, und christliche Humanität, aus der die Pflicht zur Menschenliebe [...] erwächst. Nichts ist so fruchtbar für die Entwicklung der Grundlagen des freiheitlichen Denkens als die Beschäftigung mit Thomas Mann".[38]

Die Bestätigung der Identifikation nichtfaschistischer Leser der nationalsozialistischen Zeit mit Thomas Mann belegt ein umfangreicher Literaturteil des Ruf in der Oktoberausgabe 1945:

> „Um den Dank derjenigen [...] handelt es sich, die in Deutschland als das, was er in seinem Werke ist, nämlich als deutsche Europäer, menschlich und geistig unversehrt, die fiebrige Finsternis der Fälscher überstanden haben. Innerhalb der Mauern, Hecken und elektrischen Drähte der Diktatur lebten noch viele Vertreter der Welt, die er verkörperte, weiter. [...] oft nur verstohlen und scheu bewahrend, [...] innerlich sich selbst [...] treu bleibend [...], aber dies nur aus einem

---
[36] Wysling: Briefwechsel mit Heinrich Mann (Anm. 25), S. 269 f.
[37] Der Ruf. Zeitung der deutschen Kriegsgefangenen in den USA, July 15, 1945, S. 2.
[38] Ebd.

Grund: es gab die Leuchttürme, die hellen, mahnenden, warnenden, lenkenden, [...] von Platon bis – Thomas Mann. [...] Sein Werk [...] wurde gelesen, immer wieder gelesen, auch das Neue: Lotte in Weimar, die Josephslegende. Irgendwie kamen die kostbaren Bände durch, aus Schweden, aus der Schweiz, aus Italien. Man las sie hinter wohlverschlossenen Türen in vielen deutschen Familien, [...]. Auch deutsche Soldaten, von der Diktatur in den Waffenrock gezwungen, haben Lotte und Joseph in Neapel, Sizilien, auf dem Balkan, in Paris gelesen. [...]"[39]

IV. Exil und „innere Emigration"

In der Kulturpolitik der frühen Nachkriegszeit in Deutschland blieb die Kontroverse der deutschen Opposition zum Hitler-Staat „extra et intra muros" (wie sie Thomas Mann bereits in *Dieser Friede* 1938 zusammen sah) ebenso folgenlos, wie sie bereits während der nationalsozialistischen Zeit vergeblich war.[40] Neue rezeptionsgeschichtliche und politologische Untersuchungen kommen zu dem Schluß, daß in den Nachkriegsjahren „die Schlacht von Weimar" noch einmal, „retrospektiv, im Gewande der neuen Zeit" ausgetragen wurde.[41] Das Selbstbild der „moralisch sauber" gebliebenen, inneren Emigranten Thiess und von Molo litt – bereits an den Metaphern vom „gesunden Volkskörper" und den „kranken Verbrechern" um Hitler ablesbar – an einem Rückfall in völkische Ikonographie. Es handelte sich ihrer Meinung nach um eine „Leidensgeschichte" des deutschen Volkes, die bereits 1914 begann. Das demokratische Angebot der Weimarer Republik hatten beide Autoren nicht angenommen. Sie trennten weiter, im Rückzug auf einen „inneren Raum" und auf die „reine Sphäre" der „Hochkultur", zwischen Kultur und Politik in der leidigen Tradition deutscher Innerlichkeit, und sie trennten das völkische, spezifisch deutsch akzentuierte Kulturverständnis von der Kultur des Westens mit einem impliziten Vorbehalt gegen westliche Demokratie.

Eine andere Front gegen Thomas Mann machten die Autoren im Lager des Widerstands in Deutschland und im Exil auf, darunter jüdische Autoren wie Ulrich Sonnenmann und die Schriftsteller um die linkskatholische Zeitschrift *Frankfurter Hefte,* Walter Dirks und Eugen Kogon, sowie Marie-Luise Kaschnitz, Luise Rinser und Ricarda Huch und eine Reihe von Autoren

---

[39] Ernte der Standhaftigkeit. In: Der Ruf, Oct. 1, 1945, S. 4.
[40] Vgl. Alexander Stephan: Die deutsche Exilliteratur 1933-1945. Eine Einführung. München 1979, S. 230 ff. Zur andauernden Schwierigkeit, einen gemeinsamen Nenner für die Literatur der inneren Emigration sowie der Kategorie „Widerstandsdichtung" zu finden, vgl. neuerdings Michael Braun: „Ein kläglicher Prophet in seinem Fisch". Stefan Andres und die Probleme der inneren Emigration. In: Zeitschrift für deutsche Philologie 115 (1996) H. 2, S. 262-278.
[41] Antonia Grunenberg: „Und was tatest du?". Schriftsteller und politische Macht nach 1945. Zum Streit zwischen Thomas Mann und Walter von Molo. In: Gerd Langguth (Hrsg.): Autor, Macht, Staat. Düsseldorf 1994, S. 110-128, hier: S. 128. Vgl. auch: Ulrike Gollnick: Thomas Mann – Repräsentant der Nachkriegszeit? In: Zur literarischen Situation 1945-1949. Hrsg. von Gerhard Hay. Kronberg 1977, S. 205-226.

der Jungen Generation.⁴² Aus dieser widerständigen Sicht erinnerte man an die den völkischen Idealen nahen Schriften Thomas Manns zwischen 1915 und 1921 und bezweifelte sein späteres Engagement auf seiten der Weimarer Republik in der Substanz. In den *Buddenbrooks*, *Tonio Kröger* und *Tod in Venedig* habe er zudem Figuren gestaltet, in denen sich Todessehnsucht, „narkotischer Selbstverlust" und Nihilismus zu einer Mischung verbunden hätten, die alles andere als antifaschistisch sei. Thomas Mann habe noch dazu mit seinem Kollektivschulddenken die antinazistische Opposition in den Lagern und im Untergrund in Deutschland kaum gewürdigt. Hier ist tatsächlich ein wunder Punkt berührt, eine vor Weimar auch beim späteren Nobelpreisträger anzutreffende, biographische Mitverantwortung angesichts nachwirkender völkischer Argumente im deutschen Kontext. Der in die USA übergesiedelte Autor insistiert dagegen neben seiner kollektiven Schuldthese und Verurteilung der Literatur der Daheimgebliebenen auf der besonderen moralischen Verantwortung des Schriftstellers für die Politik, Humanität und Demokratie.

In der wichtigen Erzählerposition seiner Zeitblom-Figur im *Doktor Faustus* (1947) ist der Rückzug des gegenüber dem heraufziehenden Faschismus und dessen Kriegsfolgen hilflosen, humanistischen Professors in eine „stille, oberbayerische Gelehrtenklause" dem Roman als ein Nachempfinden der inneren Emigration und des Dableibens eingeschrieben. Der sich als Übersiedler, nicht als Exilant empfindende Thomas Mann sieht sich in seinem Erzähler Zeitblom „im Geiste an Ort und Stelle", unter den Deutschen: „eine Kompensation" und „Buße fürs Außensein" nennt er es selbst.⁴³ Die *Faustus*-Rezeption außerhalb Deutschlands, in Österreich, der Schweiz, England und Frankreich (Rychner, Staiger, Heusser, Schneditz, Peacock und Louis Leibrich), aber auch in Deutschland (durch Mayer, Sombart, Pfeiffer-Belli und Rilla), erweist, daß dies verstanden wurde. Die genannten Kritiker nehmen die Figur des Zeitblom und die Hoffnung aus tiefster Schuld zum Anlaß, die Fatalismus-Vorwürfe gegenüber der Geschichtsphilosophie des Romans zurückzuweisen.⁴⁴ So finden sich in dieser literarischen Nachkriegs-Kontroverse drei überholte Weimarer Positionen wieder: der unpolitische, immer noch völkische Rückzug ins Innere, die „Abgrenzung durch Weggehen" auf seiten der moralisch das andere Deutschland verkörpernden Exilautoren und der „Kampf um die andere Gesellschaftsordnung" auf seiten des deutschen Widerstands im Untergrund und in den Lagern.⁴⁵ Unbeeindruckt von jedwedem „dritten Weg" folgten indessen die alliierten Besatzer ihrem

---

⁴² Gollnick (Anm. 41), S. 212 ff., nennt u.a. Heinz G. Thurm in der Umschau 1947 sowie Walter Boehlich. Gewichtige Fürsprecher dagegen waren Dolf Sternberger, Nicolaus Sombart, Hans Mayer, Erich Pfeiffer-Belli und Paul Rilla.
⁴³ Thomas Mann: Brief an den Schutzverband Deutscher Schriftsteller. In: Zeitschrift des Schutzverbands deutscher Schriftsteller 1 (1947) H.1, S. 1.
⁴⁴ Vgl. Hans Wisskirchen: Europäische Literaturkritik. In: Thomas-Mann-Handbuch. Hrsg. von Helmut Koopmann. Stuttgart 1990, S. 908 ff.
⁴⁵ Grunenberg (Anm. 41), S. 128 f.

eigenen Pragmatismus in Kultur und Politik, um Märkte, strategische Positionen und ideologische Einflußsphären zu gewinnen. So wurden die Exilschriftsteller einseitig in der SBZ / DDR integriert und blieben fast ohne Resonanz im deutschen Westen. Einzig Thomas Manns Beharren auf die untrennbare Kulturnation, seine identischen Goethe- und Schillerreden 1949 und 1955 in beiden Deutschland und seine Erwartung einer „auf die Dauer zu erwartenden Wiedervereinigung" (im Tagebuch-Notat von der Papst-Audienz 1953) blieben über die Nachkriegszeit hinaus zukunftweisend.

Thomas Mann, immer darauf bedacht, mit den deutschen Lesern auch im Exil Kontakt zu bewahren, erfüllte die Rolle einer moralischen und politischen Identifikationsfigur für manche nichtfaschistischen Bildungsbürger im Dritten Reich in ihrer durch die Diktatur bedingten ‚inneren Emigration'. Wolfgang Koeppen ist nur ein Beispiel dafür. Es mag die problematisch gebliebene Begriffsklammer der „inneren Emigration" näher ausleuchten, daß er so etwas wie die stillschweigende Solidarität all jener Einzelgänger festhält: „Es gab allerdings ein Licht in der Zeit, das ich später, als die Götterdämmerung gekommen war, geradezu vermißte. Die Hitlergegner erkannten sich und waren miteinander verläßlich".[46] Hier, unter seinen daheimgebliebenen Lesern und weniger zwischen den Autoren in Exil und innerer Emigration, konnte Thomas Mann eine Mittlerfunktion ausüben. Daß er nach 1945 unter den jüngeren Autoren kaum Nachfolger fand, hing allerdings mit etwas anderem zusammen: der zu Ende gehenden Form des von Walter Benjamin postulierten Romans epischer Totalität und bürgerlich-realistischer Gesellschaftspräsentation.

---

[46] Koeppen: Einer der schreibt (Anm. 22), S. 175. Vgl. auch: Wolfgang Koeppen: Die Beschwörung der Liebe. In: ders.: Die elenden Skribenten. Aufsätze. Frankfurt a. M. 1981, S. 114.

Helmuth Kiesel

Zwischen Kritik und Affirmation

Ernst Jüngers Auseinandersetzung mit dem Nationalsozialismus

Ernst Jünger ist auf eine Weise in die Ideologiegeschichte der nationalsozialistischen Zeit verwickelt, die schwer zu durchschauen und schwer zu beurteilen ist. Abbreviatorische Formeln wie „Präfaschist" einerseits und „Widerstandsautor" andererseits sind aus entsprechenden Indizien herausdestilliert und haben mithin trotz ihrer Widersprüchlichkeit – oder eigentlich: gerade in ihrer Widersprüchlichkeit – etwas tendenziell Richtiges an sich; sie reichen aber, zumal wenn sie separat und exklusiv verwendet werden, nicht aus, um der Komplexität dieses „Falles" gerecht zu werden. Um diese Komplexität wenigstens einigermaßen anschaulich werden zu lassen, seien zunächst einige Punkte genannt, die für Jüngers Verhältnis zur nationalsozialistischen Bewegung von besonderer Signifikanz sind.

Jünger gehörte bekanntlich zum Milieu der Konservativen Revolution[1] und des Soldatischen Nationalismus,[2] aus dem die nationalsozialistische Bewegung kräftigen Zulauf erhielt und in dem Hitler und seine Berater auch gezielt nach prominenten Parteigängern suchten. Jünger ist ein gutes Beispiel dafür: Hitler persönlich umwarb ihn, sandte ihm sein Buch *Mein Kampf* mit einer schmeichelhaften Widmung und bat im Juni 1926 um ein Treffen, das allerdings nicht zustande kam.[3] Noch intensiver bemühte sich Goebbels um Jünger, und zweimal, 1927 und 1933, bot ihm die Führung der Nationalsozialistischen Deutschen Arbeiterpartei (NSDAP) ein Reichstagsmandat an.[4] Aber alle diese Bemühungen waren vergeblich: Jünger kritisierte die Ideologie und die politische Praxis der NSDAP seit 1927 in publizierten wie in privaten Schriften mehrfach als ungeistig und „grob-mechanistisch",[5] entzog sich allen Vereinnahmungsversuchen und war auch nach der Machtübernahme zu keiner Freundlichkeit bereit. Vielmehr betonte er seine Unabhängigkeit und bemühte sich, seine Distanz öffentlich anzuzeigen: Im November 1933 lehnte Jünger die Berufung in die „gesäuberte" und unter Mitwirkung von Gottfried

---

[1] Vgl. dazu Stefan Breuer: Anatomie der Konservativen Revolution. Darmstadt 1993.
[2] Vgl. dazu Karl Prümm: Die Literatur des Soldatischen Nationalismus der 20er Jahre (1918-1933): Gruppenideologie und Epochenproblematik. 2 Bde. Kronberg/Ts. 1974.
[3] Vgl. SW 3, S. 614 (SW = Ernst Jünger: Sämtliche Werke. 18 Bde. Stuttgart 1978-1993); Heimo Schwilk (Hrsg.): Ernst Jünger: Leben und Werk in Bildern und Texten. Stuttgart 1988, S. 110.
[4] Vgl. Schwilk (Anm. 3), S. 106.
[5] Vgl. ebd., S. 110.

Benn gleichgeschaltete ‚Deutsche Akademie der Dichtung' ab.[6] Im Juni 1934 protestierte er bei der Redaktion des *Völkischen Beobachters* gegen den unautorisierten Abdruck einer Passage aus dem *Abenteuerlichen Herzen*, weil sich, wie er schrieb, aus der Publikation in diesem Organ Unklarheiten über die Art seiner „politischen Substanz" ergeben konnten.[7] Gegen den Ausschluß jüdischer Mitglieder aus dem Traditionsverein seiner Weltkriegseinheit protestierte Jünger mit seinem eigenen Austritt,[8] und 1934 publizierte er im ‚Epigrammatischen Anhang' zu dem Sammelband *Blätter und Steine* den folgenden Aphorismus: „Die schlechte Rasse wird daran erkannt, daß sie sich durch den Vergleich mit anderen zu erhöhen, andere durch den Vergleich mit sich selbst zu erniedrigen sucht".[9] Das war sicher nicht besonders mutig, aber leisetreterisch oder gar opportunistisch war es auch nicht. Und noch mehr gilt dies von der 1939 publizierten Erzählung *Auf den Marmorklippen*, die in geschickter Tarnung zwar, aber doch unmißverständlich zum Ausdruck brachte, daß der Verfasser die NS-Aktivisten für eine gemeine Verbrecherbande und ihren Terror für ein illegitimes und schändliches Treiben hielt.[10]

Trotz dieser deutlichen und erkennbar zum Ausdruck gebrachten Distanz gegenüber dem Nationalsozialismus und dem Dritten Reich erwog Jünger nie die Emigration, sondern blieb in Deutschland, ließ sich 1939 mobilisieren und marschierte unter der Hakenkreuzfahne erneut in Richtung Frankreich, als gelte es immer noch, den Versailler Vertrag zu revidieren. – Drei Motive dürften für Jüngers Verbleiben in Deutschland ausschlaggebend gewesen sein: (erstens) die Absicht, Zeuge des Geschehens zu bleiben; (zweitens) das Gefühl einer unauflösbaren Verbundenheit mit der Nation, für die Jünger im Weltkrieg – bewußt pathetisch gesagt – sein Leben vielfach in die Schanze geworfen hatte und die er in den Schriften seiner nationalistischen Phase, also zwischen 1925 und 1930, als naturgegebenen und schicksalsbestimmten Rahmen der individuellen Existenz verklärt hatte; (drittens, und das ist wohl das entscheidende Motiv für Jüngers letztlich doch sehr ambivalente Haltung gegenüber dem Nationalsozialismus und dem Dritten Reich) eine sowohl fatalistische als auch zuversichtliche Geschichtsphilosophie und eine entsprechende Gegenwartsinterpretation. – Dieses entscheidende Motiv soll nun genauer erörtert werden.

Bestimmend für Jüngers Interpretation des Geschichtsprozesses und des geschichtlichen Standorts sind Nietzsches Nihilismus- und Max Webers Entzauberungsthese.[11] Auf Nietzsche beruft sich Jünger häufig; er gehört zu sei-

---

[6] Vgl. ebd., S. 143; Inge Jens: Dichter zwischen rechts und links: die Geschichte der Sektion für Dichtkunst der Preußischen Akademie der Künste, dargestellt nach Dokumenten. München 1979, S. 214.

[7] Vgl. Schwilk (Anm. 3), S. 142.

[8] Vgl. ebd., S. 305.

[9] Nr. 44, S. 220 der Originalausgabe.

[10] Vgl. Helmuth Kiesel: Ernst Jüngers ‚Marmor-Klippen'. In: Internationales Archiv für Sozialgeschichte der deutschen Literatur 14 (1989), S. 126-164.

[11] Vgl. dazu Helmuth Kiesel: Wissenschaftliche Diagnose und dichterische Vision der Moderne: Max Weber und Ernst Jünger. Heidelberg 1994; Martin Meyer: Ernst Jünger. München, Wien 1990; Peter Koslowski: Der Mythos der Moderne: die dichterische Philosophie Ernst Jüngers.

nen meistzitierten Vordenkern. Weber wird in Jüngers Schriften namentlich erst in den sechziger Jahren genannt;[12] aber seit dem Ende der zwanziger Jahre reflektierte Jünger jene Erscheinungen des modernen Lebens, die Weber unter dem Begriff der „Entzauberung" subsumiert hatte; mehrfach verwendete Jünger eben diese Vokabel. Webers Entzauberungs- mit Nietzsches Nihilismusthese zu kombinieren lag nahe, weil Weber selbst sich schon von Nietzsche hatte inspirieren lassen: In Anlehnung an Nietzsche sprach Weber ja am Ende der *Protestantischen Ethik* in eindrucksvollen Worten vom baldigen Erscheinen der „letzten Menschen" und befürchtete, daß sie „Fachmenschen ohne Geist" und „Genußmenschen ohne Herz" sein würden, ein kulturelles „Nichts" also, wie Weber auch sagte, oder eben die Inkarnation der nihilistischen Negation aller Werte. Dieser Typus des „letzten Menschen", von dem Nietzsche und Weber sprachen, ist aber auch eine wichtige und deswegen oft angesprochene[13] Figur in Jüngers Geschichtsphilosophie, genauer gesagt: die Verkörperung des vollendeten Nihilismus, die Jünger baldmöglichst überwunden sehen wollte, von der er aber auch glaubte, daß sie geschichtlich notwendig und deswegen nicht einfach zu vermeiden oder zu übergehen sei.

An dieser Stelle ist ein kurzer Blick auf Nietzsches Geschichts- und Wertphilosophie angebracht:[14] Nietzsche hatte bekanntlich den Nihilismus definiert als „die zu Ende gedachte Logik unserer großen Werte und Ideale", und das heißt zugleich: als die *Ent*wertung aller dieser Werte. Diese Entwertung (oder Nihilisierung) aller Werte mußte aber „irgendwann", wie Nietzsche sagte, überwunden werden durch eine Konstituierung neuer Werte; denn: „Wir haben, irgendwann, Werte nötig".[15]

Diese Geschichtskonzeption übernahm Jünger Ende der zwanziger Jahre, interpretierte damit seine geschichtliche Erfahrung, die durch die Katastrophe des (Ersten) Weltkriegs geprägt war, und bestimmte seine Epoche als die Epoche der Überwindung des Nihilismus: Das lange 19. Jahrhundert, das mit dem (Ersten) Weltkrieg zu Ende gegangen war, hatte – Jünger zufolge – die nihilistische Entwertung aller Werte und damit die rationalistische Entzauberung der Welt so weit vorangetrieben, daß der „magische Nullpunkt", an dem die Entwertung der Werte abgeschlossen sein sollte und eine neue Wertebildung beginnen konnte, sozusagen vor der Haustür lag. Man mußte, so schien es Jünger (und vielen antibürgerlich eingestellten Zeitgenossen, die Alfred Döb-

---

München 1991; Reinhard Brenneke: Militanter Modernismus: vergleichende Studien zum Frühwerk Ernst Jüngers. Stuttgart 1992; Jeffrey Herf: Reactionary modernism: technology, culture, and politics in Weimar and the Third Reich. Cambridge 1984.

[12] Vgl. SW 10, S. 121.
[13] Vgl. bes. SW 7, S. 155, und SW 8, S. 540 und 617; Kiesel (Anm. 11), S. 127 und 169 f.
[14] Vgl. Lothar Köhn: Überwindung des Historismus: zu Problemen einer Geschichte der deutschen Literatur zwischen 1918 und 1933. In: Deutsche Vierteljahrsschrift für Literaturwissenschaft und Geistesgeschichte 48 (1974), S. 704-766 (Teil I), und 49 (1975), S. 94-165 (Teil II), hier: Teil I, S. 750 f.
[15] Friedrich Nietzsche: Werke in drei Bänden. Bd. 3. Hrsg. von Karl Schlechta. München 1966, S. 635.

lin später unter dem Namen der „Geistesrevolutionäre" als eine wichtige Gruppe der deutschen Literatur der Zwischenkriegszeit aufführte[16]), nur die bürgerliche Plüschwohnung verlassen, die Werte einer „peinlichen Musterung" unterwerfen und den „nihilistischen Akt" konsequent zu Ende führen –: dann komme man vollends an jenen „magischen Nullpunkt", an dem „zugleich nichts und alles" sein und an dem die Wiederverzauberung der rationalistisch entzauberten Welt beginnen mochte, wie es im *Abenteuerlichen Herzen* von 1929 heißt.[17]

Wiederverzauberung des Menschen und der Welt bedeutete für Jünger aber nicht Rückkehr zu den Lebensformen einer romantisch ausgemalten Vergangenheit, sondern Vollendung und Steigerung der Moderne mit modernsten Mitteln. Das ist die Botschaft der drei Mobilisierungs- und zugleich Modernisierungsschriften, die in den nächsten Jahren entstanden, der Essays *Die totale Mobilmachung* (1930), *Der Arbeiter* (1932) und *Über den Schmerz* (1934). Sie haben zwar unterschiedliche Themen, berühren sich aber vielfach und stimmen vor allem in der Absicht überein, den Umbau der Welt und die entsprechende Verwandlung des Menschen in ihr zu beschleunigen. Umbau der Welt heißt: konsequente technologische Modernisierung, bis alle „historische Biedermeierei"[18] verschwunden ist und die Welt eine einzige „Werkstättenlandschaft"[19] ist. Verwandlung des Menschen heißt: Ergänzung und Steigerung der menschlichen Natur und des menschlichen Vermögens durch die Verschmelzung des Menschen mit der Technik – was in einem relativ vagen, zugleich aber umfassenden Sinn gemeint war. Insbesondere sollte das physische und intellektuelle Vermögen des Menschen apparativ ergänzt und sozialtechnisch durch Bildung von Arbeitskollektiven potenziert werden. Der Terminus, unter dem Jünger diese Projektionen entfaltet, heißt „organische Konstruktion"[20] und verweist auf den Wunsch nach Verschmelzung von Natur und Technik. Was sich Jünger davon versprach, war nicht nur eine Optimierung der materiellen Lebensbedingungen, sondern auch eine Steigerung der ‚Lebensqualität', in dem Sinne, daß das Leben insgesamt wieder als eine Aufgabe und ein Wert erfahren werden konnte, für die sich einzusetzen und sich zu opfern dem Menschen lohnend erscheinen mußte.

Daß dieser optimierende Umbau der Welt und des Menschen Opfer kosten würde, Opfer an Arbeitskraft und Freiheit vor allem, war Jünger klar. Er glaubte aber, daß die Menschen bereit seien, diese Opfer zu bringen, wenn es gelänge, sie von der Größe der Aufgabe und des Gewinns zu überzeugen, und wenn man ihnen nahebringen konnte, daß der Schmerz der unvermeidliche Preis des Wertes war.[21] Dieser Überzeugung entspricht eine ästhetische Haltung, die Jünger 1934 in dem Essay *Über den Schmerz* postu-

---

[16] Vgl. Kiesel (Anm. 11), S. 129 ff.
[17] Vgl. SW 9, S. 135, 140 und 154.
[18] Vgl. SW 9, S. 154.
[19] Vgl. SW 8, S. 226.
[20] Vgl. SW 8, S. 222 ff., und SW 7, S. 160, sowie Kiesel (wie Anm. 11), S. 118 ff.
[21] Vgl. SW 8, S. 274.

liert hat: Sie mußte bestimmt sein durch eine Feldherrnoptik, die von der Verwundung oder vom Tod einzelner keine Notiz nimmt, und durch eine Cäsarensprache, die sich jeder Klage über Schmerz und Verluste enthält.[22] – Hier sei nur angemerkt, daß Karl Heinz Bohrer die Entwicklung dieser „kalten" Ästhetik als adäquate Reaktion auf die Schrecken der Moderne wertet und Jüngers humanistisch-moralisierende Revokation dieser Ästhetik in den *Marmorklippen* von 1939 als eine Preisgabe dieser ästhetischen Modernität beklagt.[23]

Dies also waren Jüngers Vorstellungen vom Gang der Geschichte zu Beginn der dreißiger Jahre. Er sah einen gigantischen Umbau der Welt im Gang und erwartete von ihm die Überwindung des Nihilismus. Und er glaubte feststellen zu können, daß Deutschland im Begriff stand, diesen Prozeß mitzuvollziehen oder gar die Avantgarde zu bilden. In diesem Sinn ist im *Arbeiter*-Essay von 1932 von einem „neuen Aufgange Deutschlands" und von einer opferbereiten jungen Mannschaft die Rede.[24] Daß damit die „Hitler-Bewegung" und – im Vorgriff – das Dritte Reich gemeint waren, ist bei Jüngers Reserviertheit gegenüber der NSDAP nicht wahrscheinlich; er glaubte vermutlich an einen allgemeinen, nicht auf die „Hitler-Bewegung" eingeschränkten Aufbruchswillen. Im übrigen war Jüngers Optik 1932 überhaupt nicht mehr nationalistisch,[25] sondern planetarisch. So heißt es am Ende des *Arbeiters*: „Wir sehen, daß die Völker an der Arbeit sind, und wir begrüßen diese Arbeit, wo immer sie geleistet wird. Der eigentliche Wettkampf gilt der Entdeckung einer neuen und unbekannten Welt – einer Entdeckung, vernichtender und an Folgen reicher als die Entdeckung Amerikas".[26]

Vernichtung als Voraussetzung oder gar Modus der Erneuerung und Steigerung der menschlichen Existenz – : diese apokalyptische Prämisse, die im eigentlichen Sinn des Wortes ‚Apokalypse' mit der Offenbarung eines neuen Zustands rechnete, bestimmte Jüngers Optik für den weiteren Gang der Ge-

---

[22] Vgl. Kiesel (Anm. 11), S. 121 ff.
[23] Vgl. Karl Heinz Bohrer: Die Ästhetik des Schreckens: die pessimistische Romantik und Ernst Jüngers Frühwerk. München 1978, S. 440 ff.
[24] Vgl. SW 8, S. 31 und 214.
[25] Symptomatisch für Jüngers Abrücken von der nationalistischen Perspektive ist, daß er bei der Überarbeitung seiner Kriegsbücher für die Neuauflagen von 1935 die nationalistischen und völkischen Töne, die er 1925 hinzugefügt hatte, wieder tilgte: vgl. Hermann Knebel: Fassungen: zu Überlieferungsgeschichte und Werkgenese von Ernst Jüngers ‚In Stahlgewittern'. In: Harro Segeberg (Hrsg.): Vom Wert der Arbeit: zur literarischen Konstitution des Werkkomplexes ‚Arbeit' in der deutschen Literatur (1770-1930). Tübingen 1991, S. 379-408, hier S. 398 f.; Eva Dempewolf: Blut und Tinte: eine Interpretation der verschiedenen Fassungen von Ernst Jüngers Kriegstagebüchern vor dem politischen Hintergrund der Jahre 1920 bis 1980. Würzburg 1992, S. 198 ff.
[26] Vgl. SW 8, S. 311. – Die in der Forschungsliteratur häufig vertretene These, daß Jüngers ‚Arbeiter' als theoretischer Vorgriff auf den nationalsozialistischen Staat oder als nationalsozialistisches Modernisierungskonzept zu betrachten sei, übersieht sowohl die gravierenden Differenzen zur nationalsozialistischen Ideologie als auch die überraschende Nähe zu sozialistischen Zukunftsvorstellungen und erweist sich bei genauerer Betrachtung als unzutreffend: vgl. Kiesel (Anm. 11), S. 128 ff.

schichte und ließ ihm die ungeheure Mobilisierung sowohl in Deutschland als auch in Rußland mit ihren nicht weniger ungeheuren Destruktionen als letztlich sinnvoll erscheinen. Das heißt aber nicht, daß er alles und jedes gutheiß. Vor allem in vier Punkten verweigerte Jünger den Agenten der Destruktion die Zustimmung:

1. Mit der 1939 publizierten Erzählung *Auf den Marmorklippen* verurteilte Jünger die brutale militärische Machtanwendung und den gemeinen Terror; die Erzählung war ein öffentlicher und kaum verhüllter Protest gegen die Art von Gewalt, wie sie in Guernica ausgeübt worden war und in den Konzentrationslagern weiterhin geschah.[27]

2. In zunächst privaten, nach dem Ende des Dritten Reichs publizierten Aufzeichnungen aus den Jahren 1942/43 verurteilte Jünger die massenweise Tötung von Geisteskranken als ein Vergehen, das den Begriff des Menschlichen und die Möglichkeit des Weiterlebens in Frage stellte.[28]

3. Ebenfalls in zunächst privaten Aufzeichnungen aus diesen und späteren Jahren verurteilte Jünger den Judenmord als ein Verbrechen von mythischer Dimension, das heißt: als ein Verbrechen, das eine neue Epoche der Negativität eröffnete und insbesondere die Deutschen, letztlich aber die Menschheit insgesamt und für die Dauer ihrer ganzen geschichtlichen Existenz mit dem Makel belastete, einen Genozid dieser noch nie dagewesenen Art und Größe organisiert, zugelassen, mit angesehen und überlebt zu haben.[29] – Das hätte man früher mit Wolfgang Fritz Haug als „hilflosen Antifaschismus" oder mit Alexander und Margarete Mitscherlich als Figur der Derealisierung und Verschleierung eingestuft; aber jüngst, zum 50. Jahrestag der Befreiung von Auschwitz, schrieb der Historiker Christian Meier, der während des sogenannten Historikerstreits Ende der achtziger Jahre für die Intensivierung der Auseinandersetzung mit dem Dritten Reich plädierte und gewiß nicht verdächtigt werden kann, den Judenmord mildern oder verschleiern zu wollen: Seitdem sich Auschwitz „als möglich erwies, ist eine neue Stufe menschlicher Fähigkeiten erreicht, also die Welt verwandelt. Dieses Ereignis hat [...] eine geradezu mythische Qualität für die Menschheit insgesamt, besonders aber für die Juden (wie Roma und Sinti) und für die Deutschen".[30]

4. Schon vor dem Krieg begann Jünger – inspiriert durch die Technik-Kritik seines Bruders Friedrich Georg[31] – zu sehen, daß die gesellschaftliche und technische Mobilisierung, von der er sich eine neue Verzauberung der Welt

---

[27] Zum Bezug auf Guernica, der in Kap. 7 hergestellt wird, vgl. Kiesel (Anm. 10), S. 138; zum Bezug auf die Todeslager vgl. ebd., S. 141 ff.
[28] Vgl. SW 2, S. 431.
[29] Vgl. SW 2, S. 278; SW 5, S. 577; SW 7, S. 440 und 450; SW 8, S. 544.
[30] Vgl. Christian Meier: Der letzte Tag. Auschwitz duldet keine Normalisierung. In: Frankfurter Allgemeine Zeitung, 27.1.1995, S. 35.
[31] Vgl. Friedrich Georg Jünger: Die Perfektion der Technik. Frankfurt a. M. 1980 (6. Auflage); vgl. dazu Stefan Breuer: Die Gesellschaft des Verschwindens: von der Selbstzerstörung der technischen Zivilisation. Hamburg 1992, S. 103 ff.; zur Bedeutung für Ernst Jüngers Beurteilung der Technik und der Moderne vgl. Kiesel (Anm. 11), S. 151 ff.

versprochen hatte, vor allem ein rücksichtsloser Kampf gegen die Natur wurde und nur zu einer weiteren „Entzauberung" der Welt führte. Beobachtungen in den Kriegsjahren bestärkten ihn in diesem Verdacht. In den besetzten Teilen des sowjetisch modernisierten Rußland sah er die „Entzauberung" weiter fortgeschritten, als er es sich zuvor hatte träumen lassen.[32]

Kurz, der Prozeß der Modernisierung, in dem manche der nationalsozialistischen wie der sowjetkommunistischen Zwangsmaßnahmen und Destruktionen eine vorbereitend-positive Funktion zu haben schienen, wurde von Jünger nun als insgesamt verfehlt beurteilt.

Das blieb nicht folgenlos, sondern führte zu einem Bruch in Jüngers optimistischer Geschichtsauffassung und veranlaßte ihn, sein nicht eben zimperliches Modernisierungskonzept zu revidieren. In der programmatischen Schrift *Der Friede*, die 1942/43 entstand und als ‚Wegweisung' für die Zeit nach dem Krieg gedacht war, wird den Menschenrechten und speziell den Freiheitsrechten ein sehr viel größerer Wert eingeräumt, als dies im *Arbeiter*-Essay von 1932 der Fall war; insbesondere werden die Freiheitsrechte nicht mehr dem Zug der Modernisierung geopfert. Gleichwohl versuchte Jünger noch einmal, den Gang der Entwicklung mit dem geschichtsphilosophischen Feldherrnblick zu mustern und in Cäsarensprache zu beschreiben. Und so nannte er den von Hitler entfesselten Weltkrieg „das erste allgemeine Werk der Menschheit", in dem „zum ersten Mal die Kugel des Planeten mit glühenden Nähten" geschweißt[33] – unter gewaltigen Opfern also eine planetarische Kommunikation hergestellt und eine planetarische Ordnung vorbereitet worden sei.

Das kommt einem heute nachgerade unfaßbar vor, und vermutlich würde auch Jünger dies heute nicht mehr so sagen. Sein geschichtliches Denken ist pessimistischer geworden; mehr und mehr scheint er von der Verfehltheit und von der Heillosigkeit dieser geschichtlichen Periode überzeugt zu sein. Seinerzeit aber stand Jünger mit seiner Positivierung der epochalen Destruktionen nicht allein. Wie Jünger hat z.B. Hermann Broch einen schmerzhaften „Durchmarsch durch das Nichts" für nötig gehalten[34] und hat Hitler – noch 1943! – als „Instrument des [nötigen] großen Reinemachens" bezeichnet.[35] Und am 1. Januar 1947 hat Thomas Mann – im vollen Bewußtsein dessen, was in Auschwitz und andernorts geschehen war – an Karl Kerényi geschrieben, sein neues Werk, der *Doktor Faustus,* sei, der Zeit entsprechend, von Schmerz und Klage erfüllt, fügte dem aber hinzu: „Freilich glaube ich,

---

[32] Vgl. SW 2, S. 418 ff. und 466.
[33] Vgl. SW 7, S. 195 und 197.
[34] Vgl. Hermann Broch: Kommentierte Werkausgabe. Hrsg. von Paul Michael Lützeler. Bd. 13/1: Briefe 1 (1913-1938). Frankfurt a. M. 1981, S. 304 (Brief vom 20.10.1934 an Willa Muir).
[35] Vgl. Klaus Amann: Hermann Brochs Auseinandersetzung mit dem Faschismus. In: Michael Kessler, Paul Michael Lützeler (Hrsg.): Hermann Broch: das dichterische Werk; neue Interpretationen. Tübingen 1987, S. 159-172, hier: 165 (Brief vom 10.4.1943 an Friedrich Torberg). – Der Brief muß hier nach Amann zitiert werden, weil die zitierte Formulierung beim Abdruck des Briefes in der Kommentierten Werkausgabe (Bd. 13/2, S. 318-323) weggelassen wurde.

daß, alles in allem, die Menschheit doch, trotz allem gegenteiligen Anschein, ein gutes Stück *vorwärts* gestoßen worden ist".[36]

Diese Äußerungen von Hermann Broch und Thomas Mann zeigen, daß Jüngers Versuch, der nationalsozialistischen Zeit trotz der deutlich verurteilten Vergehen eine positive Funktion für den größeren Geschichtsprozeß zuzuschreiben, keine singuläre Ungeheuerlichkeit darstellt. Er ist vielmehr Ausdruck eines geschichtsphilosophischen Denkens, das damals noch weit verbreitet war, obwohl Theodor Lessing (1919) und Eric Voegelin (1938) es wegen seiner unmenschlichen Züge schon verschiedentlich kritisiert hatten.[37] Und zugleich ist dieser Positivierungsversuch wohl Ausdruck eines Trostbedürfnisses, das so groß war, daß es sich in eben solche unmenschlich wirkenden Überlegungen verstieg. Im übrigen bleibt anzumerken, daß die nationalsozialistische Vergangenheit Jünger mit der Positivierung in der *Friedensschrift* nicht etwa „bewältigt" erschien. 1953 schrieb er in dem Essay *Der gordische Knoten*: „Die Ausdeutung der jüngsten Vergangenheit [...] ist eine Lebensfrage für uns",[38] und dem entspricht, daß ein guter Teil seines späteren Werks der Reflexion des Dritten Reichs gehört.

Abschließend sei noch auf eine Analogie zwischen Jüngers Auseinandersetzung mit dem Nationalsozialismus und der neueren Debatte über die – angeblichen – Modernisierungseffekte oder gar Modernisierungsleistungen des Dritten Reichs hingewiesen.[39] Zwei Betrachtungsweisen werden in dieser Debatte vertreten: eine intentionalistische und eine funktionalistische oder strukturalistische.[40] Für beide steht der verbrecherische Charakter der nationalso-

---

[36] Vgl. Thomas Mann – Karl Kerényi: Gespräch in Briefen. Zürich 1960, S. 146.
[37] Vgl. Theodor Lessing: Geschichte als Sinngebung des Sinnlosen. München 1919; Eric Voegelin: Die politischen Religionen. Hrsg. und mit einem Nachwort versehen von Peter J. Opitz. München 1993 (nicht zufällig wird Jünger von Voegelin an einschlägiger Stelle zitiert: S. 37).
[38] Vgl. SW 7, S. 440.
[39] Vgl. dazu Horst Matzerath, Heinrich Volkmann: Modernisierungstheorie und Nationalsozialismus. In: Theorien in der Praxis des Historikers: Forschungsbeispiele und ihre Diskussion. Hrsg. von Jürgen Kocka. Göttingen 1977 (= Geschichte und Gesellschaft: Zeitschrift für Historische Sozialwissenschaft, Sonderheft 3), S. 86-116; Jens Alber: Nationalsozialismus und Modernisierung. In: Kölner Zeitschrift für Soziologie und Sozialpsychologie 41 (1989), S. 346-365; Hans Mommsen: Nationalsozialismus als vorgetäuschte Modernisierung. In: Walter H. Pehle (Hrsg.): Der historische Ort des Nationalsozialismus. Frankfurt a. M. 1990, S. 31-46, und wieder in Hans Mommsen: Der Nationalsozialismus und die deutsche Gesellschaft. Reinbek b. Hamburg 1991, S. 405-427; Michael Prinz, Rainer Zitelmann (Hrsg.): Nationalsozialismus und Modernisierung. Darmstadt 1991 [bemerkenswerte Rezensionen: Christof Dipper: Modernisierung des Nationalsozialismus. In: Neue Politische Literatur 36 (1991), S. 450-457; Michael Schneider: Nationalsozialismus und Modernisierung? Probleme einer Neubewertung des „Dritten Reiches". In: Archiv für Sozialgeschichte 32 (1992), S. 541-545]; Norbert Frei: Wie modern war der Nationalsozialismus? In: Geschichte und Gesellschaft 3 (1993), S. 367-387.
[40] Vgl. zu dieser Unterscheidung M. Rainer Lepsius: Plädoyer für eine Soziologisierung der beiden deutschen Diktaturen. In: Von der Aufgabe der Freiheit: politische Verantwortung und bürgerliche Gesellschaft im 19. und 20. Jahrhundert. Festschrift für Hans Mommsen zum 5. November 1995. Hrsg. von Christian Jansen, Lutz Niethammer und Bernd Weisbrod. Berlin 1995, S. 609-615, hier S. 613.

zialistischen Herrschaft außer Frage; beide sehen aber im Dritten Reich Momente jener Modernisierung, die als Grundzug des 20. Jahrhunderts gilt und das Gepräge der westlichen Demokratien einschließlich der Bundesrepublik bestimmt. Die intentionalistische Betrachtungsweise führt diese Momente der Modernisierung im Dritten Reich auf bewußte Modernisierungsabsichten von nationalsozialistischen Planern zurück und qualifiziert sie entsprechend als Modernisierungs*leistungen*; die strukturalistische oder funktionalistische Betrachtungsweise leugnet die Modernisierungsabsichten und spricht von unbeabsichtigten Modernisierungs*effekten*. In jedem Fall erscheint das Dritte Reich als eine Art von Modernisierungshelfer und gewinnt, ohne daß seine Verbrechen verleugnet oder verniedlicht würden, eine bis zu einem gewissen Grad positive geschichtliche Funktion. – Jüngers Betrachtungsweise ist wohl eine im Prinzip strukturalistische/funktionalistische mit wechselnder Wertung: Er sah in den Akteuren des Dritten Reichs die (minderwertigen und verbrecherisch vorgehenden) Agenten der geschichtlich fälligen Modernisierung, die er als zwangsläufig anerkannte und bis 1939, gelegentlich auch noch danach, positiv bewertete, ab 1939 aber – unter dem Eindruck der Technik-Kritik seines Bruders Friedrich Georg[41] – mit zunehmender Skepsis verfolgte und nun eher negativ beurteilte. In diesem Sinn akzeptierte er zunächst einiges, was durch den Nationalsozialismus in die Wege geleitet wurde, obwohl er die Vorgehensweise der Nazis von Anfang an ablehnte; später entzog er auch dem Prozeß der Modernisierung seine Zustimmung.

Diese strukturalistische/funktionalistische Betrachtungsweise mit der frühen positiven Wertung des Gesamtvorgangs hat Jünger vom tätigen Widerstand ferngehalten und gab seinen Schriften bis zu den *Marmorklippen* von 1939 eben jene Doppeldeutigkeit, die es erlaubt, sie als Kritik wie als Affirmation zu verstehen. Diese Doppeldeutigkeit eignet auch anderen Werken jener Zeit, so z.B. Werner Bergengruens Roman *Der Großtyrann und das Gericht* von 1935, in dem zwar die widergöttliche „Selbstüberhebung"[42] des „Großtyrannen" kritisiert wird, seine ökonomisch fruchtbaren Leistungen wie der Bau einer für Verkehr und Handel wichtigen steinernen Brücke aber anerkannt werden, und zwar als ausgesprochene Modernisierungsleistungen, zu denen das frühere Regiment der parteilich zerstrittenen alten Geschlechter nicht fähig gewesen war.[43] Und eine ähnliche, ebenfalls aus einer strukturalistischen/funktionalistischen Optik resultierende Doppeldeutigkeit findet sich auch in Werken von DDR-Autoren, die sich trotz der Ablehnung vieler Erscheinungen des real-existierenden Sozialismus in der DDR nicht entschließen mochten, die Idee des Sozialismus preiszugeben und das Land zu verlassen.[44]

---

[41] Vgl. Anm. 29.
[42] Vgl. Werner Bergengruen: Der Großtyrann und das Gericht. Roman. München 1987, S. 237 und 310.
[43] Vgl. ebd., S. 66 ff. und 234 f.
[44] Vgl. dazu Helmuth Kiesel: Literaturgeschichtliches Vergleichen: Ernst Jünger und Christa Wolf. In: Autor, Macht, Staat: Literatur und Politik in Deutschland. Ein notwendiger Dialog. Hrsg. von Gerd Langguth. Düsseldorf 1994, S. 131-152.

Mit diesen Hinweisen auf andere Werke, in denen die Wertung negativer geschichtlicher Erscheinungen durch eine strukturalistische/funktionalistische Sehweise positivierend beeinflußt wird, soll auch deutlich gemacht werden, daß diese Sichtweise weder ein Spezifikum Jüngers noch ein Spezifikum von Autoren ist, die im nationalsozialistischen Deutschland lebten und schrieben. Vielmehr stellte sie sich überall da ein, wo man klare Vorstellungen vom Gang und vom Ziel der Geschichte hatte und wo man die konkreten gesellschaftlichen Verhältnisse und geschichtlichen Vorgänge jenen als höher erachteten Zielen unterordnete. Da konnte es dann zu überraschenden Konzessionen an das Böse und zu momentanen Sympathien selbst mit dem Schlimmsten kommen. Eines der krassesten Beispiele dafür findet sich in Brechts *Arbeitsjournal* unter dem Datum des 21. Juli 1944: „als etwas über die blutigen vorgänge zwischen hitler und den junkergenerälen durchsickerte, hielt ich für den augenblick hitler den daumen; denn wer, wenn nicht er, wird uns schon diese verbrecherbande austilgen?"[45]

---

[45] Vgl. Bertolt Brecht: Arbeitsjournal. Hrsg. von Werner Hecht. Frankfurt a. M. 1974, S. 426.

Axel Vieregg

Der eigenen Fehlbarkeit begegnet?

Günter Eichs Verstrickung ins „Dritte Reich"

I. Eichs „Sündenfall"

Als 1991 die *Gesammelten Werke*[1] von Günter Eich in einer neuen Ausgabe erschienen, war zum erstenmal für die breitere Öffentlichkeit belegt, was bis dahin nur in wenigen Spezialarbeiten (vor allem in der amerikanischen und von der deutschen Germanistik kaum rezipierten Dissertation von Glenn R. Cuomo)[2] zu lesen war, daß nämlich für Eich die Jahre 1933 bis 1940, mit über 160 Funkarbeiten, quantitativ produktiver waren als die 25 Jahre nach dem Kriege bis zu seinem Tod. Darüber hinaus belegten die im Nachlaß seines Freundes Martin Raschke in Dresden aufgefundenen Beiträge Eichs zu der gemeinsam mit Raschke verfaßten Sendereihe *Deutscher Kalender. Monatsbilder vom Königswusterhäuser Landboten*, sowie die inzwischen gesammelten, aber nicht veröffentlichten Briefe aus der Zeit, daß Eich in dieser, mit rund 75 Folgen umfassendsten Idyllenproduktion des nationalsozialistischen Rundfunks den ideologischen Vorgaben der Partei- und Rundfunkoberen in einem Maße folgen mußte und folgte, das ihm selbst immer weniger geheuer war. Aber erst als 1993, in einem Kloster bei Prag, unter den dorthin ausgelagerten Archiven des Berliner Rundfunks, die Schallplattenaufzeichnung des verschollen geglaubten anti-englischen Propagandahörspiels *Die Rebellion in der Goldstadt* von 1940 aufgefunden wurde, war es nicht mehr zu leugnen, daß es in Eichs Karriere einen Sündenfall gegeben hatte – so sehr man auch mancherseits versuchte, Eich in diesem Hörspiel eine subversive Intention nachzuweisen.[3]

Die Briefe Günter Eichs an Raschke liegen in der Sächsischen Landesbibliothek, die an Kuhnert sind im Besitz des Sohnes Thomas Kuhnert in Ulm, die Briefe an Fehse liegen im Deutschen Literaturarchiv in Marbach, der zitierte Brief an Krolow ist in Krolows Besitz, Darmstadt.

[1] Günter Eich: Gesammelte Werke. Hrsg. von Karl Karst und Axel Vieregg. Frankfurt a. M. 1991; im folgenden zitiert als GW.

[2] Glenn R. Cuomo: A Study of Günter Eich's Life and Work between 1933 and 1945. Phil. Diss. Ohio State University 1982; rev. und erw. Buchform: Career at the Cost of Compromise: Günter Eich's Life and Work in the years 1933–1945. Amsterdam, Atlanta 1989.

[3] Vgl. die dazu gesammelten Aufsätze und Rezensionen in: Axel Vieregg (Hrsg.): Unsere Sünden sind Maulwürfe. Die Günter-Eich-Debatte. Amsterdam, Atlanta 1996.

Eich hatte nach dem Krieg das fragwürdige Glück, daß von seiner gesamten Rundfunkarbeit im Dritten Reich nichts im Druck vorlag. Die beiden umfangreichsten Texte aus der Zeit, *Die Fährten in die Prairie* (1936) und *Radium* (1937), sind nur als spätere Nachdichtungen bekannt. Daß sich in Raschkes Nachlaß noch Typoskripte und Arbeitsvervielfältigungen befanden, war ihm wohl nicht bewußt; Raschke war schon 1943 an den Folgen eines Bauchschusses gestorben. So konnte es scheinen, als habe sich Eich „irgendwie und makellos" durch das Dritte Reich „gerettet", wie es ihm Joachim Kaiser in der Suhrkamp-Hommage zu Eichs Tod attestierte.[4] Eichs „Kahlschlag"-Gedichte nach dem Krieg, wie *Latrine* und *Inventur*, seine frühen Lesungen vor der Gruppe 47, konnten daher als sein eigentliches Debüt gelten. Zu dieser Sichtweise trug auch das Schweigen bei, in das Eich seine Rundfunktätigkeit im Dritten Reich hüllte. Auf die Hörspiele angesprochen, antwortete er nur, sie seien „damals kaum beachtet worden".[5] Das läßt sich leicht widerlegen: Hörerumfragen, wie Hans Dieter Schäfer nachgewiesen hat,[6] zählten Eich zu den „beliebtesten Funkautoren" der Zeit, und im *Schulrundfunk. Zweiwochenzeitschrift für die Erziehungsarbeit* (Heft 8/9, 1939/40) wurde Eich zu den „besten deutschen Autoren" gerechnet. Wäre er „kaum beachtet" gewesen, dann hätte er *Die Rebellion in der Goldstadt* wohl nicht mit so herausragenden Sprechern wie Gustav Knuth und Gisela von Collande besetzt bekommen, und das Hörspiel wäre im Mai 1940 auch nicht ausführlich in den Rundfunkzeitschriften vorgestellt und in seiner regimetreuen Tendenz gelobt worden.

Allerdings schien man sich 1949 in Göttingen im neu konstituierten deutschen PEN-Zentrum, dem Erich Kästner vorsaß, zu erinnern: Eichs Mitgliedschaft war zunächst verpönt, was Eich in einem Brief an Karl Krolow vom 26. 12. 1949 wie folgt kommentiert: „Haben Sie etwas vom Pen-Club gehört? Wie man mir erzählte, ist meine Aufnahme zweimal abgelehnt worden: Ich besaß während der Nazizeit ein Haus und ein Auto." Nun ist es sicherlich nicht der Besitz von Haus und Auto, der Eichs Abweisung beim PEN-Zentrum erklärt. Wie er als junger Mensch von noch nicht dreißig Jahren beides finanzieren konnte, erwähnt er jedoch nicht.

Ehe man nun Eich wegen seines Schweigens verurteilt, ist zu fragen, ob er seine Verstrickung ins Dritte Reich denn überhaupt öffentlich hätte eingestehen können, ohne damit sogleich die Möglichkeit zu verlieren, im Rundfunk der jungen Bundesrepublik und in der Gruppe 47 noch einmal einen Neuanfang zu machen. Wie, wenn er sich in seinem Innern die Schuld ein-

---

[4] Joachim Kaiser: Günter Eich, der Poet, ist gestorben. In: Siegfried Unseld (Hrsg.): Günter Eich zum Gedächtnis. Frankfurt a. M. 1973, S. 83.
[5] Brief an H. G. Funke vom 28.6.1961. Zit. nach: Wolfram Wessels: Hörspiele im Dritten Reich. Zur Institutionen-, Theorie- und Literaturgeschichte. Bonn 1985, S. 445.
[6] Hans Dieter Schäfer: Die nichtnationalsozialistische Literatur der jungen Generation im Dritten Reich. In: ders.: Das gespaltene Bewußtsein. Deutsche Kultur und Lebenswirklichkeit 1933–1945. München, Wien 1981, S. 9.

gestanden hätte, die er nach außen im Dunklen lassen mußte, und wenn er gerade diesen Gewissenskonflikt zum Ausgangspunkt seiner Rundfunkarbeit nach dem Krieg gemacht hätte? Denn es ist wohl kein Zufall, daß er – wie sein Notizbuch vermerkt – gerade in den Monaten November/Dezember des Jahres 1949, als das PEN-Zentrum sein Mitgliedsgesuch abgelehnt hatte und er Krolow davon Mitteilung machte, Exposés von Hörspielen entwarf, die das Schuldigwerden durch Käuflichkeit und das Heimgesuchtwerden durch die Vergangenheit zum Thema haben: In *Die Favoritin des Fürsten* (entworfen am 27. und 28. 11. 49; urgesendet als *Beatrice und Juana* am 4. 5. 1954) setzt sich der Steinerne Gast der Vergangenheit (Juana) an den Tisch und droht, das zukünftige Glück (Beatrice) zu zerstören. Und in der Vorbemerkung zu *Die gekaufte Prüfung* (begonnen am 21.12.49), mit dem Eich – einige Kindersendungen nicht mitgerechnet – seine Rundfunkkarriere nach dem Krieg begann, heißt es pronončiert: „In Zeiten, in denen es uns gut geht, sind gewisse Grundsituationen, in denen der Mensch über sich selbst Gericht sitzt, rar geworden" (GW II, 271).

Das Hörspiel schildert die Situation des Studienrates Martin Wolburg, der – um in den Hungerjahren der ersten Nachkriegszeit zu überleben – gegen Bestechung durch Lebensmittel einem schwachen Schüler zum Abitur verholfen hatte. Der erste Tag des neuen Schuljahrs bricht an, in seinen Albträumen fühlt sich Wolburg moralisch verurteilt, im Wachen gesteht er, daß er „etwas zu bereuen" habe, und fürchtet: „Vielleicht werde ich rot vor Scham, wenn ich vor der Klasse stehe." – Heute, da über Günter Eich gleichsam zu Gericht gesessen wird und das Auffinden der *Rebellion in der Goldstadt* die Debatte noch einmal heftig entfachte, ist es leichter zu erkennen, daß es Eich in *Die gekaufte Prüfung* um mehr gegangen war, als um die Schilderung eines moralischen Dilemmas aus der Schwarzmarktzeit. War das „Über-sich-selbst-Gericht-sitzen" nicht vielmehr auch seine Grundsituation nach dem Krieg, wie sie ihm in der PEN-Entscheidung noch einmal vor Augen geführt worden war? Handelt es sich bei dem Hörspiel nicht um eine verhüllte Beichte, um eine parabelhafte Auseinandersetzung mit dem, was er als seine eigene Schuld empfinden mußte, nämlich seine Mitarbeit im Rundfunk der nationalsozialistischen Zeit? Denn Wolburg heißt mit Vornamen Martin, verweist also auf Eichs umfangreiche Gemeinschaftsproduktion des *Deutschen Kalenders* mit Martin Raschke, die beiden ein gutes Auskommen während der nationalsozialistischen Zeit sicherte. Und gleichen Wolburgs Zweifel und Scham nicht dem Zweifel Eichs, ob er ohne Scham noch einmal vor seine Leser/Hörer treten könne? Eich läßt es nämlich offen, wie Wolburg sich verhalten sollte: schweigen und weiterarbeiten, oder die Schuld öffentlich eingestehen und den Beruf aufgeben. Stattdessen fordert er den Hörer auf, er selbst solle „wie ein Richter das Urteil sprechen" – in der Hoffnung sicherlich, dieser werde ihm mildernde Umstände zubilligen und ihn zur Weiterarbeit auffordern. Eben das tat dann die Hörerpost!

II. Rundfunkarbeit im Dritten Reich

Mildernde Umstände sollen auch nicht außer Acht gelassen werden, wenn es im folgenden um Eichs Rundfunkarbeit im Dritten Reich geht. Wie sehr Eich später unter den Gegebenheiten und Bedingungen litt, auf die er sich zunächst eher ahnungslos eingelassen hatte, so daß er schließich seine Rekrutierung zur Wehrmacht (1939) geradezu begrüßte, da sie eine Situation beendete, die er zunehmend als unwürdig empfand, soll daher gleich zu Anfang betont werden. Es traf auf den frühen Eich wohl zu, was Hermann Kasack ihm dann 1946, auf Anfrage vom „Nachrichtenkontrollamt", im Zuge des Entnazifizierungsprogrammes attestierte: „Er ist seinem Wesen nach ein Mensch, der auf Grund seiner lyrischen Weltanschauung allen politischen Fragen naiv und uninteressiert gegenübersteht". Wieweit, von heute aus gesehen, eine solche Position der Innerlichkeit auch damals nicht mehr zulässig war, auch wenn die Mehrheit der deutschen Bevölkerung die Politikferne mit Eich teilte, ist natürlich eine andere Frage.

Eich hatte sich schon früh die Abkapselung von allem zum Programm gemacht, was er als Bedrohung seiner inneren Welt hätte empfinden können. Welt- und Realitätsferne blieben bis in die fünfziger Jahre hinein Kernpunkte seiner Poetologie. Schon die Wahl seines Studienfachs scheint davon bestimmt: „(außerdem lerne ich Chinesisch) weltabgewandt, in buddhistischer Versenkung [...]", schreibt er selbstironisch im August 1927 an seinen Freund Willi Fehse, und am 14. 2. 1933 – also unmittelbar nach der Machtergreifung! – vollzieht er in einem Brief an Raschke eine scharfe Trennung von Innen- und Außenwelt und läßt nur die erstere für sein Werk gelten:

> „Es ist nirgends mehr gut zu arbeiten. Diese allgemeine Mutlosigkeit finde ich beschämend, weil sie bis auf die Dinge geht, wo wir doch unverwundbar sein müssen. [...] Dürfen wir denn je vergessen, daß unsere Welt doch die wahrhaft wirkliche ist. Darf da je ein Zweifel aus der Welt der anderen heran?" Und er fügt hinzu: „Was mich also bewegt und was mir an allen Dingen als das Entscheidende erscheint, das ist jenes was man vielleicht ‚Sein' nennen kann, das was sich durch sich selbst begreift. Ja, dieses, was ja nichts als eben Voraussetzung ist, ist das, was ich an allem suche. (Und das scheint mir meine individuelle Legitimation meines Schreibens zu sein.)"

So ausgeprägt muß bei Eich diese Fähigkeit des Rückzugs nach innen gewesen sein, daß sie bei seinen Freunden Gesprächsthema war, wenn es etwa in einem Brief Eichs an den Mitherausgeber der *Kolonne*, A. A. Kuhnert, vom 27. 10. 34 heißt: „[...] ora et labora und ich werde die mir nachgerühmten Kalkschalen im rechten Moment über mich zu stülpen wissen." Wie Eichs Haltung auf Außenstehende wirken konnte, belegt eine Tagebucheintragung desselben Hermann Kasack, der Eich im Spätherbst 1936 in seinem Haus an der Ostsee besuchte und unter dem Datum des 3. November vermerkte: „Meine Spaziergänge meist allein. Eich ist (ein wenig) in sich verwöhnender Egoist, aber es geht ganz gut".

Eich machte von Anfang an deutlich, wogegen seine Rückbesinnung auf das eigene Ich sich richtete: „Wir haben nur einen Feind", schreibt er am 12.4.1930 an Raschke, „die Fortschrittsgläubigkeit und Kulturlosigkeit unserer Zeit. Und ich glaube, man kämpft am lautesten gegen diese Zeit, wenn man nichts über sie aussagt". Diese Zurückweisung der Moderne schlägt sich noch im selben Jahr 1930 in einer ersten poetologischen Aussage nieder:

> „Ich bin zunächst Lyriker und alles, was ich schreibe, sind mehr oder minder ‚innere Dialoge' [...] [Ich] werde immer darauf verzichten, auf mein ‚soziales Empfinden' hinzuweisen, selbst auf die Gefahr hin, die Sympathie von Linksblättern nicht zu erringen und selbst auf die noch furchtbarere Gefahr hin, nicht für ‚heutig' gehalten zu werden. Und Verantwortung vor der Zeit? Nicht im geringsten. Nur vor mir selber" (GW IV, S. 457).

Und zwei Jahre später heißt es in einem Beitrag für die von Martin Raschke und A.A. Kuhnert herausgegebene Zeitschrift für Dichtung *Die Kolonne*, die von 1929 bis 1932 bestand und deren fester Mitarbeiter Eich wurde:

> „Die Wandlungen des Ichs sind das Problem des Lyrikers. Das wird im Formalen die Folge haben, daß er im allgemeinen Vokabeln vermeidet, die ein zeitgebundenes, also ihn nicht direkt interessierendes Problem in sich schließen. [...] Wenn solche Vokabeln überhaupt in Gedichten verwendet werden können, so [...] ohne zeitliche Beziehung und Bedeutung, nur als Deutungsmöglichkeit des Ichs, d.h. in einem ebenso unverbindlichen Sinne, wie der Lyriker Baum oder Mond sagt, die ihn als Baum oder Mond gar nicht interessieren" (GW IV, S. 459).

Eine, wie man sieht, auch poetologisch begründete antimoderne Grundhaltung, mit ihrer ausdrücklich betonten anti-linken Stoßrichtung, der Rückzug nach innen – dies allein hätte wohl noch nicht ausgereicht, um Eichs innere Widerstandskräfte gegenüber dem Nationalsozialismus zu schwächen. Heikel wurde eine solche Position erst durch die ebenfalls zeittypische – und keinesfalls auf den Nationalsozialismus beschränkte – Komponente des Irrationalismus. Der Zurückweisung der Moderne entspricht nämlich eine ausgeprägte Skepsis gegenüber der Vernunft und dem Bewußtsein. So schreibt Eich im Februar 1933 an Raschke: „Mir erschien eigentlich immer das Denken als fremd, als Fluch, als Erbsünde möchte ich sagen. Es war und ist mir das Problem der menschlichen Existenz schlechthin".

III. Angst vor der Moderne

Mit seiner Zurückweisung des Heute und der Moderne, der Ablehnung von Bewußtsein, Vernunft und Fortschrittsgedanken, der Ablehnung von linken, gesellschaftlich engagierten Positionen und der Ablehnung – wie gleich zu zeigen sein wird – auch des Urbanen, stand Eich jenen kulturkonservativen und zivilisationskritischen Strömungen in Deutschland nahe, die man später, vor allem nach Armin Mohlers großer Untersuchung von 1950, als „Konservative Revolution" bezeichnete. Diese „Konservative Revolution" hatte sich, besonders als Folge der deutschen Niederlage im Ersten Weltkrieg, verfestigt in Opposition gegen eine die deutsche Kultur vermeintlich bedrohende westliche Zivilisation, die sie besonders im gefürchteten Amerikanismus, als der Herrschaft des Materiellen, verkörpert sah. In Kunst und Literatur galt die Stoßrichtung vor allem der Neuen Sachlichkeit. Beides vermischt sich bei Eich schon früh. So schreibt er im Dezember 1927 an Willi Fehse, in dessen *Anthologie jüngster Lyrik* er unter dem Pseudonym Erich Günter debütiert hatte: „Für Amerika schwärmen Sie auch? Die Wolkenkratzer in allen Ehren, aber dadrinnen wohnt das verlogenste Volk unserer sowieso verlogenen Zeit, die vorgibt, sachlich zu sein und es höchstens zum Gegenteil davon gebracht hat".

In seiner *Anatomie der Konservativen Revolution* hat Stefan Breuer vor kurzem auf die Heterogenität der Konservativen Revolution hingewiesen[7] und betont, daß diese Heterogenität den Begriff „Konservative Revolution" als Gruppenbezeichnung relativiert. Die geschilderten Phänomene werden jedoch auch von Breuer weiterhin als zeittypisch erkannt, ja, er fügt hinzu, daß – wenn es eine „Konservative Revolution" gegeben hat – ihr eigentlich gemeinsamer Nenner die Angst vor der Moderne war: der Dynamik und lineraren Progression einer vor allem als urban verstandenen Moderne wird die Statik des Ländlichen, die Vorstellung einer zyklischen Wiederkehr, in Tages-, Jahres- und Lebenszeiten, des immer Gleichen als fester Halt gegenübergestellt. Gerade diese Vorstellung wird für Eichs Werk über lange Strecken bestimmend – am anschaulichsten in seinem Hörspiel *Fährten in die Prärie* von 1936, versinnbildlicht in dem Gegensatz einer von Wald und Prärie geprägten Naturnähe der untergehenden Welt der Indianer und einer korrumpierenden urbanen Existenz, für deren Verderbtheit die Chiffre „Chicago" steht. Hier nähern sich – bedrohlich und Zerstörung bringend – „Zivilisation", „Fortschritt" und „Zukunft" im anwachsenden „Donnern der Räder" des Zuges, mit dem das Hörspiel abschließt.

Das wichtigste Sprachrohr dieser Strömungen, ebenfalls mit einer starken anti-urbanen und anti-neusachlichen Stoßrichtung, war Wilhelm Stapels „Monatsschrift für das deutsche Geistesleben" *Deutsches Volkstum*, die vor allem in Amerika und in einem als deutsches Chicago empfundenen Berlin eine Gefahr für die deutsche Kultur sah. Zwar teilt Eich nicht die deutschtümelnden und antisemitischen Tendenzen dieser Zeitschrift, aber es mag mehr als ein Zufall sein, daß in dem 1927 von ihm gewählten Pseudonym „Erich Günter" – obwohl durch den Namen „Günter Eich" nahegelegt – auch der Name des Mitherausgebers von *Deutsches Volkstum*, nämlich Albrecht Erich Günther anklingt. Kein Zufall war es, daß der Kreis der Mitarbeiter an der *Kolonne* ab 1933 in engster Zusammenarbeit mit Dr. Werner Pleister stand, dem Leiter der Literarischen Abteilung des Deutschland-Senders. Pleister hatte seine Wurzeln in eben jenem Kreis um Wilhelm Stapel gehabt und selbst Beiträge für dessen Zeitschrift *Deutsches Volkstum* geschrieben. Von

---

[7] Stefan Breuer: Anatomie der konservativen Revolution. Darmstadt 1993.

Pleister aber ging wohl, wie Eichs Briefe zeigen, die Idee zu jenem *Deutschen Kalender, Monatsbilder vom Königswusterhäuser Landboten* aus, den Eich und Raschke sich dann in über 70 Sendungen bis 1940 teilten. Hier war der von Stapel propagierte „Aufstand der Landschaft gegen die Urbs", wie Stapel es im September 1931 in einem Aufsatz in *Die Neue Literatur* ausgedrückt hatte, gewissermaßen vollzogen, nämlich in der Gestalt jenes pensionierten Landbriefträgers, der fern aller Moderne und Urbanität in einem Giebelstübchen in Spitzwegscher Idylle zu Hause ist und, in Wanderungen über die deutschen Dörfer und Lande, in jeder Sendung eine je andere deutsche Landschaft mit ihrem Volks- und Brauchtum vorstellt. Betont wird auch hier jener Gedanke einer ewigen Wiederkehr im Lebens- und Jahreszyklus wie Armin Mohler ihn als als zentral für die Konservative Revolution herausgearbeitet hatte. So leitet in der Weihnachtssendung vom Jahr 1937 ein Chor zur Sonnenwende den letzten Abschnitt ein:

> Steht Pferde steht! Der Jahrkreis ist geendet,
> Des Nordlands Völker senken tief ihr Haupt
> voll Hoffnung, daß die Zeit sich endlich wendet,
> Die sie der Sonne Blick so lang beraubt.
>
> Der Alpen Kämme schon, die holde Ferne,
> Das Band der Flüsse – Pferde greift nur aus! –
> Nah ist die Weltenzeit, wo Sommersterne
> erhellen froh der Erde grünes Haus.
>
> In Eis und Schnee begraben alle Zonen,
> Gefroren blickt der blaue See herauf.
> Du, schönes Land, in dem die Deutschen wohnen,
> Mach wieder deine blauen Augen auf!
>
> Eilt, Sonnenpferde, eilt! Die goldnen Lanzen
> werf ich mit Macht durchs dunstende Gezelt.
> Die Nebelfahnen flattern, doch wir pflanzen
> des Lichtes Zeichen in die Winterwelt.
> (GW II, 96–97)[8]

Eich war sich nach dem Kriege sehr wohl bewußt, wie nahe er jener „Konservativen Revolution" stand; dies zeigt ein Dankesbrief an Armin Mohler vom November 1950, in dem er schreibt: „Ich habe die ‚Konservative Revolution' schon vor längerem gelesen und zwar mit höchstem Interesse, hängen doch an diesem Thema für mich mannigfache Jugenderinnerungen". Mohler gegenüber faßte er dann auch – in demselben Brief – sein poetologisches Bekenntnis noch einmal zusammen: „Offenbar werden in der Dichtung Seins-

---

[8] Dieser Chor paßt gut zu dem, was Gottfried Benn später in *Doppelleben* von einer nationalsozialistischen Weihnachtsfeier bei der Armee schreibt: „Weihnachtslieder sind verboten, Wintersonnenwendbetrachtungen dienstlich erwünscht mit Betonung der Erneuerung des Lichts aus dem Schoß der Allmutter Natur".

formen aufbewahrt, die mit der Entstehung der Geschichte aus dem Bewußtsein verschwunden sind. Alle Dichtung ist eigentlich prähistorisch und die Historie die Widersacherin der Poesie". – Das ist fraglos eine deutliche Absage an alle *littérature engagée*, so daß es völlig verfehlt ist, schon für den Eich von – oder gar vor – 1950 das erst später (1953) hinzugefügte Eingangsgedicht der *Träume* („Alles, was geschieht, geht dich an") verbindlich zu machen.

IV. Nischen und Fallen der „inneren Emigration"

Was dieser Überblick über Eichs Grundeinstellungen in den zwanziger und dreißiger Jahren nahelegt, ist folgendes: Eich hatte, da er mit zahlreichen Aspekten der konservativen Strömungen konform ging, von denen auch der Nationalsozialismus hochgeschwemmt wurde, keine innere Resistenz entwickelt, die ihn 1933 davon hätte abhalten können, sich dem gleichgeschalteten Rundfunk zur Verfügung zu stellen. Zu Recht wies er daher einmal die Gültigkeit des Begriffes „innere Emigration", zu der man ihn nach dem Krieg gern gezählt hätte, für seine Person zurück, als er am 1.11.1947 an seinen früheren Weggefährten Willi Fehse schrieb, der ihn um biographische Auskünfte für einen Artikel über die „innere Emigration" gebeten hatte: „In den Aufsatz ‚Das heimliche Deutschland' passe ich nicht recht herein. Ich habe dem Nationalsozialismus keinen aktiven Widerstand entgegengesetzt. Jetzt so zu tun als ob, liegt mir nicht".

Zunächst die äußeren Fakten: Mit Sicherheit belegen die Dokumente, daß Eich am 1. Mai 1933 den Antrag auf Mitgliedschaft in der NSDAP stellte. Er machte daraus kein Hehl, vielmehr schrieb er am 2.5.1933 an seinen Freund, Kollegen und Mitherausgeber der – inzwischen eingestellten – *Kolonne*, „Addi" Kuhnert: „Sonst nichts Neues, außer daß ich in die NSDAP eingetreten bin. Heil Hitler! Günter". Das im früheren Berlin Document Centre aufbewahrte Antragsformular trägt die Mitgliedsnummer 2634901. Die Aufnahme in die Partei wurde allerdings nie vollzogen. Mitgliedsnummer und Beitrittsdatum sind durchgestrichen, und das Dokument trägt den Stempelaufdruck: „Aufn. nicht ausg. Schein zck." sowie den handschriftlichen Zusatz: „lt. Brf. Berlin v. 20.11.33". Die Gründe für die Nichtaufnahme sind allerdings ungewiß. Schon am 18. Juli 1933, also nur elf Wochen nach dem ursprünglichen Antrag, beantwortete Eich auf einem Fragebogen des „Reichsverbandes Deutscher Schriftsteller" die Frage „Mitglied der NSDAP oder Untergliederungen?" mit „nein". Der Grund für die Nichtaufnahme mag schlicht ein äußerer gewesen sein: die NSDAP verhängte, nach dem gewaltigen Zustrom neuer Mitglieder als Folge der Reichstagswahlen vom 5. März 1933, den spöttisch „Märzgefallene" genannten, eine rigorose Aufnahmesperre, die bis 1937 anhielt. Möglich ist aber auch, daß ihn die negative Reaktion seiner Freunde dazu bewegte, den Antrag zurückzuziehen. Sie ist in einem Brief von Horst Lange belegt, der schon von Anfang an eine dezidiert anti-nationalsozialistische Haltung bezogen hatte und am 4. April 1934 an Raschke schreibt:

„Ich müßte Dir ja nun wohl eigentlich auch noch zu unseren [d.i. Langes und Oda Schaefers] Auseinandersetzungen mit Günter Eich einige Worte sagen. Es war nicht, wie Du annahmst, ein zänkisches Vergrößern kleiner Anlässe, um des bloßen Streitens und Rechthabens willen – denn eigentlich ging es ja um ganz andere Dinge als um das usurpierende Hörspielthema. Wir hatten uns auseinander gelebt und waren in verschiedene Richtungen so weit gegangen, daß keine Kraft der Erde uns wieder hätte zusammenbringen können".

Wie dem auch sei: Eich hat im ersten Fall der Partei überhaupt nicht, im zweiten Fall aber nur einige Wochen angehört. Eichs eigene, 1946 dem Verleger von *Abgelegene Gehöfte*, Kurt Schauer, gegenüber abgegebene eidesstattliche Versicherung, er habe „nie" der NSDAP angehört, scheint zu stimmen.

Eine andere Frage ist die nach den Gründen, die Eich zunächst bewogen hatten, überhaupt eine Aufnahme zu beantragen. Man geht wohl nicht fehl, wenn man diese Gründe in Verbindung mit der Tatsache sieht, daß Eichs Rundfunkkarriere mit dem Dritten Reich auf fatale Weise zusammenfällt. Vor dem 30. Januar 1933, in den ersten drei Jahren seiner Rundfunkarbeit, waren von ihm insgesamt nur drei Beiträge gesendet worden. Allein für die Zeit nach dem 30. Januar 1933 bis zum Jahresende 1933 sind es jedoch schon dreizehn Titel mit insgesamt zwanzig Sendungen. So günstig ist die Auftragslage schon Ende 1932, daß Eich sich am 7. Januar 1933, also drei Wochen vor der Machtergreifung, ein Haus in Poberow an der Ostseeküste auf Kredit kauft. „Wenn alles klappt, saniert mich die Funkstunde für das ganze Jahr", schreibt er im Dezember 1932 an Ursula und „Addi" Kuhnert. Daß aber alles klappt, wird für ihn zur absoluten Priorität, denn er ist durch den Hauskauf finanziell auf eine Weise gebunden, die er schon wenig später verfluchen wird. Zunächst jedoch, im ersten Halbjahr 1933, ist er in ausgesprochener Hochstimmung – wobei die politischen Ereignisse in keiner Weise registriert, geschweige denn reflektiert werden, es sei denn, sie berührten seine Arbeitschancen.

Am 24. April 1933 hatte Gottfried Benn, den Eich ohnehin in jenen Tagen aufgesucht hat, um sich, wie es scheint, politischen Rat zu holen, in eben jener „Berliner Funkstunde", von der Eich sich die Sanierung seiner Finanzen erhoffte, seine berüchtigte Ansprache „Der neue Staat und die Intellektuellen" gehalten, in der er die Intellektuellen verhöhnte und sie aufforderte, ihre „Geistesfreiheit" für den Staat aufzugeben. Diese Aufforderung, besonders aber Benns Betonung des Instinktiven gegenüber der auch von Eich abgelehnten „Ratio", muß Eichs letzte Bedenken ausgeräumt haben. Denn noch am selben Tag schlägt Eich Raschke vor, sie sollten ihren „Feldzug gegen den Rundfunk fortsetzen", d.h. sich intensiv um Aufträge bemühen. Entsprechend geht er schon am nächsten Tag, am 25. April, zu dem zum Hauptpropagandainstrument gleichgeschalteten Deutschlandsender – denn „jetzt wird der Deutschlandsender immer wichtiger" (an Raschke 24.4.1933) – und bietet dort seine Mitarbeit an. Sein Gesprächspartner ist der Oberspielleiter Gerd Fricke, seit 1932 Mitglied der NSDAP. Fricke scheint von Eich einen in seinem Sinne so positiven Eindruck gewonnen zu haben, daß Eich schon einen Tag später, am 26.4., selbstironisch an Kuhnert schreiben kann: „Wenn all die Aussichten, die ich jetzt habe, sich realisieren, kaufe ich mir im Sommer einen Mercedes". Fünf Tage später stellt er seinen Antrag auf Aufnahme in die NSDAP.

Auch mit der Mitgliedschaft in der Reichsschrifttumskammer zögerte Eich nicht. Er bekam die Nummer 59 (zum Vergleich: Horst Lange 2037, Peter Huchel 9489). Als einen der Bürgen, die „erschöpfende" Auskunft geben können über die politische Zuverlässigkeit, nannte er Gottfried Benn, den er wohl auch zu diesem Zweck aufgesucht hatte. Nun kann man Eich weder einen Vorwurf daraus machen, daß er, um überhaupt schriftstellerisch tätig sein zu können, der Reichsschrifttumskammer beitrat, noch daß er Benn als Bürgen angibt. Lothar Baier hat also Recht mit seinem Einwand, daß auch Franz Werfel, obwohl er als Jude den Nationalsozialismus verabscheute, seine Mitgliedschaft beantragte, um in Deutschland nicht seinen Markt zu verlieren, und daß er als Bürgen ausgerechnet jenen Hanns Martin Elster in Anspruch nahm, „der als enragierter Nazi 1934 Gottfried Benn ins Visier zu nehmen begann".[9] Der wesentliche Unterschied ist jedoch der, daß es bei Eich, anders als bei Werfel, zumindest anfangs eine innere Übereinstimmung gab und daß er, solange es möglich war, d.h. bis Mai 1940, zahlreiche Arbeiten lieferte, die systemkonform waren, wenn nicht sogar, wie im Falle der *Rebellion in der Goldstadt*, ausgesprochene Propaganda darstellten. Auch verschleierte Eich nach dem Krieg den tatsächlichen Hergang Peter Horst Neumann gegenüber mit der Behauptung,[10] er habe sich schon 1933 von Benn distanziert: Die Distanzierung erfolgte nicht, wie Eich es verstanden haben wollte, weil Benn ihm zu regimetreu war, sondern, im Gegenteil, weil Benn beim Regime in Ungnade gefallen war und Eich nicht das gleiche Schicksal erleiden wollte.

An Aufträgen hatte Eich nun keinen Mangel. Die zur besten Sendezeit laufende Reihe des genannten *Königswusterhäuser Landboten* begann mit einer ersten Sendung am 3. Oktober 1933. Regisseur und Sprecher für die Hauptfigur, den Landboten selbst, war der Mitarbeiter der Spielleitung des Deutschlandsenders Helmut Hansen, ein überzeugter Nationalsozialist der „alten Garde", der auch der SA angehörte. Bedenken hatte Eich anfangs wohl nicht. Denn der *Königswusterhäuser Landbote* schien zunächst den zwar zeittypischen, aber doch eher harmlosen Charakter eines „Zurück zur Ländlichkeit" zu haben, der mit dem Programm von Raschkes und Kuhnerts kurzlebiger Zeitschrift *Die Kolonne* durchaus in Einklang gebracht werden konnte. Außerdem schien der genannte Werner Pleister, der schon 1932 aus der Volksbildungsarbeit der Christlichen Gewerkschaften zum Rundfunk gekommen, also nicht von den Nationalsozialisten eingesetzt worden war, eine Garantie für die Kontinuität einer im guten Sinne konservativen Rundfunkarbeit zu geben. Schließlich arbeiteten auch Oda Schaefer, Horst Lange, Martin Raschke, A A. Kuhnert und manche andere aus Eichs Bekanntenkreis, die zu den nichtnationalsoziali-

---

[9] Lothar Baier: Literaturpfaffen: Tote Dichter vor dem moralischen Exekutionskommando. In: Freibeuter 57 (Oktober 1993), S. 46.
[10] Peter Horst Neumann: Die Rettung der Poesie im Unsinn. Der Anarchist Günter Eich. Stuttgart 1981, S. 38.

stischen Autoren gehörten, mit Pleister zusammen. Nicht vergessen werden darf auch der ungeheure Einfluß, den damals Knut Hamsun mit seinem Lob der „Erde" und des Bäuerlichen hatte. Mit seiner Zivilisationkritik, seinem anti-westlichen und speziell anti-amerikanischen Affekt war er Teil jener Antimoderne, der auch Eich sich verpflichtet fühlte: „‚Pan' ist immer noch mein Lieblingsbuch, seit sieben Jahren, da las ich es zum erstenmal", schreibt er am 26.4.1931 an Kuhnert. Und wie durch die Brille Hamsuns gesehen, beschreibt Eich einmal voller Zustimmung – auch für die Regierung – von einem Besuch im Moselländischen: „Ein abgelegenes ursprüngliches Land ist es, mit Bauern, die noch ganze Bauern sind und gar keine Sehnsucht nach der Stadt haben. Sie leben kärglich aber zufrieden, [...] Der Regierung scheinen sie nicht abgeneigt, sie nimmt sich ihrer offenbar recht an" (18.6.1936 an Kuhnert).

Mit dem *Deutschen Kalender* schien Eich also im Rundfunk eine Nische gefunden zu haben, die seiner eigenen Gemütslage entsprach und in der er sich einrichten konnte. Diese Nische erwies sich jedoch zunehmend als Falle. Denn, entsprechend unter Druck gesetzt, sollte sich die Sendereihe, als längste und beliebteste Funkserie des Deutschen Reiches, bald zu einem für Propagandazwecke höchst geeignetem Medium entwickeln, mit dem die nationalsozialistische Ideologie, in der Form leichter Unterhaltung, den Hörern unaufdringlich nahegebracht werden konnte. Wie kaum eine andere Unterhaltungssendung war sie geeignet, für die Bildung einer deutschen Volksgemeinschaft zu wirken, wie Goebbels sie in seiner Grundsatzrede vom 23.3.1933 als Ziel formuliert hatte: „Damit ist der Rundfunk wirklicher Diener am Volk, ein Mittel zum Zweck, und zwar einem sehr hohen und idealen Zweck, ein Mittel zur Vereinheitlichung des deutschen Volkes in Nord und West, in Süd und Ost, zwischen Katholiken und Protestanten, zwischen Proletariern und Bürgern und Bauern".

Das Thema findet sich z.B. in einem Brief vom 17.4.1935, der auch zeigt, wie sehr Eich und Raschke nach den Direktiven der Rundfunkverantwortlichen zu arbeiten hatten: „Pleister ist sehr angetan vom April-Kalender, nur bittet er uns, den Landboten jetzt nicht mehr schlafen und im Bett liegen zu lassen. Vom Oktober ab, mit Beginn des dritten Jahrganges, soll der Landbote in anderer Form auftreten; wie können wir uns überlegen. Hansen wiederholte den alten Plan ‚Der Landbote reist durch Deutschland' mit je einer Landschaft im Monat". Das Ziel der Bildung einer Volksgemeinschaft, speziell einer Aussöhnung im „Gegensatz Stadt-Land", ist deutlich impliziert im folgenden Refrain, mit dem variierend jede Sendung des *Deutschen Kalenders* abschloß:

Verachtet, liebe Freunde, nicht
Des Bauern Herz und Hand!
Er nährt, was Euer Stolz auch spricht,
Euch und das ganze Land.[11]

---

[11] Zit. nach: Gerd Eckert: Deutscher Kalender. In: Die Literatur 41 (1938/39), S. 560 f., ohne Angabe des Autors.

V. Der Königswusterhäuser Landbote

Ebenso diente die Sendefolge, als umfangreichste und weitreichendste Idyllenproduktion der nationalsozialistischen Zeit, der Schaffung einer Scheinharmonie in dem Sinne Hermann Glasers, daß „man den Schlaf des Gerechten schläft, während das Unheil sich ungehindert ausbreitet. [...] Totalitäre Massenmörder umgeben sich gern mit der Aura idyllischer Lebenshaltung".[12] Dazu gehören Rückkehr zur Häuslichkeit und Innerlichkeit, als Mittel zur Stärkung der Familienbande, doch letztlich zur Entmündigung und Entbindung des Untertanen von politischer Verantwortung. Auch dies war als Thema vorgeschrieben: „Braun will so etwas wie ‚Im Kreis der Lampe' machen (ungefähr das wie für Roßkopf mit dem Akzent: Rückkehr zur Häuslichkeit oder zur intimeren Geselligkeit als allgemeines Zeitphänomen). [...] Ich muß übrigens dasselbe Thema im Novemberlandboten behandeln" (An Kuhnert 19.10.1935).

Ganz deutlich werden Einflußnahme und detaillierte Vorgaben der Partei – speziell auch im Sinne der zitierten Grundsatzrede von Goebbels zur Volksgemeinschaft – in einem Brief vom 17.4.1939 an Martin Raschke, aus dem nachfolgend zitiert wird:

> „Also: Der Landbote soll im Mai einer KdF-Wandertruppe begegnen. Da an der Besprechung auch zwei Herren vom Amt für Reisen, Wandern und Urlaub teilnehmen, vermute ich, daß es sich um einen Wunsch von höherer Stelle handelt. Folgende Hinweise wurden mir gegeben: Das Wandern wird durch KdF schon seit langem gepflegt, soll aber im Mai, am 7., durch einen Wandertag besonders propagiert werden. Wanderungen sollen teils als Sonntagswanderungen, teils als Ferienwanderungen von 8–14 Tagen Dauer durchgeführt werden, sei es nun von Leuten aus dem gleichen Betrieb, von Teilnehmern an KdF-Kursen oder sei es, daß sich die Teilnehmer erst durch Aufruf oder Bekanntmachung zusammenfinden. 15–20 Teilnehmer, männlichen und weiblichen Geschlechts unter Führung eines Wanderwarts (mit Armbinde ‚KdF-Wanderwart'). Falls Betriebswanderung: Zellenbildung soll vermieden werden. Übernachtungen auch in Jugendherbergen. Wanderungen sowohl in der engeren Heimat wie auch in ganz Deutschland.
> Es gibt in Deutschland jetzt 15 000 Wanderwarte, die in den letzten Jahren herangebildet worden sind. Ein Wanderwart muß in seiner Vielfältigkeit ein kleiner Landbote sein. [...] Die Wanderbewegung soll keine besondere Lebenshaltung propagieren, wie es durch den Wandervogel geschah. Kein Einzel-, aber auch kein Herdenwandern. Folgende Punkte wären besonders zu berücksichtigen:
> 1. Der Gegensatz Stadt-Land soll durch die KdF-Wanderung gemildert werden.
> 2. Diszipliniertes Wandern im Gegensatz zum ‚Horden-Wandervogel'.
> 3. Gemeinschaftsbildende Kraft der KdF-Wanderbewegung.
> 4. Vielseitigkeit des Wanderns und des KdF-Wanderwartes: Heimatkunde, Naturkunde, Geschichte, Kunst, Brauchtum usw. usw.".

Eich setzt dann hinzu: „So. Das wäre es. Ich fürchte, Du wirst nicht sehr vergnügt darüber sein. Ich bin es auch nicht". Trotzdem erfüllte Eich den

---

[12] Hermann Glaser: Behagen in der Kultur. In: Universitas 46 (1991) H. 9, S. 834.

Auftrag. Der mutmaßliche Begründer der Reihe, Werner Pleister, hatte inzwischen schon die Konsequenzen gezogen und den Rundfunk verlassen, weil ihm „das Klima im Berliner Funkhaus unerträglich" geworden war.[13]

Dergestalt gelenkt, entsprach Eichs und Raschkes *Deutscher Kalender* den offiziellen Erwartungen der Partei so sehr, daß der *Völkische Beobachter*, am 23.2.1935, die ersten 18 Monate der Funkreihe, wiederum vor allem unter dem Gesichtspunkt der Volksgemeinschaft, wie folgt loben konnte:

> „Vor etwa eineinhalb Jahren tauchte auf der Bühne des Deutschlandsenders zum erstenmal eine Gestalt auf, von der wir nicht wußten, woher sie kam, und von der wir damals auch noch nicht ahnten, wohin sie gehen sollte. [...] Nur soviel: Die unter dem Namen des Königswusterhäuser Landboten im weitesten Sinne bekannt gewordene Erscheinung wuchs auf bäurischem Boden, lebte dann lange Jahre in den Steinhäusern der Städte, um in der Abgeklärtheit des sinkenden Lebens den Kreis zu schließen und in den heimatlichen Urgrund zurückzukehren. Irgendwo im Lande haust er mit seinem Hunde, in einem kleinen idyllischen Giebelstübchen. Irgendwo, von wo ihm die Aussicht auf den unermeßlichen gestirnten Himmel auftut. Ein Freund des Bauern, der seine Erfahrungen und sein gereiftes Wissen über bäuerliches Leben und bäuerliches Brauchtum zu schätzen weiß, ist er überall dort zu finden, wo sich dörfliches Wesen in seiner Arbeit und in seinen Festen am unmittelbarsten widerspiegelt. Ein Wanderer wohl, aber heimatlich zutiefst verhaftet der Erde. [...]
>
> Heute, nach anderthalb Jahren, sind wir nicht mehr allein auf Vermutungen angewiesen, wie die Erscheinung von der Bevölkerung aufgenommen worden ist. *Der Königswusterhäuser Landbote hat den Weg ins Volk gefunden, er ist eine Volkstumsgestalt geworden.* [Hervorhebung *Völk. Beob.*] Das ist der Eindruck den wir aus den rührenden Zeichen der Anerkennung und Dankbarkeit herauslesen, die in der Zwischenzeit eingegangen sind. Nicht Pressestimmen aus dem Inland und dem deutschsprachigen Ausland allein, nicht nur Hörerbriefe bezeugen das. Da hat z.B. ein alter Mann, ein Kupferschmied, ein vergilbtes Büchlein eingeschickt, das er selbst in jungen Jahren in der Form eines Tagebuchs geführt hat. Mit klaren, liebevollen Schriftzügen steht dort aufgezeichnet, was er auf der Walze durch die deutschen Gaue noch selbst an altem Handwerkervolksgut lebendig angetroffen hat. Eine Fundgrube für den Landboten. Kann es ein ein schöneres Echo geben als aktive Mitarbeit?"

VI. Zivilisation und Kapitalismus

Ein ähnliches Lob erschien gleichzeitig in dem von Goebbels persönlich herausgegebenen NSDAP-Hetzblatt *Der Angriff*. Der *Deutsche Kalender* hatte also den im Sinne der Machthaber rechten Ton getroffen: Volksgemeinschaft, Idylle, Heimat. Das Lob im *Völkischen Beobachter* und das dort beschriebene Hörerecho belegen noch einmal, daß zweierlei nicht zutrifft: daß Eichs Hörspiele „damals kaum beachtet" wurden und daß Eich „mit keiner Zeile

---

[13] Nachruf „Werner Pleister ist gestorben". In: Die NDR–Zeitung, Nr. 32, Jan./Feb. 1983.

Zugeständnisse an die herrschende Ideologie" gemacht habe, wie ihm das Wulf Segebrecht[14] noch beim Erscheinen der neuen Eich-Ausgabe 1991 attestieren wollte: „Bäuerliches Brauchtum", die Bindung an den „bäurischen Boden", der Volkstumsgedanke und das Verlogene des idyllischen Giebelstübchens, das Technik- und Zivilisationsfeindlichkeit impliziert, sind die immer wiederkehrenden Versatzstücke des *Königswusterhäuser Landboten*. Sie verbinden sich in zahlreichen Sendungen mit anderen, ebenfalls vorgegebenen Ideologemen zu exemplarischen Illustrationen einer rückwärtsgewandten Ideologie. Als Beispiel ist jetzt die in Band II der Eich-Ausgabe von 1991 abgedruckte Sendung zum 50. Jubiläum der Reihe (Dezember 1937) nachzulesen, ein Musterstück nationalsozialistischer Erbauungsliteratur, ganz im Sinne jenes Diktums des Reichssendeleiters Eugen Hadamovski: „Was das Gebäude der Kirche für die Religion, das wird der Rundfunk für den Kult des neuen Staates sein".[15] Diesem Kult gemäß wird hier die säkularisierte Parabel vom Verlorenen Sohn inszeniert, der nach langem Amerika-Aufenthalt in die erzgebirgische Heimat zurückkehrt, wo er der amerikanischen Lebensweise und der westlichen Zivilisation abschwört. Implicite ist nun das Deutsche Reich an die Stelle des Reiches Gottes getreten, und das Christliche des Weihnachtsfestes tritt ganz in den Hintergrund. Auch das einzige noch an Weihnachten erinnernde Requisit, die geschnitzte Weihnachtspyramide, erscheint zuallererst als Zeichen deutschen Brauchtums und, mit der stufenförmigen Anordnung der Figuren, als Abbild einer hierarchisch strukturierten Volksgemeinschaft. Kein Weihnachtschor erschallt, der Christi Geburt zum Thema hätte, sondern der schon zitierte Sonnenwendchor mit völkisch-nordischem Bewußtsein („Des Nordlands Völker senken tief ihr Haupt / [...] Du schönes Land, in dem die Deutschen wohnen, / mach wieder deine blauen Augen auf!"). Und der „Götterkönig", der „aus irgendeiner Schicht unseres Herzens" emporsteigt, ist nicht der christliche, sondern der Wotan der nationalsozialistischen Germanenverehrung.

Anderes kommt hinzu: das Ausspielen einer hart und „tapfer" machenden deutschen *Kultur* gegen eine verweichlichende fremde, hier vor allem amerikanische *Zivilisation*. Als Allegorie dafür steht der langsam wachsende, aber desto härter werdende „tapfere" deutsche Wald im Vergleich zum schnellwüchsigen, aber dafür weicheren amerikanischen. Gehuldigt wird dem einfachen, von Volkslied, Handarbeit und geduldigem Ausharren an dem vom Schicksal zugewiesenen Platz geprägten Leben in der bäuerlichen Gemeinschaft, die den einzelnen kraft Blut und Tradition einbindet, gegenüber einer westlichen Konsumgesellschaft mit ihrer wurzellosen Mobilität und ihrem selbstbezogenen Individualismus. Hierarchie steht gegen Gleichheit, Sinngebung durch Pflichterfüllung steht gegen die Sinnleere einer trügerischen Freiheit des Einzelinter-

---

[14] Wulf Segebrecht: Kann man noch mehr sein als Stein. Günter Eichs ‚Gesammelte Werke' in revidierter Ausgabe. In: Frankfurter Allgemeine Zeitung, 8.10.1991, SL 20–21.

[15] E. Hadamovski: Im Rundfunk: Kult des neuen Staates. In: Rufer und Hörer 3 (1933/34) H. 11, S. 504.

esses, ertüchtigender Lebenskampf gegen verweichlichendes Genießen im Zeichen von „Schaukelstuhl" und „Ananas": ein erhellendes Beispiel auch dafür, daß die Ideologeme eines deutschen Sonderwegs, wie er sich vor allem gegen die westlichen „Ideen von 1789" wendet, braune Blüten auf der Rechten treiben konnte, die den roten auf der Linken peinlich ähnlich sehen. Man mache nur wenige Abstriche und ersetze die „Ananas" durch die Symbolfrucht von 1989, die Banane, und man erhält das antiwestliche Ressentiment der Nachwende-Intellektuellen im vereinten Deutschland.[16]

Wie sehr diese Parallelen das Urteil trüben können, sollte sich bei dem Streit um die Bewertung von Eichs letztem Hörspiel aus der nationalsozialistischen Zeit, der genannten *Rebellion in der Goldstadt*, erweisen. Als die im Sommer 1993 in Prag aufgefundene Tonaufnahme im Herbst desselben Jahres über die deutschen Sender ging, geschah das innerhalb einer von Karl Karst geleiteten und mit, von Eichs Sohn Clemens gelesenen, Zitaten aus Eichs Briefen versetzten Rahmensendung. Die Sendung wollte nahelegen, daß Eich die Intentionen von Goebbels, der die anti-englische Rundfunkkampagne angeordnet hatte, so geschickt unterlaufen habe, daß er in Wirklichkeit ein subversives, anti-nationalsozialistisches Hörspiel geschrieben habe. Man berief sich dabei vor allem auf Eichs eigenes briefliches Bemerken (an Kuhnert 13.3.1940), es sei „ein Thema, das ich mit entsetzt gerungenen Händen ablehnte, wäre ich Propagandaministerium". Man kann diesen Satz aber auch anders verstehen: daß Eich sich selbst und dem Adressaten etwas vormachen wollte, um sein eigenes schlechtes Gewissen zu beruhigen. Er hatte nämlich die Vorgaben von Goebbels nur allzu getreu befolgt, so daß der Kommentar der *Nationalsozialistischen Rundfunk-Korrespondenz* schreiben konnte: „So wächst aus den einzelnen Szenen das Bild einer Welt, wie sie unter der Herrschaft der Londoner Plutokraten geworden ist. Eich hat es verstanden, diesen Sinn des Hörspiels herauszuarbeiten". Die Botschaft, die Goebbels vermittelt sehen wollte, war die, die er in den Frühjahrsmonaten 1940, in denen die Rundfunkkampagne anlief und Eich sich an die Arbeit machte, zu wiederholten Malen in seinen Reden lauthals propagierte:

> „Die Plutokratie ist jene Art der politischen und wirtschaftlichen Führung, in der ein paar hundert Familien, die alles andere, nur keine sittliche Berechtigung dazu mitbringen, die Welt beherrschen. Sie beurteilen und behandeln die großen Völkerprobleme nicht nach den Interessen der Völker, sondern ausschließlich nach ihren eigenen Geldsackinteressen. Ihr ganzes Bestreben läuft darauf hinaus, die Völker diesen Interessen dienstbar zu machen. Sie sind damit eine europäische, ja, eine Weltgefahr geworden. Diese Art von Plutokratie sehen wir heute vor allem in England am Werke. Ihr ist unser neuer sozialer Volksstaat schon auf Grund ihres durchaus kapitalistischen Charakters ein Dorn im Auge" (28.2.1940).

---

[16] Auf diese Kontinuitäten haben jüngst auf eindringliche Weise Dan Diner (Verkehrte Welten. Antiamerikanismus in Deutschland. Frankfurt a. M. 1993) sowie Richard Herzinger und Hannes Stein (Endzeit-Propheten oder die Offensive der Antiwestler. Reinbek b. Hamburg 1995) hingewiesen.

> „Unser Sozialismus [...] ist sozusagen das diametralste Gegenteil der Staats- und Wirtschaftsauffassung, wie sie heute noch unter der Herrschaft dieser Plutokratenschicht in England und Frankreich vorherrschend ist. Deshalb auch betrachtet diese Plutokratenschicht den Nationalsozialismus nicht ganz mit Unrecht als einen geistigen und materiellen Angriff auf ihr System" (17.4.1940).[17]

Dies ist gewiß Kapitalismuskritik – aber von einer extrem rechten Seite her. Hier bei Eich eine linke, einen auch in Hitlerdeutschland bestehenden Kapitalismus „subversiv" kritisierende Haltung sehen zu wollen, ist ein naives und gefährliches Verkennen der Tatsache, daß sich der National*sozialismus*, zumal der eines Goebbels, eben auch als „Sozialismus" verstand. *Diesen* Goebbels'schen Sozialismus propagiert auch die *Rebellion*. In den Rundfunkzeitschriften der Zeit wird denn auch Eichs Hörspiel wie folgt vorgestellt:

> „Unter englischen Plutokraten gilt ein Mensch nur als solcher, wenn er ein Bankkonto von sehr erheblicher Mindesthöhe in Verbindung mit politischem Einfluß aufweisen kann. Wie er dazu kam, ist gänzlich gleichgültig, und sei es auf die schmutzigste Art und Weise gewesen. Hauptsache, der Erfolg ist da. Gleichgültig ist ferner auch, ob an dem Wege zu Reichtum, Macht und Einfluß die Toten zu hunderten liegen. Wer den englischen Plutokraten irgendwie im Wege steht, muß beseitigt werden und wird beseitigt. Welche furchtbaren Methoden britische Plutokraten anwendeten, um aus den südafrikanischen Goldminen noch höhere Erträge zu erpressen, das schildert Günter Eich in seinem großangelegten Hörspiel, das der Deutschlandsender am Mittwoch dem 8. Mai um 21 Uhr sendet. Einen feinen Plan haben sich Mr. Pambroke und Konsorten zur Erreichung dieses Ziels ersonnen. Da wird man zunächst einmal das Gerücht verbreiten, die Goldbergwerke müßten wegen vollkommener Unrentabilität des Betriebes stillgelegt werden. Die Arbeiter werden dann in große Sorge um ihre Existenz geraten, und dankbar sein, wenn – ‚natürlich nur aus Mitleid mit ihrem Los' – die Herren in London das ‚Opfer' bringen und die Betriebe aufrecht erhalten. Natürlich geht das nur, wenn man die Löhne der weißen Arbeiter erheblich herabsetzt und sie denen der schwarzen Arbeiter angleicht. Die südafrikanische Regierung ist schnell für die sauberen Pläne gewonnen, denn das Land ist finanziell ruiniert, wenn die Londoner Größen tatsächlich die Betriebe schließen, und ihnen ist alles zuzutrauen. Die betrogenen Arbeiter, die das Schwindelmanöver durchschauen, rebellieren. Man läßt sie erst in Johannesburg alle wichtigen Gebäude besetzen, hat sie nun alle schön im Netz, und läßt sie auf Befehl von Ministerpräsident Smuts durch Militär zusammenschießen. Dreihundert Tote sind das Ergebnis dieser Aktion, aber großzügig, wie die Engländer immer sind, wenn sie ihr Ziel erreicht haben und die mißbrauchte und betrogene Arbeiterschaft wieder brauchen, sind sie gern bereit, die Hand zum Frieden zu bieten. Wer für den nun durchgesetzten Hungerlohn weiterarbeiten will, braucht sich nur zu melden. Trotz des Friedensschlusses werden aber noch unzählige Arbeiterführer aus ihren Wohnungen geholt und auf offener Straße erschossen".[18]

---

[17] Zit. nach: Ulrich Höver: Joseph Goebbels. Ein nationaler Sozialist. Bonn, Berlin 1992, S. 435–436.
[18] Berlin hört und sieht, Nr. 19 (5.5.1940), S. 5.

In einem Experiment sah Karl Karst seine These bewiesen, Eich habe hier ein Stück *linker* Kapitalismuskritik – und damit eine Kritik an der den nationalsozialistischen Staat unterstützenden *deutschen* Großindustrie – geschrieben: Er spielte das Hörspiel einer Gruppe von zwölf Personen vor, denen weder der Name des Verfassers noch die Entstehungszeit mitgeteilt worden war. Alle zwölf meinten, es müsse sich bei der *Rebellion in der Goldstadt* um ein Hörspiel aus DDR-Produktion oder aus linker westdeutscher Feder handeln. Bewiesen sind damit aber eher die genannten heiklen geistesgeschichtlichen Kontinuitäten, die es möglich machten, daß der antiwestliche, antimoderne und anti„kapitalistische" Affekt eine das Links-Rechts-Schema bis zur Ununterscheidbarkeit übergreifende Konstante in den Diskussionen um den deutschen Sonderweg bildet. Dies erlaubte es zahlreichen ehemals Rechtskonservativen, sich nach dem Krieg unter den Linken wiederzufinden. Zu ihnen gehört Günter Eich.

Die von Goebbels angeordnete Anti-England Kampagne, zu der Eich mit der *Rebellion* beitrug, galt nun spezifisch der Verächtlichmachung jener aus der „Vernunft" geborenen westlichen Werte, in deren Namen England in den Krieg gegen Deutschland getreten war: Demokratie, Freiheit, Gleichheit, Brüderlichkeit. Es sollte gezeigt werden, daß das „perfide Albion" diese Begriffe nur zur zynischen Bemäntelung seiner Macht- und Wirtschaftsinteressen im Munde führte, daß sie also hohl waren. Genau das aber tut auch das Hörspiel: Durchweg geht es um die Unterdrückung und Ausbeutung einer vorwiegend irisch-burischen Unterschicht – das heißt zweier in Deutschland wegen ihrer anti-englischen Haltung mit besonderer Sympathie begleiteten Gruppen – durch eine englische Herrenklasse, die es auch noch belustigt, wenn sie ihre mörderische Gewinnsucht ethisch begründen kann: „In der Tat, so hat England immer gehandelt, Indien, Irland, die Buren [...]", ruft der burische Arbeiterführer Pieter hohnvoll aus, als die Regierung Milde, Frieden und Brüderlichkeit zynischerweise exakt in dem Augenblick verkündet, wo sie das Feuer auf die Arbeiter eröffnet. „Und jetzt sind die Deutschen als nächste im Visier", soll der Hörer ergänzen und eine nach einem englischen Sieg drohende Knechtung Deutschlands durch das Empire assoziieren – und nicht etwa die Knechtung der Arbeiterklasse durch *deutsche* Kapitalisten unter dem nationalsozialistischen Regime, wie man es Eich – zu seiner Exkulpierung – als subversive Intention unterstellen wollte.

VII. Hörspiel oder Lyrik

Mit der *Rebellion* war Eichs Rundfunkarbeit im Dritten Reich beendet. Wegen der Umstellung der Rundfunksender auf ein einheitliches Kriegsprogramm war der Hörspielarbeit der Boden entzogen. Für Eich bedeutete das eine große Erleichterung. Denn trotz seiner Affinität, wie sie aufgezeigt wurde, zu manchen Aspekten etwa des *Königswusterhäuser Landboten*, und trotz der anfänglichen Akzeptanz des Regimes, wurde es ihm schon bald deutlich, daß er nicht ohne innere Beschädigung davonkommen würde. Es soll daher abschließend gezeigt werden, wie jener spätere Eich, der in den fünfziger Jahren wie kein zweiter im Hörspiel zu einer moralischen Instanz werden konnte, allmählich sichtbar wird hinter dem, was bisher als seine Verstrickung beschrieben wurde.

Was Eich in dem eingangs zitierten Brief an Raschke vom 11./14.2. als Möglichkeit entworfen hatte, der Karriere und des Geldes wegen den Regeln der „zweckhaften" Welt zu folgen und doch die eigene Wirklichkeit des innersten Selbst zu bewahren, sollte ihm schon bald zur schmerzhaften Selbstentfremdung geraten. Es beginnt mit der Klage, daß die Rundfunkarbeit ihn davon abhalte, dem zu folgen, was er als seine eigentliche Berufung empfinde: dem Schreiben von Lyrik. Schon am 25. 11. 1933 heißt es in einem Brief an Kuhnert, der seine finanzielle Zwangslage wegen des Hauskaufes in Poberow verdeutlicht: „Ich habe es restlos satt und will für mich arbeiten. O diese verfluchte Villa an der Ostsee!" Aber es ist nicht nur der Zeitmangel, der ihm Mißvergnügen bereitet. Politisches kommt hinzu. Denn am 1. Mai 1934 schreibt er aus Poberow an Ursula und „Addi" Kuhnert: „Ich sitze immer noch über den Gespenstern. Das ist der dümmste Auftrag, den ich je bekommen habe. [...] Wenn man doch von Gedichten leben könnte! Dieser elende Funk, bis hierher verfolgt er einen". Doch dann nimmt der Brief eine seltsame Wendung:

> „Nein davon wollen wir nicht weiter reden [...]. Manchmal interessiert es mich ja auch schon mehr, ob der Ofen angeht oder nicht (es ist ein gutes und treues Stück) und daß ich mir morgen Minutenfleisch schmoren will und daß der wilde Wein von Späth noch nicht gekommen ist und ob ich mir einen Schuppen bauen lasse und ob das Brunnenbohren Erfolg hat und wie ich den Jelängerjelieber ausrotte.
> Eigentlich sollte ich ja nun heute mit dem RDS marschieren. Tja...
> Heil Hitler und viele Grüße
> Liebe Ursula, nun traue ich mich schon gar nicht an den Don Quichote heran. Aber kannst Du mir mal schreiben, wie man Jogurt [sic!] macht?"

Der Witz des Briefes ist das Datum: am 1. Mai, einem hohen nationalsozialistischen Feiertag, hätte Eich eigentlich, wie er schreibt, mit dem Reichsverband Deutscher Schriftsteller (in Berlin) marschieren müssen. Die intensive Beschäftigung stattdessen mit Häuschen und Garten, mit Minutenfleisch und Joghurt – und dazwischen das „Heil Hitler" – das allerdings hat nun doch etwas hintergründig Subversives. „Ein Gauchheil euch allen", schließt ein Brief vom 25.11.1936 mit fast schon „maulwürfischer" Verschmitztheit. Was hier letzten Endes sichtbar wird, ist die ganze Ambivalenz seiner Existenz im Dritten Reich: das Grundstück in Poberow, das er nur bezahlen kann, in dem er sich an den ungeliebten Rundfunk verkauft, wird gleichzeitig zum Refugium vor dessen Zumutungen, einschließlich der politischen. Eichs zeit- und weltabgewandte Position, die in der öffentlichen Sphäre, in der systemkonformen Idyllenproduktion des *Königswusterhäuser Landboten* dem Nationalsozialismus zuarbeitete, schuf sich hier, in der privaten Sphäre, eine politikfreie Nische.

Schon ein Jahr nach Beginn der Reihe, am 9.8.1934, heißt es sarkastisch an Kuhnert: „Meine abgelehnten Manuskripte schicke ich jetzt immer an Baldur von Schirach als Thingspiele". Wieviel Verbitterung sich zu diesem Zeitpunkt schon in ihm angesammelt hatte, erhellt im selben Brief seiner Reaktion auf Kuhnerts „erfolgreich" abgeschlossene Verhandlungen mit dem Rundfunk und damit auf eine Tätigkeit, die Eich ja selbst dort ausübte:

„Ziehe nun ein in die Kochstraße, ein südlicher Fallada [Kuhnert kam aus Franken; A.V.], ziehe mit Pauken und Trompeten bei denen ein, die für Dich keinen Finger gerührt hätten, wenn wir noch in der alten Republik lebten, ziehe ein und sei versichert, daß es nicht Deine Qualität ist sondern ihr Gewinst, ziehe nochmals ein, begrabe Deinen Ehrgeiz und widme Dich der Sparte Gehobene Unterhaltungsliteratur. Dies ganz als Stimme aus der Wüste [...] Bleibe also wirsch, salve, cave canem und nichts für ungut".

Vor welchem „Hund" Eich hier warnt, läßt sich nur ahnen. „Behüte Gott solange!" endet ein Brief an Raschke, in dem Eich gefragt hatte: „was hat der Rundfunk bloß mit uns vor?" – so als wollte er nur halb im Scherz ein Unheil abwehren, das er zu erahnen schien.

Zur Krise, die dann wenige Monate später Werner Pleister vertreiben sollte, kam es 1936. Wegen des zunehmenden politischen Drucks war Eich nicht länger in der Lage, das sorgsam austarierte Gleichgewicht zwischen der „Welt der anderen" und der eigenen, inneren Welt aufrechtzuerhalten; die Selbstentfremdung wird ihm schmerzlichst bewußt:

„Ich sehe ein, daß meine Bemühungen, ein Schriftsteller zu sein, d.h. ein brauchbares Glied der menschlichen Gemeinschaft, vergeblich sind. Ich meine nicht des Geldes oder des Erfolges wegen, – das habe ich ja beides bis zu einem gewissen Grad gehabt und kann es weiter haben. Aber ich werde nie und nimmer glücklich sein in dieser Rolle, *das Verbogene in diesem Lebenszustand hält mich ewig in schlechtem Gewissen* [Hervorhebung A.V.], jegliche undichterische Betätigung nehme ich mehr oder weniger nicht ernst. Also werde ich mit blauem Augenaufschlag und leicht flatterndem Haar auf den Parnaß meiner Jugend zurückkehren. Und meine Gefährten dort werden mir verzeihen, daß ich so lange fort war und daß ich manches Böse über sie gedacht und gesagt habe" (An Kuhnert 18.6.1936).

Eichs Wunsch, „auf den Parnaß meiner Jugend zurückzukehren", d.h. sich ganz der Lyrik zu widmen, verfestigt sich im August zu der kategorischen Mitteilung an Raschke (17.8.): „Ich will mich nun an den Landboten-Sendungen nicht weiter beteiligen". Das blieb jedoch ohnmächtiger Vorsatz, denn schon kurze Zeit später geht er wiederum finanzielle Verpflichtungen ein, die ihn zum Rundfunk zurückzwingen. Am 24.1. erklärt er in einem Brief an Kuhnert:

„Mein alter Wunsch, eine eigene Wohnung, ließ sich bei der Gelegenheit auch verwirklichen und ich bin sehr froh darüber. Ich habe nun zwei Zimmer mit Küche, mit Zentralheizung und warmem Wasser, im alten Westen, nahe dem Lützowplatz, ein paar Schritte von meinem innig geliebten Landwehrkanal. Leider Gottes hat mich die ganze Sache völlig bankerott gemacht und obwohl ich schon horrende Schulden habe, fehlen mir immer noch einige Möbel, die Vorhänge und viele Kleinigkeiten, die zusammen eine Menge Geld kosten. So werde ich mich die nächsten Monate intensiv dem Rundfunk widmen müssen".

Er hatte sich also, der „horrenden Schulden" wegen, in die alte Abhängigkeit zurückbegeben. Sie mußte ihm nun doppelt drückend erscheinen, da er den Bruch seiner Vorsätze als moralische Niederlage empfand. Der Schlüsselsatz zu einem Verständnis des Dilemmas, in dem er sich befand, ist doch wohl das Bekenntnis: „ich werde nie und nimmer glücklich sein in dieser Rolle, das Verbogene in diesem Lebenszustand hält mich ewig in schlechtem Gewissen". Denn was er sich hier zum erstenmal eingestehen muß, nämlich schuldig geworden zu sein, weil er sich verkauft hat, ist schon die Situation des Studienrates Martin Wolburg in *Die gekaufte Prüfung*. Hier also, 1936, erlebt Eich schon eine jener Grundsituationen, in denen der Mensch über sich selbst zu Gericht sitzt, wie es dann in der Vorbemerkung zu dem späteren Hörspiel heißen wird.

VIII. „Exemplarische Trauerarbeit"

Von entscheidender Bedeutung für sein Werk und damit für den späteren Eich, ist es, daß das „schlechte Gewissen", dessen wahre Ursachen er 1936 ebensowenig öffentlich machen konnte wie 1949, zur eigentlichen Triebfeder seiner literarisch gültigen Produktion wird. Denn Eich projiziert nun, wie er es dann wieder in *Die gekaufte Prüfung* tun wird, sein Dilemma auf eine Kunstfigur. Vorlage ist Rudolf Brunngrabers Roman *Radium*, aus dem Jahr 1936, das für Eich zum Krisenjahr wurde. Der Name dieser Figur und die Konstellation, die Eich dann in dem ebenfalls *Radium* genannten Hörspiel entwickelt, erklärt ein Brief an Kuhnert vom 13. Juli 1936: „Der Parnass, den ich halb ironisch zitierte und den Du mir nun so emsig an den Kopf wirfst, ist ja, lieber Addi, ein merkwürdiges und imaginäres Gebilde. Er kann in meinem bilderlosen Dachzimmer gegenwärtig sein und auf dem Potsdamer Platz, vor der Olympiaschanze wie im Chabanais." Das Chabanais war ein berühmtes Bordell im Paris der zwanziger und dreißiger Jahre, und „Chabanais", also ein sich Prostituierender, heißt nun auch der Lyriker – von Eich zu Brunngrabers Roman dazuerfunden –, der sich in dem Hörspiel (Ursendung 22.9.1937) aus finanzieller Notwendigkeit einer verbrecherischen Großindustrie andient, wider bessere Einsicht Werbetexte für sie verfaßt, bis er, von sich selbst angeekelt, in den Urwald entflieht. Das aber war exakt die Situation Eichs gegenüber dem nationalsozialistischen Regime – nur in den Urwald entfliehen konnte er nicht. Deutlich reflektiert Eich in Chabanais die eigene unglückliche Spaltung in den Lyriker, der er eigentlich sein wollte, und den Regimediener, der er geworden war. Erst wenn er das Unglück der Verstrahlung durch *Radium*, zu dessen Verbreitung er durch seine Reklameverse beigetragen hatte, zum Thema seiner Dichtung machen kann, schließt

Günter Eichs Verstrickung ins „Dritte Reich"   193

sich für Chabanais der Spalt; nur indem er sich zum Propheten von Gottes Zorn macht, kann er sein Vergehen abbüßen:

> „Nichts Sinnvolleres gibt es, als die strahlenden Mädchen zu preisen, dies ist jetzt die Aufgabe des Dichters. Zünde Kerzen an und überdenke die Strophen. Sei reinen Herzens und erleuchteter Sinne! Denn es ist die Stunde, da du, Dichter Julien Chabanais, und du, Reklamemann Julien Chabanais, endlich zu einer Person euch vereinigt, die Stunde, wo Propaganda zur Religion wird.
> Musik beginnt.
> [...]
> 2. SPRECHER:
> Schlecht verwalten wir, was die Erde uns gab,
> und geringe ist, denke ich, die Frist vor dem Untergang.
> Schon gewahre ich den gleichen apokalyptischen Glanz in vielen Gesichtern
> und werde des himmlischen Zorns inne aus mancherlei Zeichen.
> Denkt an die siebzehn leuchtenden Mädchen!
> MEHRERE STIMMEN
> Denkt an sie, damit keiner vergißt,
> Wie die Welt voll Sünde und Bosheit ist!
> Musik zu Ende".
> (GW II, 183–184)

Die Flucht in den Urwald blieb Eich verwehrt, die Hoffnung, den Reklamemann Eich und den Dichter Eich so zu einer Person zu versöhnen, wie er es sich mit dem Reklamemann Julien Chabanais und dem Dichter Julien Chabanais vorspielt, blieb vorläufig Wunschtraum. Am krassesten sollten beide noch einmal da auseinandertreten, wo Eich am stärksten Reklame macht – für das Regime: in *Die Rebellion in der Goldstadt*: „Es ist ein jammervolles Werk", heißt es am 20.4.1940 an Kuhnert. „Dennoch hoffe ich stark auf eine baldige Sendung *honoraris causa*. Mit Anschluß an die Sender sämtlicher inzwischen eroberter Gebiete". Daß er damit wissentlich seiner Ehre als Dichter verlustig ging, macht sein Wortspiel deutlich: *honoris causa* hatte er sein Hörspiel nicht geschrieben.

„Das Verbogene an diesem Lebenszustand hält mich ewig in schlechtem Gewissen". Wieviel stärker muß dieses Gefühl gewesen sein, als ihm nach Zusammenbruch des Regimes das volle Ausmaß seiner Verbrechen und die Tragweite seiner eigenen Mitläuferschaft bewußt wurden! Es scheint, als habe es für Eich nach dem Krieg nur eine Möglichkeit gegeben, seine Selbstachtung und seine Ehre als Schriftsteller wiederzugewinnen: in dem Versuch, den Spalt zwischen dem Reklamemann und dem Dichter in der Weise zu schließen, wie Chabanais es vorweggenommen hatte, indem er sich nämlich zum Sprecher der Opfer machte, um den Gedanken an sie wachzuhalten, und seine Verfehlung zu büßen. So werden nun Verführbarkeit und Schuldigwerden, oder – spiegelbildlich – Schuld und Leiden anderer auf sich nehmen, um sie zu teilen oder zu mildern, Sühnen und Dienen, die immer wieder variierten Themen seiner Hörspiele nach dem Krieg. Sei es der Persönlichkeitstausch der reichen Ellen mit der armen Camilla in *Die Andere und ich* (1951), sei es, daß in *Zinngeschrei* (1955) dem Idealisten, der wie in *Radium* den Verlockungen des Geldes erliegt, eine Spiegelfigur ersteht, die die Schuld auf sich nimmt, sei es das Dienen an den Leprösen in *Das Jahr Lazertis* (1953) oder das Teilen der Leiden der Verdammten in *Festianus Märtyrer* (1958), der in die Hölle steigt: Was in *Radium* sein Vorspiel hatte, steht mit *Die gekaufte Prüfung* am Beginn einer exemplarischen Trauerarbeit (Justus Fetscher in bezug auf Günter Eich), wie sie kaum ein zweiter deutscher Autor mit dieser Intensität und Überzeugungskraft geleistet hat.

Eich selbst scheint dieses Bedingtsein seines Nachkriegswerks durch die ehemalige Verstrickung im Gedicht an die jüdische Dichterin Nelly Sachs zu reflektieren. Dort kontrastiert er das Eingeständnis einer zurückliegenden Mitläuferschaft mit seiner späteren Rebellenhaltung und ihrem typischen Aufkündigen allen Einverständnisses; Aufgabe des Dichters ist es nun – wie schon in *Radium* vorweggenommen –, der Toten zu gedenken und derer, die des Trostes bedürfen:

> Schweigt still von den Jägern!
> Ich habe an ihren Feuern gesessen,
> Ich verstand ihre Sprache.
> [...]
> Nein, wir wollen fremd sein
> und erstaunen über den Tod,
> Die ungetrösteten Atemzüge sammeln,
> Quer durch die Fährten gehn
> und an die Läufe der Flinten rühren.[19]

So muß dann wohl gelten: Nicht, weil er sich „irgendwie und makellos" durch das Dritte Reich „gerettet" hätte, wie man es mit Joachim Kaiser gern sehen wollte, sondern weil er sich im Gegenteil verstrickt hatte und sich seiner eigenen Fehlbarkeit bewußt geworden war, konnte Eich zu einem bedeutenden Dichter und Moralisten werden. Nur weil er an sich selbst die „Grundsituation" erfahren hatte, „in der der Mensch über sich selbst zu Gericht sitzt", in der Reflexion über sein eigenes Schuldigwerden, konnte er jene Gestalten schaffen, die seinen Nachkriegsruf begründeten. Erst aus der Einsicht heraus, daß er sich mit seinen mehr als 160 Rundfunkarbeiten im Dritten Reich zum Öl im Getriebe gemacht hatte, gewann Eichs berühmte Forderung: „Seid Sand, nicht Öl im Getriebe der Welt!" ihre beschwörende Kraft. Sollte man nun den frühen Günter Eich für eine Verstrickung verurteilen, ohne die der spätere nicht zu haben gewesen wäre?

---

[19] Günter Eich: Wildwechsel, „für Nelly Sachs" (1961). In: GW I, 120.

Sonja Hilzinger

„Wenn es keine Zukunft mehr gibt, ist das Vergangene umsonst gewesen"[1]

Anna Seghers und die beiden deutschen Diktaturen

> Anna Seghers: Deutsche, Jüdin, Kommunistin, Schriftstellerin, Frau, Mutter. Jedem dieser Worte denke man nach. So viele einander widersprechende, scheinbar einander ausschließende Identitäten, so viele tiefe, schmerzliche Bindungen, so viele Angriffsflächen, so viele Herausforderungen und Bewährungszwänge, so viele Möglichkeiten, verletzt zu werden, ausgesetzt zu sein, bedroht bis zur Todesgefahr. Ein Mensch wie sie, ihre Überzeugung, ihr Gewissen mußten in diesem Jahrhundert zum Kampffeld scheinbar oder wirklich entgegengesetzter Kräfte werden, die ihr öfter gleich stark vorgekommen sein mögen, so daß jede Wahl eine bittere Entscheidung wurde und ein Stück ihrer selbst mit ausschloß.[2]
> *Christa Wolf*

I. Alte und neue Perspektiven

1962, als der Luchterhand-Verlag mit der Veröffentlichung des Erzählwerks der in der DDR lebenden Anna Seghers in der Bundesrepublik begann, ver-

---

In einem Interview aus dem Jahr 1965 antwortete Anna Seghers auf die Frage von Christa Wolf nach der Bedeutung des Biographischen in ihrem Werk: „Die Erlebnisse und die Anschauungen eines Schriftstellers, glaube ich, werden am aller klarsten aus seinem Werk, auch ohne spezielle Biographie". [In: Anna Seghers: Glauben an Irdisches. Essays aus vier Jahrzehnten. Hrsg. von Christa Wolf. Leipzig 1974, S. 348.] Diesen Satz ernst nehmend, habe ich in meinem Beitrag darauf verzichtet, Angaben zur Biographie zu integrieren.

[1] Anna Seghers: Der Führer. In: Anna Seghers: Das Schilfrohr. Erzählungen 1957-1965. Berlin 1994, S. 193. – Die Erzählung „Der Führer" entstand um 1957/58 und wurde erstmals in dem Erzählzyklus „Die Kraft der Schwachen", Berlin 1965, veröffentlicht.

[2] Christa Wolf: Gesichter der Anna Seghers. In: Anna Seghers. Eine Biographie in Bildern. Hrsg. von Frank Wagner, Ursula Emmerich, Ruth Radvanyi. Berlin 1994, S. 7. – Der Essay entstand im September 1992.

teidigte Marcel Reich-Ranicki dieses heftig attackierte Projekt unter anderem damit, daß er auf den weltberühmten Exilroman der Autorin mit folgenden Worten verwies: *„Das siebte Kreuz*, dieses große literarische Kunstwerk, ist heute ein Roman gegen die Diktatur schlechthin. Wer könnte daran interessiert sein, ihn zu bekämpfen?"[3] Damit deklarierte er mit einem Handstreich jenen „Heimatroman aus Hitlerdeutschland" (Frank Benseler), den die Jüdin und Kommunistin Anna Seghers im französischen Exil geschrieben hatte, zu einem Roman, der nicht nur eine realistische Innen-Sicht der Nazi-Diktatur, sondern gleichzeitig auch „Wahrheiten" über andere Diktaturen enthielte – in erster Linie war hier natürlich jene gemeint, die gerade das eigene Volk eingemauert hatte. Folgte man der Polemik Reich-Ranickis, wäre die Frage nach dem Verhältnis von Anna Seghers zu den beiden deutschen Diktaturen bereits beantwortet. So einfach ist es allerdings nicht. Ein Blick auf die westdeutsche Seghers-Rezeption,[4] wie sie sich bereits in dieser Fragestellung spiegelt, legt jenes Konglomerat an Unterstellungen und Verstrickungen frei, welches es so schwierig macht, das erzählerische Werk, um das es geht, unvoreingenommen zu lesen. In der westdeutschen Rezeption vor der sogenannten Wende galt das uneingeschränkt positive Interesse der in den Jahren der Weimarer Republik und des Exils entstandenen Romanen und Erzählungen der Antifaschistin Seghers, während die in der DDR geschriebene Prosa der Kulturfunktionärin Seghers herangezogen wurde, um ihr Versagen als Erzählerin zu belegen. (Nebenbei bemerkt: für die Jüdin, deren Mutter in einem nationalsozialistischen Konzentrationslager umgekommen war, und für die Relevanz der jüdischen Tradition im Werk der Erzählerin interessierte man sich weder in der Bundesrepublik noch in der DDR.[5]) Das Weltbild des Kalten Krieges lag dieser Konstruktion zugrunde, und die Schlußfolgerung, die aus der Projektion politischer Positionen auf die Literatur gezogen wurde, hieß unmißverständlich: Die Antifaschistin Seghers mache sich moralisch und literarisch unglaubwürdig, weil sie das SED-Regime nicht mit der gleichen Leidenschaft und Überzeugung attackiere wie das Nazi-Regime, und folglich gehöre ihr Werk zu jener „Gesinnungsliteratur", die nach der sogenannten Wende von den Siegern auf dem Abfallhaufen der Geschichte dem Vergessen anheim gegeben wurde. Das Wohl- oder Fehlverhalten der Autorin – je nach Perspektive – in politischen Krisenzeiten stand auf dem Prüfstein, und ihre Zugehörigkeit zur deutschsprachigen Literatur dieses Jahrhunderts wurde in Abhängigkeit von ihrem Schweigen im Prozeß gegen Janka, zum Mauerbau, zur Niederschlagung des Prager Frühlings, zur Ausbürgerung Biermanns diskutiert. Wollte man Zivilcourage in den Rang eines

---

[3] Marcel Reich-Ranicki: Literarischer Schutzwall gegen die DDR. In: *Das siebte Kreuz* von Anna Seghers. Texte, Daten, Bilder. Hrsg. von Sonja Hilzinger. Hamburg 1990, S. 189.
[4] Zur westdeutschen Seghers-Rezeption vgl. Christa Degemann: Anna Seghers in der westdeutschen Literaturkritik 1946 bis 1983. Köln 1995.
[5] Vgl. die 6. Jahrestagung der Anna Seghers-Gesellschaft, Mainz 1996, zum Thema „Aspekte jüdischer Erfahrung im 20. Jahrhundert", die dokumentiert wird in Argonautenschiff 6 (1997).

ästhetischen Kriteriums erheben, wäre der Kanon (nicht nur) der deutschsprachigen Literaturgeschichte erheblich revisionsbedürftig.

Allzu lange wurde also Seghers' erzählerisches Werk – je nach dem politischen Standpunkt der Exegeten – entweder als Widerspiegelung gesellschaftlicher Verhältnisse oder als Protest gegen diese funktionalisiert. Werk und Biographie wurden als bruchlose Einheit konstruiert,[6] und als verbindendes Element galt die als eindeutig unterstellte Identifikation mit dem Kommunismus sowjetischer Prägung.[7] Die Seghers-Rezeption der neunziger Jahre bewegt sich im Spannungsfeld zwischen alten Antworten und neuen Fragen. „Zu jeder These über Anna Seghers gehört sogleich auch eine mögliche Antithese",[8] konstatierte Hans Mayer, und Bernd Spies stellte die Produktivität einer „Anna Seghers-Lektüre jenseits von Denunziation und Legitimation"[9] unter Beweis. Diese Produktivität erweist sich in dem Versuch, literarische Texte als solche zu lesen und zu befragen. Das bedeutet, Fragen zu (er)finden, die neue Perspektiven eröffnen, die statt Eindeutigkeit und Geradlinigkeit Widersprüche und Brüche zutage fördern, und die den eigenen Ausgangspunkt mit seinen Begrenzungen und seinen blinden Flecken mitreflektieren. Wie könnte dies in bezug auf die hier vorgegebene Fragestellung aussehen?

Ich verstehe die Frage nach dem Verhältnis von Anna Seghers zu den beiden deutschen Diktaturen in erster Linie als Frage nach ihrem individuellen Verhältnis zum Kommunismus, und ich setze die Legitimität der Schwerpunktsetzung meiner Untersuchung auf das erzählerische Werk voraus. Meine Überlegungen dazu sind folgende: Das Werk der Erzählerin Seghers stellt, als ganzes betrachtet, eine Chronik gescheiterter Kämpfe um ein „besseres" Leben dar, dessen Insignien Menschlichkeit und Gerechtigkeit, Freiheit und Solidarität sind. Ihre erzählerische Analyse gilt dabei den strukturellen wie individuellen Ursachen des Scheiterns und der Niederlagen. Dabei sind drei zeitlich aufeinander folgende Erklärungsmuster zu unterscheiden: das Scheitern aufgrund der Übermacht der Gegenkräfte, das Scheitern aufgrund des Verrats aus den eigenen Reihen und das Scheitern aufgrund einer immanenten Problematik des Revolutionsbegriffs und seiner Umsetzung. Beispielhaft für die erste Phase ist der Roman *Die Gefährten* (1932), für die zweite Phase die karibische Geschichte *Das Licht auf dem Galgen* (1960) und für die dritte der Zyklus *Drei Frauen auf Haiti* (1980). Parallel zu dieser Entwicklung ist

---

[6] Vgl. dazu kritisch: Helmut Scheuer: Biographik und Literaturwissenschaft: Konstruktion und Dekonstruktion. Anna Seghers und ihre Biographen. In: Argonautenschiff 4 (1995), S. 245-262. – Von den neueren Biographien, die dieser Gefahr nicht erliegen, ist v.a. zu nennen: Christiane Zehl Romero: Anna Seghers. Reinbek b. Hamburg 1993.

[7] Bernhard Greiner hat in jüngster Zeit gezeigt, daß das erzählerische Werk Seghers' insbesondere auch durch die messianische Komponente geprägt ist. Bernhard Greiner: „Kolonien liebt, und tapfer Vergessen der Geist": Anna Seghers' zyklisches Erzählen. In: Argonautenschiff 3 (1994), S. 155-171, besonders S. 167 ff.

[8] Hans Mayer: [Woher sie kam, wohin sie ging.] Gedenkrede auf Anna Seghers. In: Argonautenschiff 1 (1992), S. 75.

[9] Bernhard Spies: Anna Seghers-Lektüre jenseits von Denunziation und Legitimation. In: Argonautenschiff 2 (1993), S. 101 ff.

in den Erzählungen und Romanen ein fortschreitender Verlust an Zukunftsgewißheit zu beobachten. Die Erzählhaltung ist am Anfang noch vom Glauben an ein späteres Gelingen des Kampfes getragen. Dieser Glaube wird jedoch im Laufe eines halben Jahrhunderts eines besseren belehrt, und so steht am Ende die traurig-resignierte Einsicht in die Vergeblichkeit aller Kämpfe.

II. Die Gefährten (1932): Märtyrer im Kampf um ein besseres Leben

Während der zwanziger Jahre wurde aus Netty Reiling, der 1900 in Mainz geborenen einzigen Tochter aus großbürgerlich-jüdischem Haus, die kommunistische Schriftstellerin Anna Seghers, deren Weg in das französische (1933), das mexikanische Exil (1941) und schließlich in die spätere DDR (1947) führen sollte, wo sie 1983 starb. Wie haben wir uns diese Entwicklung vorzustellen?[10] Am Beginn ihrer Politisierung und ihres Schreibens – „Wir dürfen ja nicht in der Beschreibung steckenbleiben. Denn wir schreiben ja nicht, um zu beschreiben, sondern um beschreibend zu verändern"[11] – stand für die junge Studentin in Heidelberg eine überwältigende Erfahrung, die sie für die kommunistische Bewegung und schließlich für die Partei als deren organisierte und politisch einflußreiche Form gewinnen sollte[12]: Sie lernte junge Emigranten kennen – darunter war auch ihr späterer Mann, der Ungar Laszlo Radvanyi –, die aus Ländern geflohen waren, in denen die vom russischen Oktober erweckten revolutionären Aufbrüche blutig niedergeschlagen worden waren. Der Mut und die Opferbereitschaft dieser jungen kommunistischen Intellektuellen beeindruckten die behütet aufgewachsene Bürgerstochter tief und nahmen sie leidenschaftlich für den Kommunismus ein.[13] Die Gemeinschaft dieser *Gefährten*, der sie sich anschloß – 1928 wurde sie in Berlin Mitglied der KPD – bot zugleich einen lebendigen Gegenentwurf zu der moralisch-existentiellen Leere der bürgerlichen Gesellschaft, welche die Er-

---

[10] Vgl. hierzu u.a. Sonja Hilzinger: Anna Seghers Kontexte. In: Horizonte. Rheinland-pfälzisches Jahrbuch für Literatur 3. Hrsg. von Sigfrid Gauch, Sonja Hilzinger, Josef Zierden. Frankfurt a. M. 1996, S. 200 ff.

[11] Anna Seghers: Kleiner Bericht aus meiner Werkstatt (1932). In: Anna Seghers: Über Kunstwerk und Wirklichkeit. II: Erlebnis und Gestaltung. Hrsg. von Sigrid Bock. Berlin 1971, S. 15.

[12] Spies (Anm. 9, S. 105) hat darauf hingewiesen, daß Anna Seghers' "persönliche Hinwendung zum Kommunismus [...] generelle Denk- und Verhaltensmuster [demonstrierte; S. H.], die Intellektuelle in den zwanziger und dreißiger Jahren beim Anschluß an die kommunistische Arbeiterbewegung an den Tag legen".

[13] Im Vorwort zur 2. Auflage des Romans „Die Gefährten", 1949, schrieb Seghers: „Der weiße Terror hatte die erste Welle der Emigration durch unseren Erdteil gespült. Und seine Zeugen, erschöpft von dem Erlebten, doch ungebrochen und kühn, uns überlegen an Erfahrungen, auch an Opferbereitschaft im großen und Hilfsbereitschaft im kleinen, waren für uns wirkliche, nicht beschriebene Helden. Wir waren umso feinhöriger, als Deutschland selbst noch von Aufständen zerwühlt war, von den Spartakuskämpfen bis zu den Hamburger Barrikaden. Die Interventionskriege gegen die junge Sowjetunion wurden von der Roten Armee gestoppt". Zit. nach: Seghers. Eine Biographie in Bildern (Anm. 2), S. 44.

zählerin Seghers in Geschichten wie *Grubetsch* (1927) oder *Die Ziegler* (1930) in beklemmende Bilder gefaßt hatte. Ihren Roman *Die Gefährten* (1932) schrieb sie „[n]ach den Berichten vieler politischer Emigranten, mit denen ich fortgesetzt lebte",[14] und so entstand mit den Mitteln avantgardistischer Erzählkunst eine „Märtyrerchronik" (Siegfried Kracauer), die vom Leben, Kampf und Tod von Kommunisten in Ungarn, Polen, Italien, Bulgarien und China berichtete. Im Zentrum stehen jedoch nicht politische Kampfziele, sondern der Mut und die Opferbereitschaft der *Gefährten*.[15] Mit dieser Akzentuierung ihrer Erzählung von der Niederschlagung eines revolutionären Aufbruchs durch die brutale Gewalt der Reaktion gab Seghers nicht nur eine politisch korrekte Erklärung für das Scheitern, sondern schickte sich darüberhinaus an, die eigene Entwicklung ihren Leserinnen und Lesern mit der Absicht oder der Hoffnung darzulegen, sie zum Nachvollzug zu bewegen.

Die Argumentation des Romans läßt sich wie folgt wiedergeben:

> „In den Gefährten gelten die Individuen sich und anderen als Instrumente eines gemeinsamen höchsten Anliegens, und ihre Individualität gelingt in dem Maß, in dem sie ihre Person mit jenem Anliegen zur Deckung bringen. Diese Deckungsgleichheit wird an zwei Extremen erreicht, zum einen im Opfer des Lebens, zum anderen durch das vollkommene Aufgehen im politischen Kampf. [...] Durch diese Figurenzeichnung erhält die ‚Sache' der Kommunistischen Partei, ohne daß ihr politischer Inhalt zur Sprache käme, den prinzipiellen Status einer Mission, einer idealen Sendung, die dem Individuum unausweichlich ist. Das Muster, das die literarische persuasio hier in Anschlag bringt, [...] läßt sich folgendermaßen umschreiben: Die Größe einer Sache bezeugen am unwidersprechlichsten die Opfer, die ihr gebracht werden. Es gilt auch die Umkehrung, die lautet: jedes Opfer, das im Vollzug einer großen Sache gebracht wird, ist sinnvoll, weil es die Teilhabe an der großen Mission bekräftigt. Im Opfer beweisen die Individuen, was ihnen diese Teilhabe wert ist, und so muß jede blutige Niederlage zugleich als ein moralischer Sieg erscheinen, weil die Blutzeugen bei den Überlebenden die Kraft zum erneuten Opfer freisetzen".[16]

Liest man also den Roman *Die Gefährten* als erzählerische Gestaltung einer die Erzählerin selbst betreffenden Entscheidung, so wird deutlich, daß nicht in erster Linie die politischen Ziele, die ökonomischen Theorien oder die Geschichtsphilosophie der kommunistischen Partei ausschlaggebend dafür waren, sich ihr anzuschließen, sondern der tiefe menschliche Respekt, den sie

---

[14] 1951. Ebd., S. 50.
[15] Es läßt sich hier einwenden, daß Seghers den Typus des Revolutionärs extrem reduktionistisch profiliert: es handelt sich um (nahezu ausschließlich) Männer, die der Avantgarde der Arbeiterbewegungen der verschiedenen Länder angehören und auf ihre Funktion als diszipliniert-asketische Kämpfer reduziert dargestellt werden. Dieses einseitige Menschenbild wird im Verlauf der Entwicklung der Erzählerin Seghers zwar erweitert und differenziert (wobei jedoch geschlechterspezifische Stereotypen im wesentlichen erhalten bleiben, denen zufolge das „gefährliche Leben" den männlichen, das „gewöhnliche Leben" den weiblichen Figuren vorbehalten bleiben), aber erst spät einer kritischen Überprüfung unterzogen (dies insbesondere in den späten Erzählungen „Wiederbegegnung", „Der Schlüssel" und „Die Trennung").
[16] Spies (Anm. 9), S. 105.

angesichts der Kämpfe und der Opfer ihrer *Gefährten* für diese empfand. Es ist naheliegend, daß diese politische Bindung der Schriftstellerin sich angesichts der Erfahrung von Nationalsozialismus und Exil verstärkte. Dies bedeutete aber nicht, daß sie die Eigenständigkeit ihrer Position in ideologisch-politischer wie in künstlerischer Hinsicht aufgab.[17]

III. Treue und Verrat als Motive des Exilwerks

Als Kommunistin und Jüdin doppelt bedroht, entschloß sich Anna Seghers bereits im Frühjahr 1933 zur Emigration. Trotz aller Schwierigkeiten waren die Jahres des Exils für die Erzählerin außerordentlich produktiv: neben zahlreichen Erzählungen entstanden in Frankreich und Mexiko die Romane *Der Kopflohn* (1933), *Der Weg durch den Februar* (1935), *Die Rettung* (1937), *Das siebte Kreuz* (1942), *Transit* (1944) und *Die Toten bleiben jung* (1949). Seghers analysierte hier die Ursachen für die Niederlage der deutschen und der österreichischen Arbeiterbewegung angesichts des aufkommenden und des etablierten Nationalsozialismus, und sie fragte insbesondere auch nach den Versäumnissen der Kommunistischen Partei.[18] Im *Siebten Kreuz* entwickelte sie aus einer heterogenen Gruppe von Menschen, die aus unterschiedlichen Gründen willens und fähig waren, einen aus dem Konzentrationslager geflohenen Häftling zu verstecken und an seiner Rettung mitzuwirken, eine Partei der Menschlichkeit, die frei war von ideologischen Zuordnungen und sich allein formierte aufgrund der Gegnerschaft zum Nazi-Regime und (noch) nicht im Hinblick auf die politische Gestaltung des Landes nach Faschismus und Krieg. Nicht der Parteikommunist Ernst Wallau, sondern der junge Georg Heisler war es, der gerettet wurde und in Spanien sein Leben im Kampf gegen die Faschisten einsetzte. Kommunist zu sein, bedeutete Seghers in diesen Zeiten, Antifaschist zu sein; es bedeutete nicht in erster Linie, ein bestimmtes politisches Bewußtsein zu haben oder einem bestimmten, theoretisch entwickelten Parteiprogramm zu folgen, sondern seine Menschlichkeit zu bewahren, Mut und Opferbereitschaft aufzubringen. An dieser Sichtweise hielt Seghers auch fest in ihrem großen Roman *Die Toten bleiben jung*, wo sie die deutsche Geschichte seit der Niederschlagung der Novemberrevolution, während des Nationalsozialismus und bis zum Ende des Krieges in einem weitausgreifenden Panorama entfaltete. Hier versuchte Seghers anzuknüpfen in den beiden Zeitgeschichtsromanen *Die*

---

[17] Vgl. hierzu z. B. die Ausführungen von Spies, die nationalen Aspekte in dem Roman „Das siebte Kreuz" betreffend (Anm. 9, S. 107 ff.), sowie Hans Albert Walter (Anna Seghers. In: Es ist ein Weinen in der Welt. Hommage für deutsche Juden unseres Jahrhunderts. Hrsg. von Hans Jürgen Schultz. Stuttgart 1990, S. 407-429), die Position Seghers' zur Volksfrontpolitik in den dreißiger Jahren betreffend.

[18] Vgl. die Nachworte der Autorin dieses Beitrags zu den im Aufbau-Verlag erschienenen Taschenbuchausgaben von „Der Kopflohn" (Berlin 1995), „Die Rettung" (Berlin 1995) und „Das siebte Kreuz" (Berlin 1993).

Entscheidung (1959) und *Das Vertrauen* (1968), deren Handlungszeit von den Aufbaujahren der DDR bis zum Juniaufstand 1953 reicht – und damit endete die „Gegenwartsbewältigung" (Sigrid Bock) im Werk der Erzählerin.

Aber bleiben wir zunächst noch bei den Werken der Exilzeit. Seghers' Briefe aus den Jahren 1940/41 dokumentieren ihre tiefe Depression angesichts des Infernos, das sie nur schreibend aushalten, ja überleben konnte. Hans Albert Walter hat die These aufgestellt, daß der Roman *Transit* in einer der realistischen Erzählebene korrespondierenden mythischen Schicht den Schock abbilde, den der deutschsowjetische Nichtangriffsvertrag im Herbst 1939 bei der Erzählerin verursacht habe.[19] Tatsächlich bedeutete die Zeit zwischen dem Abschluß dieses Vertrags zwischen Hitler und Stalin und dem Überfall der Wehrmacht auf die Sowjetunion im Sommer 1941 eine enorme Irritation für Kommunisten, und nicht wenige, die an das Nazi-Regime von den Sowjets ausgeliefert wurden, kostete dieser Pakt das Leben.[20] Ihr Roman *Transit*, so Walter, zeige die Kommunistin Seghers „nahe dem Bruch; nicht dem Bruch mit ihren Überzeugungen, wohl aber dem mit ihrer Partei".[21] Die Erzählerin habe ihrem Exilroman auf der Mythenebene die Botschaft eingeschrieben, die Sowjetunion habe mit Abschluß dieses Paktes die übrige Welt beim Kampf gegen den Faschismus aus Eigennutz im Stich gelassen.

Über die Gründe, weshalb Anna Seghers, nachdem der Verratsschock sie in eine existentielle Identitätskrise getrieben hatte, sich nicht von der kommunistischen Partei trennte, gibt Walter mit dem Hinweis auf ihre jüdische Herkunft eine plausible Vermutung, die ich deshalb hier ausführlich zitieren möchte:

„Tatsächlich war der Eintritt in die KPD eine Distanzierung, sie selbst würde mit Marx gesagt haben: eine Emanzipation vom Judentum. Eine Emanzipation nicht nur vom orthodox-religiösen, vom zionistisch-nationalen oder vom bourgeois-assimilatorischen Weg der Juden, sondern vom Judentum überhaupt. Die nichtjüdische Umwelt erlaubte dies aber gerade nicht. Der Dissident, der sich von seiner Herkunft abgewendet zu haben glaubt: für den Antisemiten bleibt er Jude. [...] Mit einem Wort: der deutsche Antisemitismus hat Anna Seghers klargemacht, daß man sich vom Judentum gar nicht lösen konnte. Zugleich wußte sie aber auch, daß die bürgerliche Assimilation in Deutschland, wenn nicht in Westeuropa gescheitert war. Und um zu erfahren, welche Zukunftsaussichten den Zionisten blieben, brauchte sie nur Zeitung zu lesen: in Palästina Bürgerkrieg

---

[19] Hans Albert Walter: Anna Seghers' Metamorphosen. Transit – Erkundungsversuche in einem Labyrinth. Frankfurt a. M. 1984. – Die Beweislage ist nicht unbedingt schlüssig. Der Essay enthält jedoch wichtige Überlegungen zur Entstehungssituation und Rezeption des Romans sowie eine sehr eigenständige, spannende Interpretation.

[20] Stellvertretend sei hier auf die Geschichte der deutschen Kommunistin Margarete Buber-Neumann verwiesen, die vor Hitler in die Sowjetunion geflohen, dort den stalinistischen Säuberungen zum Opfer gefallen war, aus einem der sibirischen GULAGs heraus an die Gestapo ausgeliefert worden und bis 1945 im KZ Ravensbrück interniert war. Vgl. Margarete Buber-Neumann: Von Potsdam nach Moskau – Stationen eines Irrwegs. Frankfurt a. M. 1985.

[21] Walter: Anna Seghers (Anm. 17), S. 423.

zwischen Juden und Arabern seit Jahren. – Der Kommunismus in der Sowjetunion hingegen? Nicht allein, daß der von Hitler bewirkte Solidarisierungszwang die Zweifel aller Kommunisten ‚draußen' erstickte: für den jüdischen Kommunisten war der Kommunismus mit seinem Emanzipationsversprechen ein lebensrettender Damm, der einzige, der ihn vom weltweit wachsenden Antisemitismus trennte. Verließ er diesen Schutzwall, so war er in jeder Hinsicht ein Schiffbrüchiger: seiner politischen Identität verlustig; getrennt von seiner Volks- oder Religionsgruppe; völlig auf sich gestellt; total vereinzelt in einer Zeit totaler Verfolgung. Deshalb wohl hat Anna Seghers den letzten Schritt trotz vieler Konflikte nicht getan, deshalb, so ist zu vermuten, blieb sie in der Partei, obwohl sie sich von ihr im Stich gelassen wußte".[22]

Tatsächlich ist der Roman *Transit* durchzogen von erzählerischen Variationen zum Thema Treue und Verrat, Bleiben und Im-Stich-Lassen. Spuren von Verrat und von Im-Stich-Lassen bis hin zum späteren Paradigma der verratenen Revolution erscheinen seit den vierziger Jahren immer wieder im Werk der Erzählerin. Ein Beispiel ist die Erzählung *Die Saboteure* (1947), die noch im mexikanischen Exil entstand, und zwar nach der militärischen Niederlage des Nationalsozialismus.[23] Seghers erzählt hier von den Schwierigkeiten antifaschistischer Arbeit in Deutschland während des Krieges. Vor allem an der Figur des Hermann Schulz zeigt sie das Dilemma der illegal arbeitenden Kommunisten, denen die – aus dem Exil heraus agierende – Partei vermittelte, daß sie deren passives Abwarten als politisches Versagen sah, und die deshalb mit ihrem symbolischen Sabotageakt ihr Leben riskierten. „Die Erzählung verdeutlicht eine tragisch zu nennende Konstellation: Die Genossen sind nicht nur durch das NS-Regime furchtbar dezimiert worden, sondern sie wurden auch von den eigenen Leuten geopfert, und sie waren bereit, ihr Leben für ihre Überzeugung zu opfern. Danach wären sie gebraucht worden, sie fehlen beim Neuanfang".[24]

Anna Seghers thematisierte hier also zweierlei: das Im-Stich-Lassen der Saboteure und den verhängnisvollen Mißbrauch der Opferbereitschaft von Genossen durch die Partei. Sie fragte, ob diese Opfer gerechtfertigt waren, ob sie einen Sinn, eine Bedeutung für die Zukunft nach der Niederschlagung des Nationalsozialismus hatten. Sie sah, daß die am Ende des Romans *Das siebte Kreuz* formulierte Botschaft von der Unzerstörbarkeit des Menschlichen nicht mehr uneingeschränkte Gültigkeit haben konnte nach den Jahren des Nazi-Regimes, nach Völkermord und Krieg, nach der Shoah. In der Er-

---

[22] Ebd., S. 426 f. – Auch wenn es sich nur um eine Vermutung handelt, ist sie doch wohl begründet und durch Werkinterpretationen belegbar. Vgl. z.B. Erika Haas: Post ins Gelobte Land – Ein Requiem. Anna Seghers und das Judentum. In: Argonautenschiff 4 (1995), S. 139-150.

[23] Die Erzählung „Die Saboteure" gehört wie die Erzählungen „Das Ende" und „Vierzig Jahre der Margarete Wolf" zu einem Erzählkomplex, in dem Figuren und Konstellationen aus dem Roman „Das siebte Kreuz" wiederaufgenommen werden. Vgl. Sonja Hilzinger: Opfer, Täter und Richter. Versuch einer Annäherung an die Novelle „Der gerechte Richter". In: Argonautenschiff 1 (1992), besonders S. 50-55.

[24] Ebd., S. 54.

zählung *Das Ende* (1946) zeigte sie an den aus den Konzentrationslagern zurückgekehrten Antifaschisten Volpert, Degreif und Seiz, daß diese aufgrund ihrer Erfahrungen ein Leben lang beschädigt und traumatisiert bleiben würden. Aber gerade ihnen kam im östlichen Nachkriegsdeutschland eine wichtige Aufgabe zu als Ingenieure des Aufbaus und als Lehrer der Jugend. Die Antwort auf die Frage nach dem Sinn der Opfer im Kampf gegen den Nationalsozialismus hing also davon ab, für welche Art von Zukunft sie unabdingbar gewesen waren.

IV. Moralische Überredung und (Ver-)Schweigen als Erzählmuster nach 1945

Als Anna Seghers 1947 nach Deutschland zurückkehrte, entschied sie sich für den Teil des Landes, der den Aufbau des Sozialismus auf seine Fahnen geschrieben hatte.[25] Sie kehrte als Jüdin zurück in das Land der Mörder, als Deutsche in das Land ihrer Muttersprache, sie wollte als Kommunistin teilhaben an jener Zukunft, die jetzt Gegenwart zu werden versprach. Die ersten Eindrücke Anna Seghers' von dem völlig zerstörten Land und den ebenso zerstörten Menschen waren so nachhaltig und schockhaft, daß sie auch später immer wieder darauf zurückkam, sei es direkt in publizistischen Arbeiten wie *Der Besuch* (1956) oder indirekt in Erzählungen wie *Überfahrt* (1971). Für die Erzählerin war der Neuanfang schwierig. Frühe Gestaltungsversuche aus den ersten Jahren sind als Skizzen, Bruchstücke und Anfänge überliefert.[26] Der Stoff sperrte sich, war der zurückgekehrten Emigrantin noch zu fremdartig und schwierig, als daß sie ihn hätte greifen und formen können. Das Grundmuster ihres Erzählens, das sie in den Jahren der Weimarer Republik und des Exils ausgebildet und entwickelt hatte, konnte nicht ohne weiteres auf die von Grund auf anderen Verhältnisse übertragen werden.

Zunächst ist jedoch von Interesse, daß Anna Seghers die ihrem Grundmuster eingeschriebene Argumentation, eine Idee oder eine Sache sei umso überzeugender, je größer die Opfer sind, die in ihrem Namen gebracht werden, aktualisierte, um die Menschen im östlichen Deutschland für den sozialistischen Aufbau zu gewinnen. Erzählungen wie *Die Rückkehr* (1953) oder *Der Mann und sein Name* (1952), die unmittelbar auf die Nachkriegssituation Bezug nahmen, oder *Vierzig Jahre der Margarete Wolf* (1957), geschrieben zum 40. Jahrestag der Oktoberrevolution, oder der Roman *Die Entscheidung* (1959) rekurrieren, so unterschiedlich ihre Thematik auch ist, auf den Kontext der *Gefährten*. Der Bezugspunkt war und blieb der Faschismus: aus ihrer Sicht hatte der Westen die alten Wurzeln nicht unwiderruflich

---

[25] Über die Bedeutung des „Mythos Antifaschismus" für die Gründung der DDR vgl. Wolfgang Emmerich: Kleine Literaturgeschichte der DDR. Leipzig 1996, S. 29 ff.
[26] Vgl. Inge Diersen: Jason 1948 – Problematische Heimkehr. In. Argonautenschiff 1 (1992), S. 106-128.

gekappt – der Kalte Krieg und die Wiederbewaffnung, die halbherzige Entnazifizierung und das Verbot der KPD, die kollektive Verdrängung der nationalsozialistischen Vergangenheit und die Unfähigkeit zu trauern schienen dies zu belegen –, während der Osten sich als Erbe des Antifaschismus sah, legitimiert durch die Opfer des antifaschistischen Kampfes. Dieses in das Gute und das Böse, in Täter und Opfer geschiedene Weltbild, das nicht auf inhaltliche Argumentation, sondern auf moralische Überredung setzte, etablierte sich auch in den meisten Erzählungen und in den beiden Romanen mit zeitgenössischem Sujet, die Seghers in der DDR schrieb. Sie zeigten eine Welt, in der das Streben nach materiellem Wohlergehen und der Wunsch nach individueller Lebensgestaltung denunziert wurde und erneut Opferbereitschaft, Verzicht und der permanente Lebensaufschub die Grundpfeiler eines protestantisch-asketischen Sozialismusverständnisses waren.

Anna Seghers versuchte als Erzählerin, ihre Leser für den DDR-Sozialismus zu gewinnen, und sah sich damit konfrontiert, daß die gewichtigsten Gegenargumente nicht aus dem Westen, sondern aus dem Osten kamen. Die Tradition des Antifaschismus, auf die sie in vielen ihrer Erzählungen rekurrierte, gehörte der Vergangenheit an. Die Menschen im östlichen Deutschland lernten den Antifaschismus als Stalinismus kennen, einschließlich seiner antisemitischen Tendenzen. Die Säuberungen im stalinistischen Geist zogen sich von den Kommunistenverfolgungen der dreißiger Jahre[27] bis nach Stalins Tod im März 1953 und nach dem XX. Parteitag der KPdSU 1956 in die endfünfziger Jahre hin. Im Gefolge des Prager Slansky-Prozesses wurden in der DDR Paul Merker, der wie Seghers aus dem mexikanischen Exil zurückgekehrt war, und Franz Dahlem wegen „Zionismus", „Trotzkismus" und „westlicher Agententätigkeit" angeklagt. Mißtrauen und Vorbehalte hatte es von Anfang an von seiten mancher aus der sowjetischen Emigration zurückgekehrter Funktionäre gegenüber den sogenannten Westemigranten gegeben. Dazu kamen ausgeprägt antisemitische Tendenzen. Nach dem niedergeschlagenen Aufstand vom Juni 1953 schloß die SED-Parteispitze ‚Abweichler' von der stalinistischen Linie wie Max Fechner, Wilhelm Zaisser, Rudolf Herrnstadt, Anton Ackermann und andere aus der Partei aus, und 1957 wurde in der DDR eine oppositionelle Gruppe, zu der Wolfgang Harich, Manfred Hertwig, Walter Janka, Gustav Just, Bernhard Steinberger, Richard Wolf und Heinz Zöger gehörten, zu langjährigen Zuchthausstrafen verurteilt. Nach dem XX. Parteitag der KPdSU 1956 begann die langwierige Auseinandersetzung mit den Verbrechen der stalinistischen Ära, vom SED-Regime

---

[27] Hermann Weber (Weiße Flecken in der Geschichte. Die KPD-Opfer der Stalinschen Säuberungen und ihre Rehabilitierung. Frankfurt a. M. 1989, S. 13) kommt zu dem Ergebnis, daß die stalinistischen Säuberungen außerhalb des faschistischen Machtbereichs „zur größten Kommunistenverfolgung aller Zeiten" wurden. Zu dieser Thematik vgl. außerdem: In den Fängen des NKWD. Deutsche Opfer des stalinistischen Terrors in der UdSSR. Berlin 1991. – Reinhard Müller (Hrsg.): Die Säuberung. Moskau 1936: Stenogramm einer geschlossenen Parteiversammlung. Reinbek b. Hamburg 1991. – Ervin Sinkó: Roman eines Romans. Moskauer Tagebuch 1935-1937 [1955]. Berlin 1990.

unter Führung Ulbrichts eher behindert als befördert.²⁸ Eine Reaktion, das (Ver)Schweigen als ein verbreitetes Denk- und Handlungsmuster in der DDR (nicht nur) der fünfziger Jahre, hat Anna Seghers in ihrem Roman *Das Vertrauen* (1968) literarisch abgebildet: daß Kommunisten während der stalinistischen Säuberungen – nicht nur in der Sowjetunion – verfolgt, inhaftiert, deportiert und ermordet worden sind, das sei den Menschen, die für den sozialistischen Aufbau gewonnen werden sollten, nicht zuzumuten, das würde sie nur verwirren, also sollte darüber besser geschwiegen werden.²⁹ Der Roman thematisiert die Zeit zwischen Stalins Tod und den Juniereignissen in einer Art und Weise, die den Spannungsreichtum, die „Zerreißprobe"³⁰ im Verhältnis zwischen Figuren und Zeitgeschichte herausstellt, und dabei bleibt er vollständig „im Rahmen des ideologischen Horizonts der Handlungszeit und des Handlungsortes".³¹

Das Motiv des Vertrauens erhält in der Grundstruktur des Romans ein starkes Gegenmotiv, das des Mißtrauens. Die beiden wichtigsten Themen, einerseits die Auseinandersetzung mit dem Personenkult und mit den offiziellen Offenlegungen über die stalinistischen Verbrechen und andererseits der bevormundende, undemokratische Umgang der Regierenden mit den Arbeitenden, der den Aufstand provozierte,³² ging Seghers jedoch nicht direkt an, sondern sie wählte dafür jenes „Sprechen in Andeutungen",³³ das von ihren

---

²⁸ Zum offiziellen Umgang mit den deutschen Opfern des Stalinismus in der Sowjetunion vgl. z.B.: Elfriede Brüning: Lästige Zeugen? Tonbandgespräche mit Opfern der Stalinzeit. Halle, Leipzig 1990. – Vgl. außerdem: Sonja Hilzinger: „Ich hatte nur zu schweigen". Strategien des Bewältigens und des Verdrängens der Erfahrung Exil in der Sowjetunion am Beispiel autobiographischer Texte. In: Frauen und Exil. Exilforschung. Ein internationales Jahrbuch. Bd. 11. München 1993, S. 31-52. – In diesem Zusammenhang ist erwähnenswert, daß Anna Seghers sich persönlich dafür eingesetzt hat, daß Trude Richter, die frühere Sekretärin des Bundes Proletarisch-revolutionärer Schriftsteller in Berlin, die Jahre der Internierung in einem stalinistischen GULAG überlebt hat, in die DDR kommen konnte, wo sie als Literaturdozentin am Leipziger Becher-Institut arbeitete.
²⁹ Vgl. Anna Seghers: Das Vertrauen. Berlin, Weimar 1980, S. 446 ff. (13. Kapitel, V).
³⁰ Martin Straub: Über den schwierigen Umgang mit Zeitgeschichte. Zu Anna Seghers' Romanen *Die Entscheidung* und *Das Vertrauen*. In: Weimarer Beiträge 36 (1990), S. 1585.
³¹ Inge Diersen: „Immer bleiben die Engel aus am Ende" (Heiner Müller). Zur Thematik der verlorenen Revolution bei Anna Seghers. In: Argonautenschiff 2 (1993), S. 49 f.
³² Vgl. dazu Diersen, ebd., S. 49: „Das Demokratie-Defizit, das wesentlich die systemimmanente Fehlkonstruktion bedingt, wird nicht sichtbar und schon gar nicht führt es zum Ausbruch der Krise als offene Konfrontation. Streik und Aufstand erscheinen dann ausschließlich ferngesteuert, ganz wie die offizielle Darstellung es vorgibt. Wenn jedoch im Kossinwerk die sowjetischen Panzer außen vor bleiben, weil man den verläßlichen Arbeitern vertraut, daß sie mit den Streikenden fertig werden, läßt Anna Seghers etwas geschehen, was in Wirklichkeit nicht geschah – Wunschdenken, das zugleich Nachdenken provoziert, Nachdenken über den Widerspruch zwischen der offiziellen Einschätzung vom durch feindliche Elemente überrumpelten Volk und der tatsächlichen Macht- und Hilflosigkeit der Führung, ihrer Angst vor dem Volk, und ein Wunschdenken, das vielleicht auch ganz versteckt Ausdruck von Unbehagen gegenüber einer ‚Lösung' politischer Probleme durch Panzer ist".
³³ Sigrid Bock: Sprechen in Andeutungen. Bemerkungen zu Anna Seghers. In: Literatur in der DDR. Rückblicke. Hrsg. von Heinz Ludwig Arnold, Frauke Meyer-Gosau. München 1991, S. 72 ff., zu „Das Vertrauen" besonders 77 f.

Lesern in der DDR verstanden werden konnte.³⁴ Die überlieferten Materialien – zeitgeschichtliche Dokumente, Entwürfe und Fassungen, Kommentare ihres Mannes dazu – geben Hinweise darauf, daß die Gestaltung dieses ersten großen Konflikts in der Geschichte der DDR bei der Erzählerin auf extreme Schwierigkeiten stieß; dafür spräche auch die sehr lange Arbeitszeit an diesem Roman, die Seghers mehrfach unterbrach, um Erzählungen zu schreiben: die dritte karibische Geschichte *Das Licht auf dem Galgen* (1960), vor allem aber die Geschichten aus dem Zyklus *Die Kraft der Schwachen* (1965). Sie geben, so scheint es: unverstellter, den Blick frei auf das, was weder *Die Entscheidung* noch *Das Vertrauen* zur Sprache bringen konnten. Beinahe könnte man meinen, daß die Erzählungen eine andere Sprache sprächen, eine andere Wahrheit enthielten als die Romane. Tatsächlich gehört jedoch beides zusammen.

V. Das Licht auf dem Galgen (1960): Paradigma der verratenen Revolution

Von dem Parteimitglied, von der Kulturfunktionärin Anna Seghers sind keine Aussagen darüber überliefert, was für sie die stalinistischen Schauprozesse der vierziger und fünfziger Jahre und die Enthüllungen des XX. Parteitags bedeutet haben. Aber die Erzählerin meldete sich zu Wort. Es ist ganz offensichtlich, daß Resignation, Irritation und Trauer vorhandene oder erhoffte Zukunftsperspektiven überlagerten. Die Hoffnung, daß der in *Transit* und in *Die Saboteure* thematisierte Verrat an den eigenen Leuten lediglich der extremen Situation im Kampf gegen den Faschismus geschuldet sei, hatte sich als trügerisch erwiesen. Der Schock über die im Namen Stalins begangenen Verbrechen bewirkte im erzählerischen Werk eine entscheidende Neuakzentuierung des Grundmusters, der Analyse der gescheiterten Kämpfe. Wurden die Niederlagen der Arbeiterbewegung, der Volksfront, des Antifaschismus bislang mit der Übermacht des erstarkenden und dann des etablierten Nationalsozialismus erzählerisch plausibel, aber historisch unvollständig begründet, so trat jetzt deutlich akzentuiert an die Stelle des Paradigmas der „verlorenen Revolution"³⁵ das der verratenen Revolution – verraten von den eigenen Leuten. Um die Opfer der verlorenen Kämpfe kann getrauert werden, sie werden zu „Märtyrern" der Bewegung, ihr Sterben ermutigt diejenigen, die übrigbleiben, zu neuem Kampf. Was aber, wenn diese Opfer umsonst waren, wenn es eine Alternative zu ihrem Tod gegeben hätte, wenn sie hätten gerettet werden können für das zukünftige Leben? Der im Titel zitier-

---

³⁴ Über die unterschiedlichen Rezeptionsvoraussetzungen und daraus folgenden Verständnisschwierigkeiten westlicher Leser vgl. Christian Klotz: Das Werk der Anna Seghers nach 1947. Thesen zur Rezeptionsproblematik. In: Anna Seghers – Mainzer Weltliteratur. Beiträge aus Anlaß des 80. Geburtstags. Mainz 1981, S. 98 ff.
³⁵ Vgl. Diersen (Anm. 31), S. 44-56.

te Satz aus der Erzählung *Der Führer*: „Wenn es keine Zukunft mehr gibt, ist das Vergangene umsonst gewesen", markiert einen Endpunkt, eine unsägliche Erschöpfung, einen immensen Sinnverlust.

Ich halte es für durchaus vertretbar, in den späten fünfziger Jahren eine dem Verratsschock nach dem Nichtangriffspakt in ihrer Tiefe und Grundsätzlichkeit vergleichbare Krise der Erzählerin anzunehmen. Dabei ist zu berücksichtigen, daß die Problematik von Verrat und Treue sich nicht nur auf das Verhältnis der kommunistischen Parteien stalinistischer Prägung zur Ursprungsidee von Freiheit und Gerechtigkeit bezog, sondern auch auf die Beziehung des einzelnen Parteimitglieds zur sozialistischen Idee einerseits und zur Partei andererseits.[36] Anna Seghers diskutierte das Problem in der nachgelassenen, fragmentarischen Erzählung *Der gerechte Richter*[37] (entstanden 1957/58) und in der dritten karibischen Geschichte *Das Licht auf dem Galgen*.[38] Mit ersterer hatte sich Seghers der Thematik des Verrats aus den eigenen Reihen an einem zeitgeschichtlichen Stoff gestellt. Daß diese Erzählung unabgeschlossen (und zu Lebzeiten der Autorin unveröffentlicht) blieb, verweist auf kein vorrangig ästhetisches, sondern auf ein politisches Problem. Erst die Verfremdung in die historisch und geographisch entfernte Konstellation von *Das Licht auf dem Galgen* ermöglichte ihr die notwendige Distanz, welche die Voraussetzung für eine ästhetisch gelungene Gestaltung war.

In beiden Geschichten reproduzierte Anna Seghers Erklärungsmuster, die bis an die Grenzen ihrer und vieler Genossen zeit- und bewußtseinstypischer Einsichten heranreichten, ohne diese jedoch überschreiten zu können. An die Stelle struktureller Kritik an stalinistischen Verfälschungen und Entstellungen der Ursprungsidee trat die Kritik an der Unfähigkeit, am Machtmißbrauch und an der moralischen Verkommenheit einzelner Funktionäre. Heiner Müller, der in seinem Stück *Der Auftrag* Motive aus der Erzählung *Das Licht auf dem Galgen* verwendete,[39] deutete den Seghers-Text, indem er ihn auf diesen Grundkonflikt reduzierte: *„Licht auf dem Galgen* ist ihre Auseinandersetzung mit dem Stalinismus: Napoleon/Stalin, der Liquidator der Revolution".[40]

---

[36] Vgl. zu diesem Kontext die exemplarische Studie von Michael Rohrwasser: Der Stalinismus und die Renegaten. Die Literatur der Exkommunisten. Stuttgart 1991, besonders S. 47 f.

[37] Anna Seghers: Der gerechte Richter. Fragment. In: Anna Seghers: Das Schilfrohr. Erzählungen 1957-1965. Berlin 1994, S. 346 ff.

[38] Wie Inge Diersen ermittelt hat, begann Anna Seghers die dritte karibische Geschichte unmittelbar nach Abschluß der beiden ersten, ließ die Anfänge dann aber liegen, um sie später wieder aufzugreifen. Vgl. Diersen (Anm. 31), S. 47.

[39] Heiner Müller: Der Auftrag. Der Bau und andere Stücke. Berlin 1981, S. 8 ff. – Müllers Darstellung richtete sich gegen das Seghers'sche Revolutions- und Geschichtsverständnis, indem er die von den Europäern ausgehende Gewalt thematisierte, „die ihre Ideale anderen Kulturen auf den Leib schreiben" (Sigrid Weigel: „Ein neues Alphabet schreiben auf andre Leiber". Fortschreibung und Umschrift tradierter Revolutionsmythen in den „Karibischen Geschichten" von Seghers, Buch und Müller. In: Sigrid Weigel: Bilder des kulturellen Gedächtnisses. Beiträge zur Gegenwartsliteratur. Dülmen-Hiddingsel 1994, S. 175).

[40] Heiner Müller: Krieg ohne Schlacht. Leben in zwei Diktaturen. Köln 1992, S. 297.

Alle drei *Karibischen Geschichten* enthalten in verfremdeter Form Aussagen über die stalinistische Deformation des Sozialismus und die damit in enger Beziehung stehende Entwicklung in der DDR. Das heißt, aus dem Scheitern der von der Französischen Revolution inspirierten Freiheitskämpfen in Haiti, Guadeloupe und Jamaica entwickelte Anna Seghers Einsichten und Einschätzungen, die auf die Erfahrung der gescheiterten Überführung der sozialistischen Utopie in die Realität der stalinistischen Länder beziehbar sind. Aber nur in *Das Licht auf dem Galgen* wird das Scheitern der Revolution mit der verratenen Revolution im Mutterland in Verbindung gebracht. Im Vordergrund stehen hier nicht mehr Verheißung und Glücksversprechen der Revolution, sondern ihre widersprüchlichen und verhängnisvollen Folgen. Aus dem Mutterland der Revolution, dem Frankreich des Jahres 1789 (dem Rußland des Oktobers 1917), wird über Emissäre die Idee von Freiheit und Gleichheit, die *Veränderung von Grund auf* in die Kolonien getragen, findet dort enthusiastische Mitstreiter und nimmt einen verheißungsvollen Anfang, der aber scheitert, sei es am Unvermögen der „Befreiten", einen sinnvollen Gebrauch von Freiheit und Gleichheit zu machen, wie in den beiden ersten Geschichten, oder am Verrat der Revolution im Mutterland. Mit diesen Erklärungsmustern befand sich Seghers durchaus im Konsens mit Gesinnungsgenossen, für die die sozialistische Idee durch die stalinistischen Deformationen zwar fundamental beschädigt, nicht aber in ihrer grundsätzlichen Bedeutung und Legitimation beeinträchtigt war. Selbst das Paradigma der durch Verrat einiger weniger Revolutionäre verlorenen Revolution ermöglichte ja noch die Rettung der Idee und den Fortbestand der Hoffnung auf ihre zukünftige Realisierung, ohne das zugrundeliegende Geschichtsbild in Frage stellen zu müssen. Mit diesem Muster bot Anna Seghers sogar noch Autoren der nachfolgenden Generation wie Christa Wolf oder Heiner Müller ein utopisches Potential, an dem diese sich abarbeiteten, bis die Einsicht in das *Kein Ort. Nirgends* unabweisbar wurde. Dieses am historischen Beispiel gewonnene Erklärungsmuster war für diejenigen, die sich in der DDR als kritische Sozialisten verstanden und die unübersehbaren Deformationen des Sozialismus der Ulbricht-, aber auch noch der Honecker-Ära im Rückgriff auf die marxistisch-leninistische Tradition wegzureformieren hofften, eine politische Legitimation, derer sich übrigens auch linke westliche Intellektuelle bedienten.

Betrachtet man die erzählerische Komposition der drei karibischen Geschichten,[41] fällt die zunehmende Verkomplizierung der Struktur ins Auge. Während es sich bei *Die Hochzeit von Haiti* um eine chronologische Erzählung mit einem kurzen Epilog handelt, schließt sich in *Die Wiedereinführung der Sklaverei in Guadeloupe* nach dem chronologischen Bericht ein längerer

---

[41] Anna Seghers: Die Hochzeit von Haiti / Wiedereinführung der Sklaverei in Guadeloupe. In: Anna Seghers: Die Hochzeit von Haiti. Erzählungen 1948-1949. Berlin 1994, S. 7 ff. und S. 63 ff. – Anna Seghers: Das Licht auf dem Galgen. In: dies.: Das Schilfrohr. Erzählungen 1957-1965. Berlin 1994, S. 46 ff.

Epilog aus der Perspektive der „Sieger" an, denen es gelungen ist, die alten unterdrückerischen Verhältnisse aufs neue zu installieren. In *Das Licht auf dem Galgen* schließlich ist die Erzählung vom Scheitern der Sklavenbefreiung als Binnenhandlung eingebettet in eine sehr ausführliche Rahmenhandlung, die das Gewicht auf die Veränderungen und die aktuelle Situation im Mutterland legt. Das Gewicht verlagert sich also zunehmend von den revolutionären Ereignissen in den Kolonien auf den für das Scheitern verantwortlich gemachten politischen Rückschlag im napoleonischen Frankreich. Auf der einen Seite wird damit die Eigenständigkeit der kolonialen Befreiungskämpfe in Frage gestellt,[42] auf der anderen Seite ermöglicht die Schwerpunktverlagerung auf die Verhältnisse im nachrevolutionären Frankreich und das Verhalten der Funktionäre eine partiell kritische Perspektive auf das Phänomen der „Revolution von oben".

Alle drei Erzählungen thematisieren das Faktum, daß die revolutionären Ideen per Dekret von Emissären in die Kolonien getragen und dort nach französischem Vorbild umgesetzt werden sollen. Das Ziel der Sklavenbefreiung auf den karibischen Inseln erfordert zwar Bündnisse zwischen den französischen Revolutionären und den einheimischen Sklavenführern. Letztere erscheinen jedoch als Erfüllungsgehilfen der neuen französischen Macht, die je nach politischer Opportunität unterstützt oder fallengelassen, jedenfalls funktionalisiert werden. Toussaint, der „schwarze Napoleon", endet in einem französischen Gefängnis, Jean Rohan wird erschossen und Bedford krepiert in einem Käfig. Diese erzählerische Perspektive legt die Aussage nahe, daß eine Revolution, die von oben dekretiert wird und nicht von unten wachsen konnte, zum Scheitern verurteilt ist.

Ein weiterer interessanter Aspekt ist das zunehmende Gewicht, das die Erzählungen auf die Motivation und die innere Konfliktlage der französischen Revolutionäre legen. Dieser Aspekt ist deshalb von Interesse, weil er ins Innere der zentralen Problematik des Verrats führt: Ohne dafür Erklärungen zu entwickeln, beschreibt die dritte karibische Geschichte, daß mit dem Eintritt der Revolutionäre in die Geschichte und mit dem Sieg der Revolution diese geradezu notwendig von Verfälschung und Entstellung bedroht wird und schließlich jene Verhältnisse stabilisiert, die sie umstürzen wollte. Innerhalb dieses Prozesses bleibt den Revolutionären im Seghers'schen Erzählungzyklus nur die Wahl zwischen der Treue zur Idee, die sie mit dem Tod bezahlen, oder der Distanzierung von der bis zur Entstellung unkenntlich gewordenen Ursprungsidee.

Wir haben es mit einer innerhalb des Zyklus wachsenden Differenziertheit und Widersprüchlichkeit zu tun, was die Persönlichkeit der Revolutionäre betrifft. Michael Nathan, ein jüdischer Juwelier, ist ein individualistischer Parteigänger der Idee von Freiheit und Gleichheit, den die messianische Ge-

---

[42] Vgl. Gertraud Gutzmann: Eurozentrisches Welt- und Menschenbild in Anna Seghers' „Karibischen Geschichten". In: Frauen Literatur Politik. Hrsg. von A. Pelz, M. Schuller, I. Stephan, S. Weigel, K. Wilhelms. Hamburg 1988, S. 189-204.

stalt des Toussaint Louverture faszinierte, der vom Kutscher, den ein Priester lesen lehrte, zum General der haitianischen Revolutionsarmee aufgestiegen war. Die revolutionäre Gesinnung des jungen Franzosen Beauvais wird durch den Kommissar Hugues geweckt; er opfert sein individuelles Glück dem aussichtslosen Kampf gegen die Wiedereinführung der Sklaverei auf Guadeloupe an der Seite der Sklaven, während Hugues längst die Fronten gewechselt hat. Der enthusiastische junge Revolutionär Sasportas und der Funktionär Debuisson verfolgen zunächst ihren Auftrag, die Sklavenbefreiung auf der englisch besetzten Insel Jamaica zu initiieren; als dieser Auftrag jedoch durch die Selbsternennung Napoleons zum Konsul nicht mehr gedeckt ist, zieht Debuisson sich zurück, während Sasportas, ohne viel Erfahrung auf sich allein gestellt, solidarisch an der Seite der aufständischen Sklaven steht und schließlich am Galgen endet.

In *Die Wiedereinführung der Sklaverei auf Guadeloupe* werden die Phasen der Etablierung der neuen französischen Macht von den jakobinischen Anfängen bis zur Alleinherrschaft Napoleons an den Persönlichkeiten der aufeinanderfolgenden Kommissare Hugues, Vigneron, Boisseret und Fabien verdeutlicht. In *Das Licht auf dem Galgen* reflektiert die innere Entwicklung Debuissons und seine Reaktion auf die politischen Veränderungen in Frankreich den Umschlag der revolutionären Idee in ein Instrument zur Sicherung der Macht ihres Usurpators. Zehn Jahre nach dem Sturm auf die Bastille ist von der Ursprungsidee nur noch ihre Deklamation geblieben. Debuisson stellt sich dieser Realität und nimmt Abschied von den Träumen seiner Jugend, während Sasportas ihnen treu bleibt bis zu seinem Tod.

Innerhalb des Zyklus richtet sich die Aufmerksamkeit der Erzählerin zunehmend stärker von den ‚Helden‘ auf die ‚Verräter‘ und damit von der Favorisierung einer moralisch überlegenen zu einer politisch pragmatischen Haltung im Umgang mit der gescheiterten Revolution. Damit relativiert sie den in der letzen karibischen Geschichte problematisierten Verrat Debuissons. Sie stellt den Funktionär in eine Entscheidungssituation, deren Komplexität ihn als ganzen Menschen fordert; seine Herkunft und Geschichte – aufgewachsen auf Jamaica, Militärarzt im Dienst der englischen Kolonialmacht, lief er zu seinen französischen Landsleuten über –, seine Liebe zu Jamaica, dessen Zerstörung durch die kämpferischen Auseinandersetzungen er nicht ertragen kann, seine Sehnsucht nach einem privaten Glück und einem ‚normalen‘ Leben und sein Abwägen der politischen Kräfteverhältnisse – all dies geht ein in seine schließlich getroffene Entscheidung, den Auftrag innerlich zurückzugeben und sein Leben nicht einer aussichtslosen Sache zu opfern. Diese Gestaltung profiliert Debuisson zu einer sehr menschlichen und damit realistischen Figur. Indem sie gerade ihm ein solches Gewicht in der Erzählung verleiht, legitimiert Seghers seine Entscheidung als eine persönliche, mit deren Folgen er zu leben hat – im guten wie im schlechten.

Das Licht auf dem Galgen hat Anna Seghers fertiggestellt, während ihr dies mit *Der gerechte Richter* nicht gelang. Ein Vergleich beider Erzählungen im Hinblick auf die Gestaltung und das Gewicht der ‚Verräter‘ trägt möglicherweise zu einer Erklärung hierfür bei. Debuisson ist eine tragische Figur aufgrund der Schwere der Entscheidung, die er zu treffen hat, und in dieser Tragik gewinnt er eine Größe, die ihn den Märtyrern für die Idee vergleichbar macht. Kalam hingegen, der Antifaschist, der Jahre seines Lebens in nationalsozialistischen Kerkern saß, ist zu einem skrupellosen, machtgierigen Repräsentanten des stalinistischen Systems geworden, intelligent, kalt und zynisch, der zudem das Vertrauensverhältnis zu seinem Schüler, dem jungen Richter Jan, mißbraucht, um diesen gegen eigene Einsicht zum Schuldspruch gegen den ehemaligen Spanienkämpfer Gasko zu veranlassen. Jan aber folgt seinem Gewissen und nicht Kalam, den er schließlich nur noch als „ein[en] bösen Greis, gescheit und machtgierig"[43] sehen kann. Für die Aufrichtigkeit seiner Entscheidung bezahlt Jan mit seiner jahrelangen Internierung schließlich einen hohen Preis.

Der Erzählerin gelang es jedoch nicht, die Ursachen für die Veränderung Kalams zu benennen. Die Figur mit dem weitesten Denkhorizont in der Erzählung, der Richter Jan, geht noch von der Reformierbarkeit des Systems aus und argumentiert in der Strategie der Personenkult-Theorie,[44] indem er einzelne Menschen wie Kalam für Fehler und Irrtümer verantwortlich macht, ohne strukturelle Zusammenhänge zu erkennen. Die Erzählung zeigt aber, daß Gerechtigkeit und Menschlichkeit in einem sich sozialistisch nennenden Land dem politischen Machtinteresse untergeordnet waren. Damit lag auf der Hand, daß diejenigen Werte, die während der Zeit des Nationalsozialismus für die Antifaschisten die höchsten Güter darstellten, verraten und preisgegeben worden waren – und zwar von den eigenen Leuten. Angesichts solcher Bestandsaufnahme verwundert es nicht, daß Anna Seghers den Satz aufschrieb: „Wenn es keine Zukunft mehr gibt, ist das Vergangene umsonst gewesen."

VI. Der Schlüssel (1980):
Kritik an den männlichen Mythen von der Revolution

Im Spätwerk der Erzählerin finden sich noch einige Erzählungen, die ein besonderes Licht auf ihr Verhältnis zu ihrem Staat werfen. Im Dezember 1965 fand das 11. Plenum des ZK der SED statt, das als „Kahlschlag", als Abrechnung mit unbequemen Künstlern und Intellektuellen in die Geschichte eingegangen ist.[45] Gegen die Reglementierung und Ideologisierung von Kunst

---

[43] Seghers: Der gerechte Richter (Anm. 37), S. 370.
[44] Das Erklärungsmuster, das der Geheimrede Chruschtschows auf dem XX. Parteitag der KPdSU von 1956 zugrunde lag, beschreibt Helmut Bock in seinem Aufsatz: Es führt kein Weg zurück. ‚Stalinismus' in der DDR. In: Utopie kreativ, H. 13, September 1991, S. 62-75. Chruschtschows Rede „Über den Personenkult und seine Folgen" wurde erst 1990 im Berliner Dietz-Verlag vollständig veröffentlicht.
[45] Vgl. Kahlschlag. Das 11. Plenum des ZK der SED 1965. Studien und Dokumente. Hrsg. von Günter Agde. Berlin 1991.

durch eine dogmatische Politik setzte sich Seghers auf ihre Art zur Wehr: sie schrieb über das Gebrauchtwerden von Kunst und plädierte für einen weiten und offenen Realismusbegriff, der phantastische und märchenhafte Elemente, Träume und Visionen einschloß. Vor allem die Erzählungen *Das wirkliche Blau* (1967) und *Die Reisebegegnung* (1973) gaben der Literatur der siebziger Jahre in der DDR in dieser Hinsicht wichtige Anregungen.[46]

Ganz offensichtlich hat der Gedanke vom Scheitern des Kampfes um ein besseres Leben Anna Seghers weiterhin beschäftigt. In ihrem letzten Erzählzyklus *Drei Frauen aus Haiti* (1980) weitet sie den gedanklichen Rahmen, innerhalb dessen sie ihre Fragestellung ansiedelt, in menschheitliche Dimensionen hin aus, wobei ihre Perspektivierung der Geschichte den Frauen gilt. In den verwandten karibischen Geschichten hatte sie eine synchrone Variation der Thematik gewählt: Der historische Kontext war durchgängig die Phase zwischen dem Ausbruch der französischen Revolution und der Selbsternennung Napoleons zum Konsul. In den haitianischen Geschichte wählte Seghers nun die diachronische Variation: die erste Erzählung ist in der Zeit der Eroberungen des Kolumbus für die spanische Krone angesiedelt, die zweite nach dem Umschlag der Revolution in Frankreich und der Verhaftung und Deportation Toussaints und die dritte unter der Herrschaft der Duvaliers. Das Mädchen Toaliina in *Das Versteck* kann sich zwar der Versklavung durch die spanischen Eroberer entziehen, ihr Los bleibt jedoch die lebenslange Gefangenschaft und Isolation. Ihr Tod durch Ertrinken erscheint als Erlösung aus einem Leben, in dem es alternativlos nur die Gefangenschaft gab – durch die Kolonisatoren oder im Versteck –, aber kein Leben in Freiheit und Gemeinschaft mit anderen.

Der Schlüssel ist vielleicht die wichtigste Geschichte, sie erhält durch das Titel-Symbol eine weitreichende Bedeutung. Die ehemalige Sklavin Claudine, die zusammen mit ihrem Mann dem gefangenen Toussaint nach Frankreich folgte, erzählt ihrer Freundin Sophie „aus ihrem vergangenen Sklavenleben in Haiti".[47] Weil sie eine kostbare Vase zerbrochen hatte, sperrte man sie in ein enges Verlies, in welchem die aufständischen Sklaven sie beinahe übersahen, bis sie schließlich einer mit dem Schlüssel befreite. „Keiner gab auf mich acht, mich einzelne. Ich rüttelte an meinem Gitter, ich schrie, ich heulte, sie aber, die im Begriff waren, alle Schwarzen auf der Insel zu befreien, bemerkten mich gar nicht".[48] In dieser Sequenz steckt ein wichtiger Gedanke über die Ursachen des Scheiterns einer Revolution, der über die Idee des Verrats aus den eigenen Reihen hinausgeht: daß nämlich über der

---

[46] Vgl. Sonja Hilzinger: Avantgarde ohne Hinterland. Zur Wiederentdeckung des Romantischen in Prosa und Essayistik der DDR. In: Literatur in der DDR (Anm. 33), S. 93-100. – Sonja Hilzinger: Die „Blaue Blume" und das „Wirkliche Blau". Zur Romantik-Rezeption in den Erzählungen *Das wirkliche Blau* und *Die Reisebegegnung* von Anna Seghers. In: Literatur für Leser 1988, H. 4, S. 260-271. – Martin Straub: Kafka-Rezeption und Realismus-Auffassung in *Die Reisebegegnung*. In: Argonautenschiff 2 (1993), S. 64-78.

[47] Anna Seghers: Der Schlüssel. In: dies.: Steinzeit. Erzählungen 1967-1980. Berlin 1994, S. 341.

[48] Ebd., S. 343.

Menschheit, über der Idee der konkrete einzelne Mensch, die einzelne Frau vergessen wird. Der Schlüssel ist nicht nur das Symbol der Befreiung, sondern auch des achtsamen Umgangs mit dem einzelnen Menschen im Kampf um ein großes Ziel. Die dritte Geschichte *Die Trennung* beginnt mit dem Satz: „Luisa wartete auf dem Steg",[49] und dies ist bereits eine Charakteristik Luisas: sie wartet auf Cristobal, sie liebt ohne Gegenliebe diesen fanatischen und scheinbar emotionslosen Revolutionär, der sie im Stich läßt, weil sie durch im Gefängnis erlittene Folter und Mißhandlungen entstellt ist. In den Augen anderer Genossen „war das Verlassen der Frau schandbar. Die ganze Idee büßte an Wert ein, auf der Luisas Befreiung beruhte".[50] Für den Mann bestand der Sinn seines Lebens darin, an der Befreiung seines Landes von der unterdrückerischen Herrschaft teilzuhaben; Beziehungen zu anderen Menschen ordnete er diesem Ziel unter. Mit seinem Egoismus und seiner Liebesunfähigkeit beschädigte er letzten Endes auch die Idee, in deren Namen er handelte. Für die Frau bestand der Sinn ihres Lebens in der Liebe zu ihrem Freund, im Warten auf ihn, im Festhalten an der Bindung, die auch eine Bindung an die Idee war, für die sie beide kämpften.

Die Frage nach dem unterschiedlichen Anteil von Frauen und Männern sowohl an den revolutionären Veränderungen in der Geschichte als auch am (Er)Tragen der Begleiterscheinungen und der Folgen beantworten die Erzählungen über *Drei Frauen aus Haiti* im Sinn einer für die Frauen trostlosen Bilanz. Bezieht man diese Geschichten zurück auf *Die Gefährten*, in denen der Egoismus und die Bindungsunfähigkeit der Revolutionäre gerade zu den Eigenschaften gehörten, die sie zu Helden und schließlich zu Märtyrern machte, dann zeugt der späte Erzählzyklus von der Einsicht in die verhängnisvolle Einseitigkeit eines Menschenbildes, das die kommunistische Bewegung seit den frühen zwanziger Jahren prägt. Das Modell für den Menschen war der Mann. Den männlichen Mythen von der Revolution, von Kampf und Tod, von Freundschaft und Verrat war auch Anna Seghers gefolgt. Das „gefährliche" und das „gewöhnliche Leben", wie sie es einmal nannte, hatte seinen Ort in zwei Welten, die jeweils den Männern und den Frauen vorbehalten waren. Zwar gab es in ihrem Werk von Anfang an mit den typisierten Figuren der Mutter und des Mädchens[51] auch immer Frauenbilder, die den patriarchalen Bildern von der Frau ähnelten,[52] aber es waren doch auch lebensvolle und authentische weibliche Figuren, die eine Frau entworfen hatte aufgrund eigener Erfahrung. Seghers' Geschichten erzählten von der *Kraft der Schwachen*, aber auch deren Kraft reichte nicht aus, die Veränderung von Grund auf zu bewirken. Von dieser Einsicht legt die Geschichte *Der Schlüssel* Zeugnis ab: die Revolution ist verloren gegangen,

---

[49] Anna Seghers: Die Trennung. In: dies.: Steinzeit (Anm. 47), S. 350.
[50] Ebd., S. 367.
[51] Vgl. Peter Beicken: Die Lust auf den Körper – Erzählbegehren und Sprachberührung bei Anna Seghers. In: Argonautenschiff 2 (1993), S. 15-43.
[52] Vgl. Klaus Theweleit: Männerphantasien. Frankfurt a. M. 1977/1978 (2 Bde.).

weil die Revolutionäre über ihrer Idee den einzelnen Menschen, die einzelne Frau vergessen hatten.[53]

„Wenn es keine Zukunft mehr gibt, ist das Vergangene umsonst gewesen": Diese Aussage ist dem letzten Erzählzyklus Anna Seghers' unterlegt, der von Sprödigkeit und untergründiger Trauer geprägt ist. Erinnert wird an die Vergeblichkeit der Hoffnungen auf ein besseres Leben, an das Scheitern immer wieder neu entfachter Kämpfe um Freiheit und Gerechtigkeit und an die im Glauben an die Veränderbarkeit der Welt gebrachten Opfer.

---

[53] Die Beschädigung der Idee durch die Revolutionäre selber hat jedoch noch einen anderen, ihrem Übergang in das Geschichtlichwerden immanenten Aspekt, den Bernhard Greiner wie folgt erläutert: „Der Preis des Eintretens in die Geschichte wird dabei nicht verschwiegen: Verkehrung dessen, was das Zeichen [Freiheit; S. H.] an Versprechen einer humanen Welt mit sich führte, bis hin zur Zerstörung dessen, was befreit werden sollte, mithin Falsch-Werden der Idee und Fälschung im Verrat an ihr. – Zwischen diesen beiden Polen aber: auf der einen Seite das Verharren im Vorgeschichtlichen, in einem Leben im Aufschub, das sich der Teilhabe an der Idee gewiß bleibt und auf der anderen Seite das Eintreten in die Geschichte um den Preis der Verfälschung, der Verkehrung des Ideellen, zwischen diesen beiden Polen befindet sich das Judentum im 20. Jahrhundert in einer tiefgreifenden Auseinandersetzung um seine Identität. Es sind die Pole des Messianismus (als die rabbinische Tradition) und des Zionismus (in dessen Diskussion die frühere Erschütterung durch die Sabbatinische Hinwendung zur Welt wieder virulent wird)" (Bernhard Greiner [Anm. 7], S. 167).

Hans Dieter Schäfer

Kultur als Simulation

Das Dritte Reich und die Postmoderne

Als die Rote Armee im Februar und März 1945 die Oder erreicht hatte, um sich für die Schlacht um Berlin zu sammeln, verbrachte Hitler im Bunker der Reichskanzlei „endlos lange" Zeit vor einem Holzmodell der Neugestaltung von Linz. „In solchen Augenblicken vergaß [er] den Krieg", erinnerte sich seine Sekretärin. „Er spürte dann keine Müdigkeit mehr und erläuterte uns [...] alle Einzelheiten der Veränderung, die er für seine Vaterstadt plante".[1] Die Wüste, die Hitler außerhalb der Betonmauern zu verantworten hatte, brachte die Fata Morgana im Inneren des Bunkers zum Verschwinden. Versatzstücke aus der Theater- und Filmarchitektur[2] schufen von Anfang an Szenarien, mit deren Hilfe sich Führung und Bevölkerung gemeinsam über die Agonie von Vernunft und Wirklichkeit hinwegtäuschen konnten. Hitler bezog einen Teil seiner Legitimation aus dem Kult, mit dem das Bürgertum den Künstler umgeben hatte; 1937 erklärte Goebbels über den Führer: „Sein ganzes Werk bezeugt einen künstlerischen Geist: Sein Staat ist ein Bauwerk von wahrhaft klassischen Maßen. Die künstlerische Gestaltung seiner Politik stellt ihn, wie es seinem Charakter und seiner Natur gebührt, an die Spitze" der Kultur.[3] Bürgerliche Werte, welche durch die Modernisierung entleert wurden, ersetzte das Dritte Reich durch Imitationen: Die von Erfahrungen geprägte Persönlichkeit, deutsche Geschichte, das Erhabene, Bauen für die Ewigkeit usw. Massenhafte Nachbildungen durchformten den privaten Alltag und schienen dem wahnhaften Geschehen einen öffentlichen Sinn zu verleihen. Die vom Nationalsozialismus geförderten Schriftsteller, Maler und Komponisten verzichteten zumeist auf Komplexität und hatten nicht mehr wie die der Boheme zum Ziel, sich im Bild „der eigenen Zertrümmerung bewußt zu werden" (210).

---

[1] Albert Zoller: Hitler privat. Ein Erlebnisbericht seiner Geheimsekretärin. Düsseldorf 1949, S. 57; vgl. auch: Hermann Giesler: Ein anderer Hitler. Bericht seines Architekten [...]. 2. Auflage. Leoni 1977, S. 96 f.
[2] Dieter Bartetzko: Illusionen in Stein. Stimmungsarchitektur im deutschen Faschismus. Ihre Vorgeschichte in Theater- und Film-Bauten. Reinbek b. Hamburg 1985.
[3] Franz Dröge, Michael Müller: Die Macht der Schönheit. Avantgarde und Faschismus oder die Geburt der Massenkultur. Hamburg 1995, S. 56; die folgenden Gedanken sind diesem wichtigen Buch verpflichtet.

I. Rauminszenierungen im Dritten Reich

In der Mischung ungleichartiger Traditionen gebärdete sich diese Kunst außerordentlich offensiv und war als Modell für die spätkapitalistische Konsumkultur anschlußfähig. Schon damals war weniger die Qualität des einzelnen Kunstwerks von Bedeutung als seine Einspeisung in den Medienverbund. Als Werner Peiner 1938 in der Preußischen Akademie seine Bilder zeigte, erhielt er mehrere Staatsaufträge und wurde von Hitler persönlich zu einer Sonderschau aufgefordert;[4] er verknüpfte den Stil indischer und asiatischer Miniaturen mit dem Formenarsenal europäischer Wandgemälde, um durch seine dekorativen Tapisserien für das Auswärtige Amt oder die Reichskanzlei dem Nationalsozialismus zu „einer Einbindung in die deutsche Geschichte [zu] verhelfen" (331). Die angestrengte Stilisierung verflacht in den Gesichtern der Erdteil-Allegorien zu einer Schönheit, wie sie aus den groben Starporträts der Filmplakate flunkert.[5] Versprach der Gobelin durch Material und Aufwand Gediegenheit, suggerierte die Natursteinverkleidung der nationalsozialistischen Bauten das Ewige. 1938 hatte Hitler behauptet: „Wir bauen nicht für unsere heutige Zeit, wir bauen für die Zukunft! Daher muß *groß, solide* und *dauerhaft* gebaut werden [...]".[6] Die Monumente sollten die „Schundarchitektur" aus der Republik ersetzen, waren jedoch mit Eisenbeton und Stahl dem schnellen und billigen Bauen unterworfen, so daß heute Schäden des Berliner Olympiastadions oder des Reichsparteitagsgeländes in Nürnberg erhebliche Sanierungskosten verursachen.[7] Während der Nationalsozialismus „Hunderttausende [...] auf Dauermärschen" mit „abgehackten" Liedern durch das Land hetzte,[8] gaukelte er ein tausendjähriges auf Quadern gefügtes Reich vor; die unablässige Mobilmachung in der Kolonne und Ewigkeit heuchelnde Bühneneffekte verschmolzen miteinander; die so bewirkte Aufhebung der Zeit sprach die Emotionen vieler Menschen an, „weil der Industrialismus in eine tiefe Krise geraten war und ihre Existenz gefährdet" hatte.[9] Dreißig Flußgebiets- und

---

[4] Anja Hesse: Der Maler Wilhelm Peiner (1897-1988). Hildesheim u.a. 1995, S. 119.
[5] Ebd., S. 404-408, S. 409 ff. zeigen die fotografischen Vorlagen.
[6] Hans-Ernst Mittig: NS-Architektur in uns. In: Beiträge zur politischen Bildung 10 (1991). Stadt Nürnberg. Pädagogisches Institut, S. 20.
[7] Ebd., S. 21. Hans-Ernst Mittig verdanke ich den Hinweis auf: Eckart Dietzfelbinger: Der Umgang der Stadt Nürnberg mit dem früheren Parteitagsgelände. In: Beiträge zur politischen Bildung 9 (1990), dort S. 21 f. über die Baufälligkeit der Zeppelintribüne „aufgrund jahrzehntelanger Frosteinwirkungen und eindringenden Wassers" und die Kosten „im Sinne des Denkmalschutz-Gesetzes". Vgl. auch Hans-Ernst Mittig: Dauerhaftigkeit, einst Denkmalargument. In: Michael Diers (Hrsg.): Mo(nu)mente. Formen und Funktionen ephemerer Denkmäler. Berlin 1993, S. 11-34.
[8] Gunnar Ekelöf: Ein Schicksal der dreißiger Jahre. In: ders.: Der Weg eines Außenseiters. Erzählungen und Essays. Leipzig 1983, S. 48.
[9] Martin Damus: Postmoderne und regionalistische Architektur. In: Klaus Behnken, Frank Wagner (Redaktion): Inszenierung der Macht. Ästhetische Faszination im Faschismus. Ausstellungskatalog Neue Gesellschaft für Bildende Kunst. Berlin 1987, S. 302.

Autokarten, die Werner Peiner 1933/34 für die Shell-AG zu Werbezwecken illustrierte, rühmen „Deutschland ist schön!" Die Bilder erzählen von den Landschaften, geben aber auch „Baudenkmäler und Baustil, Volkstum und werktätiges Schaffen" wieder.[10] Kasimir Edschmid, der die Texte für die Rhein-Karte schrieb, beteuerte, der Fluß „sei Deutschland selbst, der Spiegel seines Werdens, der Zeuge seines ewigen, wunderbaren Wiederauferstehens". Zwar erkennt man auf der Karte ein Flugzeug oberhalb einer runden Shell-Tankstelle, doch es dominieren bäuerliche Szenen und historische Bauwerke; lediglich zwei Automobile schweben auf der Fläche und nehmen weniger Platz ein als Hirsche und Wildschweine, so daß der Eindruck einer homogenen Landschaft entsteht, aus welcher der Kölner Dom „königlich, wie ein Wunder, mit tausend Steinen und Spitzen, Figuren und Portalen in die Höhe" steigt. Dem „wertelosen" Autotouristen redete die Karte eine Teilhabe an deutscher Größe ein, um seinen Blick ehrfurchtsvoll von unten nach oben zu heben.[11] Weil er den Leser aus seiner emotionalen Isolation retten wollte, verwandelte auch Reinhold Schneider auf seiner *Fahrt ins Reich* die Gegenwart in einen imaginären Raum, nicht ohne durch die Beschwörung alter Anhaltspunkte Ordnung und neue Herrschaft zu fordern, denn nichts ist den „Völkern der Ebene [...] verhaßter [...] als die Form und das in ihr begründete Bewußtsein des Herrentums", heißt es über die Marienburg,[12] deren Rippen „wie Wasserstrahlen" auseinandertreten, „die sich voneinander trennen, [...] um aufs neue ausgesendet zu werden und ein Gewölbe aus Licht zu erschaffen" (110). Weil sich viele Menschen als Objekte undurchschaubarer Mächte fühlten, gab sich das Dritte Reich Mühe, die Ganzheit als Form vor Augen zu stellen und Fremde zur feindseligen Verkörperung des Chaos zu erklären. Viele der inszenierten Räume verstellten die Zeit zur Unkenntlichkeit, um die Bewegung, die das Wesen der Nationalsozialisten ausmachte, zu verheimlichen.

II. Josef Weinhebers Gemäldegedicht „Albrecht Dürer"

Nicht selten lieferte die handwerkliche Begabung wenig erfolgreicher Künstler die Grundlage für eine Karriere in der Trugbild-Produktion, unter deren flackerndem Schein Hitler die Vernichtung der nationalen Geschichte einschließlich ihrer Denkmale ins Werk setzen sollte. Josef Weinheber fühlte sich „nach Rilke und neben George" als „größte[r] lyrische[r] Dichter deutscher Sprache";[13] dieser maßlos übersteigerte Anspruch stand im Gegensatz

---

[10] Hesse (Anm. 4), S. 33.
[11] Prof. Werner Peiner (Entw.), Kasimir Edschmid (Text): Der Rhein von Köln bis Bingen. Shell-Rheinkarte.
[12] Auf Wegen deutscher Geschichte. Eine Fahrt ins Reich. Leipzig 1934, S. 111 f.
[13] Albert Berger: Götter, Dämonen und Irdisches. Josef Weinhebers dichterische Metaphysik. In: Klaus Aumann, Albert Berger (Hrsg.): Österreichische Literatur der dreißiger Jahre. Wien u. a. 1985, S. 277.

zum biederen und geschichtslosen Formdenken, das Bruchstücke aus der Vergangenheit zu Reklametafeln zusammenfügte. Für die Jahreskalender der Phönix-Versicherungsgesellschaft Wien hatte Weinheber Monats-, Ständeund Tierkreissprüche geschrieben, die er, u.a. um Gemäldegedichte erweitert, 1937 zu einem Zwölferzyklus à sieben Stück unter dem Titel *O Mensch, gib acht!* zusammenfaßte. Dem Monat April ist folgendes Poem zugeordnet:

Albrecht Dürer

Selbstbildnis in der Alten Pinakothek in München

Von meiner Stirne geht das deutsche Licht.
Die Schläfenfurche Traum und Grübeln spricht.
Durchsichtig fast, der Braue ferner Schwung
nennt heilig unsre Überlieferung.
Das treue Aug erfaßt die reiche Welt,
nichts ist so klein, es werde wohlbestellt.
Von meinen Locken geht ein Leuchten still,
sie sind des Christus, wo er deutsch sein will.
Die Nase, südlich schmal und streng geführt,
gibt Maß und läßt der Form, was ihr gebührt.
Im Schnurrbart lebt das Volk nach seiner Art:
Es ist ein heller, dünner Frankenbart,
wie jener, dunkler um das Kinn herum
von harter Kraft sagt, Stand und Herrentum.
Der Mund, keusch, fest und voller Innigkeit,
hat in den Winkeln schon den Schwank bereit,
indes die Wange, trauerschön genug,
aufzeigt den ewigen deutschen Leidenszug.
Es ruht die Hand, Einfalt und Stolz zugleich,
dem Mantel auf, als hielte sie das Reich.
In diesen Fingern, weg- und hergebracht,
hab ich gedeutet, was den Künstler macht.
In ihnen webt der bildsam hohe Geist,
der euch das Rätsel und die Lösung weist.
Wahrhaftig steckt die Kunst in der Natur:
Reißt sie heraus, ihr habt sie, klar und pur.
Als meines Volkes gültige Gestalt,
für alle da, so hab ich mich gemalt.
Euch völlig zugewandt ist mein Gesicht.
Wend't ihr euch ab von ihm, so seid ihr nicht.[14]

Weinheber baute das *Selbstbildnis* von der Stirn, den Schläfenfurchen, der Braue, den Augen, Locken, der Nase, dem Schnurrbart über Mund und Wange bis zur Hand auf, um zum Schluß des Rollengedichts Dürer das Wesen seiner Kunst deuten zu lassen. Die offene „Lösung" des „Rätsel[s]" zi-

---

[14] Josef Weinheber: Sämtliche Werke. Nach Josef Nadler und Hedwig Weinheber neu hrsg. von Friedrich Jenaczek. Band II: Die Hauptwerke. Salzburg 1954, S. 348-349.

tiert einen Halbsatz aus den *Büchern von menschlicher Proportion*: „Dann wahrhaftig steckt die Kunst in der Natur, wer sie heraus kann reißen, der hat sie [...]".[15] Um dem Gedicht den Anschein einer Prophetie zu verleihen, band Weinheber den fünfhebigen Jambus durch den Paarreim aus dem altertümlichen Knittelvers des Meistersangs. Die Sentenz „Wahrhaftig steckt die Kunst in der Natur/ Reißt sie heraus, ihr habt sie, klar und pur" erhält mit *Faust* eine weitere Beglaubigung, weil Goethe ab und zu holzschnitthaft ein ähnliches Versmaß benutzt hatte: „Wo du verweilst, ist Fülle; wo ich bin, / Fühlt jeder sich im herrlichen Gewinn" (II, 1. Akt, Vers 5699 f.). Im „Willen zur in sich abgeschlossenen und ruhenden Form" kommt wie in den Baukörpern der nationalsozialistischen Architektur „Unnahbarkeit und Unbedingtheit von Autorität zum Ausdruck";[16] anders als die Postmoderne spielt das Gedicht mit seinen Vorlagen nicht wie mit Masken, sondern halluziniert in die leeren Augenhöhlen ein falsches Leuchten. Weinheber schwor den Leser auf die völkische Ideologie ein, die über das „deutsche Licht" der ersten Zeile durch Wendungen wie „heilig unsre Überlieferung", „ewige[r] deutsche[r] Leidenszug", „das Reich" und „meines Volkes gültige Gestalt" vorherrscht. Dabei konnte er sich auf den Dürerkult berufen, der seit dem frühen 19. Jahrhundert den Maler enthusiastisch zum „Inbegriff des Künstlers" gemacht hatte.[17] Nicht nur die *Betenden Hände* und der *Hase* wurden durch Reproduktionen massenhaft verbreitet, sondern auch das *Selbstbildnis*, das als Titelschmuck für die *Kunstgewerbeblätter* und Vorlage für ein Postwertzeichen Verwendung fand.[18] Kulturkritiker wie Julius Langbehn hatten Dürer zum Führer im Kampf um die bedrohte deutsche Kunst ernannt;[19] unmittelbar vor der Niederschrift des Gedichts schwärmte Walter Geisel in einer Broschüre für den Schulunterricht über die *„königliche* Erscheinung" des Dürer-Porträts: „Die tiefen Augen, die sinnend in weite Ferne gerichtet sind, gehören dem Seher, dem *Propheten*".[20] Andere Hefte waren Walther von der Vogelweide, Luther, Hans Sachs gewidmet, aber auch Barbarossa, Friedrich dem Großen, Bismarck, Hitler, dem folgende Abschnitte zugeordnet sind: „Auf dem Wege zum Führer", „Im Felde", „Der Weg zum Erfolg", „Adolf Hitler als Mensch", „Der Baumeister Gottes", „Der Kämpfer für Frieden und Freiheit", „Was ist uns Adolf Hitler?", „Merkstoffe". Weinheber stellte seine handwerkliche Begabung in den

---

[15] Albrecht Dürer: Schriften und Briefe. Hrsg. von Ernst Ullmann. 6. Auflage. Leipzig 1993, S. 198; auf das Zitat wies mich dankenswerterweise Reinhard Tgahrt hin.
[16] Damus (Anm. 9), S. 308.
[17] Dürers Gloria. Kunst, Kultur, Konsum. Ausstellungskatalog Staatliche Museen Preußischer Kulturbesitz. Berlin 1971, S. 11.
[18] Ebd., Abb. 66, 75.
[19] Dürer als Führer. Vom Rembrandtdeutschen und seinem Gehilfen (Julius Langbehn und Momme Nissen). Mit einem Brief von Hans Thoma und achtzig Bildern in Kupfertiefdruck nach Dürer. München 1928.
[20] Führer und Wege zu völkischer Eigenart und deutscher Größe. Volkskundliche Bilder für die Schule. Hrsg. von E. Engel und R. Hoppenreit. Albrecht Dürer. Berlin o. J. [1931-1935], S. 1; diesen und andere Hinweise verdanke ich Armin Heigel.

Dienst dieser Schulung, gleichzeitig war er selbst dem Wahndenken tief verfallen. Wie Hitler hatte er sich als unverstandenes Genie gefühlt. Abgedichtet von der Erfahrungswelt betete er die priesterlichen „Helden in Kunst, Frömmigkeit, Weisheit" an, zu denen er neben Dürer und Michelangelo vor allem Hölderlin und seinen „eigenen Adel" zählte.[21] Als „charakteristischste[n] Zug" der Geschichte unsres Jahrhunderts hat man bemerkt, „daß sie Person und Persönlichkeit [...] hinweggefegt hat".[22] Das Gedicht scheint sich diesem Prozeß widersetzen zu wollen, doch „Albrecht Dürer" schenkte der Gespaltenheit Hitlers eine blendende Maske, hinter welcher er die Liquidierung unabhängiger Existenzen betreiben konnte. Gerade weil der Name des Führers ausgespart wurde, entstand ein Vakuum, das nach seiner Gestalt zu hungern schien: „Euch völlig zugewandt ist mein Gesicht. / Wend't ihr euch ab von ihm so seid ihr nicht". Der Schluß verdreht die geschichtliche Wahrheit ins Gegenteil, denn nur eine Abkehr vom Blendwerk hätte das deutsche Reich und seine Menschen vor dem Unheil bewahren können.

III. Gottfried Benns Künstlergedicht „Chopin"

Als Gegenrede zum monumentalen Ramsch solcher Bühnendekorationen schrieb Gottfried Benn im Oktober 1944 ein Gedicht, das einen nichtdeutschen Künstler und die Vollkommenheit seiner „kleinen Hand" zum Thema hat.

> Chopin
>
> Nicht sehr ergiebig im Gespräch,
> Ansichten waren nicht seine Stärke,
> Ansichten reden drum herum,
> wenn Delacroix Theorien entwickelte,
> wurde er unruhig, er seinerseits konnte
> die Notturnos nicht begründen.
>
> Schwacher Liebhaber;
> Schatten in Nohant,
> wo George Sands Kinder
> keine erzieherischen Ratschläge
> von ihm annahmen.
>
> Brustkrank in jener Form
> mit Blutungen und Narbenbildung,
> die sich lange hinzieht;
> stiller Tod
> im Gegensatz zu einem
> mit Schmerzparoxysmen

---

[21] Berger (Anm.13), S. 280.
[22] Imre Kertész: Meine Rede über das Jahrhundert (= Hamburger Edition: Angesichts unseres Jahrhunderts, Bd. 5). Hamburg 1995, S. 3.

oder durch Gewehrsalven:
man rückte den Flügel (Erard) an die Tür
und Delphine Potocka
sang ihm in der letzten Stunde
ein Veilchenlied.

Nach England reiste er mit drei Flügeln:
Pleyel, Erard, Broadwood,
spielte für 20 Guineen abends
eine Viertelstunde
bei Rothschilds, Wellingtons, im Strafford House
und vor zahllosen Hosenbändern;
verdunkelt von Müdigkeit und Todesnähe
kehrte er heim
auf den Square d'Orléans.

Dann verbrennt er seine Skizzen
und Manuskripte,
nur keine Restbestände, Fragmente, Notizen,
diese verräterischen Einblicke-,
sagte zum Schluß:
„meine Versuche sind nach Maßgabe dessen vollendet,
was mir zu erreichen möglich war."

Spielen sollte jeder Finger
mit der seinem Bau entsprechenden Kraft,
der vierte ist der schwächste
(nur siamesisch zum Mittelfinger).
Wenn er begann, lagen sie
auf e, fis, gis, h, c.

Wer je bestimmte Präludien
von ihm hörte,
sei es in Landhäusern oder
in einem Höhengeländer
oder aus offenen Terrassentüren
beispielsweise aus einem Sanatorium,
wird es schwer vergessen.
Nie eine Oper komponiert,
keine Symphonie,
nur diese tragischen Progressionen
aus artistischer Überzeugung
und mit einer kleinen Hand.[23]

Der Leser wird unmittelbar mit disparaten Fragmenten konfrontiert, die sich auf den ersten Blick einer einheitlichen „Ansicht" entziehen; Reimlosigkeit und aufgelockerte Versgruppen geben dem Gedicht einen offenen

---

[23] Gottfried Benn: Sämtliche Werke. Hrsg. von Gerhard Schuster. Band I: Gedichte 1. Stuttgart 1986, S. 180-181.

Charakter. Vermutlich faszinierte Benn an Chopin das „vielfach Spielerische, das nicht in die Tiefe geht [...]".[24] Gleich am Anfang wischte er außerdem das Positiv-Vorbildliche weg, wenn er Schwächen des Komponisten hervorhob: Er sei „nicht sehr ergiebig im Gespräch" gewesen und seine Notturnos habe er „nicht begründen" können, überhaupt zeichne er sich – anders als Dürer – weder durch Lehrhaftes noch durch „harte Kraft" aus. Benn stellte Chopin als „schwache[n] Liebhaber" und „Schatten in Nohant" dar, seine „erzieherischen Ratschläge" hätten die Kinder George Sands in den Wind geschlagen. Nach dem Versagen im Alltag thematisiert die dritte Versgruppe Krankheit und Tod, um in der folgenden seine künstlerische Leistung zur Anschauung zu bringen. Daß die Präludien nicht „für alle da" sind, verdeutlichte Benn durch das halböffentliche Spiel, zu welchem Chopin von Juden und dem Adel nach England eingeladen wurde; weil er nur vollkommene Werke hinterlassen wollte, habe er vorm Tod „Skizzen und Manuskripte" verbrannt.

Gegenüber Oelze begründete Benn seine Schreibweise mit einem Rückgriff auf die Montagen von Dos Passos, um „neue Themen, neue Wirklichkeiten in die fade deutsche Lyrik zu bringen, fort von Stimmung u. Sentiments zu Gegenständen [...]".[25] Als Wilhelm Lehmann den Dichter nach der poetischen Substanz des Gedichts fragte, erwähnte er die Chopin-Biographie von Guy de Pourtalès *Der blaue Klang*.[26] Im Gegensatz zu Weinheber, der in das Selbstbildnis seine Weltanschauung projizierte, öffnete Benn das Gedicht für Einzelheiten,[27] wobei er den zuweilen gefühlvollen Ton seiner Quelle zum sachlichen Bericht hin absenkte, der durch Wendungen wie „seinerseits", „beispielsweise" und die Klammer um „Erard" zusätzliche

---

[24] Vgl. Benns Brief an Oelze vom 11.4.1942 über Alexander Lernet-Holenia, wo es weiter heißt: „[...] sondern ins Elegante und Gesellschaftliche. Also etwas Undeutsches". In: Briefe an F. W. Oelze 1932-1945. Hrsg. von Harald Steinhagen und Jürgen Schröder. Wiesbaden u.a. 1977, S. 312.

[25] Brief an Oelze vom 18.1.1945. Ebd., S. 377 f.

[26] Bei der Begegnung 1952 in Knokke; Gespräch des Verfassers mit Wilhelm Lehmann am 14.5.1965; vgl. auch den Brief an Oelze vom 29.3.1936, ebd., S. 124: „Pourtalès ist ein netter Schriftsteller. Ich las sein Buch über *Chopin* ‚Der blaue Klang' (oder ähnlich). Gefiel mir gut".

[27] Benn brach aus Guy de Pourtalès: Der blaue Klang. Friedrich Chopins Leben. Freiburg 1928, u.a. folgendes Material heraus: Als Delacroix Malerei und Musik verglich, wurde „Chopin [...] unruhig" (197), bald „hörte" [er] „nicht mehr hin. Er stand auf und setzte sich an den Flügel" (198), in einer Pause versuchte er umständlich, seine Meinung zu erklären; über das Verhältnis zu George Sand heißt es: „[...] durch tausend kleine Leiden gebrochen [...] empfand [er] Tag und Nacht mehr, wie ihm die zu freudiger Lust nötigen Kräfte schwanden" (156), „schwacher Liebhaber", machte Benn daraus; „Kinder verzeihen es nun aber einem Fremden nie, wenn er sich Kritik erlaubt, und dies um so weniger, je begründeter sie ist", hatte Pourtalès über das Verhältnis Chopins zu Moritz und Solange in Nohant, dem Landschloß George Sands, geschrieben (236), um wenig später aus einem Brief der Geliebten zu zitieren: „Jedoch in realen Angelegenheiten des Lebens können seine Ratschläge unmöglich erwogen werden" (253); nach dem Winteraufenthalt auf Mallorca 1838/39 diagnostizierten die Ärzte „Lungenblutung" (167), meinten wenig später, „alles scheine gut zu vernarben" (170); wenn Benn von einem „Tod" sprach, „der sich lange hinzieht", dachte er vermutlich an Chopins Frage: „Warum tötet

Trockenheit bekommt. Der Wortschatz spannt sich von der Umgangssprache („reden drum herum") bis zum Fachjargon („Schmerzparoxysmen"), doch vor allem in den ersten vier Versgruppen verkürzte Benn Chopins Leben zu Namen, die – 1944 notiert – eine ganz und gar undeutsche Musik erzeugen: Delacroix, Notturnos, Nohant, George Sand, (Erard), Delphine Potocka, Pleyel, Erard, Broadwood, Rothschilds, Wellingtons, Strafford House, Square d'Orléans. Während sich nach Pourtalès niemand aus dem Sterbezimmer daran erinnern konnte, was Delphine Potocka „ihr Schluchzen bemeisternd" sang (306), ließ sie Benn, der zur Farbe Blau in einem magischen Verhältnis stand,[28] ein „Veilchenlied" vortragen; vermutlich hatte er den Brief Chopins aus England im Sinn, Fichtenzapfen für das Kaminfeuer und einen Veilchenstrauß zu kaufen: „Ich will bei meiner Rückkehr noch ein wenig Poesie um mich haben, wenn ich vom Salon in mein Schlafzimmer gehe, wo ich mich gewiß für lange Zeit hinlegen werde" (292). Das Gedicht blendet das Intime aus; der Leser erfährt kein Wort über den Bruch, den George Sand herbeigeführt hatte, um über die „körperliche und geistige Lebenskraft" das „Urteil" zu sprechen (290). Benn öffnete demgegenüber das Ohr für Chopins künstlerisches Credo; wie Weinheber läßt er seinen „Helden" selbst sprechen: „[...] meine Versuche sind nach Maßgabe dessen vollendet, was mir zu erreichen möglich war" (307). Schon in der Vorlage tragen die Worte den Charakter eines Vermächtnisses, sie fallen, nachdem der Sterbende „den Gebrauch der Sprache in geringem Maße wieder" erlangt hatte; offensichtlich erschien Chopin unmittelbar vorm Tod „der Ge-

mich Gott nicht auf einmal, sondern läßt mich langsam an einem Fieber der Unentschlossenheit hinsterben?" (291); vor allem die vierte Versgruppe gibt sich als Montage von Pourtalès zu erkennen: „Chopin kam am 20. April 1848 in London an und bezog mit seinen drei Instrumenten, einem Pleyel, einem Erard und einem Broadwood, ein komfortables Appartement" (280); „schließlich spielte er zwei- oder dreimal in Salons, den Abend zu zwanzig Guineen; ein Honorar, das ‚die alte Rothschild' ihn bat, doch etwas zu ermäßigen"; im „Stafford House", dem „Palais der Herzogin von Sutherland" waren „über achtzig Mitglieder der Aristokratie, darunter der alte Herzog von Wellington, erschienen" (281), die Königin zeigte sich auf der Treppe „bei grandioser Beleuchtung [...] umgeben von all den Brillanten und Bändern, jenen *Hosenbändern*, die mit größter Eleganz hinunterschritten" (282); Chopin wurde von „Müdigkeit" heimgesucht (281), die Rede ist von seinem „todmüde[n] Antlitz" (282), „sie könnte ebensogut den Tod heiraten", quittierte er die Nachricht, eine Engländerin wolle ihn ehelichen (285); nach Pourtalès reiste Chopin zu Beginn des Jahres 1849 aus England ab, „um nach dem Square d'Orleans zurückzukehren" (292). Zu den Versehen Benns zählen die falsche Schreibweise von „Stafford House" (281) als „Strafford House" und daß bei Chopins Tod ein Erard statt eines Pleyel in der Wohnung gestanden hatte (292); den Ratschlag, die Hand beim Anfang des Klavierspiels „auf e, fis, gis, b, h" zu legen (200), veränderte Benn zu „e, fis, gis, h, c." – Einen ersten unvollständigen Hinweis auf Entlehnungen gibt Michael Stolleis. In: Germanisch-Romanische Monatsschrift 34 (1984), S. 182-190.

[28] Vgl. „Epilog und lyrisches Ich". In: Gottfried Benn: Sämtliche Werke. Hrsg. von Gerhard Schuster. Band III: Prosa 1. Stuttgart 1987, S. 132: „Es ist das Südwort schlechthin"; in „Probleme der Lyrik" grenzte Benn die Farbe von den anderen, die zu „Wortklischees" verkommen sind, ausdrücklich ab. „In Bezug auf eine Farbe allerdings muß ich mich an die Brust schlagen, es ist: Blau – ...". In: Gottfried Benn: Gesammelte Werke in 4 Bänden. Hrsg. von Dieter Wellershoff. Bd. 1. Wiesbaden 1959, S. 504.

danke an Unvollkommenes, Unvollendetes unerträglich" (297), so daß er nicht nur seine Manuskripte verbrannt wissen wollte, sondern den Wunsch äußerte, man möge auch alle „skizzenhafte[n]" Kompositionen „dem Feuer übergeben" (307); „nur keine Restbestände, Fragmente, Notizen, / diese verräterischen Einblicke", ergänzte Benn. Die vorletzte Versgruppe konzentriert sich auf Chopins klaviertechnische Ratschläge, die Pourtalès nach dem gescheiterten Zwiegespräch mit Delacroix zusammengefaßt hatte. Der Komponist sei sich wie Liszt „der Tätigkeit" des „einzelnen Fingers bewußt" gewesen, jeder solle „mit der seinem Bau entsprechenden Kraft spielen", wobei „der vierte [...] der schwächste von allen" sei (199). Pourtalès bezeichnete ihn als „siamesische[n] Zwillingsbruder des Mittelfingers", alle müßten „auf *e, fis, gis, b, h*" ruhen, damit gleich am Anfang die Hand „in eine vorteilhafte Lage" gebracht werde (200).

Der Schluß des Gedichts thematisiert das Weiterleben Chopins; Benn rückte seine Musik aus dem massenhaften Kulturbetrieb und verband sie mit „Landhäusern" und „einem Höhengelände", nicht ohne das Moribunde hineinzuverweben. Mit den „offenen Terrassentüren [...] aus einem Sanatorium" dachte er vermutlich an Klabund, den er 1928 in Davos besucht hatte: „Oft sah ich auch Veilchen in seinem Sterbezimmer, die Lieblingsblumen Chopins, seines anderen Krankheitskameraden", bekannte er in der „Totenrede" auf den Freund.[29] In die letzten fünf Zeilen brachte der Dichter noch einmal drei fragmentierte Sätze aus dem *Blauen Klang* ein. Chopin habe „nie starkes Verlangen verspürt, eine Oper zu komponieren" (202); aus Heines „harmonischen" (206) machte Benn „tragische Progressionen", um mit dem letzten Wort der „kleinen Hand" zu gedenken; „wenn man seine kleine Hand ergriff, überraschte deren feste Knochenbildung, [...] es sei eine knöcherne Soldatenhand mit Frauenmuskeln gewesen", heißt es in der Vorlage (200). Benn schuf sich mit dem Gedicht ein Spiegelbild: Er hatte Sympathie für Chopins „tiefe brüderliche Bescheidenheit"[30] und teilte seine Absage an große Werke, ohne auf „hinterlassungsfähige Gebilde"[31] verzichten zu wollen; die Einschätzung von Pourtalès, Chopin habe es „mehr nach Vollendetem, Erlesenem als nach lautem Beifall der Menge" verlangt (202), war ihm wesensverwandt. Durch die Nationalsozialisten seit 1938 von der Öffentlichkeit ausgesperrt, hielt der briefliche Kontakt mit dem Bremer Großbürger F. W. Oelze Benns Bohemekunst in der „unendliche[n] Depression" und „Versteinerung"[32] am Leben. Zwar wurde in seinem Elternhaus „kein Chopin gespielt",[33] doch schon 1912 in „Nachtcafé" erhob er gegen die Verramschung einer solchen Musik Einspruch:

---

[29] Totenrede für Klabund. In: Benn: Sämtliche Werke. Bd. III. Ebd., S. 198.
[30] Ebd.
[31] IV. Block II, Zimmer 66. In: Gottfried Benn: Sämtliche Werke. Hrsg. von Gerhard Schuster. Band V: Prosa 3. Stuttgart 1991, S. 137.
[32] Brief an Oelze vom 6.12.1936 (Anm. 24), S. 159.
[33] Teils-teils. In: Benn: Sämtliche Werke. Bd. I (Anm. 23), S. 317.

H moll: die 35. Sonate.
Zwei Augen brüllen auf:
Spritzt nicht dies Blut von Chopin in den Saal,
damit das Pack drauf rumlatscht!
Schluß! He, Gigi! – [34]

Weil sich Chopins „aristokratische Zelebrität" (214) auf die „Ausbildung des Technischen" (199) beschränkte, fühlte sich Benn von seiner Klaviermusik so angezogen; der plakativen und verlogenen Sinnprojektion von Weinheber stellte er „aus artistischer Überzeugung" ein anderes Künstlerbild entgegen, dem bei allem Bekenntnis zum spielerischen Als-ob kein Postmodernismus zugrunde liegt. „Artistik", erklärte Benn später in *Probleme der Lyrik*, sei „ein ungeheuer ernster Begriff und ein zentraler. Artistik ist der Versuch der Kunst, innerhalb des allgemeinen Verfalls der Inhalte sich selber als Inhalt zu erleben und aus diesem Erlebnis einen neuen Stil zu bilden".[35] Indem Benn den einmaligen Ausdruck verteidigte, versuchte er mit Erfolg, das bürgerliche Ich sowie das „elegische Geheimnis" der Moderne zu retten.[36] Das Chopin-Gedicht bricht das Chronologische auf, gibt jedoch keine Synchronie; gerade weil dem Sterben so viel Aufmerksamkeit eingeräumt wird, verkoppelt es die Vergangenheit mit einer möglichen Zukunft; die einmontierten Fragmente folgen einander locker und unverbunden, so daß die Zeit durch das Andenken an den gequälten Körper in Fluß gehalten wird. Benn konnte jedoch nur deshalb die Moderne im Dritten Reich bewahren, weil er sich nach seinem Irrtum von 1933/34 zur Wahrheit hin durchgekämpft hatte. Wenige Monate vor der Niederschrift des Gedichts nahm er in „Block II, Zimmer 66"[37] in allen „Einzelheiten" (128) schonungslos eine Bilanz des fünften Kriegsjahres vor: „Es gibt keine Kunstglieder mehr für die Verwundeten, das Material ist zu Ende", notierte er als Arzt. „Es gibt keine Schnürsenkel mehr und keine Gebisse, keine Mullbinden und Uringläser [...]. Aber der Führer verleiht Ärmelstreifen, bestimmt die Breite der Kranzschleifen für Militärbegängnisse" (132). Mitten in der Schäbigkeit laufe die Propaganda „auf hohen Touren"; Benn unterschied politische Werbung mit „grober" und „sanfter Tour", zu welcher er den Einsatz von Rilke und Hölderlin zählte; „Dir ist, Liebes, keiner zuviel gefallen", sei das häufigst gebrauchte Zitat des einen (131). Während „die Verwesung [...] aus allen Poren steigt", montierte er Bilder aus einer Illustrierten in seinen Bericht: „Nera und Sehra, die ‚Heinzelmännchen aus Mostar', sind so glücklich, endlich in der großen Organisation Todt arbeiten zu dürfen: Goebbels lächelt sein weißes Gebiß Verwundeten

---
[34] Ebd., S. 19.
[35] Benn: Gesammelte Werke (Anm. 28), S. 500.
[36] Vgl. grundsätzlich zum Verhältnis von bürgerlicher Persönlichkeit als „monadeähnlichem Gefäß" und „einmaligem Stil": Frederic Jameson: Zur Logik der Kultur im Spätkapitalismus. In: Andreas Huyssen, Klaus R. Scherpe (Hrsg.): Postmoderne. Zeichen eines kulturellen Wandels. Reinbek b. Hamburg 1986, S. 60.
[37] IV. Block II, Zimmer 66 (Anm. 31).

vor; Göring kommt als Weihnachtsmann – das Märchen spinnt uns ein" (132). In einer Kaserne in Landsberg an der Warthe, „hoch gelegen, mit einem herrlichen Blick über die Stadt u. die Flussebene",[38] fand Benn den nötigen Abstand, um die Strategie des Nationalsozialismus aufzuhellen, über den nackten Materialismus hinwegzutäuschen und die Wirklichkeit durch eine Fülle von Scheinereignissen verschwinden zu lassen. Zur Herrschaft seien verantwortungslose „Spieler" gekommen, „die mit einem trüben System nach Monte gereist waren, um die Bank zu sprengen" (126); ein durch Verbote erzeugtes „Vakuum" (129) und der „staatlich gezüchtete deutsche Bildungsschwund" (130) hätten dem Blendwerk die Vernunft überlassen. Die Gespräche in der Kaserne seien die „von netten, harmlosen Leuten, von denen keiner ahnt, was ihm und dem Vaterland droht" (125); sie „denken im Grunde nur daran, wie sie ein Gericht Pilze ihrer Frau mitbringen können, wenn sie auf Urlaub gehen" (126).

IV. Das Ende der öffentlichen Verantwortung

Anders als Benn waren die meisten Künstler im Raum des Dritten Reichs, der Koordinaten beraubt, nur noch selten in der Lage, Distanz herzustellen. Goebbels hatte die Literaturkritik abgeschafft; alles, was seine Bürokratie nicht ausschied und für den Druck erlaubte, wurde zum Guten verurteilt. Bei großen Teilen der jungen Generation herrschte von Anfang an die Bereitschaft vor, trotz Gegnerschaft zur Ideologie die politischen Bedingungen des Hitler-Staates nicht in Frage zu stellen; man verweigerte sich nur selten den materiellen Verlockungen und hatte trotzdem die Hoffnung, den Kern der Seele rein halten zu können. Erst allmählich wird deutlich, daß damit ein Prozeß voller Spaltungen in Gang kam, der im Kulturbereich – über die erfundene „Stunde Null" hinaus – eine relative Autonomie fast nur noch im Schein zuließ, denn gerade das Unbewußte wurde durch die gewaltige Expansion der Medien einer Kolonialisierung ausgesetzt. Hatte das vornehmlich ideologiekritische Interesse der 68er zu einer Auseinandersetzung mit dem erbaulichen Schrifttum der „inneren Emigranten" und der völkischen Staatsliteratur selbst geführt, brachte die Forschung seit Mitte der siebziger Jahre der Nachkriegsliteratur ihre abgespaltene Vorgeschichte zurück. Während Fritz J. Raddatz in einem Aufsehen erregenden Dossier für die *Zeit* unter dem Titel „Wir werden weiterdichten, wenn alles in Scherben fällt..." die im Dritten Reich veröffentlichenden Autoren moralisch hinrichtete,[39] glaubte der Verfasser, daß sie im Verborgenen die Lebenskraft der Moderne

---

[38] Brief an Oelze vom 30.8.1943 (Anm. 24), S. 342; vgl. Helmut Heintel: Block II, Zimmer 66. Gottfried Benn in Landsberg 1943-1945. Eine bildliche Dokumentation. Stuttgart 1988.

[39] In: Die Zeit Nr. 42, 12.10.1979, S. 33-36; dazu: Marcel Reich-Ranicki: Verleumdung statt Aufklärung. Deutsche Schriftsteller im Dritten Reich. Zu einem „Zeit"-Dossier von Fritz J. Raddatz. In: Frankfurter Allgemeine Zeitung Nr. 243, 18.10.1979, S. 25, der Raddatz teilweise unrichtig wiedergegebene „Informationen, Zitate und Darlegungen" aus meinem Aufsatz „Die

teilweise bewahrt hatten.⁴⁰ So sehr sich die Beobachtungen zur uneinheitlichen Literaturpolitik mit ihren Nischen bewahrheiteten,⁴¹ und einige ältere und jüngere, erst nach 1945 bekannt gewordene Schriftsteller Motive und Schreibweisen des Nachexpressionismus weiterführten, war doch der Ansatz aus zwei Gründen fehlerhaft: Er konstruierte eine „junge Generation", die es so nicht gegeben hatte und arbeitete mit Epochen- und Stilbegriffen einer bürgerlichen Kultur, der in Wahrheit der Boden unter den Füßen weggebrochen war. Nicht ausreichend reflektiert wurde, daß die meisten Werke von Rang Autoren wie Eugen Gottlob Winkler, Felix Hartlaub und Friedo Lampe geschrieben hatten, die das Dritte Reich nicht überlebten, andere wie Horst Lange fanden nach dem Zweiten Weltkrieg kaum noch zur alten Ausdruckskraft zurück. Immerhin hatten die Ausgrabungen eine Neubewertung einzelner Autoren sowie der diffusen Kultur des Dritten Reichs zur Folge.⁴²

---

nichtfaschistische Literatur der ‚jungen Generation' im nationalsozialistischen Deutschland" vorhielt; die Polemik löste eine heftige Debatte aus. Vgl. Die Zeit Nr. 46, 9.11.1979, S. 57-60 mit Beiträgen von Marion Gräfin Dönhoff, Wolfgang Hildesheimer, Rolf Schneider, Alfred Andersch („Ich stimme zu"), Erich Fried, Hans Mayer, Rolf Hochhuth, Robert Minder; Die Zeit Nr. 47, 16.11.1979, S. 57: Walter Jens, Die Zeit Nr. 48, 23.11.1979, S. 50: Günter Grass, Die Zeit Nr. 50, 7.12.1979, S. 45: Schlußwort der Herausgeber; vgl. auch: Der Spiegel Nr. 48, 26.11.1979, S. 229-236. Als Raddatz mich aufforderte, an der Debatte teilzunehmen, antwortete ich am 30.10.1979 mit einer Absage: „Die durch Ihr ‚Dossier' ausgelöste Auseinandersetzung erinnert mich in fataler Weise an die ‚Große Kontroverse' über äußere und innere Emigration 1945/46, wobei Sie die Rolle von Thomas Mann nachspielen (‚Es mag Aberglaube sein, aber in meinen Augen sind Bücher, die von 1933 bis 1945 in Deutschland überhaupt gedruckt werden konnten, weniger als wertlos und nicht gut in die Hand zu nehmen. Ein Geruch von Blut und Schande haftet ihnen an. Sie sollten alle eingestampft werden'). In diesem gespensterhaften Maskenball spielt Ranicki den Gegenpart, der – wie Sie wissen müssen – in Polen als Stalinist zahlreiche Dummheiten gegen die moderne Kunst veröffentlichte und offensichtlich Verständnis für nicht durchgearbeitete ‚Doppelleben' hat". Es sollte fünfzehn Jahre dauern, bis nach dem Kollaps des Ostblocks Ranickis Vergangenheit öffentlich gemacht wurde: Janúsz Tycner: Die Akte Ranicki. In: Die Zeit Nr. 29, 15.7.1994, S. 39-40; vgl. auch: „Es waren harmlose Berichte". Interview mit dem Literaturkritiker Marcel Reich-Ranicki über seine Geheimdienst-Vergangenheit. In: Der Spiegel Nr. 25, 20.6.1994, S. 178-183.
40 Die nichtfaschistische Literatur der ‚jungen Generation' im nationalsozialistischen Deutschland. In: Horst Denkler, Karl Prümm (Hrsg.): Die deutsche Literatur im Dritten Reich. Themen, Traditionen, Wirkungen. Stuttgart 1976, S. 459-503, Zur Periodisierung der deutschen Literatur seit 1930. In: Literaturmagazin 7. Reinbek b. Hamburg 1977, S. 95-115; beide im „Gespaltenen Bewußtsein". München 1981, S. 7-71 überarbeitet abgedruckten Aufsätze hielten an einer relativen, über 1945 hinausreichenden Kunstautonomie fest und sperrten die Erkenntnisse des Titelaufsatzes über die Alltagswirklichkeit (S. 114-162) weitgehend aus.
41 Jan-Pieter Barbian: Literaturpolitik im ‚Dritten Reich'. Institutionen, Kompetenzen, Betätigungsfelder. Überarbeitete und aktualisierte Ausgabe. München 1995, S. 844: „Jedenfalls gelang es weder der staatlichen Bürokratie noch der SS, der NSDAP oder einer anderen Herrschaftsgruppierung, ein Monopol an literaturpolitischen Leitideen und Steuerungsfunktionen zu errichten, die eine einheitliche Entwicklung garantiert hätten".
42 Michael Scheffel: Magischer Realismus. Die Geschichte eines Begriffs und ein Versuch seiner Bestimmung. Tübingen 1990 weist u. a. nach, wie versucht wurde, die Gespaltenheit durch eine Ästhetik der Gegensätze – z. B. von Ordnung und Unordnung, Klarheit und Geheimnis – zum Ausdruck zu bringen. Vgl. auch: Helmut Arntzen: Nebeneinander. Film, Literatur, Denken und Sprache der Dreißiger Jahre. In: ders.: Ursprung der Gegenwart. Zur Bewußtseinsge-

Die nunmehr zum großen Teil zugänglichen Nachlässe der Stunde-Null-Autoren dokumentieren ihre Anfänge und bringen zuweilen Licht in das Dunkel ihrer Verstrickungen. Seit meinen Forschungen galt die Ende 1929 gegründete und 1932 eingestellte Zeitschrift *Die Kolonne* als Paradigma einer modernen Tradition, die auch im Dritten Reich weiterleben konnte. Aufgefundene Zeugnisse verraten unterschiedliche Interessen, die den Kreis bald auseinandertreiben sollten, zu dem Günter Eich, Peter Huchel, Horst Lange und Martin Raschke gehörten.[43] In Briefen Langes an Ernst Kreuder wird das „Vacuum" (27. Februar 1939) und das „lähmende Gefühl der Isoliertheit" (26. April 1939) wiederholt zur Sprache gebracht; der einzelne Künstler sei „auf sich selbst gestellt und hat nichts, woran er sich direkt und aus einer lebendigen Nähe her orientieren könnte" (27. Februar 1939). Lange beklagte das Ausweichen der Freunde, „mit denen man vor 7, 8 Jahren noch eine kleine Front jugendlicher Begabungen gebildet hat", in „einträgliche und weniger anstrengende Beschäftigungen" z.B. der Rundfunkunterhaltung (27. Februar 1939) und bedauerte die Vertreibung „weltanschaulich gebundener" Autoren wie Anna Seghers und Heinrich Mann, „nun fehlt uns eine Literatur, die ähnlichen Zugwind in den Kaminen hat" (11. Januar 1940); demgegenüber wirkten die meisten Bücher heute wie „Reminiszenzen an die Zeit vor 1890. Alles, was hinterher kommt, wird abgeleugnet und ausgewischt", aber „wir brauchen eine Literatur, die lebendig ist" (6. Mai 1939).[44] Während Martin Raschke ganz dem Wahndenken des Nationalsozialismus verfiel, um den Krieg zu verherrlichen,[45] fühlte sich Eich von der sinnlosen Zerstörung angeekelt, stellte aber mit dem 1993 wiederentdeckten Hörspiel *Rebellion in der Goldstadt* sein Talent unmittelbar vor Beginn des Westfeldzugs der

---

schichte der Dreißiger Jahre in Deutschland. Weinheim 1995, S. 1-168; vgl. ferner: Doris Kirchner: Doppelbödige Wirklichkeit. Magischer Realismus und nicht-faschistische Literatur. Tübingen 1993, dort über Horst Lange S. 70-98 und Friedo Lampe S. 99-122. Die Wiederauflage einiger Bücher von Horst Lange 1981/82 und des Gesamtwerks von Friedo Lampe 1986 durch Jürgen Dierking und Johann-Günther König hat beiden Autoren zu neuer Aufmerksamkeit verholfen: Michael Scheffel, S. 87-108 (u. a. Horst Lange); Erhard Schütz: Zwischen ‚Kolonne' und ‚Ethos des bescheidenen Standhaltens'. Zu den Romanen Horst Langes und August Scholtis während des Dritten Reichs. In: Christiane Caemmerer, Walter Delabar (Hrsg.): Dichtung im Dritten Reich? Zur Literatur in Deutschland 1933-1945. Opladen 1996, S. 77-95; Gernot Wolz: Zeitbilder hinter Sinnbildern des Ewigen. Zu Horst Langes barock anmutenden Roman „Schwarze Weide"; Im Schatten seines unerreichbaren Romanerstlings. Der Schriftsteller Horst Lange. In: Hirschstraße. Zeitschrift für Literatur Hockenheim Nr. 8 (Dezember 1996), S. 55-64. Johannes Graf: Friedo Lampes Erzählung „Am Rande der Nacht". Konservative Philosophie und avantgardistische Form. Berlin: Magisterarbeit Freie Universität 1989/90; Eckehard Czucka: Tatsachen-Bilder. Literatur zwischen 1930 und 1940. Zum Beispiel Friedo Lampe und Wilhelm Lehmann. In: Helmut Arntzen: Ursprung der Gegenwart. Weinheim 1995, S. 419-486; Friedo Lampe 1899-1945. Leben und Werk eines bremischen Schriftstellers. Ausstellungskatalog Staatsarchiv Bremen 1995. Bremen u. a. 1995 (Veröffentlichung der Friedo-Lampe-Gesellschaft e. V.).

43 Ein kommentierter Neudruck der „Kolonne" durch Wilhelm Haefs ist in Vorbereitung.
44 Deutsches Literaturarchiv, Marbach.
45 Hans Dieter Schäfer: Der Mythos der jungen Kolonne. In: Martin Raschke 1905-1943. Studien und Quellen. Hrsg. von Wilhelm Haefs. Mainz 1997.

antibritischen Propaganda zur Verfügung.⁴⁶ Persönliches Vorteilsdenken ließ ihn den Kasernendienst mit einem vierwöchigen Arbeitsurlaub in Berlin vertauschen. Obgleich Eich in einem Brief an Arthur A. Kuhnert von einem „jammervollen Werk" sprach, hoffte er „auf eine baldige Sendung honoraris causa. Mit Anschluß an die Sender sämtlicher eroberter Gebiete".⁴⁷ Der getarnte Materialismus der Führung und der ehrliche des jungen Schriftstellers verschwammen ineinander; schon 1930 hatte er öffentlich bekannt: „Verantwortung vor der Zeit? Nicht im geringsten. Nur vor mir selber".⁴⁸ Horst Lange bedauerte 1934, daß beide „in verschiedene Richtungen [...] gegangen" seien, er freue sich über Eichs „Erfolge", habe aber „nicht ohne Trauer vor einiger Zeit seine schlechten Gedichte im *Bücherwurm* gelesen".⁴⁹ Peter Huchel schrieb mit „Späte Zeit"⁵⁰ ein die Wahrheit verschlüsselndes Poem, doch das Stück ist ein Solitär. Ob er auch mit „Die Greuel von Denshawai" einen antibritischen Rundfunkbeitrag verfaßte, ist umstritten,⁵¹ vieles spricht dafür, daß er die Arbeit daran abgebrochen hatte.⁵² Stichworte der nationalsozialistischen Ideologie schwanken durch die Sprache seines Hörspiels über Rubens (1940), in welchem er den Maler auffordern ließ, den „menschlichen Körper mächtiger [zu]gestalten, so wie er früher war: heroisch und schön"; neben römischen Fechtern und Ruderern zählte Huchel auch Afrikaner zu der Gruppe der noch „nicht so entartet[en] und verweichlicht[en]" Menschen, damit übte er keine verdeckte Kritik am Rassendenken,⁵³ hatte doch Hitler für die Reichskanzlei u.a. das Triptychon *Das schwarze Paradies* von Werner Peiner angekauft, um den deutschen Anspruch auf Kolonien öffentlich zum Ausdruck zu bringen.⁵⁴

---

[46] Rebellion in der Goldstadt. Ein Hörspiel aus dem Jahr 1940. Vorgestellt von Karl Karst. NDR 3, 28.10.1993, 21.05 Uhr; vgl. dazu das von Karl Karst moderierte Gespräch über Eich mit Elisabeth Borchers, Ulrich Greiner und Hans Dieter Schäfer im Deutschlandfunk, 3.2.1995, Lange Nacht 23 Uhr bis 2 Uhr; Axel Vieregg (Hrsg.): „Unsere Sünden sind Maulwürfe". Die Günter-Eich-Debatte. Amsterdam 1996 (German Monitor, Bd. 36), ders.: Der eigenen Fehlbarkeit begegnet. Günter Eichs Realitäten 1933-1945. Egginen 1993; Glenn R. Cuomo: Carreer at the Cost of Compromise. Günter Eichs Life and Work in the Years 1933-1945. Amsterdam 1989; Hans Dieter Schäfer: Erinnerung an Günter Eich. In: Raschke (Anm. 45).
[47] Nach dem Mitschnitt der Hörspielsendung (Anm. 46).
[48] Günter Eich: Gesammelte Werke in vier Bänden. Revidierte Ausgabe. Bd. 4: Vermischte Schriften. Hrsg. von Axel Vieregg. Frankfurt a. M. 1991, S. 457.
[49] Sächsische Landesbibliothek, Dresden.
[50] Mit Datum 1933 in: Gedichte. Berlin 1948, S. 77, unter dem Titel „Im nassen Sand" in: Die Dame 22 (2. Oktoberheft 1941), S. 34; vgl. dazu: Schäfer: Das gespaltene Bewußtsein (Anm. 40), S. 47.
[51] Stephen Parker: Peter Huchel als Propandist. Huchels 1940 entstandene Adaption von Georg Bernhard Shaws „Die Greuel von Denshawai". In: Rundfunk und Fersehen 39 (1991) H. 3, S. 343-352.
[52] Hub Nijssen: Peter Huchel als Propagandist? Über die Autorschaft des Hörspiels „Die Greuel von Denshawai". In: Neophilologus 77 (1993) Nr. 4, S. 625-657.
[53] Ebd., S. 628; das Hörspiel ist öffentlich nicht zugänglich und befindet sich im Nachlaß bei Monica Huchel, Staufen.
[54] Hesse (Anm. 4), S. 121, Abb. S. 397, über den Kolonialrevisionismus, S. 121-127; vgl. auch Leni Riefenstahls spätere Fotobücher „Die Nuba" (1973), „Die Nuba von Kau" (1976).

V. Lebenslügen und Opportunismus

Forschung und Publizistik ist es in den letzten zwei Jahrzehnten nicht nur gelungen, den Nachkriegsschriftstellern ihre Lebensläufe zurückzugeben, sondern auch Industriellen, Juristen von Verwaltung und Gericht, Architekten, Wissenschaftlern, Journalisten u.a.; vereinzelt entdeckte man sogar komplett gefälschte Biographien wie bei Peter Grubbe[55] oder Hans Schwerte[56], die mit neuen Namen die eigene Vergangenheit hatten verschwinden lassen, um erfolgreich eine neue Karriere in Szene zu setzen. Als Fred K. Prieberg den Verwaltungsrat des WDR auf Werner Höfers Propaganda-Artikel über die Hinrichtung des Pianisten Kreiten im *12 Uhr Blatt* hinwies, bekam er zur Antwort, der Angegriffene sei „in den letzten Jahrzehnten als Vertreter eines liberalen Journalismus" erschienen und habe „eine glaubwürdige [...] Figur abgegeben";[57] erst als der *Spiegel* auch noch andere intime Plaudereien Höfers abdruckte und als Verpackung des Grauens enthüllte, ließ man den Journalisten fallen, ohne darüber nachzudenken, daß er nach dem Krieg auf ganz ähnliche Weise als „Weichzeichner" gearbeitet hatte, um jede grundlegende Kritik in seinen Sendungen auszublenden. Seit den fünfziger Jahren gehörte es zur verkaufsfördernden Strategie des Nachrichtenmagazins, die nationalsozialistische Vergangenheit von Politikern und Firmen des „Wirtschaftswunders" offenzulegen: Durch die Arisierung der Wäschemanufaktur Carl Joel hatte Neckermann 1938 den Grundstein für seinen Versandhandel gelegt, um ab 1942/43 die Winterausrüstung der Ostfront „sicherzustellen",[58] während das Kapital von Grundig aus der Produktion von Transformatoren für Nachrichtengeräte mit Ostarbeiterinnen und Gefangenen stammte;[59] der DGB führte mit fast demselben Personal und ähnlichen Plänen die Bauunternehmung der Deutschen Arbeitsfront fort, um sogar den Namen „Neue Heimat" zu übernehmen, den sich Ley 1939 ausgedacht hatte.[60] Daß dieser Enthüllungsjournalismus z.T. von ehemaligen SS-Hauptsturmführern betrieben wurde, ist erst kürzlich bekannt geworden; die Artikel enthielten „Insider-Kenntnisse, die nur von unmittelbar Eingeweihten stammen konnten".[61]

---

[55] „Ich bin mit mir im Reinen". Der linksliberale Autor Peter Grubbe über seine nationalsozislistische Vergangenheit als Kreishauptmann in Kolomea. In: Der Spiegel Nr. 41, 9.10.1995, S. 250-252.
[56] „Ich bin doch immun". Spiegel-Reporter Walter Meyer über das zweite Leben des SS-Mannes Schneider. In: Der Spiegel Nr. 19, 8.5.1995, S. 94-97.
[57] Tod eines Pianisten. Spiegel-Autor Harald Wieser über das Naziopfer Karlrobert Kreiten und den Schreibtischtäter Werner Höfer. In: Der Spiegel Nr. 51, 14.12.1987, S. 166; vgl. S. 162-163 „Begeisterte Herzen und tatkräftige Fäuste". Was der 30jährige Werner Höfer 1943 in der Nazi-Zeitung „12 Uhr Blatt" schrieb.
[58] Neckermann. Katalog gegen Kartelle. In: Der Spiegel Nr. 44, 26.10.1955, S. 24 f.
[59] Grundig. Die neuen Größen. In: Der Spiegel Nr. 3, 15.1.1958, S. 20.
[60] Wohnungsbau. Neue Heimat. In: Der Spiegel Nr. 10, 4.3.1959, S. 27-28.
[61] Lutz Hachmeister: Mein Führer, es ist ein Wunder! In: die tageszeitung, Ausgabe West, 27.12.1996, S. 12; Der Spiegel. Sonderausgabe 1947-1997, S. 14-15, dazu: Lutz Hachmeister: Der Amnesie-Klub. Auch zum 50sten Jubiläum ist beim „Spiegel" eine Analyse der eigenen Geschichte unerwünscht. In: die tageszeitung, Ausgabe West, 18./19.1.1997, S. 30.

Die „Vergangenheit" seines Ressortleiters Georg Wolff, der beim Sicherheitsdienst in Norwegen zwischen 1940 und 1945 für die Lageberichterstattung nach Berlin verantwortlich gewesen war, sei für ihn „nicht entscheidend" gewesen, erklärte Augstein in einem Interview,[62] war ihm doch selbst entfallen, daß er im *Völkischen Beobachter* eine sentimentale Erzählung über eine Bäuerin mit Stammestracht veröffentlich hatte („Blauschwarzes, in der Mitte gescheiteltes Haar fiel an ihrer halbbronzenen Wange herunter und verschlang sich hinten zu einem Knoten").[63] Als Hans Werner Richter mit fünf Prosaarbeiten aus dem Dritten Reich konfrontiert wurde, hatte er „überhaupt keine Erinnerung" mehr daran; „ich [...] wollte leben, und ich glaube, [...] sie haben alle irgendwo geschrieben [...], denn sonst hätten sie ja nicht plötzlich auftauchen können, vom Himmel fällt keiner", erklärte der Gründer der Gruppe 47.[64] Wolfgang Weyrauch gehörte zu den wenigen jüngeren Schriftstellern, die sich nach dem „Zusammenbruch" zu ihrer Vergangenheit bekannt hatten. In einem „Offenen Brief" an Johannes R. Becher gestand er, daß er Hitler mit Deutschland identifiziert habe, außerdem wollte er die Öffentlichkeit nicht nur den Parteidichtern überlassen.[65] Ein eindrucksvolles Beispiel für die „sanfte Tour" der Kriegspropaganda gibt der Artikel „Verse für dich", in welchem der Autor von der Front aus seine „Liebste" auffordert, einunddasselbe „kleine grüne Buch" wie er in die Hand zu nehmen, denn „jetzt, da uns scheint, daß die Erde bebe, wollen wir uns an allem, was groß und schön ist, festhalten"; Weyrauch zitierte aus Hölderlins „Tod fürs Vaterland" die Verse „Du kömmst, o Schlacht, schon wogen die Jünglinge hinab von ihren Hügeln, hinab ins Tal, wo keck herauf die Würger drängen", um mit den „prophetische[n] Zeilen, für uns, für 1945 gedichtet" dem Abschlachten eine edle Absicht vorzuschieben.[66] Aus der Kriegsgefangenschaft zu seiner Freundin heimgekehrt, die inzwischen „ein Kind geboren hatte",[67] redete er in dem Gedicht „Der Rotarmist" die „Würger" von einst vertraulich an:

> Du denkst an Marfa, ich denk an Marie,
> wir beide lieben unsre Fraun und die,
> die mit uns über Tal und Hügel rollen,
> doch einmal Arzt und Lehrer werden wollen.

---

[62] „Ich hake diesen Fall auch ab". Dokumentation: Frau Christiansen fragt, Herr Augstein antwortet. In: die tageszeitung, Ausgabe West, 4./5.1.1997, S. 16.
[63] Rudolf Augstein: In eigener Sache. In: Der Spiegel Nr. 52, 21.12.1992, S. 75-76, dort ein Abdruck der „Frau aus der Fremde", die Geschichte sei ohne Wissen des Autors durch eine Agentur an den „Völkischen Beobachter" gelangt; den Fund machte Christian Michelides in: Forum 468 (1992), S. 11-12.
[64] Volker Wehdeking: Anfänge westdeutscher Nachkriegsliteratur. Aufsätze, Interviews, Materialien. Aachen 1989, S. 179-180, eine Freundin habe die Geschichten einem Feuilletondienst übergeben.
[65] Wolfgang Weyrauch an Johannes R. Becher. In: Aufbau 1948. H. 7, S. 588.
[66] In: Das Reich Nr. 13, 1.4.1945, Literatur/Kunst/Wissenschaft.
[67] Weyrauch an Becher (Anm. 65).

Komm, lieber Bruder, gib mir deine Hand,
wir alle haben nur ein Vaterland.⁶⁸

Im „Offenen Brief" räumte Weyrauch ein, im Dritten Reich „ohne Gewissen gehandelt" zu haben, er schäme sich deswegen, verheimlichte jedoch gleichzeitig die neue Zensurpraxis; nach der Befreiung durch die Rote Armee habe er „arbeiten dürfen wie ich wollte, und keiner konnte mir drein reden".⁶⁹ Sowohl für Hitler wie für Stalin schützte er den Schein einer längst vernichteten Kunstautonomie vor, um sich wenig später in Westdeutschland der Popularisierung von Avantgarde und Modernismus zu verschreiben. „Wollen sie, bitte schön, in Postkutschen fahren?", rief Weyrauch 1959 zu Beginn der Massenmotorisierung im Nachwort zu seiner Anthologie *expeditionen* den Lesern zu. „Verzichten Sie, bitte, auch in der Lyrik darauf".⁷⁰

VI. „Gesteuerte Schizophrenie"

Hinter einem solchen Opportunismus steckt Orientierungslosigkeit, die auch junge Menschen durcheinanderbrachte, die dem Nationalsozialismus abweisend gegenüberstanden. Obgleich z.B. Irmgard Keun aus ihrem Exil in Holland am 13. Mai 1938 zu ihrem Freund Arnold Strauss in die USA fuhr,⁷¹ kehrte sie im Juli wieder nach Amsterdam zurück, um ihm bald darauf von ihrer drohenden Abschiebung zu berichten: „Die Leute in Europa sind alle vollkommen wahnsinnig [...]. Ich wußte buchstäblich nicht mehr wohin, wohin, wohin".⁷² Auch Wolfgang Koeppen, der in den Niederlanden von der Unterstützung der jüdischen Familie Michaelis lebte, war von der Ausweisung betroffen, so daß er im Herbst 1938 nach Deutschland zurückging. An die Stelle der privaten Mäzenatentums rückte jetzt das der UFA, die ihn an vier Filmprojekten als Drehbuchautor beteiligte.⁷³ Anders als Irmgard Keun hatte Koeppen in Holland nicht für das Exil, sondern für die Leser im Reich geschrieben. Der im jüdischen Verlag Bruno Cassirer 1935 erschienene Roman *Die Mauer schwankt* thematisiert seine Grunderfahrung: „Wußte man irgendetwas? Man wußte nichts. Ein jeder Schritt war ein Schritt in das Dunkel hinein. Abstürzen konnte man in jeder Sekunde, und wenn man das Gute wollte,

---

⁶⁸ Von des Glücks Barmherzigkeit. Berlin 1946, S. 32; auf das Buch wies mich dankenswerterweise Siegmund Probst hin.
⁶⁹ Weyrauch an Becher (Anm. 65), S. 589.
⁷⁰ Deutsche Lyrik seit 1945. München 1959, S. 161.
⁷¹ Gabriele Kreis: „Was man glaubt, gibt es". Das Leben der Irmgard Keun. Zürich 1991, S. 210; vgl. auch: Gabriele Kreis, Marjory S. Strauss (Hrsg.): Ich lebe in einem wilden Wirbel. Briefe an Arnold Strauss 1933-1947. Düsseldorf 1988, S. 239.
⁷² Kreis, Strauss (Anm. 71), S. 251.
⁷³ Jörg Döring: Eulenspiegel schreibt Gespenstergeschichten. Wolfgang Koeppen im Dritten Reich. In: Caemmerer, Delabar (Anm. 42), S. 115-118, S. 112 ein Hinweis auf die bisher unbekannte, von der „Frankfurter Zeitung" am 26.5.1939 gedruckte Erzählung „Ein Fremdenheim".

war man noch mehr in Gefahr, das Unrecht zu tun".[74] Diese Desorientierung hatte zuweilen eine überwältigende Materialität zur Folge. „Vom eroberten Gebiet habe ich bisher nur Nakel [Naklo] gesehen, mit Häuserruinen, schmutzigen Weibern und abgeführten Francstireurs. Aber die Semmeln waren gut und die Äpfel billig", schrieb Eich am 20. September 1939 in einem Brief.[75] Die zu erwartende Hinrichtung der Freischärler löste keine Teilnahme aus; von Grund auf hatte Angst die Beziehung zum anderen Menschen ausgelöscht, um alles rundherum in Objekte zu verwandeln; ein solches Denken schließt keinen Zugang zur Erfahrungswelt auf. Ausdrücke wie „Widerstand" und „Camouflage", mit denen noch jüngst versucht wurde, einen großen Teil der binnendeutschen Literatur als „regimekritisch" zu retten,[76] setzen eine Distanz, aber keine Abspaltung von dem Geschehen voraus. Auch ein Begriff wie „Mimikry"[77] ist schlecht gewählt, suggeriert er doch, daß sich der Künstler nur zum Schein angepaßt hatte, um seine Persönlichkeit zu schützen, doch gerade sie war der Zerstückelung preisgegeben. Viele der durch die Literatur geisternden Negativbilder sollten weniger als verdeckte Kritik gelesen werden, sondern als Ausdruck eines ambivalenten Lebensgefühls. „Die Realität" wurde „nicht mehr als Gesamtsumme harter, unausweichlicher Fakten" wahrgenommen, bemerkte Hannah Arendt über die Bewußtseinszerstörung durch die Nationalsozialisten, „sondern als Konglomerat ständig wechselnder Ereignisse und Parolen, wobei heute wahr sein kann, was morgen schon falsch ist".[78] Wolfdietrich Schnurre nannte 1977 in einem Gespräch das Leben im Dritten Reich eine „gesteuerte Schizophrenie".[79] Nach den Forschungen von Bateson und seiner Schüler wird Schizophrenie durch widerspruchsvolle Botschaften ausgelöst;[80] im Dritten Reich wie in anderen Massenkulturen läßt sich der Wechsel von „warmer" Fürsorge und „kaltem" Zurückstoßen bis in den Alltag hinein beobachten; die Zerrissenheit des Menschen zwischen „Funktion" und „Seele" verhindert offensichtlich die Herausbildung einer stabilen Identität. „Was zählt, ist die Verschmelzung mit dem Augenblick",[81] eine zeitliche Verkoppelung mit Vergangenheit

---

[74] Berlin 1935, S. 247; vgl. zur Indifferenz des Romans: Schäfer: Das gespaltene Bewußtsein (Anm. 40), S. 28.
[75] Nach Axel Vieregg: Einleitung zu „Unsere Sünden sind Maulwürfe" (Anm. 46), S. VI f.
[76] Friedrich Denk: Die Zensur der Nachgeborenen. Zur regimekritischen Literatur im Dritten Reich. Weilheim 1995; in einem S. 255 erwähnten Gespräch machte ich Denk auf die Heterogenität als Folge der Bewußtseinslähmung der meisten seiner Autoren aufmerksam; zu sprachlichen Entgleisungen Bergengruens und seinem „vorgetäuschten Tiefsinn" vgl. Christian Grawe: Sprache im Prosawerk. Bonn 1974, S. 9-37.
[77] Ursula Heukenkamp: Nachkriegsliteratur in Berlin. In: dies. (Hrsg.): Unterm Notdach. Nachkriegsliteratur in Berlin 1945-1949. Berlin 1996, S. 24.
[78] Hannah Arendt: Besuch in Deutschland. Berlin 1993, S. 30 f.
[79] Peter Sandmeyer: Schreiben nach 1945. Ein Interview mit Wolfdietrich Schnurre. In: Literaturmagazin 7. Reinbek b. Hamburg 1977, S. 195.
[80] Gregory Bateson u. a.: Schizophrenie und Familie. Beiträge zu einer neuen Theorie. Frankfurt a. M. 1969, S. 25.
[81] Die Tyrannei des Kindlichen. In: Der Spiegel Nr. 9, 24.2.1997, S. 223.

und Zukunft ist kaum noch herstellbar. Joseph Gabel beschrieb die Karriere eines Schizophrenen als die eines „Versagers", der „sein Leben neu beginnen, anhalten und später die Zeit zurückfließen lassen" will, der Kranke gelange zu einer „wahnhaften Hemmung der Temporalisierung mit all ihren Folgen",[82] so daß es immer wieder zu „Neuanfänge[n] ‚bei der Stunde Null' " komme.[83] Zwar gab Schnurre eine einleuchtende Diagnose des Geschehens, doch das Gespräch dokumentiert, daß er selbst dieser Bewußtseinsspaltung ausgeliefert war; er habe bis 1945 „nur für [s]ich selber" geschrieben, denn „hätte ich an andre denken müssen beim Schreiben, wäre Rücksicht geboten gewesen. So konnte ich rücksichtslos sein und mir mein schriftstellerisches Debut bis 1946 aufheben. *Da* habe ich allerdings schreibend *sofort* an die andern gedacht".[84] Schnurre stellte diese Verantwortungsbereitschaft vermutlich deshalb so zur Schau, weil ihm eine innere Sperre verbot, von seinen im Dritten Reich veröffentlichten Filmkritiken, Erzählungen und Gedichten zu berichten.[85] 1939 hatte er sich mit der Abiturklasse aus „Abenteuerlust [...] und einem vage[n] [...] kameradschaftliche[n] Zusammengehörigkeitsgefühl" freiwillig zum Kriegseinsatz gemeldet,[86] wurde jedoch später zu mehrwöchigem Arrest verurteilt. In *Front und Heimat* beschwor Schnurre 1944 die „seelische Ebene" als „unantastbare Landschaft",[87] aber er hatte die Fähigkeit verloren, Innen- und Außenwelt voneinander zu trennen, so bezeichnete er das „menschliche Herz" als „inneren Kriegsschauplatz" und riet den Schriftstellern, ihren Blick auf den „Kampf unserer Seele mit den Mächten des Chaos und der Zerstörung" zu lenken";[88] in solchen Bildern gab sich das Selbst auf, um von verstümmelnden Impulsen überflutet zu werden.

VII. Wolfgang Borchert

Selbst Wolfgang Borchert, der 1942 bis 1944 wegen des Verdachts auf Wehrkraftzersetzung vierzehn Monate in Untersuchungshaft genommen wurde, hatte Schwierigkeiten, in der „gesteuerten Schizophrenie" seine Unabhängig-

---

[82] Joseph Gabel: Ideologie und Schizophrenie. Formen der Entfremdung. Frankfurt a. M. 1967, S. 121.
[83] Ebd., S. 123.
[84] Sandmeyer (Anm. 79), S. 194.
[85] Katharina Blencke: Wolfdietrich Schnurres Nachlaß. Katalogisierung, Systematisierung und Darstellung der Werkgeschichte. Paderborn 1993, S. 138, die Arbeiten aus dem Dritten Reich nicht einzeln aufgeführt; der an die Akademie der Künste gegebene Nachlaß ist zur Zeit nicht zugänglich.
[86] Sandmeyer (Anm. 79), S. 192.
[87] Vom inneren Reifen. Trost und Verheißung im Alltag des Krieges. Vom Obergefreiten Wolfdietrich Schnurre. In: Front und Heimat (Dezember 1944), S. 7.
[88] Das Schlachtfeld der Herzen. Wenn der Soldat zur Feder greift. Die Frage nach Stil und Gehalt, beantwortet von Wolfdietrich Schnurre. In: Front und Heimat (1942); beide Aufsätze nach: Jürgen Engler: Die „Schizophrenie" des Anfangs. Wolfdietrich Schnurre – ein Autor der „Trümmerliteratur". In: Heukenkamp (Anm. 77), S. 409; das Bücherverzeichnis nennt mehr

keit zu behaupten. Das Prosastück „Requiem für einen Freund", das am 13. Juli 1943 im *Hamburger Anzeiger* erschien, vergegenständlicht zunächst die blindmachende Marschierdynamik, doch trotz krass-realer Partikel und der für den Autor charakteristischen Klage – „Wo ist Gott – schreien die Granaten! Wo ist Gott – schreien die Sterne! Wo ist Gott – beten wir!" – schrumpft am Ende, anders als in den Kurzgeschichten nach dem „Zusammenbruch", die Zeiterfahrung zum biologischen Überlebensprinzip:

> „[...] Da gelobe ich dir, daß ich aushalten will – für dich. Denn in mir bist du – du warst mein Bruder und hattest den heiligen Glauben an das ewige Leben. Du mußt darum sterben – wir wollen, wenn es uns vergönnt ist, dafür kämpfen und leben!
>
> Und als es in der Frühe tagt, sitzt auf dem Helm, den wir dir auf das Birkenkreuz taten, ein kleiner grauer Vogel und singt –
>
> Und ganz weit im Osten geht groß die Morgensonne auf".[89]

Borchert selbst nannte unbewußt mit der „grausamen Nacht", in der „die Angst und die Verzweiflung ihre Finger nach mir ausstreckt", den Grund für das in den letzten Abschnitten sich ereignende Einströmen des wahnhaften, mit der nationalsozialistischen Ideologie verschmelzenden Denkens. Die Wendung „du [...] hattest den heiligen Glauben an das ewige Leben. Du mußtest darum sterben – wir wollen [...] dafür kämpfen und leben!" gerät in die Nähe der Formel „Das Opfer der Armee war nicht umsonst. [...] Sie starben, damit Deutschland lebe", mit welcher der Wehrmachtsbericht am 2. Februar 1943 die Kapitulation von Stalingrad bekannt gab.[90] Wenige Monate später gelang es Borchert, in seltenem Sprachbewußtsein die Wahrheit unverstellt zum Ausdruck zu bringen:

Brief aus Rußland

Man wird tierisch.
Das macht die eisenhaltige
Luft. Aber das faltige
Herz fühlt manchmal noch lyrisch.
Ein Stahlhelm im Morgensonnenschimmer.
Ein Buchfink singt und der Helm rostet.

---

als ein Dutzend Truppenbetreuungsblätter mit gleichem Titel; „die Angaben verdanke ich den (unvollständigen) Notizen des Autors auf den Artikeln, [...] – ich hatte noch die Möglichkeit, ein paar Stunden das Schnurre-Archiv einzusehen, bevor es an die Akademie der Künste ging" (Brief Jürgen Engler vom 18.3.1997).

[89] Wolfgang Borchert: Allein mit meinem Schatten und dem Mond. Briefe, Gedichte und Dokumente. Hrsg. von Gordon J. A. Burgess und Michael Töteberg. Reinbek b. Hamburg 1996, S. 262; Borchert hatte das „Requiem" „schon seit einem Jahr in der Feder" (312), die Herausgeber sehen das Gedenkblatt „frei von aller Durchhaltepropaganda" (10), dabei hatte Borcherts Anwalt im Prozeß wegen Wehrkraftzersetzung seinem Schriftsatz den Zeitungsausschnitt beigelegt, um über die „wahre Natur des Angeklagten" aufzuklären (129). Vgl. Borcherts Kommentar zu der Ansichtspostkarte „Kameraden" von Arno Breker: „Ist der Kopf [...] der Ausdruck unserer Zeit? Ist er heroisch verzweifelt oder nur brutal? Ja, es fehlt uns wohl heute an jeder Klarheit – alles ist in Nebel gehüllt ..." (Brief an Aline Bussmann vom 17.12.1944, S. 150).

[90] Nach Joachim Wieder: Stalingrad und die Verantwortung der Soldaten. München 1962, S. 325.

Was wohl zu Hause ein Zimmer
mit Bett und warm Wasser kostet?
Wenn man nicht so müde wär!

Aber die Beine sind schwer.
Hast du noch ein Stück Brot?
Morgen nehmen wir den Wald.
Aber das Leben ist hier so tot.
Selbst die Sterne sind fremd und kalt.
Und die Häuser sind
so zufällig gebaut.
Nur manchmal siehst du ein Kind,
das hat wunderbare Haut.[91]

Borchert hatte das Gedicht vermutlich im September 1943 im Hamburger Bronzekeller zusammen mit Songs und Brettelversen vorgetragen, der Ton des Genres beschert dem „Brief" saloppe Wendungen wie „eisenhaltige Luft", „faltiges Herz" und Reime wie „tierisch/lyrisch" oder „rostet/kostet". Durch die Frage nach dem Preis eines Hotelzimmers zu Hause nahm Borchert dem Stahlhelm aus dem „Requiem" die Verklärung; er sprach nicht mehr vom „ewigen", sondern vom alltäglichen Leben, das er als „so tot" kenntlich machte, dadurch sabotierte er die simulierte Innerlichkeit der zeitgenössischen Lyrik. Der „Brief aus Rußland" fördert die rohe Wirklichkeit zutage („Man wird tierisch"), doch gerade weil er sich dem Banalen öffnet, verhilft er am Ende dem Gefühl zum Leben; um jeder Sentimentalität aus dem Wege zu gehen, lieh Borchert keinem Mädchen, sondern einem Kind zweideutig die „wunderbare Haut", die sich „nur manchmal" sehen läßt. Selbst die Häuser scheinen wie „zufällig gebaut". Das Gedicht spiegelt keine falsche Dauer vor und ist von persönlichen Erfahrungen durchtränkt. Am 20. Februar 1943 hatte Borchert aus Minsk an Hugo Sieker geschrieben: „[...] inzwischen habe ich viel erlebt, Furchtbares und Wunderbares"; der Brief berichtet von Meldegängen durch „grauenhafte Wälder" und einem Aufenthalt im Seuchenlazarett, „wo jede Nacht die Toten rausgetragen wurden", um schließlich von „ein paar unwirkliche[n], märchenhafte[n] Tage[n] mit einem zarten russischen Mädchen – Fina – in Smolensk" zu erzählen.[92]

VIII. Horst Langes Erzählung „Das nie betretene Haus"

Ein ähnliches Bedürfnis nach Wahrheit prägt Horst Langes von der *Frankfurter Zeitung* am 26. Mai 1943 gedruckte Erzählung „Das nie betretene Haus"[93], welche die Zugfahrt eines Mannes („Die Uniform war zerschlissen und ausgebleicht") mit einem Mädchen beschreibt; die Bilder vor dem Fen-

---

[91] Das Gesamtwerk. Hamburg 1949, S. 292.
[92] Borchert (Anm. 89), S. 99.
[93] Wiederabgedruckt in Horst Lange: Windsbraut. Erzählungen. München 1947, S. 36-44.

ster – „[...] ein unverputztes Ziegelhaus, [...] ein Garten, ein Zaun, ein paar Obstbäume" – wirken wie „ein geringes Gleichnis für den Frieden, den ihnen die Zeit nicht gewähren wollte"; die sichtbaren Objekte tauschen sich aus und fügen sich zu keiner Raumerfahrung („alles schien zu fließen"); die schräge Lage in einer Kurve vergegenständlicht die Unruhe, die das Paar durch die Trennung bedroht: „Der Horizont hob sich hoch, die Bäume neigten sich beiseite und standen für einen Augenblick schief, als wären sie von der Fliehkraft mit erfaßt worden". Aus diesem „Schauder" heraus erfinden sich der Soldat und das Mädchen ein Haus mit Tauben, vielen Zimmern, Pappeln („Wenn der Wind kommt, hört es sich an wie Wasser"); als das Gespräch jedoch auf den möglichen Baumeister kommt, wird durch die Erinnerung der Kontakt mit der Lebenswirklichkeit wieder hergestellt („– wenn [...] wenn er nicht gefallen wäre. In Rußland."). Lange veränderte an dieser Stelle den Dialog zum Selbstgespräch des Mannes und brachte die Zeit zum Bewußtsein: „Er gab sich keine Antwort, sah nach der Uhr und rechnete nach, wie viele Stunden noch vergehen würden, bis sie am Ziel waren. ‚Es fragt sich nur', sagte er so laut, daß er erschrak, ‚ob wir dort, wohin wir gehören, jemals ankommen werden?' "

Daß es in der zerstückelten Erfahrungswelt schwer fiel, keinen Zeitverlust zu erleiden, soll das Textfeld verdeutlichen, in dem Langes Erzählungen am 23. Mai 1943 erschienen war. Noch immer wurde die *Frankfurter Zeitung* täglich in zwei Ausgaben gedruckt; erst Ende August verfügte die Bürokratie im Rahmen einer „kriegsbedingten Pressekonzentration" die Einstellung. Die beiden Nummern vom 23. Mai 1943 umfassen vierzehn Seiten. Mit 3,75 Seiten nehmen unpolitische Nachrichten und Glossen den größten Umfang ein, gefolgt von 3,35 Seiten Kleinanzeigen und Werbung, 3,1 Seiten Kultur, 2 Seiten Handelsblatt; Nachrichten und Kommentare aus der Politik erschienen auf nur 1,8 Seiten. Daß es problematisch ist – gerade im Dritten Reich – unpolitische und politische Texte zu unterscheiden, zeigt Seite eins der ersten Ausgabe, die mit einem Reiseessay des Hauptschriftleiters Rudolf Kircher über die „Burg von Tomar" in Portugal aufgemacht wurde. Durch eine Linie deutlich davon getrennt kann man rechts „Meldungen aus dem Führerhauptquartier" und einen Kommentar zum deutsch-italienischen Freundschaftspakt lesen. Das untere Drittel ist Langes Erzählung vorbehalten. Die objektiv wirkende Aufgliederung verführt dazu, aus angeblich freien Stücken die einzelnen Partikel zusammenzudenken. Auf diese Weise erfährt die Nachricht „Örtliche Angriffe der Sowjets im Raum nördlich Lissitschansk [...] scheiterten [...] im Nahkampf unter hohen blutigen Verlusten" durch die „wahrhaft abendländische Idee", mit der sich die Christusritter des Reiseberichts „dem Islam entgegenwarfen", und die Schilderung der „höchst eigenartigen", in „Gold und matten Farben schimmernden" Kirche eine Verklärung. Am Bewußtsein des Lesers lag es, ob Langes Erzählung diesem Mechanismus unterworfen wurde oder ob sie ihren Widerruf zum Heroismus entfalten konnte. „Das nie betretene Haus" steht allerdings nicht isoliert und stellt in den Ausgaben vom 23. Mai selbst einen Zusammenhang her, z.B. zu Christian Grunerts Blumenstudie über die Kaiserkrone mit einem Brockes-Gedicht („Ach dächten doch die Großen dieser Erde / Bei dieser Bluhm an ihre Flüchtigkeit"). Jedoch nur in einem Beitrag findet Langes Zeiterfahrung ein Echo, und zwar in Friedrich Sieburgs Skizze „Ein Pariser Sommer"; der Auszug aus *Robespierre* (1935)[94] gibt ein Bild fiebriger Lebenslust am Ende der Revolution: noch essen die Reichen von Verhaftung und Tod bedroht im Freien vor den Cafés Eis, Apfelbeignets und Stör in Weißwein, die Mode entblößt in diesem Sommer „fleischliche Schönheit", während es für die meisten weder Brot noch Fett gibt, „keine Seife, keine Schuhe", aber „Paris versucht zu leben, als wäre alles wie früher". Diese Versunkenheit in die Privatsphäre spiegelt – im Zusammenhang der *Frankfurter Zeitung* vom 23. Mai 1943 – das Bewußtsein der Deutschen. In Vergnügungsanzeigen für Frankfurt warben noch sechsundzwanzig Kinos, Hotels empfahlen sich und Schwimmbäder mit Café-Restauration „in vollem Betrieb", aber auch deutsche Theater in Den Haag, Krakau, Oslo, Straßburg und Paris. Obgleich die Fleischrationen noch einmal um 100 Gramm in der Woche gekürzt werden mußten, gab es noch immer „Hautcreme, Lippenstifte in reicher Auswahl." Das *Handelsblatt* meldete „Lindes Eismaschinen verteilen wieder 5%" und druckte die „Wertpapierbörse" von New York ab. Zynisch täuschte der Staat, als die barbarische Vernichtung ihrem Höhepunkt zusteuerte, Fürsorge vor: „Das Gartenhaus Goethes in Weimar [...] ist in den letzten Jahren durch unterirdische Quellwasser stark in Verfall geraten. Jetzt wird die nördliche Seitenwand erneuert, um das Haus, in dem Goethe sechs Jahre gewohnt hat, vor weiterem Schaden zu schützen". Die „Öffentliche Bausparkasse" versprach ein „eigenes Haus" als „glückliche Insel im Strom des Lebens", und für den 27. Mai 1943 kündigte die „Badenia GmbH" einen „Aufklärungsvortrag über ‚Finanzieren und Bauen nach dem Krieg'" mit einer „Bildschau moderner Eigenheime" an. Langes im „Nie betretenen Haus" geäußerter Zweifel – „ob wir dort, wohin wir gehören, jemals ankommen werden?" – wurde in einem solchen Zusammenhang rasch zur Ruhe gebracht. Die jede Zeiterfahrung vernichtenden Wunschbilder erhalten außerdem durch Zerrbilder der offiziellen Ideologie eine Ergänzung. So führte Alfred Rosenberg in einer Rede, die auf Seite eins der zweiten Ausgabe vom 23. Mai 1943 abgedruckt wurde, stereotype Wahnprojektionen vor, um die als Chaos empfundene Gegenwart zu entwirklichen; die „Verrücktheit" spaltete er in die Vergangenheit der Republik ab, „wo Deutschland sich in inneren Kämpfen zerriß", oder in den Bolschewismus, der den letzten Versuch unternehme, „Europa zu zersetzen und niederzuwalzen".

IX. Der „Modellfall" Alfred Andersch

Als Hitlers Befehl zur „Endlösung" in die Tat umgesetzt wurde, reichte Alfred Andersch die Scheidung von seiner halbjüdischen Ehefrau ein; „die eige-

---

[94] Frankfurt a. M. 1935, S. 199-208.

ne Entwicklung" war ihm „wichtiger", erinnerte sein Bruder diesen Schritt,[95] denn erst durch die Trennung, die am 6. März 1943 rechtskräftig wurde, konnte er Mitglied der Reichsschrifttumskammer werden. Die Sprache seiner Erzählungen, die er damals dem Suhrkamp Verlag zur Veröffentlichung anbot,[96] durchziehen anders als bei Horst Lange Stichworte der offiziellen Propaganda. In „Ein Techniker" ist die Rede von englischer Artillerie, die „ihren abendlichen Feuersegen" auf die Stellungen „drischt" (83), Soldaten bilden einen „Riegel", damit andere ein „mutmaßliches MG-Nest" ausheben können, „Profile unter den Stahlhelmen" erscheinen „von Feuer gehämmert" (86), und die Leuchtkugeln am Himmel öffnen sich als „Zeichen einer anderen, [...] härteren Romantik" (91). Ohne Zweifel glaubte sich Andersch in der Marschkolonne zeitweise aus der Vereinzelung gelöst; das Gemeinschaftsgefühl, das er als Organisationsleiter des Kommunistischen Jugendverbandes Südbayern erfahren hatte, projizierte er in den Ersten Weltkrieg zurück; im Frieden, inmitten von „Chaos" und „Zerstörung", ließ er seinen Helden von der „geordneten und asketischen Welt" der Schützengräben als „wahre Heimat" schwärmen (91 f.), weil ihn dort die Kameradschaft wie mit den „Schwingen eines mächtigen Engels" berührt hatte (85). 1943 beantragte Andersch die Versetzung in eine Propaganda-Kompanie, doch offensichtlich scheiterte das Vorhaben an seiner politischen Vergangenheit. Als „neugebackener Soldat" fühlte er sich vom Kasernenleben enttäuscht, er befände sich in einem „durcheinandergemischten Haufen [...], in dem keine Kameradschaft entsteht und in dem die vielen Kranken usw. eine üble Drückeberger-Atmosphäre schaffen", klagte er im Dezember 1943.[97] Der Krieg selbst kam Andersch wie ein Reiseabenteuer vor. „Ich sitze in Kufstein und trinke Roten, und unten fließt der Inn vorbei", schrieb er am 27. April 1944 nach Hause. „Der Pfingstsamstag-Abend ist zauberhaft, sonnig, mit rosigen Schleiern um die Berge" (39). Ähnliche Idyllen mit Kirchenbesichtigungen und Chianti teilte er aus Italien mit, doch „zu all dem muß man noch 100% Soldat sein. Aber es macht Spaß, und ich bin schon zum Schwadronstrupp versetzt" (41 f.). Beim Heranrücken der US-Armee wechselte Andersch die Seite. In seinem Bericht *Die Kirschen der Freiheit* (1952) heroisierte er seine kommunistische Vergangenheit, indem er fast ausschließlich den KZ-Aufenthalt von 1933 und die Fahnenflucht 1944 provokativ zur Darstellung brachte. „Mein Buch scheint sehr ins Schwarze zu treffen", berichtete Andersch in

---

[95] Stephan Reinhardt: Alfred Andersch. Eine Biographie. Zürich 1990, S. 82; durch seine Ehefrau hatte Andersch 1937 eine Anstellung in den zum Familienbesitz gehörenden Leonar-Werken erhalten, um nach der Arisierung mit der Leitung der Werbeabteilung beauftragt zu werden; ein Zeugnis bescheinigt ihm, „daß er sich ‚anpassungsfähig' und ‚umsichtig' gezeigt habe und ‚über gute Fähigkeiten auf dem Gebiet der Werbung' verfüge" (S. 79); nachdem er sich 1942 von seiner Frau getrennt hatte, wechselte er zu Mouson und entwarf Slogans wie „Rauhe, rissige Haut in Minuten gebessert", darunter zeigte er das Foto einer Frauenhand, wie sie die Creme „mit Tiefenwirkung" auf ihrer Handoberfläche verteilt (S. 80, Abb. nach S. 384).
[96] Erinnerte Gestalten. Frühe Erzählungen. Zürich 1986.
[97] „... Einmal wirklich leben". Ein Tagebuch in Briefen an Hedwig Andersch 1943 bis 1975. Hrsg. von Winfried Stephan. Zürich 1986, S. 20.

einem Brief. „Ich glaube, jetzt bin ich wirklich ein berühmter Mann geworden; der PEN-Club hat sich auch schon gemeldet" (78). Arno Schmidt riet dem Autor, die *Kirschen* durch Interpolation zu erweitern, denn „in Ihrem Leben scheinen mir Individualismus *und* Modellfall so unnachahmlich vereinigt, daß [...] an ihm [...] unser ganzes Zeitalter vorbildlich demonstriert werden könnte".[98] Andersch entgegnete, daß ihm „eine Ausfüllung nicht möglich" sei (109); verantwortlich für diese Haltung waren nicht formale Fragen, sondern sein Bruch mit dem Wahrheitspostulat der Moderne. „Stilistische Entgleisungen" erschüttern die Glaubwürdigkeit nicht nur dieses Buches.[99]

Wie wir seit der Biographie von Stephan Reinhardt[100] wissen, handelt es sich bei Andersch tatsächlich um einen „Modellfall" für den Legitimationszwang, unter den sich die Nachkriegsgesellschaft gesetzt hatte, so daß Simulationen und erfolgreicher Wiederaufbau ineinander verschwammen. Nur weil Andersch sein Leben im Dritten Reich über die Eckdaten hinaus unter den Tisch fallen ließ, konnte er sich als „moralische Instanz"[101] verkaufen. Die *Kirschen* greifen das leere Pathos der frühen Erzählungen ganz ohne Ironie auf, nur daß sie nicht mehr die Einordnung, sondern das Ausscheren aus der Kolonne propagieren. „Aus dem Nu der Freiheit [...] gewinnen wir die Härte des Bewußtseins, die sich gegen das Schicksal wendet und neues Schicksal setzt"; allerdings werden jetzt Picasso und Apollinaire als neue Propheten „mit metallisch leuchtende[n] Tafeln in den Händen" beschworen.[102] Der Rückzug trägt alle Merkmale eines Angriffs; als spiele es gar keine Rolle, wohin die Bewegung geht, heißt es: „Und der vollmondige, akazienduftende Feldzug raste die Straße entlang, mit Mond und Staub die Aurelia entlang, im donnernden Gedröhn der Kolonnen, im wilden, aufreizenden Knirschen der Raupenketten, im fliegenden Haar der Männer, die in den Luken der Panzer standen [...]"; die wenig später eingestreuten Negativ-Wendungen wie „staubig erstickte[r] Schrei der Kommando-Rufe" oder der „mondbleich dahinwehende Staubfahnen-Triumph" unterlegen dem heldenhaften Stil lediglich eine dunkle Folie (51); losgelöst von der Tatsachenwelt, gab Andersch in den *Kirschen* der Faszination nach, die von der Geschwindigkeit und ihrer damit

---

[98] Brief vom 23.12.1995. In: Bernd Rauschenbach (Hrsg.): Arno Schmidt. Der Briefwechsel mit Alfred Andersch. Zürich 1985, S. 106.

[99] W. G. Sebald: Between the Devil and the Deep Blue Sea. Alfred Andersch. Das Verschwinden in der Vorsehung. In: Lettre International 1993. H. 1, S. 81; Lothar Baier: Literaturpfaffen. Tote Dichter vor dem moralischen Exekutionskommando. In: Freibeuter 57 (Oktober 1993), S. 56-65 geht polemisch an Sebalds Bewußtseins- und Sprachkritik vorbei; schon vor den Veröffentlichungen der Briefe und frühen Erzählungen sowie der Biographie von Reinhardt hatte Ruth K[lüger]-Angress: A „Jewish problem" in German Postwar Fiction. In: Modern Judaism V (1985), S. 216-222, Bedenken gegen die entwirklichende Darstellung der Judenverfolgung angemeldet.

[100] Reinhardt (Anm. 95).

[101] Irene Heidelberger-Leonhard: Erschriebener Widerstand. Fragen an Alfred Anderschs Werk und Leben. In: dies., Volker Wehdeking (Hrsg.): Alfred Andersch. Perspektiven zu Leben und Werk. Opladen 1994, S. 51.

[102] Die Kirschen der Freiheit. Ein Bericht. In: Alfred Andersch: Bericht, Roman, Erzählungen. Freiburg 1965, S. 82.

verbundenen Gewalt ausgeht; von Bedeutung war der Transit, nicht die durch die Truppe beförderte Botschaft. Die Fahnenflucht zu den Amerikanern erschloß Andersch keine andere Zeit, sondern lediglich einen neuen Raum, in dem es galt, möglichst rasch Anschluß zu finden. Nicht daß der Autor aus seinem KZ-Aufenthalt und der Desertion auf Kosten der ganzen Wahrheit Kapital geschlagen hat, ist bemerkenswert, sondern das von Raumerfahrungen angegriffene und verschlungene Gedächtnis. Schon 1944 hatte Andersch mit seinem von der *Kölnischen Zeitung* veröffentlichten Prosastück „Erste Ausfahrt" den Raum zum Thema gemacht, in welchem der Erzähler mit Tornister und Spirituskocher auf einer Radwanderung eintaucht; anstelle von Angst und Entfremdung flackert fröhliche Euphorie auf: „Dann war Raum, Raum, Raum!", doch das „helle glühende Bewußtsein" und die „Zukunft" verlieren jede Temporalisierung; sie verfestigen sich zu Stereotypen.[103] Die Unfähigkeit, die gegenwärtige Lage als Moment der Geschichte zu begreifen, läßt keine Erfahrung in Zeitdimensionen zu; das Überwältigtwerden durch den Raum ist Ausdruck einundderselben Spaltung, mit welcher das Dritte Reich „Raumwirtschaft" betrieb, „Raumforschung und Großraumpolitik", um wahnhaft einer „neue[n] Raumaufteilung der Erde" das Wort zu reden.[104] Die nationalsozialistische Architektur hatte eine Vorliebe für unbebaute Flächen. Man riß gewachsene Ensemble ab oder distanzierte das Neue durch Schauwände von angrenzenden Altbauten, ein so geschaffener Raum war Bau und Bild zugleich.[105] Das Dritte Reich zeigte sich als eine rasche Abfolge von Transitlandschaften, die man in Blöcken zu durchqueren hatte, so daß die schauerliche Realität des „Zusammenbruchs" geschichtslos wahrgenommen wurde. „Kahlschlag", „Stunde Null", „Tabula-Rasa-Situation" hießen die Schlagworte, mit denen das Selbst fortfuhr, den Raum über die Zeit zu stellen, um sich mit Wohlbefinden in den bald trümmerleer gemachten Flächen einzurichten.

X. Nachkriegskultur und Postmoderne

Hannah Arendt wunderte sich nach einem Besuch 1950, wie wenig der „Alptraum von Zerstörung und Schrecken" ins Bewußtsein gedrungen war. Die Deutschen schrieben „inmitten der Ruinen [...] Ansichtskarten von Kirchen und Marktplätzen, [...] die es gar nicht mehr gibt".[106] Die fehlende Trauer wür-

---

[103] Erinnerte Gestalten (Anm. 96), S. 169; die Überschrift hier: „Ein Sechzehnjähriger allein".
[104] Hans Havemann: Im Bann des Raumes. In: Das Reich Nr. 13, 26.3.1944. Literatur/Kunst/Wissenschaft mit Hinweisen auf die inflationäre Verwendung des Begriffs; als Beweggrund des Raumdenkens nannte Havemann neue Medien wie Kino sowie die Revolution im Transportwesen: „Es geht so schnell durchs Bunte und Wechselnde, daß wir ständig wendebereit und raumorientiert sein müssen".
[105] Bartetzko (Anm. 2), S. 55 f.
[106] Arendt (Anm. 78), S. 24. Vgl. auch Irmgard Keuns Briefe an Hermann Kesten. In: Wenn wir alle gut wären. Neudruck. Hrsg. von Wilhelm Unger. Köln 1983, besonders S. 188: „Die Leute haben alle so glücklich konstruierte Gedächtnisse" (Brief vom 23.8.1947).

de durch „fieberhafte Geschäftigkeit" zugedeckt. Von der „alten Tugend, unabhängig von den Arbeitsbedingungen ein möglichst vortreffliches Endprodukt zu erzielen", sei kaum noch etwas übriggeblieben. Überall herrsche eine „mittelmäßige Produktion"(35) und die „verstiegene Hoffnung [...], das Land werde das ‚modernste' Europas" (28 f.). Die „deutsche Realitätsflucht" (21) und die damit verbundene Abriß- und Modernisierungswut entsprachen in den Künsten dem Bemühen, sich aus der „Zusammenhangslosigkeit dem Ausland gegenüber zu befreien"[107] und rasch in der „Weltsprache der Dichtung" wieder mitzusprechen.[108] Obgleich die Nachkriegsschriftsteller nicht müde wurden, Bekenntnisse zur Schuld des Dritten Reichs abzugeben, erstaunt doch die Leichtigkeit, mit welcher sie sich fast ohne Ausnahme über ihre eigene Geschichte hinweggesetzt hatten; sie dienten damit wie die sich „mechanisch [...] wiederholenden Zeremonien offizieller Trauerfeierlichkeiten [...] eher dem institutionalisierten Vergessen als dem kathartischen Erinnern".[109] Die Kunst bewegte sich damit auf derselben wirklichkeitsfeindlichen Ebene wie die Politik. Alles drängte dazu, oft auf äußerst spektakuläre Weise, den Anschein des Wiederaufbaus einer vornationalsozialistischen Welt zu erwecken. Wichtig wurde jetzt das möglichst moderne Design, hinter dem sich die tatsächlichen Abhängigkeiten vom Dritten Reich bis hin zu den Lebensläufen verbergen konnten. Als Leiter von Radio-Redaktionen und Herausgeber der Zeitschrift *Texte und Zeichen* hatte Andersch für die Verbreitung der Avantgarde eine Schlüsselstellung eingenommen. „Andersch ist ein *sehr* einflußreicher Mann, der nicht nur sehr nützlich, sondern auch, wenn man sich ihn zum Feinde macht, sehr schädlich sein kann", notierte Arno Schmidt.[110]

Daß Behörden, Institutionen und privatwirtschaftliche Apparaturen allmählich begannen, Tabuverletzungen zu honorieren, legt den historischen Bruch zwischen der neuen Kultur und der bürgerlichen Boheme offen. Während nach dem Ersten Weltkrieg in den Künsten eine neue Fessellosigkeit ausbrach, geriet die Gruppe 47 bald in die Nähe eines kommerziellen Interessenverbandes, um ihre Mitglieder in die Kulturunterhaltung zu integrieren. „Auch eine ganze Reihe von Managern, Verlagslektoren, Rundfunkmännern, Publizisten war zugegen, und ihre Anwesenheit gab der Versammlung so etwas wie den Charakter einer literarischen Börse", heißt es schon 1951 in einem Tagungsbericht.[111] Wir haben fast alle vergessen, daß einige der im Dritten Reich verfemten Maler und Schriftsteller diese Entwicklung beklommen registrierten. So beklagte Karl Hofer anläßlich der Verleihung des Deutschen Kunstpreises 1950 eine „Indifferenz" und sprach von einem „Kunsthandwerk neuer Art mit schönfarbigen [...], in subtilem Raffinement

---

[107] Karl Krolow: Aspekte zeitgenössischer Lyrik. München 1965, S. 13.
[108] Hans Bender: Vorwort zu Widerspiel. Deutsche Lyrik seit 1945. München 1962, S. 10.
[109] Kertész (Anm. 22), S. 18.
[110] Rauschenbach (Anm. 98), S. 209 (Brief an Josef Bläschke vom 4.7.1959).
[111] Ernst Theodor Rohnert: Symposion junger Schriftsteller. In: Das literarische Deutschland vom 20.5.1951. Zit. nach: Hans Ludwig Arnold (Hrsg.): Die Gruppe 47. Ein kritischer Grundriß. München 1980, S. 147.

organisierten Flächen".¹¹² In der 1955 kurz vor seinem Tod geführten Auseinandersetzung mit Will Grohmann ging es Hofer nicht, wie man ihm fälschlich vorgeworfen hatte, um eine Denunzierung des Abstrakten, sondern um das von Hannah Arendt beobachtete rasche Sichzufriedengeben mit mittelmäßigen Produkten. Dabei deckte er hellsichtig die Technik des Kulturbetriebs auf, schwindende Affekte durch immer neue Slogans auszugleichen und die Vorbilder der Avantgarde dann zu wechseln, wenn die Stimmung des Publikums umschwenkt. So sah Hofer schon damals als Gegenbewegung einen „durch die Abstraktion gegangenen Naturalismus" voraus, ohne davon eine Erneuerung der Kunst zu erwarten, denn „allzu Bewußtes und Gewolltes [...] trägt das Stigma des Vergänglichen".¹¹³ Wesentlich schärfer als Hofer äußerte sich Gottfried Benn in Briefen an Oelze. Am 19. Juli 1946 vermißte er bei „einige[n] ‚führende[n] Persönlichkeiten' von Presse u. Berliner Literatur [...] mit großen Wagen bereits wieder" eigene „Maßstäbe, Richtlinien, Gesetze". Alles beuge sich „ohne Scham u. ohne Gedanken den öffentlich geforderten u. vertretenen Hauptworten".¹¹⁴ Zwei Jahre später diagnostizierte er bei seinen jungen Besuchern „harmlose glatte Gehirne, die überhaupt nichts Selbständiges denken", und fragte Oelze, „ob wir auch, als wir 20 [...], so leer [...] waren".¹¹⁵ Zu einem ähnlichen Ergebnis kam Adorno nach seiner Rückkehr aus dem amerikanischen Exil. In seinem ersten, 1950 in der Bundesrepublik veröffentlichten Aufsatz, entdeckte er den Widerspruch eines „verzweifelten Kulturwillens" zu einem ängstlichen Schutzsuchen bei „Herkömmlichem und Gewesenem"; verglichen mit dem Expressionismus herrsche „ein gespenstischer Traditionalismus ohne bindende Tradition". Gerade weil die neuen Künstler aus den Vorräten der Avantgarde von einst zehrten, „vernichten sie, wozu sie sich bekennen".¹¹⁶

Die mit der Stabilisierung der Bundesrepublik verstummte Kritik hatte sich anachronistisch an Maßstäben der Bohemekultur des Kaiserreichs und der Weimarer Republik orientiert. Deshalb erkannte sie die Grundsätzlichkeit des gesellschaftlichen Wandels. Erst mit der Adenauer-Ära setzte sich die Verkürzung durch, für Kultur- und Zivilisationsverluste ausschließlich die Gewalt des Dritten Reichs verantwortlich zu machen, ohne die epochalen Veränderungen zu reflektieren, die sich mit Verzögerungen in allen Industriegesellschaften ereigneten. Lange war dieser Wandel schwer zu durchschauen, denn daß das Formenarsenal der Avantgarde noch immer von der Mehrheit als Provokation abgelehnt wurde, verhüllte allzu gut den Erstarrungszustand der meisten in ihrer Nachfolge stehenden Werke. Da schon der Nationalsozialismus der Moderne Bluff vorgeworfen hatte, konnte jede Infragestellung des

---

¹¹² Karl Hofer. Katalog Staatliche Kunsthalle Berlin. Berlin 1978, S. 645.
¹¹³ Zur Situation der Bildenden Kunst. In: Der Monat 8 (1955), S. 428.
¹¹⁴ Gottfried Benn: Briefe an F. W. Oelze 1945-1949. Hrsg. von Harald Steinhagen und Jürgen Schröder. Wiesbaden 1979, S. 38 f.
¹¹⁵ Ebd., S. 146 (Brief vom 22.7.1948).
¹¹⁶ Auferstehung der Kultur in Deutschland? In: Frankfurter Hefte 5 (1950), S. 473; den Hinweis verdanke ich Norbert Langer.

Rangs als reaktionär mißverstanden werden. Hinzu kam, daß Impulse der Bohemekunst bei einzelnen Autoren bis in die siebziger Jahre nachflackerten; Rolf Dieter Brinkmann mit *Rom, Blicke* oder Bernward Vesper mit der *Reise* wandten sich den unscheinbarsten Einzelheiten ihres „Angst- und Todesuniversums" zu, um dem Leser die Wahrheit alltäglicher Barbarei leibhaftig nahezurücken;[117] rückblickend war es Schönfärberei, darin Anzeichen für die Erneuerung der bürgerlichen Avantgarde zu sehen. Wenn sich Theoretiker der Postmoderne seither offen zur Nachahmung von Mustern der Moderne bekennen und eine Art Tele- oder Computerspiel propagieren,[118] dann zieht man lediglich die Konsequenz aus einer seit langem üblichen Praxis. Sie ist nicht einfach umkehrbar. Schon Hofer erkannte, daß „die Kunst unserer Zeit [...] durchaus unserer Zeit entspricht und somit legitimiert" wäre.[119]

Im Unterschied zur Postmoderne maskierten sich viele Nachkriegsschriftsteller mit Werten der Bohemekultur, zu denen die unabhängige Persönlichkeit, Wahrheitsanspruch, Abstand, das Denken in Zeitkategorien, Verantwortungsbewußtsein, authentischer Ausdruck u. a. gehören. Die Förderung und Popularisierung von Autoren der „Stunde Null" zusammen mit Zeugnissen der Moderne legitimierten die Bundesrepublik Deutschland als Nachfolgestaat der Weimarer Republik und grenzten ihn sowohl vom Dritten Reich wie von der DDR ab. Mit dem lautlosen Zusammenklappen des Ostblocks hatten „die letzten Überbleibsel bürgerlicher Weltanschauung die Bühne der Geschichte verlassen",[120] das nunmehr entstandene Vakuum verlangt keine Gegnerschaft mehr und wird die alten Denk- und Lebensformen weiter aufzehren. Während des Nationalsozialismus erfuhr die Auflösung regionaler Sonderkulturen und Klassenverwurzelungen eine dramatische Beschleunigung; Mechanismen der Wohlfahrtsgesellschaft zerlöcherten das Verantwortungsbewußtsein gegenüber dem Fremden und schwächten die Wahrnehmungsfähigkeit für unerträgliche Lebensbedingungen. In diesem Prozeß mit Aufstiegsschüben von bisher ungewohnten Ausmaßen und einem perfekt ausgeklügelten Versorgungssystem sind auch die Künste einzubeziehen. An die Stelle der großbürgerlichen Boheme und ihrer Unabhängigkeit trat eine diffuse Vielzahl von Produzenten mit einem Netz von Vergünstigungen und Verpflichtungen, in das die Künstler fast aller Sparten als Beamte und Kleinunternehmer verwickelt wurden. Die brutale Herrschaftsform und die zur Institution erhobene Gegenmoderne haben lange dazu verleitet, die Zeit von 1933 bis 1945 aus diesem Zusammenhang auszuklammern. Doch während der Nationalsozialismus durch Verbote des Ausgezeichneten das öffentliche Leben veröden ließ, erhöhte er gleichzeitig die

---

[117] Rolf Dieter Brinkmann: Rom, Blicke [14.12.1972 bis 9.1.1973]. Reinbek b. Hamburg 1979; Bernward Vesper: Die Reise. Romanessay [16.8.1969 bis 22.1.1971]. Frankfurt a. M. 1977.
[118] Hanns-Josef Ortheil: Das Lesen – ein Spiel. Postmoderne Literatur? Die Literatur der Zukunft! In: Die Zeit, 17.4.1987, S. 59.
[119] Hofer (Anm. 112), S. 647.
[120] Panajotis Kondylis: Der Niedergang der bürgerlichen Denk- und Lebensformen. Die liberale Moderne und die massendemokratische Postmoderne. Weinheim 1991, S. 292.

Ausgaben für Preise, Stipendien und Ankäufe, um die Mehrheit der handwerklich produzierenden Künstler an sich zu binden. In seinen beiden Kulturreden verteidigte Hitler 1937 ausdrücklich die „gut gewollte anständige Mittelleistung"[121] und versprach „eine unerhörte Blüte der deutschen Kunst," denn „noch niemals" sei „die Bemessung der dazu nötigen Mittel großzügiger" gewesen „als im nationalsozialistischen Deutschland".[122] Zwar ist nach dem „Zusammenbruch" für die kulturellen Bereiche des Westens das Diktat der Politik gefallen, doch die Popularisierung der „Entarteten Kunst" erzeugte lediglich die Illusion einer neuen Hochkultur; gesellschaftliche und seelische Verelendungen wie die Beherrschung öffentlicher Räume durch die Wirtschaft und die Neigung, die Wahrheit aus fehlendem Selbstbewußtsein dem unmittelbaren Erfolg zu opfern, lähmten unverändert, auch wenn man bürgerlich-demokratische Werte propagierte und sich formal an die ausgelöschte Boheme anschloß. „Kunst für alle", Verschleifung der schwierigen Sprache zu einfachen Bildern und ihre massenhafte Inszenierung durch den Medienverbund sowie das Schmelzen der kritischen Distanz verbinden die Kultur vor und nach 1945 mit der Postmoderne, welche die Gespaltenheit durch Sinnprojektionen nicht mehr zu verheimlichen sucht. Imre Kertész begreift „Gewalt und Destruktivität" nicht „als einmaligen [..] Ausrutsche[r]", sondern sieht darin „das Primäre" unseres Zeitalters, das unter neuen Trugbildern jederzeit wieder ausbrechen könne.[123] Die „Zerrissenheit des Menschen" zwischen seiner Privatsphäre und den funktionalen Bedingungen für ihre Erhaltung treiben den „einzelnen als auch die Gesellschaft in eine immer schizophrener werdende Situation" (10); das Denken wird nach wie vor von „Kategorien des Raums [...] beherrscht";[124] wie die nationalsozialistische Bilderproduktion ist auch unsere „versessen [...] auf Pseudoereignisse und ‚Spektakel' jeglicher Art",[125] so daß sich der Schein euphorisch an Stelle der Wirklichkeit behauptet. Es ist ungeschichtlich, eine Rückkehr zu den Normen der Hochkultur zu fordern, weil dadurch „die Moderne selbst in die Rolle eines antimodernen Ressentiments gepreßt" wird.[126] Die Entlarvung der postmodernen Kunst als Ramsch mag unwichtig sein, aber nicht die der Blendwerke, hinter denen das schwankende Bewußtsein des mehr und mehr unter Druck geratenden Menschen zu verschwinden droht.

---

[121] Kulturrede aus dem Reichsparteitag 7.9.1937. In: Max Domarus: Hitler. Reden und Proklamationen 1932-1945. Bd. I, 2. München 1965. S. 718.
[122] Rede zur Einweihung des „Hauses der deutschen Kunst" am 19.7.1937. Ebd., S. 708.
[123] Kertész (Anm. 22), S. 10.
[124] Jameson (Anm. 36), S. 61, dort auch wertvolle Beobachtungen zum „Schwinden der kritischen Distanz" (S. 91 ff.) und zum „Zerreißen der Signifikantenkette" (S. 70) als Ausdruck kollektiver Schizophrenie, welche „zugänglich wird für Intensitäten fröhlicher Art" (S. 74).
[125] Ebd., S. 63.
[126] Andreas Huyssen: Postmoderne – eine amerikanische Internationale? In: ders., Klaus Scherpe (Hrsg.): Postmoderne. Zeichen eines kulturellen Wandels. Reinbek b. Hamburg 1986, S. 30.

III.

Günther Rüther

Nur „ein Tanz in Ketten"?

DDR-Literatur zwischen Vereinnahmung und Selbstbehauptung

I. Bedeutung und Stellenwert der Literatur für die „neue" sozialistische Gesellschaft und ihren Staat

Ausgehend vom Primat der Politik, verbindet den Nationalsozialismus mit dem totalitären Sozialismus die Auffassung, daß Geist und Macht, Kultur und Politik zu einer Symbiose finden müßten. Dabei maßen beide Diktaturen den schönen Künsten durchaus unterschiedliche Bedeutung zu. Das Nazi-Regime setzte in viel stärkerem Maße als das SED-Regime auf eine umfassende Ästhetisierung von Politik und Gesellschaft.[1] Ihre politische Funktion lag darin, die gesellschaftlichen Widersprüche zu überdecken, das Volk zu einer Einheit zu führen und der Selbstdarstellung des Regimes Raum zu geben. Während es dem Nationalsozialismus dabei vor allem um eine über das ästhetische Moment vermittelte emotionale Verschweißung der Massen zur Legitimierung seiner Herrschaft ging, setzte die SED vor allem auf eine politisch inhaltliche Instrumentalisierung des einzelnen. Über sie sollte die Umerziehung des Volkes zum Erfolg führen. Der Kunstdoktrin des sozialistischen Realismus fiel dabei eine maßgebliche Aufgabe zu.[2] So wie der Ästhetizismus im Nationalsozialismus diente er – wenn auch auf völlig andere Weise – zur Abstützung der Macht im SED-Regime, indem er den Sozialismus in den schönsten Farben ausmalte und ihn eine glanzvolle Zukunft verheißen ließ. Dabei ging es dem sozialistischen Realismus weniger um Fragen der Form als um Inhalte und Visionen. „Ich glaube, daß die Frage der Form heutzutage", schreibt Stephan Hermlin 1951, „wie in allen revolutionären Epochen der Menschheit, zurückzutreten hat hinter der Frage nach dem Inhalt, nach der Idee, die nur eine revolutionäre Idee sein kann".[3]

Der Nationalsozialismus bediente sich der Kultur als Kulisse für seine Politik. Ihm ging es um die Wahrung des „schönen Scheins": das Gefühl war al-

---

[1] Vgl. Peter Reichel: Der schöne Schein des Dritten Reiches. Faszination und Gewalt des Faschismus. Frankfurt a. M. 1994, S. 39.
[2] Vgl. Günther Rüther: „Greif zur Feder, Kumpel". Schriftsteller, Literatur und Politik in der DDR 1949-1990. 2. Auflage. Düsseldorf 1992, S. 44 ff.
[3] Stephan Hermlin: Aufsätze, Reportagen, Reden, Interviews. Hrsg. von Ulla Hahn. Frankfurt a. M. 1983, S. 23.

les, die Vernunft galt nichts. Formfragen wurden vor diesem Hintergrund wichtiger als inhaltliche Aussagen. Hier traf sich das kulturpolitische Anliegen der Nationalsozialisten mit der Ästhetisierung ihrer Politik. Trotz der Kraft des Wortes, die sie in der Propaganda zu nutzen wußten, erschienen deshalb den nationalsozialistischen Führern der Städtebau, die Architektur, die bildenden Künste, vor allem die moderne Produkt- und Freizeitkultur wichtiger als die Literatur. Hitler liebte „die erschlagenden Wirkungen" auf die Massen.[4] Dies kann jedoch Literatur weniger als andere Künste leisten; sie läßt sich eben nicht auf rein emotionale Wirkungen reduzieren. Sieht man einmal vom Theater ab, ist ihr das Gemeinschaftserlebnis weitgehend fremd. Zudem sind die von ihr ausgehenden Einflüsse stärker im privaten als im öffentlichen Leben angesiedelt und damit weniger politisch instrumentalisierbar. Da der Nationalsozialismus im Gegensatz zum Sozialismus weder eine wissenschaftliche Lehre noch eine erstrebenswerte Vision vermitteln wollte noch konnte, liegt hierin auch eine Erklärung dafür, daß von einer nationalsozialistischen, schöngeistigen Literatur im engeren Sinne nur sehr begrenzt gesprochen werden kann: „Der Nationalsozialismus, selbst unfähig zur Produktion von Literatur, duldete oder förderte sogar Literatur, die nicht ‚seines Geistes' war, seinen Theoremen sogar teilweise widersprach, weil er ein Ventil brauchte, um sonst virulenten Widerstand in unschädlicher, nicht direkt oppositioneller und meist unpolitischer Literatur zu kanalisieren".[5] Auf jeden Fall war das Interesse der SED-Kulturpolitik an der Literatur in den mehr als vierzig Jahren ihrer Einflußnahme von Anfang an und insgesamt sehr viel stärker als im Nationalsozialismus, wo häufig Kompetenzstreitigkeiten zwischen den Gremien in Partei und Staat eine literaturpolitische „Gleichschaltung" behinderten. Im Gegensatz zur DDR wurde im Dritten Reich die Literatur eben nicht systematisch und zentral von einer autorisierten Stelle gelenkt. Der unterschiedliche Stellenwert, den beide Diktaturen der Literatur beimaßen, zeigte sich nicht zuletzt auch darin, daß im Dritten Reich Maßnahmen der Zensurbehörden erst nach der Publikation eines Werkes zum Tragen kamen. Im Gegensatz dazu konnte in der DDR ein Buch erst dann veröffentlicht werden, wenn es die Zustimmung der Zensoren gefunden hatte.

Spätestens mit dem Einsetzen des Kalten Krieges 1947/48 ließen die Kulturpolitiker der SED keinen Zweifel mehr daran aufkommen, welch hohen politischen Stellenwert sie der Literatur und den Literaten beim Aufbau der sozialistischen Gesellschaft beimaßen. So forderte Anton Ackermann, der in der SED schon bald nach ihrer Gründung für Fragen der Ideologie, Kultur, Bildung und Wissenschaft zuständig zeichnete, 1948 auf einer Arbeitstagung, daß es gerade die Aufgabe der Schriftsteller sei, den neuen Menschen

---

[4] Reichel (Anm. 1), S. 322.
[5] Wolfgang Frühwald: Bilder des Todes. Zur nationalsozialistischen Literatur und ihren Opponenten. In: Rheinische Vierteljahrsblätter 1995, S. 185.

heranzubilden.⁶ Die wichtigsten Aufgaben des Schriftstellers sah er darin, eine neue Arbeitsmoral zu schaffen, die Massen zu einem lebensbejahenden Optimismus zu erziehen und ihre literarischen Arbeiten in den Dienst des gerade aufgestellten Zweijahresplanes zu stellen, der tiefgreifende gesellschaftliche Veränderungen einleiten sollte.⁷ Nach der Gründung der DDR am 7. Oktober 1949 versuchte Walter Ulbricht auf dem III. Parteitag der SED noch nachdrücklicher als Ackermann zuvor, die ökonomischen mit den kulturellen Zielen seiner Partei zu verknüpfen. Die SED forderte nicht nur die Symbiose von Geist und Macht, Literatur und Politik, sondern auch von Kultur und Ökonomie. In diesem Sinne beschwor Johannes R. Becher seine Schriftstellerkollegen, nicht länger eine literarische Antwort auf die gewaltigen politischen und wirtschaftlichen Herausforderungen schuldig zu bleiben.⁸

Nur wenige Schriftsteller betrachteten dies als eine politische Anmaßung. Nachdem der Nationalsozialismus Leid und Elend über das deutsche Volk gebracht hatte, sah Anna Seghers für den Schriftsteller eine grandiose Erziehungsaufgabe darin, „in den deutschen Menschen das nationale Ehrgefühl, den internationalen Geist, das Selbstbewußtsein, die Kampfkraft für die Verteidigung des Friedens und der sozialen Gerechtigkeit neu zu entflammen".⁹ Wie der junge Günter Kunert empfanden es viele Autoren als eine moralische Verpflichtung, sich dem „Primat der Politik" zu unterwerfen. Sie wollten dabei helfen, die sozialistische Utopie zu verwirklichen.¹⁰ Die neue Gesellschaft schien ihnen zum Greifen nahe. Viele Schriftsteller handelten aus innerer Überzeugung in Übereinstimmung mit den Zielen der kommunistischen Ideologie oder erlagen der Verlockung, an der Macht teilzuhaben: Ihre Literatur, in didaktischer Absicht geschrieben, setzte sich zur Aufgabe, den in seinem Innersten geläuterten Menschen zu schaffen, der nicht mehr wie bisher seinen individualistischen und egoistischen Zielen nachging, sondern sich ganz in den Dienst der Gemeinschaft stellte. Da viele Literaten, aus dem Exil, der inneren Emigration oder auch den Konzentrationslagern kommend, sich bewußt für das sozialistische Experiment unter Leitung der SED entschieden, brachten die allermeisten die Bereitschaft auf, sich von der in der nationalsozialistischen Diktatur praktizierten „Ästhetik des Widerstands" zu einer „Ästhetik des Dafür-Sprechens" bereitzufinden.¹¹ In Ermangelung einer konkreten politischen Erfahrung, aber auch – sofern sie aus dem Moskauer Exil zurückkamen – wider besseren Wissens, malten sie – ausgehend von der Utopie – das Leben im Sozialismus in seinen hellsten Farben aus.

---

⁶ Elimar Schubbe (Hrsg.): Dokumente zur Kunst-, Literatur- und Kulturpolitik der SED (1946-1970). Stuttgart 1972, S. 92 f.
⁷ Ebd., S. 93 f.
⁸ Ebd., S. 153.
⁹ Anna Seghers: Aufsätze, Ansprachen, Essays. 1927-1953. Berlin, Weimar 1980, S. 384.
¹⁰ Günter Kunert: Vor der Sintflut. Das Gedicht als Arche Noah. Frankfurter Vorlesungen. München, Wien 1985, S. 32.
¹¹ Wilfried Barner (Hrsg.): Geschichte der deutschen Literatur von 1945 bis zur Gegenwart. München 1994, S. 142.

II. Zum Begriff „DDR-Literatur"

In dem Maße, wie die Schriftsteller in der DDR den Auftrag der SED akzeptierten, am Aufbau eines neuen deutschen Staates an ihrer Seite mitzuwirken, wuchs ihnen die Rolle zu, die Ideale des Sozialismus zu preisen. Als Propheten einer verheißungsvollen Zukunft, deren Erfüllung schon bald in weite Ferne rückte, wurden sie nolens volens zu einem Instrument der Propaganda. Sie gewannen an Macht und Einfluß, aber sie verloren ihre Unabhängigkeit. Diese – teils gewollte, teils in Kauf genommene – Umarmung durch die Politik gab der DDR-Literatur ihre besondere Prägung. Zu fragen ist jedoch, ob diese Vereinnahmung immer in der gleichen Intensität erfolgte und ob bzw. wie sich die Einstellungen der Schriftsteller zum SED-Staat in seiner vierzigjährigen Geschichte veränderten.

Der 1990 vom Zaune gebrochene Literaturstreit[12] vermittelte das Bild einer homogenen DDR-Literatur; Autoren und Werke scheinen danach grundsätzlich im Dienst der SED gestanden zu haben. Sie avancierten zu Handlangern des Unrechtsregimes. Diese pauschale Schelte erinnert an Thomas Manns Diktum von 1945, nach dem Büchern, die zwischen 1933 und 1945 in Deutschland gedruckt wurden, ein „Geruch von Blut und Schande" anhafte.[13] Ähnlich äußerte sich Gottfried Benn bereits in der Nazi-Diktatur: „Ich betrachte ausnahmslos und alles, was ich irgendwo aus deutschem Hirn gedruckt sehe [...] für allerletzten Dreck".[14] Benn bezog sich dabei auf Veröffentlichungen, die zur Zeit des Nationalsozialismus erscheinen konnten.

Beide Urteile hielten einer differenzierten Betrachtung, wie wir heute wissen, nicht stand. Gilt dies auch für die Vorwürfe, die im Rahmen des Literaturstreits gegenüber der DDR-Literatur erhoben wurden?

Die stärkste Bindung der DDR-Literatur an ihren Staat bewirkte die sogenannte antifaschistische demokratische Umwälzung. Obwohl der neue sozialistische Staat von Anfang an davon absah, ein Schuldbekenntnis gegenüber den Verbrechen, die Deutsche an Juden begangen hatten, abzulegen, gelang es ihm, sich als das moralisch bessere Deutschland zu empfehlen. Die Schriftsteller bestärkten ihn in dieser Selbsteinschätzung. Ja, sie waren dafür sogar bereit, obwohl sie im Exil, in der inneren Emigration und noch mehr in Konzentrationslagern die Wiedererlangung der Freiheit in Deutschland herbeigesehnt hatten, für unbestimmte Zeit auf die Freiheit zugunsten des Aufbaus einer „neuen" Gesellschaft zu verzichten. Naiv und idealistisch, beseelt von dem Gedanken, ein besseres Deutschland zu schaffen, schrieben sie die erbetene Aufbauliteratur und schwiegen über die Errichtung einer stalinistischen Diktatur. Sieht man einmal von dem Streit zwischen Bertolt

---

[12] Vgl. Günther Rüther: Politische Kultur und innere Einheit in Deutschland. Bornheim b. Bonn 1995, S. 44 ff.
[13] Hans Wysling (Hrsg.): Briefwechsel mit Autoren. Frankfurt a. M. 1988, S. 372.
[14] Zit. nach: Jürgen Schröder: „Es knistert im Gebälk". Gottfried Benn – Ein Emigrant nach innen. In: Exilforschung. Ein internationales Jahrbuch 12 (1994). Aspekte der künstlerischen Inneren Emigration 1933-1945, S. 33.

Brecht und Fritz Erpenbeck um das epische Theater und seinen Stellenwert für den Aufbau des Sozialismus ab, so zeigt sich die DDR-Literatur in diesen frühen Jahren als außerordentlich anpassungswillig. Dies bestätigt auch die Bereitschaft der meisten Autoren, die im Namen des sozialistischen Realismus ergriffene Zensur nahezu widerspruchslos hinzunehmen. Selbst so bekannte Autoren wie Bertolt Brecht, Arnold Zweig oder Anna Seghers sind davon nicht auszunehmen.[15]

Am 17. Juni 1953 standen die Schriftsteller fast ausnahmslos an der Seite der Staatspartei, aber sie nahmen die politischen Turbulenzen zum Anlaß, sich aus den Fesseln des sozialistischen Realismus zu lösen. An der DDR als antifaschistischem Staat wollten sie festhalten, aber den stalinistischen Kulturbetrieb überwinden. Dies führte zu Spannungen mit der Kulturbürokratie der SED, die auf dem IV. Schriftstellerkongreß 1956 erstmals deutlich wahrnehmbar zutage traten. Johannes R. Becher bemühte, um von dem Scheitern der Kunstdoktrin des sozialistischen Realismus abzulenken, die Vision einer Nationalliteratur der DDR, die den Charakter der gesamtdeutschen Literatur wesentlich zu bestimmen wüßte.[16] Die Entgegnungen von Anna Seghers, Georg Maurer, Bertolt Brecht, Stefan Heym, Ernst Bloch, Ralf Giordano u.a. ließen jedoch keine Zweifel darüber aufkommen, welchen Belastungen die Symbiose von Geist und Macht ausgesetzt war und wie unterschiedlich das Bild der Autoren über den Stand der DDR-Literatur ausfiel. Der bei Goethe und Schiller anknüpfenden Becherschen Vorstellung von einer großen Nationalliteratur der DDR stellten sie ein vernichtendes Urteil entgegen. Anna Seghers sprach von einer kleinbürgerlichen, schematischen, dürftigen Gegenwartsliteratur, der Fabeln mit echten Konflikten fehlten.[17] Georg Maurer kritisierte die von „Glück strotzenden Gedichte", deren Strophen beliebig austauschbar seien.[18] Bertolt Brecht verlangte mehr Experimente und verwies darauf, daß die Kunstmittel von Goethe und Schiller nicht mehr ausreichen, um das Neue darzustellen.[19] Stefan Heym sprach von „hölzerner Primitivität"[20], Ernst Bloch von reklamehafter Schönfärberei, die mit der Werbung für amerikanische Zahncreme viel, aber mit revolutionären Horizonten wenig gemeinsam hätte.[21] Ralf Giordano vermißte eine echte, in die Tiefe gehende Auseinandersetzung mit dem Nationalsozialismus.[22]

Auch wenn diese Forderungen in den fünfziger Jahren nur in geringem Maße literarische Umsetzung fanden, so dürfen sie doch als Wegweiser für

---

[15] Vgl. Ernest Wichner, Herbert Wiesner (Hrsg.): Zensur in der DDR. Geschichte, Praxis und ‚Ästhetik' der Behinderung von Literatur. Berlin 1991.
[16] Schubbe (Anm. 6), S. 400.
[17] Ebd., S. 411 ff.
[18] Helmut Fischbeck (Hrsg.): Literaturpolitik und Literaturkritik in der DDR. Frankfurt a. M. 1976, S. 34 ff.
[19] Ebd., S. 36 f.
[20] Ebd., S. 38.
[21] Ebd., S. 44.
[22] Ebd., S. 45 f.

eine Tendenzwende zumindest eines Teils der DDR-Literatur gelten, die mit Uwe Johnsons 1959 im Westen erschienenem Roman *Mutmassungen über Jakob* einen neuen Weg beschritt. Neben der dem SED-Staat ergebenen Aufbauliteratur, deren zentrales Kennzeichen die politische Vereinnahmung und Verklärung der DDR-Realität bis zu ihrem Zusammenbruch blieb, entwickelte sich eine auf mehr Eigenständigkeit bedachte Literatur der Selbstbehauptung. Die Suche nach dem Ich im real existierenden Sozialismus wurde zu ihrer unverwechselbaren Eigenart.[23] Nicht der strahlende Held als Leitbild des Aufbaus aus der Retorte politischer Utopie, sondern der gesellschaftliche Außenseiter, der zweifelnde, fragende und auch klagende Mensch rückte in den Mittelpunkt. Nach Uwe Johnsons *Mutmassungen* suchte diese DDR-Literatur verspätet den Anschluß an die sogenannte klassische Moderne. Sie näherte sich damit der westdeutschen Literatur wieder ein Stückchen weit an.[24] Dies gilt besonders für Arbeiten von u.a. Christa Wolf, Reiner Kirsch, Heiner Müller, Günter de Bruyn, Jurek Becker, Elke Erb, Ulrich Plenzdorf, Franz Fühmann, Sarah und Rainer Kirsch, Volker Braun, Wolfgang Hilbig, Uwe Kolbe, Reiner Kunze, Heinz Czechowski. Diese Autoren versuchten, sich von ideologischen und kulturpolitischen Vorgaben zu lösen; sie stießen dabei aber an Grenzen, vor allem wenn sie in der DDR weiter publizieren wollten. Eine nicht unerhebliche Anzahl von Schriftstellern distanzierte sich damit von dem Teil der DDR-Literatur, die sich in Fortschreibung des sozialistischen Realismus dem Verkündungsauftrag der Partei verschrieb und weiterhin die ideologische Erziehung als zentrale pädagogische Aufgabe der Literatur verstand.

Diese Janusköpfigkeit weist auf die Schwierigkeit hin, die der Begriff „DDR-Literatur" mit sich bringt. Hans Joachim Schädlich nennt ihn deshalb ebenso wie den Becherschen Begriff der Nationalliteratur der DDR einen zweckbestimmten propagandistischen Hokuspokus. Zur Klärung fragt er, wovon die Rede sei: „War die Rede vom Geburtsort der Autoren? Oder vom Wohnort der Autoren? Oder von dem Ort, an dem Bücher geschrieben wurden? Oder von dem Ort, an dem Bücher publiziert wurden?"[25] Deutlich wird das Problem an zwei Beispielen. Anna Seghers schrieb ihren großen Roman *Das siebte Kreuz* 1942 im Exil. Da sie ihre politische Heimat in der DDR suchte und dieses Buch mehr als vierzig Jahre zur Pflichtlektüre der Schülergenerationen in der SBZ und DDR wurde, rechnet man es gemeinhin, aber fälschlicherweise, zur DDR-Literatur. Umgekehrt suchen wir in der offiziösen *Geschichte der Literatur der Deutschen Demokratischen Republik* eine Darstellung der Arbeiten von Uwe Johnson, Hans Joachim Schädlich oder Hartmut Lange vergeblich. Nähere Hinweise auf Werke von Sarah Kirsch,

---

[23] Paul Gerhard Klussmann: Anmerkungen zur Geschichte der DDR-Literatur im Jahr 1990. In: Im Dialog mit der interkulturellen Germanistik. Hrsg. von Hans-Christoph Graf von Nayhauss und Krzysztof A. Kuczynski. Warschau 1993, S. 103.

[24] Vgl. Volker Wehdeking: Die deutsche Einheit und die Schriftsteller. Literarische Verarbeitung der Wende seit 1989. Stuttgart, Berlin, Köln 1995, S. 16 ff.

[25] Hans Joachim Schädlich: Tanz in Ketten. In: Frankfurter Allgemeine Zeitung, 28.6.1990.

Reiner Kunze, Günter Kunert, Wolf Biermann oder Erich Loest finden sich, wenn überhaupt, nur für die Zeit, bevor sie die DDR verließen. Für Autoren, die in der DDR blieben, gilt dies analog für Bücher, die nicht in der DDR erscheinen durften. Nun ist die *Geschichte der Literatur der Deutschen Demokratischen Republik*[26] sicher nicht der geeignete Gratmesser für die Bestimmung dessen, was zur DDR-Literatur zählt. Allerdings veranschaulicht sie, welch Schindluder aus politischen Gründen getrieben wurde. Es stellt sich deshalb die Frage, ob auf den Begriff „DDR-Literatur" verzichtet werden kann. Paul Gerhard Klussmann weist zu Recht darauf hin, daß die Vielzahl schwieriger Grenzfälle, und man muß wohl hinzufügen, der Mißbrauch, den die SED-Kulturpolitik mit ihr unliebsamen Werken trieb, kein schlagendes Gegenargument gegen den in der Germanistik, Literaturkritik und Öffentlichkeit eingebürgerten Begriff „DDR-Literatur" darstellt.[27] Um so mehr kommt es jedoch darauf an zu differenzieren, wenn wir von DDR-Literatur sprechen. Wir haben es dabei auf der einen Seite mit der „sozialistischen Nationalliteratur" zu tun, die sich als Auftragsliteratur, als loyale Mittlerin des Sprach- und Denkmonopols der SED verstand. Auf der anderen Seite, wenngleich in unterschiedlicher Intensität und vielgestaltiger Form, mit einer um Eigenständigkeit bemühten, sich behauptenden Literatur, die der herrschenden Ideologie, vor allem aber der politischen Praxis, wenn nicht kritisch, so doch zumindest distanziert gegenüber stand. Inwieweit sie subversiv wirkte, ist schwer zu beurteilen. Vielleicht half sie den Bürgern bei dem Bemühen, den aufrechten Gang einzuüben bzw. ihn beizubehalten.

Beide Gesichter der hier kurz skizzierten DDR-Literatur sollen nachfolgend etwas näher ausgeleuchtet werden.

III. Die „sozialistische Nationalliteratur"

Zwischen den im Westen Deutschlands bekannten und den in der Schule der DDR zum Bildungskanon zählenden DDR-Autoren gibt es kaum eine Übereinstimmung. Prononciert ließe sich formulieren, daß die im Westen beachtete DDR-Literatur in der Schule der DDR nicht gelesen wurde. Umgekehrt kennen nur wenige Westdeutsche Werke und Schriftsteller der DDR, die zur Pflichtlektüre der Politechnischen Oberschule (bis Klasse 10) bzw. der Erweiterten Oberschule (Klasse 11 und 12) zählten. Ein Blick in die Lehrpläne bestätigt diese These. Auf die Lehrpläne für deutsche Sprache und Literatur soll nachfolgend exemplarisch näher eingegangen werden. Herausgegriffen wird insbesondere der Lehrplan für die Klassen 11 und 12, der am 1. September 1980 für die Klasse 11 bzw. ein Jahr später für die Klasse 12 in Kraft trat. Er galt bis zum Ende der Ära Honecker. Margot Honecker, ab 1963 Ministerin

---

[26] Geschichte der Literatur der Deutschen Demokratischen Republik. Bd. 11. Hrsg. von Horst Haase u.a. Berlin 1985.
[27] Vgl. Klussmann (Anm. 23), S. 97.

für Volksbildung, sorgte in ihrer Amtszeit für einen konsequenten ideologischen Kurs, was sich in einem hohen Maß an Kontinuität und Parteilichkeit in der Lektüreauswahl der Schule niederschlug. Insgesamt weist die Durchsicht der Lehrpläne von den fünfziger Jahren bis 1989 im Fach Deutsch nur wenige bedeutende Veränderungen im Stoffplan auf. Sieht man einmal davon ab, daß 1957 Stalins Schrift *Der Marxismus und die Frage der Sprachwissenschaft* und Mao Tse-tungs Arbeiten *Gedanken bei einem Flug über die große Mauer* sowie *Über Literatur und Kunst* aus dem Lehrangebot entfielen, dominierten die „Klassiker" des sozialistischen Realismus. Auffallend ist ferner, daß die Lehrpläne immer umfangreicher und differenzierter ausgestaltet wurden. So umfaßte der Lehrplan von 1953 24, der von 1980 bereits 86 Seiten. Dabei veränderte sich vor allem der Umfang der Erläuterungen, der Ziele sowie die methodischen und organisatorischen Anleitungen für die Lehrer. Am deutlichsten spiegelt sich das hohe Maß an ideologischer Kontinuität in der Tatsache wider, daß Autoren, die im Nationalsozialismus ihre Jugend verbrachten und in der DDR lebten, nur dann Aufnahme in die Lehrpläne fanden, wenn sie fest an der Seite der Partei standen. So fehlen beispielsweise in den Klassen 11 und 12 Texte von Franz Fühmann oder Christa Wolf, die bis in die zweite Hälfte der sechziger Jahre hinein noch engagiert die Ziele der SED-Kulturpolitik vertraten und erst danach behutsam zwar, aber doch zunehmend auf Distanz zur SED gingen. Auch das die Erweiterte Oberschule begleitende Lesebuch[28] nimmt keine Texte von ihnen auf.

Die in die DDR hineingeborene, jüngste Autorengeneration erscheint im Leseangebot so gut wie gar nicht.[29] Allein diese Hinweise machen deutlich, daß das Stoffangebot in der Schule der DDR im Fach Deutsch die Wandlungsprozesse eines Teils der DDR-Literatur von einer dogmatischen, dem sozialistischen Realismus verpflichteten Position zu einer eher kritischen Reflexion des real existierenden Sozialismus nicht mitvollzog.

Im Sinne Bechers versuchte der Stoffplan das Bild einer der Klassik verpflichteten und diese weiter entwickelnden „sozialistischen Nationalliteratur" zu vermitteln.[30] Dabei sollten die Schüler erkennen, „wie sich eine Literatur herausbildet, die parteilich zur Durchsetzung der revolutionären Veränderungen beiträgt, die den Leser mobilisiert und engagiert für den Sozialismus".[31] Die Werkbehandlung hatte zu veranschaulichen, „daß der sozialistische Realismus eine Vielfalt schöpferischer Verfahren, unterschiedlicher Handschriften sowie einen Reichtum an Genre und Form einschließt".[32] Einschränkend heißt es jedoch an anderer Stelle, daß die Schüler mit den wichtigen ästhetischen Kategorien der Parteilichkeit, der künstlerischen Wahrheit und Volksverbundenheit des Dichters und der Dichtung ver-

---

[28] Vgl. Literatur. Klassen 11 und 12. Textauswahl. Berlin 1986.
[29] Vgl. Wolfgang Brehmer: Die DDR-Literatur im Schulunterricht der DDR. Ein Überblick. In: Kulturbetrieb und Literatur in der DDR. Hrsg. von Günther Rüther. Köln 1987, S. 230.
[30] Vgl. Lehrplan. Deutsche Sprache und Literatur. Abiturstufe. Berlin 1979, S. 72.
[31] Ebd., S. 46.
[32] Ebd., S. 46.

traut zu machen seien.³³ Bei diesen Kategorien handelt es sich um die Dogmen des sozialistischen Realismus; sie sind prägend und kennzeichnend für die „sozialistische Nationalliteratur".

Ausgehend von diesen gesellschafts- und kulturpolitischen Vorgaben gliedert sich der Stoffplan in vier Themenkomplexe:

> „I: Realistische Literatur in der kapitalistischen Gesellschaft von den Anfängen der Arbeiterbewegung bis zur Großen Sozialistischen Oktoberrevolution
> II: Literatur des sozialistischen Realismus als Mitgestalter der sozialistischen Gesellschaft
> III: Literatur des bürgerlichen und des sozialistischen Realismus im Kampf gegen Imperialismus und Krieg und für sozialen Fortschritt
> IV: Humanismus und Realismus in der klassischen Literatur – ihre Bedeutung für die sozialistische Nationalliteratur".³⁴

Von Bedeutung für die Rezeption der DDR-Literatur in der Schule ist hier vor allem der Themenkomplex II, aber auch III und IV sagen etwas über die Stoffauswahl und die Behandlung von DDR-Autoren in der Erweiterten Oberschule aus. Die Auseinandersetzung mit der Literatur des sozialistischen Realismus setzt im Themenkomplex II mit einer Analyse von W. I. Lenins Schrift *Parteiorganisation und Parteiliteratur* ein. Die Lehrer bekamen die Aufgabe gestellt, an diesem Text „die untrennbare Verbindung des sozialistischen Literaturschaffens mit dem politischen Kampf der Arbeiterklasse" deutlich zu machen.³⁵ Vor diesem Hintergrund standen ihm vier bis sechs Werke der epischen und dramatischen Literatur zur Auswahl aus nachfolgendem Kanon zur Verfügung:

- E. Claudius: *Menschen an unserer Seite*
- W. Bredel: *Ein neues Kapitel*
- B. Brecht: *Die Tage der Commune*
- B. Seeger: *Herbstrauch*
- E. Strittmatter: *Ole Bienkop* oder *3/4 Hundert Kleingeschichten*
- H. Kant: *Die Aula* oder *Der Aufenthalt*
- J. Brézan: *Mannesjahre* oder *Reise nach Krakau*
- A. Seghers: *Das wirkliche Blau*
- J. Nowotny: *Sonntag unter Leuten*
- E. Neutsch: *Spur der Steine* oder *Auf der Suche nach Gatt*
- H. Sakowski: *Wege übers Land* oder *Daniel Druskat*
- R. Werner: *Sonjas Rapport*
- G. Görlich: *Eine Anzeige in der Zeitung* oder *Eine Erzählung*.³⁶

Dieser Kanon durfte ergänzt werden durch Gedichte von u.a. Johannes R. Becher, Kuba, Georg Maurer, Werner Bräunig, Uwe Berger, Paul Wiens, Johannes Bobrowski, Günther Deicke, Volker Braun, Eva Strittmatter. Neben den Leseinteressen der Schüler sollte bei der Auswahl berücksichtigt werden,

---
³³ Ebd., S. 11.
³⁴ Ebd., S. 5.
³⁵ Ebd., S. 49.
³⁶ Ebd., S. 48.

„daß je ein Werk aus den Anfängen der DDR-Literatur und aus dem unmittelbaren Gegenwartsschaffen behandelt wird".[37] Die Lyrikauswahl erfuhr durch das den Lehrplan ergänzende Lesebuch keine nennenswerte Erweiterung. Empfohlen wird hier u.a. von Georg Maurer: *Frühlingsahnung* (1946) sowie *Arbeit ist die Selbstbegegnung des Menschen* (1961/62) bzw. *Der Schreitbagger* (1962); von Kuba: *Brot und Wein* (1950) sowie *Sicher wird Mount Everest nicht ewig stehen* (1948); von Paul Wiens: *Vermächtnis* (1953); von Bertolt Brecht: *Wahrnehmung* (1949).

Ferner fand in die Literaturauswahl Aufnahme Werner Bräunig mit *Du, unsere Zeit* (1961); überraschenderweise aber auch Johannes Bobrowski mit *Aufenthalt ohne Ja* und *Sprache* (1963) sowie *September* (1956); Uwe Berger mit *Angler in Nowgorod* (1971) sowie *Tagebuch der Liebe* (o.J.); Eva Strittmatter mit *Deutsche in Pskow* (o.J.) sowie *Bitte* (o.J.); Johannes R. Becher mit *Und wer erkennt ...* (1958), *Unsere Zeit, das 20. Jahrhundert* (1941) sowie u.a. *Das Wunder* (1951); zudem wurden genannt: Volker Braun mit *Zentrum* (1971), *Bleibendes* (1968), *Engere Heimat* (o.J.), *Letzter Aufenthalt auf Erden* (1973); Günther Deicke mit *Alltäglich* (o.J.) und *Welt schon* (o.J.); Joochen Laabs mit *Von unserer Liebe sprechen* (1970); Uwe Berger mit *Tagebuch der Liebe* (o.J.).

Bei der Textauswahl sollte der Lehrer darauf achten, daß jeweils Gedichte herangezogen werden, in denen
– „die Beziehungen der Menschen zur Arbeit"
– „das uralte und ewig junge Thema ‚Liebe' " oder
– „das Verhältnis der Menschen zu ihrer Heimat und ihrer Geschichte" thematisiert werden.[38]

Zum ersten Themenfeld wird besonders Georg Maurers Gedicht *Der Schreitbagger* empfohlen, zum zweiten Johannes R. Bechers *Das Wunder* und zum dritten Günther Deikes *Alltäglich* oder Volker Brauns *Engere Heimat*.

Auffallend ist, daß von Autoren wie Bertolt Brecht, Johannes Bobrowski oder Volker Braun, die durchaus systemkritische Texte schrieben, nur solche ausgewählt wurden, die dem zuvor beschriebenen Anspruch auf Erziehung zur sozialistischen Persönlichkeit nicht entgegenstanden bzw. in diesem Sinne interpretiert werden konnten.

Der Literaturunterricht in der Schule wurde spätestens mit dem Gesetz über das einheitliche sozialistische Bildungswesen von 1965 endgültig den ökonomischen und gesellschaftspolitischen Zielsetzungen untergeordnet. Dem Modell eines einheitlichen Bildungssystems, das technische, ökonomische und politisch-ideologische Anforderungen zu versöhnen versucht, entsprach das pädagogische Leitbild der „allseitig entwickelten sozialistischen Persönlichkeit". Die idealistische Vorstellung der Klassik von der „allseitig und ganzheitlich harmonisch gebildeten Persönlichkeit" klingt hier deutlich vernehmbar an.[39]

---

[37] Ebd., S. 51.
[38] Unterrichtshilfen. Deutsche Sprache und Literatur. Klassen 11/12. Teil 1. Berlin 1980, S. 257.
[39] Jürgen Scharfschwerdt: Literatur und Literaturwissenschaft in der DDR. Eine historisch-kritische Einführung. Stuttgart, Berlin 1982, S. 98.

Die ideologische Absicht der Literaturauswahl zeigt sich auch im Themenkomplex III. Hier sollten nachfolgende Werke sozialistischer Autoren, die in Deutschland von 1918 bis 1945 entstanden sind, behandelt werden: Johannes R. Becher: *Gruß des deutschen Dichters an die russische föderative Sowjet-Republik*; Arnold Zweig: *Erziehung vor Verdun* oder *Der Streit um den Sergeanten Grischa*; alternativ Willi Bredel: *Die Väter* bzw. Anna Seghers: *Das siebte Kreuz*. Ergänzend sollte in die Literaturauswahl einbezogen werden Johannes R. Bechers *Abschied* und Otto Gotsches *Stärker ist das Leben*. Neben den beiden zuletzt genannten Werken wird auch Thomas Manns Erzählung *Mario und der Zauberer* genannt. Thomas Mann findet hier unter dem Rubrum „Entwicklung der sozialistischen Nationalliteratur" Aufnahme.[40]

Dem Themenkomplex IV fiel die Aufgabe zu, „die Aneignung und Inbesitznahme des kulturellen Erbes untrennbar mit dem revolutionären Kampf der Arbeiterklasse und mit der Herausbildung der sozialistischen Nationalliteratur" zu verbinden.[41] Die Schüler sollten über eine gezielte Literaturauswahl erkennen, daß in der sozialistischen Gesellschaftsordnung alle Voraussetzungen gegeben seien, die Persönlichkeit im Sinne der humanistischen Ideale vom schöpferischen Menschen zu entfalten.[42] Um Bewahrung und Weiterentwicklung der klassischen humanistischen Traditionen in der DDR-Literatur sichtbar zu machen, sollten die Schüler u.a. die Werke von Lessing, Herder, Schiller und Goethe mit Bertolt Brechts Drama *Leben des Galilei* und die Balladendichtung des 18. Jahrhunderts mit Erich Weinerts *Eine deutsche Mutter*, Johannes R. Bechers *Ballade von den Dreien* sowie Bertolt Brechts *Die Teppichweber von Kujan-Bulak ehren Lenin* vergleichen.

Lassen wir die Namen und Werke der Autoren aus dem Stoffangebot der Erweiterten Oberschule Revue passieren, so bestätigt sich die eingangs formulierte These. Die DDR-Literatur oder besser das, was von den Kulturgewaltigen der SED darunter verstanden wurde, blieb in der Bundesrepublik Deutschland weitgehend unbekannt. Auffallend ist darüber hinaus, daß einige Autoren besonders häufig vertreten sind. Zu ihnen zählen Johannes R. Becher, Willi Bredel, mit Einschränkungen Bertolt Brecht und Anna Seghers. Im Überblick wird deutlich, daß auch von bekannten Autoren Werke ausgewählt wurden, die vor allem ideologischen und weniger literarisch ästhetischen Erwägungen Rechnung tragen. Die ergänzenden Empfehlungen des den Literaturunterricht begleitenden Lesebuchs bestätigen diesen Eindruck.

Franz Fühmann weist in einem seiner Essays zu Recht darauf hin, daß Literatur nicht in Ideologie aufgeht, weil der

> „Mensch in Ideologie nicht aufgeht. Der Mensch, dies merkwürdige Geschöpf, ist eben nicht nur ein gesellschaftliches Wesen, er ist von der Gesellschaft wie von der Natur her bestimmt, eine widersprüchliche, doch unauflösbare Einheit, die eben nur in der Einheit dieses Widerspruchs den ganzen Menschen ausmacht,

---

[40] Lehrplan (Anm. 30), S. 64.
[41] Ebd., S. 72.
[42] Ebd., S. 73.

mit all seiner Lust, all seinem Glück und all seinen Qualen, mit seinen Schmerzen, Verzückungen, Ängsten, Sehnsüchten, Träumen, Besessenheiten".[43]

Zur Problematik der DDR-Literatur gehört es, daß sich die Kulturgewaltigen der SED nicht von der Einsicht Franz Fühmanns leiten ließen. Was sie unter dem Begriff der „sozialistischen Nationalliteratur" zusammenfaßten und förderten, geschah zuallererst mit dem Ziel, die Literatur als Erzieher und Mitgestalter der sozialistischen Gesellschaft einzusetzen. Viele der hier genannten Schriftsteller schrieben aus Überzeugung oder aus anderen Gründen weitgehend so, wie es der Staatspartei gefiel. Um einen „Tanz in Ketten" handelte es sich dabei, wenn Autoren bewußt den ästhetischen und inhaltlichen Vorgaben der Kulturpolitik Folge leisteten, sich also dem Dogma unterwarfen. Andere taten dies in Ermangelung eines eigenen Standpunktes freiwillig, ja teilweise sogar unbewußt. Sie spürten die Ketten nicht, in denen sie sich bewegten. Um ihren staatstragenden Charakter hervorzuheben, wurde dieser Teil der DDR-Literatur als „sozialistische Nationalliteratur" bezeichnet. Ihr dürfte gegenüber der systemkritischen DDR-Literatur nur ein Schattendasein in zukünftigen gesamtdeutschen Literaturgeschichten zugewiesen werden. Von wenigen Ausnahmen abgesehen, scheint sie dem Vergessen anheimzufallen. Abschließend bleibt hervorzuheben, daß viele Werke von Autoren, die weit über die DDR hinaus bekannt wurden, weder im Themenkanon der Erweiterten Oberschule, im dazugehörigen Lesebuch noch in der Politechnischen Oberschule Aufnahme in das Lehrangebot fanden.[44] So vermissen wir Arbeiten von Wolf Biermann, Günter de Bruyn, Heinz Czechowski, Adolf Endler, Franz Fühmann, Christoph Hein, Stefan Heym, Peter Huchel, Uwe Johnson, Rainer Kirsch, Sarah Kirsch, Uwe Kolbe, Günter Kunert, Reiner Kunze, Erich Loest, Ulrich Plenzdorf, Brigitte Reimann, Christa Wolf und vielen anderen mehr. Da diese zuletzt genannten Autoren im großen und ganzen versuchten, sich kritisch mit der SED-Kulturpolitik und der von ihr propagierten Scheinwelt wie den Tatsachen des real existierenden Sozialismus auseinanderzusetzen, wurde ihnen die Aufnahme in den Literaturkanon der Schule verweigert.

IV. Selbstbehauptung und Widerspruch

Die Literatur in der DDR kann nicht losgelöst von den Mechanismen der Macht beurteilt werden, die der SED-Staat auf sie ausübte. Gerade die ersten Jahre nach dem Ende der Diktatur bergen die Gefahr in sich, die Realität zu verklären, weil die Menschen die Diktatur als ein Stück ihres Lebens empfinden. Nachdem die Diktatur erfolgreich überwunden werden konnte, verliert sie an Schrecken. In Teilen der Gesellschaft wird dadurch der Boden für

---

[43] Franz Fühmann: Wandlung. Wahrheit. Würde. Aufsätze und Gespräche 1964-1987. Darmstadt, Neuwied 1985, S. 38.
[44] Brehmer (Anm. 29), S. 229 f.

eine Verklärung bereitet, auf dem im nostalgischen Rückblick – gepaart mit restaurativen Tendenzen – das Bewußtsein für die Lebensbedingungen im real existierenden Sozialismus schwindet.[45] Symptome dafür finden wir zuhauf im Osten, aber auch im Westen Deutschlands. Die Bereitschaft und der Mut einzelner Autoren, der Diktatur im Wort die Stirn zu bieten, geraten dabei schnell ins literarische Abseits und werden nicht einmal mehr für ein Kapitel in der deutschen Literaturgeschichte für wert befunden.[46] Die DDR-Literatur darf sicher nicht an den Maßstäben gemessen werden, die ihr die SED-Kulturbürokratie aufzuzwingen versuchte, aber diese dürfen auch nicht ausgeblendet bleiben, wenn der Versuch zur Selbstbehauptung und zum Widerspruch Würdigung erfahren soll. Eine Schwierigkeit liegt darin, daß auch viele kritische Autoren ein ambivalentes Verhältnis zum SED-Staat kennzeichnet. Sie distanzierten sich einerseits vom real existierenden Sozialismus und dem absoluten Wahrheitsanspruch der marxistisch-leninistischen Ideologie, so wie ihn die Herrschenden definierten; andererseits hielten sie aber an der Utopie einer sozialistischen Gesellschaftsordnung fest. Eine vernehmbare Abwendung erfolgte, wenn überhaupt, erst in den letzten Jahren vor der friedlichen Revolution. Nur wenige Schriftsteller lehnten Theorie und Praxis des Sozialismus rundherum ab und suchten deshalb konsequent Distanz. Ihr Weg führte sie zu meist in den Westen Deuschlands. Dennoch erfuhren auch sie eine nachhaltige und zum Teil bis heute spürbare Prägung durch die SED-Diktatur. Von daher ist es irreal, anzunehmen oder auch zu fordern, daß DDR-Literatur ohne jedwede Rückkoppelung, manchmal auch Verstrickung mit der Macht entstehen konnte. Dagegen stand die Diktaturerfahrung. Gerade Autoren, die den Mut zur Selbstbehauptung und zum Widerspruch aufbrachten, litten darunter. Die Diktatur prägte sie in einer für Außenstehende kaum nachvollziehbaren Intensität. Am stärksten geschah dies über die Zensur, weil sie alle betraf. Zum Selbstverständnis des Schriftstellers gehört es, seine Gedanken einem größeren Leserkreis zugänglich zu machen, also zu publizieren. Dabei möchte er vor allem die Menschen erreichen, die in seinem gesellschaftspolitischen Umfeld leben und das Schicksal der Zeit mit ihm teilen. Günter de Bruyn nennt deshalb dieses Verhalten „verständlich und verächtlich" zugleich.[47] Er bezeichnet es als verächtlich, weil der Schriftsteller sich damit auf die Rahmenbedingungen des Schreibens in einer Diktatur einließ. Die Macht des Zensors beeinflußte nämlich nicht nur die Stoffauswahl, sondern prägte auch die Art des Schreibens selbst. Die grundlegenden Prinzipien der Moderne beispielsweise, alle Normen in Frage zu stellen, keine verbindlichen Standards zuzulassen und Innovation mit Archaik, das Neue mit dem Traditionellen zu verbinden, fanden in der DDR-

---

[45] Vgl. Günther Rüther: Blüht die Restauration? In: MUT 1/1996, S. 6 ff.
[46] Vgl. Bernd Hüppauf: Moral oder Sprache. DDR-Literatur vor der Moderne. In: Literatur in der DDR. Rückblicke. Hrsg. von Heinz-Ludwig Arnold. München 1991, S. 228.
[47] Vgl. „Literaturentwicklungsprozesse". Die Zensur der Literatur in der DDR. Hrsg. von Ernest Wichner und Herbert Wiesner. Frankfurt a. M. 1993, S. 29.

Literatur so gut wie keine Beachtung, weil der SED-Staat diesen Prinzipien der Freiheit, des nur sich selbst verpflichteten Autors, kaum Raum gab.[48] Der Primat von Politik und sozialistischer Moral begünstigte in der DDR-Literatur – von den Schriftstellern gewollt oder nicht – eine vormoderne Ästhetik, die stärker in das 19. Jahrhundert zurück- als in die literarische Gegenwart hineinwies. Sie offenbart auf subtile Weise, daß auch die sich selbstbehauptende und widersprechende, also systemkritische DDR-Literatur von dem System gezeichnet blieb, in dem sie entstand.

Johannes Bobrowski – Dichter zwischen Ost und West

Gilt dies auch für Johannes Bobrowski? Wie nur wenige andere wahrte er in der DDR seine literarische Eigenständigkeit. Nicht zuletzt deshalb gelang es ihm, jenseits der beiden deutschen Staaten – zu einer Zeit, als der Kalte Krieg noch den innerdeutschen Alltag bestimmte – seine Leser in ganz Deutschland zu finden. Er war hier wie dort als Autor gleichermaßen präsent. Seine Bücher erschienen zwischen 1960 und 1967 jeweils zeitnah in der Deutschen Verlagsanstalt, bei S. Fischer, Wagenbach oder im Unions-Verlag in Ostberlin, wo er seit 1959 als Cheflektor arbeitete. In der kurzen Schaffensphase, die ihm bis zu seinem frühen Tod mit 48 Jahren verblieb, entstanden u.a. die Lyrikbände *Sarmatische Zeit* (1961), *Schattenland Ströme* (1962) sowie sein Erzählwerk *Levins Mühle* (1964), *Litauische Claviere* (1966) nebst über 30 Prosastücken. Bis heute gehört sein Werk zum literarisch wertvollsten der DDR-Literatur. Um so erstaunlicher ist, daß Prosa und Lyrik dieses Autors heute in Vergessenheit zu geraten drohen. Einst titelte die *Frankfurter Allgemeine Zeitung* in einem Nachruf auf Johannes Bobrowski: „Ein Trauerfall für das ganze Land".[49] Hans Werner Richter widmete Bobrowski an seinem Grabe am 7. September 1965 in einem Nachruf nachfolgende Worte:

> „Für uns war er mehr als eine große poetische Begabung, mehr als ein Schriftsteller. Für mich und viele von uns war er das Bindeglied zwischen den Schriftstellern der DDR und der Bundesrepublik, ein Mann, der seinen Raum ausfüllte, vorbildlich, integer, ohne unmittelbare politische Absicht und doch immer politisch wirkend, im Sinne des menschlichen Bindens, ein Genie der Freundschaft [...]. Er war, und ich darf es hier vielleicht sagen, obwohl ich das Wort ungern benutze, ein gesamtdeutscher Dichter".[50]

Bobrowski wirkte als Person, ebenso wie sein Werk, über die innerdeutsche Grenze hinweg. Unter den Schriftstellern fand er in Ost und West gleichermaßen Freunde und Förderer. Die Literaturkritik lobte sein Werk fast einhel-

---

[48] Hüppauf (Anm. 46), S. 223.
[49] Johannes Bobrowski oder Landschaft mit Leuten. Eine Ausstellung des Deutschen Literaturarchivs im Schiller-Nationalmuseum Marbach am Neckar (Marbacher Kataloge 46). Marbach 1993, S. 9.
[50] Ebd., S. 120.

lig in ganz Deutschland oder verfiel in beredtes Schweigen, wie ein Großteil der SED-Presse. Seine bis heute bekannteste Arbeit *Levins Mühle* wurde in der *Frankfurter Allgemeinen Zeitung* vorabgedruckt und erregte damit in der Bundesrepublik eine beispiellose wohlwollende Aufmerksamkeit, wie kein Buch zuvor von einem Schriftsteller, der in der DDR wohnte. Ihr voraus ging die Verleihung des Literaturpreises der Gruppe 47 im November 1962, den Bobrowski für seine Lyrik erhielt. Diese Würdigung darf nach dem Bau der Berliner Mauer nicht als eine politische Geste an einen DDR-Autor mißverstanden werden. Sie ergab sich vor allem aus dem neuen, ungewohnten lyrischen Ton, den Bobrowski in seinen Versen anschlug. Die Rezensenten bestätigten das Urteil der Lektoren der Deutschen Verlagsanstalt, die Bobrowskis Gedichten eine besondere „Kraft und Ursprünglichkeit" bescheinigten, die darin „einen großen Teil der zeitgenössischen Lyrik übertrafen".[51]

Obwohl es in der ersten Hälfte der sechziger Jahre nicht zu einer Abschwächung der bestehenden innerdeutschen Dissonanzen über Grundfragen der Deutschlandpolitik kam, nahm Johannes Bobrowski durch seine Wertschätzung, die er als Autor im Westen fand, in der DDR keinen nennenswerten politischen Schaden. Vielleicht wurde ihm sogar aus diesem Grunde 1965 von der SED der Heinrich-Mann-Preis in Ostberlin zugebilligt. Stephan Hermlin, Franz Fühmann und Anna Seghers traten dafür nachdrücklich ein. Damit erhielt Bobrowski binnen kurzem jeweils einen der wichtigsten Literaturpreise im jeweils anderen Teil Deutschlands. Ausschlaggebend dafür war neben seiner hohen literarischen Begabung, der Unkonventionalität und Spontanität seiner Lyrik und Erzählweise, denen alles Epigonenhafte fremd ist, die Besonderheit seines Themas. Es ist aufs engste mit seinen Kindheitserinnerungen, aber auch mit dem Leid und den Erfahrungen verknüpft, die ihm im Zweiten Weltkrieg als Soldat begegneten.

Bobrowski selbst hat sich dazu mehrfach geäußert:

> „Ich stamme aus einer Gegend, in der die Deutschen mit ihren Nachbarn durcheinander und miteinander gelebt haben, an der früheren deutsch-litauischen Grenze. Ich habe einiges an Kenntnissen und an Erfahrungen mitbringen können für dieses Thema, und sonst ist die Wahl dieses Themas so etwas wie eine Kriegsverletzung. Ich bin als Soldat der Wehrmacht in der Sowjetunion gewesen. Ich habe dort das noch vor Augen geführt bekommen, was ich historisch von der Auseinandersetzung des Deutschen Ritterordens mit den Völkern im Osten und von der preußischen Ostpolitik aus der Geschichte wußte".[52]

Bobrowskis Lyrik und Prosa richten sich gleichermaßen gegen das Vergessen. Ein eindringliches Beispiel dafür ist das Gedicht „Holunderblüte" aus *Schattenland Ströme*. Es kann in dem Sinne als eindringlich bezeichnet werden, weil es unmittelbarer als andere Verse Bobrowskis das Vergessen zum Thema macht und ins Wort bringt. Es ist das Vergessen gegenüber der jüngsten hunderttausendfach erlebten Vergangenheit: der Pogrome.

---

[51] Ebd., S. 70.
[52] Johannes Bobrowski. Selbstzeugnisse und neue Beiträge über sein Werk. Berlin 1975, S. 39.

Holunderblüte

Es kommt
Babel, Isaak.
Er sagt: Bei dem Pogrom,
als ich Kind war,
meiner Taube
riß man den Kopf ab.

Häuser in hölzerner Straße,
mit Zäunen, darüber Holunder.
Weiß gescheuert die Schwelle,
die kleine Treppe hinab –
Damals, weißt du,
die Blutspur.

Leute, ihr redet: Vergessen –
Es kommen die jungen Menschen,
ihr Lachen wie Büsche Holunders.
Leute, es möcht der Holunder
sterben
an eurer Vergeßlichkeit.[53]

Der Leser dieses Gedichts fühlt sich nicht nur unmittelbar angesprochen, er spürt auch die existentielle Betroffenheit des Dichters. Sie kommt durch das lyrische „Ich" zum Ausdruck, aber auch durch die fast vertraulich wirkenden Zeilen „Damals, weißt du, / die Blutspur". Sie suggerieren, daß man sich eigentlich erinnern müßte und zeigen zugleich die Sorge an, daß gerade dies nicht geschieht. Das Vergessen gerät zum Verdrängen. Die Gegenwart soll von der Vergangenheit abgeschnitten, begangene Schuld nicht gesühnt werden. Aber nicht nur das, der nachwachsenden Generation bleibt verborgen, was geschehen ist. Spätestens hier setzt der moralische Protest des von den Schrecknissen gezeichneten lyrischen „Ich" ein. Bobrowski möchte seinen Landsleuten, insbesondere aber den jungen Menschen, erzählen von der deutschen Schuld gegenüber den Völkern in Osteuropa. Er will ihnen von Dingen berichten, die sie größtenteils wissen, zumindest wissen könnten, aber verdrängen und nicht an nachfolgende Generationen weitergeben. Er will aufklären, auch verändern. Seine Verse und Prosa appellieren mit der Vergegenwärtigung der Geschichte nachdrücklich an das politische Bewußtsein seiner Zeitgenossen. Zeugnis ablegend und warnend, thematisiert er die Selbstentfremdung des Menschen. Er hält Ereignisse einer nicht sehr fernen Zeit wie im Brennglas fest und zeigt, wohin Haß, soziale Ungerechtigkeit, Rassismus und Nationalismus führen. Dabei ist ihm jeder Gestus der Belehrung fremd, weil er zu kontrastieren sucht, ohne schwarz-weiß zu malen. Dies gelingt ihm, indem er in seinen Versen Gegensätze wie Leben und Tod, Krieg und Frieden, Idylle und Zerstörung

---

[53] Johannes Bobrowski: Schattenland Ströme. Gedichte. Berlin 1963, S. 29.

herausarbeitet.⁵⁴ Natur und Mensch, Landschaft und Geschichte sind nicht voneinander zu trennen. In seinen Gedichten wird diese Symbiose offenkundig. Anders als in vielen Naturgedichten rückt Bobrowski stets den Menschen in den Mittelpunkt.

In seiner Prosa nimmt er sich insbesondere der kleinen Leute an und läßt sie in ihrer Sprache und Mundart zu Wort kommen. Bei allem spürt der Leser, daß der Autor ihnen mit einer gewissen Sympathie entgegentritt. Er läßt ihnen epische Gerechtigkeit zuteil werden, indem er sie in ihren Stärken und Schwächen schildert.⁵⁵ Bobrowski geht es um die Grundfragen der menschlichen Existenz, vor allem um existentielle Herausforderungen, um „die Entäußerung des Menschlichen"⁵⁶ in einer gefährdeten Welt. Nirgendwo wird dies deutlicher als in seinen Gedichten, die an den Krieg erinnern. Bilder des Untergangs, des Todes und Zerfalls rücken hier unverhüllt in den Vordergrund.⁵⁷ Aber wir begegnen diesem Thema ebenso nachdrücklich auch dort, wo Bobrowski soziale Konflikte aufzeigt. Auf der Seite der Benachteiligten und Unterdrückten richtet er sich gegen „die Imoralität der politischen Zustände, wo sich Verbrechen auf Macht und Macht schließlich auf Verbrechen stützt".⁵⁸ Er spricht von einer gußeisernen Zeit voll tödlicher Gefahren, „gegen die gehalten der Krieg [...] noch eine relative Sicherheit bedeutete".⁵⁹ Mit geradezu prophetischer Gabe schreibt er 1959 an seinen niederländischen Freund und Förderer Ad den Besten, der bereits 1961 in einer Lyrikantologie 13 Gedichte von Bobrowski den westdeutschen Lesern zur Kenntnis brachte: „Wir müssen vielleicht doch erst wieder 40 Jahre durch die Wüste ziehn".⁶⁰

Bobrowskis eigene, unverwechselbare poetische Sprache bezieht ihre Kraft aus seiner Heimat in Ostpreußen, dem Grenzland zum Baltikum, der Mundart der dort lebenden Menschen sowie seiner engen Verbundenheit mit der Natur, der Landschaft, der Geschichte und der Kultur dieser Region. Sieht man einmal von den gattungsspezifischen Prägungen ab, so ist zwischen seiner Lyrik und Prosa kaum ein Unterschied auszumachen. In seine Prosa fließen viele Stilelemente ein, die sich bereits in den vorausgegangenen Lyrikbänden finden: die Volkstümlichkeit des Ausdrucks, christliche Symbole und Motive, Bilder des Krieges und der Verwüstung, Romantizismen und syntaktische Eigenarten, die sich aus den im Grenzland zusammenlebenden verschiedenen Volksgruppen herleiten. Vielleicht vermag nachfolgendes Textbeispiel aus *Levins Mühle* zu illustrieren, was gemeint ist:

---

[54] Grejnem I. Rathaus: Der Erneuerer. Betrachtungen zum Werk und zur Politik Johannes Bobrowskis. In: Bobrowski. Selbstzeugnisse (Anm. 52), S. 84 f.
[55] Gerhard Wolf: Johannes Bobrowski. Leben und Werk. Berlin 1967, S. 78.
[56] Ebd., S. 51.
[57] Rathaus (Anm. 54), S. 83.
[58] Ebd., S. 94.
[59] Bobrowski oder Landschaft mit Leuten (Anm. 49), S. 209.
[60] Ebd., S. 209.

„Habedank ist schon vor Neumühl. Er ist bald zu Hause. Er hat ein Lied gelernt.

Große Wunder hat gegeben,
Moses wollt am Wasser leben.

Nun sagt dieser Habedank auf Wiedersehen, und der alte Mann, mit dem er den Feldweg heraufgekommen ist, von den Drewenzwiesen her, dreht ab und nimmt den Fußpfad unter die kurzen Beine. Der Fußpfad führt rechter Hand auf die Chaussee zu, der Alte will nach Neumühl ins Dorf.

Habedank sieht ihm nach. Da geht er, Weiszmantel heißt er, jeder kennt ihn, er gehört nirgends hin, er redet Deutsch und Polnisch durcheinander, da geht er, die Beine mit Lappen umwickelt und beschnürt, über Kreuz, wie ein Litauer. Weiszmantel, der die Lieder weiß.

Kommst beim Rosinke, Sonntag, ruft Habedank hinterher.

Da geht der Weiszmantel und schwenkt ein bißchen den linken Arm und brummt sich eins".[61]

Die Bedeutung der Musik und des Liedgutes für die Völker aus dem Grenzland klingt hier nur an, sie spielt jedoch für Bobrowskis Prosa und Lyrik insgesamt eine große Rolle. Er erinnert nicht nur in Gedichten, die er Buxtehude, Bach oder Mozart widmet, an bedeutende Komponisten, sondern Rhythmus, Melodik und Klangfarbe sind für seine Lyrik und Prosa bedeutsame Stilelemente.

Bobrowski selbst erläutert, warum für ihn die Sprache von so großer Bedeutung ist:

„Ich habe ganz bestimmte Befürchtungen für den Zustand der Sprache. Ich fürchte eine gewisse Stagnation in der Entwicklung, wenn wir in dem bisherigen Literaturdeutsch bleiben. Und ich habe mich also bemüht, volkstümliche Redewendungen, [...] eben volkstümliches Sprechen bis zum Jargon mit einzubeziehen, um einfach die Sprache ein bißchen lockerer, ein bißchen farbiger und lebendiger zu halten. Außerdem geht das auch auf die Syntax. Ich bemühe mich da um verkürzte Satzformen, um im Deutschen nicht sehr gebräuchliche Konstruktionen, die alle etwas Handliches haben. Ich muß das gut lesen und sprechen können, was ich da geschrieben habe [...], ich glaube, daß es eine Möglichkeit ist, der Sprache ein bißchen aufzuhelfen".[62]

Dabei geht es ihm natürlich nicht primär um eine Kritik der schematischen, zum Teil überaus hölzernen Sprache der zeitgenössischen Literatur in der DDR. Sprache ist für ihn ein ganz besonderes Gestaltungsprinzip. Sie verleiht seinen Versen und Zeilen eine neue bis dahin nicht vernommene Natürlichkeit, Ungezwungenheit und Besonderheit, die genauso kraftvoll wie leichtfüßig, vertraut wie fremd, schlicht wie verschlüsselt, konkret wie abstrakt sein kann. Sie sprengt jedwede Konventionalität, weil sie in hohem Maße ursprünglich ist.

---

[61] Johannes Bobrowski: Levins Mühle. Roman. Frankfurt a. M. 1970, S. 46.
[62] Bobrowski. Selbstzeugnisse (Anm. 52), S. 40.

Natürlich zeigt sich auch an der Sprache von Johannes Bobrowski, daß er für sich keine kulturpolitischen Vorgaben gelten ließ. Er wollte verstanden werden, aber nicht um jeden Preis verständlich sein. Besonders seine Verse eröffnen dem Leser einen breiten Raum der Oszillation. Sie verschließen sich eindeutigen Zuordnungen. Die vielfältige Verwobenheit der Worte und Bilder, die verschiedene Möglichkeiten der Interpretation geradezu herausfordern, setzen der Lektüre einen sanften Widerstand entgegen, ohne dessen Überwindung sich nicht der Sinn offenbart.[63]

Aus alledem mag ersichtlich sein, daß Bobrowskis Werk völlig aus dem Rahmen der kulturpolitischen Vorgaben fiel. Schließlich hatte die SED 1959 mit der Bitterfelder Konferenz die Arbeiter aufgerufen, die „Höhen der Kultur" zu erstürmen, und die Schriftsteller aufgefordert, die Bauplätze der Republik zum literarischen Thema zu machen. Es galt, das hohe Lied des Sozialismus anzustimmen, vom Siegeswillen der Arbeiter und Bauern zu berichten, nicht aber Klage- und Trauerarbeit zu leisten, wie es Bobrowski tat. Seine nachdenklichen Reflexionen über die früheren deutschen Ostgebiete mußten den SED-Kulturpolitikern ebenso ein Dorn im Auge sein wie seine Verse, die ihnen oft nur schwer, manchmal fast gar nicht zugänglich erschienen. Ideologische Aufrüstung erfuhr der Leser von ihnen jedenfalls ebenso wenig wie von seiner Prosa. Nichts lag ihm ferner, als im Sinne des sozialistischen Realismus die Wirklichkeit abzubilden und mit den gängigen Mustern den typischen Helden der Arbeit literarisch abzufeiern. Bobrowski konnte mit Recht von sich sagen, daß er sich „nicht repräsentativ für die DDR fühle".[64] Dies gilt analog auch für die Bundesrepublik. Bobrowski schrieb einen neuen eigenen Stil nach eigenen Kriterien. Er ließ sich nicht vereinnahmen. „Ich selber werde mich nicht auf ostdeutsch firmieren lassen, so wenig wie auf ‚heimlich westdeutsch'. Entweder ich mach deutsche Gedichte oder ich lern Polnisch",[65] äußerte er, als es darum ging, im Hanser Verlag in München eine ostdeutsche Lyrikanthologie zusammenzustellen. Bobrowskis Literatur ließ sich nicht auf die innerdeutschen Auseinandersetzungen ein. Aber konnte der Autor, als Bürger der DDR, auch diesen schwierigen Balanceakt durchstehen?

Im Gegensatz zu Peter Huchel, Uwe Johnson, Hartmut Lange u.a. ist Johannes Bobrowski keinen massiven Repressalien in der SED-Diktatur ausgesetzt gewesen. Mag sein, daß sein früher Tod ihn vor diesem Unglück schützte. Der DDR-Bürger Bobrowski verhielt sich allerdings in politischen Fragen insoweit staatskonform, als er bei öffentlichen Auftritten, etwa bei innerdeutschen Schriftstellerbegegnungen, ganz schwieg oder sich unverfänglich ausdrückte. Er mied das verminte Gelände, indem er ideologischen Diskussionen aus dem Wege ging. Statt dessen ließ er seine Literatur für sich sprechen. Als engagierter evangelischer Christ, der seine Kinder taufen und

---

[63] Birgit Lermen, Matthias Loewen: Lyrik aus der DDR. Exemplarische Analysen. Paderborn, München 1987, S. 219.
[64] Bobrowski oder Landschaft mit Leuten (Anm. 49), S. 210.
[65] Ebd., S. 38.

konfirmieren ließ, mußte er jedoch zwangsläufig in Gegensatz zum atheistischen, marxistischen SED-Staat geraten.

Bobrowski versuchte, die Spannungen zum atheistischen Staat dadurch zu entschärfen, daß er bereits im Mai 1960 der Ost-CDU beitrat. Er suchte dort Schutz, nicht zuletzt auch deshalb, weil er als parteiloser Lektor im Unions-Verlag wohl kaum eine berufliche Zukunft gehabt hätte und in existentielle Nöte geraten wäre. Bobrowski selbst begründete diesen Schritt allerdings in einem Brief an Ad den Besten damit, daß er einer Aufforderung, der SED beizutreten, zuvorzukommen versuchte.[66] Überzeugend erscheint diese Argumentation nicht, da die SED ihn als christlich engagierten Menschen und Autor kaum in den eigenen Reihen haben wollte. Als atheistische Partei bedurfte sie keiner Christen als Feigenblätter.

Bobrowski mied es, nennenswerte politische Funktionen zu übernehmen. Jedoch wirkte er im kulturpolitischen Arbeitskreis mit. Dennoch blieben Auseinandersetzungen mit der Parteileitung, über die Bobrowski ein vernichtendes Urteil fällte, nicht ganz aus. Sehr heftig können sie allerdings nicht gewesen sein. Schließlich erhielt Bobrowski 1965 die Otto-Nuschke-Ehrenmedaille in Silber. Darüber hinaus förderte die Ost-CDU-nahe Zeitung *Neue Zeit* seine literarische Arbeit auf bemerkenswerte Art und Weise. Offensichtlich schützte die Parteimitgliedschaft den Schriftsteller Bobrowski mehr, als sie ihn in die Pflicht nahm. Möglicherweise liegt hierin auch das Geheimnis dafür, warum er als Dichter und Mensch recht unbeschadet durch die Gefahren der Diktatur und die deutsche Teilung gelangte. Bobrowski zählt deshalb zu den großen deutschen Dichtern der Nachkriegszeit, weil es ihm auch in der Diktatur gelang, sich selbst treu zu bleiben.

Franz Fühmann – Vom Konformisten zum Wahrheitssuchenden

Franz Fühmann schätzte Johannes Bobrowski zu dessen Lebzeiten nicht. Zu unterschiedlich waren ihre Persönlichkeiten. Allerdings verband sie ihr literarisches Schwerpunktthema, die Auseinandersetzung mit Krieg und Nationalsozialismus. Während Bobrowski jedoch versuchte, seinen, das heißt vor allem, einen sich selbst verpflichteten Weg als Bürger und Schriftsteller in der DDR, aber auch als Mensch in seinen Beziehungen zu anderen zu gehen, ließ sich Fühmann von außen leiten. Dies gilt auch für seine Literatur, die, wie er selbst, massiven ideologischen Einflüssen ausgesetzt war. Im Gegensatz zu Bobrowski kennzeichnet nicht Kontinuität, sondern radikale Wandlung sein Leben. Dies gilt im übrigen auch für die Beziehung zu Bobrowski selbst. 1973, zu einer Zeit, als dieser längst verstorben war, schreibt er in seinem Schlüsselwerk *22 Tage oder Die Hälfte des Lebens*:

„Ich muß gestehen, daß ich anfangs seiner Lyrik schroff ablehnend gegenübergestanden bin, ja, in ihr etwas Unerlaubtes gesehen habe: das Wachhalten, viel-

---

[66] Ebd., S. 242.

leicht sogar Wiedererwecken von Gefühlen, die aussterben mußten. Sentiments der Erinnerungen an die Nebelmorgen hinter der Weichsel und den süßen Ruf des Vogels Pirol [...]. Ich hatte wohl eine ehrenhafte, aber sehr enge Auffassung vom Bewältigen der Vergangenheit".[67]

Fühmann ändert seine Einstellung nicht nur gegenüber Bobrowski, sondern gelangt in der Auseinandersetzung mit der jüngsten deutschen Geschichte – vom Nationalsozialismus über den Stalinismus bis zum real existierenden Sozialismus – zu einer eigenständigen erfahrungsgesättigten Weltsicht. Sie ist wie bei vielen seiner Zeitgenossen auf das engste mit seiner Biographie verbunden. Insofern drückt sich darin ein typisch deutsches Schicksal in zwei Diktaturen dieses Jahrhunderts aus. Ein Unterschied zu seinen Zeitgenossen liegt möglicherweise jedoch darin, daß Fühmann sich in Zustimmung und Ablehnung der beiden großen Ideologien radikaler als sie verhielt. Dies gilt wohl auch für die Art und Weise, wie er den Schritt vom Nationalsozialismus zum Kommunismus vollzog. Sein Weltbild war stärker als das anderer dual: „das Positivbild weiß in weiß, das Negativbild schwarz in schwarz, und da mußte, was ich als weiß sah, ja wahr sein, und falsch, was mir als schwarz erschien. Den Begriff eines anderen faßte ich nicht".[68] Aus dieser einseitigen, ja fast hingebungsvollen Fixierung rühren seine besonderen Schwierigkeiten, sich aus den Fesseln der Ideologien zu befreien.

Franz Fühmann durchlitt mindestens zwei existentielle Brechungen in seinem Leben. Von einem leidenschaftlichen jungen Nationalsozialisten, der Hitler verehrte und an den Endsieg glaubte, entwickelte er sich zu einem gläubigen Stalinisten. Die Umwertung seiner bisherigen Werte geschah im Antifa-Lager in der sowjetischen Kriegsgefangenschaft. Sie blieb jedoch weitgehend äußerlich, unreflektiert. Er las nunmehr Lenin und Stalin, aber er las sie mit den Augen eines gebrochenen Nazis. Die eine Lehre trat an die Stelle der anderen, aber die eingeübten Denkstrukturen überwand er nicht. Seine politischen Ziele und Bewertungen änderten sich zwar, Fühmann blieb jedoch Gefangener einer totalitären Ideologie. Er erlag der Faszination einer vermeintlichen Alternative:

> „Ich war, das vergesse ich nie, wie von einem Zauberstab angerührt – was von meinem Wesen war da so beeindruckt? Gehörte dieses Beeindruckt-Werden zum Faschistsein; war es das Zeichen für die schnelle Besiegbarkeit einer miserabelen Weltanschauung; war es das erste Zeichen des Anderen? War es das Setzen eines Widerspruchs? Oder gäbe es allgemein-menschliche Züge, eben das ‚Normale', und wäre das vielleicht ein Früheres, das vom Faschismus überdeckt und vom Sozialismus wieder freigelegt wurde?"[69]

Die Suche nach dem Anderen, dem Dritten, der Mitte jenseits der verführerischen Weltanschauungen leitet Fühmanns zweite große Wandlung ein. Es ist

---

[67] Franz Fühmann: 22 Tage oder Die Hälfte des Lebens. Frankfurt a. M. 1978, S. 146.
[68] Franz Fühmann: Wahrheit und Würde, Scham und Schuld. In: Süddeutsche Zeitung, 23.11.1982.
[69] Fühmann: 22 Tage (Anm. 67), S. 100.

der Versuch, aus der „Welt der Lüge",[70] die seine Kindheit und Jugend prägte, in seine eigene Welt vorzustoßen. Es ist die Welt jenseits der Tabus und des Entweder-Oder, es ist die Welt der Wahrheit. Um zu ihr zu gelangen, sucht er Wahrhaftigkeit. „Wahrhaftigkeit heißt ja Entschlossenheit zur Wahrheit als des vornehmsten Menschenrechtes, das die Freiheit eigener Entscheidung als Entscheidung zum menschlich Rechten ermöglicht".[71] Fühmann differenziert hier zwischen Wahrheit und Wahrhaftigkeit, um deutlich zu machen, das es dabei um ein stetes Bemühen geht, letztendlich der Irrtum aber nicht ausgeschlossen werden kann. Indem Fühmann seinen Wahrheitsbegriff bewußt in die Sphäre des Menschlichen hebt und im alltäglichen Leben konkretisiert, markiert er einen Gegensatz zum theoretisch entwickelten Absolutheitsanspruch des Marxismus-Leninismus.

Nach eigenem Bekunden fühlte Fühmann sich nur zweimal „in vollkommener, glückhafter Übereinstimmung" mit sich selbst: „hinter Stacheldraht auf der Antifa-Schule und damals auf der Warnow-Werft".[72] Im Zuge der Bitterfelder Kulturbeschlüsse besuchte Fühmann die Warnow-Werft bei Rostock, um einen Reportageroman *Kabelkran und Blauer Peter* (1961) über das Leben und die Arbeit in einem großen Produktionsbetrieb der DDR zu schreiben. Er entsprach damit der Direktive der Staatspartei. Dieser Hinweis darf aber wohl insgesamt als Beispiel für sein von außen beeinflußtes literarisches Schaffen in den fünfziger und sechziger Jahren gewertet werden. In seinem Tagebuch *22 Tage oder Die Hälfte des Lebens* (1978) gelangt er zu dem Ergebnis, daß seine bisherigen Versuche, die Erfahrungen seines Lebens, die Wandlung, literarisch zu beschreiben, kläglich gescheitert sind. „Ich habe das Vorher geschildert, ein wenig das Nachher, aber, der entscheidende Prozeß, eben der der Wandlung, ist literarisch nicht bewältigt".[73] In der zweiten Wandlungsphase, die eine Ablösung von jeglicher Ideologie zur Folge hat, geht er rücksichtslos gegen sich selbst vor. Sie umfaßt vier Ebenen:
– seine Kindheit und Jugend im Nationalsozialismus
– seine Literatur in den fünfziger und sechziger Jahren
– sein Verhältnis zum SED-Staat
– sein gewandeltes literarisches Selbstverständnis.

Auf diese Gesichtspunkte soll nachfolgend kurz eingegangen werden.

„Meine Generation ist über Auschwitz zum Sozialismus gekommen",[74] schreibt Franz Fühmann als Fünfzigjähriger rückblickend Bilanz ziehend. In seinen literarischen Arbeiten der fünfziger und sechziger Jahre thematisiert er seine schrecklichen Erfahrungen. „Mein Ausgangspunkt war nicht theoretisch: ich habe Erfahrungen gemacht, fürchterliche Erfahrungen und fühle

---

[70] Ebd., S. 71.
[71] Fühmann: Wahrheit und Würde (Anm. 68).
[72] Fühmann: 22 Tage (Anm. 67), S. 76.
[73] Ebd., S. 100.
[74] Ebd., S. 161.

DDR-Literatur zwischen Vereinnahmung und Selbstbehauptung 271

mich verpflichtet, sie mitzuteilen".[75] Von diesen Erfahrungen, die Erschütterungen waren, berichtet seine Literatur. Als zentrales Thema bezeichnet er die Darstellung des Menschen „kleinbürgerlicher Herkunft in seiner Erschütterung, Wandlung oder Nicht-Wandlung unter dem Faschismus, im Krieg, in sowjetischer Kriegsgefangenschaft, in der DDR und in Westdeutschland".[76] Seine ersten beiden Lyrikbände *Fahrt nach Stalingrad* und *Die Nelke Nikos*, beide erschienen 1953, stehen für die Schwierigkeit, die erste Wandlung literarisch zu verarbeiten. Als glühender Stalinist versucht er, in ihnen den Aufbau des Sozialismus, die Kriegserlebnisse und den politisch ideologischen Werdegang vom Nationalisten zum Sozialisten zu thematisieren. Stalins Wort vom Schriftsteller als Ingenieur der menschlichen Seele wird für ihn zur poetischen Verpflichtung. Er bejaht die Aufgabe der Literatur zur Erziehung der Menschen und „predigt" Zukunftsoptimismus, so wie es der sozialistische Realismus forderte. Ein Beispiel:

Aufbausonntag

[...]

III

Hacken schlagen auf sperrigen Stein,
Schutt schmilzt wie Schnee unterm Spaten.
Wie dieser Platz unsern Fäusten gerät,
wird uns ganz Deutschland geraten!

Freunde, den Pionieren gebt Raum,
heut sind die Kleinsten von Nutzen!
Schieben wir auch keine Loren fort,
können wir Ziegel putzen!

Räumt den verwitterten Stein aus dem Weg,
weitet die Plätze breiter!
Geht an die Tat, die den Vätern mißlang,
aber: einiger, kühner, gescheiter!

Städte wachsen wie wogender Mohn,
glänzen Traktoren und Sensen:
Stadt gibt den Pflug, und das Dorf bringt das Brot,
freundschaftlich sich zu ergänzen.

Fäuste zwingen den lastenden Schutt.
Die Saat und die Frucht ist geborgen.
Lieder singen vom Kampf und vom Sieg:
Wir baun das Deutschland von morgen!

[...][77]

---

[75] Karl Corino interviewte Franz Fühmann: Ein Roman ist die Krönung für jeden Schriftsteller. In: Deutschland Archiv 1975, S. 291.
[76] Fühmann: Wandlung. Wahrheit. Würde (Anm. 43), S. 12.
[77] Franz Fühmann: Die Nelke Nikos. Gedichte. Berlin 1953.

Fühmann schreibt ganz im Gründerpathos des DDR-Sozialismus. Selbst die offiziöse *Geschichte der Literatur der Deutschen Demokratischen Republik* spricht davon, daß diese Gedichte an einem „subjektiven Überschwang" und „allzu offener Didaktik" leiden.[78] Dabei bedient er sich zeitweise der Sprache vergangener Tage. Er verfaßt „H. J.-Gedichte mit FDJ-Vorzeichen".[79]

Bei der Beschäftigung mit der nationalsozialistischen Vergangenheit dringt Fühmann jedoch nicht in tiefere Dimensionen der Auseinandersetzung mit seiner Biographie vor. Dennoch gelingt es ihm hier und da auch, seinen eigenen Ton zu finden. Nicht alle Verse gehen in der DDR-Propaganda und im Klassenkampf auf. Dies gilt noch stärker für seine Prosa, die Novellen *Kameraden* (1955), den Sammelband *Stürzende Schatten* (1959) sowie den 14teiligen Zyklus *Das Judenauto* (1962). Mit zeitlichem Abstand tritt an die Stelle einer plumpen Betroffenheitsprosa eine eher abwägende differenzierende Betrachtungsweise. Der Versuch, die eigene persönliche Erfahrung und Wandlung als exemplarisch darzustellen und sie im Sinne der marxistischen Geschichtsphilosophie als zwangsläufig auszuweisen, beeinträchtigt sie jedoch nach wie vor.

Gedichte schreibt er nach 1958 nicht mehr. Es spricht einiges dafür, daß die ihnen zugrunde liegende moralische Grundhaltung mit der Geheimrede Nikita Chruschtschows und dem Sturz Stalins vom Sockel des großen marxistischen Weltenlenkers auf dem XX. Parteitag der KPdSU 1956 eine in die Tiefe gehende Verunsicherung, ja Verletzung erfuhr. Der Lyriker Franz Fühmann verstummte, er konnte nicht mehr so weiterdichten wie bisher; eine neue Konzeption stand in weiter Ferne. Auch seine Prosa war natürlich davon betroffen. Aber im Gegensatz zu seiner Lyrik steht sie nicht unmittelbar für den Versuch einer geistig moralischen Neuorientierung nach dem Krieg. Dennoch wirkt auch sie über weite Strecken konstruiert und aufgesetzt, eben nicht dem persönlichen Erleben poetisch abgewonnen. Sie neigt zum Pathos, je mehr es ihm darauf ankommt, eine Botschaft zu verkünden. Der erhobene Zeigefinger verstellt den Blick und bestimmt die Perspektive. Er wirkt deplaziert und konterkariert, sicher ungewollt, die didaktische Absicht. Die Sprache soll dem Thema eine besondere Weihe verleihen, die ihm nicht gemäß ist. Sie verrät, daß hier der Autor nicht selbst, sondern mit der Stimme der Staatspartei spricht. Gerade dort, wo Fühmann auf Wirkung setzt, bleiben seine Arbeiten im Klischee stecken. Dies geschieht vor allem dann, wenn er sich der sozialistischen Gegenwart zuwendet. Wo die politische Überzeugung Erfahrenes und Erlebtes blockiert, nimmt die literarische Qualität unmittelbar Schaden. Dies zeigt sich besonders bei seinen beiden Bitterfelder Auftragsarbeiten *Kabelkran und Blauer Peter* sowie dem Prosaband *Spuk. Aus den Erzählungen des Polizeileutnants K.* (beide 1961), die den sozialistischen Aufbau literarisch zu gestalten versuchen.

---

[78] Geschichte der Literatur der Deutschen Demokratischen Republik. Bd. 11 (Anm. 26), S. 465.
[79] Marcel Reich-Ranicki: Ohne Rabatt. Über Literatur aus der DDR. Frankfurt a. M. 1991, S. 106.

Eindrucksvoller ist demgegenüber der Erzählband *Der Jongleur im Kino oder Die Insel der Träume* (1970), in denen Fühmann abermals die Kindheitsthematik aufgreift. In vier Erzählungen versucht er aufzuzeigen, welchen Einfluß die nationalsozialistische Ideologie auf den heranwachsenden jungen Menschen nehmen kann. Der Autor stößt dabei an die Grenzen seiner eigenen Erinnerungsfähigkeit. „Ich müßte tiefer hinuntergehen, als meine Erinnerung es zuläßt", bekennt er in einem Interview.[80] Damit kündigt sich eine neue Dimension seines literarischen Selbstverständnisses an, obwohl sich Fühmann auch hier noch nicht ganz von einer schematischen Darstellungsweise befreit hat und politischer Belehrung versagt. Ein Vergleich mit früheren Arbeiten, insbesondere auch Kinderbüchern, in denen er sich mit Fragen der Sozialisation in der bürgerlichen und sozialistischen Gesellschaft auseinandersetzt, macht jedoch seine veränderte poetische und politische Grundhaltung deutlich. Fühmann ist sich nicht mehr sicher! Seine Vorstellung von der erfüllten Kindheit im Sozialismus, die seine Märchenliteratur noch prägt, gerät ins Wanken.

Er nimmt Distanz zu seinem bisherigen literarischen Werk. Zum Lyrikband *Fahrt nach Stalingrad* sagt er, dieser sei in weiten Partien emphatisch und überschwenglich, ungekonnt, ungeformt bis zum Kitschigen.[81] Ausschlaggebend für diesen sich hier abzeichnenden zweiten Wandlungsprozeß sind ein politisches und persönliches Ereignis: der Einmarsch der Warschauer-Pakt-Truppen in die CSSR 1968 und die Überwindung seiner Trunksucht; beides zusammen reißt ihn fast in den Tod. Fühmann steht persönlich und politisch an einem Scheideweg. Literarisch sucht er nach einem Neuanfang, ohne sein Thema, das eng mit seinem Lebensweg verknüpft ist, aufgeben zu müssen. Rückblickend spricht er von vergeblichen Versuchen, das zu beschreiben, „was man Wandlung nennt! Sie ist die Erfahrung meines Lebens, sie ist seit zwanzig Jahren mein Thema, aber sie ist es eigentlich noch immer als Vorsatz, geleistet habe ich dazu bestenfalls Vorarbeiten!"[82] Keines seiner frühen Gedichte nimmt er in die von ihm selbst zusammengestellte Werkausgabe auf.[83] Mit Blick auf seine Arbeiten vor der zweiten Wandlung spricht er geringschätzig von einer affirmativen Pathetik.[84]

Die Radikalität, mit der Franz Fühmann sein bisheriges literarisches Schaffen in Frage stellt, zeigt sich auch auf politischer Ebene. Doch der Ablösungsprozeß schreitet hier langsamer voran. Letztendlich dauert er mehr als ein Jahrzehnt, er verläuft nicht gradlinig. Zunächst engagiert sich Fühmann in der NDPD, einer Blockpartei, zeitweise gehört er sogar ihrem Hauptausschuß an, bis er 1973 sein Parteibuch zurückgibt. Er unterstützt den Schau-

---

[80] Josef-Hermann Sauter: Interview mit Franz Fühmann. In: Weimarer Beiträge 1971. H. 1, S. 44.
[81] Ebd., S. 40.
[82] Fühmann: 22 Tage (Anm. 67), S. 99.
[83] Werner Jung: Franz Fühmann. In: Kritisches Lexikon zur deutschsprachigen Gegenwartsliteratur. Hrsg. von Heinz Ludwig Arnold. München 1988, S. 4.
[84] Vgl. Uwe Wittstock: Von der Stalin-Allee zum Prenzlauer Berg. Wege der DDR-Literatur 1949-1989. München, Zürich 1989, S. 41.

prozeß gegen Walter Janka und Wolfgang Harich 1956 und begrüßt den Bau der Berliner Mauer 1961. Eine erste ernste Zäsur bedeutet für ihn offensichtlich das 11. Plenum 1965, auf dem die SED unter der Überschrift „Unsere DDR ist ein sauberer Staat" kritische Intellektuelle und Schriftsteller wie Robert Havemann, Stefan Heym, Wolf Biermann und Heiner Müller öffentlich abkanzelt. Fühmann legt seinen Posten im Vorstand des Schriftstellerverbandes nieder. Die Ereignisse in Prag im Sommer 1968 führen ihn in eine existentielle Krise. Von nun an gewinnt der Ablösungsprozeß an Schärfe. Fühmann gehört zu den Erstunterzeichnern des Protestbriefes gegen die Ausbürgerung Wolf Biermanns. In einem Offenen Brief an den stellvertretenden Kulturminister Klaus Höpcke, der allerdings erst 1990 in *Sinn und Form* veröffentlicht werden wird, spricht er der SED ab, im alleinigen Besitz der Wahrheit zu sein. Er fordert Meinungsfreiheit.[85] Als der Berliner Schriftstellerverband 1979 neun Kollegen aus politischen Gründen auszuschließen trachtet, schreibt er Erich Honecker einen geharnischten Brief. Er versteht den Auftrag der Staatspartei als Wahrung eines schönen Scheins, dagegen setzt er die Verpflichtung der Literatur zur ganzen und unteilbaren Wahrheit.[86] Fühmann engagiert sich für die Friedensbewegung. Er fördert und schützt junge nonkonformistische Autoren wie Uwe Kolbe, Wolfgang Hilbig und Frank-Wolf Matthies. Er bekennt sich zum gesellschaftlichen Pluralismus, auch wenn man ihn offiziell nicht wahrhaben will.[87] Wenn er bei der Verleihung des Geschwister-Scholl-Preises 1982 in München davon spricht, daß er sich zum SED-Staat und ihren Führungskräften „in konflikthaften Dissensen"[88] befände, so ist dies eher untertrieben. Fühmann wollte in der DDR bleiben, aber mit dem real existierenden Sozialismus hat er spätestens seit Mitte der siebziger Jahre gebrochen. Im ehrlichen Bemühen und voller Überzeugung angetreten, Staat und Gesellschaft in der DDR zu dienen und aufbauen zu helfen, „sieht er sich einerseits immer mehr zu einer entschieden kritischen Einwirkung auf das gesellschaftliche Leben herausgefordert, andererseits eben daran im wachsenden Maße gehindert, ja, aus diesem Leben sogar weitgehend ausgeschlossen".[89] Fühmann ist politisch ein zweites Mal heimatlos geworden.

Dieser Ablösungsprozeß dokumentiert sich auch in seinen literarischen Arbeiten wie in seinen Essays „Literatur und Kritik" (1974), „Das mythische Element in der Literatur" (1974), „Toleranz – ein deutsches Fremdwort" (1978) oder in seiner „Rede bei der Berliner Begegnung zur Friedensförderung" (1981). Wie grundsätzlicher Art und massiv seine Gesellschaftskritik nun ausfällt, zeigen die drei Erzählungen „Bagatelle, rundum positiv", „Spiegelgeschichte", „Drei nackte Männer"; sie erscheinen

---

[85] Franz Fühmann: Offener Brief an den Leiter der Hauptverwaltung Buchhandel und Verlage im Ministerium für Kultur, Klaus Höpcke. In: Sinn und Form 1990. H. 3, S. 460.
[86] Hans Richter: Franz Fühmann – ein deutsches Dichterleben. Berlin 1992, S. 325.
[87] Ebd., S. 326.
[88] Fühmann: Wahrheit und Würde (Anm. 68).
[89] Richter (Anm. 86), S. 318.

in einem Sammelband mit Erzählungen von 1955 bis 1975.[90] Fühmann übt hier unverhohlen Kritik an der Staatspartei, ihrer Leitungsebene, ihren Funktionären und deren kommunistischem Hochmut, wodurch der Unterschied zwischen „Oben und Unten" im real existierenden Sozialismus immer evidenter wird. Daß diese drei Erzählungen in die Anthologie Aufnahme fanden, ist erstaunlich. Vermutlich setzte man darauf, daß sie weitgehend unbemerkt bleiben, was natürlich nicht geschah.[91] In den sieben Erzählungen *Saiäns-Fiktschen* (1981) gestaltet Fühmann im utopischen Gewand real existierende Konflikte. Er schrieb sie, „um eine existentielle Lähmung zu überwinden, und fand in jener irrealen Welt und Weise die mir anders nicht gewinnbare Form, das, was mich quälte, in Worte zu fassen".[92] *Saiäns-Fiktschen* ist nicht Sience-Fiction, sondern ein Zwitterwesen, es sind Geschichten, Schlußpunkte „im Bereich gestockter Widersprüche, wo Stagnation als Triebkraft auftritt – Entwicklung als Entwicklungslosigkeit".[93] In den Erzählungen geht es um Deutschland, UNITERR (DDR) und LIBROTERR (Bundesrepublik) und ihre unterschiedlichen Gesellschaftsordnungen. Fühmann thematisiert den hoffnungslosen Kampf des einzelnen in einer totalitären Gesellschaft, die durch Tabus Widerspruch auszuschalten sucht. Er zeigt Deformationen auf, zu denen eine Unterwerfung im Namen einer besseren Zukunft führt.[94] Die Utopie der sozialistischen Gesellschaft gerät zu einer Falle, aus der sich der einzelne kaum zu lösen vermag. Auch die Spiegelung in der kapitalistischen Ordnung verleiht ihr keine positiven Züge. Ihr Scheitern scheint vorgegeben. Fühmann glaubt nicht mehr wie früher an die Verheißungen des Sozialismus.

Wie pessimistisch sein Weltbild geworden ist, offenbart sich am deutlichsten in seiner letzten großen Arbeit, dem Trakl-Essay (1982).[95] Die Lektüre von Trakls Gedichten steht am Beginn seines ersten großen Wandlungsprozesses im Mai 1945; sie schließt den zweiten ab. Die über mehr als drei Jahrzehnte verdrängte Begegnung mit Trakl offenbart sich ihm hier als ein eigenmächtiger und eigenständiger literarischer Raum, seine Erfahrungen und Erkenntnisse zu erforschen und diese poetisch zu verarbeiten. Sie gibt ihm den Schlüssel zur Wirklichkeit in die Hand. In drei eng miteinander verknüpften Ebenen der Auseinandersetzung mit Trakls Gedichten, Reflexionen über „Kunst und Doktrin" und seinen eigenen Wandlungsprozessen bis zur Gegenwart entfaltet er sein Ringen mit Tabus und Wahrheit.

---

[90] Franz Fühmann: Erzählungen 1955-1975. Rostock 1977.
[91] Vgl. Andreas Schrade: Veränderungen im Gegenstand – Veränderungen im Erzählen? In: Weimarer Beiträge 1982. H. 1, S. 96 f. Ein mutiger Beitrag; erstaunlich, daß er bereits 1982 veröffentlicht werden konnte.
[92] Franz Fühmann: Saiäns-Fiktschen. Erzählungen. Leipzig 1981, S. 5 (Vorwort).
[93] Ebd., S. 6.
[94] Bettina Rubow: Franz Fühmann: Wandlung und Identität. In: Literatur in der DDR (Anm. 46), S. 106.
[95] Der Trakl-Essay trägt in der DDR den Titel „Vor Feuerschlünden", in der Bundesrepublik „Der Sturz des Engels".

„Das Menschliche, ist der Mensch ganz: in seinen Siegen und Triumphen, wie in seinen Nöten und Niederlagen, in seinen Anfechtungen und Besessenheiten, in Glanz und Kot, in Zwängen und Freiheit, in dem, worin er ein Zeichen der Würde, wie in dem, worin uns vor ihm schaudert! Darum ist auch die Anmaßung, daß nur Befugte die volle Wahrheit erfahren dürfen und die große Menge Unbefugter mit der Bettelsuppe einer Auswahl an Werk und Leben abzuspeisen sei, so unerträglich –: Jene selbsternannten Befugten stellen sich gerade dadurch das Zeugnis ihrer Unbefugtheit aus!"[96]

Sarah Kirsch – Eine trotzige Form der Selbstbehauptung

Franz Fühmann hat Sarah Kirsch gefördert; er verteidigte ihre Lyrik gegenüber dem Dogmatismus der Kulturbürokratie. Seiner wohlwollenden, einfühlsamen Interpretation in der Literaturzeitschrift *Sinn und Form* des Lyrikbandes *Zaubersprüche* (1973) kam sowohl kulturpolitisch als auch poetologisch besondere Bedeutung zu. Fühmann reihte Sarah Kirsch damit in die erste Reihe der deutschen zeitgenössischen Lyrik ein und schützte sie so vor allzu harscher, politisch motivierter Literaturkritik. Zu ihrem Gedicht „Ich wollte meinen König töten" schrieb er: „Dieses Gedicht – eines der bedeutendsten und schönsten, das unsere Zeit hervorgebracht hat – besitzt den Vorzug gültiger Lyrik: Es widersetzt sich dem völligen Auflösen ins Rationale, wiewohl es eben dazu stachelt, und dies um so drängender, je deutlicher jener Rest hervortritt".[97] Bei dem „Rest" handelt es sich nicht nur um eine verschlüsselte Sprache, die bewußt Eindeutigkeit meidet, sondern auch um die emotionale Dimension ihrer Gedichte. Dieser Schwebezustand zwischen Rationalität und Emotionalität beschreibt denn auch einen typischen Wesenszug von Sarah Kirschs Lyrik. Ihre Verse widersetzen sich allen Versuchen einer einseitigen Inanspruchnahme, seien sie politischer oder autobiographischer Natur. Dennoch spielt beides in ihre Gedichte hinein, wobei es vor allem ihre ganz persönlichen Erfahrungen und Einsichten in der Liebe, mit anderen Menschen, mit Landschaft und Natur, auf Reisen und zu Hause sind, die ihrer Lyrik Authentizität und Originalität verleihen. Sie kennzeichnet von Anfang an „vorrangig ich-betonte, bilddurchdrungene Erzählgedichte" mit einer lebendigen, bunten Bilderfolge, in der oft der emotionale Gehalt verwahrt ist.[98] Die teilweise radikale Subjektivität ihrer Texte und ihre Widerborstigkeit, mit der sie sich gegen eine eindeutige Interpretation sperren, mußte über kurz oder lang zu Widerspruch bei der von der SED gesteuerten Kulturpolitik und Literaturkritik führen.

In einem Staat, dem das Kollektiv alles, der einzelne aber nahezu nichts bedeutete, gerät das Ich in Gegensatz zum propagierten Wir der sozialistischen Gesellschaftsordnung. Wer so prononciert, wie Sarah Kirsch es tut,

---

[96] Franz Fühmann: Der Sturz des Engels. Erfahrungen mit Dichtung. München 1985, S. 212.
[97] Franz Fühmann: Vademecum für Leser von Zaubersprüchen. In: Sinn und Form 1975. H. 2, S. 392.
[98] Christine Cosentino: „Ein Spiegel mit mir darin". Sarah Kirschs Lyrik. Tübingen 1990, S. 12.

"Ich" sagt, nimmt zuallererst das Recht in Anspruch, über seine ganz persönlichen Erfahrungen zu berichten. Sie tut dies mit solcher Souveränität, als sei das Menschenrecht auf freie Meinungsäußerung auch in Diktaturen eine Selbstverständlichkeit. Indem das poetische Ich von seinen Erfahrungen spricht, provoziert es die Erinnerung an ähnliche Erfahrungen beim Leser, und es kommt zu einem Gedankenaustausch. Derart entsteht ein „Gegen-Wir" zum verordneten kollektiven Wir. Denn gerade dadurch,

> „daß ein andrer die Erfahrungen des (schreibenden oder geschriebenen) Ichs als eigene bestätigt und für sich, als einen des Artikulierens oder so Artikulierens Unfähigen, ausgedrückt sieht, gewinnt jene Hervorbringung gesellschaftlichen Charakter, und ohne den ist Literatur nicht Literatur [...]. Ob gedichtetes oder dichtendes Ich: Eines muß mit dem lesenden Ich zumindest ein Wegstück Erfahrung teilen, und dieses Gemeinsame heißt doch wohl: Wir".[99]

Sarah Kirschs Lyrikbände waren in der DDR trotz hoher Auflage meistens schnell vergriffen. Dies geschah, obwohl sie oft in den SED-Medien gar keine bzw. eine kritische Würdigung fanden. Darf dieser Sachverhalt als Ausdruck einer lebhaften Korrespondenz zwischen dem poetischen und dem lesenden Ich gewertet werden? Von Bedeutung ist in diesem Zusammenhang sicherlich, daß Sarah Kirsch in ihren Gedichten keine Botschaften vermitteln möchte, sondern dem Lesenden einen Spielraum öffnet, den er selbst ausfüllen soll und kann.

> „Ich möchte meine Leser nicht völlig festlegen. Sie müssen nicht dasselbe empfinden, was ich empfunden habe. Es sind nur kleine Anstöße, und jeder kann sich in den Zeilen noch bewegen – und mehr will ich eigentlich gar nicht, als daß jemand sagt: So ähnlich ist es mir auch schon mal gegangen, das habe ich auch schon mal gedacht".[100]

Auf diese kleine Form der Solidarisierung zwischen Autor und Leser kommt es Sarah Kirsch an.

Kritik schlug Sarah Kirsch schon mit ihrem ersten eigenständigen Lyrikband *Landaufenthalt* entgegen, der 1967 erschien. Sie zog damit den Zorn der SED-Kulturgewaltigen auf sich, weil ihnen einige Gedichte dieser Sammlung zu schwermütig, zu düster und perspektivlos erschienen.[101] Sie wurden „hypertrophierte sinnlich-konkrete Protokolle" geheißen, die sich nicht durch poetische Intensität, sondern im Gegenteil durch Geschwätzigkeit und ermüdende Redundanz auszeichneten. Am schwersten wog wohl der Vorwurf, daß ihre bilderreiche, sprunghafte Schreibweise die Gegenständlichkeit in Assoziationsketten auflöse und so einen „abstrakten Empirismus" kreiere.[102] Die SED verlangte nach klaren Bekenntnissen zu ihrem Staat. Sie vermißte eine

---

[99] Fühmann: Vademecum (Anm. 97), S. 394.
[100] Sarah Kirsch: Erklärung einiger Dinge. Ebenhausen b. München 1978, S. 13.
[101] Zuvor hatte Sarah Kirsch gemeinsam mit ihrem damaligen Ehemann, Rainer Kirsch, den Lyrikband „Gespräch mit dem Saurier" (1965) publiziert.
[102] Michael Franz: Zur Geschichte der DDR. In: Weimarer Beiträge 1969. H. 6, S. 202 f.

bedingungslose Loyalität und witterte hinter diesem Mangel an Eindeutigkeit eine heimliche Distanz. Von einer Schriftstellerin, die Mitglied der SED war, am Literatur-Institut Johannes R. Becher von 1963 bis 1965 studieren durfte, dem Schriftstellerverband angehörte und mit Förderpreisen geehrt wurde, hatte man sich mehr erwartet. Dennoch darf der *Landaufenthalt* zu den politisch engagiertesten Lyrikbänden von Sarah Kirsch gerechnet werden. Finden sich doch hier Gedichte, die zwar vorsichtig, aber doch vernehmbar, ihren weltanschaulichen Standort erkennbar werden lassen.[103] Neben Liebes-, Natur-, Landschafts- und Reisegedichten ging sie in dieser Sammlung auch auf den Vietnam-Krieg, einzelne Aspekte der jüngsten deutschen Geschichte und die Teilung Deutschlands ein. In dem Gedicht „Fahrt II" bezeichnet sie die DDR als ihr „kleines wärmendes Land".[104] Als ein vorsichtiges Bekenntnis zur DDR darf auch das Gedicht „Angeln" gelesen werden:

... da
war ich Teil dieses Landes nicht nur
Gast, alles
nützlich vom Augenblick als ich
tätig war ...[105]

Dennoch wahrte Sarah Kirsch im Gegensatz zu anderen Schriftstellern, wie etwa Günther Deicke oder Stephan Hermlin, eine natürliche Distanz zum SED-Staat. Sie ging darin auch nicht zeitweise – wie Franz Fühmann – auf. Auch ihren der DDR Sympathie entgegenbringenden Gedichten fehlt jeder propagandistische Zug. So finden sich in *Landaufenthalt* neben Bekenntnis auch bereits Distanz signalisierende Zeilen. In diesem Zusammenhang ist auf die Gedichte „Erklärung einiger Dinge" und „Aufforderung" zu verweisen. Zentrale Bedeutung kommt auch ihren Reisegedichten zu, die den Ausbruch aus der Enge der DDR thematisieren. Sieht man die Bestimmtheit, mit der sie schon als junge Lyrikerin Konventionen durchbricht, ihren eigenen Stil – fern von ideologischen Vorgaben – sucht, mit Nachdruck „Ich" sagt und den Versuch unternimmt, unter den widrigen Rahmenbedingungen einer Diktatur das Lebensgefühl ihrer Zeit auszudrücken,[106] dann darf von einem kräftigen Freiheitswillen, auch von Freiheitssehnsüchten gesprochen werden, die ihren Gedichten innewohnen.[107]

Ihre trotzige Selbstbehauptung war aber wohl stärker ästhetisch-anthropologisch als politisch begründet. Die DDR empfand sie lange Zeit als ein Land, das ihr Sicherheit und Geborgenheit gab. Hier fühlte sie sich emotio-

---

[103] Dies gilt auch für die fünf Erzählungen „Die Pantherfrau" (1973), die Sarah Kirsch nicht im engeren Sinne zur Belletristik gezählt sehen möchte. Sie bezeichnet diesen Band als „ein Halbfabrikat". Siehe Kirsch: Erklärung einiger Dinge (Anm. 100), S. 35.
[104] Sarah Kirsch: Landaufenthalt. Ebenhausen b. München 1978, S. 6.
[105] Ebd., S. 42.
[106] Kirsch: Erklärung einiger Dinge (Anm. 100), S. 11.
[107] Ebd., S. 80.

nal, aber auch weitgehend politisch zu Hause. Dafür spricht auch ihre Mitgliedschaft in der SED, die ihr durchaus etwas bedeutete, ohne daß eine tiefere politische Bindung und Auseinandersetzung mit den ideologischen Grundlagen und Zielen erkennbar wird. Jedoch lehnte sie es ab, sich von Kulturfunktionären diktieren zu lassen, wie sie zu schreiben hätte. Als Künstlerin weigerte sie sich, von der SED entwickelte, ideologische Vorgaben literarisch umzusetzen. So äußerte sie sich beispielsweise nach dem VI. Parteitag 1963 äußerst kritisch über die Forderung der SED, daß Schriftsteller und Künstler nunmehr die wissenschaftlich-technische Revolution zum zentralen Thema ihrer Werke machen sollten.[108] Der Konflikt mit der Kulturpolitik schien vorgezeichnet. Als in der Anthologie *Saison für Lyrik* (1968) ihr Gedicht „Schwarze Bohnen" publiziert wurde, entlud sich ein lange angestauter Zorn ihr gegenüber. Auf dem VI. Schriftstellerkongreß, der im Mai 1969 in Ostberlin stattfand, wurde Sarah Kirsch u.a. neben Christa Wolf und Reiner Kunze öffentlich gemaßregelt. Man warf ihr vor, keine positive Perspektive zu vermitteln, ja, es wurde ihr sogar das Recht abgesprochen, derartige Gedichte überhaupt zu schreiben: „Jeder von uns kennt solche Stimmungen und wurde schon von solchen Gefühlen heimgesucht, deshalb ist uns das nicht fremd. Aber gestaltenswert, scheint mir, ist erst ihre Überwindung, das erst macht uns zu sozialistischen Poeten".[109]

Sarah Kirsch mußte diese Schelte im Innersten treffen; vielleicht berührte sie bereits ihr Verhältnis zur DDR, auch wenn ihr auf dem nächsten Schriftstellerkongreß – zwei Jahre später – Abbitte geleistet wurde. Sie profitierte von dem neuen kulturpolitischen Kurs nach dem Machtwechsel von Ulbricht zu Honecker. An der Art, Gedichte zu schreiben, änderte sich jedoch für sie nichts. „Ich sage was ich gesehen habe merkwürdig genug", äußerte sie programmatisch in ihrem zweiten Gedichtband *Zaubersprüche*,[110] der 1973 erscheint. In der Tat verarbeitet Sarah Kirsch hier noch stärker und dichter als in *Landaufenthalt* ihre unmittelbaren, persönlichen Erfahrungen, vor allem schildert sie Gefühle einer enttäuschten Liebe. Aber auch das Reisemotiv taucht wieder auf. Im zweiten Teil der Gedichtsammlung sind 14 Reisegedichte unter der Überschrift „Lichtbilder" zusammengefaßt. Sie beschreiben 14 reale oder fiktive Reisen ins Ausland. „Der bereits in dem ‚Landaufenthalt' deutlich wahrnehmbare Ton der Skepsis und Hinterfragung verstärkt sich in den Reise-Erlebnissen der ‚Lichtbilder' als gespenstisches Fremdsein in der ‚Fremde'".[111]

Am nachhaltigsten kommt dies in dem Gedicht „Moskauer Tag" zum Ausdruck.[112] *Zaubersprüche* signalisieren eine weitgehend depressive Stimmung. Die eingetretene Veränderung formuliert Sarah Kirsch in dem Gedicht „Besinnung" wie folgt:

---

[108] Vgl. hierzu die Lyrik-Debatte in der Zeitschrift Forum 1966. H. 15 und 16; allgemein s. Manfred Jäger: Kultur und Politik in der DDR. 1945-1990. Köln 1994, S. 129 ff.
[109] Zit. nach Adolf Endler: Sarah Kirsch und ihre Kritiker. In: Sinn und Form 1975. H. 1, S. 169.
[110] Sarah Kirsch: Zaubersprüche. Ebenhausen b. München 1978, S. 43.
[111] Cosentino (Anm. 98), S. 57.
[112] Kirsch: Zaubersprüche (Anm. 110), S. 28.

> Was bin ich für ein vollkommener weißgesichtiger Clown
> Am Anfang war meine Natur sorglos und fröhlich
> Aber was ich gesehen habe zog mir den Mund
> In Richtung der Füße.[113]

Dennoch blitzt auch in diesem Band wieder ihr Selbstbehauptungswille auf. In dem an den Schluß gestellten Gedicht der Sammlung, das bezeichnenderweise den Titel „Ich" trägt, bekennt sie, auf eigenen Füßen zu stehen. Dies darf wohl in bezug auf die ausklingende Liebesaffäre, ihre poetische Entwicklung, aber auch auf ihre Stellung im Literaturbetrieb der DDR gesehen werden.

Drei Jahre nach den *Zaubersprüchen* legte Sarah Kirsch einen weiteren Lyrikband vor: *Rückenwind*. Er enthält den bekannten „Wiepersdorf-Zyklus". Die Gedichte sind jetzt, wie der Titel schon erahnen läßt, wieder optimistischer, sie strahlen Zuversicht aus, obwohl die tatsächlichen Rahmenbedingungen alles andere als günstig erscheinen. Im Mittelpunkt steht auch hier wieder eine Liebesgeschichte, die ihre Besonderheit darin hat, daß der Geliebte in West-Berlin lebt. Die Tragik der Teilung Deutschlands überschattet die Beziehung und erschwert sie. In Wiepersdorf, einem Erholungsheim für Schriftsteller zu DDR-Zeiten, ehedem der Landsitz Bettina von Arnims, reflektiert Sarah Kirsch ihre persönliche Lage; Gegenstand des Zyklus „ist eine subjektiv-seelische Entscheidungssituation, ein Stück innerer Biographie".[114]

Sarah Kirsch versucht abermals, mit einer zum Scheitern verurteilten Beziehung fertigzuwerden. Aber dabei geht es um mehr. Privates und Politisches mischen sich hier auf bisher nicht gekannte Weise. In der Trennung von dem Geliebten spiegelt sich auch die damalige Situation des geteilten Deutschlands. Bezug nehmend auf das nachfolgende Gedicht

> Dieser Abend, Bettina, es ist
> Alles beim alten. Immer
> Sind wir allein, wenn wir den Königen schreiben
> Denen des Herzens und jenen
> Des Staats. Und noch
> Erschrickt unser Herz
> Wenn auf der anderen Seite des Hauses
> Ein Wagen zu hören ist.[115]

hat die Autorin eingeräumt, daß den Gedichten im Zyklus durchaus etwas Politisches innewohne, auch wenn sie daran beim Niederschreiben, wenn überhaupt, nur am Rande gedacht hätte.[116]

---

[113] Ebd., S. 43.
[114] Sigrid Damm: Sarah Kirsch. Rückenwind. In: Weimarer Beiträge 1977. H. 3, S. 133.
[115] Sarah Kirsch: Rückenwind. Ebenhausen b. München 1977, S. 27.
[116] Kirsch: Erklärung einiger Dinge (Anm. 100), S. 11 f.

Sarah Kirsch ist keine „politische Dichterin"; Politik und Weltanschauung stehen sicher nicht im Vordergrund ihrer Lyrik; aber sie ist eine „politische Autorin in einem umfassenden Sinn, in dem Poesie und Politik, Menschlichkeit und Bürgerlichkeit nicht getrennt sind, in dem der Staatsbürger nicht nur ‚Betroffener' der Politik ist, sondern selbst jenes politikgestaltende ‚zoon politikon' ".[117]

Wie eng die Grenzen einer Diktatur auch für ein solches Selbstverständnis sind, erfuhr Sarah Kirsch nicht nur, wie dargelegt, als Schriftstellerin in poetischen Fragen, sondern auch als Staatsbürgerin. Als sie mit als erste 1976 den Protestbrief gegen die Ausbürgerung von Wolf Biermann unterzeichnete, wurde sie aus dem Schriftstellerverband der DDR, in dem sie gerne mitgearbeitet hatte, und aus der SED ausgeschlossen. Sie war damit fortan nicht nur in ihrem Ostberliner Haus unerwünscht, sondern ihr wurde die Möglichkeit entzogen, in der DDR als Schriftstellerin weiterhin erfolgreich zu arbeiten. Ein Jahr später verließ sie das Land; sie fühlte sich nicht mehr frei. Die Maßregelungen der SED verletzten sie. Dennoch äußerte sie sich seit der Ausbürgerung über den dieser vorangehenden Lebensabschnitt bisher nur sehr zurückhaltend. In der Bundesrepublik fühlte sie sich nicht fremd. Sie faßte hier schnell Fuß. Leser hatte sie längst in ganz Deutschland gefunden. Weitere überaus erfolgreiche Werke, vor allem Lyrikbände folgten. Sie schöpft dabei aus Beobachtungen, Erfahrungen, Erlebnissen und Einsichten, die sie in beiden Teilen Deutschlands sammelte. Längst kann man Sarah Kirsch nicht mehr als DDR-Autorin bezeichnen, aber sie war es, und in ihren nach der Ausbürgerung erschienenen Werken lebt die Erinnerung an die andere Hälfte ihres Landes, die sie doppelsinnig die erste nennt, fort.[118]

V. Schlußbetrachtung

Die exemplarisch ausgewählten Lebenswege und das jeweilige poetische Selbstverständnis der drei hier vorgestellten Schriftsteller mögen anzeigen, wie vielgestaltig die DDR-Literatur insbesondere dort gewesen ist, wo der Selbstbehauptungswille – sei es, daß er sich mehr politisch, poetologisch oder allgemein menschlich begründete – nicht politischer Willfährigkeit erlag. Offensichtlich gelang es auch in dieser Diktatur, selbst dann, wenn eine Schriftstellerin oder ein Schriftsteller sich zur SED oder zu einer der von ihr fremdbestimmten Blockparteien bekannte, Literatur zu schreiben, die hohen ästhetischen Ansprüchen genügt und deshalb überdauern wird. Vorausset-

---

[117] Wolfgang Frühwald: Die „Endlichkeit dieser Erde". Laudatio auf Sarah Kirsch. In: Literaturpreis 1993: Sarah Kirsch. Hrsg. von Günther Rüther. Bornheim b. Bonn 1993, S. 13.
[118] Für diese These spricht auch, daß Sarah Kirsch den 1973 in Ost-Berlin im Eulenspiegel Verlag erschienenen Erzählband „Die ungeheuren bergehohen Wellen auf See. Erzählungen aus der ersten Hälfte meines Landes" – ergänzt um „Jagdzeit" und „Schweinfurter Grün" – 1987 im Zürcher Manesse Verlag neu auflegen läßt. Diese beiden Kurzgeschichten wollte oder konnte sie damals nicht die Zensur passieren lassen.

zung ist dafür allerdings, wie am Beispiel von Franz Fühmann sichtbar wird, daß nicht der ideologische Auftrag, sondern allein die Gesetze der Poetik im Vordergrund stehen. Ist dies nicht der Fall, geht Literatur eben doch in Ideologie auf. Sie wird zu einem „Tanz in Ketten", der um so schwerfälliger gerät, je bewußter ein Autor dem Taktstock der Diktatur folgt. Die „sozialistische Nationalliteratur" liefert dafür zahlreiche Beweise. Allerdings wäre auch hier zu differenzieren und der Einzelfall zu betrachten, da die Entscheidung zur Selbstbehauptung und die Bereitschaft zur ideologischen Unterordnung, die zur Vereinnahmung führt, oft von Kompromissen im Alltag der Diktatur gekennzeichnet bleibt. Klassiker der „sozialistischen Nationalliteratur" wie Erik Neutschs *Spur der Steine* (1964) dürfen sicher nicht über einen Kamm geschoren werden mit Arbeiten von Günter Görlich, Inge von Wangenheim oder Helmut Sakowski. Der Unterschied liegt vor allem im ästhetischen Niveau, weniger im politischen oder moralischen Verhalten der Autoren. Mit der Nähe zur Macht und dem Genuß ihrer Privilegien, noch stärker aber durch die Identifikation mit ihr, müssen Schriftsteller nicht automatisch zu Handlangern der Diktatur werden, aber sie sind aufs äußerste gefährdet und damit auch ihr Werk. Ihnen gelingt es nur im Einzelfall, Distanz zu wahren, ihrer unabhängigen Chronistenpflicht nachzukommen oder das Lebensgefühl der Gesellschaft zu erfassen, in der sie leben. Sie erliegen, wie es die SED von Anbeginn der DDR forderte, dem Primat der Politik, d.h. dem „schönen Schein" der Diktatur. Sie sind nicht mehr von der Wirklichkeit durchdrungen, sondern von einer entgrenzten politischen Macht.

Joachim Walther

„Kosmonauten der stillen Erkundung"

Schriftsteller und Staatssicherheit

Der von der Staatssicherheit hinterlassene konspirative Kontext der DDR-Literatur hat im vereinigten Deutschland eine Debatte ausgelöst, die in ihrem Kern auf tradierte Grundmuster menschlichen Verhaltens gegenüber dem Vergangenen verweist: Erinnern versus Vergessen, Trauerarbeit versus Verdrängen. Margret Boveri gibt in ihrem Buch *Der Verrat im 20. Jahrhundert* das Beispiel der Kontroverse zwischen François Mauriac und Albert Camus. Mauriac plädierte nach der deutschen Okkupation dafür, auch den Kollaborateuren Gnade – charité – zu gewähren. Camus entgegnete ihm damals: „Als Mensch kann ich vielleicht Mauriac bewundern, der fähig ist, die Verräter zu lieben, aber als Bürger muß ich es beklagen, denn eine solche Liebe würde uns zu einer Nation der Verräter und der Mittelmäßigen führen und zu einer Gesellschaft, die wir ablehnen".[1] Einige der heutigen Argumente und Exkulpationsstrategien, mitunter identisch bis in die Wortwahl, erinnern fatal an die nach 1945 im Nachkriegs-Deutschland geführten Auseinandersetzungen, auch und gerade unter Schriftstellern. Am Ende des Reinigungsrituals der „Hiergebliebenen", die sich in unterschiedlichem Grad mit den Verhältnissen arrangiert hatten, stand der Emigrant Thomas Mann als der Angeklagte da, als der nestbeschmutzende, vaterlandslose Geselle: eine wunderliche Verkehrung von Opfern und Tätern. Die Remigranten Alfred Döblin und Klaus Mann verließen Deutschland nach solcherart Erfahrung zum zweiten Mal.

„Villon", „Hölderlin", „Büchner", „Caroline Schlegel", „Goethe" und gar „Faust": So nannten sich Schriftsteller und Literaturwissenschaftler der DDR in ihrer zweiten, bis 1989 verdeckten Identität – erhabene Namen für eine niedere Tätigkeit, hymnisch verklärt. Der Brecht-Schüler Helmut Baierl verfaßte die „Ansprache des Schauspielers Hans-Peter Minetti an die Genossen der Staatssicherheit im Jubiläumsjahr 1975". Darin heißt es:

> „Ihr seid keine Leute der schönen Phrasen / Mit Wunschgebilden wie Seifenblasen / Ihr denkt ganz nüchtern und ganz normal / Und seht in jedem einzelnen Fall: / Was ist das Gute, was das Schlechte / Wo ist der Gangster, wo der Gerechte [...] Unserem Wir mit allen Fasern verbunden / Bis zum innersten Ich – / Das bist du, Kosmonaut der stillen Erkundung! [...] Gestattet, daß ich den Blickwinkel wen-

---

[1] Margret Boveri: Der Verrat im 20. Jahrhundert. Reinbek b. Hamburg 1976, S. 48.

de / Und euch ansehe / Die operativen Genossen, die Sicherheitsposten, die Wachsamen / Spezialisten / Die Vernehmer und Fahnder... / Wie faß ich´s zusammen? / Ganz einfach: Tschekisten! / [...] Dem Lande Lenins ewig verbunden / Haben wir / Unseren Platz / In Geschichte und Zukunft gefunden / Der Gegenwart drum kommunistischen Gruß! / Salut, Kommunisten! / Machts gut, Tschekisten!"[2]

Bei der Lektüre der Akten stellten sich neben der Heiterkeit über solche Geheimdienstlyrismen auch andere Gefühle ein: Verachtung angesichts des Verrats unter Kollegen, Erschrecken über dessen Ausmaß, die weitgehende Gewissenlosigkeit und den fortgeschrittenen Zustand moralischer Verwahrlosung, Zorn über die perfide Phantasie des Apparates, Entrüstung über die Schamlosigkeit der Verfolger, Überdruß ob der aufgehäuften Aktenmengen, Leiden an der verengten Stasi-Sprache, Genugtuung über Zeugnisse der Selbstbehauptung und des Widerstehens und immer wieder das erlösende Gefühl, daß die DDR-Diktatur samt ihres Repressionssystems Geschichte ist.

I. Moral und Ästhetik

Wenn Literatur die Kunst der Bedeutung tragenden Worte ist, die unter anderem auch Moral enthalten und transportieren, dann darf gefragt werden, ob und inwieweit literarischer Text und biographischer Kontext zusammengehören, ob und wann das öffentliche Wort des Dichters vom heimlichen des Denunzianten entwertet wird, ob und weshalb die Moral neben der Ästhetik ein literarisches Kriterium sein darf oder sollte. Das Argument, Literatur und Leben seien strikt geschiedene Bereiche, wobei im Sündenfall ausschließlich das geschriebene Dichterwort zu gelten habe, führt zum Beleg gern die Namen Villon, Rimbaud, Genet oder D´Annunzio, Pound und Benn ins Feld. Auch wenn unbestritten bleibt, daß Amoralität oder ein zeitweises Abirren in totalitäre Ideologien durchaus Literatur von Rang hervorbringen können und Literatur und Moral keineswegs restlos ineinander aufgehen, bedeutet eine inoffizielle Mitarbeit in einem derart eindeutig repressiven Geheimapparat wie der DDR-Staatssicherheit nicht nur Verrat an Personen, sondern auch Verrat an der Kunst, der in den Primärtexten Spuren hinterlassen haben dürfte. Ist es tatsächlich Moralismus oder gar moralischer Rigorismus, davon überzeugt zu sein, daß neben einigen zivilisatorischen Grundsätzen menschlichen Anstandes zu allen Zeiten und universal das Ethos der Literatur gilt – bei aller gegebenen Freiheit des Willens wie der Kunst, mag der obere Bestimmer in den jeweiligen autoritären Gehegen nun König David, Iwan der Schreckliche oder auch nur Erich Honecker heißen?

Obwohl die Literaturgeschichte zeigt, daß die Macht den Geist zu allen Zeiten verführte und verfügbar machte, ist der Schriftsteller als inkorporier-

---

[2] Worte von Kulturschaffenden, gewidmet dem 25. Jahrestag der Bildung des MfS; BStU, ZA, SED-KL 274, Bl. 698 f.

ter Spitzel etwas Kontradiktorisches. Der Dichter als Denunziant: ein Widerspruch in sich. Es gibt einen ungeschriebenen ästhetisch-ethischen Imperativ der Literatur, der ihr evolutionär, also natürlich, zugewachsen ist und ins politisch konkrete Handeln ragt, mag man das nun, wie Pierre Bourdieu, „intellektuelle Autonomie" nennen oder, wie Sartre, „littérature engagée". Ihre emanzipatorische und kommunikative Funktion wehrt sich gegen jegliche utilitäre Bindung und Unfreiheit, wie sich diese ideologisch auch bemänteln mag. „Man schreibt nicht für Sklaven. Die Kunst der Prosa ist mit dem einzigen System solidarisch, wo die Prosa einen Sinn behält: mit der Demokratie. Wenn die eine bedroht ist, ist es auch die andre".[3] Oder um Kurt Drawert zu zitieren:

> „Wo moralische Kritierien aus den ästhetischen Diskursen zu verschwinden beginnen, gilt es, sie zu behaupten. [...] Und auch wenn es zunehmend auf Widerwillen stößt: diese Untersuchungen anzustellen wird am dringlichsten dort, wo die Bewegungen zwischen Macht und Intelligenz am einsichtigsten geworden sind – in der zur Parabel tauglichen Dichter-Stasi-Debatte der verendeten DDR".[4]

Was nach dem Untergang der DDR blieb, waren vor allem Fragen. Was waren die Motivationen der Schriftsteller, im 20. Jahrhundert, in Mitteleuropa, nach den Erfahrungen des Nationalsozialismus und des Stalinismus einem totalitären Staat als Zuträger zu dienen? Was setzte ihre ethische Resistenz außer Kraft, was bewog Schriftsteller, die es eigentlich hätten besser wissen können, die klar markierte Tabu-Grenze zu überschreiten? Welches tatsächliche Ausmaß hatten Überwachung und Unterwanderung der Literatur durch die Staatssicherheit? Welchen Charakter hatte deren Einflußnahme? Geschah dies durch den zensoralen Eingriff in Texte? Den Zugriff auf unbotmäßige Personen? Durch das massenhafte Werben dienstbarer Geister? Oder genügte das Schaffen eines geistigen Klimas, das die internalisierte Selbstzensur wie von allein funktionieren ließ, das Affirmation empfahl und belohnte, kritisches Reflektieren und Formulieren hingegen in verschiedenen Graden überwachte, behinderte, bestrafte oder unterband? Betrieb die Staatssicherheit eine eigene Kulturpolitik neben der SED? Welches Ausmaß hatte die Rekrutierung von Schriftstellern, und was bedeutet dies für die in der DDR geschriebene Literatur? Hat der Kontext der Lingua Securitatis die literarischen Primärtexte eingefärbt und beschädigt? Wie rechtfertigte ein dichtender Denunziant es vor seinem Gewissen, sofern er auf ein solches, und sei es auch nur rudimentär, zurückgreifen konnte, wenn er auftragsgemäß das Vertrauen eines anderen Dichters erwarb und mißbrauchte? Haben sich die Täter nicht selbst beschädigt, sind sie nicht zugleich auch Opfer ihres geheimen Paktes, dem die faustische Größe durchgängig fehlte? War die konspirative Verdoppelung ihrer Existenz nicht in Wahrheit ein Verlust? War und ist das Leben im Widerspruch trotz der behindernden Eingriffe nicht das bessere,

---

[3] Jean-Paul Sartre: Was ist Literatur? Reinbek b. Hamburg 1981, S. 52 f.
[4] Kurt Drawert: Haus ohne Menschen. Zeitmitschriften. Frankfurt a. M. 1993, S. 49.

vollere Leben? Und schließlich: Wie konnte diese Diktatur der Lüge und Angst über 40 Jahre bestehen, und welchen Anteil an deren Erhalt oder Niedergang hatte die zwischen Elbe und Oder geschriebene Literatur?

Die DDR-Diktatur wurde nicht nur durch das geheimpolizeiliche Netz der Staatssicherheit geschützt, sondern auch durch ein semiotisches Netz, das jeden einband (auch den partiell Kritischen), der dieses semiotische Sprach- und Denkgehege nicht aufbrach und verließ. Die Macht der Partei gründete sich nicht unwesentlich auf eine offizielle Sprachregelung, ein normiertes und kompatibles Baukastensystem von Ideologemen und Idiomen, welches das Denken, Schreiben und Sprechen weitgehend standardisieren sollte, um das ansteckende Widerwort, das Tabu hinter einer Potjemkinschen Wort-Fassade zu verbergen. Wie generell in diktatorisch verfaßten Gesellschaften wurde auch in der DDR unreglementiertes Denken und Sprechen, wurde das frei geführte Wort tatsächlich zur Bedrohung des streng bewachten Scheins. Die innere Gesetzlichkeit der Literatur gefährdete die Gesetze des Staates, da sie sich den ideologischen Normen entzog und ideell wie historisch tiefer fundiert war als die aktuell verordneten und durch die Partei überwachten Sprachregelungen der Ideologie.

Die 40jährige Kulturgeschichte der DDR war geprägt von einem dauernden Konflikt zwischen Geist und Macht, der in zyklischen Verläufen immer wieder eskalierte. In einer Art permanenter Geisterbeschwörung und mit dem historisch probaten Mittel Zuckerbrot und Peitsche suchte die SED, die kritischen in dienstbare Geister zu verwandeln. Wo dies mißlang, gerieten die nun als feindlich Klassifizierten ins Visier der ostdeutschen Tschekisten. Das Ministerium für Staatssicherheit war nicht nur das institutionalisierte Mißtrauen der SED gegenüber dem eigenen Volk, sondern auch Ausdruck der Unfähigkeit, eigenständigem Denken Raum und der Literatur Freiheit außerhalb der kulturpolitischen Vorgaben, Normen und Dogmen zu geben. Der Auftrag der SED und die vom MfS angewandten Methoden bei der Bekämpfung dieses Gefahrenpotentials blieben sich in der Zielsetzung immer gleich, doch gab es im Laufe der Jahrzehnte in Abhängigkeit von der Innen- und Außenpolitik der SED methodische Modifikationen.

II. Phasen und Methoden der Überwachung

Die Geschichte der Überwachung, Beeinflussung und Unterwanderung der DDR-Literatur durch das Ministerium für Staatssicherheit verlief in drei Phasen. Obwohl von Anbeginn Personen aus der literarischen Szene beim MfS negativ anfielen, gab es in der frühen Phase (1950-1963) keine spezielle Diensteinheit, die ausschließlich im Literaturbetrieb operierte. Das änderte sich in der mittleren Phase (1963-1976), in der sich die Staatssicherheit Ende 1969 mit der Hauptabteilung XX/7 und den entsprechenden Referaten 7 in den MfS-Bezirksverwaltungen einen eigenen Apparat schuf, der ausschließlich den Kulturbetrieb kontrollierte. Die letzte Phase (1976-1989) setzte mit den Auswirkungen des Entspannungsprozesses ein und kulminierte nach der Biermann-Ausbürgerung, in deren Folge 1978 bei der HA XX/7 erstmals ein Referat eingerichtet wurde, das bis 1982 die beiden Schwerpunktaufgaben „Verlagswesen" und „Zentraler Schriftstellerverband" der DDR bearbeitete. Im Verlauf der achtziger Jahre nahmen das Referat IV der HA XX/7 und die Referate 7 bei den Bezirksverwaltungen sowie die Hauptabteilung XX/9 den Kampf gegen die „politische Untergrundtätigkeit" (Stasi-Kürzel: PUT) im Literaturbereich auf. Die Hauptabteilung XX/7 verfügte 1989 über 40 Hauptamtliche und 350 Inoffizielle Mitarbeiter.

Die „Literatur-Offiziere" konnten auf ein wohlgefülltes Arsenal operativer Methoden zurückgreifen. Im folgenden seien einige der im „Sicherungsbereich Literatur" bevorzugt angewandten Methoden genannt:

1. Das „Besetzen von Schlüsselpositionen" mit Inoffiziellen Mitarbeitern oder offiziellen Kontaktpersonen: Hierbei war das MfS ausgesprochen erfolgreich. Kein Bereich des literarischen Lebens blieb ausgespart, Schlüsselstellen im Schriftstellerverband, in den Verlagen, den literarischen Zeitschriften, den Sektionen der Germanistik an den Universitäten, in der Akademie der Künste, im PEN-Zentrum, im Ministerium für Kultur und seiner Zensurbehörde, im Büro für Urheberrechte und in den Bezirksliteraturzentren waren in den siebziger und achtziger Jahren flächendeckend mit offiziellen und inoffiziellen Kontaktpersonen des MfS besetzt.

2. „Zurückdrängen des öffentlichkeitswirksamen Einflusses": Dies bedeutete im literarischen Bereich das administrative Unterbinden oder Einschränken des Kontaktes zwischen Autor und Leser durch Einflußnahme auf Publikationsmöglichkeiten und öffentliche Auftritte. Das MfS war hierbei nur ein Faktor im Gesamtgefüge des zentralisierten Zensursystems der SED, das ausnahmslos alle Printmedien und audiovisuellen Medien erfaßte.

Ein Beispiel: Die Wochenübersicht 8/80 vom 18.2.1980 der ZAIG bezog sich auf das Manuskript „Wadzeck" von Kurt Bartsch:

„Mit dem Ziel der Verhinderung einer Veröffentlichung dieses feindlichen Manuskriptes werden folgende Maßnahmen vorgeschlagen: Prüfung der strafrechtlichen Verantwortlichkeit des Bartsch. Der Aufbau Verlag sollte veranlaßt werden, – das Ministerium für Kultur offiziell vom Vorliegen dieses feindlichen Manuskriptes zu informieren und die Einleitung staatlicher Maßnahmen zur Verhinderung einer Veröffentlichung des Manuskriptes in der BRD vorzuschlagen, – mit Bartsch ein Gespräch zu führen, bei dem das Manuskript zurückgewiesen und dem Bartsch unmißverständlich zu verstehen gegeben wird, welche rechtlichen Konsequenzen eine Veröffentlichung dieses Machwerkes außerhalb der DDR zur Folge haben würde".[5]

Ein weiteres Mittel, bereits erschienene Bücher zu propagieren, zu kritisieren oder aber zu verschweigen, war das gezielte Steuern von Rezensionen beziehungsweise die Anweisung, ein Buch republikweit überhaupt nicht zu rezensieren. Auch hierbei spielten die zahlreichen IM unter den Rezensenten

---

[5] BStU, ZA, ZAIG 4484, Bl. 84.

eine zentrale Rolle. Daß indes nicht jede der Anweisungen befolgt wurde, belegt diese (ungeheuerliche und zugleich ungeheuer komische) „Information" der HA XX vom 3.7.1980:

> „Entsprechend einer Festlegung des Mitglieds des Politbüros des ZK der SED, Gen. Prof. Hager, waren die Genossen Kähler und Jarmatz durch die Abteilung Kultur beim ZK der SED und den stellvertretenden Minister für Kultur, Gen. Höpcke, beauftragt worden, auf der Grundlage einer vom Gen. Höpcke erarbeiteten thematischen Vorgabe, parteiliche und kritische Rezensionen zum ‚Wundertäter III' für die Redaktionen des ‚Neuen Deutschland' und der ‚Wochenpost' zu schreiben. Wie Gen. Höpcke am 2.7.1980 mitteilte, liegen ihm diese Rezensionen von Kähler und Jarmatz im Manuskript vor. Nach seiner Einschätzung sind sie jedoch kaum parteilich und schon gar nicht kritisch und deshalb für eine Veröffentlichung ungeeignet. Im Gegensatz zu den Vorgaben des Gen. Höpcke, in denen ein Drittel Gelungenes und zwei Drittel Kritisches genannt wird, haben die Rezensenten über fast 90% ihres Manuskriptes ‚Lobeshymnen' für Erwin Strittmatter und seinen ‚Wundertäter III' niedergeschrieben und dem nur ca. 10-15 Zeilen zaghafte Kritik entgegengestellt. Gen. Höpcke beabsichtigt, mit der Abteilung Kultur beim ZK der SED zu beraten, ob Kähler und Jarmatz zu einer entsprechend der Festlegung kritischeren Haltung zu veranlassen sind, oder ob andere Rezensenten festgelegt werden müssen".[6]

Eine weitere Methode zum „Zurückdrängen des öffentlichkeitswirksamen Einflusses" war das Verhindern öffentlicher Auftritte wie Lesungen, Konzerte von Liedermachern etc. Auch hierbei brauchte das MfS in vielen Fällen nicht aktiv einzugreifen, da die Partner des politisch-operativen Zusammenwirkens (POZW genannt) in Partei und Staat ausreichend wachsam gewesen waren und bereits administrative Maßnahmen getroffen hatten. Freilich leistete das MfS insofern Amtshilfe, als es im Vorfeld die „Gefährlichkeit" solcher Veranstaltungen aufklärte, der Partei signalisierte sowie bei Bedarf zivil verkleidete Störer und Diskutanten aus den eigenen Reihen schickte und IM zu deren Unterstützung einsetzte. Manche der überwachten Lesungen hatten wegen des tschekistischen Übereifers mehr als die Hälfte MfS-organisiertes Publikum. Ein Beispiel: Bei der Veranstaltungsreihe „Wortwechsel" im Theater im Palast (TiP) las am 3.2.1978 Brigitte Martin aus ihrem Buch *Der rote Ballon*. Die Staatssicherheit vermerkte: „Die Lesung wurde von ca. 120 Personen besucht. Damit war der Veranstaltungsraum voll besetzt. Unter diesen 120 Personen befanden sich 70 Mitarbeiter des MfS, 15 von der BV Berlin organisierte gesellschaftliche Kräfte".[7] Das ergab einen Anteil von 71 Prozent zugunsten organisierter Wachsamkeit.

3. Die Methode des Zersetzens war eine der wichtigsten und am häufigsten angewandten MfS-Methoden der siebziger und achtziger Jahre. Zersetzungspläne finden sich in nahezu allen Operativen Vorgängen aus diesem Zeitraum. Das Einkreisen einer Person und das Ausüben psychischen

---

[6] BStU, ZA, ZMA XX 50437, Bl. 3.
[7] BStU, ZA, HA XX/OG 1517, Bl. 85.

Drucks auf ihn wirkte deshalb so nachhaltig, da der Bearbeitete die Ursache seiner Verunsicherung oft nicht orten, sondern nur ahnen konnte und sollte. Dieses Gefühl eines anonymen Bedrängtseins schlug nicht selten um im Selbstzweifel und Resignation, was ausdrücklich beabsichtigt war. In der „Richtlinie Nr. 1/76 zur Entwicklung und Bearbeitung Operativer Vorgänge" vom Januar 1976 werden unter Punkt 2.6.2. die „Formen, Mittel und Methoden der Zersetzung" im einzelnen aufgeführt:

> „Bewährte anzuwendende Formen der Zersetzung sind: – systematische Diskreditierung des öffentlichen Rufes, des Ansehens und des Prestiges auf der Grundlage miteinander verbundener wahrer, überprüfbarer und diskreditierender sowie unwahrer, glaubhafter, nicht widerlegbarer und damit ebenfalls diskreditierender Angaben; – systematische Organisierung beruflicher und gesellschaftlicher Mißerfolge zur Untergrabung des Selbstvertrauens einzelner Personen; – zielstrebige Untergrabung von Überzeugungen im Zusammenhang mit bestimmten Idealen, Vorbildern usw. und die Erzeugung von Zweifeln an der persönlichen Perspektive; – Erzeugen von Mißtrauen und gegenseitigen Verdächtigungen innerhalb von Gruppen, Gruppierungen und Organisationen durch zielgerichtete Ausnutzung persönlicher Schwächen einzelner Mitglieder".[8]

Dieser Methodenkatalog subsumiert unter dem Oberbegriff „operative Zersetzung" bereits so viele einzelne Methoden, daß man meinen könnte, die genannten reichten völlig aus, doch werden auf S. 48 der Richtlinie 1/76 noch weitere aufgeführt.

> „Bewährte Mittel und Methoden der Zersetzung sind: [...] – die Verwendung anonymer oder pseudonymer Briefe, Telegramme, Telefonanrufe usw.; kompromittierende Fotos, z.B. von stattgefundenen oder vorgetäuschten Begegnungen; – die gezielte Verbreitung von Gerüchten über bestimmte Personen einer Gruppe, Gruppierung oder Organisation; – gezielte Indiskretionen bzw. das Vortäuschen einer Dekonspiration von Abwehrmaßnahmen des MfS; – die Vorladung von Personen zu staatlichen Dienststellen oder gesellschaftlichen Organisationen mit glaubhafter oder unglaubhafter Begründung".[9]

Das Zeughaus des MfS war gut bestückt und nach leichtem und schwerem Gerät wohl sortiert, um alle „angefallenen" Personen und Personengruppen nach standardisierten Vorgaben und zugleich methodisch individuell zu überprüfen und bei Bedarf umfassend zu „bearbeiten". Die breite Palette der geheimpolizeilichen Möglichkeiten reichte dabei von der Sicherheitsüberprüfung bis zum Operativen Vorgang (OV). Hier die abgestuften Register, die vom MfS bei der operativen Bearbeitung gezogen werden konnten:
Stufe 1: Aktivierender Ausgangspunkt für das MfS waren von IM oder anderen MfS-Quellen gegebene „Hinweise auf feindlich-negative Handlungen/Personen", die durch die „Gesamtheit der operativen Prozesse und Aktivitäten" zur „Klärung/Verdichtung dieser Hinweise" führen sollten.

---
[8] Richtlinie 1/76, S. 47 f.
[9] Ebd., S. 48.

Stufe 2: Ergaben sich aus der Verdichtung dieser Hinweise „operativ bedeutsame Anhaltspunkte", wurde eine Operative Personenkontrolle (OPK) mit dem Ziel eröffnet, diese Verdachtsgründe umfassend aufzuklären. (Allerdings konnte eine OPK auch der Eignungsprüfung eines IM-Kandidaten dienen.)

Stufe 3: War ein begründeter Verdacht gegeben oder konnte aus einer OPK sogenanntes „Operatives Ausgangsmaterial (OAM)" gewonnen werden, führte dies zur Eröffnung eines Vorlauf-Operativ (VAO) oder eines Operativen Vorganges (OV), der die Verdachtsgründe „straftatbezogen und beweismäßig" zu klären hatte. (Bis zu Stufe 3 galt neben der Ermittlungstätigkeit der MfS-Grundsatz der „vorbeugenden Verhinderung".)

Stufe 4: Bei „dringendem Verdacht gemäß Tatbeständen des StGB" konnte ein Ermittlungsverfahren mit oder ohne Haft eröffnet werden.

Die konkreten Straftatbestände, die dem MfS zur Verfügung standen, waren breit gefächert und erfaßten nahezu lückenlos jegliche Verfehlung gegen die „sozialistische Rechtsordnung", so daß sich bei Bedarf in jedem Fall ein passender Paragraph fand, der zu strafprozessualen Maßnahmen hätte dienen können, wenn es die politische Zweckdienlichkeit, vor allem in den achtziger Jahren, nicht geboten hätte, es bei der Drohung zu belassen. Diese potentielle, permanente Drohung prägte nicht unwesentlich das gesamtgesellschaftliche Klima in der DDR und führte zu einer Disziplinierung auch ohne direkte Repression. Hielten es die DDR-Machthaber in den fünfziger Jahren noch für nötig, die Instrumente zu zeigen oder anzuwenden, so genügte später das tief verinnerlichte Wissen der DDR-Bürger, daß die Instrumente, auch wenn sie im Alltag nicht sichtbar waren, so doch vorhanden waren. Damit wurde die DDR jedoch keineswegs zu einer „moderaten" oder „kommoden", sondern zu einer modernen Dikatatur.

Im literarischen Bereich wurde lediglich ein Bruchteil der strafrechtlichen Möglichkeiten genutzt:

§ 99 StGB, Landesverräterische Nachrichtenübermittlung, Strafmaß: 2-12 Jahre. Strafbar waren bereits Vorbereitung, Versuch und Weitergabe von „der Geheimhaltung nicht unterliegenden Nachrichten" (dies konnte, wenn das MfS wollte, bereits ein Brief in den Westen sein). Beispiel:

OV „Schreiberling" gegen Klaus Schlesinger und Bettina Wegner, geführt 1974-1983.

§ 100 StGB, Landesverräterische Agententätigkeit, Strafmaß: 1-10 Jahre.

OV „Schädling" gegen Hans Joachim Schädlich, geführt 1977-1984.

§ 106 StGB, Staatsfeindliche Hetze, Strafmaß: 1-10 Jahre. Dieser Paragraph war im literarischen Bereich der mit Abstand am meisten genutzte.

OV „Filou" gegen Franz Fühmann, geführt 1977-1984.

§ 107 StGB, Verfassungsfeindlicher Zusammenschluß (MfS-Jargon: „staatsfeindliche Gruppenbildung"), Strafmaß: 2-8 Jahre.

OV „Anthologie II" gegen Gert Neumann, geführt 1978-1988.

§ 219 StGB, Ungesetzliche Verbindungsaufnahme, Strafmaß: Geldstrafe oder bis 5 Jahre. Hierbei war besonders der Absatz 2 für Schriftsteller gefährlich, in dem Strafe angedroht wurde, „wer Schriften, Manuskripte oder andere Materialien, die geeignet sind, den Interessen der Deutschen Demokratischen Republik zu schaden, unter Umgehung von Rechtsvorschriften an Organisationen, Einrichtungen oder Personen im Ausland übergibt oder übergeben läßt". Das konnte ein Gedicht sein oder ein Romanmanuskript.

OV „Hydra" gegen Elke Erb, geführt 1981-1988.

§ 220 StGB, Öffentliche Herabwürdigung, Strafmaß: Geldstrafe oder bis 5 Jahre. Hierbei waren der Willkür Tür und Tor geöffnet, da kritische Bemerkungen in Wort oder Schrift, wenn es opportun erschien, jederzeit als Verleumdung der DDR geahndet werden konnten.

OV „Poet" gegen Uwe Kolbe, geführt von 1983-1989.

Zu einzelnen Autoren wurden bis zu fünf Strafrechtsparagraphen ins Feld geführt. Von den oben genannten OV führte keiner zu Verhaftung und Verurteilung, es wurden freilich fleißig prozessual verwendbare Beweismittel gesammelt, die bei entsprechend erhärtetem Anfangsverdacht und einer gegebenen politischen Zweckmäßigkeit hätten dazu führen können. Daß im gegebenen Fall und bei international weniger bekannten, jungen Autoren durchaus verhaftet und auch verurteilt worden ist, belegen u.a. die Operativen Vorgänge zu Lutz Rathenow, Frank-Wolf Matthies, Annegret Gollin und Siegmar Faust.

Bei der Gesamtzahl der im Zeitraum von 1945 bis 1989 inhaftierten Schriftsteller kann die vorläufig ermittelte Zahl von 43 Fällen als verläßliche Untergrenze gelten. Zu dieser Zahl kommen noch etliche Grenzfälle hinzu, bei denen Personen verhaftet wurden, die nicht hauptberufliche Schriftsteller waren, sich jedoch in diesem Umfeld bewegten, oder Journalisten und Publizisten, deren Arbeiten nicht eindeutig von der Literatur abzugrenzen sind. Unter diesen 43 Inhaftierten finden sich bekannte Autoren (u.a. Horst Bienek, Thomas Brasch, Jürgen Fuchs, Wolfgang Hilbig, Walter Kempowski, Erich Loest, Andreas Reimann, Ulrich Schacht, Gerald K. Zschorsch) und der breiten Öffentlichkeit weniger bekannte Autoren (u.a. Gerhard Altmann, Peter Josef Budek, Elisabeth Graul, Jürgen K. Hultenreich, Michael Leisching, Julika Oldenburg, Axel Reitel, Michael Sallmann, Andreas Schmidt, Arno Surminski).

Auskunft über die Haftbedingungen gibt die „Information über Veröffentlichungen in der Presse der BRD bzw. Westberlins im Zusammenhang mit der Pressekonferenz der ‚Arbeitsgemeinschaft 13. August' am 21.9.1976 über den Strafvollzug der DDR" vom 24.9.1976, eine interne Reaktion auf die Schilderung dieser Zustände durch Siegmar Faust nach seiner Entlassung.

„Zu diesen Darlegungen des Faust ist einzuschätzen, daß tatsächlich der bauliche Zustand in einigen Strafvollzugseinrichtungen, darunter in der StVE Cottbus (erbaut im Jahre 1860) unter den Bedingungen einer permanenten, gegenwärtig jedoch nachlassenden Überbelegung geeignet ist, um dem Feind und damit auch Faust mit seiner durch und durch feindlichen Einstellung gegen die DDR Ansatzpunkte für die beabsichtigte Diffamierung und Herabsetzung des internationalen Ansehens der DDR zu bieten. Faust selbst war vom 28.11.1974 bis zum 22.3.1976 in der StVE Cottbus inhaftiert. [...] Um seinem feindlichen Einfluß auf andere Strafgefangene und den von ihm ausgehenden Störungen des Vollzugsprozesses wirksam vorzubeugen, wurde Faust auf Weisung des Leiters der Strafvollzugseinrichtung bis zu seiner Entlassung am 22.3.1976 ständig isoliert. [...] Diese im Kellergeschoß befindlichen Verwahrräume sind 4,40 m lang, 2,10 m breit und 2,40 m hoch. Zum Schutz der Strafvollzugs-Angehörigen vor Angriffen durch Strafgefangene sind diese durch ein verschließbares Zwischengitter nochmals unterteilt. Der bauliche Gesamtzustand dieser Räume ist mäßig, die Licht- und Belüftungsverhältnisse liegen an der Grenze des Zumutbaren. Da sich 1,60 m des Raumes unter der Erdoberfläche befinden, ist es zum Teil feucht in diesen Räumen. [...] Bei der Anwendung des strengen Einzelarrestes (Höchstdauer 21 Tage) legen die einschlägigen Rechtsvorschriften darüber hinaus gehend folgende Einschränkungen fest: – Entzug der Rauchererlaubnis, jeglicher Lektüre einschließlich der Tageszeitungen; – Entzug des Aufenthaltes im Freien, der Normalverpflegung und der persönlichen Verbindung des Strafgefangenen zu seinen Angehörigen (Sprecher und briefliche Verbindung); – Entzug der Einkaufsberechtigung für Lebens- und Genußmittel für die Dauer von 2 Monaten nach Beendigung des Arrestes. Die Verpflegung besteht in diesem Fall aus Brot, Malzkaffee oder Tee und an jedem 3. Tag zusätzlich aus einer warmen Mahlzeit".[10]

Buchhalterisch korrekt wurde noch angefügt: „Der tägliche Verpflegungssatz beträgt 1,70 Mark".

Die Operativen Vorgänge waren vor dem Ermittlungsverfahren mit oder ohne Haft die höchste und umfassendste Form der Bearbeitung durch die Staatssicherheit, die eine aufwendige und intensive Bespitzelung ebenso einschloß wie aktive geheimpolizeiliche Maßnahmen. In der Wirkung waren sie durchaus mit den strafprozessualen Ermittlungsverfahren vergleichbar, allerdings mit folgenden Besonderheiten: Die Eröffnung des Verfahrens wurde dem Verfolgten nicht mitgeteilt, die Sanktionen setzten bereits während der Ermittlung ein, das Urteil erging ohne jeglichen Bescheid, es gab wegen des verdeckten Verfahrens keinerlei Möglichkeit des Einspruchs. Ab Mitte der siebziger Jahre war dies die vom MfS bevorzugte Form der politischen Verfolgung, da die DDR im August 1975 die Schlußakte von Helsinki unterzeichnet hatte und die SED-Führung eine möglichst lautlose und äußerlich unsichtbare „Paralysierung" und „Zersetzung" der inneren „Feinde" ohne Inhaftierungen wünschte. Insofern stellen viele der Operativen Vorgänge Bestrafungen ohne Haft und ohne Urteil dar. Die davon Betroffenen standen nicht selten über Jahre unter einem Druck und einer Bedrohung, die sie zwar deutlich spüren, aber nicht fassen und ihren Nächsten nicht beweisen konnten, so daß sie mitunter in Verdacht gerieten, alles lediglich zu halluzinieren und an Verfolgungswahn

---

[10] BStU, ZA, HA XXII 1069, Bl. 156 f.

zu leiden – was das MfS unter anderem auch beabsichtigte. War diese Art der Bestrafung in der Regel auch weniger hart als eine Gefängnisstrafe, so hat die Verlagerung der Repression aus der zumindest halböffentlichen Sphäre des DDR-Strafrechts in das geheimpolizeiliche Dunkel der heimlichen Zersetzungsmaßnahmen Opfer hervorgebracht. Opfer, die die Zeit ihrer Verfolgung und des Leids nicht in Gefängnisjahren ausdrücken können und die erst durch die Akteneinsicht konkret erfuhren, was ihnen angetan worden war.

In den siebziger und achtziger Jahren ging das MfS zudem verstärkt dazu über, das literarische Oppositionspotential in der DDR systematisch auszudünnen. Die Zahl der Schriftsteller, die die DDR seit ihrer Existenz verließen oder verlassen mußten, umfaßt über 80 Personen, darunter so bekannte Namen wie Jurek Becker, Manfred Bieler, Horst Bienek, Wolf Biermann, Wolfgang Hilbig, Peter Huchel, Uwe Johnson, Walter Kempowski, Heiner Kipphardt, Sarah Kirsch, Günter Kunert, Reiner Kunze, Erich Loest, Klaus Poche, Hans Joachim Schädlich, Klaus Schlesinger.

Bis 1961 setzten sich die Autoren zumeist über die noch offene Grenze nach Westberlin ab, danach geschah dies entweder durch Flucht oder durch das Abschieben nach der Haft beziehungsweise verstärkt nach 1976 durch das staatlich genehmigte Ausreisen mit längerfristigen Visa. Der nach der Biermann-Ausbürgerung verstärkte Exodus von Künstlern aller Gattungen, der bis zum Ende der DDR anhielt, war einerseits von SED und MfS gewollt, da dadurch kritische Stimmen außer Landes expediert wurden, andererseits störte es das propagandistisch vermittelte Bild vom „engen Vertrauensverhältnis" zwischen der Partei und den Kulturschaffenden. Das MfS geriet dabei in eine schwierige Lage und mußte zwischen dem nach wie vor gültigen Sicherheitsauftrag der SED, alle Gefährdungspotentiale zu erkennen und zu zerschlagen, und der erforderlichen Zurückhaltung bei den angewandten Methoden lavieren, um nach der Einbindung der DDR in die internationale Politik diese nicht durch allzu offensichtliche Menschenrechtsverletzungen im Innern zu gefährden. Deshalb existierten ab Mitte der siebziger Jahre methodische Härte und Geschmeidigkeit in der Methodik des MfS nebeneinander, eine Einheit von Flexibilität und Kontinuität, analog der Politik der SED, die eine Einheit von Entspannungspolitik nach außen („friedliche Koexistenz") und Abgrenzung nach innen (Kampf gegen die „Konvergenztheorie" und jegliche ideologische Abweichung von der vorgegebenen „Linie") zu praktizieren suchte. In der Praxis griffen die Genossen zu einem ebenfalls historisch probaten Mittel: dem Teile-und-herrsche. Das bedeutete die individuelle Behandlung jedes einzelnen: Niemand sollte dem anderen gleich behandelt werden, damit nicht eine Gruppenidentität der gleichermaßen Bestraften entstand, sondern im Gegenteil das Mißtrauen untereinander befördert werden sollte. Was das MfS mit Zersetzungsmaßnahmen zu erreichen suchte, praktizierte die Partei mit einem feingestaffelten System von Privilegien und Sanktionen.

III. Der Dichter als Denunziant

Nun zu den Inoffiziellen Mitarbeitern auf der „Linie Schriftsteller". Wiewohl DDR-Diktatur und MfS-Reglement den genormten Rahmen vorgaben, lassen die MfS-gezeichneten IM-Porträts die menschlichen Variationen sowohl im Extrem als auch in der Nuance erkennen. Es gab IM, die ohne Skrupel Kollegen denunzierten, andere, die sich generell weigerten, personenbezogene Informationen zu liefern, und solche, die lediglich bestimmte Personen ausnahmen. Es gab IM, die vor allem sich selbst halfen, und andere, die subjektiv der Überzeugung waren, anderen Menschen damit helfen zu können, oder die wähnten, über ihre MfS-Kontakte die literarische und gesellschaftliche Entwicklung in der DDR zum Guten hin beeinflussen zu können. Es gab IM, die sich der „Sache" und dem System derart eng verbunden fühlten, daß der reine Endzweck auch die schmutzigen Mittel heiligte, und solche, die dem „real existierenden Sozialismus" kritisch bis ablehnend gegenüberstanden. Es gab IM, die sich dem MfS aus ideologischen, materiellen, karrieristischen Motiven verpflichteten, oder auch nur, um nach dem Westen reisen zu können, andere taten es, um einen nahen Menschen aus dem Gefängnis zu holen oder ihm eine bevorzugte medizinische Behandlung zu verschaffen. Es gab IM, die sich selbst anboten, und solche, die mit ihrer Vergangenheit, ihren Fehlern, Bedürfnissen und Schwächen erpreßt wurden, solche, die frei und willig über lange Jahre dienten, und solche, die bewußt ausstiegen, nachem sie erkannt hatten, wo sie da mittaten. Es gab den passionierten Maskenspieler, den schizoiden Egomanen, dem Lüge und Tarnung zu einer scheinbaren Identität verhalfen, es gab den moralisch Gleichgültigen ebenso wie den vom Gewissen Geplagten.

Die MfS-Definition der Inoffiziellen Mitarbeiter als „Hauptwaffe", „Hauptkräfte" und „operative Basis" zeigt, welche grundlegende Bedeutung ihnen im Gesamtsystem der staatlichen Sicherheit der DDR zukam. Die außerordentliche Wertschätzung der IM durch das MfS wurde 1980 noch einmal expressis verbis von den MfS-Historiographen bestätigt: „Seit Bestehen des MfS waren die inoffiziellen Kräfte das Wertvollste, was die operativen Diensteinheiten und Mitarbeiter des MfS für die Arbeit am Feind besaßen. Jeder Erfolg des MfS war im entscheidenden Maße der Erfolg ihres Kampfes".[11] Daß sie nicht nur als äußerst wertvoll, sondern auch als unverzichtbar galten, wurde in einer MfS-Forschungsarbeit 1973 wie folgt begründet:

> „Die Fähigkeiten zum Eindringen in gedankliche Prozesse anderer können nur und ausschließlich durch Menschen selbst aufgebracht werden. Im Zeitalter der modernen Technik gibt es trotz hochentwickelter Geräte und Mechanismen, die die physische und psychische Arbeit des Menschen erleichtern und zum Teil ersetzen, nichts, was der Kunst und den Fähigkeiten eines Menschen zur Erfor-

---

[11] Studienmaterial zur Geschichte des Ministeriums für Staatssicherheit. Teil V: 1966-1970. Hrsg. JHS, 1980, S. 55 f. BStU, ZA, JHS 136/80.

schung der Gedankengänge des anderen gleichkommt. [...] Einen gleichwertigen Ersatz für die in diesem Sinne tätigen Inoffiziellen Mitarbeiter gibt es nicht und wird es nicht geben".[12]

Neben ihrer primären Funktion als Informanten waren die Inoffiziellen Mitarbeiter zudem Ausführende „aktiver Maßnahmen" („Zersetzungs-, Differenzierungs- und Verunsicherungsmaßnahmen"); das heißt, ihre in den IM-Richtlinien definierten Aufgaben gingen erheblich über das tradierte Tätigkeitsfeld des landläufigen Denunzianten hinaus, weshalb der noch immer öffentlich umlaufende Begriff „Informeller Mitarbeiter" unzutreffend, weil unzureichend, ist. Insofern deckt auch die volkstümliche Bezeichnung „Spitzel" nicht die erweiterte Funktionsbestimmung der Inoffiziellen Mitarbeiter ab, wiewohl auch etliche von ihnen den überlieferten Wortsinn (aus unehrenhaften, niederen Motiven andere Menschen auszuhorchen und sie einer staatlichen Ordnungs- und Verfolgungsbehörde anzuzeigen) durchaus erfüllten. Da spätestens seit Mitte des 19. Jahrhunderts die Synonyme „Spitzel", „Denunziant" und „Verräter" sprachlich etwas Verabscheuenswürdiges meinten (Fallersleben brachte es 1843 auf das schlichte, doch volkstümlich gewordene Diktum: „Der größte Lump im ganzen Land, / Das ist und bleibt der Denunziant"), benötigte die Staatssicherheit eine neue Begrifflichkeit.

Aus dem seit Gründung des MfS gebräuchlichen „Informator" wurde in den fünfziger Jahren der „Geheime Informator (GI)" und mit der Richtlinie 1/68 der „Inoffizielle Mitarbeiter (IM)" als MfS-Normbegriff mit militärbürokratisch definierten Funktionsmerkmalen. Natürlich waren all diese Begriffe positiv besetzt und standen synonym für „Aufklärer" oder „Kundschafter", was einen aufopferungsvoll in geheimer Mission und im Dienste einer edlen Sache Tätigen meinte. Emotional negativ konnotierte Synonyme wie „Spitzel", „Denunziant", „Verräter" galten dem MfS als beleidigende, verleumderische Äußerungen, die auf „sozialismusfremdes" oder gar feindliches Denken schließen ließen. Die Begriffe „Spion", „Saboteur" und „Agent" blieben der Gegenseite vorbehalten.

IV. Motive der „Inoffiziellen Mitarbeiter"

Was aber waren die Motivationen, die Schriftsteller zur Mitarbeit im geheimpolizeilichen Repressionsapparat der DDR-Diktatur verführten?

1. Utopismus/Idealismus

Dies war bei Schriftstellern das häufigste Motiv der Selbstverführung: einer Macht zu dienen, von der sie glaubten, daß diese die historische Mission be-

---

[12] Werner Korth, Ferdinand Jonak, Karl-Otto Scharbert: Forschungsergebnisse zum Thema: Die Gewinnung Inoffizieller Mitarbeiter und ihre psychologischen Bedingungen. Hrsg. JHS, 1973, S. 25. BStU, ZA, JHS 800/73.

säße, das kommunistisch-chiliastische „Reich der Freiheit" zu errichten. Der höhere gute Zweck führte zur Selbstrechtfertigung, dem Wohle der Menschheit, der Gesellschaft und letztlich auch der Bespitzelten, die das lediglich noch nicht begriffen hatten, zu dienen. Der Verrat wurde so geschichtsphilosophisch veredelt. Selbst nach der Diskreditierung der „realen Utopie" des Kommunismus durch die realsozialistische Praxis konnten noch solche Motive wirken, nämlich, mit Hilfe der Staatssicherheit die alten Ideale wieder zu inthronisieren und/oder das zunehmend starre System zu reformieren. Solche Motive gab es insbesondere ab Mitte der achtziger Jahre nach der ignoranten Ablehnung von Perestroika und Glasnost durch die altersstarre SED-Führungsgarde, da mancher IM oder Gesprächspartner des MfS meinte, nur die Staatssicherheit sei fähig oder gar willens, die SED-Führung über die wirkliche Lage und Stimmung in der DDR zu informieren. Bei späteren Generationen mutierte diese Gläubigkeit zu einer seltsamen „revolutionären Romantik", die teils anerzogen, teils jedoch auch ein Ausbruchsversuch aus dem öden und allseits reglementierten sozialistischen Alltag war, den ein Mensch mit Phantasie nicht oder nur schwer ertrug. Hinzu kam eine merkwürdige linkstradierte Treue, nicht zur DDR selbst, sondern zur Idee von einer DDR, die realiter ziemlich unerträglich, doch potentiell die bessere Gesellschaft war. Dieser Idee hing selbst Wolf Biermann nach seiner Ausbürgerung noch an, und eine Lyrik-Anthologie, 1966 herausgegeben von Karl Mickel und Adolf Endler, hieß: *In diesem besseren Land*.

2. Einsicht in die Notwendigkeit

Einsicht in die Notwendigkeit konnte die politisch-ideologische Überzeugung sein, daß es (leider) notwendig wäre, den Sozialismus auch mit geheimpolizeilichen Mitteln zu schützen, daß der „Gegner" diese dem Sozialismus eigentlich wesensfremden Methoden der DDR im internationalen „Klassenkampf" aufzwinge, daß auch der Frieden bewaffnet sein müsse, daß schließlich jeder Staat solche Einrichtungen habe oder daß es ein historisch zeitweise notwendiges, kleineres Übel sei, um das größere, die Klassengesellschaft, zu eliminieren und der „großen Sache" weltweit zum Durchbruch zu verhelfen.

3. Streben nach Anerkennung

Schreiben war auch in der DDR ein einsames Gewerbe, und das partei-konforme Bewußtsein allein reichte nicht aus, ein anerkannter Schriftsteller zu sein. Frustrationen über mangelnde gesellschaftliche Anerkennung hatte auch mancher Genosse Schriftsteller zu erleiden. War solch ein Selbstwertgefühl lädiert, verstand es das MfS ausgezeichnet, diesem durch Zuwendung und diskrete Förderung wieder aufzuhelfen. Die Führungsoffiziere vermittelten den frustrierten Kandidaten oder IM ein Gefühl für Wichtigkeit (auserwählt zu sein als Teil der Kraft, die die DDR-Welt im Innersten zusammenhielt), indem sie die Bedeutsamkeit auch niederer operativer Aufträge immens überhöhten und die Auftragserfüllung entsprechend überschwenglich lobten. Der IM bekam das Gefühl, gebraucht zu sein und einen Lohn für eine redlich erbrachte Leistung zu erhalten. Manch einer entkam durch diese Mitarbeit der Einsamkeit und fand Geborgenheit in der Zugehörigkeit zu einer zwar unsichtbaren, doch großen Familie (Firma, Armee) Gleichgesinnter. Man gehörte nunmehr zum inneren Zirkel, verfügte über Insider-Wissen und war mit einer höheren Macht direkt verbunden.

4. Spiel, Lust und „revolutionäre Ungeduld"

Für einen Schreiber fiktionaler Literatur konnte es faszinierend sein, nicht nur Figuren auf dem Papier zu erfinden, sich in sie hineinzuversetzen und diese mittels Sprache lebendig werden zu lassen, sondern sich eine zweite Existenz real zu schaffen und in dieser existentiellen Verdoppelung zu leben: Fiktion wurde so zur Realität und blieb doch ein Geheimnis. Dieses Spielen mit Geheimnis, Fiktion und Realität und das beständige Springen zwischen einer öffentlichen und einer verdeckten Identität wurde für entsprechend konditionierte Persönlichkeiten ein lustvolles, mitunter gar libidinös besetztes Doppelspiel. Zwei Namen, die reale Bedeutung hatten, die verzeichnet waren in geheimen Matrikeln, mit denen man unterschrieb und die etwas galten. Man war Mr. Jekyll und Mr. Hyde, doch unter sozialistischen Bedingungen waren beide gut: der gute Schriftsteller und der gute IM. Nicht zu unterschätzen sein dürfte der ‚Rumpelstilzchen-Effekt' („O wie gut, daß niemand weiß..."): die Genugtuung, hinter einem zweiten Namen geheim wirkende Kräfte zu verbergen, und das riskante Abenteuer, im Falle der Entdeckung gesellschaftlich stigmatisiert zu werden und durch die Ausmusterung aus dem Geheimbund die „magischen" Kräfte zu verlieren.

Auch der infantile Triumph des kindlichen Verses „Ich weiß etwas, was du nicht weißt" wird mit im Spiel gewesen sein, dazu die Lust des Verstellens, Versteckens und trickreichen Täuschens. Anläßlich seiner Einführung in die konspirative Wohnung „Serenade" erklärte Hermann Kant alias „Martin" laut Bericht des Führungsoffiziers: „Die Zusammenarbeit mit dem MfS insbesondere in der letzten Zeit mit unterzeichnendem Mitarbeiter mache dem IM Spaß und die Treffs geben ihm auch persönlich manches".[13] In einem neunseitigen Bericht über eine Reise nach Westdeutschland beschrieb Kant seinen sprachspielerischen Trick, Herkunft und Identität zu verundeutlichen: „Die Formel, mit der ich mich vorstellte, lautete jedesmal: ‚K. von der Neuen Deutschen Literatur aus Berlin'. Das ‚aus' sprach ich etwas undeutlich, so daß es notfalls auch ‚Ost' hätte heißen können".[14]

Auch radikale „revolutionäre Ungeduld" trieb manchen der Staatssicherheit in die Arme: Diese IM fanden selbst ihren Auftraggeber zu lasch im Umgang mit den Feinden und mußten durch das MfS in ihrem Verfolgungs-

---

[13] BStU, ZA, AIM 2173/70, Bd. I/3, S. 250 (MfS-Zählung).
[14] BStU, ZA, AIM 2173/70, Bd. I/1, S. 197 (MfS-Zählung).

eifer behutsam gebremst werden. Im Abschlußbericht vom 28.4.1989 schrieb Führungsoffizier Joachim Tischendorf zu dem Schriftsteller-IM Horst Bastian alias „Hartmut Möwe":

> „Zum MfS und seiner Tätigkeit hatte der IM stets eine hohe Meinung und betrachtete den Kampf gegen die Feinde des Sozialismus in der DDR als unbedingte Notwendigkeit [...] In einigen Fragen der Durchsetzung der Kulturpolitik der Partei und des Umgangs mit bestimmten Schriftstellern und Künstlern war der IM teilweise ungeduldig und plädierte für drastischere Maßnahmen gegen politisch negativ auftretende Personen".[15]

Nach der Protestresolution gegen die Biermann-Ausbürgerung 1976 gab „Hartmut Möwe" ein Stimmungsbild eines Teiles der DDR-Schriftsteller:

> „Die differenzierte Behandlung von Stephan Hermlin und Christa Wolf in den Parteiversammlungen ist von vielen Genossen, auch nicht von B., verstanden worden, gerade weil diese maßgeblich an der Organisierung der Protestresolution beteiligt waren. Am deutlichsten wird das Nichtverstehen ersichtlich in der Meinung des Genossen G., der die Ansicht vertritt, daß solche ‚Leute' vor den Staatsanwalt gehören und nicht weiterhin erpresserisch auf die SED wirken. Früher in Spanien hätte man die Verräter an die nächste Wand gestellt, durch 6 Gewehrschützen erschossen und sich nicht so lange mit ihnen abgegeben".[16]

Oberleutnant Rolf Pönig schrieb am 18.12.1970 folgende Information:

> „Durch eine zuverlässige inoffizielle Quelle wurde bekannt, daß das Mitglied des Vorstandes des Deutschen Schriftstellerverbandes, der Schriftsteller Dieter Noll, sich zu den Ereignissen in der VR Polen in der Form äußerte, daß man solchen Provokateuren ordentlich auf die Fresse schlagen soll. Zum Glück seien unsere Sicherheitsorgane wachsamer. Aber wenn es sich bei uns Personen wie in Polen erlauben würden, provokatorische Handlungen durchzuführen, würde er, wenn er die Möglichkeit dazu hat, selbst mit dafür sorgen, daß solche Kräfte unschädlich gemacht werden".[17]

5. Macht über Menschen

Die Freiheit der IM, andere Menschen in ihrer Berichterstattung je nach Belieben zu beschützen oder fallen zu lassen, sie zu schonen oder preiszugeben, bedeutete einen enormen Zuwachs an unsichtbarer, doch realer Macht. Den Daumen nach oben oder unten bewegen zu können, war ein erhebendes Privileg, mit dem der eine mehr oder weniger verantwortungsbewußt umging, der andere jedoch seinen Sympathien und Antipathien freien Lauf lassen konnte, dem Freund oder Gesinnungsgenossen zu nutzen und dem Feind zu schaden. Hier war auch so manche Aggression im Verborgenen wirksam, unter Schriftstellern insbesondere der Neid auf Kollegen, die den klaren Klassenstandpunkt vermissen ließen, deren Bücher aber innerhalb und außerhalb

---

[15] BStU, ZA, AIM 4507/89, Bd. I/1, S. 299 (MfS-Zählung).
[16] BStU, ZA, AIM 4507/89, Bd. I/1, S. 76 (MfS-Zählung).
[17] BStU, ZA, AIM 8602/91, Bd. I/1, Bl. 115.

der DDR weitaus erfolgreicher waren. Dies war eine Ungerechtigkeit und wurde als Kränkung empfunden, die Zorn auslöste und den Drang, die ‚falschen' Säulenheiligen vom Sockel zu stoßen und den ‚wahren' Gläubigen Gerechtigkeit durch Erhöhung widerfahren zu lassen.

6. Karrierestreben

Dieses Motiv spielte auch im literarischen Bereich eine Rolle, wiewohl dort nicht wie etwa im akademischen Bereich ein hierarchisches System den beruflichen Aufstieg vorgab. Indes waren auch dort dotierte Posten zu vergeben, bei denen die Staatssicherheit stets ein Wörtlein mitredete und gegenenfalls ein Interesse daran hatte, einen IM in eine Schlüsselposition zu heben. So hatten einige der langjährigen Schriftsteller-IM Ämter und Posten inne, die einen Prestigegewinn darstellten und zum Teil auch honoriert oder anderweitig alimentiert wurden. Hermann Kant war solch ein mehrfach dislozierter Multifunktionär: ab 1965 bereits Vizepräsident, ab 1978 Präsident des Schriftstellerverbandes, daneben Mitglied des PEN-Präsidiums, der Akademie der Künste, der SED-Bezirksleitung Berlin und der Volkskammer.

7. Angst

Die Angst, bei der Werbung nicht Nein sagen zu können, resultierte zum einen aus der DDR-Atmosphäre der allgemeinen Einschüchterung, zum anderen aus der Vorstellung, das MfS sei eine allwissende, allgegenwärtige und allmächtige Instanz, die jegliche Verfehlung kannte und gegen deren Superiorität der einzelne keine Chance hatte. Da das Rechtssystem der DDR in weiten Teilen von willkürlicher („politisch zweckmäßiger") Auslegung geprägt war, konnte der einzelne nur schwer überblicken, welche seiner Verfehlungen überhaupt strafbar war. Diese Unsicherheit nutzte das MfS, indem es mögliche Sanktionen andeutete, die jedoch bei entsprechendem Entgegenkommen fallengelassen werden könnten. Vergehen konnten Regelverletzungen im Berufsleben sein oder Heimlichkeiten im zwischenmenschlichen Bereich, bei denen das MfS sachte androhte, dies könnte den betrogenen oder anderen interessierten Personen irgendwie zu Ohren kommen. Für den einzelnen war nicht oder schwer erkennbar, ob seine Verweigerung persönliche und/oder berufliche Folgen haben würde. Daß diese Furcht weitgehend unbegründet war, konnte der unter Druck Gesetzte damals nicht wissen: Aus den Akten derjenigen IM-Kandidaten, die eine Werbung entweder strikt ablehnten oder sich dieser auf andere Weise entzogen, geht hervor, daß das MfS in den meisten dieser Fälle auf Sanktionen verzichtete und die IM-Vorläufe zwar enttäuscht, doch ohne erkennbare Rachepläne und Racheaktionen archivierte.

Da die IM üblicherweise jeweils aus dem Bereich rekrutiert wurden, in dem sie für das MfS arbeiten sollten, mußten im Bereich Literatur vor allem Schriftsteller und mit Literatur befaßte Berufsgruppen geworben werden. Diese Indienstnahme von Schriftstellern und Intellektuellen war kein DDR-

Spezifikum per se, die Zahlen allerdings sind DDR-spezifisch und zugleich symptomatisch für totalitäre, kommunistische Systeme. Bedenkt man, daß der Schriftstellerverband der DDR im letzten DDR-Jahrzehnt zwischen 900 und 1000 Mitglieder (1986: 842 Mitglieder + 129 Kandidaten) hatte, ist die Zahl der in diesem Bereich eingesetzten IM erstaunlich hoch, kann aber bei dem Anspruch das MfS, diesen Bereich inoffiziell zu „durchdringen", nicht überraschen.

Nach dem X. Schriftstellerkongreß 1987 hatte die zentrale Leitung des Schriftstellerverbandes der DDR 123 Mitglieder. Dem Präsidenten Hermann Kant standen die Vizepräsidenten Gerhard Holtz-Baumert, Max Walter Schulz, Joachim Nowotny, Rainer Kerndl und Jurij Brezan zur Seite sowie der 1. Sekretär Gerhard Henniger. Dem Präsidium gehörten insgesamt 19 Mitglieder an, dem Vorstand 90, der Revisionskommission 14 Mitglieder.

Für die 123 Mitglieder der zentralen Leitung des Schriftstellerverbandes der DDR (Zusammensetzung Stand 1987) ergibt sich folgendes Bild: 49 von ihnen hatten vor 1987 oder haben noch 1987 inoffizielle Kontakte zum MfS, worunter einige wenige Fälle (u.a. Gerhard Henniger, Max Walter Schulz) als offizielle Kontaktpersonen geführt wurden. Dies ergibt eine IM-Durchdringung der zentralen Leitung des Schriftstellerverbandes zu 40 Prozent, wobei die Dichte nach oben hin zunimmt: Von den 19 Präsidiumsmitgliedern hatten oder haben 1987 insgesamt 12 inoffizielle Kontakte, was einem Prozentsatz von 63 Prozent entspricht.

Für den IM-Bestand in einzelnen Bezirksverbänden des Schriftstellerverbandes lieferten die Bezirksverwaltungen des MfS 1986 Zahlen an die Zentrale in Ostberlin. Einige Beispiele:

Die BV Halle meldete für die 39 Mitglieder und 9 Kandidaten des Hallenser Schriftstellerverbandes sowie für das Bezirksliteraturzentrum 3 IMB, 5 IME und 6 IMS.

Die BV Rostock meldete für 42 Mitglieder und Kandidaten insgesamt 13 IM, davon 8 der Abteilung XX und 5 anderer Diensteinheiten, sowie 5 weitere IM der Abteilung XX für den Nachwuchs- und Freizeitbereich, die „Schlüsselfunktionen" seien besetzt.

Die BV Suhl meldete für nur 6 Mitglieder und 5 Kandidaten des Bezirksschriftstellerverbandes 1 IMB und 1 IMS sowie für den Nachwuchsbereich 1 IMB. Außerdem 3 IMS in „staatlichen Einrichtungen" und 8 IMS für die „Zirkel Schreibender Werktätiger".

Entgegen der Schutzbehauptung der einst inkorporierten IM war es durchaus möglich, das Werbungsansinnen des MfS mit einem klaren Nein zurückzuweisen. Jene, die damals Ja sagten, möchten im nachhinein ihre Entscheidung als quasi zwangsläufig darstellen, um so die auch in der DDR-Diktatur gegebene individuelle Freiheit der Willensentscheidung infrage zu stellen und damit ihre Verantwortlichkeit zu leugnen. Wichtig ist zudem der Nachweis, daß auch in der DDR universale ethische Werte nicht außer Kraft gesetzt und die Unterschiede zwischen Recht und Unrecht, Moral und Unmoral erkennbar waren. Die Tabugrenze war im Bewußtsein deutlich markiert, und ihr Überschreiten im nachhinein als läßliche Schwäche oder gar mit edlen Motiven rechtfertigen zu wollen, ist nicht etwa ein hochherziges Angebot zur Versöhnung, sondern der verständliche, doch gefährliche Versuch, die moralische Verantwortlichkeit des Menschen so weit einzuebnen, bis sie nicht mehr erkennbar ist. Das folgende Beispiel belegt die gegebene Willensfreiheit der Entscheidung und widerlegt die Pauschalthese von der Verderbnis der DDR-Schriftsteller in toto.

Zu Rainer Kirsch wurde von der BV Halle im Oktober 1962 ein IM-Vorlauf angelegt, doch mußte dieser nach IM-Berichten aus dem Schriftstellerverband Halle zunächst zu einer Operativ-Vorlaufakte umregistriert werden. Die Hallenser Kinderbuchautorin Edith Bergner alias „Barbara Seidel" gab ihrem Führungsoffizier Anfang Juli 1963 zu Protokoll: „Eine viel gefährlichere Gruppierung hat sich jedoch um die Lyriker Kirsch gebildet, zu denen außer Rainer und Sarah Kirsch die Lyriker Jentzsch aus Halle und der Leipziger Lyriker Braun, der zum Verband nach Halle kommen soll, gehören. Sie bezeichnen sich als ‚die richtigen Marxisten', ‚die junge Elite'. Alle anderen sind nur Dogmatiker, worunter auch die Parteiführung der SED rechne, obwohl sie das nicht namentlich ansprechen".[18] Hauptmann Strehl plante 1965: „Eine Werbung des Kirsch als IM ist erfolgversprechend, weil er unter bestimmten negativen intellektuellen Personenkreisen wegen seiner politisch-ideologischen Schwankungen, seines Intellektes, Verbindungen nach Westdeutschland, dem kapitalistischen und sozialistischen Ausland, großes Vertrauen genießt und selbst solchen Kreisen angehört".[19] Am 15.1.1965 wurde daraufhin die operative Vorlaufakte wiederum in einen IM-Vorlauf umregistriert, „um zu Kirsch Kontakt herzustellen mit dem Ziel der Anwerbung und seines Einsatzes auf der Linie Kultur".[20] Zwei anschließend geführte Kontaktgespräche brachten jedoch magere Ergebnisse: „Der Kandidat verhielt sich korrekt, jedoch war er nicht bereit, auf die Probleme, die im Gespräch aufgeworfen wurden, einzugehen".[21] Mehr noch, im zweiten Gespräch wurde der Umworbene deutlich, und die zurückgewiesenen Werber schrieben die bemerkenswert wohlgesetzten Worte mit: „In einer Phase des Gespräches sagte er: ‚Ich kann mir schon denken, was Sie von mir wollen, ich soll für Sie Leute bespitzeln. Wenn Sie aus diesem Grunde zu mir gekomken sind, so will ich es gleich frei heraus sagen, von mir werden Sie keine Zustimmung dafür erhalten'". Solch höfliche Bestimmtheit brüskierte die Tschekisten derart, daß sie die Werbung aufgaben. Der Schlußsatz des „Abschlußberichtes" vom 29.12.1965 lautet: „Da bei dem Kandidaten nie die erforderliche Ehrlichkeit und Zuverlässigkeit für eine inoffizielle Tätigkeit gegeben ist, wird von einer weiteren Kontaktierung und Werbung Abstand genommen und die Vorlaufakte eingestellt".[22]

---

[18] BStU, ASt. Halle, Vorlauf-AIM 89/66, Bd. I/1, Bl. 11.
[19] BStU, ASt. Halle, Vorlauf-AIM 89/66, Bd. I/1, Bl. 137.
[20] BStU, ASt. Halle, Vorlauf-AIM 89/66, Bd. I/1, Bl. 140.
[21] BStU, ASt. Halle, Vorlauf-AIM 89/66, Bd. I/1, Bl. 150.
[22] BStU, ASt. Halle, Vorlauf-AIM 89/66, Bd. I/1, Bl. 151.

Omnipotent zu sein, erreichte die Staatssicherheit nie, omnipräsent zu sein aber wohl. Letztendlich jedoch hat der enorme Aufwand nichts genutzt. Und das Tröstliche daran ist, daß die Machtsicherung durch das MfS und ihre stillen Teilhaber eine zerstörerische Stabilisation war, da sie auch die dogmatische Starre und Reformunfähigkeit zementierten.

Wenn die in der DDR geschriebene Literatur durch deren partielle Kooperation mit dem Partei- und Sicherheitsapparat Schaden genommen hat, so hat sie sich in Teilen selbst beschädigt, und es wäre ebenso töricht wie üblich, den Chronisten für die Nachricht zu schelten. Weit produktiver als die Frage: „Was bleibt?" fand und finde ich die Frage: „Was kommt?" Was kommt künftig über uns, wenn wir das eigene wie das fremde Versagen, die eingebildete wie die berechtigte Angst, die Inkonsequenzen im Denken und Handeln, das Anpassen und Überanpassen, wenn wir Lüge, Vertrauensbruch, Würdelosigkeit und Verrat nicht beschreiben und benennen? Was kommt, wenn wir die Erfahrungen aus einer modernen Diktatur wie der DDR nicht zur Kenntnis nehmen und als warnendes Lehrstück begreifen wollen?

Abkürzungsverzeichnis

AIM Archivierter IM-Vorgang oder IM-Vorlauf
BStU Der Bundesbeauftragte für die Unterlagen des Staatssicherheitsdienstes der ehemaligen Deutschen Demokratischen Republik
JHS Juristische Hochschule des MfS
MfS Ministerium für Staatssicherheit
ZA Zentralarchiv
ZAIG Zentrale Auswertungs- und Informationsgruppe
ZMA Zentrale Materialablage

Walter Schmitz

Johannes R. Becher – der ‚klassische Nationalautor' der DDR

I. Die ‚Signatur des Zeitalters' – Biographie und Autobiographie

Johannes R. Becher wollte der ‚klassische Nationalautor' der DDR sein. Seitdem sich im Selbstverständnis der Deutschen eine Trennung zwischen der ‚Kulturnation' und der ‚Staatsnation' herausgebildet hatte, war auch die Rolle eines Repräsentanten der ‚Kulturnation' sinnvoll; sie wurde in Modellen der Lebensinszenierung wie in literarischer Symbolisierung ausgestaltet, und gerade im Medium der Literatur konnte neben die Repräsentanz der Lebensinszenierung auch die symbolische Repräsentation des ‚Deutschen' treten. So wurde der ‚Dichterfürst' im bürgerlichen Zeitalter als Wunschfigur von Autoren wie Lesern imaginiert. Die soziale Phantasie schuf ein real erfülltes Rollenbild, zunächst in der Rückprojektion auf Goethe, dann aber – verstärkt durch den Persönlichkeitskult der ‚Gründerzeit' – in der Rollenübernahme durch Gerhart Hauptmann, der neben dem ‚Schauspieler auf dem Thron' Wilhelm II. das ‚wahre Deutschland' zu verkörpern schien. Doch werden schon im Frühwerk Thomas Manns, vor dem Ersten Weltkrieg, derartige Repräsentanzkonzepte in Zweifel gezogen, nichts-

---

Im folgenden werden nachstehende Siglen verwendet:

Briefe I = Johannes R. Becher: Briefe. 1908-1958. Berlin, Weimar 1993.
Briefe II = Briefe an Johannes R. Becher. 1910-1958. Berlin, Weimar 1993.
Dwars = Jens Fiete Dwars: Abgrund des Widerspruchs. Das Leben des Johannes R. Becher [unveröffentlichtes Manuskript, erscheint 1997].
Gansel = Der gespaltene Dichter. Johannes R. Becher. Gedichte, Briefe, Dokumente 1945-1958. Hrsg. von Carsten Gansel. Berlin 1991.
GW I - XVIII = Johannes R. Becher: Gesammelte Werke. Hrsg. vom Johannes-R.-Becher-Archiv der Deutschen Akademie der Künste zu Berlin. 18 Bde. Berlin 1966-1981.
Ich danke Herrn Dr. Rolf Harder vom Johannes-R.-Becher-Archiv der Stiftung Archiv der Akademie der Künste für seine freundliche Unterstützung. Herrn Dr. Jens Fiete Dwars (Jena) weiß ich mich für die Überlassung der einschlägigen Kapitel seiner neuen Biographie Bechers, die im Jahr 1997 beim Aufbau Verlag erscheinen soll, zu besonderem Dank verpflichtet.
Eine jüngere bibliographische Übersicht zu Bechers Werk und der einschlägigen Forschung fehlt. Ergiebig bleibt hier die DDR-Forschung, auch, weil sie sich zum Werk als in den Prämissen einverstandener Kommentar verhält; vgl. Michael Sauer: Zur Rezeption Johannes R. Bechers in der Literaturwissenschaft der DDR. In: Literatur in Wissenschaft und Unterricht 19 (1986), S. 49-74.

destotrotz aber weiterhin angestrebt.¹ Während Thomas Mann so seit den zwanziger Jahren die Rolle des ‚klassischen deutschen Nationalautors' gespielt und sie zugleich mit selbstkritischen Reflexionen begleitet hatte, suchte Becher eine unzeitgemäße, aber für die junge DDR noch staatskonforme Erneuerung des Konzeptes. „Wir erwarteten", so charakterisiert Bodo Uhse die kulturelle Stimmung nach 1945, „den Anbruch einer neuen Epoche, in der die Nation den Dichtern, in der die Dichter der Nation nichts mehr schuldig blieben".² Mit seinem Wunschbild des ‚Nationalautors' setzt Becher bei der „Identität des Autors mit seinem Jahrhundert"³ an, um sich demgemäß eine „Herausbildung der poetischen Persönlichkeit zum Repräsentanten ihrer Epoche"⁴ aufzuerlegen: „Des zwanzigsten Jahrhunderts erste Hälfte zu gestalten, war mein dichterisches Vorhaben, meine poetische Konzeption", schreibt er im vierten Band seiner *Bemühungen*: „Alle Arten von Wandlungen, die der Mensch erlitten hat in dieser Zeit".⁵ Als Substrat der Repräsentanz erscheint, in perspektivischem Wechsel, einmal die Geschichte der Nation, dann aber auch das ‚Volk' als Agens der Geschichte: „Der Dichter muß sich zu einem solchen ausbilden, daß all das, was ihn selbst freudig oder leidvoll bewegt, zugleich Glück und Not des ganzen Volkes bedeutet – alsdann wird er in seiner Selbstgestaltung das Höchste erreichen, was ihm gegeben ist: Spiegel der Seele, Ausdruck des Traums und des Willens seines Volkes zu sein".⁶ Daß „eine ganze Epoche – gespiegelt in einer Fülle von Gedichten"⁷ in seinem Werk erscheine, weist ihn als den würdigen Repräsentanten dieser Ära deutscher Geschichte aus.

Indessen dreht sich – höchst bedeutsam für Bechers Auffassung – gleichsam der Zeitvektor der Repräsentanz, indem nicht die Vergangenheit, sondern vielmehr die Zukunft im Schaffen des Nationalautors abzubilden ist. Angesichts der deutschen Geschichte in der ersten Jahrhunderthälfte muß das Pathos des Künftigen vom Makel der Vergangenheit ablenken:

---

[1] Vgl. meine Studie: „Der Tod in Venedig". Eine Erzählung aus Thomas Manns Münchner Jahren. In: Blätter für den Deutschlehrer 1985. H. 1, S. 2-20. – Künftig die Monographie von Jochen Strobel: Entzauberung der Nation. Untersuchungen zur Repräsentation Deutschlands im Werk Thomas Manns. Dresden 1997 (i. D.).

[2] Bodo Uhse: Der Dichter und die Schufte. In: Aufbau 7 (1951), S. 407-410, hier S. 407 f.

[3] So Becher in seinen Reflexionen „Das poetische Prinzip", dem 1956 entstandenen, vierten und letzten Teil seiner „Bemühungen". In: GW XIV, S. 602; vgl. auch: ebd., S. 265. Vgl. Hans Richter: Das lyrische Menschenbild des späten Becher. In: neue texte 1 (1962), S. 54-82, hier S. 57.

[4] Marianne Lange: Der Dichter als repräsentativer Charakter seines Zeitalters, als ganzer Mensch. Zu Johannes R. Bechers poetischer Konzeption. Dichtung als Selbstgestaltung. In: Weimarer Beiträge 8 (1962), S. 685-710, hier S. 691.

[5] GW XIV, S. 393.

[6] Johannes R. Becher: Verteidigung der Poesie. Vom Neuen in der Literatur. Berlin 1952, S. 422. – „Was wäre ein Dichter, der nicht der erhöhte Ausdruck der Volksseele wäre?" So lautete ein Hauptmann-Zitat, das sich Thomas Mann zustimmend in den Vorarbeiten zu seinem „Literatur-Essay" (1909) notierte; vgl. Der Briefwechsel zwischen Thomas Mann und Gerhart Hauptmann. Hrsg. von Hans Wysling und Corinna Bernini. Teil I: Einführung. Briefe 1912-1924. In: Thomas Mann Jahrbuch 6 (1993), S. 245-282, hier S. 249.

[7] Horst Haase: Johannes R. Becher. Leben und Werk (= Schriftsteller der Gegenwart 1). Berlin 1981, S. 9.

„Wem gehört Deutschland? Dem, dem die Zukunft gehört. Wem gehört die Zukunft? Dem Sozialismus. Wem gehört die deutsche Kultur? Der sozialistischen Kultur. Gehen wir an die Arbeit, sachlich und kühn, voll heiliger Nüchternheit und leidenschaftlich zugleich, von einem neuen menschlichen Pathos, vom Pathos des Sozialismus erfüllt, und wir werden eine Stimme der Nation werden [...]. Es lebe die sozialistische Kultur als Vollendung der nationalen Kultur, Menschheitskultur! Es lebe die Deutsche Demokratische Republik als Vorbild für ganz Deutschland!"[8]

Sein eigenes Werk situiert Becher eben am Ort der Zeitenwende. Damit wird ein Pathos wieder legitim, dessen ‚modernen' Brechungen sich Becher programmatisch verweigert. Er beruft sich, unbeeindruckt von den Hypotheken dieses Vokabulars,[9] auf die überkommene Erhabenheitsfigur des ‚Dichters', dessen ‚hoher Ton' sich von der Alltagsprosa des Schriftstellers unterscheidet; das Ethos des Dichters aber beruht in der ihm aufgegebenen Repräsentanz seiner ‚Persönlichkeit': „Den Dichter unterscheidet vom Schriftsteller, daß sich der Dichter in seinem poetischen Werk selbst gestaltet";[10] daher gelte „Goethes Forderung, daß der Autor vom Nationalgeist durchdrungen sein müsse, [...] im besonderen Maße für den Lyriker, der nur dann zum Sänger der Nation werden kann".[11]

Bechers Goethe-Nachfolge, sein Eintritt in den Bannkreis des ‚Musterhaften' war offenkundig. Ironisch bemerkt Peter Hacks noch im Rückblick auf die untergegangene DDR, wie „Goethes Antwort" auf die „Frage, wann und wo ein klassischer Nationalautor entstehe, [...] ins sozialistische Schatzkästlein" gehöre, „seit Johannes R. Becher sie da hinein verbracht hat".[12] Dabei sollte niemals gelten: „zurück zu Goethe, sondern es heißt: vorwärts zu Goethe und mit Goethe vorwärts!" Am Goethe-Jahr 1949, das für die kulturpolitische Strategie der SED nachhaltig genutzt wurde, beteiligte sich Becher mit einer Rede „Der Befreier", die nicht nur seine Konzeption des

---

[8] Johannes R. Becher: Die sozialistische Kultur und ihre nationale Bedeutung (1958). In: GW XVIII, S. 614-664, hier S. 663 f.

[9] Vgl. bei: Inge Jens: Dichter zwischen links und rechts. Die Geschichte der Sektion für Dichtkunst der Preußischen Akademie der Künste dargestellt nach Dokumenten. München 1979, das Kapitel: „Dichter contra Literaten" (S. 98-144). Materialreich ist die Dominanz einer nationalkonservativen Gruppierung um 1930, die für sich prononciert den Ehrentitel des ‚Dichters' beanspruchte, dargestellt bei: Werner Mittenzwei: Der Untergang einer Akademie oder Die Mentalität des Ewigen Deutschen. Der Einfluß der nationalkonservativen Dichter in der Preußischen Akademie der Künste 1918 bis 1947. Berlin, Weimar 1992, S. 157-216. Zur erneuten Konjunktur der Wertantithese von ‚Dichter' und ‚Schriftsteller' in der Nachkriegszeit vgl. Jürgen Engler: „Geistige Führer" und „arme Poeten". Autorenbilder der Nachkriegszeit. In: Unterm Notdach. Nachkriegsliteratur in Berlin 1945-1949. Hrsg. von Ursula Heukenkamp. Berlin 1996, S. 47-87, hier S. 52-56.

[10] Johannes R. Becher: Verteidigung der Poesie. In: GW XIII, S. 5-408, hier S. 20.

[11] Lange: Der Dichter als repräsentativer Charakter (Anm. 4), S. 688, mit dem Hinweis auf Bechers „Das poetische Prinzip". In: GW XIV, S. 251-651, hier S. 648.

[12] Im „Vorwort" zu einer Abteilung seines Bandes: Die Massgaben der Kunst. Gesammelte Aufsätze 1959-1994. Hamburg 1996, S. 119. Vgl. Bechers Tagebuchnotiz aus dem Jahr 1951 zu dieser Fragestellung Goethes. In: GW XII, S. 639 f.

‚Erbes' entwickelte, sondern vor allem Goethes Lebensthemen als Spiegel für die eigenen Lebensthemen nutzte: „all das", resümiert Gerd Dietrich, „verhandelte seine eigene Sache: Nicht ‚Goethe und wir' sondern ‚Ich und Goethe'".[13] „Oft genug war von einigen Jungen der Literatur zu hören, er sei ‚zu sehr Goetheaner'",[14] während der Parteichef Walter Ulbricht eben diese Nachfolge des Weimaraner Dichterfürsten rühmend an Bechers Wirken hervorhob. Mit den früheren ‚Statthaltern Goethes auf Erden', mit seinen Vorbildern und Vorgängern Thomas Mann – laut Bechers Brief an ihn vom 2. Juni 1955 „eine unteilbare, ganze Persönlichkeit" – und Gerhart Hauptmann war Becher nicht nur bekannt, sondern er hat die Beziehung zu diesen beiden „noch etwas offizielleren deutschen Geistesheroen"[15] auch öffentlich kultiviert, wie es das Schema der Rollenübernahme durch den berufenen Erben vorsieht. „Die persönlichen Begegnungen Bechers und Thomas Manns 1949 und 1955 in Weimar vertieften Bechers Bedürfnis, sich in ‚geheimer' Selbstverständigung der Wesensart Thomas Manns und der Ursachen seiner geistigen Repräsentanz voll bewußt zu werden".[16] Von seinem spektakulären Besuch bei dem greisen, hinfälligen Hauptmann hatte Becher im Herbst 1945 unter dem Titel „Versunkene Glocke" berichtet und damit gleichsam ein Modell der Rollenübertragung reklamiert; denn die ‚Versunkenheit' ist in seinem eigenen Werk das Leitmotiv des ‚poetischen Traums',[17] also jenes weltentrückten Zustands, aus dem heraus er, Becher, den alten ‚Dichterfürsten' wieder in die Öffentlichkeit führen wollte, um so seinen eigenen Rang als Sachwalter dieser neuen, demokratischen Öffentlichkeit zu beweisen.[18] Als „Galionsfigur einer eigenen Nationalliteratur"[19] wird Johannes R. Becher fortan danach streben, den nach Hauptmanns Tod „verwaisten Platz"[20] des „Dichterfürst[en]"[21] einzunehmen und jenes in der bürgerlichen Literatur entwickelte Rollenbild zu ‚beerben', und er legitimiert dies zum einen durch ein Werk, das sich mit dem Anspruch symbolischer Totalität als

---

[13] Gerd Dietrich: Politik und Kultur in der Sowjetischen Besatzungszone Deutschlands (SBZ) 1945-1949. Mit einem Dokumentenanhang. Bern u.a. 1993, S. 185.

[14] Alexander Dymschitz: Aus den Erinnerungen eines Kritikers. In: Neue deutsche Literatur 10 (1962), S. 63-76, hier S. 69 f.

[15] So hatte sie Becher, noch polemisch, 1925 in seiner Schrift „Bürgerlicher Sumpf – Revolutionärer Kampf" (GW XV, S. 77-91, hier S. 80) identifiziert.

[16] Georg Wenzel: Johannes R. Becher und Thomas Mann. Dialog, Begegnung und Bündnis. In: Weimarer Beiträge 27 (1981), S. 10-29, hier S. 26.

[17] Vgl. Rüdiger Ziemann: Abschiedsfeier. In: Neue deutsche Literatur 32 (1984), S. 104-116, hier S. 110.

[18] Dwars bemerkt, daß Becher sehr wohl eine Kontinuität zu Hauptmanns noch 1932 geäußerten Appellen zu ‚innerem und äußerem Frieden', zur ‚Arbeit an uns', zur ‚Vertiefung in den deutschen Kulturbesitz' sehen konnte. Vgl. auch: Wolfgang Schivelbusch: Vor dem Vorhang. Das geistige Berlin 1945-1948. München 1995, S. 136-140.

[19] So Frank Trommler in seiner Skizze zum späten Becher: Sozialistische Literatur in Deutschland. Ein historischer Überblick. Stuttgart 1976, S. 705.

[20] Lilly Becher an Becher vom 12.6.1946. In: Briefe II, S. 258.

[21] So die freundlich ironische Anrede im Brief Hans Sahls an Becher vom 3.6.1947. In: Briefe II, S. 306.

Summe deutscher Geschichte präsentiert und mit „Verse[n] nationalerzieherischen Charakters"²² den Dichter als ‚Lehrer der Nation' etabliert, zum anderen aber durch die Stilisierung einer Autorrolle, die nun das ‚Deutsche' inkarniert: „Das Leiden Deutschlands erscheint" in Bechers Gedichten aus den Jahren 1945/46 „als die Passion des Dichters".²³ Und ebenso wird der ‚neue deutsche Mensch' gleichsam im Medium der Poesie Johannes R. Bechers geschaffen.²⁴

Becher selbst freilich sieht sich nur als Verkünder dieses Messias; er überschreitet – als Repräsentant einer deutschen Generation – die ‚Schwelle' zum ‚Neuen', ohne selbst ein ‚neues Leben' vor sich zu haben. Vielmehr muß er im epochalen Motiv der ‚Wandlung' auch sein eigentliches Lebensmotiv erkennen; „die Millionensehnsucht nach einem Anderswerden"²⁵ wird im Leitmotiv des ‚Anderswerdens' in Bechers autobiographischem, im Exil entstandenen, in der Nachkriegszeit neu vorgelegten Roman *Abschied* reflektiert und in der geplanten Fortsetzung *Wiederanders* zur einzigen ‚Dauer im Wechsel' erklärt. Bechers Repräsentanz somit ist nicht statuarisch, sondern dynamisch – ‚der Zukunft zugewandt', um die notwendige Überwindung der Vergangenheit zu leisten. Der ‚Abschied' und das ‚Anders-Werden' entsprechen in ihrer literarischen Persistenz²⁶ zwar der spezifisch ‚modernen' Erfahrung der Zeitbeschleunigung und des Unvertraut-Werdens gewohnter Sicherheit, indessen teilt Becher auch die Sehnsucht der kulturellen ‚Moderne' nach einer neuen Totalität.

Denn Bechers literarische Karriere hatte zu Jahrhundertanfang begonnen, als die expressionistische ‚Literaturrevolte' in einer statischen und krisenhaft stagnierenden Gesellschaft zur ‚Wandlung' aufrief und den ‚neuen Menschen' verkündete. An der Politisierung des literarischen Vokabulars, wie sie sich in den fundamentalistischen „Austauschdiskursen" vor allem bei den extremen Lagern des politischen Spektrums während der Weimarer Republik vollzieht,²⁷ hat Becher nicht nur Anteil, sondern er begreift sie zunehmend als seine ihm zugeschriebene Aufgabe. Ein „Ringender und ein sich immer erneut Wandelnder"²⁸ will Becher sein; in seinen Texten „erscheint das Selbstbild des Kämpfers und Überwinders".²⁹

---

[22] Haase: Johannes R. Becher (Anm. 7), S. 214.
[23] Ebd., S. 214.
[24] Vgl. Marianne Lange: Von Menschen kündend, die sich kühn erheben. In: Sinn und Form. Zweites Sonderheft Johannes R. Becher. Berlin 1960, S. 186-199.
[25] Johannes R. Becher: Das Reformationswerk deutscher Erneuerung. In: Demokratische Erneuerung 1946. Nr. 6, S. 6.
[26] Es gibt sechs Gedichte unter dem Titel „Abschied". Vgl. Günther Deicke: Zwei Strophen und ein zufälliger Fund. In: Wandelbar und stetig. Lesarten zu Johannes R. Becher. Anthologie. Halle, Leipzig 1984, S. 33-36, hier S. 36.
[27] Vgl. zur Begriffsklärung die „Einleitung" von Wolfgang Eßbach zu dem Abschnitt „Austauschdiskurse" in: Intellektuellendiskurse in der Weimarer Republik. Zur politischen Kultur einer Gemengelage. Hrsg. von Manfred Gangl und Gérard Raulet. Darmstadt 1994, S. 15 ff.
[28] Haase: Johannes R. Becher (Anm. 7), S. 7.
[29] Michael Rohrwasser: Der Weg nach oben. Johannes R. Becher. Politiken des Schreibens. Frankfurt a. M. 1980, S. 17. Vgl. dazu die – zu Rohrwassers weiterer Argumentation analoge –

Zunächst bedeutete dies den Identitätswechsel zur Namenlosigkeit, wie er 1930 in dem Gedicht „Genosse!", aber auch in den gleichzeitigen Lehrstücken Bertolt Brechts praktiziert wird:[30]

> Ich legte ab meinen Namen.
> Ich heiße: Genosse.

Die Vision der Expressionisten vom ‚neuen Menschen' wird „an die marxistische Doktrin angebunden", ‚wandelt' diesen zum „Mann, der in der Reihe geht";[31] das „hypertrophierte Ich des spätbürgerlichen Dichters löscht sich aus, es geht in der namenlosen Masse auf";[32] in der *Roten Fahne*, der Zeitschrift des Bundes proletarisch-revolutionärer Schriftsteller, veröffentlichte Becher 1927 seinen bekenntnishaften Aufsatz „Der Weg zur Masse". Jenes „sich ‚Entpersönlichen', ‚Entwerden', das erst die wahre Persönlichkeit schafft", hat Becher noch im Rückblick als ein Medium jener in all den Religionssurrogaten des Jahrhunderts ersehnten ‚Erlösung'[33] vorgestellt, die sich freilich – laut Becher – erst im Durchgang zur ‚Persönlichkeit' vollendet, einem Ideal, das Becher wiederum aus der bildungsbürgerlichen Semantik übernimmt.[34]

Die Totalentwürfe einer ‚Zivilreligion' konstituieren eine Metapolitik, die Bechers politisch eingreifendem Handeln stets orientierend vorausliegt; sie strukturieren den Weltentwurf seiner Poesie, finden aber – wie es seit dem Aufbruch des deutschen Bürgertums in die Politik zu Anfang des 19. Jahrhunderts bezeichnend ist – noch immer ihr Pendant in der öffentlichen politischen Rede. Nimmt man sein Sprachmaterial beim Wort, so ist Johannes R. Becher, aus dem fest gefügten katholischen Milieu Münchens stammend, immer ein ‚religiöser Dichter'[35] geblieben. Allerdings treten neue

---

These bei Hans Richter: Der Dichter in Bechers Gedicht. In: Weimarer Beiträge 28 (1982), S. 5-26: „Bechers Poesie ist im Grunde weniger die Aktion eines eindeutig gegebenen Subjekts als vielmehr die immer neu suchende und versuchende Definition und Reflexion eines Subjekts" (S. 7).

[30] GW III, S. 288. Vgl. GW VIII, S. 310.
[31] Klaus Vondung: Die Apokalypse in Deutschland. München 1988, S. 378.
[32] Haase: Johannes R. Becher (Anm. 7), S. 61.
[33] Johannes R. Becher: Der Weg zur Masse (1927). In: GW XV, S. 131-133, hier S. 131 f.
[34] Vgl. zum ‚Kultus der Persönlichkeit': Edgar Zilsel: Die Geniereligion. Ein kritischer Versuch über das moderne Persönlichkeitsideal, mit einer historischen Begründung (1918). Hrsg. von Johann Dvorak. Frankfurt a. M. 1990.
[35] Rohrwasser: Der Weg nach oben (Anm. 29), S. 65. Vgl. ebd. den Hinweis auf den „himmlischen Geist der Revolution"; vor allem aber Bechers eigene Stellungnahme in seinem Brief an die Schriftleitung des „Sonntagsboten", Pfarrer Schweinitz, vom 12.3.1947. Dort war ihm eine blasphemische Verwendung der ‚Auferstehungs'- wie anderer religiöser Vokabeln vorgeworfen worden: „Alle großen deutschen Dichter haben den Begriff ‚heilig' sowohl in einem allgemeinen religiösen wie auch in einem weltlichen Sinn zu Recht verwendet. [...] Es handelt sich bei [meinem] Artikel ‚Tod und Auferstehung' zwar um einen politischen Artikel, aber ebenso wie der Begriff ‚demokratische Erneuerung' ist auch der Begriff des Politischen in einem weiteren, menschlichen Sinne gefaßt. Und es ist ganz und gar abwegig, einem Dichter eine journalistische Fachsprache vorzuschreiben, die er nie gesprochen hat und die er auch in Zukunft nicht sprechen wird". In: Briefe I, S. 330.

Handlungsträger in das heilsgeschichtliche Modell ein und säkularisieren es. In dem Gedicht „Volkes eigen" (1950) übernehmen die Arbeiter das ungenutzte und nutzlose Industriepotential und werden zum Subjekt einer ‚neuen Schöpfung', in der sich die Arbeiterklasse verwirklicht:

> Lichtdurchatmet lebten auf die Werke,
> Die noch dunkel lagen im Revier.
> Sprach das Volk, erkennend seine Stärke:
> „Es wird Licht. Und seht: das Licht sind – wir!"

Die säkulare Wirklichkeit erweist sich als die wahre Lesart des sakralen Prätextes. Der Einbruch des absolut ‚Anderen' – der Schöpfung, der Auferstehung und Erlösung, des Pfingstwunders, der Apokalypse und ‚neuen Welt' – markiert jeweils den Übergang aus der religiösen Heils- in eine politische Sinnordnung der Befreiung und des Fortschritts: „Grabgeläute war's, das ich vernahm, / Als ich in die Heimat wiederkam" heißt es im zweiten Gedicht („Abschied und Wiederkehr") der Sammlung *Heimkehr. Neue Gedichte* (1946).[36] „Diesem Grabgeläute setzt der Dichter die Metapher von der Auferstehung entgegen. Der christliche Oster-Mythos wird zum hoffnungsvollen Sinnbild gesellschaftlichen Neubeginns. *Auferstehen* heißt die erste Rede, die Becher bereits am 3. Juli 1945 hält",[37] „ein deutsches Ostern, einen deutschen Auferstehungstag" verkündet er in dem Band *Erziehung zur Freiheit* (1946),[38] und als Otto Grotewohl die Vereinigung von KPD und SPD feiert, greift er auf eben diese Symboltradition zurück: „Das möge die Erkenntnis sein, die ihr in eure Herzen tief eingraben möget, daß, wenn dieses Ans-Kreuz-schlagen [der SPD bei diesem Vereinigungsparteitag am Karfreitag 1946; W. S.] erfolgt ist, heute, am Ostertage, die herrliche Auferstehung der deutschen geeinten Arbeiterklasse erfolgt ist".[39] Wenngleich Hendrik de Man bereits 1926 in seinem Buch *Zur Psychologie des Sozialismus* auf „die religiöse Struktur der Vorstellungswelt der Arbeiterschaft und der organisierten Arbeiterbewegung" hinwies,[40] so bleiben doch deren Konformität und Differenz zur lebensweltlichen Leitkultur des (Bildungs-)Bügertums wie zur politischen Repräsentationskultur noch zu untersuchen.

---

[36] GW V, S. 410.
[37] Haase: Johannes R. Becher (Anm. 7), S. 210.
[38] Johannes R. Becher: Tod und Auferstehung. In: GW XVI, S. 652-656, hier S. 656.
[39] Zit. nach: Gert-Joachim Glaeßner: Selbstinszenierung von Partei und Staat. In: Parteiauftrag: Ein neues Deutschland. Bilder, Rituale und Symbole der frühen DDR. Hrsg. von Dieter Vorsteher. Buch zur Ausstellung des Deutschen Historischen Museums vom 13. Dezember 1996 bis 11. März 1997. Berlin 1996, S. 20-39, hier S. 29.
[40] Ebd., S. 28. – Simone Barck, Martina Langemann, Siegfried Lokatis: Die DDR – eine verhinderte Literaturgesellschaft? In: Die DDR als Geschichte. Fragen – Hypothesen – Perspektiven. Hrsg. von Jürgen Kocka und Martin Sabrow. Berlin 1994, S. 153-158, hier S. 156, heben die „Universalisierung von [symbolischen] Diskursen" hervor, die unter Zensurdruck zu einer literarischen Surrogatsöffentlichkeit führen kann.

Daß die Literatur der ‚Moderne' auch diese Sprachwelten – kritisch analysierend und emphatisch konkurrierend – zu integrieren weiß, bildet jedenfalls den Ausgangspunkt für die politische Karriere des ‚Dichters' Johannes R. Becher. So situiert der junge Dichter seine eigene Mission in der – latent apokalyptischen – Topik der ‚Zeitenwende',[41] wenn er in seiner „Rede über Richard Dehmel" (1912), „schmerzlich zerrissen zwischen dem Ende der alten und dem Anbeginn einer neuen Zeit", prophezeit, ein künftiger ‚Großer' solle ‚das Chaos zur Welt gebären'; bereits im Titel des ersten seiner Gedichtbände, den er auch im Rückblick noch gelten ließ, kehrt diese Appellformel *Verfall und Triumph* wieder, und Becher hat nie einen Hehl daraus gemacht, daß er sich selbst in der Rolle jenes ‚Großen', eines ‚Führers' und ‚Erlösers' zu sehen vermochte. Erst in den dreißiger Jahren, nach der radikalen selbstverleugnenden Identifikation mit der ‚Masse' als dem historischen Über-Subjekt, wird dieser expressionistische Impuls in ein ‚klassisches' Programm des ‚Formendienstes' eingebracht;[42] die Form des Sonetts, wie sie Becher nun für sich als Medium seiner Deutschland-Dichtung entdeckt, wird als „Rettung vor dem Chaos" – so in Bechers Gedicht „Das Sonett" – empfunden. Dichtung und Dichter sind einander gleich. „Der Charakter, die Persönlichkeit sind es", wie Becher in goethezeitlicher Tradition formuliert, „um die sich die Poesie kristallisiert und die der Poesie ihren eigentlichen Halt geben";[43] seine Biographie begreift er demnach ästhetisch: „Ein Mensch werden heißt: Gestalt werden".[44] Das Werk spiegelt das Leben; in Leben und Werk kultiviert Becher die ‚Wandlung' als Prinzip der Gestalt-Werdung: „Wie in seiner Lyrik ist auch in der Prosa Bechers das zögernde Abschiednehmen von einem Thema charakteristisch, das Wiederaufnehmen im einzelnen Werk wie in der Gesamtheit seines Schaffens".[45] Seine Erzählung *Die Korrektur* hat diese Manie des ständigen Umschreibens noch als Vermächtnis des Dichters stilisiert, der in seiner Sterbestunde mittels einer „unscheinbaren Korektur" eines Gedichts symbolisch „die große Korrektur seines Lebens" durchführt: „[...] der Dichter selbst war in seiner Abschiedsstunde zum Gedicht geworden".

Stets parallelisiert Becher jene persönliche ‚Wandlung' zum politischen, dem Kommunismus ergebenen Dichter, wie sie ihm aufgegeben war, mit einer Entwicklungslogik Deutschlands, die durch den ‚Faschismus' wohl letztlich nicht verhindert, aber doch aufgehalten werde. Beharrlich müht

---

[41] Vgl. zur existentiellen wie zur Zeitstruktur einer säkularisierten ‚Apokalypse': Vondung (Anm. 31), S. 87, S. 97 sowie S. 445 u.ö.
[42] Vgl. in Brechts Tagebuchnotiz vom 17.6. 1921 die Abkehr von den „äußersten Kraftanstrengungen des Expressionismus": „Ich beobachte, daß ich anfange, ein Klassiker zu werden. [...] Man rügt den Formendienst der Klassik und übersieht, daß es die Form ist, die hier Dienste leistet". Bertolt Brecht: Tagebücher 1920-1922. Autobiographische Aufzeichnungen 1920-1954. Hrsg. von Herta Ramthun. Frankfurt a. M. 1978, S. 138.
[43] Johannes R. Becher: Wachstum und Reife (1937). In: GW XV, S. 497-513, hier S. 505.
[44] Johanes R. Becher: Auf andere Art so große Hoffnung. Tagebuch 1950. In: GW XII, S. 60.
[45] Haase: Johannes R. Becher (Anm. 7), S. 150.

sich Becher um „die Reflexion des eigenen Lebens in seiner Entwicklung vor dem Hintergrund der Epoche",[46] er umschreibt seine reale Biographie unablässig in autobiographischen Reflexionen und Schriften und schreibt sie auch wohl um, damit die Signatur des Zeitalters, die eben zum Sieg des Sozialismus in einem Land drängt, als Prägung seines eigenen Lebens deutlich werde; er präsentiert autobiographische Repräsentanz-Modelle in seiner Dichtung.

„[D]aß er seine Konflikte als Konflikte seines Volkes und seiner Zeit erlebte",[47] hatte Becher stets empfunden. Schon am 25. Januar 1915 meldet er dem Freund Bachmair den Plan zu einem „neuen wichtigen Roman [...] eine[m] autobiographischen Roman", und der gerade noch 28jährige berichtete Katharina Kippenberg am 5. Mai 1920 von der Arbeit an einem Roman *Legende meines Lebens*.[48]

Einen derartigen Anspruch auf Repräsentanz bekräftigen Gedichte wie „Überschauend dreißig Jahre meines Lebens" (1927), „Meine Kindheit" (1927), „Ein Mensch unserer Zeit" (1929), das späte Großgedicht „Das Atelier" (1958), das in einer Harmonie der zeitlosen Kunstgefährten – von Bach bis Chagall und Brecht, und Lenin „sitzt in unserer Mitte" – mündet, und schließlich auch das Sonett „Mein Leben" (1946): „Mein Leben kann euch als ein Beispiel dienen". Hier werden der Dichter und die Nation einander im Vokabular der Schlußpointe gleichwertig: „Auferstanden aus Ruinen" lautet die Eingangsformel von Bechers Nationalhymne für die DDR, und das Sonett-Resümee seiner poetischen Biographie antwortet in präziser Analogie: „Und aus Verlorensein und aus Verlust / Ergab sich Wandlung und ein Auferstehen". Die beiden Prosawerke, die jeweils die Tendenzen seines Schaffens im Exil und in der Nachkriegszeit bündeln, präparieren das Leitmotiv der ‚Wandlung' aus dem empirischen Lebensstoff heraus. Der Roman *Abschied* nennt im Titel sein Thema des Abschieds von der ‚bürgerlichen Welt' der Jugend Bechers, in der sich dem kritischen Rückblick die brutalisierende Hierarchie, die im Faschismus gipfeln sollte, bereits verrät.[49] Das „Tagebuch 1950" *Auf andere Art so große Hoffnung* stellt sich in eine komplementäre Antithetik: „Der Anbruch des neuen Jahrhunderts damals (siehe ‚Abschied') und der Anbruch der zweiten Jahrhunderthälfte...".[50] Der Roman ist das Instrument einer Analyse der Vergangenheit; die Poetologie des Tagebuchs ist ‚der Zukunft zugewandt': „Indem es eine Bereicherung des Menschlichen

---

[46] Ebd., S. 72.
[47] Uwe Berger: Nichts geschenkt. In: Wandelbar und stetig (Anm. 26), S. 13-16, hier S. 14.
[48] Becher und die Insel. Briefe und Dichtungen 1916-1954. Hrsg. von Rolf Harder und Ilse Siebert. Leipzig 1981, S. 180 f.; zuvor: Briefe I, S. 29.
[49] Vgl. für diese bei Becher werkprägende Variante der ‚Sonderwegs'-These etwa seine lapidare Feststellung: „die Zeit 1933 bis 1945 ist ja nicht über uns hereingebrochen, sondern diese Katastrophe wurde seit langem, länger als ein oder zwei Jahrzehnte, vorbereitet". In: Briefe I, S. 284.
[50] GW XII, S. 15; dann: ebd., S. 21.

bringt und das Tagebuch einen neuen Menschen uns darbietet, kann es auch formal etwas Neues geben und die bisherigen Formen bereichern". Dieser „unaufhörlich bemühte Bericht übers Sosein, Anderssein, Anderswerden, In-der-Welt"[51] variiert das Motiv der ‚Suche' in allen Lebensdimensionen, von der existentiellen Identitätsvergewisserung bis zur gesellschaftlichen Identitätsverbürgung im Konzept ‚Heimat':

> Auf der Suche
> Nach einem festen Grund,
> Auf der Suche
> Nach dem Menschen,
> Auf der Suche
> Nach der Heimat,
> Auf der Suche
> Nach dem,
> Der ich bin...

Aber es vollzieht diese Suche unter der Perspektive einer Zielgewißheit, deren Struktur sich in der spezifischen Form seines Tagebuches abbildet. Dieses Tagebuch ist, wie von je her, ein persönlicher Lebensbericht, aber es versteht sich zugleich als Chronik des ersten Jahres der Deutschen Demokratischen Republik;[52] es ist jene Form der Widerspiegelung des historischen Prozesses im individuellen Leben, die für den Diaristen Repräsentanz verbürgt und die es somit Becher, der stets – laut Hans Mayer – dazu neigte, sich zu ‚stilisieren',[53] jetzt in seiner eigentümlichen Goethe-Nachfolge erlaubt, als Nationalautor ‚sich selbst historisch zu werden'. Bewußt stellt er sein Tagebuch in die Jahrhundertmitte, eine Zeitenwende; seine, die historische Mission des Dichters aber ist das ‚Neue': „Das Neue in der Kunst beginnt mit dem neuen Menschen, zu dem sich der Künstler selber zu wandeln hat und der ihn erst fähig macht, auch das Neuartige in der geschichtlichen Entwicklung zu erkennen und zu gestalten".[54] Nach der ersten Hälfte eines Jahrhunderts des Krieges soll jetzt das Jahrhundert des Friedens einsetzen; als ‚Dichter des Friedens'[55] aber ist Johannes R. Becher anerkannt in seinem Staat, der sich gerne als ‚Friedensstaat' bezeichnet. ‚Neuer Mensch' und ‚neuer Staat' bedingen für Becher einander. „Ein Staat, der mit dem Geiste sich verbindet", ein ‚neuer', ‚neuartiger' deutscher Staat verbürgt jene ‚andere' für die Menschheit entscheidende ‚Hoffnung', die bisher zwar, wie es das von Shakespeare stammende Titelzitat des Tagebuches belegt, in der Poesie geahnt, aber geschichtlich stets dementiert wurde; weil hier „das Poetische seine eigentliche Heimat gefunden hat" und weil jetzt dem Repräsentanten

---

[51] So Ernst Blochs Charakteristik in seinem Brief an Becher vom 12.7.1951. In : Briefe II, S. 15; dann: GW XII, S. 540.
[52] Vgl. GW XII, S. 599.
[53] Vgl. seinen Brief an Becher vom 24.9.1951. In: Briefe II, S. 433.
[54] GW XII, S. 163. Vgl. auch: ebd., S. 293, 636, sowie GW V, S. 71.
[55] Vgl. Dem Dichter des Friedens Johannes R. Becher. Zum 60. Geburtstag. Berlin 1951.

der Kulturnation erlaubt ist, „sich identisch zu fühlen mit der Macht, der Staat selbst zu sein" – deshalb darf Bechers Spätwerk endlich Erfüllungsmodelle für die Mission des ‚Nationalautors' erproben. Das ‚Tagebuch' ist eines davon.

In der Rezeption vollends stabilisieren sich Bechers Selbstdeutungsmodelle; ihm wird die ersehnte Repräsentanz freilich so zugesprochen, daß sie zur Konformität mit dem ideologischen Geschichtsentwurf der DDR verkommt:

> „Bechers Weg war nicht einfach, nicht gerade. Es war der Weg des Bürgersohnes zur Konfrontation mit seiner Klasse, der schmerzhafte Prozeß auch der geistigen Loslösung, der Überwindung aller Schranken, die ihn von der Arbeiterklasse trennten, der Identifizierung mit ihr, des Neugewinnens humanistischer Traditionen. Ein Weg aus Widersprüchen heraus und selbst voller Widersprüche [...], beschreibbar nur aus der Konsequenz eines Denkens, das als einzige Alternative zu Imperialismus, Faschismus und kriegslüsterner Menschenfeindlichkeit den Kommunismus erkannte".[56]

Dem Roman *Abschied* hingegen war noch das Dilemma jeder ‚Wandlung' eingeschrieben, wie es Charles Rimbaud, eine Leitfigur der ‚Moderne' auch für Becher, einmal in seiner berühmten Sentenz ‚ich bin ein anderer' gefaßt hatte.[57] Die ‚Wandlung', das ‚Anderswerden' droht die Kontinuität und damit die Identität des Ich zu zerstören. In seiner Autobiographie hat Becher diese, ihn stets bedrängende Erfahrung einmal als Doppelgänger-Trauma formuliert – „Ist es eine besondere Art von ‚Ich', die sich von mir abgespalten, von mir losgesagt hat, und die nun sich mir gegenüber in Aufruhr befindet und sich gegen mich wendet und gewalttätig auftritt?"[58] –, während er sie programmatisch in jenem goethezeitlichen Harmonisierungsvokabular verbirgt. Die Statuarik des ‚Dichterfürsten' muß Ziel und Richtung eines sonst verstörenden und vielleicht ja sogar zerstörerischen Wandlungsprozesses verbürgen. Indem Becher für seinen autobiographischen Roman eine „Synthese von Wahrheit und Dichtung" verspricht, gibt er den Zufällen des eigenen Lebens eben jene Richtung auf das Allgemeine, das erst in der höheren Wahrheit der Dichtung als Einsicht in historische Gesetzmäßigkeiten zur Erscheinung kommt.[59] Vermittelt wird das Besondere des je persönlichen Lebens mit dem Allgemeinen – wiederum in Sinne Goethes – im Repräsentations-Muster des ‚Symbolischen'; während aber Goethes berühmte Definition das Allgemeine im Besonderen ‚erscheinen' sah, gibt Becher ihr

---

[56] Berger (Anm. 47), S. 14. – Vgl. besonders den mit hagiographischer Konsequenz zusammengestellten Band: Johannes R. Becher. Bildchronik seines Lebens. Von Lilly Becher und Gert Prokop. Mit einem Essay von Bodo Uhse. Berlin 1963.
[57] Becher zitiert diese Einsicht bei der Ich-Vergewisserung seines Tagebuches. In: GW XII, S. 246.
[58] Becher: Auf andere Art so große Hoffnung (Anm. 44). In: GW XII, S. 579. – Vgl. aus dem Roman „Abschied" etwa die Formulierung: „Bei Hartinger war ich *so*, zu Hause *so* – als sei ich nicht ein und derselbe". In: GW XI, S. 5-434, hier S. 52.
[59] Haase: Johannes R. Becher (Anm. 7), S. 156. Vgl. Becher: Auf andere Art so große Hoffnung (Anm. 44), S. 538.

eine ‚dialektische' Wendung, indem er den reflektierten Durchgang des dargestellten Besonderen durch das Allgemeine fordert;[60] Goethe wird so zum Vorläufer von Georg Lukács, dessen ‚Widerspiegelungs'-Lehre für Becher verbindlich war.

II. Repräsentanz im Werk

Der Weg des Dichters zu Deutschland

Becher „wünschte leidenschaftlich, daß sich eine einheitliche, neue deutsche Nationalliteratur konstituiere".[61] Das Werk des ‚Nationalautors' muß, wenn es alle Möglichkeiten seines Volkes umfassen soll, universal angelegt sein; die Universalität des Gehalts bildet sich in der Totalität literarischer Gattungen als Sedimentierungsformen menschlicher Erfahrung ab. „Zum poetischen Prinzip Bechers gehört", laut Marianne Langes einfühlender, den Goethe-Bezug hervorhebender Darstellung, „daß sich ein Dichter zu einer so umfassenden und reichen Persönlichkeit ausbildet, daß er sich nicht nur der lyrischen, sondern auch der epischen und dramatischen Gattungen bedient".[62] Damit wird er schließlich auch befähigt, jenen Text zu schaffen, in dem sich die Nation nicht nur in symbolischer Stimmigkeit, sondern in institutioneller Verbindlichkeit wiedererkennt: die Nationalhymne. Den Rang Bechers als Nationalautor bestätigte die Staatsführung der DDR mit ihrem Auftrag, diesem ‚neuen Deutschland' die Nationalhymne zu schenken.[63]

„Johannes R. Becher", so schrieb Wilhelm Pieck im Eröffnungsbeitrag zu einem „dem Dichter des Friedens" gewidmeten Band, „hat die neue deutsche Nationalhymne geschaffen, die ein Ausdruck des starken Friedenswillens unserer Deutschen Demokratischen Republik und der überwältigenden Mehrheit des deutschen Volkes ist".[64] Pieck selbst hatte Becher vorab in einem Brief die Stichworte „Demokratie, Kultur, Arbeit, Wohlstand des Volkes, Völkerfreundschaft, Frieden und Einheit Deutschlands" genannt.[65]

Die Hymne, „ein gebetähnliches Weihe- und Selbstverpflichtungslied", in dem ‚Deutschland' „die strukturelle Stelle Gottes besetzt hält",[66] rückt dann

---

[60] Vgl. dazu: Ernst Stein: Vom Einfall zum Gedicht. Bemerkungen zur Schaffensmethode Johannes R. Bechers. In: Neue deutsche Literatur 11 (1963), S. 93-104, hier S. 93 f.
[61] Dietrich (Anm. 13), S. 100.
[62] Marianne Lange: Johannes R. Bechers poetisches Prinzip. In: Neue deutsche Literatur 9 (1961), S. 10-22, hier S. 13 f.
[63] Vgl. u.a.: Hermann Kurzke: Hymnen und Lieder der Deutschen. Mainz 1990, S. 151-162; Harry D. Schurdel: Die Hoheitssymbole der Deutschen Demokratischen Republik. In: Parteiauftrag: Ein neues Deutschland (Anm. 39), S. 44-62, hier S. 56-62.
[64] Dem Dichter des Friedens Johannes R. Becher (Anm. 55), S. 7.
[65] Haase: Johannes R. Becher (Anm. 7), S. 251. Vgl. Wilhelm Pieck an Becher vom 10.10.1949. In: Briefe II, S. 369.
[66] Kurzke (Anm. 63), S. 152.

freilich in die „Tradition expressionistischer Utopien",⁶⁷ während markante Gegenwartsanspielungen, die sich in den Entwurfsfassungen noch finden, zurückgedrängt werden: „Deutschland, Dir zum allerbesten / Wollen dienen wir vereint. Hier im Osten – dort im Westen / Daß die Sonne, daß die Sonne / über Deutschland scheint", lautete eine frühere Variante, die auch die lapidare Formel für ein ‚sozialistisches Vaterland' geprägt hatte: „Deutschland, Heimat – Volkes eigen".⁶⁸

Der endgültige Text wird aus der für Becher zentralen Ostermetapher des ‚auferstandenen' Volkes entwickelt,⁶⁹ das nun – nach der Apokalypse – den utopischen Raum der ‚Zukunft' gestaltet. Die Aktualität wird dabei überlagert von der Intertextualität des ‚nationalen Erbes', um das „Sehnsuchtsbild des wahren, des ewigen Deutschland" zu zeichnen; Bechers Vokabular unterscheidet sich, eben dieser Zeitlosigkeit wegen, „erstaunlich wenig von dem der Reichsvisionäre nationalkonservativer Prägung",⁷⁰ die zunächst dieses ‚Erbe' formuliert hatten; in einem von Hanns Eisler, dem Komponisten der Hymne, überlieferten Autograph ist noch von „Deutschland heilig Vaterland" die Rede,⁷¹ während das Gedicht „Wo Deutschland lag" sogar den vom George-Kreis gestifteten Diskurs eines ‚heimlichen Deutschland' fortgesetzt hatte:

> Ein heimlich Reich, so lag es wie vergangen,
> So lag es wie im Traum und lag gefangen.
> Doch einmal wußten wir, wird es geschehn,
> Da wird des Volkes Wille es erwecken,
> Und alle werden dann das Reich entdecken,
> Das Deutschland heißt. Deutschland wird auferstehn! ⁷²

Bechers Hymne sucht den Bezug zur sanktionierten Deutschland-Metaphorik – bis hin zu Hoffmann von Fallerslebens „Deutschland, Deutschland über alles"⁷³ –, und sie wird, wie eine im Innern des Kyffhäuser-Denkmals, „in der innersten Sinnmitte des Deutschen Reiches also", angebrachte Bronzetafel mit Bechers Text belegt, auch in dieser Tradition

---

⁶⁷ Ebd., S. 153.
⁶⁸ Mitgeteilt in: GW VI, S. 579 f. Dort weitere Dokumente zur Entstehungs- und Textgeschichte.
⁶⁹ Vgl. Schurdel (Anm. 63), S. 58.
⁷⁰ Kurzke (Anm. 63), S. 153.
⁷¹ Zit. nach: ebd., S. 160.
⁷² GW V, S. 78 f., hier S. 79. Ähnlich in der Prosaschrift „Deutsche Sendung. Ein Ruf an die deutsche Nation" (1943), wo das ‚andere Deutschland' als „ein unterirdisches, heimliches Reich" identifiziert wird (GW XVI, S. 185-239, hier S. 237). Vgl. auch: Walter Schmitz, Uwe Schneider: Völkische Semantik bei den Münchner ‚Kosmikern' und im George-Kreis. In: Uwe Puschner, Walter Schmitz, Justus H. Ulbricht (Hrsg.): Handbuch zur „Völkischen Bewegung"1871-1918. München 1996, S. 711-746, vor allem S. 737 ff.
⁷³ Vgl. Gerhard Müller: Lieder der Deutschen. Bemerkungen zum „Deutschlandlied", zur „Becher-Hymne" und zu Bertolt Brechts „Kinderhymne". In: Sprachdienst 33 (1989), S. 137-145, zur Intertextualität dieser drei Hymnen.

verstanden.⁷⁴ Zugleich aber wird mit der Anspielung auf Erich Weinerts Gedicht „Eine deutsche Mutter" im Refrain der zweiten Strophe intertextuell die Brücke zum antifaschistischen Gründungsmythos der DDR geschlagen.⁷⁵ Trotz seiner Formelhaftigkeit reihte sich Bechers Text in den frühen fünfziger Jahren – laut Wilhelm Pieck – noch in den „gegenwärtigen Kampf unseres deutschen Volkes um die Verteidigung des Friedens und um den baldigen Abschluß eines gerechten Friedensvertrages mit einem einheitlichen Deutschland" ein;⁷⁶ bald aber wollte man „nichts mehr von Deutschland und deutschen Organisationen wissen [...]. Hatte man doch den Text der Nationalhymne, der von Becher stammte, aus dem öffentlichen Leben zurückgezogen. Der hatte noch Deutschland als ein einiges Vaterland besungen". „Um den Becher-Text", so fährt Hans Mayer in seinen Erinnerungen fort, „war es nicht schade: da hatte er, der ein bedeutender Dichter gewesen war und zu Zeiten, wenn es ihm darum zu tun war, immer noch sein konnte, einfach zu rasch und nach hastig erteiltem Parteiauftrag dahingereimt. Allein man hatte nicht ein schlechtes Gedicht verworfen, sondern eine deutsche Hoffnung".⁷⁷ Auf dem „Zusammenhang von nationaler und kultureller Einheit"⁷⁸ hatte Becher stets bestanden. Tatsächlich entfalten die abstrakten Formeln der Hymne eine beunruhigende Ambivalenz; „das unter Berufung auf die neu definierte ‚nationale Frage' durchgesetzte Textverbot [war] in breiten Schichten der Bevölkerung auf Unverständnis, gelegentlich auch auf Widerspruch" gestoßen,⁷⁹ so daß schließlich Bechers Hymne in der ‚sanften Revolution' von 1989 noch einmal zum Kenntext jenes ‚anderen Deutschland' werden konnte, das ihr Autor längst schon in diesem ‚besseren Land', der sozialistischen ‚Heimat' DDR, aufgehoben wähnte.

In jenem Nachkriegsgedicht „Mein Leben" hatte Becher Wirklichkeitsvokabeln wie ‚Schlachtfeld' und ‚Ruinen' als Metaphern auf das Autor-Ich bezogen, das somit zur Repräsentation Deutschlands wird.⁸⁰ Die identifika-

---

74 Vgl. Kurzke (Anm. 63), S. 157.
75 Vgl. zur antifaschistischen Legitimation der DDR: Herfried Münkler: Das kollektive Gedächtnis der DDR. In: Parteiauftrag: Ein neues Deutschland (Anm. 39), S. 458-468; Antonia Grunenberg: Antifaschismus – ein deutscher Mythos. Reinbek b. Hamburg 1993, S. 120-144. – Vgl. auch Anm.114.
76 Dem Dichter des Friedens Johannes R. Becher (Anm. 55), S. 7.
77 Hans Mayer: Stadtansichten. Frankfurt a. M. 1989, S. 68.
78 An die „Berliner Zeitung", 29.12.1947. In: Briefe I, S. 352; vgl. ebd.: „Goethe hat uns in ausführlicher und bleibender Weise dargelegt, welches die Voraussetzungen sind für das Entstehen einer nationalen Literatur. [Darunter] kann heute wohl nichts so sehr verstanden werden als die wirtschaftliche und politische Einheit Deutschlands, und wohl erst auf solch einer Grundlage können wir mit einem neuen Aufblühen der Literatur, der Künste und der Wissenschaft rechnen".
79 Schurdel (Anm. 63), S. 61.
80 Vgl. Michael Rohrwasser: Johannes R. Becher und die „Wiedergeburt". In: Aliens – Uneingebürgerte. German and Austrian Writers in Exile. Hrsg. von Ian Wallace. Amsterdam, Atlanta 1994 (= Amsterdamer Beiträge zur neueren Germanistik, Bd. 37), S. 35-56, hier S. 51. Wiederum ist die „Universalisierung" säkularisiert-literarischen Diskurses offenkundig, und zwar in einer parallelen Verwendung der ‚Ruinen'-Metapher bei Wilhelm Pieck.

torische Liebe des Dichters zu Deutschland ist vielfach bezeugt. „Becher war Bayer und deutscher Patriot",[81] lautet Hans Mayers lakonische Charakteristik. Als 1943 in der von Becher geleiteten Moskauer Exilzeitschrift *Internationale Literatur* sein Artikel „Deutsche Lehre" erschien, vermerkte Bertolt Brechts Arbeitsjournal gar angewidert: „der stinkt von nationalismus",[82] und ähnlich hielt der sowjetische Kulturoffizier Tjulpanov seinen Eindruck von Bechers ‚bourgeoisem Nationalismus' fest.[83] „Natürlich war Becher von Anfang an nicht nur ein deutscher Dichter," formuliert Georg Lukács salomonisch, „sondern einer mit stark betonten Deutschlandakzenten",[84] während Walter Ulbricht den „glühende[n] Verteidiger der Einheit eines demokratischen Deutschland" vorbehaltlos lobt.

Becher hatte sich erst im Exil als ein ‚deutscher Dichter' begreifen, diese kulturelle Rolle in der Nachkriegszeit in allen ihren Registern spielen gelernt und sie dann auch zum Lebensthema erhoben: *„Auf der Suche nach Deutschland*: das wäre eine Überschrift über mein gesamtes Leben und Wirken".[85] Der junge Becher hatte indes – mit negativen ‚Deutschlandakzenten' – jener Vorliebe für Frankreich gehuldigt, wie sie in der Oppositionskultur der Avantgarde vor allem in Süddeutschland gepflegt wurde, etwa mit dem bekannten Gedicht „Deutschland":

> Schwer wird's, sich als Deutschen zu bekennen,
> Nicht nach den Landschaften Frankreichs zu brennen,
> Nach Paris nicht, unserem rosenen Kindheitstraum,
> Wir leben in einem kalten, rechteckigen Raum. [86]

Ebensowenig war in seinem revolutionären Internationalismus der zwanziger Jahre ein deutscher Patriotismus vorgesehen. Daß die Erfahrung des

---

[81] Mayer: Stadtansichten (Anm. 77), S. 97. – Becher hat diesen Anspruch betont; vgl. die vier, stets umfangreicher werdenden Ausgaben seiner „Reden zu Deutschlands Erneuerung": „Deutsches Bekenntnis" (1945 ff.).

[82] Eintrag vom 10.11.1943. In: Bertolt Brecht: Arbeitsjournal. Hrsg. von Werner Hecht. Frankfurt a. M. 1973, S. 641.

[83] Laut David Pike: The Politics of Culture in Soviet-Occupied Germany. 1945-1949. Stanford 1992, S. 447.

[84] Georg Lukács: Politische Parteilichkeit und dichterische Vollendung. In: Dem Dichter des Friedens (Anm. 55), S. 214.

[85] Becher: Auf andere Art so große Hoffnung (Anm. 44). In: GW XII, S. 299. Vgl. Horst Haase: Johannes R. Bechers Deutschland-Dichtung. Zu dem Gedichtband „Der Glücksucher und die sieben Lasten" (1938). Berlin 1964.

[86] Aus der Sammlung „Verfall und Triumph" (1914). In: GW I, S. 73 f., hier S. 73. Vgl. etwa Bechers Briefe an Katharina Kippenberg vom 26.3.1920: „[...] ich bin reaktionär ebenso wie revolutionär, Deutschen-Hasser ebenso wie unerhört sehnsüchtig nach dem Idealbild des ‚Deutschen'" (Briefe I, S. 84), an Ludwig Meidner vom 3.7.1920: „National [...] damit habe ich nach wie vor nichts zu tun und nie je etwas zu tun gehabt, aber ich weiß und habe mich damit mehr oder weniger abzufinden, daß ich ein Deutscher bin, daß ich in einem verwüsteten und zerrauften Reich lebe, daß ich darunter leide und daß mir dieses Volk in seiner Struktur und in seinem Wesen (leider) das nächste ist. Aber es gibt eine utopische deutsche Physiognomie [...]" (ebd., S. 90) und schließlich wiederum an Katharina Kippenberg vom 7.3.1921: „Ich bin über die Deutschen verzweifelt. Es geht bergab, und ich sehe nirgends deutliche Spuren. Und man kann heute nicht mehr von einem Volk sprechen" (ebd., S. 102).

Exils „patriotisches Sendungsbewußtsein"[87] weckt, gehört indes zu den Mustern des – deutschen – Nationalismus, die von Becher wiederum mit seiner marxistischen Überzeugung verschmolzen werden; aus „grundsätzlichen Prinzipien der marxistisch-leninistischen Lehre" wird gefolgert, daß dem Faschismus das ‚Nationale' nicht überlassen werden dürfe,[88] hatten doch bereits Marx und Engels im *Kommunistischen Manifest* gefordert, das siegreiche Proletariat müsse „sich zur nationalen Klasse erheben, sich selbst als Nation konstituieren". Bechers Deutschland-Dichtung vereint seit den Exiljahren Erlebnis und Agitation für einen „durchaus patriotisch gefärbt[en]" Kommunismus;[89] sie wirbt, in einer dezidierten Parteinahme, für ein ‚anderes Deutschland', das poetisch aus seinen kulturell-politischen Traditionen evoziert wird. So protestiert Becher auch in der Nachkriegszeit gegen eine angeblich friedensgefährdende westliche „Politik der Stärke" mit *Deutschen Sonetten* (1952) als ein legitimer Nachfahre Dantes: „Und wieder, wie vorzeiten, als der Dichter / Entgegentrat dem Ärgernis als Richter / Und er sein Urteil abgab in Terzinen –".[90] Das Sonett „An die deutsche Sprache" schlägt den Bogen von der Spracheinheit, die Luther den Deutschen ‚erstritten' habe, zu einer Sprache der Einheit und des Friedens, die in der gegenwärtigen Politik ‚den alten Streit zu schlichten' wisse.

„Theoretisch-begrifflich" hingegen wird die Problematik einer Identität von ‚Kultur'- und ‚Staatsnation' in einem ‚neuen Deutschland' vor allem „in solchen Kategorien wie ‚Heimatdichtung' und ‚Nationalliteratur' gefaßt, die Becher inhaltlich neu bestimmt, indem er sie", wie die DDR-Forschung betont, „aus den historischen Kämpfen ableitet. Der Begriff der Heimatdichtung wird von nazistisch-chauvinistischem Mißbrauch befreit".[91] Nachdem Gedichte Bechers und Idyllen wie „Urach oder Der Wanderer aus Schwaben"[92] ein von der Schmach der Geschichte unangetastetes deutsches Land heraufbeschworen, soll

---

[87] Haase: Johannes R. Becher (Anm. 7), S. 124. Vgl. Alexander Abusch: Die Welt Johannes R. Bechers. Arbeiten aus den Jahren 1926-1980. Berlin, Weimar 1981, S. 24.

[88] Haase: Johannes R. Becher (Anm. 7), S. 185; dort auch der Hinweis auf das folgende Zitat: Karl Marx, Friedrich Engels: Manifest der Kommunistischen Partei. In: dies.: Werke [MEW]. Bd. 4. Berlin 1959, S. 459-493, hier S. 479.

[89] Thomas Mann. In: Dem Dichter des Friedens Johannes R. Becher (Anm. 55), S. 169. Vgl. etwa in GW XVI, S. 231, die Äußerungen Bechers gegen eine Identifizierung ‚Deutschlands' und der ‚Deutschen' mit ‚Hitler-Deutschland', also gegen die Position des ‚Vansittartismus', wie sie im kommunistischen Exil generell, auch etwa von Bertolt Brecht, abgelehnt wurde. Vgl. Herbert Lehnert: Bert Brecht und Thomas Mann im Streit über Deutschland. In: Deutsche Exilliteratur seit 1933. 1. Kalifornien. Teil 1. Hrsg. von John M. Spalek und Joseph Strelka. Bern, München 1976, S. 62-88.

[90] Zitat zuvor: ebd., S. 598.

[91] Haase: Johannes R. Becher (Anm. 7), S. 124. Vgl. etwa Bechers Tagebuchreflexionen. In: GW XII, S. 126 f., 365.

[92] Vgl. GW VII, S. 417-458. Hier ist allerdings wiederum die Politisierung des Idylls zu beachten. Vgl. auch: „Roter Verschwörerwinkel" am „Grünen Weg". Der ‚Uracher Kreis' Karl Raichles: Sommerfrische für Revolutionäre des Worts 1918-1931. Hrsg. von der Stadt Bad Urach. [o. O.] 1991, S. 73-187, über Becher als „Dauergast" im ‚Uracher Kreis'; besonders S. 176-187 über Exil und Nachkriegszeit.

sich nach 1945 ebenfalls im Genre der Naturdichtung „ein objektiver Prozeß" der sozialistischen Aneignung von Welt, der „gegenseitige[n] Durchdringung des öffentlichen und des individuellen Lebens des Menschen unserer Epoche mit der Tendenz, sein eigenes Gattungswesen voll auszubilden, ohne seine Individualität aufzugeben nieder[schlagen]"; so tritt – laut Rudolf Daus einfühlsamer Deutung des Gedichtes „Saarow-Strand", einem jener späten elegischen Naturgedichte Bechers, die, wenn nicht dem Rang, so doch der Intention nach, neben Brechts *Buckower Elegien* zu stellen wären – hier im ‚lyrischen Ich' dieser Elegien der ‚neue', der ‚sozialistische Mensch' auf, „der auch in seinen individuellen Erlebnissen und Problemen auf der Höhe der anbrechenden kommunistischen Gesellschaft, auf der Höhe der nationalen Aufgaben in Deutschland steht".[93]

Die Epiphanie Deutschlands in der Sowjetunion

„Bechers lyrische ‚Flucht' nach Deutschland, seine Reflexionen über die Schönheit der Heimat waren ja nur im Kontext mit den schrecklichen politischen Alltagsrealitäten in der Sowjetunion jener Jahre zu begreifen",[94] hat man nach der politischen ‚Wende', die von der Delegitimation des Idols Sowjetunion gelebt hat, lakonisch feststellen dürfen. Die Verdrängungsenergie, wie sie Johannes R. Becher so exemplarisch zu mobilisieren wußte, war plötzlich nutz- und belanglos geworden. Becher jedoch hatte um die Pole Deutschland und Sowjetunion sein gesamtes Weltbild als Verdrängungskulisse aufgebaut.

„Liebeserklärungen an den Sowjet-Staat"[95] durchziehen Bechers Werk. Deutschland erscheint ihm dabei immer nur als Entwurf dessen, was in der Sowjetunion schon als Realität erlebbar ist. Die „Russen sind die besseren Deutschen"; die ‚große Sowjetunion' ist ihm „Heimat für die Heimat".[96] Der deutsche Nationalautor erlebt in der Sowjetunion die Epiphanie Deutschlands, dessen Erscheinung in wahrer Gestalt, und verdankt so dem ‚Brudervolk' die Orientierung seines Lebens. „In euerem Staat kommt uns das heilige Reich",[97] preist Becher schon 1919 die sowjetischen Schöpfer einer ‚neuen Welt'. Die „deutsche Tragödie" *Schlacht um Moskau (Winterschlacht)* legt 1942 (1945) aus der Konstellation des ‚Anderen' die Weltkriegsgeschichte

---

[93] Rudolf Dau: „Saarow-Strand". Zum Problem des Elegischen im Spätwerk Johannes R. Bechers. In: Weimarer Beiträge 7 (1961), S. 571-593, hier S. 589, zuvor S. 590.
[94] Rolf Harder: Nachwort. In: Briefe II, S. 585-599, hier S. 591.
[95] Klaus Mann an Becher vom 4.4.1938. In: Briefe II, S. 120. – Vgl. die Sammlung: Sterne unendliches Glühen. Die Sowjetunion im Dichten und Denken eines Deutschen. 2 Bde. Hrsg. vom Johannes-R.-Becher-Archiv. Berlin 1960.
[96] Zit. nach: Matthias Mieth, bei: Hans Peter Klausnitzer: Publizistik Johannes R. Bechers nach 1945. Konferenz in Jena. In: Weimarer Beiträge 36 (1990), S. 698-701, hier S. 700. Jedenfalls ist die Sowjetunion „die wirkliche Heimat aller arbeitenden Menschen der Welt" (an Maxim Gorki, Januar 1928. In: Briefe I, S. 129).
[97] Johannes R. Becher: Gruß des deutschen Dichters an die Russische Föderative Sowjet-Republik. In: GW II, S. 18 f.

aus. Die Deutschen, die sich bereits dem Siege nahe glauben, sind unfähig, das ‚neue Rußland', die Sowjetunion, angemessen wahrzunehmen; selbst verblendet, bemerken sie nur die kategoriale Differenz zu ihrem eigenen, nationalsozialistisch imprägnierten Erfahrungsraster:

> JOHANNES HÖRDER *in die Ferne blickend, träumerisch:* Die Russen – sind – anders ...
> GERHARD NOHL: Anders waren sie, so ganz anders, und immer wieder anders, als sie vordem gewesen sind. Und so anders, so ganz anders, daß man sich oft schämen mußte, ein – Deutscher zu sein. [98]

Der deutsche ‚Traum' ist in der Sowjetunion real geworden; die Russen sind anders, die Deutschen müssen anders werden. So projiziert Becher die Geschichte des Krieges auf die Phasen einer humanistischen ‚Wandlung': „Die einen" – die Deutschen – „wurden als Besiegte zu Menschen, und die anderen blieben Menschen – als Sieger".[99]

Die Schlacht um Moskau – im Drama *Winterschlacht* – ist damit in Wahrheit eine Schlacht um Deutschland, und Bechers *Gruß des deutschen Dichters an die Russische Föderative Sowjet-Republik* ergänzt vorab die Verherrlichung um eine weitere komplementäre, nun nicht mehr gegen den konkurrierenden ‚faschistischen' Totalitarismus gerichtete Aggression: „Der Dichter grüßt dich –: Sowjet-Republik! / Zertrümmert westliche Demokratien!"[100] Nur die Sowjetunion beerbt für Becher alle progressiven politischen Ansätze der europäischen Geschichte, als

> „die zeitgemäße Verwirklichung des Vernunftstaates Platos, des Sonnenstaates eines Campanella, des Traums vom ‚Vollendeten Menschen' oder der ‚Utopia' eines Thomas Morus, auch die Erfüllung christlichen Ideals wie in der ‚Civitas Dei', die Wiederkehr der antiken Kalokagathie, des ‚Schönen-Guten', versinnbilchlicht den Dichtern der Renaissance und der Klassik in Hellas, das Land der Sehnsucht, das ein Hölderlin in der ‚Unheilbarkeit des Jahrhunderts' mit der Seele gesucht hatte".[101]

Mit dem Kennwort ‚Hölderlin' verweist diese Passage ebenso ins Zentrum von Bechers Poetik und Werk wie mit dem ‚Sonnen'-Motiv, dessen utopischer Gehalt in der Schlußzeile der DDR-Hymne – „und die Sonne schön wie nie / über Deutschland scheint" – sich hier erst vollends erschließt. Ähnlich hieß es bereits im Eingangsgedicht des frühen Bandes *An Europa*: „Eine besonnte [...] Landschaft schwebt mir vor", und die Sonnen-Metapher verweist im Gedicht „Kinderschuhe aus Lublin" angesichts des Grauens der nationalsozialistischen Lager auf Verbrechen und Gericht als Voraussetzung einer künftigen Verwirklichung des ‚Sonnenstaates' auf Erden.[102] Diese Verwirkli-

---

[98] GW VIII, S. 603 f.; vgl. ebd., S. 658, 666, 668, 675.
[99] Becher: Auf andere Art so große Hoffnung (Anm. 44). In: GW XII, S. 139.
[100] GW II, S. 19.
[101] Johannes R. Becher: Gruß des deutschen Dichters an die Sowjetunion (1942). In: GW XVI, S. 135-143, hier S. 135.
[102] Vgl. Haase: Johannes R. Becher (Anm. 7), S. 183 f. – Den Funktionen des Sonnenmotivs, das bereits zum Inventar der frühsozialistischen Literatur gehört, wäre einmal im literarischen und

chung wird in der Nationalhymne der DDR im Refrain – wiederum mit Anrufung der ‚Sonne' – gelobt, und sie wird in dem 1950 entstandenen, komplementären Gedicht „Sterne unendliches Glühen" in eine Blut- und Erlösungsmystik der Sowjet-Revolution eingeordnet, die eben auch Deutschland nun ‚von der Fron' befreit und zum Licht gerettet hat; daher schlägt, mit der bezeichnenden Übertragung einer alten, auch bei Hölderlin belegten Deutschland-Metapher, nun in der Sowjetunion das ‚Herz' der Völker:

> Die Welt von Licht überflutet –
> Wir wußten es immer schon:
> Für aller Glück hat geblutet
> Das Herz der Revolution.
> [...]
> Sterne unendliches Glühen,
> Lieder singen davon:
> Es brachte die Welt zum Blühen
> Das Blut der Sowjetunion. [103]

Wiederum verschmelzen, wie es das Staatsideal des Nationaldichters Becher fordert, die politische und die poetische Rede: „Aus einer Rede Grotewohls", hält das Tagebuch am 25. Juli 1950 fest: „‚Gedenkt des Tropfen Blutes des russischen Soldaten, der in allem, was wir tun, enthalten ist.' Anregungen zu einem Lied: ‚Ein Tropfen Blut deiner Söhne, deiner Söhne, o Sowjetunion'". So ist die Sowjetunion auch „zu einer neuen großen Heimat der deutschen Dichtung geworden": „Hier in der UdSSR [...], in dieser unserer neuen großen Heimat, gelingt der Dichtung der Zusammenschluß von Traum und Wirklichkeit".

Schreibstrategien

Das ‚Volk' ist der Träger des ‚neuen Staates'; der Dichter lebt in ihm nicht als autonomer ‚Geistiger' oder als betriebsamer Literat, sondern als der Sprecher des ‚Volkes'. Im Volk ist die Vergangenheit aufgehoben und ‚der Zukunft zugewandt'. Während Bertolt Brecht, anders als Becher, auch die (stil-)revolutionären Potenzen dieser ‚Volkstümlichkeit' betonte, geht es Becher um die Wahrung der Tradition. Seine „Konzeption der *Erneuerung*" begreift Vergangenheit als den Gedächtnisort, wo sich das Zeitlose finden lasse, sein Traditionalismus will nicht das Gestrige, sondern versteht sich „als Rückgriff auf gültige Werte"[104] in Sprache, Ethik und Politik. „Es sind die alten Weisen...",

---

bildkünstlerischen DDR-geprägten Diskurssystem nachzugehen. Vgl. etwa zu Helga M. Novaks Roman „Vogel Federlos" (1982) die Hinweise in meiner Rezension: Deutsche Bücher 13 (1983), S. 110-113; weiter Wolf Biermanns „Preußischer Ikarus" (1978), aber auch die Bemerkungen zum „ikonographischen Puzzle" des Ikarus-Motivs in den Gemälden Leipziger Künstler bei: Andreas Kühne: Allerlei in einem Boot. Leipziger Kunst seit 1945 im Germanischen Nationalmuseum. In: Süddeutsche Zeitung, 5./6.7.1997.

[103] GW VI, S. 79; dann: GW XII, S. 350.
[104] Engler (Anm. 9), S. 49. Vgl. dagegen in Brechts Überlegungen zu „Volkstümlichkeit und Realismus": „Wir haben ein kämpfendes Volk vor Augen und also einen kämpferischen Begriff von *volkstümlich*. *Volkstümlich* heißt: den breiten Massen verständlich, ihre Ausdrucksform

versicherte ein programmatisches Gedicht, das in romantischer Tradition den Dichter als heutiges Medium der ewigen Volkspoesie ausgibt:

> Es sind die alten Weisen,
> die *neu in mir* erstehn,
> und die im Wind, dem leisen,
> von fern herüberwehn.
> [...]
> Es ist in uns ein Raunen
> und wird zum großen Chor,
> und zu den Sternen staunen
> andächtig wir empor. [105]

Der Gesang des Dichters grenzt nicht ab, sondern schafft eine Totalität, die in diesem Gedicht aus dem ‚Inneren' – „in uns" – ausgreift in Zeit und Raum, auf die gesamte Menschheit im Kosmos – so wie auch im Gedicht „Sterne unendliches Glühen" die kosmische Einheit von ‚Natur' und ‚Geschichte' das Wirken der Sowjetunion besiegelte. Die Traditionalität des Stils sichert die Totalität des Gehalts wie sie auch eine uneingeschränkte Rezeption im ‚Volk' verbürgt. Denn es schien Becher „notwendig [...], unserem Volk Lieder zu geben, wirkliche Volkslieder, die leicht erlernbar und nachsingbar sind",[106] damit ein „Staat als Kunstwerk"[107] entstehen und gedeihen könne.

Die Spannung zwischen Ich und Volk ist vorab wiederum in seinem Werk abgebildet und aufgehoben, wo die Ich-Form des „Tagebuchs" und das „Wir" des „Volksliedes" sich vereinen: „Eigentlich", so hält Becher fest, „wären diese beiden so natürlichen menschlichen Genres der würdige Abschluß eines literarischen Lebens. Das einfachste und zugleich schwierigste: zuletzt, sagen wir: zu guter Letzt",[108] nur um wiederum sein Modell der ‚Wende' und zukunftsträchtigen ‚Wandlung' zu komplettieren: „‚Tagebuch' und ‚Volkslied' müssen nicht ein Abschluß sein, sie können auch zu einem Anfang werden, persönlich und allgemein".

‚Einfachheit' und ‚Schlichtheit' der Volksweise sind in Bechers Tagebuch ethische Wertkategorien, die hier eine Poetologie des Leninismus konstituieren. Sein Lenin-Erlebnis, „daß alle wahre menschliche Größe immer einfach und schlicht ist",[109] praktizierend, schwört Becher der literarischen Avantgarde ab; er will keine elitäre Artistik, sondern ‚Kunst für alle'. Nicht Abgren-

---

aufnehmend und bereichernd [...] / anknüpfend an die Traditionen, sie weiterführend". In: ders.: Werke. Bd. 22. Berlin, Weimar, Frankfurt a. M. 1993, S. 405-413, hier S. 408. Außerdem: Magdalena Heider: Politik – Kultur – Kulturbund. Zur Gründungs- und Frühgeschichte des Kulturbundes zur demokratischen Erneuerung Deutschlands 1945-1954 in der SBZ/DDR. Köln 1993, S. 119 f., zu Brechts Urteil, ‚Volk' sei ein „Nazibegriff", im Kontext weiterer Kritik.

[105] GW V, S. 478; Hervorhebung W. S.
[106] GW XII, S. 161.
[107] Ursula Mattheuer-Neustädt: Kunsterfahrung – Welterfahrung. In: Wandelbar und stetig (Anm. 26), S. 69-74, hier S. 70.
[108] GW XII, S. 194; dann: ebd., S. 203. – Vgl. das Sonett „Volk und Dichter". In: GW IV, S. 317.
[109] GW XII, S. 13. Vgl. weitere Belege zur ‚Einfachheit': ebd., S. 22, 32 (‚Realismus'), 39, 46 u.ö.

zung und Selektion, sondern Entgrenzung und Integration sind auch die Leitwerte von Bechers Programmatik einer literarischen ‚Kunst des Erbens‘, die er im Exil zu formulieren begann; schon nach dem Pariser Schriftsteller-Kongreß, wo seine programmatische Rede um die Vereinigung aller dem Humanismus verpflichteten Intellektuellen zum Kampf einer ‚Volksfront‘ gegen den ‚Faschismus‘ geworben hatte, resümierte Becher: „Es sind dies die Fragen des ERBES und der BESTIMMUNG DES MENSCHEN (Humanismus)".[110] Die Zukunft resultiert dialektisch aus der Vergangenheit:

> „Schreiten wir also vorwärts, über unsere Gegenwart hinaus in eine leuchtende Zukunft hinein – indem wir zurückgehen bis dorthin, wo die große humanistische Tradition unseres Volkes noch immer der Entdeckungen und der schöpferischen Nachfolge harrt". [111]

Für sich entdeckt Becher – noch während des Krieges – das ‚Erbe‘ des Barock als Spiegelfläche und Aufgabe für die *„Dichter des zweiten dreißigjährigen Krieges"*;[112] in der Nachkriegszeit plant er, um für die Aneignung des ‚Erbes‘ ein Forum zu schaffen, die Herausgabe einer Zeitschrift mit dem Titel *Die Tradition* und formuliert dabei auch die politischen Implikationen seiner literarischen Ziele: „Einheit und Erbe stehen in einem unmittelbaren Zusammenhang [...] Abdrucke von Hölderlin, Grimmelshausen, Gryphius, Aufsätze über Dürer, Cranach etc., die Dichtung des Bauernkrieges. Bis zu Auswahlstellen aus Goethe etc. dürfte nicht schaden".[113] Seine öffentlichkeitswirksame, ja popularisierende Arbeit am – nationalen – ‚Erbe‘ vermag sich jedoch vielleicht neben den Konzeptionen von Ernst Bloch und Georg Lukács deshalb als eigenständig zu behaupten, weil eben ihre Leitwerte auch als die Reflexionsformen vorgängiger poetologischer Kategorien begriffen werden müssen. Diese Kulturprogrammatik des späten Becher übersetzt und überträgt seine literarische Praxis seit dem Frühwerk in die moderate Verständigungssprache öffentlicher Rede.

Bechers für die Kulturpolitik der DDR in den fünfziger Jahren weitgehend verbindliche Konzeption des literarischen Erbes ist die Prämisse und die Reflexion seines Schreibprogramms zugleich. Poetologie, Kulturpolitik und Elitenkontinuität in der DDR konvergieren.[114] Mit der Vergangenheit,

---

[110] Archiv. Zit. nach: Haase: Johannes R. Becher (Anm. 7), S. 126. – Vgl. Wolfgang Schlenker: Das „Kulturelle Erbe" in der DDR. Gesellschaftliche Entwicklung und Kulturpolitik 1945-1965. Stuttgart 1977, S. 77 f. u.ö. Zu früheren alternativen Traditionsentwürfen Bechers vgl. Haase: Johannes R. Becher (Anm. 7), S. 81.

[111] GW XII, S. 655.

[112] Vgl. GW V, S. 539 f.; dazu mit weiteren Nachweisen: Erika Hinckel: Gegenwart und Tradition. Renaissance und Klassik im Weltbild Johannes R.Bechers. Berlin 1964, S. 81 ff.

[113] Zit. nach: Haase: Johannes R. Becher (Anm. 7), S. 126 f.; vgl. weiter zu Bechers „programmatischer Traditionswahl" bei der Gründung einer repräsentativen Kulturzeitschrift: Uwe Schoor: Das geheime Journal der Nation. Die Zeitschrift „Sinn und Form". Chefredakteur: Peter Huchel. 1946-1962. Berlin u.a. 1992, S. 20-25.

[114] Vgl. Anna-Sabine Ernst: Erbe und Hypothek. (Alltags-)Kulturelle Leitbilder in der SBZ/DDR. In: Kultur und Kulturträger in der DDR. Analysen. Hrsg. von der Stiftung Mitteldeutscher

so führt es Bechers Werk vor, war nicht zu brechen, sondern sie war erkennend anzunehmen und weiterzuführen, in einer Stillage, die sich frühen Kritikern als ‚polierte Klassizität' darbot,[115] von Becher selbst freilich als Fortentwicklung des ‚humanen Erbes' deutscher Literatursprache gemeint war.

Gegen Sprachskepsis, Sprachzweifel und Sprachverzweiflung der ‚Moderne' wird ein Sprachvertrauen mobilisiert, das sich wiederum auf das durch die Tradition gefilterte Überzeitliche beruft:

> „Bechers gesamte Dichtung wird von wenigen großen Begriffen durchzogen und durch sie geadelt. Es sind keine neuen Begriffe. Es sind die alten Humanitätsbegriffe der Menschheit. Becher wollte diesen Begriffsschatz nicht aufgeben – und mit Recht. Er wollte ihn erneuern und für unsere Epoche fruchtbar machen, ihn aufheben".[116]

Damit bricht Becher die Einheit von Sprachkrise und Totalitätsentwurf, wie sie für die ‚Moderne' seiner prägenden Jahre zum Jahrhundertbeginn bezeichnend war, auf und setzt jene Poetik der Einfachheit dagegen: „Klar / und einfach ist das Wort. Hält, was es sagt".[117] Franz Fühmann hat, als Zeitzeuge der Nachkriegszeit, die Anstrengung in dieser Rettung des ‚Erbes', den verzweifelten Versuch, der ‚Lügensprache' des ‚Faschismus' nicht das letzte Wort zu lassen, skeptisch geschildert, ein Akt des Willens eher denn der Analyse oder gar des ‚Anders-Werdens'; dies alles sei, so schreibt er im Rückblick, „heute sicherlich schwer zu fassen: ein Wiedergewinnen politischer Werte durch den Dennoch-Gebrauch des bis ins Verbrauchtsein Mißbrauchten im Namen revolutionärer Erneuerung: ‚Volk'; ‚Vaterland'; ‚Zukunft'; ‚Sinn des Lebens'; ‚Gemeinnutz'; ‚Opfermut'; ‚Glauben'; ‚Einsatz'; ‚Kampf'; ‚Hingabe' [...] Ihre Auferstehung geschah im Zeichen des Wahren [...] ‚wahr' – Es wurde das wichtigste Wort der Zeit".[118]

Nur jenen ‚einfachen Worten', deren Geltung seit je auch ihre Geltung für immer verbürgt, eignet jener „neue, leuchtende Sinn, der uns auch im Alltag durchdringt".[119] Die Geschichte wird zum Sprachzusammenhang; deshalb kann auch die Haltung zu den ‚Großen der Vergangenheit' im ehrwürdigen Topos des ‚Gipfelgesprächs der großen Geister', der in der westdeutschen Nachkriegsliteratur etwa in Hermann Kasacks Roman *Die Stadt hinter dem Strom* (1947) wiederauflebte, gefaßt werden:

Kulturrat, Bonn. Berlin 1993, S. 9-71, hier S. 16-30. – Jürgen Danyel, Olaf Groehler, Mario Kessler: Antifaschismus und Verdrängung. Zum Umgang mit der NS-Vergangenheit in der DDR. In: Die DDR als Geschichte (Anm. 40), S. 148-152; Olaf Kappelt: Braunbuch DDR. Nazis in der DDR. Berlin 1981. – Zum erfolgreichen Werben des „Kulturbundes", dem Becher präsidierte, um die ‚bürgerlichen' Gebildeten vgl. Schivelbusch (Anm. 18), S. 129 f.

[115] Vgl. Stephan Hermlin: Bemerkungen zur Situation der zeitgenössischen Lyrik. In: ders., Hans Mayer: Ansichten über einige Bücher und Schriftsteller. Berlin 1947, S. 191. Vgl. Bechers Reaktion: GW XII, S. 86.

[116] Georg Maurer: Das klassische Erbe, die Dekadenz und Johannes R. Becher. In: ders.: Essay 2. Halle 1973, S. 107-154, hier S. 150.

[117] Johannes R. Becher: Das Holzhaus. In: GW IV, S. 152-165, hier S. 163.

[118] Franz Fühmann: Vor Feuerschlünden. Erfahrung mit Georg Trakls Gedicht. In: ders.: Werke. Bd. 7. Rostock 1993, S. 7-197, hier S. 84 f.

[119] Johannes R. Becher: Rede an München. In: GW XVII, S. 7-45, hier S. 14.

"Man redet sie an, und sie antworten. Man spricht sich mit ihnen aus und fragt sie um Rat, und sie erteilen Rat. Sie sprechen auch uns an, indem sie uns immer wieder von einer neuen, oftmals ganz und gar unerwarteten Seite her ihr Werk zeigen – in dieser Gemeinschaft erhabener Geister fühlen wir uns wohl, zu Hause – das ist die *Heimat* [Hervorhebung W .S.]".[120]

Das Selbstbewußtsein der Heutigen aber – und damit Bechers subtile Umdeutung des traditionellen Vokabulars – ergibt sich wiederum aus der Zukunftsgewißheit einer ideologiegeleiteten Politik und Praxis:

"Wir wollen es offen aussprechen und mit unserer Überzeugung nicht zurückhalten: durch die Neugestaltung unserer Lebensform und durch das neue Leben, das wir hier zu leben begonnen haben, wurde unser Blick in einem unvergleichlichen Maße weiter geöffnet als bisher, nicht nur den Schwächen und den Verbrechen der Vergangenheit gegenüber, sondern auch für all das Schöne und Herrliche dieser Welt, und so sind wir auch imstande, eine Gestalt wie Goethe tiefer und umfassender zu erkennen, als es den Generationen vor uns möglich gewesen ist". – "Wir sind nur deshalb die rechtmäßigen Erben des Vergangenen, weil wir es gesetzmäßig weiterentwickeln, weil wir es nicht, um mit Lenin zu sprechen, wie Archivare verwalten, sondern es den neuen Verhältnissen, unserem Kampf dienstbar machen".[121]

Die Annahme des ‚Erbes' der Vergangenheit besiegelt zugleich eine Funktionalisierung und Mobilisierung des kulturellen Zeicheninventars, die sich für Becher aus Praktiken kommunistischer Parteiarbeit und insbesondere aus der kulturellen Legitimation der ‚Volksfrontpolitik' im Exil speiste, in Deutschland jedoch bruchlos an ähnliche Strategien der Machtinszenierung während des Dritten Reiches anknüpfen konnte.[122] Darin liegt die tragische Pointe von Bechers ‚Erbe'-Konzeption, daß sie die Kontinuität des ‚anderen Deutschland' wollte, aber eher die Erwartungen einer von der Erfahrung des ‚Faschismus' geprägten Rezipientenschaft bediente.

III. Dispositiv der ‚Macht'

Becher definiert die Kultur-Staatlichkeit der DDR als Herrschaft namens der Kultur wie auch als Herrschaft über die Kultur.[123] Sein Gedicht „Der Staat",

---

[120] Becher: Verteidigung der Poesie (Anm. 10), S. 288. Inge Koppen: Die Auffassung Johannes R. Bechers von der untrennbaren Einheit von Tradition und Neuerertum. In: Weimarer Beiträge 9 (1963), S. 229-247, hier S. 236.
[121] Koppen (Anm. 120), S. 239.
[122] Vgl. Winfried Ranke: Linke Unschuld? Unbefangener und unbedachter Umgang mit fragwürdig gewordener Vergangenheit. In: Parteiauftrag: Ein neues Deutschland (Anm. 39), S. 94-112. – Walter Schmitz: „Der hessische Landbote" ruft uns. Die Krise des Historismus in der Traditionsdebatte der Exilkultur und der Traditionsbildung der Exilgermanistik. In: „The Inheritance of Europe's Disinherited Mind". Zur Kulturgeschichte der Neueren Deutschen Literaturwissenschaft im Ausland seit 1933. Dresden (i. V. für 1998).
[123] Johannes R. Becher: Die Kulturpolitik der Deutschen Demokratischen Republik. In: GW XVIII, S. 192-211, besonders S. 199 f.

„entstanden unmittelbar nach der Gründung der DDR",[124] meldet den Anspruch dieses ‚anderen Deutschland' an, jenes im Rahmen der ‚Zwei Deutschland'-Lehre seit dem 18. Jahrhundert formulierte Ideal eines ‚Kulturstaates' zu beerben und in die Realität zu überführen.[125] Nahe an der Parteilinie formulierte Stephan Hermlin über den von ihm einst herb kritisierten Dichter Becher: „Er verteidigte diesen Staat, weil er die Dichtung verteidigte und weil das Schicksal der Kunst nicht abgetrennt werden kann vom Bestand der proletarischen Macht".[126]

Günter Kunert hat dazu „das hartnäckig autoritäre Denken" bei Becher als einem „Gefangene[n] des 19. Jahrhunderts"[127] kritisch notiert. Freilich muß eben Bechers Prägung durch die Mentalitätsmuster, denen die im 19. Jahrhundert entwickelten Dispositive der ‚Macht' entsprechen, als eine Bedingung der breiten Akzeptanz erkannt werden, die er in den Nachkriegsjahren genießen durfte. Gerade die als Zeitbeschleunigung erfahrene Verdichtung der Ereignisse, die als Kennzeichen des Modernisierungsprozesses gilt, bedingt im kulturellen Sinn- und Interpretationssystem einen Traditionalismus, der sich bis zur Erfahrungsresistenz steigern kann; die verstörenden Erfahrungen unseres Jahrhunderts sind anscheinend nur durch den Rückgriff auf angeblich bewährte, jedenfalls aber vertrauenerweckende Deutungsmuster des vergangenen Jahrhunderts, der Prägezeit der Weltkriegs-Generationen, zu bewältigen gewesen; das ‚Neue' wird nur als Variation des ‚Alten' erträglich.[128] Doch eignen sich nunmehr die totalitären Diktaturen in Deutschland ebenfalls jene kulturellen Inszenierungsformen an, wie sie seit der Französischen Revolution entwickelt wurden, um die Legitimation eines zunehmend anonymisierten und ‚sprachlosen' ‚modernen' Staates durch Sinn-Erlebnisse abzusichern; es gehört zur Spezifik der deutschen Tradition, daß sie diese öffentliche Kommunikation von Macht durch Kultur vor allem in religiös überhöhten Simulationsmodellen der Herrschaft entwickelte. Der kulturelle Sektor spiegelt und umspielt hier den politischen.[129] Die ‚unpoliti-

---

[124] So der Kommentar. In: GW VI, S. 587; der Text ebd., S. 89.
[125] Zur Differenzierung von Staats- und Kulturnation der Deutschen seit dem 18. Jahrhundert vgl. Otto Dann: Nation und Nationalismus in Deutschland. 1770-1990. München 1993, S. 36 ff.
[126] Stephan Hermlin: Ich habe Dich so geliebt, Poesie! In: Erinnerungen an Johannes R. Becher. Hrsg. vom Johannes-R.-Becher-Archiv der Deutschen Akademie der Künste. Leipzig 1968, S. 371.
[127] Günter Kunert: Über das hartnäckige autoritäre Denken. Unvermutete Verwandtschaft zwischen Bert Brecht und Johannes R. Beche[r]. In: Die Zeit, 7.8.1981, S. 33. Diesen Text hat Kunert als dritte seiner Frankfurter Poetik-Vorlesungen überarbeitet: „Brecht und Becher – pars pro toto". In: Vor der Sintflut. Das Gedicht als Arche Noah. Frankfurter Vorlesungen. München u.a. 1985, S. 55-77. Der junge Kunert war von Becher gefördert worden, und dieser hatte sich in seinem „Tagebuch" auch öffentlich zu seinem schwierigen Schützling bekannt. Vgl. GW XII, S. 50, 70, 161 u.ö.
[128] Vgl. Boris Groys: Über das Neue. Versuch einer Kulturökonomie. München 1992. Die Argumentation von Boris Groys konvergiert mit den Erkenntnissen der neueren Forschung zum kollektiven Gedächtnis.
[129] Vgl. die Hinweise zur Oppositionskultur um Stefan George bei: Schmitz, Schneider: Völkische Semantik (Anm. 72).

schen' ‚Gebildeten'¹³⁰ hängen einer kulturellen ‚Metapolitik' an, die ohne Rücksicht auf die umständlichen Wege des modernen Rechts- und Verwaltungsstaates und ohne Interesse für die entbehrungsreichen Verfahren demokratischer Partizipation ein sinnvoll unmittelbares Politik-Erlebnis fordert und dieses Erlebnis gemäß den Kategorien eines von der realen ‚Staatsgewalt' induzierten wie auch enttäuschten Macht-Phantasmas modelliert. Noch für die zweite Nachkriegszeit gilt deshalb die „Leitvorstellung" von der Literatur als „geistige[r] Großmacht",¹³¹ wie Becher formuliert, der auch – wiederum getreu seinen Anfängen in expressionistischer Geist-Politik – den „Dichter des kommenden Reiches" als „Sprecher der Nation" und „Gestalter ihres Schicksals",¹³² als ‚geistigen Führer' preist. Der „Gefahr, die Mühsal der Demokratie, des Zwangs der täglichen Auseinandersetzung [...] zu einer Frage des bloßen Bekennens zu ästhetisieren", ist Becher dabei wohl erlegen;¹³³ die Zukunftsfähigkeit des sprachlichen ‚Erbes' bleibt Postulat. In ihren Aufzeichnungen über die Gründungsversammlung des Kulturbunds hat Ruth Andreas-Friedrich vielmehr – ähnlich wie Viktor Klemperer in der Fortsetzung seiner Notizen über die ‚Lingua tertii imperii' unter DDR-Bedingungen – nur Sprachkontinuität bemerkt:

> „Fast keiner der acht Prominenten, die hier mit der Vergangenheit abrechnen und sich um die Bereinigung unseres Kulturlebens bemühen, scheint zu bemerken, wie wenig ihm bisher die Bereinigung des eigenen Sprachstils gelungen ist. Noch immer geht es ihnen um Höchstes und Letztes, um Gewaltigstes und Erhabenstes. Von Schulung, Einsatz, Planung, Zielsetzung und Marschrichtung sprechen sie mit schöner Unbefangenheit".¹³⁴

Becher variierte in seiner Lebensführung und in seinem Werk die Rollen- und Sprachmuster gewohnter kultureller Metapolitik. In Sprache und Bildlichkeit greift er auf den passenden, deutsch-bildungsbürgerlichen Bestand zurück, auf die ‚Gipfel'-Metaphorik des Trivial-Idealismus,¹³⁵ etabliert den ‚Dichter als Führer'¹³⁶ und bekennt: „In seinen großen Führergestalten war es das Beste meines Volkes, das mich führte, und trug mich auf die Gipfel

---

¹³⁰ Vgl. Engler (Anm. 9), S. 47.
¹³¹ GW XVI, S. 470; vgl. Anm. 185.
¹³² Johannes R. Becher: Erziehung zur Freiheit. Gedanken und Betrachtungen. Berlin, Leipzig 1946, S. 44 f.; zit. nach: Engler (Anm. 9), S. 49.
¹³³ Dwars.
¹³⁴ Ruth Andreas-Friedrich: Schauplatz Berlin. Tagebuchaufzeichnungen 1945 bis 1948. Frankfurt a. M. 1984, S. 76. – Vgl. in Viktor Klemperers Tagebuch schon im Juli 1945 Beobachtungen der Analogien der LTI mit einer „lingua quartae imperii".
¹³⁵ Eine ideen- und sozialgeschichtliche Darstellung dieses in Bechers Jugend florierenden ‚Idealismus' der Gebildeten – vom ‚Rembrandtdeutschen' über Ludwig Ganghofer bis zu Walter Eucken fehlt.
¹³⁶ Schlagwort nach dem Titel des Buches von Max Kommerell: Der Dichter als Führer in der deutschen Klassik (1928). Vgl. auch: Jochen Schmidt: Die Geschichte des Genie-Gedankens in der deutschen Literatur, Philosophie und Politik 1750-1945. 2 Bde. Darmstadt 1985, hier besonders S. 194 ff.

hoher Warten".¹³⁷ Das Rollenspektrum umfaßt Vorgaben für die Begegnung des Führers mit dem Volk, die sich aus dem Ritual des Herrscherbesuches im 19. Jahrhundert entwickelten;¹³⁸ derart leutselig präsentiert ein früher Propagandafilm den „Präsident[en] der Kulturrepublik"¹³⁹ Becher beim Zusammentreffen mit einer andächtigen, ‚unverdorbenen' Jugend. Personalität, die Verkörperung der Macht in Identifikationsfiguren, wird hier zelebriert. Ein Medium dieses Personalismus, der ja gerade in Bechers Lebenswelt kultische Züge annahm, ist das Denkmal – als Statue oder als monumental stilisierter Lebensbericht. So erweist sich Bechers Ulbricht-Biographie – „diese[s] gedichtete Monument"¹⁴⁰ – als eine Denkmals-Projektion: Ulbrichts Weg ist hier, wie Michael Rohrwasser schreibt, „zielgerichtet und vom historischen Sieg gekrönt", der Politiker, angeblich „ein neuartiger, sozialistischer Menschentyp",¹⁴¹ wird zur hergebrachten Ideal-Figur des Mächtigen – und der ihn so beschreibt, erfüllt jene Maxime deutscher Bildung, wonach ‚der Dichter mit dem König gehen' solle. Über dieses der panegyrischen Tradition des 19. Jahrhunderts verpflichtete „Herrscherlob"¹⁴² hinaus aber ist Bechers Dichtung schließlich – wie Horst Haase anläßlich von „Sterne unendliches Glühen" formuliert – „eingebettet in die gesellschaftlichen und ideologischen Prozesse, die sich im neuen Deutschland vollzogen"; sie paßt sich in die legitimierende Selbstdarstellung des Staates in Ritualen ein. Während sich das Kunstwerk in der ‚Moderne' – laut der Beobachtung Walter Benjamins – „von seinem parasitären Dasein am Ritual"¹⁴³ befreit hatte, setzte sich in der wiederum von Benjamin scharfsichtig diagnostizierten „Ästhetisierung der Politik" erneut eine Ritualisierungen begünstigende Zweckästhetik durch. Die totalitären, ideologiegeleiteten politischen Bewegungen unseres Jahrhunderts streben danach, in parareligiösen Ritualen ihren Untertanen jenes ganzheitliche Sinnerlebnis zu vermitteln, das für vorenthaltene Partizipationsrechte entschädigen soll.¹⁴⁴ Freilich fungieren diese Rituale nicht mehr als kultisch überhöhter Ausdruck einer ‚Gemeinschaft', sondern als deren Simulation mit Schöpfungsabsicht: „Das utopische Moment der kommunistischen

---

¹³⁷ Vgl. die Einleitung zum Gedichtband „Die hohe Warte" (1944). Wieder abgedruckt in: GW V, S. 784-788, hier S. 746.

¹³⁸ Vgl. Werner Blessing: Der König kommt. Die Selbstdarstellung der Monarchie in der bayerischen Provinz. In: Unbekanntes Bayern. Die kleinen Leute. Hrsg. von Peter Kritzer. München 1980, S. 75-86. Dazu das Material auf einer 1992 von der Atlas Film herausgebrachten Videokassette mit Ausschnitten aus der politischen Filmpropaganda der DDR: Kinder, Kader, Kommandeure.

¹³⁹ Hans Lorbeer an Becher vom 21.5.1951. In: Briefe II, S. 409.

¹⁴⁰ Louis Fürnberg an Becher vom 30.3.1953. In : Briefe II, S. 465.

¹⁴¹ Johannes R. Becher: Walter Ulbricht. Ein deutscher Arbeitersohn. Berlin 1958, S. 7.

¹⁴² Rohrwasser: Der Weg nach oben (Anm. 29), S. 17.

¹⁴³ Walter Benjamin: Das Kunstwerk im Zeitalter seiner technischen Reproduzierbarkeit. In: ders.: Gesammelte Schriften I, 1. Frankfurt a. M. 1974, S. 442; dann: ebd., S. 469. Vgl. Wolfgang Braungart: Ritual und Literatur. Tübingen 1996.

¹⁴⁴ Vgl Peter Reichel: Der schöne Schein des Dritten Reiches. Faszination und Gewalt des Faschismus. München 1991.

Zukunftsperspektive", so fassen Ralf Rytlewski und Birgit Sauer in ihrer Studie zur ‚Ritualisierung des Jahres' in der DDR zusammen, „läßt sich im Ritual aufheben und als realisierbar emotional darstellen. [...] Eine *fortschreitende* Zeit, das Bewußtsein von Fortschritt, soll in der Stabilität der sich ständig *wiederholenden* Zeitabläufe erlebbar und akzeptabel werden".[145] Im Vollzug des Rituals, in den Massenaufmärschen, in den sozialistischen Festen und Feiern wird die Zukunft simuliert, oft genug als eine sinnvolle Fortsetzung der Vergangenheit: „Freitag bei der Kranzlegung vor dem Ehrenmal [für den sowjetischen Soldaten; W. S.] in Treptow", notiert Becher im Tagebuch: „Was mich bewegt, sagt das Gedicht ‚Sterne unendliches Glühen'".[146] Die Zeitstruktur von Bechers ‚Zivilreligion', die in Poetik wie in Werkstrukturen umgesetzt ist, erfüllt sich doch erst im öffentlichen Ritual seines Staates; die Ambivalenz seiner Identitätskonstruktion löst sich im Vollzug des Rituals auf. Der von Vereinzelung gefährdete Dichter ‚wandelt' sich zum Sprecher aller, aber indem er für sie spricht, wird er auch zum Schöpfer ihrer Gemeinschaft – eine überschwengliche Erfüllung goethezeitlicher Schöpfungsästhetik: *„Der Mensch, der neu die Welt erschafft, / DEN Schöpfer laßt uns loben!"*[147] Ein großer Anteil von Bechers lyrischem Spätwerk – das späterhin in Treptow gesungene Gedicht „Sterne unendliches Glühen", wie die Nationalhymne, wie die ‚Volkslieder' – zielt deshalb auf ein öffentliches Ritual national-staatlicher Repräsentanz; „wir alle bildeten einen glückhaftfröhlichen Chor", berichtet der Dichter von einem Besuch bei einer FDJ-Gruppe.[148]

Auf der Freien Deutschen Jugend beruht geradezu Bechers poetische Konstruktion nationalkultureller Repräsentanz, zumindest im Tagebuch. Sie verkörpert Bechers Erbe-Theorie – mit ihren blauen Hemden als ‚hunderttausendfältig in Berlin aufblühende' „blaue Blume einer neuen Romantik";[149] statt des – utopischen – Traums von der Zukunft ist sie deren Realität in der Gegenwart. Sie rechtfertigt die polare Einheit seiner Poetik – mit ihrem Pfingsttreffen 1950 demonstriert sie, nach der österlichen ‚Auferstehung' des Volkes, jetzt dessen ‚Sprachwerdung' und damit die Mission des Dichters. Becher hat das erste Pfingsttreffen der Freien Deutschen Jugend 1950 in Berlin immer wieder als „ein[en] religöse[n] Akt, voll von heiligem Hochge-

---

[145] Ralf Rytlewski, Birgit Sauer: Die Ritualisierung des Jahres. Zur Phänomenologie der Feste und Feiern in der DDR. In: Politik und Repräsentation. Beiträge zur Theorie und zum Wandel politischer und sozialer Institutionen. Hrsg. von Wolfgang Luthardt und Arno Waschkuhn. Marburg 1988, S. 265-285, hier S. 268.
[146] GW XII, S. 510. Vgl. auch: Haase: Johannes R. Becher (Anm. 7), S. 112.
[147] Motto GW XII, S. 323.
[148] GW XII, S. 131.
[149] GW XII, S. 256, 274. In Erik Neutschs erfolgreichem ‚Aufbau'-Roman „Die Spur der Steine" (1964; zit. nach der 5. Aufl., Halle, Leipzig o. J.) schafft sich der anarchische Brigadier Balla, ehe er sich ins Kollektiv einzuordnen lernt, einen „taubenblauen Wartburg" an, „die ‚blaue Blume', wie er sofort genannt wurde", Symbol einer (noch) nicht kollektivfähigen „Romantik" (S. 289).

stimmtsein" gefeiert, als „Menschenfrühling" und – wie im Titel eines Gedichtes – als „Pfingstwunder":

> Ein blauer Himmel kam auf Erden,
> Ein jeder trug davon ein Stück.
> Es war ein großes Glücklichwerden,
> Und in den Straßen zog das Glück.
>
> [...]
>
> Ein blaues Wunder ist geschehen,
> Das alle uns sich *wandeln* läßt.
> Die blauen Friedensfahnen wehen –
> O Pfingsten: Neues Menschheitsfest!
> Der Himmel wurde aufgeschlossen,
> Die Jugend ihren Einzug hält.
> Es hat Geist sein Licht ergossen.
> In blauem Glanz *ersteht die Welt*. [150]

Die Schöpfung einer ‚neuen Welt' im pfingstlichen ‚Geist' behält dem Dichter zumindest die Rolle des ‚Propheten', der die neue Sprache spricht, vor.

Um freilich als Repräsentant Deutschlands vor sich selbst bestehen zu können, wurde Johannes R. Becher zudem ein deutscher Funktionär. „Der unerfüllte Wunsch, ein ‚wahrer' Dichter zu werden, treibt ihn ins Rollenspiel der Politik".[151] Er glaubte damit, ein Leitzitat seines Vorbildes von Jugend an, des deutschen Dichters ohne Vaterland, Hölderlins, zu erfüllen, das er immer wieder heranzieht:

> Meinest du
> Es solle gehen,
> Wie damals?
> Nämlich sie wollten stiften
> Ein Reich der Kunst. Dabei ward aber
> Das Vaterländische von ihnen
> Versäumet und erbärmlich ging
> Das Griechenland, das schönste, zugrunde. [152]

„Sie waren", wie Alfred Döblin, dem die expressionistischen Vorgaben eines derartigen Lebensentwurfs nicht verborgen blieben, in seinem Geburtstagsbrief an Becher 1951 dagegen konstatiert, „ein Täter Mensch, ein Mann des Handelns geworden".[153]

---

[150] GW VI, S. 461; Hervorhebungen W. S. Zuvor: GW XII, S. 569, 282; vgl. ebd., S. 283, 312.
[151] Dwars.
[152] GW XVI, S. 49; vgl. auch: ebd., S. 300, 471 u. ö.
[153] An Becher vom 22.5.1951. In: Briefe II, S. 413. Vgl. die in diesem Brief frei zitierte Stelle aus Walter Hasenclevers Gedicht „Der politische Dichter" (1919): „Von Firmamenten steigt der neue Dichter herab zu großen und größeren Taten, sein Haupt erhebt sich, Völker zu begleiten, er wird verkünden, er wird den großen Bund der Völker gründen, das Recht des Menschentums, die Republik" (S. 412).

Der Nationaldichter handelt für die Nation. Sein ‚Traum' wird ‚Wirklichkeit'. Poetischer Subjektivismus und heilsgeschichtliche Erfüllungsstruktur verquicken sich in der Prophetenrolle: Seine Worte sind Taten. Er repräsentiert den Zukunftsstaat, den seine Worte schaffen.

Schon am 9. August 1916 schrieb Becher an Katharina Kippenberg: „Ich lese bei Hölderlin ungefähr: ‚Wann, wann kommt endlich aus Gedanken die Tat? Leben die Bücher bald!' Es gibt genug Bücher, genug Gedanken –: Das andere, nur das, bleibt unsere Pflicht".[154] Die kulturelle Metapolitik hat hier ihr Leitmotiv entdeckt. Herauspräpariert ist es aus einer Absage, aus Goethes *Tasso*, der eben dem Dichter unter dem Anspruch des Handelns das Leiden, Passivität und Passion, vorbehält, um die Autonomie der Poesie um diesen Preis zu retten. Becher hingegen fordert den Übersprung des ‚Wortes' in die ‚Tat'. In einem Gedicht aus dem Jahr 1916, „An den Frieden", hieß es: „Ertön o Wort, das gleich zur Tat gerinnt! / Das Wort muß wirken! Also laßt uns reden!!"[155] Und im gleichen Jahr beschwört die Hymne „An Europa" die „Trinität des Werks: Erlebnis, Formulierung, Tat".[156] Unter dem Selbstvergewisserungsdruck des Exils schreibt er sein Gedicht „Tasso" (1940), das die Problematik des Intellektuellen in der Partei auslotet, zugleich aber den unverständigen „Gefährten" ihr historisches Recht einräumt: „Und, selbst unvollkommen, / Sie dienen der Vollendung." Und zudem verbietet sich der Exilant jeden Zweifel an der Macht des Wortes, der einzigen ‚Waffe' im Kampf gegen Hitler-Deutschland: „[...] heute sind *wir* Dt. [Deutschland; W. S.] mehr denn je, heute ist unsere Literatur eine wirkliche Macht, die befeuern und erzittern lassen kann".[157]

Indes war die traditionelle Struktur des ‚Wort/Tat'-Topos ja komplexer geworden und verbarg für den Dichter weitere Gefahren, seitdem sich das Diapositiv der Macht ästhetisiert hatte und seitdem ideologiegeleitete, im Anspruch totalitäre Staaten ein Sinnmonopol beanspruchten, das auch dem vormals ‚autonomen' Mann des Wortes Unterwerfung abverlangt; diese „Künstler-Politiker" agierten ihren Führungsanspruch nicht mehr bloß als Antagonisten, sondern zugleich als Konkurrenten des ‚Dichters'.[158]

---

[154] Briefe I, S. 48. Der Tat-Willen speist sich – bei Becher wie bei seinen ‚modernen' Zeitgenossen – aus einem Überdruß an der Kunst, die Becher durch eine eingreifende ‚Literatur' ersetzen will. Vgl. dazu seinen Brief an Heinrich F. S. Bachmair vom 25.1.1915; ebd., S. 28.
[155] GW I, S. 294.
[156] GW I, S. 173 f.
[157] An René Schickele vom 1.12.1933. In: Briefe I, S. 165; ähnlich: ebd., S. 166.
[158] Vgl. Dagmar Lorenz: Wiener Moderne. Stuttgart, Weimar 1995, S. 16, im Referat der grundlegenden Studie von: Carl E. Schorske: Wien. Geist und Gesellschaft im Fin de siècle. Frankfurt a. M. 1982; beide – Lorenz wie Schorske – übersehen, daß die Ästhetisierung des Politischen ihre Vorgeschichte im 19. Jahrhundert hat, im Entstehen einer staatslegitimierenden Kunstpolitik in der Restaurationsepoche und insbesondere in dem Eindringen rhetorisch-theatraler Elemente in die Selbstinszenierung von Monarchen wie König Friedrich Wilhelm IV. von Preußen und dem deutschen Kaiser Wilhelm II.

Bechers Drama *Das Führerbild* (1946)[159] mit der Gestalt eines „heutigen Tasso" lotet diese Problematik aus: Der Künstler als Führer und Repräsentant gewinnt seinen Rang nur, indem er divinatorisch, seine eigene fehlgeleitete Intention übersteigend, den ‚wahren' geschichtsmächtigen „Führer" entdeckt und verkündet:

> Es gibt nur einen, und der heißt: DAS VOLK.
> Dem strecken unsere Arme wir entgegen,
> Den grüßen wir, den preisen wir als Führer,
> Dem Führer folgen wir. Uns führt das Volk. [160]

Dann wird auch das prophetische Dichter-‚Wort' zur geschichtsstiftenden ‚Tat': „Die Bücher von heute sind die Taten von morgen", lautete die Losung des IV. Deutschen Schriftstellerkongresses 1956 – mit dem Festredner Becher.

In seinem großen Gedicht „Der an den Schlaf der Welt rührt – Lenin"[161] hat Becher zugleich über diese seine, in der politischen Aktualität des Totalitarismus verortete ‚Legende vom Künstler' Rechenschaft abgelegt. Über seinen ‚Weg zu Lenin' hat er, der „sein ganzes schöpferisches Leben lang im Bann des Werkes und der Persönlichkeit" dieses genialen „Vereinfacher[s]" stand, sich oft genug geäußert.[162] Doch seine „Lenin-Gedichte" schienen ihm nach dem Zweiten Weltkrieg sämtlich „veraltet", außer diesem, das den Führer der Revolution göttlich wirkend als Schöpfer durch das Wort darstellt; im Jahr 1949 legte Becher in der Sammlung der *Neuen deutschen Volkslieder*, also in seiner Rolle als Sprecher des Volkes, eine Neufassung vor:

> Er rührte an den Schlaf der Welt
> Mit Worten, die wurden Maschinen,
> Wurden Traktoren, Häuser,

---

[159] Neuer Titel 1953: Der Weg nach Füssen. Die hier vorausgesetzte Analogie von Dichter und bildendem Künstler wird ausformuliert in dem Sonett „Volk und Dichter" (GW IV, S. 317), gleichsam ein Kommentar zum Drama. Vgl. auch: GW XII, S. 76, mit der Einführung des Pygmalion-Motivs der Selbst-'Bildung' in diesen Kontext. – Die folgende Charakteristik nach einer Erinnerung von Maxim Vallentin. In: Sinn und Form. Zweites Sonderheft. Johannes R. Becher zum 60. Geburtstag. o. J. [1951], S. 597.

[160] GW VIII, S. 873.

[161] GW III, S. 146 ff. – Die Erstfassung war am 21.1. 1928 in der „Roten Fahne" erschienen; vgl. ebd., S. 826 f.

[162] So in dem „Tagebuch" „Auf andere Art so große Hoffnung": „Lenin vor allem verdankte ich es, daß ich allmählich lernte, die Dinge so zu sehen, wie sie sind, nichts, was ihrem Wesen nicht gemäß ist, in sie hineinzudeuten und nichts wegzulassen, wenn es einem genehm ist. [...] Mir scheint es, daß man sich keine würdigere Abschlußfeier der ersten Hälfte des Jahrhunderts denken kann, als daß jeder auf seine Weise von einem Ereignis Zeugnis ablegt, das ihn entscheidend beeinflußt hat und das er auch heute noch als ein für die Entwicklung der Menschheit entscheidendes betrachtet. Für mich also war es ein Buch. Sein Verfasser hieß Lenin und der Titel: ‚Der Imperialismus als höchstes Stadium des Kapitalismus'. [...] Die Lektüre von Lenins Werk ist für jeden Künstler [...] ein Sichmessen mit der Wahrheit" (GW XII, S. 12 ff.). Vgl. auch den Aufsatz „Mein Weg zu Lenin", mitgeteilt in E. Weiß: Unbeachtete Äußerungen Johannes R. Bechers über L. Tolstoj, M. Gorkij, V. Majakovskij und V. Lenin. In: Zeitschrift für Slawistik 9 (1964), S. 3-22, Zitat: S. 7. Abdruck von Bechers Aufsatz: S. 20-22.

> Bohrtürme und Minen –
> Wurden Elektrizität,
> Hämmern in den Betrieben [...]

„Denn unser Wort ist Tat": Becher legt das ‚Handeln' Lenins gemäß den Großmetaphern der politisch-ästhetischen Rede des 19. Jahrhunderts als ‚Schöpfungs'-Tat aus, ähnlich wie er in jenem Gedicht „Volkes eigen" das revolutionäre Proletariat gleichsam dem biblischen Buch Genesis implantiert hatte. ‚Lenin' ist überdies in dieser synkretistischen Sakral-Montage ebenso ein ‚Erwecker', wie es die Topik vielfältiger Wunderberichte verlangt; er leitet gleichsam die Lebensenergie in eine indolente, zur ‚Tat' unwillige Welt. „Eine Tendenz des deutschen Bürgertums", so kommentiert Ernst Stein in seinem, von Becher hochgeschätzten *Kleinen Wegweiser zu Johannes R. Bechers Gedicht*, „wird hier als allgemeine Erkenntnis formuliert. Mit dem Umstoßen dieser Grundhaltung, mit dem befreienden Rühren an den Schlaf der Welt ist Lenins welthistorische Leistung umrissen".[163] Ähnlich projizierte das im Jahr 1948 erstmals gedruckte Gedicht „Das Gewitter – Karl Marx" die Textschöpfung des kommunistischen ‚Propheten' in die seit alters religiös gedeutete Zeichenordnung kosmischer Energien:

> Und das Gewitter hatte sich verzogen.
> War das Gewitter nicht von ihm gesandt?
> Er hatte das Gesetz der Zeit erkannt.
> Es schwebte über ihm ein Regenbogen.

Im „Lenin"-Gedicht hatte Becher im Aneignungsprozeß des ‚Erbens' eine Intention Friedrich Hebbels, der vor dem revolutionären Aufstören aus heilsamer Ruhe warnen wollte, umgekehrt; indessen verrät erst ein intertextuelles Pastiche die eigentliche Absicht dieses poetologischen Gedichtes, das vom politischen Führer spricht, aber zugleich den Dichter-Führer meint. Denn Becher hatte das Bild vom ‚Schlaf der Welt' wohl nicht direkt von Hebbel entlehnt, sondern es war ihm jedenfalls eindrücklich 1928 in einer Stellungnahme zu seinem Hochverratsprozeß[164] von Alfred Kerr begegnet:

> „Johannes R. Becher, das bist Du und Du und Du; das sind morgen wir! [...] Aber wir müßten, auch ohne selber gefährdet zu sein, einem edel glühenden Bruder beispringen, der am Werk ist, die sumpfige Stauung zu hindern, oder der,

---

[163] Berlin 1956, S. 55. Vgl. den Brief Bechers an Ernst Stein vom 30.5.1956: „Wenn ich Ihre Äußerungen über mich lese, lese ich sie mit viel Gewinn, mit größtem Genuß, und ich lerne daraus. [...] Sie sind wohl [...] der einzige meiner Kritiker, der mich in meiner poetischen Substanz aufsucht und es nicht mit allgemeinen gesellschaftskritischen Untersuchungen bewenden läßt". In: Briefe I, S. 487.
[164] Vgl. Joachim Dyck: Ästhetischer Hochverrat. Johannes R. Becher. In: Schriftsteller vor Gericht. Hrsg. von Jörg-Dieter Kogel. Frankfurt a. M. 1996, S. 171-187. Vgl. auch Bechers Texte zum Hochverratsprozeß von 1928: „Literarischer Hochverrat" und „Einheitsfront". In: GW XV, S. 158, 159 f.

mit hohem menschlichen Recht (wie Friedrich Hebbel sagt), an den Schlaf der Welt rührt'".[165]

Kerr also hatte bereits jene entscheidende Umdeutung des Ruhestörers zum Erwecker vorgenommen und diese Rolle für Becher reklamiert. Was also Bechers panegyrisches Gedicht Lenin zuschreibt, wird insgeheim zugleich für den ‚Dichter' dieser Verse reklamiert, dessen ‚Wort' ebenso ‚Taten' stiftet; unter den Bedingungen der Weltrevolution wird somit auch die alte Gemeinschaft von ‚Dichter' und Machthaber mit neuem Sinn erfüllt.

IV. Inszenierung und Verdrängung: Der ‚Fall Johannes R. Becher'

„Du bist zwar ein berühmter Mann, aber Du hast keine Macht".[166] So hatte die Freundin Luise Rinser Bechers ‚Tasso'-Dilemma umschrieben.

Der Nationaldichter allerdings ist Führer und Lehrer der Nation.[167] Das impliziert auch für den Schriftsteller die Notwendigkeit, sich mit seiner ganzen Person im Staatsaufbau zu engagieren. Er übernimmt, gerade weil er Repräsentant ist, staatstragende Aufgaben. Die Erfolgsgeschichte Johannes R. Bechers zeigt ihn als Präsident des von ihm initiierten Kulturbundes, als Mitglied des Zentralkomitees der SED und der Volkskammer, weiter im Präsidium des Schriftstellerbandes der DDR wie im Präsidium der Akademie der Künste der DDR, als deren Präsident er von 1953 bis 1956 amtiert, und schließlich seit 1954 als ersten Kulturminister der DDR:

> „Es ist schon eine große Sache, daß der erste Dichter Deutschlands an die Spitze eines solchen Amtes tritt [...]. Aber es ist natürlich auch ein Stück verwirklichter Einheit Deutschlands, denn es ist längst kein Zweifel mehr, daß die nationale deutsche Literatur der Gegenwart in Dir ihren größten und konsequentesten Repräsentanten besitzt".[168]

Bereits im Herbst 1944 lag den Kommissionen der Moskauer Exil-KPD bei ihrer Arbeit an *Grundlinien für die Gestaltung eines neuen demokratischen*

---

[165] Zit. nach: Alfred Bergstedt: Johannes R. Becher: „Der an den Schlaf der Welt rührt – Lenin". Überlegungen zu einer Lesart des Gedichts. In: Wissenschaftliche Zeitschrift der Pädagogischen Hochschule „Karl Liebknecht" Potsdam 31 (1987), S. 944-953, hier S. 952. Auch in: GW III, S. 827.
[166] Luise Rinser an Becher vom Februar 1951. In: Briefe II, S. 402.
[167] Diese Lehrerrolle findet ihre institutionelle Verwirklichung in der – von Becher abgelehnten – Gründung des Leipziger Literaturinstituts, das später den Namen „Johannes R. Becher" tragen wird. Literarische Praxis wird lehrbar und lernbar und damit als Teil der kulturellen Entfaltung einer ‚allseitig entwickelten sozialistischen Persönlichkeit' konzipiert. Zu verweisen ist hier freilich auch auf die Eigendynamik der Kritik, die sich gerade im Milieu dieses Literaturinstituts entwickelt und die DDR-Literatur im Laufe der sechziger Jahre zunehmend geprägt hat.
[168] Louis Fürnberg an Becher vom 19.1.1954. In: Briefe II, S. 494.

Deutschland Bechers Manuskript „Zur Frage der politisch-moralischen Vernichtung des Faschismus" vor.[169] Der Kulturpolitiker Becher versuchte nach 1945 die im Exil von ihm mitentwickelte und mitgetragene Volksfront-Politik im Kulturbund für die demokratische Erneuerung Deutschlands fortzuführen; im Kulturbund sollte sich die Kulturnation wiederfinden, jenes ‚andere Deutschland',[170] an das der deutsche Patriot Becher immer geglaubt hatte. Er versuchte hier, nach seiner Rückkehr, eine ‚innere Emigration', an die er ebenfalls glaubte, mit den in die Fremde Getriebenen wieder zu vereinen; im Werben um Gerhart Hauptmann, Hans Carossa, Ernst Wiechert fielen die politische Strategie einer Integration der alten Bildungseliten und der Traditionalismus der ‚Erbe'-Pflege in eins.[171] Becher war dabei jedoch kein Instrument einer, von anderen Funktionären der SED und auch innerhalb des Kulturbundes durchaus verfolgten, Infiltrationspolitik. Seine „exponierte Stellung in der Öffentlichkeit als Präsident der Organisation" bot vielmehr „eine gewisse Garantie dafür, daß der Kulturbund nicht bloßes Instrument des Parteiapparates wurde".[172] Obgleich der Kulturbund allenfalls „liberalkommunistisch, aber nicht, wie seine Lenker stets behaupteten, wirklich überparteilich" war[173] und obgleich auch Becher keineswegs zu einer Revision seiner kommunistischen Auffassungen bereit war, hielt er eine solche Sammlungsbewegung für möglich und wünschte sie vielleicht auch, um seine eigene Unabhängigkeit gegenüber der Partei abzusichern. Bechers Glaube allerdings, „einander durch Verständigung einer gemeinsamen Lösung ‚entgegenzuführen' [...] war mit dem Führungsanspruch einer Partei nicht zu

---

[169] Vgl. Dietrich (Anm. 13), S. 17 ff.

[170] Die Forschung weist beträchtliche Unterschiede in der Wertung von Bechers Haltung auf. Pike (Anm. 83) neigt dazu, in Bechers deutschem Patriotismus bloße Tarnung eines kommunistischen Funktionärs zu sehen, und charakterisiert das Programm als „the best early example of a concealed party cultural program" (S. 84). Dwars betont Bechers persönliche Integrität, während für Wolfgang Schivelbusch (Anm. 18; zum „Kulturbund" S. 117-168) viel dafür spricht, „daß Becher diese Rolle [der überparteilichen Integrationsfigur; W. S.] nicht nur spielte, sondern in ihr aufging. Sein ganzes Leben und seine künstlerische Entwicklung hatten ja aus Rollenwechseln bestanden, die er jeweils voll auslebte" (S. 126); vgl. auch: ebd., S. 163 ff.

[171] Vgl. Schivelbusch (Anm. 18), S. 134 ff. Zur Integration der ‚inneren Emigration', deren Existenz Becher nicht bezweifelte, vgl. auch: Manfred Jäger: Kultur und Politik in der DDR 1945-1990. Köln 1994, S. 15 f. Zu Bechers viel kritisierter Förderung von Hans Fallada vgl.: Dieter Schiller: Alltag, Widerstand und jüdisches Schicksal. Aspekte der Auseinandersetzung mit dem Dritten Reich in der literarischen Öffentlichkeit der SBZ und frühen DDR. In: Schwieriges Erbe. Der Umgang mit Nationalsozialismus und Antisemitismus in Österreich, der DDR und der Bundesrepublik Deutschland. Hrsg. von Werner Bergmann, Rainer Erb, Albert Lichtblau. Frankfurt a. M., New York 1995, S. 393-407, hier S. 398 f.

[172] Engler (Anm. 9), S. 50. – Heider (Anm. 104), S. 180 ff., betont, daß die „Bildung des Ministeriums für Kultur im Januar 1954" eine Antwort auf Kritik von Intellektuellen an der Partei nach den Ereignissen des 17. Juni 1953 war, zugleich aber „im Zusammenhang mit deutschlandpolitischen Erwägungen" stand; auch hier galt Becher als Alternative zum bloß linientreuen Funktionär.

[173] Jens Wehner: Kulturpolitik und Volksfront. Ein Beitrag zur Geschichte der Sowjetischen Besatzungszone Deutschlands 1945-1949. Frankfurt a. M. 1992, S. 942.

vereinbaren".[174] Der SED wiederum war anscheinend früh an einer „Schwächung des Kulturbundes" gelegen, um eben keine eigenständige Position neben sich aufkommen zu lassen.

So blieb Becher, anstatt den erträumten „Staat als Kunstwerk"[175] durch ‚poetische Politik' zu formen, verstrickt in das Kräftespiel der Realpolitik. Bereits im Jahr 1947 hatten sich erste Zweifel an der „Glaubwürdigkeit der SED" aufgedrängt; die Partei verlor an „Masseneinfluß"; „bei einigen der linken Schriftsteller und Künstler, wie Johannes R. Becher, Hans Grundig, Friedrich Wolf, führte diese Lage 1947 zu Schaffenskrisen und Depressionen".[176] Hartnäckig verteidigte Becher einerseits seine Partei und bemühte sich andererseits, die eigenständige Rolle der Intellektuellen gegenüber eben dieser sich etablierenden Funktionärs-Partei als Teil des funktionierenden Systems begreiflich zu machen und überzeugende „Intellektuellenarbeit"[177] zur Parteiaufgabe zu erheben.

So zwiespältig wie sein politisches Agieren ist auch die Stellung der deutschen Öffentlichkeit Becher gegenüber. Während seine Teilhabe an der Staatsmacht von Walter Ulbricht – ganz im Sinne der ‚Nationalautor'-Rolle – in die Goethe-Nachfolge gestellt wurde,[178] opponierte die ‚Linke' gegen seine Sammlungspolitik,[179] und im Westen gar erschien – wie Marianne Lange notiert – „das gigantische Ringen um Gestaltwerdung" einigen „beschränkten Gemütern" nur „als Handgemenge ‚zwischen Künstler und Funktionär'": „Das wütende, niveaulose Gekläff dieser ausgesprochenen Feinde unseres Staates und unserer sozialistischen Literatur beweist nur, daß Becher sie gerade mit diesem Prinzip des sozialistischen Dichters ins Herz getroffen hat oder doch dorthin, wo menschliche Menschen ein Herz zu haben pflegen".[180] Der ‚offene Brief' an Johannes R. Becher, den „Staatssklaven-Bildner", wird gleichsam zum eigenen polemischen Genre in der kulturell-politischen Publizistik der frühen Bundesrepublik Deutschland[181] – obstinat von

---

[174] Dwars.
[175] Ursula Heukenkamp: Nachkriegsliteratur in Berlin. In: dies. (Hrsg.): Unterm Notdach (Anm. 9), S. 17-46, hier S. 31.
[176] Dietrich (Anm. 13), S. 87.
[177] Becher an das Sekretariat des Zentralvorstandes der SED, 8.12.1947; Gansel, S. 42.
[178] Walter Ulbricht: Der größte deutsche Dichter der neuesten Zeit. Gedenkrede für Johannes R. Becher. In: Einheit 1958, S. 1543.
[179] Vgl. Schivelbusch (Anm. 18), S. 141 ff. Außerdem etwa der ‚bizarre Vorfall' eines Artikels „Zeitliteratur oder Literatur für unsere Zeit", in dem Martin Böttcher im „Neuen Deutschland" vom 1.10. 1948 erklären durfte, die gesamte Schriftsteller-Prominenz der Partei, Becher voran, versäume es, sich realistisch auf die Gegenwart einzulassen. Vgl. auch: Pike (Anm. 83), S. 529 f., der auch auf die Nähe dieses Vorwurfs zu Auffassungen Ulbrichts aufmerksam macht.
[180] Lange: Der Dichter als repräsentativer Charakter (Anm. 4), S. 696 f. Genannt werden Marcel Reich-Ranicki und Jürgen Rühle.
[181] Vgl. etwa Stefan Andres: An einen Staatssklaven-Bildner. In: Der Monat 1950. H. 29, S. 487-490 (mitabgedruckt: John T. Becher schrieb an seinen Vater). – Rudolf Pechel: Unabsperrbarkeit der geistigen Grenzen? In: Deutsche Rundschau 77 (1951), S. 193-199 (mit ‚offenen Briefen' von Kurt Hiller an Becher vom 26.1.1951 sowie von Erich Wollenberg an Erich Kästner vom 8.2.1951 und an Ernst Penzold vom 12.2.1951).

der Versicherung begleitet, der Briefschreiber halte den Adressaten nicht mehr zu einer Antwort fähig: „Sie sind wirklich nirgendwo, oder wo könnte man Sie finden – ich meine Ihren ganzen, Ihren eigentlichen Menschen? Gibt es für Sie in dem Staat, den Sie derart von vorn und von hinten preisen, einen geistigen Ort, wo Sie, Ihr Wesen darstellend, einfältig und offen sein dürfen".[182]

In der Selbstreflexion Bechers bildet sich die Spaltung der öffentlichen Meinung über ihn zumindest im Zweifel an einer Identität von Dichter und Politikfunktionär ab: „Zum Künstler sprach ein Kunstbeamter: / ‚Ein Nichtsnutz bist du, ein verdammter'".[183] Indessen hat doch Becher, der hier seine beiden Lebensmodelle parteiisch nach außen projiziert, nie einen „Irrtum dieser seine Kräfte verzehrend undurchführbaren Doppelrolle"[184] anerkannt, sondern vielmehr die Inszenierung dieser prekären Doppelung von „Staatsmann und Dichter" in sein Repräsentanz-Konzept aufgenommen, zur Versöhnung von ‚Geist' und ‚Macht'. Harmonisierend hatte Lion Feuchtwanger das ‚Tasso'-Dilemma überspielt und in einen Geburtstagsglückwunsch umgemünzt: „Das Amt des *Kunstpolitikers* Becher nimmt den ganzen Mann in Anspruch. Welch herzliche Freude, daß der *Dichter* Becher darüber nicht verstummt, sondern uns immer neue, geglückte Werke in schöner Reife schenkt".[185]

Becher selbst variierte diese potentiell tragische Spaltung hingegen gerne auch öffentlich – als Teil seiner ‚Nationalautor'-Inszenierung. „Sie waren nicht in Übereinstimmung miteinander zu bringen, der Dichter und der Funktionär, die er beide in einer Person vereinigte",[186] gestand er sich 1955 ein, doch müsse, so hatte er drei Jahre früher notiert, „um die Großmachtstellung der Literatur zu verteidigen, [...] in Zeiten eines geschichtlichen Ausnahmezustandes [...] der Schriftsteller aus dem Kreis seines eigentlichen Werkes heraustreten".[187] Wiederum 1955, die militaristische Metaphorik aufnehmend, beschreibt Becher einen Pyrrhus-Sieg:

> „Und geraten wir nicht immer in Gefahr, die Dichtung verteidigend, als Dichter uns aufzugeben und eines Tages, uns selber uns zuwendend, zu erkennen, daß wir poetisch abgestorben sind und daß dort, wo einst unsere poetische Heimat lag, die zu verteidigen wir auszogen, nun eine Trümmerstätte uns empfängt, wenn wir als ‚Sieger' heimkehren, nachdem wir weit draußen die Feinde der Poesie vernichtet haben?"[188]

---

[182] Andres (Anm. 181), S. 489. – Zur kritischen Würdigung vgl. Jürgen Rühle: Literatur und Revolution. Die Schriftsteller und der Kommunismus in der Epoche Lenins und Stalins. Frankfurt a. M. u.a. 1987, S. 295-311. – Walter Hildebrandt: Die Selbsttäuschungen und Lebenslügen des Johannes R. Becher. Eine Betrachtung zu seinem 100. Geburtstage. In: Universitas 46 (1991), S. 357-369.
[183] Becher: Auf andere Art so große Hoffnung (Anm. 44). In: GW XII, S. 165.
[184] Mattheuer-Neustädt (Anm. 107), S. 73; dann: GW VI, S. 425 f.
[185] Lion Feuchtwanger an Becher vom 11.5.1951. In: Briefe II, S. 406. Vgl. zuvor: GW V, S. 334; GW VI, S. 89, 279 u. ö.
[186] Becher: Bemühungen. In: GW XIV, S. 195.
[187] Becher: Bemühungen. In: GW XIII, S. 58.
[188] Becher: Bemühungen. In: GW XIV, S. 28.

Im Jahr 1957 heißt es dann:

> „Wissenschaft und Kunst dienen der Politik. [...] Handelt es sich um eine Politik, die die Entwicklung des Menschengeschlechts zum Inhalt hat, so kommt es der Wissenschaft und der Kunst nur zugute, wenn sie sich unterordnen und dienen".[189] – „‚Dichtung im Dienst' – ein undurchdachtes, oberflächliches Schlagwort, denn welche Dichtung befindet sich nicht im Dienst".[190]

Becher verzichtet auf eine Entscheidung und stilisiert sich vielmehr als ‚Übergangsmensch', um so seinem Anspruch als Nationalautor vollends gerecht zu werden.[191] ‚Repräsentativ' ist er in seiner Anlage auf den künftigen ‚ganzen Menschen' hin, und repräsentativ sind im gegenwärtigen historischen Augenblick auch seine Ambivalenz und sein Scheitern. Was Thomas Mann als Repräsentant der deutschen Kultur aus der würdevollen öffentlichen Existenz auszublenden wußte – den Zweifel, die Verstrickung –, das lebt Becher öffentlich vor als Symptom jener deutschen Gegenwart und ‚Wende'-Zeit, deren Repräsentant er sein will. Wenn er sein Gedicht über den „Multifunktionär" unter den ironischen Titel „Der ganze Mensch" stellt, so ist damit doch auch das Orientierungswort einer sozialistischen Zukunft ausgesprochen. Gerade weil Becher nicht bereit war, auf „die Rechtfertigung des Ichs aus bürgerlich-traditionellem Selbstverständnis"[192] zu verzichten, vermag er in der zunehmend ideologisch besetzten literarischen Öffentlichkeit der DDR noch Alternativen zu formulieren, die ihn zum Wegbereiter jener kritisch-sozialistischen DDR-Literatur machen, die in den siebziger Jahren auch im Westen erfolgreich wird. Nicht nur als Schutzformel vor der Zensur sollte das Motto über Christa Wolfs Epochenroman *Nachdenken über Christa T.* (1969) gelesen werden: „Was ist das: / Dieses Zu-sich-selber-Kommen des Menschen? / Johannes R. Becher". Die Ambivalenz von Funktion und Dichtertum ist dann – im Rückgriff auf Bechers Gedicht „Entlastung" – in Volker Brauns *Unvollendeter Geschichte* als Krise entfaltet.[193]

Bechers Sorge um die Repräsentanz seiner Persönlichkeit hatte ihn Fragen stellen lassen, die jenseits der Parteilinie lagen: „Was ist das, der Mensch in unserem Jahrhundert?" lautet prägnant die Leitfrage des Tagebuchs nach einer geschichtlich bedeutsamen Existenz.[194] Positionen des Existentialismus wurden in seiner Pascal-Rezeption benennbar, die den Grund legen sollte

---

[189] Ebd., S. 390.
[190] Ebd., S. 257.
[191] Den von Hermann Conradi in seinem Essay „Ein Kandidat der Zukunft – Übergangsmenschen" geprägten Terminus hat Martin Doerry in den Titel seiner mentalitätsgeschichtlichen Studie gesetzt: Übergangsmenschen. Die Mentalität der Wilhelminer und die Krise des Kaiserreichs. Weinheim, München 1986.
[192] Rohrwasser: Der Weg nach oben (Anm. 29), S. 45.
[193] Vgl. Volker Braun: Texte in zeitlicher Folge. Bd. 4. Halle, Leipzig 1990, S. 31 f.; vgl. Becher: Entlastung. In: GW VI, S. 534.
[194] GW XII, S. 21, mit dem Hinweis auf den ‚neuen Menschen'; vgl. auch: ebd., S. 16, 22 (die ‚einfachen' Menschen; vgl. den Hinweis in Anm. 109), 29 f., 39 f. u.ö. Durchweg wird das ‚Menschliche' als existentielle Kategorie wie als ästhetische Norm eingesetzt.

„für eine Art ‚Lehre vom Menschen' auf der Basis der Weltanschauung der Arbeiterklasse";[195] seine teilweise veröffentlichten Studien *Der Aufstand im Menschen* (1947/48) formulieren diese Alternative. Und Bechers *Bemühungen* (1952-1956) dürfen ebenfalls als Versuch gewürdigt werden, eine sozialistische Antwort auf das ‚Doppelleben'-Konzept seines Antipoden Gottfried Benn zu entwickeln, ein Versuch, der wiederum die ‚Kunst zu erben' auch auf ein sonst verpöntes Gedankengut ausdehnte.

Mag sich indes Becher, indem er seine Ambivalenz so ungeschminkt der Öffentlichkeit vortrug, auch als virtuoser Inszenierungskünstler des literarischen Medienzeitalters erweisen – wie es Michael Rohrwasser jüngst behauptet hat –,[196] so bleibt doch eine dunkle Dimension seiner Dichter-Existenz, die auch in dieser erweiterten Erfolgsgeschichte nicht erfaßt wird; denn komplementär ist die Geschichte der Demütigungen des Johannes R. Becher zu beleuchten.

Der junge Schriftsteller Gerhard Zwerenz führte in seinem, ganz aus den Erfahrungen der DDR gespeisten, ersten im westdeutschen ‚Exil' veröffentlichen Roman *Die Liebe der toten Männer* (1959) den „große[n] Parteidichter" mit dem sprechenden Namen Kaltofen ein:[197]

> „Jetzt verbreiten [so erläutert ein Parteifunktionär; W. S.] die Feinde über ihn Lügen. Sie wollen ihn unmöglich machen. Sie wollen der Partei den besten Dichter nehmen. Sie sagen, Kaltofen sei krank, er sei pervers, sagen sie, sie sagen, er ziehe seine Frau nackt aus, fessele sie und weide sich dann an dem Anblick. So – sagen unsere Feinde – sei sogar der Text unserer Nationalhymne entstanden".

Das lyrische ‚Feuer' des Nationalhymnen-Dichters ist erloschen; die Schöpfungsmacht Liebe ist der distanzierten Perversion gewichen. Der Dichter ist – wie es in einem Gemeinplatz der Becher-Rezeption festgehalten wurde[198] – ein Revenant seiner selbst, tot zu Lebzeiten. Zwerenz aber verallgemeinert dies zur Diagnose totalitären Totenkultes: „Der Mensch muß tot sein, wenn er der Partei nützen soll". Sie eliminiert den Menschen in der Funktion:

---

[195] Haase: Johannes R. Becher (Anm. 7), S. 233. Vgl. Carsten Gansel: Parlament des Geistes. Literatur zwischen Hoffnung und Repression 1945-1961. Berlin 1996, S. 100 f., zum ideologischen Kampf gegen den Existenzialismus. Dwars weist darauf hin, daß Becher „dem Asmus-Verlag in der französischen Besatzungszone sein Manuskript des *Aufstands* an[kündigte], das den Existenzialismus nicht, wie Grotewohl und Ackermann auf dem ersten Kulturtag der SED im Mai 1948, nur verwirft, sondern produktiv aufzuheben versucht". Ähnlich ausbalanciert Bechers Wirken in der Formalismus/Realismus-Debatte; vgl. Horst Haase: Johannes R. Bechers Position in den Debatten um den Formalismus in den fünfziger Jahren. In: Weimarer Beiträge 1988, S. 1734-1739, sowie Heider (Anm. 104), S. 138 ff.

[196] Rohrwasser: Johannes R. Becher und die „Wiedergeburt" (Anm. 80), besonders S. 54 f.

[197] Gerhard Zwerenz: Die Liebe der toten Männer. Köln 1959, S. 38; das folgende Zitat: ebd., S. 63.

[198] Johannes Bobrowski: „Dies ist der größte lebende Dichter, so redet und schreibt man. Ich stimme immer damit überein, er ist der größte, gewiß, / nämlich der größte tote Dichter bei Lebzeiten, einer, / den niemand hörte und las, – aber er lebte und schrieb" (zit. nach: Gansel, S. 11). Bobrowski spitzt hier Lessings bekannte Kritik an dem ‚viel gerühmten, aber wenig gelesenen' Klopstock zu.

> „Es ist nicht anständig, zu leben. Du mußt tot sein. Die Toten haben es einfacher. Man kann nicht mehr leben, und dabei ein guter Mensch bleiben. Ich rate dir, zu sterben. [...] Du mußt ohne Selbstmord sterben, das geht ganz leicht. Du brauchst nur alles vergessen, was du liebst. [...] Denke an unsere großen Toten, [...] denke an Marx und Engels, an Lenin, an Rosa Luxemburg, an Karl Liebknecht, sie starben, und das ist gut so, sie sind tot, und nun nützen sie der Partei. Der Mensch muß tot sein, wenn er der Partei nützen soll. Wirf alles fort, laß dein Leben hinter dir, träume nicht mehr; erwürge deine Begeisterung, deine Ideale, deine Liebe, vergiß, daß du geboren wurdest, Eltern hattest, Freunde, Freuden; sei ein Toter, lebe wie ein Toter, sterbe, um die Partei nicht zu verlieren".[199]

Vollends brisant aber – und zugleich hellsichtig – ist im Handlungskonnex von Zwerenz' Roman die politische Herleitung der Mortifikation aus der verratenen Revolution des 17. Juni. Sie verweist uns hier auf denjenigen Bruch in Bechers poetisch-repräsentativer Existenz, der nur zu vertuschen, aber nicht zu heilen war: die halb freiwillige, halb erzwungene Unterwerfung unter den stalinistischen Terror. Zwerenz treibt die Anamnese bis in die Zeit der Moskauer Schauprozesse; Becher, damals suizidgefährdet, hatte wohl nicht denunziert, aber doch laviert, um sein Leben zu retten.[200] Zensur und „Selbstzensur"[201] begleiten sein Schaffen in der Nachkriegszeit; die „in eine krankhafte Graphomanie ausartende Überproduktivität"[202] verrät etwas von Bechers Verdrängungsenergie. Und wenn auch eine „mit dem XX. Parteitag der KPdSU [...] entschieden verstärkte Spannung zwischen hymnischer Verehrung/Verklärung und schmerzvoller, selbstanklagender Elegie"[203] immerhin die Möglichkeit einer Trauerarbeit ahnen läßt, so verfällt Becher angesichts der neuen Welle von Repression nach dem Ungarn-Aufstand sofort wieder einer für ihn typischen, „von der Phantasie hervorgerufene[n] Panik":[204] Er gibt, nach einem tapferen Versuch des Eingreifens, den Freund Georg Lukács preis; er läßt dem Prozeß gegen Walter Janka seinen

---

[199] Zwerenz (Anm. 197), S. 145. – Vgl. zum strukturellen Verhältnis von Totalitarismus und Totenkult vorerst: Sabine Behrenbeck: Der Kult um die toten Helden. Nationalsozialistische Mythen, Riten und Symbole 1923 bis 1945. Vierow bei Greifswald 1996; Michael Rohrwasser: Über den Umgang mit dem Tod in der sozialistischen Literatur. In: Frankfurter Hefte 38 (1983) H. 3, S. 55-66.

[200] Vgl.: Die Säuberung. Moskau 1936: Stenogramm einer geschlossenen Parteiversammlung. Hrsg. von Reinhard Müller. Reinbek b. Hamburg 1991, S. 48 ff. Auch Kunert, in: Vor der Sintflut (Anm. 127), führt „Bechers Zwangsneurose" auf die Moskauer Traumata zurück. In einer biographischen Skizze zu Becher betont Michael Rohrwasser hier dessen „Doppelrolle als Täter und Opfer". In: Berlin – Moskau 1900-1950. Hrsg. von Irina Antonowa und Jörn Merkert. München, New York 1995, S. 316. Vgl. ders.: Ein „Neuer Typus" des Schriftstellers. Deutsche Literatur zwischen Hitlerdeutschland und sowjetischem Exil. In: ebd., S. 375-379.

[201] Vgl. Bechers erst aus dem Nachlaß veröffentlichte Reflexionen unter diesem Stichwort. In: Sinn und Form 1988.

[202] Julius Hay: Geboren 1900. Aufzeichnungen eines Revolutionärs. Autobiographie. München 1980, S. 176.

[203] So eine These von Matthias Mieth. Vgl. auch: Hans Peter Klausnitzer: Publizistik Johannes R. Bechers nach 1945. Konferenz in Jena. In: Weimarer Beiträge 36 (1990), S. 698-701, hier S. 700.

[204] Ilse Siebert: Gespräch mit Georg Lukács. In: Sinn und Form 42 (1990), S. 321-331, hier S. 326.

Lauf.²⁰⁵ Seine verzweifelte poetische Selbstabrechnung hat er nicht mehr veröffentlicht,²⁰⁶ aber er hat in einem Gedicht, das in der großen Werkausgabe kommentarlos erscheint, seine pfingstliche Utopie zurückgenommen; Hans Mayer zitiert den Titel mit Bedacht in der Titelgebung seiner 1991 erschienenen ‚Erinnerungen an ein untergegangenes Land‘:²⁰⁷

> Turm von Babel
>
> Das ist der Turm von Babel,
> *Er spricht in allen Zungen.*
> Und Kain erschlägt den Abel
> Und wird als Gott besungen.
> [...]
>
> Gerüchte aber schwirren,
> Die Wahrheit wird verschwiegen.
> Die Herzen sich verwirren –
> So hoch sind wir gestiegen!
>
> Das Wort wird zur Vokabel,
> Um sinnlos zu verhallen.
> Es wird der Turm zu Babel
> Im Sturz zu nichts zerfallen.

Der pfingstliche Kulturstaat wird einer sich selbst feiernden Gewaltordnung konfrontiert, die eine sinnlos gewordene Sprache in den Dienst genommen hat. Johannes R. Becher hat diesen Widerspruch in dem Totalitätsentwurf

---

²⁰⁵ Vgl. Walter Jankas Erinnerungen an seine Zusammenarbeit als Leiter des Aufbau-Verlages mit Becher. In: ...bis zur Verhaftung. Erinnerungen eines deutschen Verlegers. Berlin, Weimar 1993, S. 170-178; ders.: Spuren eines Lebens. Berlin 1991, S. 254 ff., über Bechers Feigheit; die von Janka gewünschte Einvernahme Bechers als Zeuge wurde abgelehnt, vgl.: ders.: Schwierigkeiten mit der Wahrheit. Reinbek b. Hamburg 1989, S. 91. – Vgl. das abwägende Urteil bei Hans Mayer: Der Turm von Babel. Erinnerungen an eine Deutsche Demokratische Republik. Frankfurt a. M. 1991, S. 203. Bechers Ministerium war „[n]ach den Ereignissen der Jahre 1956/57 [...] unter starken politischen Druck geraten" (Gansel: Parlament des Geistes [Anm. 195], S. 192). Zu den Angriffen auf Becher vgl. den Bericht der Hauptabteilung V/1 des MfS, 18.3.1957. In: Walter Janka: Die Unterwerfung. Eine Kriminalgeschichte aus der Nachkriegszeit. München 1994, S. 126 ff.; die „Pensionierung des Gen. Becher" wurde im März 1958 beschlossen, vgl. Gansel: Parlament des Geistes (Anm. 195), S. 197. Zusammenfassend Nikola Knoth: Johannes R. Becher 1956/57 – eine DDR-Misere? Dokumentarischer Bericht. In: Deutschland Archiv 24 (1991), S. 502-511.
²⁰⁶ Vgl. Schoor (Anm. 113), S. 75. Aus dem Nachlaß publiziert wurde etwa das Gedicht „Gebranntes Kind": „Wem einmal das Rückgrat gebrochen wurde, / Der ist kaum noch dazu zu bewegen, / Eine aufrechte Haltung einzunehmen, / Denn die Erinnerung / An das gebrochene Rückgrat / Schreckte ihn" (Gedichte. In: Sinn und Form 42 [1990], S. 341-345, hier S. 343). Vgl. im Jahr 1958 die mühsame Rechtfertigung seines Verhaltens in der vorhergehenden Krise im Sonett „Wohldurchdacht" (zuerst im Band: Schritt der Jahrhundertmitte. Neue Dichtungen. Berlin 1958; wieder abgedruckt in: GW VI, S. 438).
²⁰⁷ GW VI, S. 40. Meine Hervorhebung verweist auf die Reminiszenz an das Pfingstwunder.

seiner Dichtung nicht mehr versöhnen können. So war er, in anderer Weise, als er es meinte und wünschte, ein deutscher Repräsentant in unserem Jahrhundert; denn mit seinem Leben und Werk mag er für alle die stehen, die sich mit totalitärer Herrschaft identifizierten und arrangierten im Glauben, die Werte deutscher Tradition zu verwirklichen oder zumindest zu bewahren.

Theo Buck

Leben im Widerspruch

Bertolt Brecht in der DDR

Im Herbst 1948, genau am 22. Oktober, traf der mittlerweile 50 Jahre alte Bertolt Brecht, von Zürich über Salzburg, Prag und Dresden kommend, im Ostsektor von Berlin ein. Die umständliche Anreise war notwendig, weil der ein Jahr davor dem Zugriff des *Committee of Unamerican Activities* McCarthies entronnene, amtlich ‚staatenlose' Flüchtling[1] kein Durchreisevisum der amerikanischen Besatzungsmacht bekam. Äußerer Anlaß für diesen Besuch, mit dem Brecht definitiv seine Rückkehr aus dem fünfzehnjährigen Exil einleitete, war die Teilnahme an der Friedenskundgebung des „Kulturbundes zur demokratischen Erneuerung Deutschlands". Der Heimkehrende wurde zunächst von Ludwig Renn in Dresden, dann in Ost-Berlin von Alexander Abusch, Johannes R. Becher und dem sowjetischen Kulturoffizier Alexander Dymschitz begrüßt. Deutschland war damals zwar noch nicht endgültig geteilt, doch waren die Auswirkungen des Kalten Krieges bereits allenthalben spürbar. Marshall-Plan und Gründung der Kominform, Blockade Berlins und Luftbrücke sowie die trennenden Währungsreformen in den drei Westzonen und in der Sowjetzone markieren für diesen Zeitraum die zunehmende Frontenbildung. Berlin war noch immer ein einziger „schutthaufen". Sarkastisch sah Brecht in der untergegangenen ‚Reichshauptstadt' „eine radierung churchills nach einer idee hitlers".[2] Mit seiner Frau, der Schauspielerin Helene Weigel, wohnte er im ehemaligen Verwaltungstrakt des zerstörten Hotels Adlon in der Wilhelmstraße. Angesichts der Ruinenlandschaft ringsum notierte der aufmerksam beobachtende „Landesflüchtige" vielsagend: „die trümmer machen mir weniger eindruck als der gedanke daran, was die leute bei der zertrümmerung der stadt mitgemacht haben müssen".[3] Die ausgehungerten Berliner, auf die Brecht traf, erlebte er

---

[1] Erst am 14. September 1950 erhielt Brecht die österreichische Staatsbürgerschaft zugesprochen. Bis dahin hatte er nur amtliche Papiere als ‚Staatenloser'.

[2] Arbeitsjournal. Zweiter Band 1942 bis 1955. Hrsg. von Werner Hecht. Frankfurt a. M. 1973 (Sigle: AJ), S. 852 (27.10.1948). Die Zitate aus dem Arbeitsjournal sind in authentischer Kleinschreibung widergegeben. Deswegen wird auf die Übernahme aus dem 27. Band der BGA (Große kommentierte Berliner und Frankfurter Ausgabe. Hrsg. von Werner Hecht u.a., Frankfurt a. M. 1988 ff.) verzichtet.

[3] AJ, S. 848 (23.10.1947). In diesem Zusammenhang ist ebenso die folgende Eintragung aus dem Jahr 1943 wichtig: „das herz bleibt einem stehen, wenn man von den luftbombardements ber-

als „Ruinenmenschen", als Gestalten „in dünnen mänteln oder geflickten joppen, gesichtsfarbe grau".⁴ Keineswegs verschwieg er dabei ihre nachhaltig wirkende „panik, verursacht durch die plünderungen und vergewaltigungen [...] nach der eroberung von berlin"⁵ durch die Rote Armee.

Zu offiziellen Stellungnahmen ließ sich der umworbene Besucher nicht verleiten. Seinen Standpunkt formulierte er so: „ich selber spreche nicht, entschlossen mich zu orientieren und nicht aufzutreten".⁶ Was ihn in erster Linie interessierte, war die Theatersituation. Ungeduldig, aber ohne sonderliche Erwartungen ergriff er die erste Gelegenheit zum Besuch einer Aufführung im Deutschen Theater. Allerdings bestätigte sein Eindruck dort alle Befürchtungen, die er im Vorfeld gehegt hatte. Lakonisch hielt er fest: „miserable aufführung, hysterisch verkrampft, völlig unrealistisch".⁷ Schlagartig wurde ihm dadurch wohl bewußt, daß er mit seinem Vorsatz, die Theaterarbeit zu erneuern, keinen leichten Weg vor sich hatte.

Auf die berechtigte Frage, warum der zurückkehrende Exilschriftsteller sich ausgerechnet für den russisch besetzten Teil Deutschlands entschieden hat, gibt es, will man der Sache gerecht werden, nur eine historisch ausholende Antwort. Hierzu bedarf es der Rückbesinnung auf die Situation der dreißiger Jahre. Was bei Brecht seit der Machtübernahme durch die Nationalsozialisten und seiner Flucht aus Hitlerdeutschland als Grundzug auffällt, ist ein ganz von der eigenen Person absehendes Einschwenken auf parteiliche Solidarität. Angesichts der nazistischen Barbarei erschien dem dialektisch gewieften Pragmatiker ein taktischer Kompromiß unumgänglich. Die westlichen Demokratien kamen aus seiner Sicht als Alternative nicht in Frage. Im antifaschistischen Kampf sah er sich deshalb, dem Terror des Stalinismus und allen ästhetischen Konflikten mit der „moskauer clique"⁸ zum Trotz, zur Solidarität mit der Sowjetunion verpflichtet. Klaus-Detlef Müller hat in diesem Zusammenhang mit Recht darauf hingewiesen, Brecht habe „jeden Anschein einer Spaltung der marxistischen Bewegung vermeiden" wollen, „gerade weil er als unabhängiger Marxist bekannt" war.⁹ Nach

---

lins liest" (AJ, S. 612; 29.8.1943). S. hierzu auch: AJ, S. 594 (26.7.1943). In einem Text aus der Sammlung „Gespräche mit jungen Intellektuellen" bezeichnet sich Brecht als „landesflüchtigen Stückeschreiber" (BGA 23, S. 100).

⁴ BGA 23, S. 99 („Vorschläge für den Frieden") und AJ, S. 857 (6.11.1947). In der gleichen Eintragung des Arbeitsjournals macht Brecht sich klar: „in der berliner blockade-frage ist man deutlich in der defensive" (ebd.).

⁵ AJ, S. 850 (25.10.1947).

⁶ AJ, S. 849 (24.10.1947). Am Tag davor notierte er: „ich habe mit becher ausgemacht, daß ich nichts sagen muß" (ebd., S. 848; 23.10.1947).

⁷ AJ, S. 848 (23.10.1947). Es handelte sich um eine Inszenierung von Julius Hays Stück „Haben". Bereits 1938 hatte Brecht dieses von Lukács gelobte Stück ironisch wie folgt kritisiert: „das ist echter sozialistischer realismus. neu, weil alt" (AJ, S. 17; 27.7.1938).

⁸ AJ, S. 17 (27.7.1938). Vgl. hierzu auch: AJ, S. 636 (16.10.1943). Dort umreißt Brecht seine prinzipielle Kritik am ‚sozialistischen Realismus' und beschreibt zugleich dessen unproduktive Folgen.

⁹ Klaus-Detlef Müller: Brecht und Stalin. In: Von Poesie und Politik. Zur Geschichte einer dubiosen Beziehung. Hrsg. von Jürgen Wertheimer. Tübingen 1994, S. 106-122, hier S. 115.

außen wurden folglich die internen Streitigkeiten und Divergenzen begraben. Eine annehmbare Lösung sah der „eine skeptische Betrachtung der russischen Dinge" fordernde Schriftsteller indes im stalinistisch pervertierten „staatssozialismus"[10] gewiß nicht. Ein kurzer Besuch in Moskau verstärkte eher noch seine Aversion gegenüber der etablierten „pfäffischen Kamarilla"[11]. Zwar entdeckte er ihn erfreuende Zeichen des Neuen, wie zum Beispiel die „Inbesitznahme der großen Metro durch die Moskauer Arbeiterschaft am 27. April 1935".[12] Indes überwogen negative Eindrücke. Sie bestätigten ihm eine Befürchtung, die er schon im Sommer 1934 Walter Benjamin anvertraut hatte: „Was aus der Tscheka werden kann, sieht man an der Gestapo".[13] Deswegen überraschten ihn die bald danach folgenden Moskauer Prozesse, das Verschwinden seiner Freunde oder auch der Hitler-Stalin-Pakt nicht. Ihm war bewußt, daß „in Rußland [...] verbrecherische Cliquen am Werke sind".[14] In Stalin erkannte er zwar durchaus den „verdienten Mörder des Volkes",[15] doch war er andererseits davon überzeugt – und darin liegt der tiefere Grund für seine erschreckende Fehleinschätzung der kommunistischen Diktatur –, der Stalinismus sei eine notwendige Durchgangsstufe auf dem Weg zur Verwirklichung der allfälligen ‚Großen Ordnung'. Diese ambivalente und insofern höchst anfechtbare Position stand aus politisch-taktischen Erwägungen für ihn im Vordergrund. Sicherlich glaubte er, so den Interessen des revolutionären Proletariats am besten zu dienen, auch wenn er dabei Fehler und Verbrechen der Partei stillschweigend deckte. Immerhin kann man ihm mit Klaus-Detlef Müller zugute halten, er habe „angenommen, daß der Weg zur ‚Großen Ordnung' trotz aller Perversionen unumkehrbar sei".[16] Für Brecht lag eben die Hoffnung auf eine bewohnbare Welt einzig und allein im Zielbild seiner marxistischen Erwartungen. Deswegen hielt er sich, wie uns Walter Benjamin überliefert hat, an die zwiespältige Maxime: „Nicht an das Gute Alte anknüpfen, sondern an das schlechte Neue".[17]

Die gleiche ambivalente Einstellung bestimmte seinen Entschluß, sich im Gebiet der sowjetisch besetzten Zone (SBZ), der späteren DDR, niederzulassen. Seine Überzeugung ging dahin, „daß ein befohlener sozialismus besser ist als gar keiner".[18] Nicht ohne Bedauern, ja sogar „schaudernd", wie er betonte, müsse man es in Kauf nehmen, in Deutschland „keine eigene [Re-

---

[10] Walter Benjamin: Versuche über Brecht. Frankfurt a. M. 1966, S. 124 („Gespräche mit Brecht. Svendborger Notizen"), sowie AJ, S. 589 (19.7.1943).
[11] Zit. nach: Benjamin (Anm. 10), S. 128.
[12] So der Titel eines Gedichts, das Brecht unter die Gruppe der „Chroniken" aufgenommen hat (BGA 12, S. 43 ff.).
[13] Benjamin (Anm. 10), S. 124.
[14] Ebd., S. 132.
[15] Wortlaut einer Formulierung Brechts im Gedicht „Der Zar hat mit ihnen gesprochen" (BGA 15, S. 300).
[16] Müller (Anm. 9), S. 119.
[17] Zit. nach: Benjamin (Anm. 10), S. 135.
[18] AJ, S. 864 (9.12.1948).

volution; T. B.] habend, die russische [...] ‚verarbeiten' " zu müssen.¹⁹ Dabei hegte er die naive Hoffnung: „es muß ein augenzwinkern in die kontrolle hineinkommen, und die massen müssen sehen, daß es ihr kampf [...] ist".²⁰ Brecht verstand ‚Volksdemokratie' wortwörtlich. Deshalb unterschied er zwischen „volkstümlich und funktionärstümlich"²¹. Blauäugig schlug er vor, die Volkskammer „als ein großes Kontaktinstrument von Regierung zu Bevölkerung und von Bevölkerung zu Regierung ein[zu]richten, als ein großes Sprech- und Horchinstrument".²² Die politische Praxis der Parteidiktatur stand dem allerdings radikal entgegen. Der Optimismus Brechts wurde genährt durch vordergründige ‚Tauwetterschübe' nach dem Tod Stalins, besonders aber durch die Ergebnisse des XX. Parteitags der KPdSU, den er gerade noch erlebte.²³ Im Sommer 1956 notierte er programmatisch: „Die Liquidierung des Stalinismus kann nur durch eine gigantische Mobilisierung der Weisheit der Massen durch die Partei gelingen. Sie liegt auf der geraden Linie zum Kommunismus".²⁴ Als die blutige Niederschlagung des ungarischen Aufstands derartigen Hoffnungen ein Ende bereitete, war Brecht bereits nicht mehr am Leben. Mutmaßungen darüber, wie er darauf reagiert hätte, führen zu nichts. Tatsache bleibt, daß sein Demokratieverständnis dem der Partei widersprach. Wie sehr ihm das bewußt war, bezeugt eine Äußerung gegenüber Benjamin vom 26. Juli 1938: „Daran kann nicht mehr gezweifelt werden – die Bekämpfung der Ideologie ist zu einer neuen Ideologie geworden".²⁵ Er hingegen bestand auf seinem alten Lieblingssatz: „Die Wahrheit ist konkret". Skepsis gegenüber dem Bestehenden war die zwangsläufige Folge dieser Orientierung.

Natürlich gab es auch prinzipielle Übereinstimmungen mit der Partei. Als Kommunist begrüßte Brecht die Politik der Enteignung und der Landverteilung ebenso wie die weit konsequenter als im Westen gehandhabten Entnazifizierungsmaßnahmen. Mit Vorrang engagierte er sich im Rahmen der Bemühungen um die Erhaltung des Friedens. Es geschah in voller Überzeu-

---

[19] AJ, S. 804 (26.12.1947). Die Feststellung Brechts geht aus von seiner Überlegung zur Reaktion der deutschen Schriftsteller auf die Französische Revolution. Es heißt da im Kontext: „noch einmal keine eigene habend, werden nun wir die russische zu ‚verarbeiten' haben, denke ich schaudernd").

[20] AJ, S. 854 (31.10.1948).

[21] BGA 23, S. 279.

[22] BGA 23, S. 283. Der Text wurde im Juli 1954 verfaßt.

[23] Die Rede Nikita S. Chruschtschows vom 14.2.1956 enthielt – neben der Kritik am stalinistischen Persönlichkeitskult – Partien mit der Forderung, den bürokratischen Apparat abzubauen und „sozialistischen Demokratismus" von unten nach oben zu praktizieren (vgl. hierzu: Iring Fetscher: Von Marx zur Sowjetideologie. 4. Auflage. Frankfurt a. M., Berlin, Bonn 1959, S. 187-193).

[24] BGA 23, S. 417 f.

[25] Benjamin (Anm. 10), S. 133. Im gleichen Sinne äußerte sich Brecht am 25.7.1938: „Der russischen Entwicklung folge er; und den Schriften von Trotzki ebenso. Sie beweisen, daß ein Verdacht besteht; ein gerechtfertigter Verdacht, der eine skeptische Betrachtung der russischen Dinge fordert. Solcher Skeptizismus sei im Sinne der Klassiker. Sollte er eines Tages erwiesen werden, so müßte man das Regime bekämpfen – und zwar *öffentlich*" (ebd., S. 131).

gung, als er Freunde und Kritiker wissen ließ: „Ich habe meine Meinungen nicht, weil ich hier bin, sondern ich bin hier, weil ich meine Meinungen habe".[26] Seine Solidarität mit der Partei ging so weit, daß er im Januar 1956 das folgende Bekenntnis ablegte:

> „In der DDR ist ein kräftiger Versuch gemacht worden. Durch die Organisation einer völlig neuen Wirtschaftsform, einer sozialistischen, deren Hauptzüge bei uns schon sichtbar sind, ist eine Umschulung im Gang. [...] Die Trennung Deutschlands ist eine Trennung zwischen dem Alten und dem Neuen. [...] In unserm Teil Deutschlands (wird) die Wirklichkeit in mächtiger Weise revolutioniert".[27]

Derartige Verlautbarungen lösten im Westen, verständlicherweise, schroffe Ablehnung aus. Brecht wurde für viele zur Unperson; er galt als ‚Propagandist des Zonenregimes', ja sogar als kommunistischer Horst Wessel.[28] Eine solche Argumentation ignorierte indes kurzschlüssig den humanen Grundanspruch des Brechtschen Weltbilds, seinen permanenten Kampf gegen ein „unwürdig Leben".[29] Eine ganze Anzahl der damals entstandenen Gedichte gibt konkrete Einblicke in die Erwartungen, die Brecht mit dem alles andere als ‚real existierenden Sozialismus' verband.[30] Nach seiner Vorstellung sollten diese Verse für die Attraktivität des Kommunismus werben. Freilich klafften dabei Vision und Wirklichkeit schroff auseinander. Die Aufbruchstimmung Brechts stand in eklatantem Gegensatz zur trüben Alltagsrealität des Überwachungsstaats. An den Reaktionen Brechts auf den 17. Juni 1953 offenbarte sich dieser Widerspruch dann mit aller Deutlichkeit.

Der Aufstand der Arbeiter in Ost-Berlin und anderen Städten der DDR, der von russischen Panzern niedergewalzt wurde, hat Brecht nicht nur intensiv beschäftigt, sondern auch entscheidende Veränderungen in ihm ausgelöst im Hinblick auf eine qualitativ angemessene Bestimmung dessen, was man unter einer wahren ‚Volksdemokratie' verstehen sollte. Die Vorgänge zeigten ihm, wie er in seinen Überlegungen hervorhebt, „die Unzufriedenheit eines beträchtlichen Teils der Berliner Arbeiterschaft mit einer Reihe verfehlter wirtschaftlicher Maßnahmen". Es komme jetzt darauf an, „der Regierung bei dem Ausmerzen der Fehler zu helfen, welche die Unzufriedenheit hervorgerufen" hätten. Gehe es doch darum, die „unzweifelhaft großen sozialen Errungen-

---

[26] BGA 23, S. 220. Der Satz ist Teil der Antworten auf Fragen, die der Schriftsteller Wolfgang Weyrauch 1952 im Novemberheft der Zeitschrift „Die Literatur" an Brecht gerichtet hatte.
[27] BGA 23, S. 383 f. („Notizen für die Rede auf dem IV. Deutschen Schriftstellerkongreß") sowie Bertolt Brecht: Schriften zur Literatur und Kunst. Bd. 3. Frankfurt a. M. 1967, S. 223 f. („Realismus als kämpferische Methode").
[28] Während einer Haushaltsdebatte des Bundestags ließ der damalige Außenminister der Bundesrepublik, Heinrich von Brentano, verlauten: „[...] ich bin [...] der Meinung, daß die späte Lyrik des Herrn Brecht nur mit der Horst Wessels zu vergleichen ist" (Verhandlungen des Deutschen Bundestages. Stenographische Berichte und Protokolle. Bd. 36/1957, S. 11 995).
[29] So die Formulierung im ‚Antigone'-Gedicht (BGA 15, S. 191) aus dem Jahr 1948.
[30] Zu nennen sind hierzu in erster Linie die folgenden Gedichte: „An meine Landsleute", „Aufbaulied", „Zukunftslied", „Als unsere Städte in Schutt lagen", „Frühling", „Die Pappel vom Karlsplatz" und „Kinderhymne".

schaften" nicht zu gefährden. Taktisch klug distanzierte er sich gleichzeitig von „organisierten faschistischen Elementen" und ihrem Versuch, „diese Unzufriedenheit für ihre blutigen Zwecke zu mißbrauchen", erwähnte sogar billigend das „schnelle und sichere Eingreifen sowjetischer Truppen".[31] Den bilanzierenden Ausführungen folgten jene vieldiskutierten Sätze, von denen die Partei dann nur den ersten an die Öffentlichkeit gelangen ließ.[32] Sie lauten:

> „Ich habe am Morgen des 17. Juni, als es klar wurde, daß die Demonstrationen der Arbeiter zu kriegerischen Zwecken mißbraucht wurden, meine Verbundenheit mit der Sozialistischen Einheitspartei Deutschlands ausgedrückt. Ich hoffe jetzt, daß die Provokateure isoliert und ihre Verbindungsnetze zerschnitten werden. Zugleich hoffe ich aber, daß die Arbeiter, die in berechtigter Unzufriedenheit demonstriert haben, nicht mit den Provokateuren auf eine Stufe gestellt werden, damit die so dringliche große Aussprache über die allseitig gemachten Fehler nicht von vornherein unmöglich gemacht wird".[33]

Die Unterschlagung zweier Sätze beim Abdruck im *Neuen Deutschland* führte dazu, daß im Westen von einer schlimmen ‚Ergebenheitsadresse' Brechts gesprochen wurde. Die verkürzende Entstellung hatte damit genau das erreicht, was sie bezweckte. Die Wahrheit aber ist entschieden komplexer als die propagandistischen Mißdeutungen der kalten Krieger. Im Gedicht mit dem Titel „Die Lösung" hat der Autor bald darauf seine Meinung als lyrisches Denkmodell elegisch-satirisch der Mit- und vor allem der Nachwelt vermittelt. Hier der vielsagende Wortlaut:

Die Lösung

Nach dem Aufstand des 17. Juni
Ließ der Sekretär des Schriftstellerverbands
In der Stalinallee Flugblätter verteilen
Auf denen zu lesen war, daß das Volk
Das Vertrauen der Regierung verscherzt habe
Und es nur durch verdoppelte Arbeit
Zurückerobern könne. Wäre es da
Nicht doch einfacher, die Regierung
Löste das Volk auf und
Wählte ein anderes? [34]

---

[31] BGA 23, S. 249 f.
[32] Die Veröffentlichung im „Neuen Deutschland" erfolgte auf der Grundlage des im Wortlaut ziemlich übereinstimmenden Briefes, den Brecht am 17. Juni 1953 an Walter Ulbricht richtete.
[33] BGA 23, S. 250.
[34] BGA 12, S. 310. Das Gedicht spielt an auf die von Kuba (d.i. Kurt Barthel), damals Sekretär des Schriftstellerverbands, am 20. Juni 1953 in Gedichtform unter der Überschrift „Wie ich mich schäme" im „Neuen Deutschland" erhobene Kritik an den streikenden Arbeitern, die darauf hinauslief: „Da werdet ihr sehr viel und sehr gut mauern und künftig sehr klug handeln müssen, ehe euch diese Schmach vergessen wird" (zit. nach: Peter Bödeker: „Die Lösung". In: Ausgewählte Gedichte Brechts mit Interpretationen. Hrsg. von Walter Hinck. Frankfurt a. M. 1978, S. 129-133).

Gewiß steht Brecht mit diesen Versen zu seiner kommunistischen Überzeugung und damit auch zur Partei als dem Vehikel für die Durchsetzung der sozialistischen Ziele. Doch spricht aus dem Text ebenso deutlich eine fundamentale Kritik an den Machthabern. Der Fall des „Sekretärs des Schriftstellerverbands" wird für Brecht zum Exempel für die generelle Kluft zwischen Regierung und Bevölkerung. Die real angesprochene Figur des unsäglichen Kuba interessierte ihn lediglich als Symptom. Ersichtlich zielt die bittere Ironie des fragenden Ausgangs auf die Erkenntnis, daß mit stalinistischen Funktionären keine Volksdemokratie gestaltet werden könne, die diesen Namen verdiene. Im Verein mit der auf den pointierten Schluß hinzielenden Überschrift wird eine paradoxe „Lösung" herausfordernd empfohlen, welche die Diktatur von oben ad absurdum führt. Im Klartext heißt das: Die Partei sollte aus dem Aufstand lernen und „die so dringliche große Aussprache" herbeiführen. In der Konsequenz erhebt Brecht damit die Forderung nach einer Initiative von unten nach oben, will sagen einer diametralen Machtverlagerung. Der offene Schluß gehört zur elegischen Bewegung des Gedichts, das ja im Subtext von der Unvollendbarkeit menschlicher Sehnsucht handelt, ohne diese etwa zu verabschieden. Da die vorgeschlagene „Lösung" keine wirkliche Lösung sein kann, bringt die groteske Zuspitzung des Sachverhalts den Weiterdenkenden zwingend zu der Erkenntnis, daß trotz der „sozialen Errungenschaften" keine Veränderung zum Besseren stattgefunden hat, weil offensichtlich Regierung und Volk nicht zusammenpassen. Mit bitterer Ironie, aber auch mit zurückgenommenem Schmerz fällt demzufolge Brecht ein unzweideutig negatives Urteil über ein Regime, das die Idee des Sozialismus verraten hat. Man sagt nicht zuviel, wenn man feststellt, der Autor habe hier – bei aller pragmatischen Taktik des Verhaltens nach außen hin – das zwangsläufige Scheitern des sozialistischen Experiments unter dem Zwang kommunistischer Parteidiktatur erkannt und festgeschrieben. Positiv hat er damit die Möglichkeit einer wahren Volksdemokratie umrissen, die nicht zur Diktatur über das Volk verfälscht und damit korrumpiert wird.

Zweifellos lösten die Vorkommnisse des 17. Juni 1953 und ihre unmittelbaren Folgeerscheinungen bei Brecht einen tiefen Schock aus.[35] Er folgte zwar weiterhin seinem kommunistischen Glauben an eine humane Gesellschaft, in der, wie es im Gedicht „An die Nachgeborenen" heißt, „der Mensch dem Menschen ein Helfer ist",[36] doch hinderte ihn diese Hoffnung nicht daran, in zahlreichen lyrischen Texten seinen kritischen Kommentar zur realen Entwicklung der Gesellschaft vorzubringen.[37] Daß er jetzt vor-

---

[35] Im Arbeitsjournal hielt Brecht fest: „der 17. juni hat die ganze existenz verfremdet" (AJ, S. 1009; 20.8.1953). Wichtig in diesem Zusammenhang ist auch der Brief an Peter Suhrkamp vom 1.7.1953 (Bertolt Brecht: Briefe. Hrsg. und kommentiert von Günter Glaeser. Frankfurt a. M. 1981, S. 695-697).

[36] BGA 12, S. 85.

[37] Beispiele hierfür sind etwa folgende Gedichte: „Frage", „Böser Morgen", „Große Zeit, vertan", „Lehrer, lerne!", „Was sind schon Städte", „Die Wahrheit einigt". Sogar das Solidaritätsangebot im zuletzt genannten Gedicht fand bei der Partei keine Gegenliebe, obwohl Brecht es

wiegend elegische Verse schrieb, hat unmittelbar zu tun mit seiner wachsenden Skepsis hinsichtlich der von der Partei vertretenen politisch-gesellschaftlichen Praxis. Schmerzlich empfand er den in seinen Augen viel zu großen Abstand zwischen dem Erreichten und dem zu Erreichenden. Sicher wäre es falsch, einfach schematisch einen Umschlag vom Optimismus in Pessimismus zu unterstellen. Dem stehen entschiedenermaßen die leidenschaftliche Bewahrung der kommunistischen Idee und vor allem die vielfach spürbare Daseinsbejahung entgegen. Andererseits drängt es sich doch vom Werkablauf her auf, einen Paradigmenwechsel zu konstatieren. Die Aufbaulyrik der ersten Jahre nach der Rückkehr wurde abgelöst von dem distanziert-lakonischen Gestus der *Buckower Elegien* wie auch der übrigen späten Gedichte. Ohne die Konzeption des ‚Gebrauchsgedichts' preiszugeben, entschied der Autor sich in den letzten Jahren seines Lebens zunehmend für die persönlicheren, aus gesuchtem Abstand herrührenden Gestaltungsmöglichkeiten der lyrischen Gattung. Sogar in den Gedichten, in denen er Grundmuster des menschlichen Zusammenlebens gestisch vorführt,[38] ist diese Tendenz unverkennbar. Besonders deutlich wird das an dem 1954 entstandenen Gedicht „Vergnügungen":

> Vergnügungen
>
> Der erste Blick aus dem Fenster am Morgen
> Das wiedergefundene alte Buch
> Begeisterte Gesichter
> Schnee, der Wechsel der Jahreszeiten
> Die Zeitung
> Der Hund
> Die Dialektik
> Duschen, Schwimmen,
> Alte Musik
> Bequeme Schuhe
> Begreifen
> Neue Musik
> Schreiben, Pflanzen
> Reisen
> Singen
> Freundlich sein.[39]

Zwar eigener Glückserfahrung entspringend, aber mit dem Anspruch, allen solche Lebensdimensionen zugänglich zu machen, entfaltet Brecht in nur 17 Versen die imperativisch beschreibende Aufzählung von Elementen eines

---

dem damaligen Minister für Volksbildung, Paul Wandel, persönlich zuschickte. Vgl. hierzu: Bertolt Brechts Buckower Elegien. Mit Kommentaren von Jan Knopf. Frankfurt a. M. 1986, S. 86 f.

[38] Als Beispiele können dienen: „Der Blumengarten", „Der Rauch", „Rudern", „Gespräche", „Laute", „Glücklicher Vorgang", „Glückliche Begegnung", „Vergnügungen".

[39] BGA 15, S. 287.

erfüllten Lebensprogramms im Zeichen der Freundlichkeit. Nach wie vor ist auch in diesem Text die soziale Produktivität Leitthema Brechts, jedoch erfolgt dessen Bestimmung ganz aus existentieller Selbstreflexion und Selbstbestimmung heraus.

Was aus alledem zu folgern ist, läßt sich am einfachsten umreißen anhand des 1949 entstandenen Gedichts „Wahrnehmung", genauer an der darin gemachten Aussage: „Die Mühen der Gebirge liegen hinter uns / Vor uns liegen die Mühen der Ebenen".[40] Vieles spricht nämlich dafür, bei den nach dem 17. Juni 1953 entstandenen Gedichten die Ahnung Brechts mitzudenken, er habe es eher mit neuen, abermals zu bewältigenden „Gebirgs"-Landschaften zu tun als mit „Ebenen". In dieser Hinsicht sind die späten Verse noch lange nicht ausgeschöpft. Was feststeht, ist der betrübliche Befund, daß der Wunsch Brechts für seinen imaginären Grabstein – „Er hat Vorschläge gemacht. Wir / Haben sie angenommen"[41] – unerfüllt geblieben ist. Gewiß hat der kommunistische Dichter seiner Partei „Vorschläge gemacht". Daß sie von ihr „angenommen" worden wären, läßt sich allerdings beim besten Willen nicht sagen.

Brechts Jahre in der DDR[42] verliefen, das dürfte deutlich geworden sein, in jeder Hinsicht zwiespältig. Befriedigung und produktive Impulse bezog der Stückeschreiber hauptsächlich aus seiner Theaterarbeit. Allerdings mußte er auch hier die Ablehnung seiner künstlerischen Überzeugungen durch die Partei wiederholt bitter erfahren. Immerhin konnte er mit dem zielstrebigen Aufbau des „Berliner Ensembles" eine ganze Reihe von Modellaufführungen des ‚dialektischen Theaters' entwickeln und ausarbeiten, die allesamt Theatergeschichte gemacht haben.

Als Dramatiker trat Brecht immer weniger in Erscheinung. Außer Fragmenten (Turandot-Komplex und Garbe-Büsching-Projekt) sowie etlichen Bearbeitungen (Shakespeare, Molière, Goethe, Lenz) wurde nur ein Stück, *Die Tage der Commune*, fertiggestellt. Der noch in Zürich 1948 und 1949 geschriebene Text war vom Autor eigentlich gedacht als eine Art ‚Mitbringsel' für die neu sich bildende Gesellschaft. Indes kam das Drama zu seinen Lebzeiten nicht zur Aufführung. Wenig hielten vermutlich die Funktionäre in den tristen Aufbaujahren von der dort dargestellten Machtergreifung durch die Communarden ohne parteiliche Führung und weniger noch vom unerträglichen Kontrastbild eines proletarisch freien Lebens in den Szenen real-

---

[40] BGA 15, S. 205.
[41] BGA 14, S. 191 f.
[42] Brecht kehrte nach der überaus erfolgreichen Inszenierung der „Mutter Courage" noch einmal kurz in die Schweiz zurück und ließ sich dann endgültig in Ost-Berlin nieder. Zunächst wohnte er in Berlin-Weißensee, dann, ab Oktober 1953, in der Chausseestraße 125, neben dem Dorotheenstädter Friedhof. Als besonderes Privileg wurde ihm ein Landhaus in Buckow zur Verfügung gestellt, in das sich der Schriftsteller häufig zurückzog. Das Berliner Ensemble gastierte anfangs im Deutschen Theater. Erst im Frühjahr 1954 bekam die inzwischen weltweit bekannte Truppe das Theater am Schiffbauerdamm (heute: Berliner Ensemble am Bertolt-Brecht-Platz).

utopischer Vorwegnahme. Viel zu kraß wäre der Vergleich mit dem kärglich-muffigen DDR-Alltag ausgefallen.⁴³

Blieb also – außer den Gedichten – allein die Durchsetzung der eigenen theatralischen Intentionen. Darauf konzentrierte Brecht, in der letzten Lebenszeit häufig kränkelnd, die ihm verbleibenden Energien in erster Linie. Mit den modellhaft angelegten Inszenierungen seiner Stücke⁴⁴ löste er beträchtliche Wirkungen aus. Man kann ohne Übertreibung sagen, er habe damit beispielgebendes Theater geschaffen, dessen Einflüsse bis auf den heutigen Tag weltweit zu verzeichnen sind.

Mancherlei Schwierigkeiten gab es trotzdem. Zum einen wurde seitens der Partei opponiert gegen die Prinzipien des ‚epischen Theaters'. Sie galten als nicht vereinbar mit der offiziell propagierten Stanislawski-Tradition und insbesondere mit den Widerspiegelungstendenzen des ‚sozialistischen Realismus'. Vor allem Friedrich Wolf und der alte Lukács-Adept Fritz Erpenbeck taten sich hier mit ihrer konventionellen Polemik gegen das gesellschaftlich ‚eingreifende' Zeige-Theater Brechts unrühmlich hervor.⁴⁵ Hinzu kam zum andern die gezielte Gegnerschaft zur Brecht/Eislerschen Konzeption einer Tradition ‚deutscher Misere'. Diese paßte nicht zur Erbe-Pflege der Partei, die unter Ulbricht bekanntlich den Grundsatz vertrat, in der DDR werde, in konsequenter Fortsetzung des ‚klassischen Erbes', der dritte *Faust*-Teil geschrieben nach der Motto des Verses 11 580: „Auf freiem Grund mit freiem Volke stehn".⁴⁶ Deswegen gab es langwierige, fruchtlose Auseinandersetzungen um das kritisch ausholende *Urfaust*-Projekt des „Berliner Ensembles" und um Eislers ähnlich gelagertes Opernvorhaben *Johann Faustus*, für das sich auch Brecht vehement einsetzte. Zu ähnlichen Debatten, diesmal mit

---

⁴³ Erst im Herbst 1961 wurde das Stück in den Spielplan des Berliner Ensembles aufgenommen (eine Aufführung 1956 in Karl-Marx-Stadt war unbeachtet geblieben). Jetzt, nach dem Mauerbau, sollte damit gezeigt werden, welche Qualitäten der Sozialismus zu entfalten in der Lage ist. Manfred Wekwerth hat das angedeutet mit seinem Hinweis zur Wahl des Aufführungstermins: „Das hatte zu tun mit der Situation, wie sie sich nach dem 13. August 1961 ergab" (Manfred Wekwerth: Notate. Über die Arbeit des Berliner Ensembles 1956 bis 1966 (= es 219). Frankfurt a. M. 1967, S. 81).

⁴⁴ In der Regie Brechts wurden nacheinander aufgeführt: „Mutter Courage und ihre Kinder" (1949), „Puntila und sein Knecht Matti"(1949), die Bearbeitung des Lenzschen „Hofmeisters" (1950) sowie „Der Kaukasische Kreidekreis" (1954). Die Proben zum „Leben des Galilei" konnte Brecht nicht mehr selbst zu Ende führen. Erich Engel, der bereits an den Inszenierungen der „Mutter Courage" und des „Puntila" mitgewirkt hatte, brachte das Stück 1957 zur Aufführung.

⁴⁵ Friedrich Wolf polemisierte gegen Brecht anläßlich eines „Zwiegesprächs" mit ihm über die Inszenierung der „Mutter Courage". Es war ein Grundsatzstreit zwischen ‚aristotelischem' und ‚epischem Theater' (vgl. hierzu: BGA 23, S. 109 ff.). Fritz Erpenbeck schrieb scharfe Kritiken gegen Brecht im „Neuen Deutschland". Vor allem die Inszenierung des „Kaukasischen Kreidekreises" erregte sein Mißfallen (vgl. hierzu: BGA 8, S. 474 ff.).

⁴⁶ Hans Mayer hat das Nötige dazu angemerkt: „[...] diese absurde Verkündung Ulbrichts wurde immer wieder nachgesungen von den Nachsängern. Wie wenig frei dieses Volk war, wie wenig frei der Grund und Boden, darüber muß nicht eigens gesprochen werden" (Hans Mayer: Der Turm von Babel. Erinnerung an eine Deutsche Demokratische Republik. Frankfurt a. M. 1991, S. 154).

dem Vorwurf des ‚Formalismus', kam es anläßlich der Arbeit an der Oper *Das Verhör des Lukullus*. Sie konnte erst nach mehreren Umarbeitungen unter dem Titel *Die Verurteilung des Lukullus* uraufgeführt werden. Meist verhielt Brecht sich in diesen Fällen taktierend. Gelegentlich freilich riß ihm doch die Geduld. Klaus Völker berichtet von einer solchen Situation wie folgt: „Der Forderung nach mehr Optimismus begegnete er [Brecht; T. B.] mit dem Satz: ‚Man kann mich langsam am Arsch lecken. Damit wird die Kunst echt degradiert'".[47] So ist es kein Wunder, daß der Stückeschreiber sich fast ausschließlich darauf konzentrierte, als Regisseur zu arbeiten, aber auch seine Theaterprinzipien mit den Bemühungen um ein ‚dialektisches Theater' theoretisch zu untermauern und dadurch sein ästhetisches Programm wirksam werden zu lassen – gegen alle Widerstände.

Die beschriebene Situation erklärt ebenso die geringe Breitenwirkung Brechts in der DDR. Solange er lebte, spielten bloß wenige Theater dort seine Stücke. Fast nur *Furcht und Elend des dritten Reiches* und *Die Gewehre der Frau Carrar*, also von Lukács und den Seinen abgesegnete Texte, gelangten zunächst auf die Bühnen. Systematisch entsandte Brecht deshalb Mitarbeiter des „Berliner Ensembles" an andere Theater, um wenigstens auf diesem Wege gelegentliche Inszenierungen herbeizuführen. Paul Rilla war es, der zuerst auf diesen Mangel aufmerksam machte und dabei betonte: „Wie notwendig wäre es, die neuen Dramen Brechts zu sehen".[48] Selbst das westliche Brecht-Verdikt nach dem 17. Juni 1953 änderte daran nichts. Die Vorbehalte blieben, so daß es dem Stückeschreiber nicht vergönnt war, die von ihm gewünschte durchgreifende Wirkung auszuüben. Die Apparatschiks beharrten auf der ästhetischen Totgeburt des ‚sozialistischen Realismus' mit ‚positiven Helden'. Erst als Brecht nicht mehr lebte, änderte man den bisher eingeschlagenen Kurs. Fast schlagartig wurde der Dichter zum sozialistischen Klassiker erhoben, plötzlich allenthalben gespielt und damit ‚zu Tode gespielt'. Was blieb, waren die steril gewordenen Inszenierungskonserven des nachbrechtischen „Berliner Ensembles". Eine unfreiwillig komische Pointe bildete die 1988, also kurz vor dem Ende, veranstaltete „Nationale Brecht-Ehrung der DDR" mit Denkmalsenthüllung und offiziell dargebrachter höchster Würdigung („Großes Erbe revolutionärer Kunst – bei uns lebendiger Besitz des Volkes"[49]). So hatte sich Brecht die Wirkung seiner „Großen Pädagogik" gewiß nicht vorgestellt.

Dennoch ist es grundfalsch, wenn Klaus Theweleit die Auffassung vertritt, die Arbeit Brechts in der DDR sei lediglich „Nachklapp, Stückeverwaltung, eben nicht Umschnitt, sondern das Auftragen oder Zu-Ende-Tragen gewendeter Kleider".[50] Auch in den letzten Berliner Jahren verstand es der Stücke-

---

[47] Klaus Völker: Bertolt Brecht. Eine Biographie. München 1976, S. 374.
[48] Zit. nach: Wolfgang Emmerich: Kleine Literaturgeschichte der DDR. Erweiterte Neuausgabe. Leipzig 1996, S. 97.
[49] Zit. nach: Albrecht Hinze: Der offizielle Bert Brecht. Die DDR würdigt und feiert den Schriftsteller. In: Süddeutsche Zeitung, 12.2.1988.
[50] Klaus Theweleit: Heiner Müller. Traumtext. Basel, Frankfurt a. M. 1996, S. 51 („Amerika").

schreiber, seiner künstlerischen Arbeit neue Facetten hinzuzufügen. Ohnedies spricht jeder Vers der *Buckower Elegien* der übel simplifizierenden These Theweleits Hohn. Immerhin war es zudem so, daß, wie Hans Mayer schreibt, Brecht seine Autorität vielfach nutzte, um den schlimmsten Auswüchsen der SED-Kulturpolitik die Spitze zu nehmen. Betrüblicherweise starb er, wie Mayer weiter folgert, gerade zu dem Zeitpunkt, als die kurze Phase des Tauwetters in eine neue Eiszeit umschlug, um so die Kritiker des Regimes zu disziplinieren.[51] Auch das sollte bedacht werden, wenn von Brechts Aktivitäten in der DDR die Rede ist.

Zu Lebzeiten hat ihm die Partei seine Arbeit wahrlich nicht leicht gemacht. Brecht ließ sich das weithin gesagt sein, indem er es in der Regel vermied, eindeutig Stellung zu beziehen oder sogar im Endeffekt Einverständnis mit Staat und Partei bekundete. Dadurch schuf er sich den nötigen Freiraum. Er hatte sein großzügig ausgestattetes Theater mit rund 250 Mitarbeitern, mit ganz ihm überlassenen Experimentiermöglichkeiten und weithin unbegrenzten Probenzeiten. Seine Solidarität mit der Diktatur mag moralisch angreifbar sein. Aber Brecht pflegte die Weltläufte nicht moralisch, sondern historisch zu beurteilen. Ihm war daran gelegen, „Aufbau und Umbau"[52] von Staat und Gesellschaft im Sinne seiner kommunistischen Ziele zu befördern. Die stalinistische Diktatur zog er sogar, was sicher ein kapitaler Irrtum war, den westlichen Demokratien vor. Dort sei, wie er meinte, „die weltregierung [...] nach dem bilde der standard oil gedacht, mit unternehmern und unternommenen".[53] Ohnehin galt Brechts Augenmerk mehr der Zukunftsperspektive als dem Durchgangsstadium der Gegenwart. Insofern kann man Klaus Völker ohne weiteres zustimmen, der zu dem auf den ersten Blick nicht gleich verständlichen Ergebnis kommt: „Brecht lebte bis zuletzt in dem Land, wo er am besten seine künstlerischen Projekte verwirklichen konnte und wo seine Vorschläge mehr Aussichten hatten, angenommen zu werden".[54]

So blieb der Kommunist Brecht bis zum Schluß befangen in seinem marxistischen Denken. Man sollte freilich darüber nicht billigen Spott ausgießen, wie das Jürgen Manthey getan hat mit seiner auf psychoanalytischer Grundlage daherkommenden „Infantilismus"-These. Er argumentierte dabei folgendermaßen: „Brecht ist gespalten: Einerseits protestiert er laut gegen die patriarchalische Autorität, insgeheim aber ist er an sie fixiert, und er protestiert um so lauter (in seinem Werk), je mehr er sich an sie fixiert fühlt (im Leben)".[55] Eine so banale Reduktion hat das an Marx geschulte Denken und

---

[51] Hans Mayer: Erinnerung an Brecht. Frankfurt a. M. 1996.
[52] So lautet seine Formulierung im Brief an Peter Huchel vom 1.7.1949 (Brecht: Briefe [Anm. 35], S. 613). An anderer Stelle verwendet Brecht die Formulierung: „Umbildung, Neubildung" (BGA 23, S. 373 und 374).
[53] AJ, S. 762 (28.10.1945).
[54] Völker (Anm. 47), S. 414.
[55] Jürgen Manthey: Staatsdichter im Kinderland. Über den Infantilismus in Bertolt Brechts Brot- und Suppentheater. In: Die Zeit, 6.3.1992, S. 77 f., hier S. 78.

Handeln Brechts wirklich nicht verdient. Da hält man es lieber mit Günter Kunert, der ihm wenigstens zubilligte, er habe „aus den Hoffnungen und Sehnsüchten einer Epoche" geschöpft.[56] Gewiß waren seine Erwartungen nur Illusion. Die dem Werk eingeschriebene Utopie eines Gleichgewichts von Freiheit und Ordnung behält jedoch angesichts der herrschenden Verhältnisse in unserer deformierten Gesellschaft und in einer Welt der Gewalt und der Armut durchaus ihre Gültigkeit und Aktualität. Wenn Brecht kurz vor seinem Tode sagte, er hoffe auf den „schönen Tag", an dem er „nutzlos" geworden sein werde,[57] die Humanisierung der Welt also Wirklichkeit geworden sei, so kann man dazu nur mit Bedauern sagen, daß wir davon am Ende des Jahrtausends noch weit entfernt sind. Darum ist die Wirkungsgeschichte Brechts auch längst noch nicht abgeschlossen. Das gehört zur produktiven Kraft seines Lebens in Widersprüchen.

P.S.: Übrigens hatte Brecht eine richtige „Perspektive für Deutschland", auch wenn er sich den Ablauf anders gedacht haben mag. Sie lautet so: „Wenn Deutschland einmal vereint sein wird, jeder weiß, das wird kommen, niemand weiß, wann – wird es nicht sein durch Krieg".[58]

---

[56] Günter Kunert: Vor der Sintflut. Das Gedicht als Arche Noah. Frankfurter Vorlesungen. München, Wien 1985, S. 57.
[57] Es handelt sich um die Überschrift des Gedichts: „Der schöne Tag, wenn ich nutzlos geworden bin" (BGA 15, S. 295).
[58] BGA 23, S. 416.

Holger Helbig

Zwei Ansichten:
Stasi von innen und Stasi von außen

Zu Uwe Johnsons Romanen *Mutmassungen über Jakob*
und *Das dritte Buch über Achim*

> für Rudi
> (Dass einer den anderen zufrieden am Leben hält.)

I. Wunschlosigkeit

In ihrem mehrfach preisgekrönten Buch *The Haunted Land* berichtet Tina Rosenberg von einem Gespräch, das sie 1991 in Dresden mit einem der Angeklagten des ersten Mauerschützenprozesses geführt hat. Seine Behauptung, er habe eigentlich nie in den Westen reisen wollen, quittiert sie mit einem Blick auf das New-York-Poster an der Wand.

„‚We did want to visit New York', he said. ‚Just to visit. But usually when I hear ‚West' I think of West Germany, and I had no desire to go. My parents were happy with their apartment and their work. They had kids and a car, even if it was just a Trabbie [the Trabant, a two-cylinder auto, half car, half rollerskate]' ".[1]

Es ist nicht einfach, diese Form der Wunschlosigkeit zwischen provinzieller Selbstgenügsamkeit und pragmatisch-weiser Beschränkung einzuordnen. Sorgfältig paraphrasiert Rosenberg für die amerikanischen Leser das Schlagwort „Lebenslüge": „a lie that enables one to live".[2] Von den drei Kapiteln, die sie der Deutschen Demokratischen Republik und ihrem Nachleben eingeräumt hat, sind zwei dem Ministerium für Staatssicherheit gewidmet, präziser: den Opfern und den Tätern. Das Thema wie die Unterteilung scheinen unvermeidlich. „In fact, the Stasi was the most exhaustive spy organization in world history and East Germans the most spied-upon people who have ever lived".[3] Diesem pauschalen Superlativ folgen konkrete Zahlen – von denen nicht alle brauchbar sind. Selbst wenn man wüßte, wieviel Zeit die Stasi

---

[1] Tina Rosenberg: The Haunted Land. Facing Europe's Ghosts After Communism. New York 1996, S. 275.
[2] Ebd., S. 353.
[3] Ebd., S. 289.

zum Ausgeben des mit vier Milliarden Ostmark bezifferten Budgets hatte, wäre kaum etwas klarer: Ostmark eben. Wesentlich aufschlußreicher ist, daß „die Firma" mit 97 000 fest Angestellten der zweitgrößte ostdeutsche Arbeitgeber war.[4] Diese Gruppe macht andererseits weniger als ein Prozent der Bevölkerung aus. Selbst wenn man die etwa 110 000 inoffiziellen Mitarbeiter hinzuzählt, kommt man nicht über zwei Prozent. Das Phänomen Stasi nimmt mit dem Verhältnis der Angestellten zu den Inoffiziellen Kontur an, es wächst sich aus bei der Vermutung, es habe vielleicht zehnmal so viele „gelegentliche Informanten" gegeben, und bekommt seinen (ersten) festen Umriß bei der Zahl der Leute, über die Stasi-Akten existieren: sechs Millionen.[5] Die Relationen legen die These nahe, daß es sich um ein Phänomen des Alltags handelte, was die einzelnen Fälle noch lange nicht zu alltäglichen werden läßt. Wenn es eine Schlußfolgerung aus Tina Rosenbergs nachdenklichem Buch zu ziehen gilt, dann zuerst diese: Es ist höchste Zeit, nach dem Alltag jener Deutschen zu fragen, die schon vor 1989 die fünf neuen Länder bevölkerten. Daß es ein Alltag mit der Stasi war, kann inzwischen als bekannt vorausgesetzt werden, ist aber kaum mehr als ein Anfang, ganz gleich, ob es um gegenseitiges Verständnis oder Geschichtsschreibung geht.

Wie die Formel vom „totalitären System" verstellt das Schlagwort „Stasi" den Blick auf die Erscheinungen, die den Alltag ausmachten. Dafür sind Politiker ebenso verantwortlich wie die Presse, Gleichgültigkeit und Gleichmacherei halten sich die Waage. Betroffen waren, so oder so, 16 Millionen. Die sechs Millionen, über die eine Akte vorliegt, waren weder durchweg alleinstehend, noch hat die Stasi, wenngleich in dieser Hinsicht wenig wählerisch, über jeden, der einmal mit ihr zu tun hatte, eine Akte angelegt. Die Zahl ist über Jahre zustande gekommen; interessant daran ist etwas ganz anderes: Man bespitzelt sechs Millionen nicht unbemerkt. Oder doch? Für die Mehrzahl der DDR-Literaten, wiewohl oder weil einer systeminternen (nicht: systemtheoretischen) Abart des Realismus verpflichtet, war die Gegenwart der Stasi so alltäglich, daß sie offensichlich allen ästhetischen Reiz verloren hatte.[6]

---

[4] Mehr Beschäftigte hatte nur die Nationale Volksarmee aufzuweisen.

[5] Vgl. Rosenberg (Anm. 1), S. 290 f. Vgl. auch: David Gill, Ulrich Schröter: Das Ministerium für Staatssicherheit. Anatomie des Mielke-Imperiums. Berlin 1991, S. 35 f.

[6] In einigen, hier nicht zu behandelnden Fällen ist der Reiz wohl kaum zu leugnen; die so entstandenen Schriftstücke, Akten, gehören allerdings nicht zur schönen Literatur. – Der von Rudolf Gerstenberg beschriebene Trend verdient eine weiterführende Untersuchung: „Mit den Jahren, in denen die Machtfülle des Staatssicherheitsapparates wuchs, versuchten die Autoren zunehmend, gegen das Tabu der Darstellung dieses Phänomens in der schönen Literatur anzugehen. Aber sie taten dies, verbittert und im Bewußtsein ihrer Ohnmacht, indem sie ihre Figuren verurteilten oder gar nur noch ein Klischee bedienten". Wie war – rein rechnerisch – das Verhältnis von den hier gemeinten Autoren zu denen, die das Schriftstellerlexikon der DDR auflistete? Und, die Frage ist bei Gerstenberg schon vorformuliert, verdient die Zeichnung der Geheimpolizisten noch das Prädikat realistisch? Vgl. Rudolf Gerstenberg: Ein fremder Freund oder Die Kontur des Geheimpolizisten. In: Leo Kreutzer, Jürgen Peters (Hrsg.): Welfengarten. Jahrbuch für Essayismus. Hannover 1990, S. 14-29, hier S. 29.

Unter diesen Voraussetzungen könnte ein Kriterium für die Kategorie „realistisches Erzählen in der DDR" die Anwesenheit der Stasi im Text sein.[7] Und, entsprechende Halbwertzeit und gesunde Ironie vorausgesetzt, warum sollte diese ohnehin kleine Textgruppe dann nicht unter der Rubrik „sozialistischer Realismus" zusammengefaßt werden? Die Entstehung des Textes in der DDR, das versteht sich, wäre kein Kriterium. Auf diese Weise, eher provokative Hoffnung denn solide These, kämen Texte zusammen, die jene Wunschlosigkeit erklären helfen, von der Tina Rosenberg berichtet.

II. Mutmassungen über Jakob

> „'Ich wünsch mir nichts' sagte er, und ein unterschwelliger Auflauf von Herzklopfen machte ihm bewusst dass er gesagt hatte was sein Leben war in diesem Herbst, die träge verzichtsame Unruhe bewegte sich in ihm als habe er sie immer gelebt und ohne einen Anfang irgend wo in der Zeit. Er hatte etwas versucht mit seinem Dasein, das so überstand: denn die Zeit ('die Sseitn') war und waren so gefügt dass einer wenig Gewalt hatte über sein eigenes Leben und aufkommen musste für was er nicht angefangen hatte".[8]

Dieser Herbst, das meint nicht 1989; die Szene gehört ins erste Kapitel von Johnsons *Mutmassungen über Jakob*. Es ist der Herbst 1956. Russische Panzer werden auf den Schienen der Deutschen Reichsbahn nach Ungarn transportiert, französische und englische Truppen bereiten sich auf den Einmarsch in Ägypten vor. Jakob Abs, Dispatcher bei der Deutschen Reichsbahn, hat sein erstes Gespräch mit Herrn Fabian. Fabian, das ist der Name, den Herr Mesewinkel für Jakob trägt; Jakobs Mutter hat er sich vorgestellt als Rohlfs. Der Mann mit den vielen Namen arbeitet für die Stasi, Referat Militärische Spionageabwehr, *Einzelgängerauftrag*: Eine Angestellte der N.A.T.O. Headquarters gewinnen für die Sache des Sozialismus, so drückt das der russische Chef aus, *dlja weschtschi ssozialisma*.[9] Und wenn das erste Kapitel zu Ende ist, hat Jakob für sein Stillschweigen unterschrieben, ist seine Mutter in den Westen geflüchtet, weiß der Leser noch immer nicht, wer da eigentlich zu wem gesprochen hat. Das wäre Stoff für einen handfesten Thriller.

Der Titel des Romans läßt vom zentralen Konflikt nichts ahnen, er verweist schon auf dessen Folgen. Bei aller Nähe zum Krimi, zum Detektivroman, wie Bloch das salonfähig nennt, die vorgeführten Mutmaßungen

---

[7] Kein hinreichendes, aber ein erstes Kriterium: Auf diese Art und Weise kämen auch die Werke, in denen der Mann von der Stasi *Kundschafter an unsichtbarer Front* genannt wird, in die Auswahl. Der nächste Schritt zur Begriffsbestimmung besteht dann darin, das Unbehagen an dem Umstand in ein theoretisches Kriterium zu verwandeln.
[8] Uwe Johnson: Mutmassungen über Jakob. Frankfurt a. M. 1992, S. 56. Zit. als (MJ, Seite).
[9] Vgl. ebd., S. 10, 14.

sind das Resultat der Umstände, des Daseins unter Leuten, die zur Stasi gehören könnten, wie Rohlfs, oder mit ihr zusammenarbeiten könnten, wie Jakob. Und es ist ausgesprochen realistisch, daß sich die Vermutungen auf den nicht fest angestellten Mitarbeiter konzentrieren. (Das war schon so, ehe mit solchen Mutmaßungen Politik oder Geld gemacht wurde.) Jakobs Tod löst das Erzählen aus, der Leser erfährt von seinem Leben anhand der Geschichte einer Anwerbung. So gewinnt die Gestalt des Spitzels an Bedeutung; Agent wäre wohl das rechte Wort, wollte man der Figur die Gerechtigkeit antun, sie in das ihr zustehende Genre einzuordnen. Aber die *Mutmassungen* werden deshalb nicht zum Spionageroman. Es ist ein Buch über die Schwierigkeiten, sich zurechtzufinden in den Zeiten der „bewundernswerten Vielfalt von Ereignissen" (MJ, 65), über die Schwierigkeit, in der (frühen) DDR zu leben. Johnson setzt seine Leser diesen Schwierigkeiten aus. Das betrifft zum einen das Erzählen[10] – und zum anderen: Rohlfs.

Rohlfs ist ein gleichberechtigter Erzähler neben den anderen Figuren, seine Sicht der Dinge steht neben der von Gesine und Jöche. Der übergeordnete Erzähler kommt dem Agenten verdächtig nahe, nicht nur, was die Verteilung des Wissens anbelangt. Beide verwenden, signalartig, denselben Satz: „Eigentlich weiss man so viel wie nichts".[11] Der frisch beförderte Hauptmann ist Vater einer zweijährigen Tochter, die er *„meine zärtliche langhaarige"* nennt. Er kennt seinen Thomas Mann, wollte mal Lehrer werden. Über seine Kollegen in der mecklenburgischen Provinz befindet er: *„Hundefänger"*; immerhin einer ist darunter, *„der denkt manchmal zweigleisig, kann was werden"*. Rohlfs macht sich wenig Illusionen, weder über wen er da vor sich hat als Vorsteher des Postamtes („der ist auch gegen die Faschisten loyal gewesen"), noch über seine Wirkung auf Frau Abs. „Ich kann solche Ruhe mit flatterndem Blick und zitternden Händen nicht vertragen, ich bin nicht so alt, ich mag nicht sehen, wie einer aus Not lügt".[12] Er hält „seinen Beruf für einen wie andere auch",[13] das wird, wenngleich Verdacht auf leise Ironie besteht, von den Beobachtern eingeräumt. Solch ein Satz ist vieldeutig, aber der Mann versteht sein Handwerk, weiß mit den Ergebnissen der Kontrollgänge, des Briefeöffnens und Telefonabhörens umzugehen. Jakob sieht ihm den Beruf nicht an.

Rohlfs bricht in das Leben fremder Leute ein. Er tut es auf eine Weise, die vierzig Jahre später unglaublich erscheint. Den firmeninternen Nachwuchs belehrt er: „Es ist nicht unser Ziel die Leute einzusperren. Wir brauchen sie

---

[10] Vgl. dazu: Colin Riordan: The Ethics of Narration. Uwe Johnson's Novels from „Ingrid Babendererde" to „Jahrestage". London 1989, S. 30-48, und Eberhard Fahlke: Chronologie eines Plots. In: Raimund Fellinger (Hrsg.): Über Uwe Johnson. Frankfurt a. M. 1992, S. 55-60.
[11] MJ, 146, 151.
[12] Vgl. ebd., S. 11 f., 20.
[13] Ebd., S. 53. Gelegenheit zu einer Konkretisierung: Hauptamtliche Mitarbeiter, Leute wie Rohlfs, die „in der unmittelbaren operativen Arbeit eingesetzt" waren, gab es 7 000. Vgl. Gill, Schröter (Anm. 5), S. 57.

nämlich. Und Sie sind kein Beamter, niemand ist auf Sie angewiesen. Sie sollen sich kümmern um jeden Menschen, Sie sollen ihm behilflich sein" (MJ, 82). Es liegt an dieser Arbeitsauffassung, daß Jakob frei bekommt, um in Jerichow nach dem rechten zu sehen, daß er, der „Geheimnisträger" ist, in den Westen fahren darf. Der Mann von der Stasi diskutiert mit Gesine, der Frau, die nicht mit ihm zusammenarbeiten wird, über die Wirksamkeit ökonomischer Gesetze und die Erlebbarkeit des Kapitalismus: und zwar in Westberlin, nachdem Jakob verunglückt ist. Das grenzt ans Märchenhafte.[14] Später heißt es bei Johnson folgerichtig, Rohlfs sei „tot, oder auf seine Art gescheitert an der Majorsecke".[15]

Rohlfs ist selbst unter den Überzeugungstätern in seiner Behörde die Ausnahme.[16] Die Kollegen hören die Westsender ab, um zu erfahren, was sich in Ungarn begibt. Nach diesen Neuigkeiten besaufen sie sich, aus Wut und Hilflosigkeit: „Warum schiesst die Rote Armee dieses Pack nicht zusammen?" Rohlfs, nüchtern, fragt sich das auch, aber er fragt weiter: War nun umsonst, wofür die Rote Armee auch in Ungarn gekämpft hat?[17]

Es liegt an diesem Stasibeamten gegen alle Wahrscheinlichkeit, daß die Geschichte glaubhaft wirkt. Mit einem anderen hätte sich Jakob nicht einlassen können. Als er bei Gesine ein Photo von Rohlfs sieht, eine Vergrößerung vom Mikrofilm, mit verschwommenen Umrissen, wendet er ein: „Es sieht aus als wär alles eins, verstehst du: als könnt Rohlfs auch bei Eurem Geheimdienst sein...?" (MJ, 291). Gesine, die den Westen wenn nicht für eine gesellschaftliche Alternative, so doch für besser als den Osten hält, merkt zu spät, was sein Land für Jakob bedeutet. Im Nachhinein gesteht sie ein (auch sich): „Und sie hätten befreundet sein können, wenn sie nicht gestanden hätten an unvereinbaren Stellen, wenn dazu nicht der schmerzliche Unterschied der Meinungen gehört hätte. Du wünschst dir etwas, dir wird es vorenthalten; er hat nicht solche Wünsche" (MJ, 162). Gesine meint Rohlfs: er sei einer von denen, die wunschlos sind. – „Ich wünsch mir nichts", hatte Jakob zu Rohlfs gesagt, gleich beim ersten Treffen.

---

[14] Vgl. Norbert Mecklenburg: „Märchen vom unfremden Leben". Uwe Johnson und der Sozialismus. In: Das Argument 34 (1992), S. 219-233.

[15] Vgl. Uwe Johnson: Jahrestage. Aus dem Leben von Gesine Cresspahl. Frankfurt a. M. 1984, S. 1890; vgl. auch: ders.: Begleitumstände. Frankfurter Vorlesungen. Frankfurt a. M. 1980, S. 407.

[16] So beschreibt ihn Rudolf Gerstenberg: „ein sich selbst darstellender Überzeugungstäter, den man nur übelwollend als Proselytenmacher bezeichnen könnte und der keinesfalls zu brutaler psychischer Gewalt oder auch nur zu psychischem Terror fähig schien". Rudolf Gerstenberg: Wie Uwe Johnson die Staatssicherheit verfolgte. Eine Absichtserklärung. In: Johnson-Jahrbuch 1 (1994), S. 45-57, hier: S. 50. Und er sei eine komplexe Figur, „der der Leser am Ende vielleicht sogar etwas wie eine leichte Sympathie nicht versagen kann" (Gerstenberg [Anm. 6], S. 18). Ihn aber aufgrund einer „ortstypischen Identitätskrise" zum „Repräsentanten der ostdeutschen Nachkriegsgesellschaft" zu erklären, geht an Roman wie Gesellschaft gleichermaßen vorbei. Vgl. Hannes Kraus: Hauptmann Rohlfs, Leutnant Paroch, Margarete u.a. Die Stasi in der DDR-Literatur. In: Text + Kritik, H. 120, Oktober 1993, S. 64-73, hier S. 66.

[17] „Pogibschim sa tschestj i slawa naschy rodini" (MJ, 197), das ist auf den russischen Friedhöfen zu lesen. Und der Satz enthält schon den Kern von Jonas' Entgegnung: „Sie wären nur die Befreier geblieben, wenn sie danach wieder gegangen wären" (ebd., S. 219).

III. Realismus

Rohlfs hat seine Gründe, und Jakob glaubt, das wären auch die seinen. Nach dem Gespräch mit ihm verpflichtet sich Jakob zum Schweigen über „seine zeitweilige Abwesenheit vom Dasein des Alltags" (MJ, 57). Das verpflichtet ihn darüber hinaus zu nichts, aber Johnsons sorgfältige Konstruktion läßt nur noch ein Unglück zu. Jonas und Jakob lernen sich wie zufällig im Zug kennen, erst nach dem Aussteigen erfährt einer vom anderen: dasselbe Ziel, dieselbe Frau. Als die dann eintrifft, geht sie, mit Mikrokamera und Pistole und wie zufällig, in das Lokal, in dem Rohlfs auf Jakob wartet. Nur Rohlfs kann erzählen, wie er später von Jakob überrumpelt wurde: „Versprich", sagt der zur Stasi, wie sie in Gestalt dieses besonderen Hauptmanns vor ihm sitzt. Rohlfs erklärt den „Auftrag Gesine" daraufhin für abgeschlossen und übergibt Jakob das Kommando über seinen Fahrer. Vertrauensbildende Maßnahmen auf beiden Seiten, Jakob schickt Hänschen was zum Trinken holen.[18] – An dieser Stelle ist die Entfernung zur Wahrscheinlichkeit am größten, was nicht heißt, es könnte Ähnliches nicht doch einmal gegeben haben.[19] Der Verdacht, Johnson habe in den schmückenden Details seinem Spieltrieb oder der Abenteuerlust nachgegeben, wiegt wenig neben der offensichtlichen Konsequenz. Selbst unter diesen *romanhaften* Bedingungen müssen beide scheitern, Rohlfs wie Jakob.

Es sind Unterschiede abzuwägen. Der eine führt seinen Auftrag nicht aus. Er hätte anders gekonnt,[20] will aber Lehrer bleiben und nicht Hundefänger werden. (Und Jonas, der wohl Professor geworden wäre, wenn er nichts dagegen getan hätte, der partout nicht in den Westen will, braucht einen handfesten Denkzettel. Da mag Eifersucht im Spiel sein, auch Agent Rohlfs ist nur ein Mensch.) Der andere verliert seine Mutter, gewinnt und beschützt die Geliebte, einen Moment lang, um auch sie zu verlieren. Am Ende verliert er sein Leben. Weil er nicht anders gekonnt hat? Was hatte er zu gewinnen, als er in das Land zurückging, in dem Rohlfs auf ihn wartete? Es sind diese Unterschiede, es sind diese Fragen, die die *Mutmassungen* zu einem realistischen Roman machen. Einem Roman des sozialistischen Realismus, wenn man will:[21] Es ist ein Buch über einen, der im Osten blieb.

Schon wenn Jakob Gesine auf unnützen Umwegen nach Jerichow bringt, ist Jakob der Gegenspieler Rohlfs. Mit Gesines Erscheinen in Jerichow wird der Unterschied schmerzlich.

---

[18] Vgl. ebd., S. 205 f.
[19] Ähnlich, was das Ausgefallene betrifft: die Unternehmungen der Offiziere Holm und Girod im Fall Müller. Vgl. den Anhang in: Heiner Müller: Krieg ohne Schlacht. Leben in zwei Diktaturen. Köln 1994, S. 431-497, besonders S. 470-476.
[20] Und Jakob weiß das: In seiner Erkundigung, welchen Schnaps Rohlfs denn am liebsten trinke, „war für beide enthalten dass sieben bewaffnete Spaziergänger ausreichten für die Ecken von Cresspahls Haus" (MJ, 222).
[21] Reich-Ranicki hat schon sehr früh gewollt. Vgl. Marcel Reich-Ranicki: Registrator Johnson. In: Raimund Fellinger (Hrsg.): Über Uwe Johnson. Frankfurt a. M. 1992, S. 103-115.

"Jakob hatte sich nicht gerührt. Er beugte sich vor und legte beide Hände fest auf das feuchte harte Tuch seines Mantels. Ohne den Kopf zu wenden sagte er: ‚Ja. Sie wollen sagen dass Sie sich nicht zum Spass mit anderer Leute Leben befassen'. Er blieb vorgestützt, reglos starrte er aus seiner Schräge auf die seine Hände, in denen das Blut arbeitete. ‚Soll einer sich selbst versäumen über einem Zweck': sagte seine Stimme selbstwillig fragend zäh bis zum letzten Laut. [...]

,Ja', sagte Herr Rohlfs grob.

,Du wohl' sagte Jakob. Seine Hände kehrten sich mit locker ausgestreckten Fingern offen.

,Du auch Jakob' sagte er.

,Ja': sagte Jakob. ,Aber keiner, der nicht gefragt ist'" (MJ, 156).

Weder ist Rohlfs ein Führungsoffizier noch Jakob ein inoffizieller Mitarbeiter, wie die Illustrierten sie malen. Jeder erkennt für sich und den anderen an, er könne sich selbst versäumen, wo es um die Sache gehe. Gemeinsame Sache machen sie deshalb aber nicht: Denn so läßt sich nicht leben, allein in einem behördlich gemieteten Zimmer oder unter wechselnden Namen. Da sind nicht nur Jöche, Jonas, Gesine und der alte Cresspahl – da sind auch die Züge nach Ungarn. Rohlfs sagt seinem Fahrer, was Ungarn 56 für die DDR hätte bedeuten können: „Wenn sie uns jetzt erkennen durch irgend einen dummen Zufall [...] und uns anhalten, eh? und schmeissen unseren Wagen um [...] bis er ausbrennt, dann haben sie gut Licht, und können sich da den passenden Baum aussuchen, an dem sie mich aufhängen werden ohne Hosen und mit dem Kopf nach unten, und dich, Hänschen". Und Jakob sagt Jonas, was Ungarn 56 für die DDR bedeutet hat: „Wenn sie sie [Gesine] jetzt zu fassen kriegen, dann hat sie hier in Jerichow einen Aufstand vorbereiten wollen".[22]

Das ist die Sprache des Alltags: die Stasi, die anderen Namenlosen, *sie*. Jakob mißtraut der Behörde, weil er weiß, daß sie nicht Rohlfs heißt. Er erkennt die Gefahr, die schon nichts mehr mit der Person des Ausführenden zu tun hat, den Grad an Überzeugung, der sich vom Alltag so weit entfernt hat, daß er gefährlich geworden ist, die Stelle, an der Grundsätze und Prinzipien Personen ersetzen: „Wer nicht für uns ist ist gegen uns und ungerecht im Sinne des Fortschritts" (MJ, 186). Wenn Cresspahl die Pistole bereit hält und Jakob Herrn Rohlfs gleichmütig wissen läßt: „Ich bring dich um wie einen tollen Hund, wenn" (MJ, 224), ist nur noch der Anhauch von einem Spionageroman vorhanden. („Hast Du Ringkämpfe und wilde Schießerei im fahrenden Wagen erwartet", muß sich Jonas hinterher fragen lassen. – MJ, 225) In der Szene wird die Gewißheit auf die Spitze getrieben: Das ist eine Sache auf Leben und Tod. Die allgemein-theoretische Diskussion über die Anatomie des Fortschritts und historische Irrtümer, die Jonas mit Rohlfs führt, wird nutzlos, wenn es zum Alltag kommt.

„‚Das kann man von einem Menschen nicht verlangen ...' sagte Jakob endlich. Er lächelte nicht. Er sah nicht auf. [...]

,Und das ist genau was verlangt wird' sagte Herr Rohlfs" (MJ, 220).

---
[22] MJ, 161, 202.

Jakob und Rohlfs stehen auf verschiedenen Seiten. Ihre Ansichten darüber, wie weit die Forderungen des Staates an den einzelnen gehen können, sind so verschieden, daß sie die Gemeinsamkeiten überdecken. Jakob hat seine Gründe. Rohlfs mag sich bemühen, sie zu verstehen, akzeptieren kann er sie nicht.

IV. Alltag

Johnson hält sich nicht bei den genauen Umständen von Jakobs Tod auf. Die Frage, ob es Mord oder Selbstmord war, läßt sich nur stellen, wenn man es schafft, die Gründe zu übersehen, die zu Jakobs Tod führen. Immer noch spekulativ, aber anhand von Wahrscheinlichkeiten eher abzuwägen ist die Frage, ob Rohlfs Jakobs Tod billigend in Kauf genommen hat. Rohlfs wußte, was er anrichtete: „Freiheit ist die Einsicht in die Notwendigkeit" (MJ, 222), das ist ein Satz für das Leben nach dem Überlaufen an der Ostfront im Winter 42. Nicht nur Gesine hat ihn, später, samt Quellenangabe noch in der Schule gelernt. Selbst Jakob, der mit seiner Wunschlosigkeit wie geschaffen ist für diesen Satz, denkt darüber anders: „‚Freiheit' ist eher ein Mangelbegriff, insofern: sie kommt nicht vor" (MJ, 135). Er weiß, wie sich die Leute eingerichtet haben mit der Notwendigkeit und ihren Wünschen. Nie würde er von ihnen verlangen, zu leben wie er.

Und sie leben alle mit der Anwesenheit der Stasi. Das verursacht weder plakativen Widerstand noch Arbeit im Untergrund. Die Spuren des alltäglichen Umgangs mit der Überwachung zeigen sich in den Details. Dazu gehörte, daß man darauf achtete, mit wem man sprach, umging – und lebte. Peter Wulffs Griff zum Skalenknopf des Radios ist ein Reflex. Der prüfende Blick zu Jöche, ob der Unbekannte an seiner Seite verläßlich sei: das Hören von Westsendern war verboten.[23] Vermutlich öfter als sich das mancher ausmalte, und bestimmt öfter, als sich erzählen ließ, bedeutete das auch, daß Liebesgeschichten unvollendet blieben oder gar nicht erst stattfanden.[24] Die Geschichte mit Sabine, wenngleich vorbei, hat ihr Ende, wenn einer vom anderen weiß, er hatte Kontakt mit der Stasi. Es ist nicht „und überhaupt der Sozialismus", der zwischen ihnen steht; es ist, daß einer den anderen noch immer beschützen will und das nicht kann. „Es ist nur dass es mir nichts nützt zu wissen was er dich gefragt hat".[25] Jakobs Rat an Jonas, „Beschwer dich an der richtigen Stelle zur richtigen Zeit, mit dem Nutzen einer wirklichen Veränderung" (MJ, 87), hat sich im Beitrittsgebiet nur als ein ganz aufrichtiger Wink mit dem Zaunpfahl lesen lassen.

---

[23] Vgl. ebd., S. 304.
[24] Life ist stranger than fiction, das Leben ist roher und verrückter, wie Volker Braun schreibt. Aber: „Es steht im Text. Der Rest sind Akten". Vgl. dazu: Volker Braun: Das Ende der unvollendeten Geschichte. In: Sinn und Form 48 (1996), S. 582-592.
[25] Vgl. MJ, 139 f.

Die „Sache mit den Briefumschlägen" ist nicht nur eine lustige Episode aus dem Leben der gelernten DDR-Bürger. Zu so einer Sache gehört Vertrauen, Verlaß auf das Schweigen: ein Umschlag in den falschen Händen, und Rohlfs hätte Jakobs Mutter einen Vortrag über die kommenden Vorzüge des Sozialismus gehalten.[26] Ab und zu vergaß ein Bürger der demokratischen Republik auch, was er gelernt hatte. Wie die Sekretärin am Englischen Institut, die den Namen eines Anrufers nicht erwähnt: „Ich sag ihn dir lieber nicht, dann brauchst du ihn nicht vergessen". Weil ihr Chef und dessen Assistent Blach kündigen, konkreter Anlässe und allgemeiner Grundsätze wegen – die „Beurteilung wissenschaftlicher Äußerungen nach dem politischen Nutzwert ist eine durchaus läppische" –, kündigt sie spontan mit. Hinterher sagt sie darüber: „jetzt ist es Unsinn, ein ganz verfluchter Anstand und Edelmut, aber da, in der halben Stunde, da stimmte es".[27]

Es tut dem Edelmut keinen Abbruch, daß noch eine andere Überlegung eine Rolle spielte: „ich kann da nicht allein sitzen wie übriggeblieben, dann sagen sie im Haus ich hätt sie verpfiffen oder so" (MJ, 231). Die ständige Anwesenheit der Stasi, in den *Mutmassungen* am allgegenwärtigen schmutzigen Pobjeda erkennbar, erzeugte ein Klima des Verdachts. Damit ist nicht gemeint, daß man beständig jeden verdächtigte, *sicherheitshalber* sozusagen, sondern daß in bestimmten Situationen auf den Verdacht als Erklärung zurückgegriffen wurde. Sah etwas aus wie zuviel Zufall, war da jemand besonders aufdringlich oder zurückhaltend, brauchte nach Gründen nicht lange gefragt werden. Schon die Andeutung einer Vermutung genügte mitunter, um die Bemühung um Gewißheit zu beenden. Eine gesellschaftliche Ermüdungserscheinung: Die Stasi war zum Alltag geworden.

Andererseits läßt sich mit allem Recht sagen, die Stasi sei nie alltäglich gewesen. Damit ist kein Widerspruch konstruiert, sondern der Grund für die zerstörerische Kraft des Geheimdienstes für innere Angelegenheiten benannt. Er schaffte das vernünftige verantwortbare praktische Leben ab. Jakob kann Jöche nicht sagen, was er weiß – er fühlt sich an sein Wort gebunden. Sabine sieht Jonas, aber in ihm nicht den Freund von Jakob, sondern einen Helfer Rohlfs. Den alltäglichen Details zufolge ist die Geschichte von Rohlfs und Jakob ein seltener Fall. Das macht sie erzählenswert. Johnson berichtet aber keine unerhörte Begebenheit, er versäumt über der Ausnahme den Alltag nicht.

V. Das dritte Buch über Achim

Im *Dritten Buch über Achim* fällt das Wort Staatssicherheit kein einziges Mal. Das bedeutet nicht, daß vom Tun der Behörde und dessen Wirkungen nicht die Rede ist. Bei der Bestandsaufnahme Ost des westdeutschen Journalisten Karsch

---

[26] Vgl. ebd., S. 91 f., 156.
[27] Vgl. ebd., S. 228-231.

erscheint die Berührung unausweichlich. Und tatsächlich findet er eines Abends vor seiner Haustür „zwei schläfrige Herren unter ihren verrutschten Hüten schon auf ihn warten, die gaben sich als Polizisten aus".[28] Das könnten die „tückischen Dicken" (DBA, 41) sein, vor denen man ihn daheim gewarnt hat. Karsch schöpft, nachdem die beiden wieder verschwunden sind, Verdacht: „nun zum ersten Mal dachte er: Ach so, und wiederum: Ach was" (DBA, 259). Der Verdacht kommt Karsch sehr spät, das muß so sein, damit die Leser mit ihm sehen können, was alles unbegreiflich ist in diesem fremden deutschen Land. Die DDR von 1960 hält für Karsch keinen Rohlfs bereit, die schläfrigen Herren sind, wie die beiden linientreuen Lektoren auch, Gestalten dicht an der Karikatur, Verkörperungen der Realsatire vom Sozialismus auf deutschem Boden. Weder die einen noch die anderen sind deshalb ungefährlich.[29]

Das *Dritte Buch* ist eine Erkundung im ostdeutschen Alltag. Spannend geht es da nicht zu, wie ausdrücklich betont wird. Der Besuch „zweier Herren mittleren Alters, die die Hände in den Taschen halten und ohne Erklärung oder versöhnliche Mimik nach Herrn Karsch verlangen" (DBA, 142) ist ein Spiel im Konjunktiv. Es wird eigens vorgeführt, daß dergleichen eine übertriebene Vorstellung ist. Nachweisbar ist lediglich Frau Liebenreuths Schreckhaftigkeit, als sich wortkarge Personen nach ihrem westdeutschen Untermieter erkundigen. Das mag durchaus ein vielsagender Schreck sein, aber mit einem Einzelgängerauftrag der Spionageabwehr ist er nicht zu vergleichen. Johnson vermeidet im *Achim*-Roman alles, was auch nur entfernt nach einer Konstruktion aussieht, wie die *Mutmassungen* sie bieten.

Die Wirkung der Stasi ist sichtbar, ihre konkrete Tätigkeit dagegen läßt sich nur ahnen. Wiewohl jeder annimmt, daß es sie gibt und sie nicht untätig ist, weiß keiner, wer für sie arbeitet oder wer ihr zuarbeitet. Ein Unterschied, der im Alltag kaum Bedeutung hatte, weder dem einen noch dem anderen war zu trauen: Etwas ganz anderes war der Umgang mit den offensichtlich fest Angestellten, die jeden Tag einer geregelten Arbeit nachgingen für ein ebenso staatliches Ministerium wie alle anderen auch.[30] Im *Dritten Buch* ist die Stasi eben das: ein zwar besonderes Ministerium, das aber aufgeht in der allgemeinen behördlichen Gegenseite, im distanzierend allgemeinen „sie"; ein Bestandteil der staatlichen Gängelung.

---

[28] Uwe Johnson: Das dritte Buch über Achim. Frankfurt a. M. 1992, S. 259. Zitiert als (DBA, Seite).
[29] Der Lektor Fleisg leitet die Verleumdung Karins in der Zeitung an, die beiden Herren haben vor Karschs Abreise sehr konkrete Vorstellungen über den Verlauf seiner Rückfahrt. Vgl. DBA, 197 f., 296.
[30] Zur Illustration sei eine Bemerkung von Jurek Becker angeführt, der nach der Lektüre seiner Stasi-Akten feststellt, „daß er auf die IMs eher sauer war als auf die hauptamtlichen Mitarbeiter des Ministeriums für Staatssicherheit, die Offiziere [...], obgleich die vergleichsweise intensiver gearbeitet hatten und besser dafür entlohnt worden waren als die IMs. Aber: Mit den Offizieren des MfS habe man immer gerechnet, die seien in der Rechnung einkalkuliert gewesen, die man mit der DDR aufmachte – die IMs aber nicht: von denen habe man es nicht gewußt" (Deckname „Lügner". Aus den Stasi-Akten über Jurek Becker. In: Text und Kritik. H. 120. Oktober 1993, S. 15-25, hier S. 15).

Es gibt Momente, in denen ist der Verdacht, hier habe die Stasi manipuliert, so stark, daß er fast ausgesprochen wird – fast. Ein nicht gedrucktes Manuskipt findet auf Umwegen zurück zu Karsch.

> „Aber es waren nicht die altertümlichen Typen aus dem Schreibbüro auf dem harten schlierigen Papier, das Karsch in den Briefkasten der städtischen Zeitung für Bevölkerung und Partei geworfen hatte. Karin entsann sich eines Schreibfehlers am Ausgang einer Zeile, der hier berichtigt stand inmitten einer Zeile aus gängigeren Typen und nämlich auf solchem festen Durchschlagpapier wie Karsch es gern hätte kaufen wollen und hier nicht bekam" (DBA, 139).

Karsch wiederholt, was auch Achims Vater auf den in dieser Beobachtung verborgenen Verdacht gesagt hat: „Kann schon sein". Karin, die das Manuskript überbracht hat, reagiert darauf „mit fast aufgehobenen Händen und doch überstürzt von Auflachen: Fang du nicht auch noch an! Fall nicht darauf herein!" (DBA, 140) Karins Abwehr ist der Versuch, für die Veränderungen eine Erklärung zu finden, die ganz ohne Ministerien jeder Art auskommt. Es bleibt ein Verdacht, nicht nur, weil Karin den Weg des Papiers nicht ganz zurückverfolgen kann. Sondern weil beide Erklärungen zumindest gleichberechtigt sind, die eine aber eben *naheliegend* ist. Wer auf die reinfällt, selbst wenn sie stimmt, macht es der Behörde leicht, läuft Gefahr, zu einem *unwissenden Mitarbeiter* zu werden.

Zusammen mit dem konjunktivischen Bericht über die zwei Herren mittleren Alters steht diese Episode für das allgemeine Klima von Verdächtigung, Unsicherheit, Rücksichtnahme, Vorsicht. „Wenn man über die Stasi hätte sprechen wollen, hätte immer die Möglichkeit bestanden, daß man mit ihr spräche – ohne es zu wissen",[31] schreibt Rudolf Gerstenberg. Das geht nicht in ein Wort, besteht aus vielen Kleinigkeiten. Die Schwierigkeiten beim Kauf einer Schreibmaschine, die Umstände beim Telefonieren in den anderen deutschen Staat, die verlogenen Berichte über die Kollektivierung – und jedesmal laufen die Fäden zusammen im Irgendwo. Das wird ausgesprochen, als Karsch die Kehrseite kennenlernt, „mit der Post eine Sendung Geld in hiesiger Währung" (DBA, 111), unbürokratisch gewährte Genehmigungen und die Erlaubnis, sich frei im Lande zu bewegen. Aber in dem Haus, wo die Papiere gestempelt werden, werden keine solchen Entscheidungen getroffen. „Es fing nicht an in diesem Haus, Karsch war nur angedeutet in welchem, und selbst wenn wir zusammen die Drahtleitungen abgingen unter der Erde und herauskämen vor einem Telefon und Mann am Schreibtisch: hier ist gesprochen worden aber was" (ebd.). Vor dem Apparat hätte ein Parteisekretär sitzen können, es muß nicht immer die Stasi gewesen sein ...: Zu sehen sind nur die Auswirkungen, zusammen mit politischen und ideologischen Begründungen, die sich bereits 1960 verselbständigt haben dürften. Die Staatssicherheit selbst bleibt unsichtbar und unbenannt.

---

[31] Gerstenberg (Anm. 6), S. 46.

VI. Realismus und Alltag

An Detailtreue und historiographischer Aufrichtigkeit ist das *Dritte Buch* kaum zu überbieten.[32] Während die tragende Handlung der *Mutmassungen* die Geschichte einer großen Illusion ist, läßt Johnson in seinem nächsten Roman dergleichen von vornherein nicht aufkommen.

In den *Mutmassungen* bricht die dialogische Rückschau den Spannungsbogen, der sich durch die Aktionen des Agenten leicht ergeben könnte. Obwohl sich die Folge der einzelnen Ereignisse eindeutig rekonstruieren läßt, bleibt sie beim Lesen nahezu wirkungslos: Mit dem ersten Satz ist der wesentliche Ausgang der Geschichte festgelegt – Jakobs Tod, nicht die Rettung Gesines und nicht das Scheitern Rohlfs –, und damit auch das erzählerische Zentrum. Über die Motive für Jakobs Handeln läßt sich nur mutmaßen; was er im einzelnen getan hat, ist bekannt. Soweit die *Mutmassungen* davon erzählen: Er hat versucht, mit der Stasi umzugehen. Im *Dritten Buch* unterstützt die dialogische Anordnung den Spannungsbogen, der sich aus den Unternehmungen Karschs allein nur notdürftig konstruieren ließe. Da die Fragen zumeist nicht auf die Abfolge der Ereignisse, sondern auf Details der Geschichte gerichtet sind, wird die Handlung durch eine thematische Kette unterstützt. Es kommt zu einer Anhäufung von „kleinen Gründen", die das Scheitern von Karschs Buchprojekt zusätzlich verständlich machen. In beiden Fällen resultiert die realistische Betrachtungsweise wesentlich aus der Art und Weise des Erzählens.

Der Umgang mit dem Phänomen Überwachung (oder sein Fehlen) ist ein zentrales Moment in der Darstellung der DDR, ganz gleich welche Vorstellung von Realismus der These zugrunde liegt. Diesbezüglich läßt sich die größere Nähe zum Alltag im *Dritten Buch* als ein Schritt in Johnsons Entwicklung deuten, die auf die gern zitierte „Sicht von unten" der *Jahrestage* hinausläuft. Gerade aber die dortige Sicht auf Rohlfs, der an prominenter Stelle, dem letzten Tag, noch einmal Erwähnung findet, legt es nahe, die ersten beiden Romane Johnsons nicht nacheinander, sondern nebeneinander zu lesen.[33]

Das *Dritte Buch* ist keine Zurücknahme der Sicht der *Mutmassungen*, sondern eine Ergänzung, eine Fortführung. Die Entfernung, die im *Achim*-Roman beschrieben werden soll, ist schon im ersten Roman schmerzhaft klar erfaßt. Mit dem Anblick des Interzonenzuges, der zu Gesine fährt, verbindet sich für Jakob und Jöche ein je eigenes Gefühl von Fremde, Entlegenheit, Distanz.

> „Zu denken' sagte Jöche still verblüfft: ‚zu denken dass der Zug heute abend bei Gesine ist, und er kommt täglich hier durch ...'. Jakob nickte nur, es sah nicht nach Abschied aus. Sie sahen beide zum Schluss des Zuges, wo der Schaffner die Arme über dem Kopf zusammenlegte. Die Schläuche krampften sich starr unter

---

[32] Vgl. Holger Helbig: Beschreibung einer Beschreibung. Untersuchungen zu Uwe Johnsons Roman „Das dritte Buch über Achim". Göttingen 1996, S. 141–198.

[33] Ein Verfahren, das an Wirksamkeit gewinnt, bezieht man den posthum veröffentlichten Erstling „Ingrid Babendererde" ein. Vgl. dazu: Gerstenberg (Anm. 6).

dem Wagenboden. ‚Will ich gehn' sagte Jöche. Er trat zurück und lief über den Bahnsteig davon. Als Jakob an der Lokleitung vorbeifuhr, heulte eine einzelne Lokomotive plötzlich auf, und Jakob sprang auf von der Bank und riss am Fenstergriff und winkte mit der anderen Hand, aber Jöche war nicht zu sehen und längst vorbei" (MJ, 261).

Die Szene ist allen anderen Ausarbeitungen des Motivs im Roman überlegen, weil sie auch die Kehrseite enthält, das Gefühl der Zugehörigkeit und Nähe. Wenn Gesine am Schluß des Romans Rohlfs im westlichen Teil der Städte Berlins wissen läßt „siebzehn Minuten sind eine unschätzbare Entfernung" (MJ, 284), dann belehrt sie ihn über die Strecke zwischen zwei Welten. Zehn Minuten Fußweg und sieben Minuten S-Bahn bis zum Ostblock. Sie weiß, wovon sie spricht. Für Jonas ist es eine Frage, die keine Antwort braucht.

> „Du Nimmst Dir also übel dass du die Grenze überschritten hast wie auch immer, das heisst: man darf nicht zurückkommen. Dann heisst es für mich man kann es sich auch nicht erlauben einfach in der anderen Richtung hinüberzugehen" (MJ, 215).

Das *Dritte Buch* präsentiert die seitenverkehrte Auslegung des Satzes: Als habe der Grund für das mangelnde Interesse der Westdeutschen am Osten darin bestanden, daß die Ostdeutschen nicht in den Westen konnten. Aus der Sicht der *Reise wegwohin*, einem sozusagen politisch engagierten Nachtrag,[34] läßt sich das *Dritte Buch* am ehesten als Roman auch über den Westen lesen, als eine hoffnungslose Beschreibung der Sichtblende. Was das Buch aber eigentlich ausmacht, ist die Chronik des ostdeutschen Alltags.

Beide Romane sind, aus bekanntermaßen verschiedenen Gründen, heute so aktuell wie zum Zeitpunkt ihres Erscheinens. Sie gehören zur „literarische(n) Archäologie jenes deutschen Teilstaates, der mit den neunziger Jahren der Geschichte angehört".[35] Nebeneinander gelesen gleichen die *Mutmassungen* und *Das dritte Buch über Achim* einer Vermessung der frühen DDR. Der Bogen reicht von hochfliegenden Hoffnungen auf Verbesserung der Welt – wenn es sein muß mit Gewalt – bis hin zur Konfrontation mit dem Unverständnis der deutschsprachigen Nachbarn. Dazwischen fand der Alltag statt, ebenso gespannt zwischen Hoffnung und Unverständnis, aber kein Leben in Extremen. Es gab Wünsche, die sich aufgeben ließen, wenn einmal erkannt war, daß ihre Erfüllung das Leben eigentlich nicht verändern würde. Läßt sich da schon von einer Lebenslüge sprechen? – Johnsons Beschreibungen machen es möglich, diese Frage zu stellen. Die Wirkung seiner Romane beruht auf einem Erzählen, das die Gesellschaft am einzelnen Ich kenntlich macht, das auf den Unterschieden beharrt, ohne das Ganze aus dem Blick zu verlieren. Diese Balance bestimmt Johnsons Realismus wesentlich.

---

[34] Es sei „ohne Zweifel der Erzähltext Johnsons, der so offen, so polemisch auch wie kein zweiter politische Positionen erkennen läßt", schreibt Ribbat. Vgl. Ernst Ribbat: „Skizze eines Verunglückten" als poetologischer Text. In: Carsten Gansel, Nicolai Riedel (Hrsg.): Uwe Johnson zwischen Vormoderne und Postmoderne. Berlin 1995, S. 253-266, hier S. 263.
[35] Mecklenburg (Anm. 14), S. 219.

Birgit Lermen

„[...] unter den Fittichen der Gewalt"

Peter Huchel und die Diktatur

Peter Huchel ist in eine Zeit gesellschaftlicher Katastrophen geboren worden. Er erlebte und erlitt zwei Diktaturen: das Hitler-Regime bis 1945, die DDR-Herrschaft bis zu seiner Ausreise in den Westen 1971. In einem Gespräch mit Uwe Grüning gestand er: „Zwei Diktaturen in einem Leben sind zu viel, die kann kein Mensch überstehen".[1]

Huchel hat beide als Dichter überstanden, als ein Dichter, der nicht bereit war, „unter den Fittichen der Gewalt zu leben",[2] und der mit einer „Granne"[3] in der Kehle dichtete.

I. Hitler-Diktatur: 1933 bis 1945

Huchel hatte die Nationalsozialisten schon 1925/26, während seiner Studienzeit in Wien kennengelernt und bereits 1930 in einer Prosastudie entschieden abgelehnt. Von 1931 bis 1933 lebte er mit seiner Frau Dora in der Berliner Künstlerkolonie, zu der viele Schriftsteller, Schauspieler und Musiker gehörten, wie Johannes R. Becher, Walter Hasenclever, Walter Mehring, Hans Sahl, Joachim Ringelnatz und Rudolf Leonhard. Da diese Künstler zum großen Teil arbeitslos waren und der kommunistischen Partei angehörten, war die Kolonie als „Hungerburg" und „Roter Block" den Nazis ein Dorn im Auge. Huchel gehörte zu den „Kritisch Gestimmten", verhielt sich jedoch unauffällig, wie sein aus dem Exil zurückgekehrter Freund Alfred Kantorowicz 1947 berichtet:

> „[...] auch er war ein Bewohner des Künstlerblocks gewesen und hatte auf seine verschlafene, musisch-versponnene Weise mit unseren Kampfaktionen gegen die Nazis sympathisiert, ohne sich bei Freund oder Feind sonderlich bemerkbar zu machen".[4]

Huchels politische Haltung vor 1933 wird deutlich an seiner Freundschaft mit jüdischen Marxisten wie Alfred Kantorowicz und Ernst Bloch, an seiner

---

[1] Uwe Grüning: Motorradfahrten nach Wilhelmshorst. In: Begleitband zur Ausstellung Peter Huchel. 2. Auflage. Frankfurt a. M., Leipzig 1996, S. 36.
[2] Peter Huchel: Gezählte Tage. Gedichte. Frankfurt a. M. 1972, S. 94.
[3] Ebd., S. 82.
[4] Alfred Kantorowicz: Deutsches Tagebuch. Zwei Bände. Berlin 1978, S. 253.

Mitarbeit in der *Literarischen Welt* des Prager Juden Willy Haas und an seiner frühen Teilnahme am Kreis des damals bekannten jüdischen Religionsphilosophen Oscar Goldberg. Trotz seiner Sympathie für den Marxismus wurde er nicht Mitglied der Partei. Er wollte sich keiner Parteidisziplin unterordnen und hatte bereits 1931 über sich selbst in der dritten Person formuliert: „[...] da ihm [...] die marxistische Würde nicht zu Gesicht steht, wird er sich unter aussichtslosem Himmel weiterhin einregnen lassen".[5]

Als am 15. März 1933 Gestapo und SA frühmorgens in der Kolonie eine Razzia durchführten, waren viele der gesuchten Künstler bereits untergetaucht. Einige der Dagebliebenen wurden verhaftet und mißhandelt, ein Teil von Huchels Bibliothek wurde beschlagnahmt und verbrannt. Die Wirkung dieser Razzia war so groß, daß Kantorowicz, Bloch, Haas und Joachim das Land verließen. Da Huchel weder Jude noch Mitglied der kommunistischen Partei war, blieb er in Deutschland, flüchtete aber in die innere Emigration. Er zog mit seiner Frau, die aus Siebenbürgen stammte, zunächst nach Kronstadt, dann in die Karpaten, um die weitere Entwicklung in Deutschland abzuwarten.

Im Spätsommer 1934 kehrte er ohne seine Frau nach Berlin zurück. Er ergab sich in das Schicksal, gegen Hitler nichts tun zu können, ließ jedoch die Bürokraten der literarischen Szene immer wieder merken, daß er mit dem System nicht einverstanden war, wie seine Reaktion auf den Ariernachweis zeigt, den er erst einige Monate nach der Aufforderung durch die Reichsschrifttumskammer erbrachte.

In die literarische Öffentlichkeit war Peter Huchel bereits Mitte der zwanziger Jahre mit Gedichten und Prosatexten getreten, aber ein schmales Œuvre mit verstreuten Einzelveröffentlichungen entstand erst, als die Machtübernahme der Nationalsozialisten 1933 seine Entwicklung als Lyriker behinderte. Während er 1932 noch 28 Gedichte und zwei Prosatexte in Zeitschriften, Zeitungen und Anthologien veröffentlichte, erschienen 1933 nur noch neun Gedichte und ein Prosatext von ihm. Seinen ersten Lyrikband *Der Knabenteich,* der 1933 im Dresdner Jess-Verlag veröffentlicht werden sollte, zog er kurz vor der Drucklegung zurück, weil er seine Kindheits- und Landschaftsgedichte nicht als Blut- und Bodenlyrik mißverstanden sehen wollte. Als am 24. November 1933 in der nun von Karl Rauch herausgegebenen „Neuen Folge" der *Literarischen Welt* zwei Gedichte von ihm als Seitenfüllung unter der Goebbels-Rede „Die deutsche Kultur vor neuem Anfang" erschienen, nahm er von seiner Karriere als Lyriker Abschied. Daß er privat jedoch weiter dichtete, belegt Günther Birkenfeld, der über die Zeit in der gemeinsamen „Luftnachrichtenstelle" berichtet:

„Zwischen den vielen Alarmen, Schlaflosigkeit und allgemeiner Überreiztheit, saß er da im engen Wachkabuff unseres Bunkers, tagelang, nächtelang, und starrte vor sich hin über einer dünnen Oktavkladde, in die er mitunter eine Zeile

---

[5] Peter Huchel: Gesammelte Werke. Bd. 2: Vermischte Schriften. Frankfurt a. M. 1984, S. 218; im folgenden zit. als GW 2.

schrieb, zumeist aber das Leere hinwegdichtete, von fiebernder Nervosität oder auch schon von wütiger Erbitterung angefüllt, von der Wut des Vaganten hinter Kerkermauern".[6]

An eine literarische Karriere unter der nationalsozialistischen Herrschaft hat Huchel nie gedacht. Das beweist seine hohe Mitgliedsnummer der Reichsschrifttumskammer, in der jeder Schriftsteller Mitglied sein mußte, wenn er veröffentlichen wollte. Huchel füllte das Aufnahmeformular erst am 29. Dezember 1933 aus und bekam die Nummer 9489 (Günter Eich hatte die niedrige Nummer 59).

Mit der nationalsozialistischen Ära begann für den Lyriker Peter Huchel die Zeit der „Zwölf Nächte". Aus seinem „November-Endlied" spricht eine unmißverständliche Todessehnsucht, und in den 1939 entstandenen Gedichten „Deutschland II" und „Deutschland III" ist die Dunkelheit bedrohlich, das Du eingesponnen in „das Finstere".[7] Dennoch bekundet das Gedicht „Zwölf Nächte", das 1938 entstand, aber erst 1947 veröffentlicht werden konnte, ein unerschütterliches Vertrauen in die Welt des Geistes:

Doch nicht erstickt der Nacht Gewalt
der Seele stilles Licht.
Weht auch der Hauch der Asche kalt,
die Finsternis zerbricht.[8]

Durch Vermittlung seiner Freunde Günter Eich und Wilhelm Hoffmann kam Peter Huchel im November 1934 als freier Autor zum Rundfunk, wo er während der dreißiger Jahre den Lebensunterhalt für seine Familie mit Funkarbeiten verdiente. Seine Filmprojekte *Der Nobiskrug* (1938) und *Das Fräulein von Soor* (1938) wurden nicht realisiert, weil das Propagandaministerium die Drehbücher wegen seiner früheren Mitarbeit in den jüdischen Presseerzeugnissen *Die Vossische Zeitung* und *Die literarische Welt* verbot.

Von den etwa 35 Hörspielen, die zwischen 1934 und 1940 entstanden, sind nur 17 als Typoskript erhalten. Als literarisch wertvoll gelten lediglich *Die Herbstkantate* (1935), *Die Magd und das Kind* (1935) und das Gegenstück zu Fontanes Roman (von 1879) *Margarethe Minde* (1939).[9] Einige der Hörspiele entstanden in Zusammenarbeit mit Hans Nowak und Georg Zivier, die wegen ihrer „jüdischen Versippung" in ihrer Existenz bedroht waren.

Die meisten Hörspiele, die Huchel später als „Brotarbeit" abtat, sind Bearbeitungen literarischer Vorlagen oder unterhaltsame Geschichten und Märchen für den Kinderfunk. Einige wurden zu Gedenk- und Feiertagen geschrieben, wie „Gott im Ährenlicht" zum Erntedankfest, die Weihnachtsballade „Brigg Santa Fé" oder „Peter Paul Rubens" zum 300. Todestag des

---

[6] Günther Birkenfeld: Peter Huchel. Porträt eines Dichters. In: Ost und West 1 (1947) H. 1, S. 78.
[7] Peter Huchel: Gesammelte Werke. Bd. 1: Die Gedichte. Frankfurt a. M. 1984, S. 99.
[8] Ebd., S. 95; im folgenden zit. als GW 1.
[9] In: GW 2, S. 11-102.

flämischen Malers. Seine heikle Lage als Mitarbeiter des nationalsozialistischen Rundfunks ist thematisiert in dem Hörspiel *Der Fesselballon*, das die schwierige Situation eines Schriftstellers darstellt, der unter dem Druck der Gesellschaft nicht mehr schreiben kann, bis sich am Schluß alles nur als ein böser Traum erweist.

Huchel schrieb keine Propaganda-Stücke, und er verherrlichte weder direkt noch indirekt Nationalismus und Deutschtum. Andererseits erfüllten diese Hörspiele doch eine wichtige Unterhaltungsfunktion im Propagandasystem der Nazis, so daß sie im nachhinein als Zugeständnis an die nationalsozialistische Propaganda gewertet wurden. Vergleicht man jedoch Huchels Rundfunkarbeiten mit jenen zur gleichen Zeit entstandenen mystifizierenden Hörspielen (wie Richard Euringers *Deutsche Passion*), dann wird deutlich, daß Huchel Gegenwelten schuf zu Kriegsbegeisterung und Rassenwahn. In seinem großen, Recht und Menschlichkeit einklagenden Hörspiel *Margarethe Minde* verschlüsselte und erhellte er seine politische Meinung im versteckten Zitat (hier Jesaja 1,21). Zehn Wochen vor Kriegsbeginn ließ er seinen Richter Helmreich in einer selten klaren und direkten Sprache sagen:

> Wer möchte hier noch Richter sein? – Die Stadt,
> Sie war voll Rechts, nun ist sie eine Mördergrube! –
> Zornhaus der Hölle, öffne dich!! Verschling
> Doch diese Brut, die über Tangermünde kam!
> Im Blutdunst des Verbrechens lebt hier alles! –.[10]

Als am 3. September 1939 der Krieg ausbrach, versiegte Huchels einzige Einnahmequelle, da kaum noch Hörspiele gesendet wurden. Er bat die Reichsschrifttumskammer zweimal um finanzielle Zuwendung, die ihm auch tatsächlich gewährt wurde. Wegen dieser kurzfristigen Unterstützung darf Huchel jedoch nicht als Propagandist eingestuft werden. Wäre er das gewesen, dann hätte man ihn sicher länger und umfassender gefördert.

Abgesehen von der Fragment gebliebenen „Chronik" über die Bodenreform in der DDR, die im Oktober 1959 unter dem Titel *Das Gesetz*[11] in einer Lesefassung in Radio DDR gesendet wurde, hat Huchel sowohl vor 1933 als auch nach 1945 keine Hörspiele verfaßt. Später hat er diese Funkarbeiten als dem „eigentlichen Werke" nicht zugehörig abgetan. Wie verwickelt jedoch die Situation von 1933 bis 1945 für Huchel war, ist weniger aus seinem literarischen Werk jener Jahre zu ersehen als aus der persönlichen Situation des Dichters.

Peter Huchel, der zur Ersatzreserve gehörte und zunächst vom Militärdienst verschont blieb, wurde im August 1941 zum Bodenpersonal der Luftwaffe eingezogen und zum Funker ausgebildet. Schon zu Beginn seiner Grundausbildung geriet er in Schwierigkeiten, weil er seinen Feldwebel, der

---

[10] Ebd., S. 97.
[11] Ebd., S. 103-123.

ihn provozierte, „vor versammelter Truppe"[12] niederschlug. Georg von der Vring, ein früherer Mitarbeiter der *Literarischen Welt*, ließ seine Akte verschwinden, um ihn vor dem Kriegsgericht zu bewahren.

Anfang November 1941 wurde er zum Flugkommando in Neubrandenburg versetzt. Er fürchtete, an die Ostfront geschickt zu werden, und beugte einem Fronteinsatz durch Arbeiten bei der UFA und beim Funk vor. Nach einer Zwischenstation in Ferch gelang ihm durch eine private Beziehung Ende 1942 die Versetzung nach Berlin-Grunewald, so daß er in der Nähe des Rundfunkhauses war und öfters zu Hause sein konnte. Als er sich weigerte, einen abgestürzten englischen Piloten zu erschießen, wurde er ins Gefängnis gesteckt.

Im Juli 1944 mußte Huchel zur Nachtjagdstellung „Birkhahn" zwischen Belzig und Dahnsdorf, wo er als Funker Radio London hören und sich über die Kriegslage informieren konnte. Im Dezember 1944 schrieb er an die Mitarbeiterin Rosemarie Heckendorf: „Die Kriegslage verschlechtert sich zusehends. Wir werden es noch erleben, daß dieser Bluthund Hitler ausgelöscht wird und wir ein neues Leben in Freiheit führen können".[13]

Huchel führte in seinem Funkturm viele Gespräche mit Antifaschisten und sabotierte sogar das ihm anvertraute ,Y-Gerät', so daß die Flugzeuge eine Woche lang nicht starten konnten. Zudem hatte er sein Gewehr unbrauchbar gemacht und die Patronen durch Erde ersetzt. Diese Sabotage, die Aufklärung seiner Kameraden über die Lage Deutschlands und die Absicht, seine Gedichte in der Schweiz zu veröffentlichen, deuten darauf hin, daß er dem Nationalkomitee Freies Deutschland schon vor Kriegsende nahe stand.

Als die Militärpolizei kurz vor Kriegsschluß entdeckte, daß Huchels Waffe unbrauchbar war, sollte er erschossen werden. Es gelang ihm jedoch die Flucht in Zivilkleidung. Ende April 1945 wurde er von den sowjetischen Truppen verhaftet und interniert und mit der Leitung der Kulturgruppe eines aus Gefangenen gebildeten Antifa-Kollektivs beauftragt. Er organisierte Lese- und Konzertabende und las die zur Verfügung gestellte marxistisch-leninistische Literatur.

Im Lebenslauf von 1951 schreibt er im Rückblick auf diese Zeit: „April 1945 russische Kriegsgefangenschaft; übernahm im Lager Rüdersdorf die politische und kulturelle Betreuung der Kameraden".[14]

Huchels Reden und Aufsätze aus der Nachkriegszeit beweisen, daß er ein politisch wacher Zeitgenosse war. In der „Rede zum Tag des freien Buches", die er 1947 am Gedenktag der Bücherverbrennung in der Humboldt-Universität vortrug, gibt er sich Rechenschaft sowohl über das Verhalten der Schriftsteller als auch über seine eigenen Initiativen. Er gesteht: „[...] ich gehöre zu den Schriftstellern, die 12 Jahre Hitlerdiktatur in Deutschland miterlebten [...] ich entschied mich, in Deutschland zu bleiben".[15]

---

12 Ebd., S. 371.
13 Lotte Lahr: Zuflucht Birkhahn. Unveröffentlichtes Typoskript 1985, S. 6.
14 Lebenslauf vom 29.6.1951. In: Mappe 59 des SuF-Archivs der DAK.
15 GW 2, S. 262.

Offensichtlich bezieht er sich mit ein, wenn er von jenen wenigen Schriftstellern spricht,

> „[...] die durch die 12 Jahre hindurch unbeirrt ihren Weg gingen, deren Denken stets geleitet war von einem unerschütterlichen Glauben an den schließlichen Sieg der Vernunft über den Wahnsinn [...]. Niemand empfand stärker als sie die brutale Gewalt, die dem geistigen Menschen von seiten der Nazis drohte, und wenn man ihnen auch anfangs, aus Kulturprestigegründen, eine bescheidene Existenz ermöglichte, sie galten als verdächtig, sie waren stets gefährdet, weil sie sich geistig nicht gleichschalten ließen".[16]

Auf die Frage, „Wie kommt es, daß wir, von wenigen Ausnahmen abgesehen, nicht eine Widerstandsdichtung haben?", antwortet er:

> „Es lag daran, daß unsere besten Dichter – und ich meine jetzt die wieder, die ideologisch keineswegs mit den Nazis paktierten – auch dann noch ins Gebirge der dichterischen Schau stiegen und auf den höchsten Eisfirnen, losgelöst von jeder Realität, in metaphysischer Einsamkeit mit dem Unendlichen Zwiesprache hielten, als am Fuße des Gebirges schon längst Städte und Dörfer in Flammen aufgingen und Menschen erschlagen wurden. Es war eine Flucht aus der Verantwortung".[17]

Huchel schließt in dieses harte Urteil seine eigenen „Brotarbeiten" mit ein. Auch wenn er die Hörspiele nicht zu seinem eigentlichen Werk zählte und er mit ihnen dem Meinungsterror der Nationalsozialisten zu entgehen versuchte, so zählte er doch zu den Rundfunkautoren, die bis 1939 regelmäßig Aufträge erhalten hatten. Dieses Stigma mag wohl der tiefere Grund gewesen sein für sein politisches Engagement nach dem Kriege.

II. DDR-Diktatur: 1945 bis 1971

Peter Huchel war auch nach dem Kriege eine ideologische Festlegung nicht möglich: Er war und blieb zeitlebens ‚ein Parteiloser',[18] obwohl er sich nach dem Kriege dem Aufbau eines neuen humanistischen Staates widmete.

Neuanfang beim Rundfunk (1945 bis 1949)

Nach seiner Entlassung aus der sowjetischen Kriegsgefangenschaft gehörte Huchel zu den Männern der ersten Stunde: Er beteiligte sich am Aufbau des sowjetisch lizenzierten Berliner Rundfunks und wurde Lektor, später Chefdramaturg und schließlich Sendeleiter und Direktor. Seine Auffassung von den Aufgaben des Rundfunks und der Literatur legte er Mitte Mai 1946 nieder in der Einleitung zu „Neue Deutsche Dichtung":

---

[16] Ebd., S. 263.
[17] Ebd., S. 264.
[18] Vgl. Manfred Dierks: Peter Huchel. In: Kritisches Lexikon zur deutschsprachigen Gegenwartsliteratur. Bd. 4. München. 39. Nlg., S. 4.

"Die Dichter, die nach dem Zusammenbruch des faschistischen Regimes vom Berliner Rundfunk gebracht wurden, gaben mit ihrer klärenden Durchdringung der geistigen Situation einen ersten bedeutungsvollen Beitrag zu einer neuen Literatur, von der zu hoffen ist, daß sie uns Deutschen wieder Ehre und Ansehen einbringen wird. Diese Literatur ist ein eindringlicher Mahnruf an das Gewissen, sie fordert von uns eindeutige und entschiedene Abkehr von der Naziideologie, sie rüttelt die Menschen auf, die in den Jahren der Unterdrückung verhärtet und innerlich gestorben sind, sie führt uns wieder in ein Leben der Vernunft und der Humanität".[19]

Huchel leitete die „Autorenstunde", die Sendungen „Das Gedicht" und „Das Meisterwerk der Literatur" und stellte Autoren wie Hermann Kasack und Elisabeth Langgässer, aber auch Auszüge aus Tolstois *Anna Karenina* und die Dichtung Petrarcas vor. Er war im Vorstand des „Schutzverbandes deutscher Autoren" und wurde als Mitglied der Aufnahmekommission, die neue Mitglieder überprüfen mußte, immer wieder vor das Problem der Entnazifizierung gestellt. Daneben betreute er sowohl den „Theater-, Film- und Funkspiegel" als auch Hörspielseminare. Er hielt Vorträge, organisierte Tagungen und lud zu öffentlichen Diskussionen ein, wie „Was hat die deutsche Jugend zu erwarten?", „Wie sehen Heimkehrer das heutige Deutschland?".

Die aus dem Moskauer Exil zurückgekehrte Hedda Zinner erinnert sich:

„Die Hörspielabteilung des Berliner Rundfunks wurde damals von Peter Huchel geleitet, einem feinfühligen, sehr verschlossenen Naturlyriker, der merkwürdigerweise für das Genre Hörspiel viel übrig hatte und etwas davon verstand. Huchel war Antifaschist, einer, der sauber durch die Nazizeit gekommen war, aber ich hatte immer den Eindruck, alles bei ihm sei nur gefühlsmäßig verankert. Im Grunde war er ein unpolitischer Mensch, der Ursachen und Wirkungen politischer Erscheinungen oft nicht in Einklang zu bringen vermochte".[20]

Huchel beschäftigte sich intensiv mit dem Nationalsozialismus und wollte einer Wiederholung um jeden Preis vorbeugen:

„Auch die heutige Zeit ist voller Krisen und duldet nicht, daß der Schriftsteller abseits steht oder sich nur mit negativer Kritik beschäftigt. Überall, wo sich völkischer Dünkel wieder breitmacht, wo der Faschismus unter anderer Maske erscheint, muß der Schriftsteller sich zur Wehr setzen, [...] er muß für den Frieden kämpfen".[21]

Da dieses Engagement für eine Humanisierung der Gesellschaft in den Rahmen der SBZ-Politik vorzüglich paßte, konnte Huchel sich länger als andere „bürgerliche" Mitarbeiter beim Berliner Rundfunk halten. Als jedoch seine Begeisterung für die politischen Ziele der Mächtigen nachließ, wurde er im September 1947 zum künstlerischen Direktor ernannt und somit vom eigentlichen Sendebetrieb „wegbefördert". Mehr und mehr wurde der Rundfunk

---

[19] Peter Huchel: Neue Deutsche Dichtung. In: Der Rundfunk 1 (1946), S. 15.
[20] Hedda Zinner: Auf dem roten Teppich. Berlin 1978, S. 81.
[21] GW 2, S. 264.

auf die Linie der Partei gebracht und als eine Waffe des Kalten Krieges gebraucht. Es ist zu vermuten, daß Huchel abgeschoben worden wäre, hätte er nicht rechtzeitig von sich aus die Stellung gewechselt.

Chefredakteur von „Sinn und Form" (1949 bis 1962)

1949 übernahm Peter Huchel – auf Wunsch von Johannes R. Becher – die Redaktion der Zeitschrift *Sinn und Form*, die 1948 von Becher und Paul Wiegler gegründet worden war. Intendiert war weniger „ein kulturpolitisches Steuerungsinstrument" als eine Zeitschrift „mit Niveau", die für die Wiederherstellung kultureller Kontinuität und insbesondere für die Aneignung gegenwärtiger weltliterarischer Strömungen arbeiten sollte. In der „Absichtserklärung" ist zu lesen, daß eine neue Literaturzeitschrift nur berechtigt sei, „wenn sie, fern von jedem Ästhetizismus, dem Geist der Sprache und Dichtung" diene. „Sie müsse *die* repräsentative literarische Umschau – nicht nur für die Ostzone –, sondern für ganz Deutschland werden". Die Beiträge sollten versuchen,

> „all den Stimmen Gehör zu verschaffen, die im Sinne menschlichen und gesellschaftlichen Fortschritts, des Humanismus und der geistigen Vertiefung mit künstlerischen Mitteln das Wort formen oder mit kritischen die literarischen Erscheinungen der deutschen und ausländischen Geisteswelt aus gründlichem Wissen bewerten".[22]

Dieser Intention entsprach die Wahl des Chefredakteurs Peter Huchel, der schon zu Beginn seiner Tätigkeit seine lange bewährte pragmatische Klugheit im Umgang mit dem Kulturapparat unter Beweis stellte. Er handelte einen Sondervertrag aus, der ihm völlig unübliche Freiheiten sicherte und eine von der jeweiligen kulturpolitischen Linie unabhängige Position ermöglichte. Hans Mayer, damals Professor für deutsche Literatur in Leipzig, berichtet in den „Erinnerungen eines Mitarbeiters von ‚Sinn und Form'":

> „Es stellte sich heraus, daß Huchel, dieser scheinbar so unpolitische Lyriker, ein Mann der Weisheit sein konnte, wenn es darauf ankam. Die enge Freundschaft zwischen Brecht und ihm hing mit solchen Affinitäten zusammen. Vorsorge war getroffen nicht nur gegen eine Becher-Inflation. Chefredakteur Huchel hatte sich auch gegen die ideologischen Besserwisser dadurch gesichert, daß er in der neuen Zeitschrift schlechthin auf aktuelle Literatur- und Kulturkritik verzichtete".[23]

Huchel wollte eine Zeitschrift von hohem literarischem Niveau und nicht eine, deren Inhalt ausschließlich von der Bedeutung für den sozialistischen Fortschritt bestimmt würde. Ideologischer Verengung abhold, öffnete er den Zugang auch Schriftstellern, die nicht genehm waren und über ihre Zeit hinausdachten.

---

[22] Uwe Schoor: Das geheime Journal der Nation. Die Zeitschrift ‚Sinn und Form'. Chefredakteur: Peter Huchel 1949-1962. Berlin, Bern, Frankfurt a. M., New York, Paris, Wien 1992, S. 27-29.
[23] Hans Mayer: Erinnerungen eines Mitarbeiters von „Sinn und Form". In: ders.: Über Peter Huchel. Frankfurt a. M. 1973, S. 176-177.

In einem Rundfunkgespräch mit Hermann Kasack, das im Januar 1949 ausgestrahlt wurde, antwortete Huchel auf die Frage nach Intention und Charakter der Zeitschrift:

> „Unsere Auswahl ist bewußt streng und auf höchste Qualität bedacht. Die Zeitschrift soll nicht das Blatt einer kleinen literarischen Clique werden, die sich gegenseitig emporlobt, *Sinn und Form* soll den ganzen Reichtum der Literatur aufzeigen, die verschiedenen Ströme der schöpferischen Kräfte, soweit diese keine Verzerrung der objektiven Wahrheit darstellen. Wir werden uns nicht uniformieren. Wir werden aber auch keine literarischen Moden unterstützen, die aus den Überresten einer bürgerlichen Ästhetik kommen. Für bloßes Virtuosentum, für einen extremen Subjektivismus haben wir keinen Raum".[24]

Das Verhältnis von Literatur und Poltik sah Huchel als ein ausgeglichenes: einerseits sollte „die Literatur ästhetischen Maßstäben genügen und sich nicht Maßgaben der Politik unterwerfen", andererseits sollte sie „nicht zu einer rein artistischen Spielerei werden, also durchaus an Geschichte Anteil nehmen".[25]

Diese Auffassung läßt sich an den sorgfältig zusammengestellten Heften von *Sinn und Form* ablesen, ohne daß sie ausdrücklich formuliert worden wäre. Sie führte Huchel dazu, die Partei-Dichter konsequent zu meiden und dafür bedeutsame Weltliteratur in hervorragenden Übersetzungen, aber auch die in der nationalsozialistischen Zeit verpönten Autoren und junge Schriftsteller aus Ost und West in Erstdrucken zu präsentieren. Er veröffentlichte Essays über die verschiedensten Themen sowohl der Literatur als auch ihr nahestehender Gebiete wie der bildenden Kunst und Philosophie, später auch Film- und Theaterkritik. Die Essayisten, die er vorstellte (Theodor W. Adorno, Walter Benjamin, Ernst Bloch und Hans Mayer) waren durchweg marxistisch inspiriert, aber keine Dogmatiker. Sie hatten wie Huchel ein Gespür für künstlerische Qualität.

Selbst als die offizielle Kulturpolitik der DDR immer mehr eine Abgrenzung von der Bundesrepublik anstrebte, hielt Huchel unbeirrt fest an einer gesamtdeutschen Kultur, die er über die politische und ökonomische Spaltung hinweg aufrechterhalten wollte. Seine Arbeit als Chefredakteur von *Sinn und Form* war nicht zuletzt auch diesem Ziel gewidmet, wie aus seiner „Rede vor dem Groß-Berliner Komitee der Kulturschaffenden" (1952) hervorgeht: „Wenn auch das Leben in den beiden Teilen Berlins von politischen Gesichtspunkten entscheidend bestimmt wird – niemals sahen die geistig Schaffenden die Notwendigkeit dafür ein, auch das kulturelle Leben Berlins zu spalten".[26]

Sinn und Form wurde rasch zu einer der wichtigsten europäischen Literaturzeitschriften: im eigenen Staat mehr und mehr mit Mißtrauen und Unbe-

---

[24] Gespräch zwischen Hermann Kasack und Peter Huchel. In: Begleitband zur Ausstellung Peter Huchel. 2. Auflage. Frankfurt a. M., Leipzig 1996, S. 25.
[25] Hans Dieter Zimmermann: Gescheiterte Hoffnung. Peter Huchels Anfänge in der DDR. In: Begleitband (Anm. 24), S. 242.
[26] GW 2, S. 269.

hagen betrachtet, im Westen zunächst als trojanisches Pferd des Kommunismus beargwöhnt, dann jedoch als Insel der Liberalität geschätzt. Lediglich jenes Heft (2/1953), das nach dem Tod Stalins erschien, stellt einen faux pas Huchels in der ansonsten bemerkenswerten Geschichte von *Sinn und Form* dar; aber es zeigt auch, unter welch schwierigen Bedingungen diese Zeitschrift redigiert wurde. Die Anerkennung, die sie durch die internationale Öffentlichkeit fand, bot Huchel zumindest in den ersten Jahren einen gewissen Schutz vor den Angriffen im eigenen Land.

Der Abdruck einiger Beiträge, die den sozialistischen Kulturpolitikern mißfielen, trug Peter Huchel 1953 die erste Kündigung ein. Schon im Vorfeld dieser Zuspitzung waren die Versuche, das ursprüngliche Programm der Zeitschrift anzugreifen, unübersehbar (Erinnert sei an die Urteile über einige Gedichte Gertrud Kolmars, über Aufzeichnungen Ernst Barlachs, Hanns Eislers Libretto *Doktor Faustus* und Oskar Maria Grafs Gedichte). Vor allem Friedrich Wolf attackierte mehrmals die Redaktion, da er sich im offiziellen Organ der Akademie nicht genügend repräsentiert sah. Johannes R. Becher war empört, weil Huchel einen Nachruf auf Erich Weinert drucken ließ, in dem Marcel Reich-Ranicki betonte, daß Weinert im Gegensatz zu Becher und anderen nie dem formalistischen Expressionismus verfallen sei und sich „um größere Verständlichkeit, Einfachheit und Klarheit" des Ausdrucks bemüht habe.[27]

Am 15. Mai 1953 wurde Huchel durch Akademiedirektor Rudolf Engel das Kündigungsschreiben zugestellt, da die Zeitschrift „sowohl organisatorisch als auch ideologisch vollkommen neu"[28] gestaltet werden müsse. Daß man für die Kündigung einen Zeitpunkt wählte, zu dem Huchel als Mitglied einer Schriftstellerdelegation in Moskau weilte, ist bezeichnend für die Atmosphäre, in der die Auseinandersetzung verlief. Alexander Abusch, einer der Hauptwidersacher Huchels, verfaßte sogar eine Erklärung, in der Huchel sich schwerer künstlerischer und ideologischer Verfehlungen bezichtigen sollte. Monica Huchel, der man den Text zur Veröffentlichung in *Sinn und Form* zustellte, konnte freilich Becher mit dem Argument überzeugen, daß niemand ihren Mann für den Autor halten würde. So blieb die Erklärung ungedruckt.

Huchel wollte die Redaktion niederlegen, doch Brecht beschwor ihn zu bleiben: Das „Berliner Ensemble" und *Sinn und Form* seien die „beste Visitenkarte der DDR". Huchel blieb, mußte aber einige Monate jeden Beitrag für *Sinn und Form* vom Präsidium der Akademie abzeichnen lassen. Ein redaktioneller Beirat, dem auch Brecht angehörte, sollte Huchels Souveränität einschränken, existierte im Grunde aber nur auf dem Papier. Huchel leitete die Zeitschrift wie vor der Krise, unter dem Schutze von Brecht, der aus

---

[27] Marcel Reich-Ranicki: Erich Weinert. Ein Dichter des deutschen Volkes. In: Sinn und Form 5 (1953) H. 2, S. 139.

[28] Der Brief ist erstmals veröffentlicht in: Ulrike Edschmid: Verletzte Grenzen. Zwei Frauen, zwei Lebensgeschichten. Hamburg, Zürich 1992, S. 205-206.

taktischen Gründen erklärte: „Wir brauchen Beiträge, die die großen Errungenschaften der DDR beschreiben, so daß die Leute in Westdeutschland und in der DDR sie wirklich als sachlich aufnehmen und verstehen können".[29]

Becher, der 1954 Kulturminister wurde, wechselte ins Lager der Gegner, die nicht aufgaben, so daß Brecht sich bis zu seinem Tod am 14. August 1956 immer wieder für Huchel einsetzen mußte.

Nach dem Tode Brechts und den Ereignissen in Ungarn wurde Huchels Position immer schwieriger, so daß er sich als Seiltänzer empfand. Er machte Zugeständnisse, opferte eigene Beiträge und beschränkte sich auf das Machbare, das gerade noch Zumutbare. „Ich hielt meinen Kurs",[30] war einer der knappen Kommentare, die Huchel später zu seiner Redaktionsarbeit abgab.

Schon im Oktober 1957 verschärfte sich die Kritik an *Sinn und Form* zu einer prinzipiellen. Kurt Hager prangerte den „Neutralismus, die unpolitische Haltung, die Selbstisolierung, die beschauliche Betrachtungsweise" an. Er forderte

> „daß sie einmal aus ihrer feinen Zurückhaltung, die etwas von der Art englischer Lords an sich hat, ihrer noblen Betrachtungsweise und philosophischen Skurrilität heraustreten möchte und einmal parteilich zu den nahen und wichtigen, so großen und erhabenen Problemen des Schönen in unserem sozialistischen Aufbau, des Heldenhaften im Kampf gegen den deutschen Imperialismus und Militarismus [...] Stellung nehmen möchte".[31]

Immerhin kam es diesmal zu einer Aussprache mit Hager, und Huchel hielt in seinen Gesprächsnotizen fest: *Sinn und Form* sei „ein rein literarisches Organ, keine kulturpolitische Zeitschrift – dazu eine Zweimonatszeitschrift, die immer, ihrer Struktur nach, den aktuellen Ereignissen nachhinken muß. Ihre Aufgabe ist, eine tiefere Aktualität sichtbar zu machen".[32]

Aus den Stichworten klingt aber auch Verbitterung. Dennoch gab er nicht auf, sondern machte weiter mit einem „nicht von Kriterien ideologischer Brauchbarkeit verstellten universellen Blick auf die Literatur".[33]

Nach der ersten Bitterfelder Konferenz im April 1959, die ein Programm zur Entwicklung einer „sozialistischen Nationalkultur" entwickelt und *Sinn und Form* scharf kritisiert hatte, wußte Huchel, daß für ihn „die letzte Stunde"[34] als Chefredakteur näher rückte. Abusch (Nachfolger Bechers als Minister) und Hager (Mitglied des Politbüros) starteten einen Zermürbungskrieg: Das Ministerium für Finanzen verfügte im April 1960 eine Gehälter-

---

[29] Zit. nach: Uwe Schoor: Sinn und Form. Ort und Zeit einer redlichen Bemühung. In: Begleitband (Anm. 24), S. 258.
[30] GW 2, S. 374.
[31] Zit. nach: Schoor: Sinn und Form (Anm. 29), S. 261-262
[32] Zit. nach: ebd., S. 262.
[33] Ebd., S. 264.
[34] GW 2, S. 377.

sperre für die Redaktionsmitglieder, weil angeblich die Verträge nicht stimmten. Hermlins Vorschlag, Huchel den Johannes R. Becher-Preis zu verleihen, wurde abgelehnt. Die Arbeit fiel Huchel immer schwerer, wie aus einem Brief vom 7. Januar 1960 an Joachim Müller hervorgeht: „Wir atmen schwer, und ich frage mich oft, wie ich *Sinn und Form* durch das zwölfte Jahr bringen soll".[35]

Nach erneuten Angriffen in der Sektionssitzung vom 23. Juni 1960 versuchte Huchel in einem Diskussionsbeitrag, seine Konzeption der Zeitschrift zu verteidigen. Er wollte dem DDR-Publikum wieder mehr westdeutsche Autoren präsentieren und der Spaltung Deutschlands wenigstens in der Literatur entgegenarbeiten. Aber die Querelen dauerten an, und Huchel stellte in der Sektionssitzung vom 27. Oktober 1960 sein Amt erneut zur Verfügung. Doch so weit wollten seine Gegner noch nicht gehen. Die Parteiführung hatte wichtigere Pläne, so daß *Sinn und Form* vorübergehend unbehelligt blieb und Huchel sein gesamtdeutsches Literaturprogramm bis zum Bau der Mauer 1961 durchhalten konnte.

Nach dem Mauerbau 1961 machte *Sinn und Form* aus der Sicht der SED als taktisches Unternehmen zur Befriedigung der bürgerlichen Intellektuellen im Inneren und zur Sympathiewerbung im Westen keinen rechten Sinn mehr. Die Kulturbürokratie suchte darum die erste Gelegenheit, sich des unbequemen und ideologisch nicht berechenbaren Chefredakteurs zu entledigen. Bereits am 8. Februar 1962 gab Abusch eine Analyse der letzten drei Jahrgänge der Zeitschrift in Auftrag. Bevor jedoch das Ergebnis der Analyse vorlag, war die wichtigste Entscheidung gefallen: „Dem parteilosen Chefredakteur Huchel [sei] ein ideologisch zuverlässiger Genosse Schriftsteller als Chefredakteur mit gleichen Rechten an die Seite zu stellen".[36] Huchel wurde angetragen, Bodo Uhse als zweiten Chefredakteur zu akzeptieren. Er selbst sollte das gleiche Gehalt bekommen, aber nur noch ein paar Stunden am Tage in der Redaktion erscheinen. Huchel erkannte sofort diesen „stalinistischen Trick", wie er später das Angebot nannte,[37] geriet in Wut und kündigte selbst. Da man auf seine Mitarbeit von vornherein nicht verzichten wollte, schlug man ihm vor, das neue Akademie-Jahrbuch zu redigieren. Doch das erschien Huchel keine hinreichende Sicherung seiner Existenz. Diesmal wurde seine Kündigung angenommen. Erleichtert verkündete Akademiepräsident Willi Bredel im Namen der Widersacher in einer Erklärung, die Ende 1962 in Huchels letztem Heft publiziert wurde: „Der bisherige Chefredakteur Peter Huchel scheidet auf eigenen Wunsch mit Jahresende aus".[38]

Von Huchels „Kaltstellung" berichtete nur die westliche Presse. Marcel Reich-Ranicki teilte in der *Zeit* vom 14. September 1962 mit, daß *Sinn und*

---

[35] Zit. nach: Schoor: Das geheime Journal (Anm. 22), S. 150.
[36] Sitzungsprotokoll vom 19.3.1962. Zitiert nach Hub Nijssen: Der heimliche König. Leben und Werk von Peter Huchel. Nijmwegen 1995, S. 327.
[37] GW 2, S. 377.
[38] In: Sinn und Form 14 (1962) H. 5/6.

Form Opfer einer „administrativen Maßnahme" geworden sei und nicht mehr erscheinen würde. Die DDR brauche seines Erachtens kein „repräsentatives Aushängeschild", keine „Visitenkarte" für den Westen mehr. Huchel sei ein „Wanderer zwischen zwei Welten" gewesen, der sich gehütet habe,

> „die Machthaber zu provozieren und die Zeitschrift aufs Spiel zu setzen. Es wäre geradezu unsinnig zu vermuten, ‚Sinn und Form' sei etwa ein getarntes Widerstandsorgan gewesen. [...] Aber es war nicht mehr und nicht weniger eine stille Enklave des Liberalismus in einer lauten Welt des Dogmatismus, als eine Insel des Intellekts und der Kunst, stets bedroht von mächtigen Wogen des Ungeists und der Kunstfeindschaft".[39]

Mit Heft 5/6 von 1962 mußte Huchel die Leitung der Zeitschrift *Sinn und Form* aufgeben. Er hätte dieses letzte von ihm redigierte, fast 300 Seiten starke Doppelheft vor dem Druck Bredel vorlegen sollen, gestaltete es aber – unter dem Schutz seines Sondervertrages – als programmatisches Bekenntnis. Auf Bredels Erklärung über seinen Rücktritt ließ er Brechts Rede „Über die Widerstandskraft der Vernunft" aus dem Jahre 1936 folgen. Subtil deutete er damit die Parallelen an zwischen den Ereignissen des Jahres 1933, die Brecht zwangen, ins Exil zu gehen, und seiner Situation im Dezember 1962. Dieser Vergleich der DDR-Funktionäre mit den Nationalsozialisten zeigt, wie tief verletzt Huchel sein mußte.

Seine kulturpolitische Konzeption spiegelt Sartres von Hermlin übersetzte Moskauer Rede über die „Abrüstung der Kultur" und Aragons „Rede in Prag". Provokativ aber wirkten auch die anderen Beiträge: Jewtuschenkos Gedicht „Babij Jar" in der Übertragung Paul Celans, Aufsätze von Hans Mayer, Werner Krauss und Ernst Fischer, Lyrik von Günter Eich und Paul Celan.

Pointiert verabschiedete er sich mit einigen seiner berühmtesten und politisch schärfsten Gedichte, wie „Winterpsalm", „Traum im Tellereisen" und dem seinem Sohn gewidmeten Gedicht „Der Garten des Theophrast", einem Dokument des Widerstandes, in das die Bitternisse des Jahres 1962 eingegangen sind:

> Sie gaben Befehl, die Wurzel zu roden.
> Es sinkt dein Licht, schutzloses Laub.[40]

Huchels Bemühen, grenzüberschreitend für Frieden und Verständigung zu wirken, Trennungen zu überwinden und seine Zeitschrift zum Ort eines völker- und zeitenverbindenden Dialogs zu machen, war gescheitert. Er, der seine Abberufung mit allen ihren unausweichlichen Folgen lange voraussah, stand nun auf verlorenem Posten: „Zerschlagen im Tellereisen".[41]

---

[39] Marcel Reich-Ranicki: Ohne Sinn und Form. In: Die Zeit, 14.9.1962.
[40] Peter Huchel: Chausseen Chausseen. Gedichte. Frankfurt a. M. 1963, S. 81.
[41] Ebd., S. 82.

III. Zeit der Isolation: 1963 bis 1971

Als Chefredakteur von *Sinn und Form* war Huchel eine internationale kulturpolitische Größe. Unerbittlich in seinem Qualitätsanspruch gelang ihm nicht nur ein Organ von ungewöhnlichem Rang, auch seine öffentlichen Auftritte und seine Versuche, die gesellschaftliche Entwicklung zu stützen, fanden Anerkennung bei Intellektuellen wie auch Bauern. Seine Mitgliedschaft in der Akademie und im PEN-Club, der Nationalpreis und der Theodor-Fontane-Preis der Mark Brandenburg machten ihn zu einem privilegierten Bürger der DDR. Mit der Entlassung von *Sinn und Form* wurde er zur Unperson, zu einem Fremdkörper und Störfaktor. Seine Existenz war die „des Verfemten, / der hinter der Mauer lebt".[42]

In einem Brief vom 10. April 1963 schilderte er Günter Eich die Ausweglosigkeit seiner Situation, die er wie einen Alptraum erfuhr:

> „Eine mächtige Maschine hat mich aufs tote Gleis rangiert, die blockierte Strecke ist abzusehen, hier also wirst du verrosten. Ein Leben ohne Aussicht auf irgendeine Veränderung ist uninteressant. Und was einem manchmal durch Haut und Knochen geht, es ist nicht notwendig, Ihnen das mitzuteilen. Sie haben ähnliche Situationen in Ihren Träumen erschreckend genau registriert".[43]

Huchel wurde erneut bedrängt, als ihm der West-Berliner Fontane-Preis zuerkannt wurde, mit dem er seine Existenznot zu lindern beabsichtigte. Die Machthaber setzten alle Hebel in Bewegung, ihm diesen Preis abspenstig zu machen. Kurella versuchte ihn sogar mit der bisher nicht gewährten Altersversorgung zu erpressen. Huchel blieb standhaft und reagierte mit dem Gedicht „Waschtag", das zum Ausdruck bringt, wie schwierig „dichten" für ihn geworden war:

> Eine Granne,
> nicht zugeweht
> vom Sommer,
> stachelt sich fest
> in meiner Kehle.[44]

Während der Westen Huchel als Helden feierte, waren die Dogmatiker der DDR empört: Bredel bezeichnete das Abschiedsheft als „ein schlimmes Kapitel in der Geschichte der Akademie",[45] und Kurt Hager übte vernichtende Kritik auf der Delegiertenkonferenz des Schriftstellerverbandes am 28. Mai 1963; er nannte ihn „einen Apostel gegen die Arbeiterklasse, gegen die erste deutsche Arbeiter- und Bauern-Macht".[46]

---

[42] Peter Huchel: Gezählte Tage. Gedichte. Frankfurt a. M. 1972, S. 85.
[43] Zit. nach: Joachim W. Storck: Günter Eich. Deutsches Literaturarchiv. 2. Auflage. Marbach 1988, S. 50.
[44] Huchel: Gezählte Tage (Anm. 42), S. 82.
[45] Sinn und Form 44 (1992) H. 5, S. 789-791.
[46] Ebd., S. 797.

Es begannen für Peter und Monica Huchel die bitteren Jahre der Isolation, der Überwachung durch die Staatssicherheit und der fortwährenden Diskriminierung:

> „Unausgesprochenes Reiseverbot, unausgesprochenes Rundfunkverbot, unausgesprochenes Publikationsverbot, schließlich vollständige Isolierung – selbst mein Lektor von S. Fischer, Dr. Klaus Wagenbach, der mich vor einigen Tagen aufsuchen wollte, erhielt diesmal vom Schriftstellerverband keinen Passierschein mehr für Wilhelmshorst",[47]

schrieb Huchel an Arnold Zweig, der ihm schriftlich seine Verbundenheit bekundet hatte.

Korrespondenz und Telephongespräche wurden permanent überwacht, und die Funktionäre vor Ort praktizierten die vielfältigsten Schikanen. Der Nachbar im Haus gegenüber schrieb bereitwillig die Autonummern der vor Huchels Grundstück parkenden Wagen auf, und in den engeren Freundeskreis der Familie sollte ein Spitzel eingeschleust werden. Huchel war isoliert, gemieden und unter ständiger Kontrolle, wie es in „Gezählte Tage" heißt:

> Zwei Schatten,
> Rücken an Rücken,
> zwei Männer warten im frostigen Gras.
> Stunde,
> die nicht mehr deine Stunde ist,
> Stimmen,
> vorausgesandt durch Nebel und Wind.[48]

In einem Interview mit Hansjakob Stehle resümierte er: „Nahezu acht Jahre lebte ich in meinem Haus in Wilhelmshorst bei Potsdam in vollkommener Isolation: keine Post, keine Bücher".[49]

Die ihm in der westlichen Welt zuerkannten Ehrungen nahm er an, die Preise aber mußten für ihn aufbewahrt werden, obwohl er sie dringend benötigt hätte, da sich seine materielle Lage (mit nur 220,- DM pro Monat) bedrohlich verschlechterte. Es herrschte eine Atmosphäre eisiger Kälte und „absoluter Verleumdung".[50] Am 3. September 1964 schrieb er an Günter Eich: „Seit drei Jahren Reiseverbot und anderes mehr; es ist absurd, brutal und skandalös, doch für diese Eisenkette am Fuß gibt es keinen Schlüssel und keine Feile".[51]

Das vergiftete Klima ermutigte auch die örtliche Staatsmacht: Huchels Redaktionsarchiv wurde am 18. Dezember 1964 in einer Nacht- und Nebelaktion von Funktionären der Gemeinde Wilhelmshorst illegal geräumt. Als

---

[47] Ebd., S. 793.
[48] Huchel: Gezählte Tage (Anm. 42), S. 21.
[49] GW 2, S. 373.
[50] Sinn und Form 44 (1992) H. 5, S. 793.
[51] Zit. nach: Storck (Anm. 43), S. 77.

Huchel sich weigerte, die Kosten der Zwangsräumung zu begleichen, mußte er am 28. Mai 1965 vor dem Potsdamer Gericht erscheinen. Der Prozeß ähnelte einer kafkaesken Groteske: Der Richter, der keine Ahnung von *Sinn und Form* hatte, hielt die Zeitschrift für verboten und verurteilte Huchel wegen „unerlaubten Verbrauchs diverser Tonnen Papier"[52] zu einer Strafe von drei Tagessätzen. Da Huchel die Strafe absitzen wollte, kam es zu einem Vergleich: Huchel mußte auf eigene Kosten das Archivmaterial abholen, die Gerichtskosten und eine Entschädigung an die Gemeinde zahlen. Die Archivalien, die er in einem alten Gemüseschuppen fand, waren so verschimmelt und beschädigt, daß er einige zum Bürgermeister brachte mit der Bemerkung: „Früher gab es Bücherverbrennung, heute Bücherverschimmelung".[53]

Fast neun Jahre lang versuchten die Behörden der DDR teilweise mit Erfolg die Huchels von Gästen aus dem In- und Ausland abzuschirmen. Die Behörden erteilten keine Visa oder unterbanden durch andere Schikanen die Besuche in Wilhelmshorst. So gelang es nur wenigen aus dem Westen (wie z. B. Heinrich Böll und Max Frisch), ihn zu besuchen oder am Bahnhof Friedrichstraße zu treffen.

Von den alten DDR-Freunden wagten sich nur einzelne zu ihm. Etablierte Schriftsteller – wie Anna Seghers und Stephan Hermlin – ließen ihn im Stich. Hingegen war er für die jüngeren Dichter, die nach 1960 an die Öffentlichkeit traten, „eine wichtige Bezugsgröße als integre Persönlichkeit und gleichzeitig als ein großer Dichter".[54] Zu seinen regelmäßigen Besuchern gehörten Erich Arendt, Henryk Bereska, Uwe Grüning, Walter Janka, Hans Mayer, Norbert Randow und Rolf Schneider. Häufige Gäste waren Wolf Biermann, Fritz Rudolf Fries, Franz Fühmann, Günter Kunert, Reiner Kunze und Christa Reinig, aber auch die tschechischen Dichter Milan Kundera, Jan Skácel und Frantisek Hrubin.

Huchels Haus in Wilhelmshorst wurde in jenen Jahren zum Anziehungspunkt für Künstler und Intellektuelle, die ihr Gewissen nicht an den Staat verkauft hatten. Es waren durchweg Außenseiter, die nichts mehr zu verlieren hatten, wie Wolf Biermann zugibt: „Wir waren beide verboten, also brauchte es keinen Mut, einander zu besuchen".[55]

Wie aus einem Gespräch mit Willy Haas zu ersehen ist, wollte Huchel die DDR nicht verlassen: „Ich habe den Hamburger Preis aus Ihren Händen angenommen und gern angenommen. Aber täuschen Sie sich nicht, bitte – ich gehöre nach drüben und werde drüben bleiben".[56]

Während der Isolationszeit aber änderte er seine Meinung, doch ließ ihn die DDR nicht gehen. Erst nachdem Heinrich Böll als Präsident des

---

[52] Vgl. GW 2, S. 380.
[53] Ebd., S. 381.
[54] Wulf Kirsten: Der große Hof des Gedächtnisses. In: Bernhard Rübenach (Hrsg.): Peter-Huchel-Preis. Baden-Baden 1987, S. 40.
[55] Wolf Biermann: Über Peter Huchel. In: Begleitband (Anm. 24), S. 31.
[56] Willy Haas: Ein Mann namens Peter Huchel. In: Otto F. Best (Hrsg.): Hommage für Peter Huchel. Zum 3. April 1968. München 1968, S. 57.

westdeutschen PEN-Clubs in Ost-Berlin vorstellig geworden war und am 17. Oktober 1970 durch eine Bittschrift des Internationalen PEN weltweit die Aufmerksamkeit auf Huchel gelenkt worden war, gestattete das Politbüro die Ausreise in den Westen, so daß Huchel mit Frau und Sohn am 27. April 1971[57] die DDR verlassen konnte.

Seine treuesten Freunde waren gekommen, um sich von ihm zu verabschieden. Sie begleiteten ihn im Konvoi zum Bahnhof Potsdam-Süd, und Huchel gestand Uwe Grüning: „Für mich erwarte ich nichts mehr. Ich gehe, so seltsam es Sie auch anmuten mag, nur fort, um in Frieden zu sterben".[58]

Der Lyriker Peter Huchel, der seit den dreißiger Jahren zu den bedeutendsten Dichtern des deutschen Sprachraums gehört und von Marcel Reich-Ranicki neben Paul Celan gestellt wird, war „1945 – sozusagen durch historischen Zufall – ins kulturpolitische Getriebe der ostdeutschen Kommunisten geraten, deren Partei er nie angehörte".[59] In seinem gesamten lyrischen Werk gibt es nur drei Texte, in denen er Zugeständnisse an die Partei[60] machte, und er ließ nur seinen schmalen Band *Gedichte* 1948 in einem ostdeutschen Verlag (Aufbau-Verlag) drucken. Seine späteren Lyrikbände veröffentlichte er alle im Westen, weil er – wie in nationalsozialistischer Zeit – sich mit seinen Gedichten nicht abstempeln lassen wollte.

Huchel „ging aufrecht/ durch die Furt der Zeiten" und war nicht bereit, „um Milde zu bitten", wie es in dem Text „Das Gericht" heißt, der in vieler Hinsicht das wichtigste Gedicht der Sammlung *Gezählte Tage* ist:

Das Gericht

Nicht dafür geboren,
unter den Fittichen der Gewalt zu leben,
nahm ich die Unschuld des Schuldigen an.

Gerechtfertigt
durch das Recht der Stärke,
saß der Richter an seinem Tisch,
unwirsch blätternd in meinen Akten.

Nicht gewillt,
um Milde zu bitten,
stand ich vor den Schranken,
in der Maske des untergehenden Monds.

Wandanstarrend
sah ich den Reiter, ein dunkler Wind
verband ihm die Augen,
die Sporen der Disteln klirrten.
Er hetzte unter Erlen den Fluß hinauf.

---

[57] GW 2, S. 389.
[58] Grüning (Anm. 1), S. 37.
[59] GW 2, S. 373.
[60] Zwei kurze Gelegenheitsgedichte und ein größeres Gedicht auf Lenin.

> Nicht jeder geht aufrecht
> durch die Furt der Zeiten.
> Vielen reißt das Wasser
> die Steine unter den Füßen fort.
>
> Wandanstarrend
> nicht fähig,
> den blutigen Dunst
> noch Morgenröte zu nennen,
> hörte ich den Richter
> das Urteil sprechen,
> zerbrochene Sätze aus vergilbten Papieren.
> Er schlug den Aktendeckel zu.
> Unergründlich,
> was sein Gesicht bewegte,
> Ich blickte ihn an
> und sah seine Ohnmacht.
> Die Kälte schnitt in meine Zähne.[61]

Das Gedicht gehört zu einer Gruppe von fünf Gedichten, die alle auf die gleiche Situation verweisen: eine Situation, die der Titel eines der ersten Gedichte des Bandes als „Exil" beschreibt. Es ist ein Exil eigener Art: ein Ghetto-Dasein mitten im eigenen Land, Gefangenschaft ohne Gefängnismauern, die reduzierte Existenz eines zur Untätigkeit Verurteilten ohne Kontakte und ohne Zuspruch, ausgenommen den von Wind und Wasser, Baum und Stein. Der so lebt, schwankt zwischen dem Willen auszuharren und dem Wunsch, solch bloßem Dahinleben sich zu entziehen. „So lebte er hin" – die Formel Büchners für die letzte Lebensphase des Dichters Jakob Michael Reinhold Lenz – stand als Motto schon über einem frühen Gedicht Huchels („Lenz"), das später in die *Die Sternenreuse* (München 1967) aufgenommen wurde. Von der damit bezeichneten Situation des unglücklichen Dichters sieht sich Huchel nun selber eingeholt. Das Gedicht erinnert an ein Gedächtnisprotokoll. Es hat die Präzision und Knappheit eines Berichts. Gezeichnet von schmerzlicher Erinnerung, hält es doch Distanz, die Wahrnehmung ist durch Reflexion filtriert, die Vorgänge reduziert auf die wesentlichen Momente. Die Darstellung gewinnt dadurch die Schärfe einer Röntgenaufnahme, die ans Licht bringt, was dem Blick sonst entgeht. Verborgene Strukturen werden sichtbar, und es findet eine Detektion statt, die eine Umkehrung bewirkt: Das Protokoll über ein „Gericht" wird zum Gericht über den Richter; genauer: über das System, dem zu dienen er bereit (oder verdammt) ist – eine vernichtende Abrechnung mit einer „Ordnung", in der niemand erlaubt ist, dem Impuls des Herzens, besserer Einsicht oder dem eigenen Urteil zu folgen.

Die erste Einheit (Gruppe 1 bis 3) kann man als Exposition verstehen. Sie erklärt, wie der Angeklagte in seine bedrückende Lage gekommen ist, aber

---

[61] Huchel: Gezählte Tage (Anm. 42), S. 85.

auch, daß er für ein so erkauftes Wohlergehen „nicht geboren" ist. Die Konsequenz der Verweigerung formuliert ein Paradoxon: Ich nahm „die Unschuld der Schuldigen an". In einer Welt wie dieser kann seine Unschuld nur bewahren, wer den Schuldspruch der Mächtigen auf sich zu nehmen bereit ist. Ein Arrangement wäre vielleicht möglich, wenn man um „Milde" bäte. Die Bedingung, die gestellt ist, spricht Versgruppe 6 unverhüllt aus: Um unbehelligt zu bleiben, müßte man „den blutigen Dunst / noch Morgenröte [...] nennen" (Die „Morgenröte" war das allen sozialistischen Zukunftsvisionen gemeinsame Symbol für den Anbruch einer besseren Welt). Erwartet wird also das Bekenntnis zu dem offiziellen Credo, mit anderen Worten: das Fürwahr-halten, wenigstens aber das Für-wahr-erklären der täglich erneuerten, staatlich dekretierten Lüge. Da der Angeklagte dazu nicht bereit ist, spricht der Richter das Urteil.

Das Sprechen des Urteils schließt den akuten Vorgang ab, der mit dem Wort „Wandanstarrend" beginnt. Die „Wand anstarren" bedeutet Affront: Der Angeklagte sieht an dem Richter vorbei, würdigt ihn keines Blickes. Es bezeichnet aber auch eine Situation der Ausweglosigkeit: die des Eingeschlossenen, in die Enge Getriebenen, der vor einer unüberwindbaren Grenze, in jedem Sinne vor einer ‚Mauer' steht. Diese Situation wird dem Angeklagten in diesem Augenblick bewußt wie nie vorher. Und da geschieht es: Indem er die Wand anstarrt, sieht er etwas. Es mag offen bleiben, ob er etwas Reales wahrnimmt, das seine Phantasie in Bewegung setzt, eine Erlkönig-Illustration etwa, oder ob es sich um ein bloßes Produkt seiner Einbildungskraft handelt, eine Erscheinung, eine Halluzination. Ob aber Bild oder Erscheinung, was er sieht, bewegt sich, es wird zu einem Film, der vor ihm abläuft. Assoziationen stellen sich ein: „Reiter [...] ein dunkler Wind [...] Sporen klirrten [...] unter Erlen den Fluß hinauf". Da klingt deutlich an: „reitet [...] durch Nacht und Wind [...] Erlkönig [...] Und bist du nicht willig, so brauch ich Gewalt". Die Anspielung bleibt versteckt, aber die entscheidende Aussage, zusätzlich vermittelt durch das „Nicht gewillt" der dritten Versgruppe, ist deutlich. Hier also muß es sich entscheiden. Der assoziativ „eingespielte" Vers Goethes bezeichnet den schmalen Grat, auf dem der Angeklagte steht, signalisiert aber auch: Der hier sich entscheidet, weiß sich im Bunde mit allen, die im Laufe der Jahrhunderte – in der „Furt der Zeiten" – die Sache der Humanität vertreten haben.

Mit der nicht explicite ausgesprochenen, aber durch das Gedicht vollzogenen Verurteilung des Gerichts kommt die Umkehrung des Geschehens, die in Gruppe vier als dem Dreh- und Angelpunkt des Ganzen beginnt, an ihr Ziel. Dem Richter, der das Urteil fällt, wird selber das Urteil gesprochen: durch die bloße Logik des Vorgangs, die unerbittlich auf ihn zurückschlägt. In diesem Augenblick geschieht aber noch einmal etwas Unerwartetes. Der Verurteilte bezeugt eine Regung des Mitleids, fast schon des nachsichtigen Verzeihens, eine Regung, in der Humanität als der tragende Grund seines Verhaltens sich vollendet: Er blickt den Richter, an dem er so ostentativ vorbeigesehen hat, an und erkennt „seine Ohnmacht". Die Erkenntnis kommt nicht von ungefähr, sie war von Anfang an vorbereitet, nur wurden die Zeichen, die der Angeklagte als der Sprecher des Gedichts selber gesetzt hatte, von diesem unter dem Druck des Augenblicks verdrängt. Jetzt, da die harte Konfrontation sich gelöst hat, fallen sie erneut in sein Bewußtsein. Das Zuschlagen des Deckels nach der Verkündigung des Urteils verrät: Der Richter hat, mit sich selber uneins, eine ihm verhaßte ‚Pflicht‘ erfüllt. Sein Gesicht verrät nicht, was ihn bewegt. Aber gerade die Unergründlichkeit ist das Zeichen – so wie vorher das ärgerliche Blättern in den Akten. Was die wie in Klammern gesetzte Versgruppe fünf als flüchtige Reflexion festhält (Nicht jeder ist dem Druck der organisierten Despotie gewachsen!), das führt jetzt zu der versöhnlichen Geste des Anblickens und der Regung des Mitleids mit dem Mann auf der anderen Seite des Tisches.

Damit wird aber klar: Das Urteil stand längst fest, der Richter war nur das Vollzugsorgan, das mißbraucht wurde, um dem Vorgang den Schein des Rechts zu geben. Die Papiere, auf die er sich bezog, waren schon vergilbt, das Urteil ist in „zerbrochene Sätze" gefaßt: deutliche Chiffre für den Bruch des Rechts im Namen des Gesetzes.

Das Fazit ist vernichtend, je weniger für den Richter, um so mehr für das System, dem er dienen muß. Eiseskälte weht den Verurteilten wie den Leser an. Das Gedicht enthüllt die erbarmungslose Unmenschlichkeit einer von Dogmen und starren Ordnungen gelenkten Gesellschaft, einer zweiten Diktatur[62] auf deutschem Boden, die Peter Huchel zwar nicht sogleich durchschaute, aber seit Mitte der fünfziger Jahre entschieden ablehnte, denn – so Durs Grünbein – „Im Kalten Krieg einer Regierung gegen ihre Bevölkerung war Huchel der Einzelgänger, von Natur aus unfähig zum Kniefall".[63]

---

[62] Diese Ausführungen stützen sich weitgehend auf die umfangreiche Dissertation von Hub Nijssen (Anm. 36).
[63] Durs Grünbein: Der verschwundene Dichter. In: Begleitband (Anm. 24), S. 180.

Michael Braun

Schwierigkeiten beim Schreiben der Wahrheit

Günter de Bruyns literarische Auseinandersetzung mit der Diktatur

In den Debatten über den Bankrott der DDR-Diktatur ist Günter de Bruyn als eine bedächtige Mittlerfigur hervorgetreten, als intellektueller und literarischer Gewährsmann der Wende, an den man sich zwischen den extremen *Jubelschreien, Trauergesängen* – so der Titel seiner 1991 erschienenen Essaysammlung – getrost halten konnte. Während es um hochgelobte Autoren der ehemaligen DDR wie Heiner Müller und Christa Wolf veritable Literaturstreits gegeben hat und es um andere wie Volker Braun und Christoph Hein vergleichsweise still geworden ist, erfuhr Günter de Bruyn eine enorme Aufwertung in der gesamtdeutschen Rezeption. Im Oktober 1991 schrieb Frank Schirrmacher: „Wenn irgendjemand zuzutrauen wäre, ernsthaft und unnachsichtig über Ost und West, über die untergegangene DDR, über Verbrechen und falsche Hoffnungen zu schreiben, dann ist es Günter de Bruyn".[1] Es scheint so, als ob die zweibändige Autobiographie über sein Leben in zwei Diktaturen, *Zwischenbilanz* (1992) und *Vierzig Jahre* (1996), diese langerwartete literarische Rückschau ist: eine „Selbstgeschichtsschreibung" (EI, 61), um die Günter de Bruyn lange in Romanen und Erzählungen „herumgeschrieben" (Zb, 7) und die er noch 1984 unter dem Arbeitstitel „Zivilisten" als Romanprojekt in Angriff genommen hatte.[2]

Dreh- und Angelpunkt der Autobiographie de Bruyns ist die Frage, „inwieweit man ehrlich sein kann innerhalb einer Gesellschaft, die das Individuum daran hindert, ehrlich zu sein".[3] Es ist nicht verwunderlich, daß ein

---

Die Werke Günter de Bruyns werden mit folgenden Abkürzungen zitiert: BE = Buridans Esel. Roman. Frankfurt a. M. 1977; EI = Das erzählte Ich. Über Wahrheit und Dichtung in der Autobiographie. Frankfurt a. M. 1995; H = Der Hohlweg. Roman. Halle 1963; JT = Jubelschreie, Trauergesänge. Deutsche Befindlichkeiten. Frankfurt a. M. 1991; MF = Märkische Forschungen. Eine Erzählung für Freunde der Literaturgeschichte. Frankfurt a. M. 1978; NH = Neue Herrlichkeit. Roman. Frankfurt a. M. 1986; P = Preisverleihung. Roman. Frankfurt a. M. 1982; VJ = Vierzig Jahre. Ein Lebensbericht. Frankfurt a. M. 1996; Zb = Zwischenbilanz. Eine Jugend in Berlin. Frankfurt a. M. 1992.

[1] Frank Schirrmacher: Geburten der Erinnerung. Kurzer Blick auf die Belletristik in diesem Herbst. In: Frankfurter Allgemeine Zeitung, 5.10.1991.

[2] Keine Lösungen, keine Lebenshilfe. Günter de Bruyn im Gespräch mit Frank Hafner am 11.11.1984 in München. In: Günter de Bruyn. Materialien zu Leben und Werk (= MLW). Hrsg. von Uwe Wittstock. Frankfurt a. M. 1991, S. 90.

[3] Stimme einer Stimmung. Günter de Bruyn im Gespräch mit Regina General (1990). In: MLW, S. 98.

Staat, der noch im Angesicht des Untergangs seine eigenen vierzig Jahre als pompöse Selbstfeier inszenierte und bis zuletzt seiner Kritiker spottete, wenig für derlei Wahrheitsfindung übrig hatte. Verniedlichungen und Vernebelungen der Anteile der Schriftsteller an der sozialistischen Diktatur lehnte Günter de Bruyn ab. Auch moralischer Triumphalismus war seine Sache nicht: „Moralischer Sieg und Selbstmord sind fast Synonyme" (MF, 143 f.). Von Hermann Kant, der sein „Gedächtnis von keiner Wende beschädigt" sah,[4] unterscheidet ihn ein rigoroses Wahrheitsethos. „Was er sagt, ehrlich zu sagen", aber durchaus nicht „alles zu sagen" (Zb, 7) ist das bewußt begrenzte Programm des Autobiographen. Auf dem schmalen Grat zwischen Anpassung und Widerstand hat Günter de Bruyn, eine gefährliche Nähe zum Opportunismus nicht verleugnend, dessen „Gesetzmäßigkeit" (P, 85) in der Diktatur mit größtmöglicher Prägnanz beschrieben.

I. Leben und Schreiben in zwei Diktaturen

Ein skeptisches Außenseitertum ist Günter de Bruyn schon in die Wiege gelegt worden. 1926 in einer Vorortsiedlung von Berlin-Neukölln als Sohn eines süddeutsch-katholischen Versandhändlers und einer preußisch-protestantischen „Soldaten- und Beamtentochter" (Zb, 20) geboren, wuchs er in einer Diasporasituation auf, als „Katholik unter Protestanten, als Nicht-Nationalist unter lauter Nationalisten, ein Träumer unter Anpassern". Der „Familien-Katholizismus" (Zb, 36) wirkte sich „teils als Bedrückung, teils als Behütung" (JT, 185) aus und gab „aller Staats-Distanzierung den nötigen Rückhalt".[5] Die Angst vor Neuem und vor „Neuerungen" (Zb, 26) feite Günter de Bruyn von kindauf vor ideologischen Versuchungen. Ein Mitläufer war er nie, allenfalls ein „bürgerlicher Zauderer, der es nicht zum Zerwürfnis kommen läßt".[6] Das trifft selbst für seine politische Initiationserfahrung im Sommer 1944 zu: „Wie in schlechten Romanen" (so ist das betreffende Kapitel in der *Zwischenbilanz* ironisch überschrieben) war er weniger an einer antifaschistischen Gruppe in Berlin, sondern viel mehr an dem Mädchen Ilse interessiert, die ihn dort einführte. Unbeeindruckt von Hitlerjugend, in die er 1938 eintreten mußte, und Kriegsbeginn, führte Günter de Bruyn ein „inneres Leben" (Zb, 102) als Vielleser und Tagebuchschreiber, ja als „politischer Analphabet" (Zb, 143, 307). Als im Herbst 1940 die Luftangriffe auf Berlin begannen, ging er mit Jahrgangsgenossen für zehn Monate in ein Kinderlandverschickungslager im Osten, das nur eine Tagestour von Auschwitz entfernt lag. „Wir kannten nur Familie und Militär, Unterordnung und Abhängigkeiten" (Zb, 146). 1943 wurde der halbwüchsige

---

[4] Zit. nach: Schirrmacher (Anm. 1).
[5] Günter de Bruyn: Selbstvorstellung (1990). In: MLW, S. 12.
[6] Blick zurück. Günter de Bruyn im Gespräch mit Helmtrud Mauser im Januar 1991. In: MLW, S. 119.

Schüler zum Dienst bei der Flugabwehr einberufen, 1944 als Soldat rekrutiert. In den letzten Kriegswochen erlitt Günter de Bruyn auf der Flucht in Österreich eine schwere Kopfverletzung, die sein Sprachzentrum zeitweilig lähmte. Nach Kriegsende schloß er sich den Vertriebenentrecks an und kehrte auf Umwegen über Böhmen, Hessen, Niedersachsen und den Harz im Juni 1945 nach Berlin zurück, „fast genau zu der Stunde [...], in der im Cäcilienhof, gleich hinter dem Wannsee, die Potsdamer Konferenz der Siegermächte begann" (Zb, 296). Diese Koinzidenz persönlicher und politischer Daten ist kein Zufall; auch das Jahr 1949, als Günter de Bruyn eine Stelle im Zentralinstitut für Bibliothekswesen antrat, wo ihm die Zentralisierung der Volksbüchereien und die Aufstellung einer Systematik aller Bibliotheken der DDR oblag, und das Jahr 1961, als er diese Anstellung kündigte, um freier Schriftsteller zu werden, markieren solche Zeitschwellen.

Nach dem Besuch eines neunmonatigen Neulehrerkurses in Potsdam verpflichtete sich Günter de Bruyn 1946 zu einem dreijährigen Schuldienst in einem Dorf im „fernen Westhavelland, [...] ohne Bahnstation, weit weg von Berlin". Bezeichnenderweise fällt im Zusammenhang dieses Zeitabschnitts zwischen den Diktaturen, der Zeit der Berlin-Blockade, der Begriff „Doppelleben" (Zb, 363), mit dem Gottfried Benn 1950 seine Autobiographie überschrieb. Doch während Benn sich hinter den Türen der inneren Emigration verschanzt und seit 1935 nur noch für die Schubladen geschrieben hatte, die dann nach 1945 geöffnet wurden,[7] zeigte sich de Bruyn „willig und wendig" (VJ, 95), um gedruckt und gelesen zu werden. Gleichwohl hielt er der Diktatur mit verzweifelter Ehrlichkeit den Spiegel vor. Er war weder Mitglied noch Anhänger der Sozialistischen Einheitspartei (SED), er bekleidete kein kulturpolitisches Amt, und er lehnte noch im Oktober 1989 den Nationalpreis der DDR ab, weil ihm die Auszeichnung wie eine Art Bestechung vorgekommen wäre.

Auf die Frage nach Gründen für das Bleiben in der DDR hat Günter de Bruyn statt mit Selbstrechtfertigungen mit Selbstvorwürfen geantwortet:

> „Ich machte mir Vorwürfe, weil ich Fluchtmöglichkeiten versäumt hatte, träumte vom zensurlosen Schreiben in Westberlin oder Hamburg und fand es gleichzeitig widersinnig, ohne Lebensbedrohung aus einer Gegend, die die meine war, wegzugehen. Ich war stolz darauf, aller Bedrückung zum Trotze auszuhalten, und verachtete mich meiner Seßhaftigkeit wegen [...]" (VJ, 203f.).

„Gründe der Bodenhaftung" (VJ, 261) und die Liebe zum „Ererbten und Vertrauten" (VJ, 49) durften wohl eine entscheidende Rolle für das Bleiben gespielt haben. Die kritischsten Bewährungsproben waren die politischen Daten 1953, 1961 und 1976. Am 17. Juni trieb ihn der Wunsch, „Geschichte mitzuerleben" (VJ, 46), in die protestierende Menschenmenge Unter den Linden, wo er sich „von Ekel gepeinigt und seiner Freiheit beraubt" fühlte (VJ, 47). Das Gefühl der Hilflosigkeit überwiegt auch bei der Beschreibung

---

[7] Vgl. Peter de Mendelssohn: Der Geist in der Despotie. Versuche über die moralischen Möglichkeiten des Intellektuellen in der totalitären Gesellschaft (1953). Frankfurt a. M. 1987, S. 277.

des 13. August; der Schock angesichts der Gewaltdrohung des Militärs wich bald der fatalistischen Gewöhnung an das Leben mit der Mauer:

> „Man lebte ruhiger in ihrem Schatten. Man war der Entscheidung, zu fliehen oder zu bleiben, enthoben; das Provisorische hatte feste Konturen bekommen; das Vorläufige sah, verstärkt durch die Haltung des Westens, der unter Protesten alles hatte geschehen lassen, plötzlich nach Dauer aus" (VJ, 110).

Im nachhinein erscheint diese Suche nach einer stillen Nischenexistenz in ironischem Licht. Ende der sechziger Jahre kaufte Günter de Bruyn, nach einem zehnwöchigen Klinikaufenthalt, der ihn ganz vom Leben ausgesperrt hatte, ein Waldhaus und baute eine Pferdezucht auf. Doch der Selbstversuch einer „nichtliterarischen Existenzgründung" (VJ, 169) auf den Spuren des amerikanischen Schriftstellers Henri David Thoreau erwies sich als gründliche Selbsttäuschung: „Ich war, dachte ich, in die Emigration gegangen, ohne das Land, das mich hielt, verlassen zu haben. Dem Staat war ich auf seinem eignen Territorium entflohen. Hier würde es mir besser als vorher gelingen, die Zensur beim Schreiben aus meinem Bewußtsein zu tilgen" (VJ, 158). – Flucht zurück in die Literaturgeschichte war die Reaktion auf die Ausbürgerung Wolf Biermanns, die im November 1976 eine Kluft zwischen protestierenden und parteiamtlichen Schriftstellern aufriß, die sich nie wieder schließen sollte. Am Tag nach der Veröffentlichung des Protestbriefes gegen den Ausbürgerungsakt faßte Günter de Bruyn, um „diese Eiszeit zu überleben" (VJ, 214), mit Gerhard Wolf den Plan, vernachlässigte Berliner und Brandenburger Dichter aus dem 18. und 19. Jahrhundert ans Licht der Öffentlichkeit zu heben.

Der Essay über *Das erzählte Ich*, der 1995 erschien und ein poetologisches Bindeglied zwischen den beiden Autobiographiebänden bildet, benennt als wichtigste Schreibmotivationen „Selbsterforschung und Selbsterklärung" (EI, 18). Der Erzähler, der dem eigenen Lebensentwurf die Zeichen der Zeit einschreibt, wird zum vorsichtig abwägenden Chronisten:

> „Noch sind die Erlebnisse zu nah, um die wesentlichen von den unwesentlichen zu trennen. Die politischen Zustände von gestern sind noch nicht zur Historie geworden; die Flut der Geschehnisse hat sich noch nicht zur Geschichte geklärt und geformt. Man kennt Daten und Fakten, ist sich aber über die Höhe- und Wendepunkte nicht einig. Man weiß, wann die DDR endete, aber nicht wann und wie das Ende begann" (EI, 59).

Ein Paradebeispiel für den selbstgestellten Wahrheitsanspruch ist Günter de Bruyns Erfahrung mit der Staatssicherheit. Den Akten der Gauck-Behörde zufolge fand von 1983 bis 1986 eine Operative Personenkontrolle gegen de Bruyn („Roman") statt. Für 1973/74 weist das Aktenmaterial einen IM-Vorlauf auf und eine angeblich vollzogene Werbung als Inoffizieller Mitarbeiter im Juni 1974.[8] Der Werbungsversuch erfolgte mit Hilfe einer „Legende", ei-

---

[8] Vgl. dazu: Joachim Walther: Sicherungsbereich Literatur. Schriftsteller und Staatssicherheit in der Deutschen Demokratischen Republik. Berlin 1996, S. 392-396, und das einschlägige Kapitel „Streng geheim" in „Vierzig Jahre".

nem probaten Mittel des Ministeriums für Staatssicherheit, um widerspenstige Kandidaten von vornherein unter Druck zu setzen. In diesem Falle bestand die „Legende" in der Warnung vor einer bevorstehenden Kontaktaufnahme des als reaktionär eingestuften Freien Deutschen Autorenverbandes (FDA) der Bundesrepublik. Es fällt nicht schwer, sich Günter de Bruyns Entsetzen vorzustellen, als wenig später tatsächlich ein Schreiben des in München sitzenden FDA eintraf, der ihn um die Druckgenehmigung einer in Kopie beigefügten, noch unveröffentlichten Erzählung bat. Diesen Text mit dem provozierenden Titel „Freiheitsberaubung" hatte de Bruyn für eine von Ulrich Plenzdorf, Klaus Schlesinger und Martin Stade geplante Autoren-Anthologie mit *Berliner Geschichten* geschrieben, deren Erscheinen von höchster Stelle verhindert wurde.[9] Aus Angst, als Lockvogel in eine Agentengeschichte verwickelt zu werden, stand de Bruyn der Stasi zunächst Rede und Antwort, durchschaute aber bald den Betrug und verweigerte im Mai 1978 endgültig und kategorisch jede weitere Auskunft. Bemerkenswert ist der Stasi-Kontakt auch deshalb, weil Günter de Bruyn ihn 1993 nach seiner Akteneinsicht – im Gegensatz zu anderen Autoren – selbst an die Öffentlichkeit brachte. Das heikle „Verhältnis von Aktenlügen und eigenen Vergessensleistungen" wurde zum Thema.[10] Nichthandeln und Zögern erzeugten das Gefühl einer „Selbstentfremdung durch Angst", das frei von selbstgerechten Zügen ist und wohl am deutlichsten, weil authentischsten, von den Schwierigkeiten des Schriftstellers beim Verschweigen der Wahrheit (vgl. VJ, 117) spricht.

II. Widerstand gegen den Opportunismus

Dem antifaschistischen Kriegsroman *Der Hohlweg* (1963) liegen Erfahrungen des Krieges und Nachkrieges zugrunde, dessen psychische Schäden Günter de Bruyn schon 1945 „durch Schreiben zu heilen" versuchte (VJ, 90; vgl. Zb, 237). Als schlechtes Beispiel der Ankunftsliteratur könnte der Roman getrost zu den Akten gelegt werden, und so hat denn auch der Autor, wiewohl er von dem Buch dank mehrerer Auflagen und dem renommierten Heinrich-Mann-Preis der Ostberliner Akademie der Künste (1964) jahrelang leben konnte, den Stab darüber gebrochen. Seine Selbstkritik, 1974 unter dem unmißverständlichen Titel „Der Holzweg" erschienen, steht in der

---

[9] Vgl. Berliner Geschichten. „Operativer Schwerpunkt Selbstverlag". Eine Autoren-Anthologie: wie sie entstand und von der Stasi verhindert wurde. Hrsg. von Ulrich Plenzdorf, Klaus Schlesinger, Martin Stade. Frankfurt a. M. 1995. Ironischerweise erkannte die Stasi in de Bruyns Erzählung eine Kritik an Privilegienwirtschaft, „Wohn- und Wohnungsproblematik", „Unehrlichkeit von Leitern und Funktionären" (ebd., S. 225).
[10] Günter de Bruyn: Dieses Mißtrauen gegen mich selbst. Schwierigkeiten beim Schreiben der Wahrheit. Ein Beitrag zum Umgang mit den Stasi-Akten. In: Frankfurter Allgemeine Zeitung, 18.2.1993. Vgl. auch de Bruyns offenen Brief „Zur Erinnerung" – in: Sinn und Form 42 (1990) H. 3, S. 455 f. –, der die Verwicklungen des Stasi-Kontaktes noch verschweigt.

Schärfe des Tons Christa Wolfs Aburteilung ihrer *Moskauer Novelle* (1961) als „Sinn und Unsinn von Naivität" nicht nach. Ein immerhin respektables Romanthema wurde ans Schema des sozialistischen Realismus verraten: „der Krieg als entwicklungsfördernde Katastrophe, die zwei deutschen Freunde, die zu Ost-West-Feinden werden, die guten Mädchen und die guten Altgenossen als Leitersprossen der Heldenentwicklung, das gewaltsame Erfassenwollen sozialer Totalität".[11] Der unschlüssige Held mit dem sprechenden Namen Weichmantel hat für die Wehrmacht einen Hohlweg an der österreichisch-ungarischen Grenze gegen die Rote Armee zu verteidigen, flieht, gründet nach dem Krieg eine antifaschistische Zeitschrift und kommt nach mancherlei Gewissenskonflikten am Ende doch glücklich als Lehrer in der „besseren Gesellschaft" (H, 338) an; und das ist „immerhin ein Anfang" (mit diesen Worten endet der Roman). Sein Kamerad läuft erst zu den Russen über, wechselt nach dem Krieg erneut die Seiten und kommt schließlich bei einer westlichen Presseagentur unter. – *Der Hohlweg* ist ein biederer antifaschistischer Tugendspiegel und erzählt vom Triumph des Opportunismus – auch dem des Autors, der sich später eingestand: „Hier wurde Willfährigkeit honoriert" (VJ, 116). Bemerkenswerterweise spielt in den späteren Gesellschaftsromanen diese „Frage von Anpassung und Nicht-Anpassung"[12] nach wie vor eine Rolle, allerdings unter umgekehrtem Vorzeichen. Aus dem positiven Helden wird ein problematischer, der mit Beruf und Familie in Konflikt gerät und zusehends Züge eines Melancholikers gewinnt,[13] dem die Ziele der sozialistischen Gesellschaft abhanden gekommen, die fatalen Verklammerungen mit der Diktatur bewußt geworden sind. Von besonderer Bedeutung sind die bibliophilen Milieus, in denen sich die Figuren tummeln: Bibliotheken und Akademien, Schulen und Universitäten. Das ist kein Zufall, waren doch in einer „Umgebung, in der es keine auch nur annähernd freien Medien gab [...], Bücher der letzte öffentliche Ort, an dem noch Meinungsverschiedenheiten ausgetragen wurden".[14]

So steht im Mittelpunkt des Romans *Buridans Esel*, der 1968 erschien, der wohlsituierte Berliner Bibliotheksleiter Karl Erp, ein Mann von vierzig Jahren, der in eine Midlife-crisis gerät und – wie der sich nicht zwischen zwei Heuhaufen entscheiden könnende Esel in der Fabel des französischen Scholastikers Buridan – zwischen zwei Frauen hin und herschwankt. Zuerst ver-

---

[11] Günter de Bruyn: Der Holzweg. In: ders.: Lesefreuden. Über Bücher und Menschen. Frankfurt a. M. 1995, S. 314.

[12] Der Einzelne und die Macht. Günter de Bruyn im Gespräch mit Frank Hafner am 5.5.1983 in Ulm. In: MLW, S. 83.

[13] Vgl. Wolfgang Emmerich: Status melancholicus. Zur Transformation der Utopie in der DDR-Literatur. In: Literatur in der DDR. Rückblicke. Hrsg. von Heinz Ludwig Arnold. München 1991, S. 232-245. – „Gemütsverdunkelung" (P, 10; vgl. NH, 54) wird nahezu allen de Bruynschen Protagonisten attestiert.

[14] Jurek Becker: Die Wiedervereinigung der deutschen Literatur. In: Paul Michael Lützeler (Hrsg.): Spätmoderne und Postmoderne. Beiträge zur deutschsprachigen Gegenwartsliteratur. Frankfurt a. M. 1991, S. 24.

rät Erp die Ehefrau der jungen Praktikantin Fräulein Broder zuliebe, dann verläßt er die Geliebte um der Ehefrau willen, um am Ende, was die Liebe angeht, mit leeren Händen dazustehen, „verraten, hintergangen, schmählich betrogen" (BE, 174). Beide Verhaltensweisen, sowohl Erps „Hinwendung zum Neuen, Progressiven, Jungen" (BE, 107) wie seine „Empörung gegen das [...] sogenannte Alte" (BE, 156), haben jedoch eine reine Alibifunktion. Denn zum Ende hin hat sich das „alte Nebeneinander, das Oben-und-Unten, das Herr-und-Magd-Sein" (BE, 116) grundlegend geändert: Elisabeth, inzwischen wirtschaftlich auf eigenen Füßen stehend, avanciert insgeheim zur Repräsentantin des Neuen („Wer kennt sich in Elisabeth aus", lautet die rhetorische Schlußfrage), die ihren Mann nur mehr der Kinder wegen aufnimmt. Auch die szenische Raumstruktur des Romans macht das Fortleben des Alten im Neuen sinnfällig; Fräulein Broders schäbige Hinterhofwohnung liegt in einer Mietskaserne aus der Gründerzeit im ehemaligen jüdischen Viertel in Berlin-Mitte, wo „noch immer das Chaos und die Gesetzlosigkeit der offiziell längst erledigten Nachkriegszeit herrschen" (BE, 38); Erps Wohnung ist eine Nobelvilla in der Ostberliner Spreesiedlung und gehörte vormals Elisabeths Eltern, die nach dem Mauerbau nach Westberlin zogen. Erps doppelter „Liebesverrat"[15] ist das Grundmuster dieses Ehebruchsromans; der notorische Wankelmut des vor seinen „Kommunisten-Wohlstands-Problemen" kapitulierenden Helden erlaubt indessen auch eine politische Lesart, die auf eine einfache Formel zu bringen ist: „So bleibt hier Öffentliches weitgehend intim, während Intimes genauer veröffentlicht werden kann" (BE, 163). Es fällt nicht schwer, Erps vergebliche Anstrengung, „wieder der alte zu sein" (BE, 199), in der Erstarrung der vorwärtsweisenden liberalen Anfänge der DDR nach dem Mauerbau zu verorten. Am Ende wird Erp von einem „reitenden Boten" der Partei (BE, 177) ein gutdotierter Funktionärsposten in Berlin angeboten, nahtlos paßt er sich der „neuen Ordnung" (BE, 38) an. Die Tragikomik der Dreiecksgeschichte liegt freilich darin, daß Erp nicht *an* dieser sozialistischen Gesellschaft scheitert, sondern *in* ihr. „Wenn es stimmt, daß Größe durch Widerstände entsteht", heißt es im 22. Kapitel, „wäre unsere verständige Gesellschaft kein Boden für große Liebesgeschichten" (BE, 169). Die schlimmstmögliche Wendung des Verrats wird im übrigen nur angedeutet: Eine Nebenfigur namens Anita Paschke, die in der späteren Erzählung „Freiheitsberaubung" die Hauptrolle spielt, denunziert Erp als Ehebrecher, wie ihr Vater in der nationalsozialistischen Diktatur die Juden vom Hackeschen Markt ans Messer geliefert hatte. Derlei wurde seitens der westdeutschen Rezeption, die den Roman als Beispiel dafür ansah, „daß auch in der DDR von morgens um sieben bis abends nach acht die Welt noch in Ordnung ist",[16] durchweg übersehen.

---

[15] Vgl. Peter von Matt: Liebesverrat. Über die Treulosen in der Literatur. München 1989, S. 299-309.

[16] Fritz J. Raddatz: Traditionen und Tendenzen. Materialien zur Literatur der DDR. Frankfurt a. M. 1972, S. 346.

III. Ironie, Satire und tiefere Bedeutung

Mit der Einführung eines auktorialen Erzählers und Berichterstatters, der sich „um Klärung, nicht um Verklärung bemühen muß" (P, 197) und die Seelen seiner Figuren zu durchschauen weiß, findet de Bruyn in *Buridans Esel* eine neue Erzählform, die Raum bietet „für Reflexion, für Kommentar, für Abschweifung, für Für und Wider"[17] und nicht zuletzt für leise ironische Winke. Sie gelten dem „Übersehen bitterer Realitäten" (BE, 36), etwa der Berliner Mauer, „die höher war als Friedhofsmauern sonst" (MF, 79). Triebfedern der Kritik sind Zeitsatire und Ironie, die am deutlichsten in den Partys der guten Gesellschaft zutage treten, die in jedem der Romane genußvoll ausgemalt werden.[18] Wie Jean Paul erkennt Günter de Bruyn, daß das „Wesen der Satire" in Kritik besteht, „zur Verkündigung von Idealen ist sie wenig geeignet".[19] Die Jean Paulsche Definition, daß der ironische Erzähler sich den „gelehrten Scheine der Mäßigung und der Bescheidenheit" gebe, um seine Sache um so wirkungsvoller zu treffen,[20] macht sich de Bruyn zum Zwecke der Umgehung der Zensur und einer subtilen Gesellschaftskritik zu eigen, die auf „falsche Konventionen, Unehrlichkeit, Heuchelei, Privilegien" zielt (JT, 62). Erzeugt wird solchermaßen ein ironischer Erzählstil, dessen sozialkritischen Zündstoff Martin Walser erkannt hat: Dieser Stil schaffe eine „unteraffirmierte Identität" des Helden, die sich alles zu eigen mache, „was Herrschaft gegen sie formuliert hat. Diese Helden sagen Ja zu dem Nein, das die Verhältnisse zu ihnen sagen".[21]

Ein Beispiel dafür ist der satirische Schriftstellerroman *Preisverleihung* (1972), der das Eheverratsthema wiederaufnimmt. Erneut taucht ein auktorialer Erzähler auf, der mit einem ironischen Rapport einsetzt: „Man hat mich aufgefordert, eine vorbildliche Ehe zu beschreiben und mir ein Modell dafür gezeigt. Mit Vorbehalten habe ich zugesagt und das beispielhafte Paar beobachtet" (P, 5). Als der Erzähler am Ende das angebliche Musterpaar verläßt, ist dem Leser demonstriert worden, daß an dem Erzählmodell ganz andersgeartete Probleme statuiert werden: „Und so verlasse ich das beispielhafte Paar: sie schon im Schlaf, er ihn erwartend. Aber wann immer er kommt, er wird zu früh kommen" (P, 140). Es ist, so darf vermutet werden, der verfrühte

---

[17] Heinz Plavius: Gegenwart im Roman. Gespräch mit Günter de Bruyn. In: neue deutsche literatur 16 (1968) H. 6, S. 9-14.
[18] Vgl. Günter de Bruyn: Über Literatur-Parodie. In: ders.: Im Querschnitt. Prosa, Essay, Biographie. Auswahl von W. Liersch. Halle, Leipzig 1979, S. 371-384.
[19] Günter de Bruyn: Das Leben des Jean Paul Friedrich Richter. Eine Biographie. Frankfurt a. M. 1978, S. 79.
[20] Jean Paul: Vorschule der Ästhetik. § 37. Leipzig 1923, S. 151.
[21] Martin Walser: Selbstbewußtsein und Ironie. Frankfurter Vorlesungen. Frankfurt a. M. 1980, S. 178. Dagegen tritt der ironische Held, der die Ironie zur Legitimierung seines Lebensprivilegs benutzt, in den Hintergrund. Er spielt eine unauffällige Nebenrolle wie der Literaturprofessor aus dem Roman „Preisverleihung", der auf die Beschwerde „Gar zu selten höre ich in euren Kreisen das Wort Sozialismus" zu entgegnen weiß: „Über Brot wird auch nur geredet, wenn es fehlt" (P, 127).

Schlaf der Vernunft, der die Figuren des Romans in ihr selbstverschuldetes Unglück treibt. Das eigentliche Thema der *Preisverleihung* aber ist – wie Marcel Reich-Ranicki richtig erkannt hat – nicht Liebe und Ehe, sondern „die Bevormundung der Literatur in der DDR".[22]

Die Handlung ist novellistisch auf einen einzigen Tag zugespitzt, an dessen Abend für den Literaturwissenschaftler Teo Overbeck die Stunde der Wahrheit schlägt. Er soll die Laudatio auf ein Buch des befreundeten Schriftstellers Paul Schuster halten, das er alles andere als lobenswert findet, weil es „nicht Welt, sondern Papier reflektiert" (P, 126). Die Rede wird ein Desaster, da der Laudator statt zur Sache nur über sich selbst und seine subjektivistischen Ansprüche an eine Literatur redet, die so verquer sind wie die zwei verschiedenen Schuhe, die er versehentlich angezogen hat. Die mißlungene Lobrede steht in einem bezeichnenden politischen Kontext. Anders als seinem Vorgesetzten Professor Liebscher, der mit der offiziellen Theorie des sozialistischen Realismus konform geht, kommt es Overbeck nicht auf den Nutzen der Literatur an, sondern auf ihren Wahrheitsgehalt. Er vertritt „geradlinig" (P, 19) den kulturpolitischen Kurs des Bitterfelder Weges (1959), dessen Widersprüchlichkeit vom Erzähler mit leiser Ironie kommentiert wird:

> „Er war damals von einer Literatur beeindruckt, die den Zugang zur Wirklichkeit mehr verbaute als eröffnete, umgab sich mit Leuten, die wie er Wunschvorstellungen für Realität, Realität für Schönheitsfehler hielten und mit uneingestandenem Hochmut auf Leute herabsahen, die ihnen unterentwickelt schienen" (P, 35).

Nach diesem elitären Bilde formt sich Overbeck, als verlängerter Arm der Zensur, den proletarischen Schriftstellerfreund Schuster zurecht. Statt ihn die Widersprüche der Arbeitswelt individuell gestalten zu lassen, wird dem Autor im Sinne der Ästhetik von Georg Lukács „Weite, Öffentlichkeit, Größe, Gültigkeit, Totalität" (P, 71) abverlangt; aus dem „ ‚Naturtalent' " (P, 70) wird so ein angepaßter, anerkennungssüchtiger Schriftsteller, ein Werkzeug der Kulturfunktionäre und ein Opfer der Selbstzensur, die alle Eindrücke zuerst einmal zu filtern hat: „Paul gelang [es], zwischen sich als Beobachter und sich als Schreiber ein Sieb zu schieben, das nur Erwünschtes durchließ. Später wurde das Sieb überflüssig, da er für bestimmte Seiten der Wirklichkeit erblindete" (P, 90).

Im Frühjahr 1979 erschien eine *Erzählung für Freunde der Literaturgeschichte*, die schon im Titel – *Märkische Forschungen* – für eine kritische Leserschaft wirbt. Auch hier demonstriert der Erzähler die Deformation der Literatur in der Diktatur durch ihre professionellen und dilettantischen Vermittler. Der Dorfschullehrer Ernst Pötsch und der Lehrstuhlinhaber und Nationalpreisträger Menzel teilen das Interesse an dem – fiktiven – märkischen Jakobinerdichter Max Schwedenow und entzweien sich dar-

---

[22] Marcel Reich-Ranicki: Zwei verschiedene Schuhe. Günter de Bruyns „Preisverleihung". In: MLW, S. 168.

über. Pötschs positivistischer Wahrheitseifer steht Menzels utilitaristischer Wissenschaftspolitik chancenlos gegenüber; selbst in der Bundesrepublik sind seine Forschungen, die belegen, daß Schwedenow sich vom Anhänger der Revolution zum Vertreter der Restauration gewandelt hat, nicht erwünscht, während Menzels Buch, das den Dichter zum Vorläufer der „sozialistischen Kulturtradition" (MF, 142) zurechtstutzt, zum gefeierten Medienereignis wird. Die ironisch-feinfühlige Kritik richtet sich nicht nur gegen den opportunistischen Umgang der DDR-Germanistik mit dem literarischen Erbe, sie enthält auch eine Fußnote zur tragischen Literaturgeschichte: Pötsch verkommt am Ende zu einer woyzeck-ähnlichen Kreatur: „Er habe so etwas Gehetztes" (MF, 151). – Real existierendes Beispiel jenes parteihörigen Karrieristen, den das Menzel-Porträt karikiert, ist der Philosoph Wolfgang Harich, der – nachdem er als „Konterrevolutionär" 1957 eine zehnjährige Haftstrafe in Bautzen abgesessen hatte – bemüht war, sich mit Hilfe einer Monographie über Jean Paul politisch zu rehabilitieren. Was er schuf, war ein präsozialistischer Jean Paul, der haargenau in das nach Honeckers anfänglich liberaler Kulturpolitik opportune Klischee „fortschrittlicher Philosoph und leidenschaftlicher Revolutionär" paßte (VJ, 172). Ungefähr zeitgleich arbeitete auch Günter de Bruyn an einer Biographie über *Das Leben des Jean Paul Friedrich Richter* (1975). Sie entwirft das Bild eines unzeitgemäßen Dichters, der um Ruhm ringt und an seiner Zeit leidet. Diese kritische Sichtweise war nicht nur Harich ein Dorn im Auge, sie stieß auch bei Vertretern der 68-Bewegung auf Unverständnis, die wie de Bruyn im November 1975 in Bayreuth des 150. Todestages von Jean Paul gedachten und „in ihren revolutionären Tagen den Sinn von Literatur nur in Hilfsdiensten für die Politik hatten erkennen wollen" (VJ, 180).

IV. Alte und Neue Herrlichkeit

Günter de Bruyns einstweilen jüngster Roman *Neue Herrlichkeit* verdient in mehrfacher Hinsicht Beachtung. Aufmerksamkeit war dem Buch bereits sicher, als die Zensur in den Druckvorgang eingriff. 1983 war der Roman fertig, der Lizenzvertrag mit dem S. Fischer-Verlag, der das Buch im Frühjahr 1984 herausbrachte, unter Dach und Fach, da kam „aus dem Dunkel der obersten Ränge" (VJ, 249) das Verbot des genehmigten und auch schon gedruckten Buches. 20 000 Exemplare wurden makuliert.[23] Die Kulturfunktionäre stießen sich an der harschen Kritik einer gewissen- und herzlosen Nomenklatura und an der drastischen Natur- und Landschaftsbeschreibung. Am Fall der *Neuen Herrlichkeit* trat die ganze Ratlosigkeit der Lektoren und Zensoren angesichts einer selbstbewußt-kritischen Literatur zutage, die sich nicht mehr am Maßstab des sozialistischen Realismus messen und auch nicht

---

[23] Vgl. Wolfgang Emmerich: Kleine Literaturgeschichte der DDR. Erw. Neuausgabe. Leipzig 1996, S. 305.

länger ins Wort reden ließ.²⁴ Das bekam auch Günter de Bruyns Lektor zu spüren, der sich regelmäßig nach der ideologischen Zuverlässigkeit seines Autors erkundigte und dem es noch gelang, den verabredeten Vorabdruck der *Neuen Herrlichkeit* in der *Frankfurter Allgemeinen Zeitung* zu verhindern. Nachdem die Erstausgabe dann im Westen überwiegend positive Rezensionen ausgelöst hatte, sah sich Höpckes Zensurbehörde veranlaßt, den Roman nachzudrucken – mit anderthalb Jahren Verspätung. Über das wenig schmeichelhafte Gefühl, „in eine Privilegiertenstellung befördert" worden zu sein (VJ, 251), legt Günter de Bruyn in dem vorletzten Kapitel seiner Autobiographie, das den Titel „Alte und Neue Herrlichkeit" trägt, mit geradezu selbstquälerischer Genauigkeit Rechenschaft ab. Der Rest ist, was das letzte Jahrfünft der DDR angeht, Schweigen, und erst der „Martinstag" des Jahres 1989, der im Gegenzug zum Einheitstaumel ein neues Teilen zur Aufgabe macht, vermag die Lebensbeschreibung wieder in einen „größeren und höheren Zusammenhang" (VJ, 262) zu rücken.

Während der Arbeit an dem Roman *Neue Herrlichkeit* beschäftigte sich Günter de Bruyn intensiv mit Werken von Theodor Fontane, Thomas Mann und Jean Paul.²⁵ Der Kritik fiel gleich auf, daß es sich bei der *Neuen Herrlichkeit* um einen „banalisierten märkischen Zauberberg" (Peter von Matt) handelt. Beide Bücher demonstrieren den Verfall der Welt im Bild einer eingeschneiten Enklave, deren Insassen auf Gedeih und Verderb aufeinander angewiesen sind (Viktor/Hans Castorp, Thilde/Clawdia Chauchat, Kösling/Peeperkorn). Doch während der *Zauberberg* mit dem „Donnerschlag" des Weltkrieges endet, entflieht der Held der *Neuen Herrlichkeit* in eine sichere Diplomatenkarriere. – Auch die Jean Paul-Bezüge liegen auf der Hand, waren Günter de Bruyn und Gerhard Wolf doch die ersten, die auf diesen Dichter und eine in der DDR verschüttete romantische Tradition aufmerksam machten. Das epische Personal der *Neuen Herrlichkeit* trägt Namen aus Jean Pauls Roman *Hesperus* (Klothilde, Victor, Sebastian, Mathieu/Matthias), und das Maiental, bei Jean Paul ein Ort der Liebe und der Utopie, ist bei de Bruyn zur Mülldeponie verkommen.

Bislang zu kurz gekommen sind die inner- und außerliterarischen Referenzen der *Neuen Herrlichkeit* zu Fontanes Altersroman *Der Stechlin*.²⁶ Fontane

---

²⁴ Vgl. York-Gothart Mix: Vom großen Wir zum eigenen Ich. Schriftstellerisches Selbstverständnis, Kulturpolitik und Zensur im „real-existierenden Sozialismus" der DDR. In: John A. McCarthy, Werner von der Ohe (Hrsg.): Zensur und Kultur zwischen Weimarer Klassik und Weimarer Republik, mit einem Ausblick bis heute. Tübingen 1995, S. 191 f.

²⁵ Vgl. Valerie D. Greenberg: Günter de Bruyn's „Neue Herrlichkeit": Leveling the Zauberberg. In: German Quaterly 60 (1989) No. 2, S. 205-219; Helmtrud Mauser: Schattenbilder des Lebendigen. Zu Günter de Bruyns Roman „Neue Herrlichkeit". In: MLW, S. 207-235; Anja Kreutzer: Untersuchungen zur Poetik Günter de Bruyns. Frankfurt a. M. 1995, S. 207-214.

²⁶ Lediglich Domenico Mugnolo hat sich bislang mit den Fontane-Bezügen befaßt; vgl. ders.: Von der ruhigen Oberfläche und dem gärenden Untergrund. Zu Günter de Bruyns Zeitroman „Neue Herrlichkeit". In: Hinnerk Einhorn, Eberhard Günther (Hrsg.): Positionen 5. Wortmeldungen zur DDR-Literatur. Halle, Leipzig 1989, S. 72-86.

habe seine „Art zu schreiben mitbestimmt", sagte de Bruyn 1993 in einem Gespräch und bezog sich dabei vor allem auf den *Stechlin*.[27] Es sind aber nicht nur die Übereinstimmungen von Ort und Zeit, die Fontanes und de Bruyns märkische Romane verbinden. Abgelegen wie der Stechlin-See ist das staatliche Erholungsheim mit dem altpreußischen Namen „Neue Herrlichkeit" (der amtliche wird vertuscht), das just in dem Jahr erbaut wurde, in dem Fontane die Arbeit an seinem Roman aufnahm, nämlich 1895. Auch die Handlung des *Stechlin*, von Fontane beiläufig zusammengefaßt: „zum Schluß stirbt ein Alter und zwei Junge heiraten sich",[28] wird auf ironische Weise konterkariert. Bei de Bruyn ist es die Eigentümerin der „Neuen Herrlichkeit", die alte Tita, die in einem Altersheim stirbt, während ihre Enkelin Thilde am Ende von dem Funktionärssohn Viktor, der sich seiner Doktorarbeit wegen in winterliche Klausur begeben hat, schmählich im Stich gelassen wird. Die Kritik, die Fontane dem Adel als überlebtem Stand des 19. Jahrhunderts zumißt, gilt bei de Bruyn der privilegierten Funktionärskaste der maroden DDR. Viktor, ihr Repräsentant, ist darauf trainiert, immer „der zu sein, der gewünscht wird" (NH, 27). Er entwickelt sich vom Sorgenkind zum Musterknaben, der die Liebe zu Thilde der väterlich erwünschten Diplomatenlaufbahn opfert. Nirgends wird das Opportunismusthema mit so satirischen, ja sarkastischen Zügen herausgestrichen wie hier.[29] Distanz zum klassischen Erzählmodell gewinnt de Bruyn durch die Kapitelüberschriften, die er schon in den *Märkischen Forschungen* zur ironischen Kommentierung der Handlung verwendet hatte. Der Titel des Eingangskapitels „Eine große Familie" verspricht genau das Gegenteil: eine unheile Welt, die „aus Bruchstücken mehrerer Familien" (NH, 5) besteht. Kommunikationsprobleme und Gewalt, Alkoholsucht und Autoschieberei sind hier an der Tagesordnung.

Wie der „Stechlin", der See, Schloß und Person in einem bezeichnet, so ist auch die „Neue Herrlichkeit" ein Kunstgegenstand, der die große Welt in der kleinen spiegelt. „Sich abschließen, heißt sich einmauern, und sich einmauern ist Tod", heißt es in Fontanes Roman.[30] Die eingeschneite „Neue Herrlichkeit" ist ein „winziger Punkt in der europäischen Schneewüste" (NH, 118), in den Nachrichten nur noch übers Radio dringen. Die ironische Funktion der „Schneeblockade" (NH, 146) ist, daß sie die unheilvolle Entwicklung verzögert, mit der das Geschehen dann seinen Lauf nimmt. Im Tauwetter entpuppt sich die „Neue Herrlichkeit" als Ort des Sterbens. Die Inhaftierung des kriminellen Chefs, die Entlassung der Köchin, der Verkauf des Viehs und der miserable Bauzustand bedeuten den Ruin des Hauses.

---

[27] Günter de Bruyn: Was ich noch schreiben will. Gespräch mit Ingo Hermann in der Reihe „Zeugen des Jahrhunderts". Göttingen 1995, S. 83.
[28] Theodor Fontane: Brief an Adolf Hoffmann, Mai/Juni 1897. In: ders.: Briefe. Bd. IV. Hrsg. von W. Keitel, H. Nürnberger. Frankfurt a. M., Berlin 1987, S. 650.
[29] Frauke Meyer-Gosau: Der Autor als lustige Person. Rückblicke auf Günter de Bruyns Roman „Neue Herrlichkeit". In: Heinz Ludwig Arnold (Hrsg.): Text und Kritik. H. 127: Günter de Bruyn. München 1995, S. 93, spricht von einem „Satyrspiel mit tödlichem Ausgang".
[30] Theodor Fontane: Der Stechlin. Roman. Frankfurt a. M., Berlin, Wien 1982, S. 271.

Auch spricht die Nachbarschaft für sich: der Ort der Handlung ist zwischen Müllschlucht und Friedhof situiert, und zu ihm führt ein Feldweg, der „Totenweg" heißt. Das Ende der DDR ist in dem Roman auf unmißverständliche Weise vorweggenommen, und wenn der Pastor bei Titas Begräbnis „von der ruhigen Oberfläche und dem gärenden Untergrund einer fernen Zeit redet" (NH, 212), darf man getrost an den Stechlinsee denken, der seismographisch genau Erdbeben und weltgeschichtliche Katastrophen anzeigt. Auch die *Neue Herrlichkeit* ist ein literarisches Frühwarnsystem, ein stiller Nachruf auf die DDR zu ihren Lebzeiten, ein politischer Zeitroman nicht anders als Fontanes letzter Roman.

Die *Neue Herrlichkeit* liefert eine getreue Beschreibung der Anpassungs- und Abwehrkräfte der Literatur in der Diktatur. Der Roman ist keine umstürzlerische Widerstandsdichtung, sondern ein Beispiel jener im doppelten Sinne „beherrschten Prosa" (Eberhard Lämmert), die den Zwang des staatlichen Denkmonopols zwar beschreiben und auch bis zu einem gewissen Grad angreifen, nicht aber abschaffen kann. Günter de Bruyn wählte aus Sorge, in der autoritären Praxis der DDR-Kultur „nichts als ein Instrument" zu sein,[31] den Weg einer künstlerischen inneren Emigration: „Innerlich lebte ich mehr in der Literatur als in der DDR".[32] Der ästhetische Mehrwert dieser Literatur liegt in ihrer Genauigkeit, Wahrhaftigkeit und Unerschrockenheit beim Beschreiben der Wahrheit. Günter de Bruyns Rückblicke auf die DDR schonen niemand, selbst den Autor nicht. Man kann ihnen aufs Wort glauben. So verstanden, ist, was Günter de Bruyn geschrieben hat, eine „Verteidigung des Individuums gegen die Ansprüche der Macht".[33]

---

[31] de Bruyn: Blick zurück (Anm. 6), S. 118.
[32] de Bruyn: Das Vergangene ruhen zu lassen, wäre gefährlich für die Zukunft. Gespräch mit Adelbert Reif. In: Die Welt, 16.3.1992.
[33] de Bruyn: Der Einzelne und die Macht (Anm. 12), S. 89.

Frauke Meyer-Gosau

In bester Absicht

Bewußte und unbewußte Folgen der Erfahrung
der nationalsozialistischen Diktatur in Christa Wolfs Prosa

I. ‚Autoritärer Charakter'

Man muß nichts dramatisieren, um angesichts der Biographie und des Werks von Christa Wolf zu der Feststellung zu gelangen, daß die beiden deutschen Diktaturen dieses Jahrhunderts hier eine persönliche und literarische Entwicklung geprägt, ja, sie geradezu umfassend bestimmt haben. Dies gilt für direkte Einwirkungen, mit denen beide totalitären Regime ihren Einfluß auf den einzelnen, seine Persönlichkeitsbildung und seine Handlungsmöglichkeiten geltend machten. Es gilt aber ebenso im Hinblick auf die verschiedenen bewußten Entwicklungsschritte, über die Christa Wolf eine zunehmend eigenständige Position gegenüber totalitärem Zugriff auf ihre inneren wie äußeren Lebens- und Arbeitsbedingungen zu gewinnen versuchte; als Reaktionen und Reflexe auf gegebene Verhältnisse bleiben auch diese Manifestationen von Eigenständigkeit noch auf die Diktatur bezogen.

Geboren am 18. März 1929 in Landsberg an der Warthe (dem heute polnischen Gorzów Wielkopolski), erlebte Christa Wolf die lebensgeschichtlich prägenden Entwicklungsphasen unter dem Regime des nationalsozialistischen Staates. Die Flucht der Familie im Jahr 1945 führte sie nach Mecklenburg und damit in den sich konstituierenden „Ersten Arbeiter- und Bauernstaat auf deutschem Boden", dem sie bis zu seinem faktischen Zusammenbruch – mit welch immanent kritischer Haltung im einzelnen auch immer und trotz aller Schikanen und Drangsalierungen seitens verschiedener staatlicher „Organe" und Apparate – in ihrer literarischen Arbeit wie in politischen Interventionen verpflichtet blieb.

Von alledem erzählt ihr literarisches Werk: vom Hineinwachsen eines Kindes in ein politisches System, dessen Anforderungen und Absichten im Gegensatz zu den protestantischen Normen und Werten der kleinbürgerlichen Familie standen und mit ihnen doch im Leben des jungen Mädchens eine Verbindung einzugehen vermochten. Sodann vom Erwachsenwerden unter politisch gegensätzlich definierten Bedingungen, von den Hoffnungen, die sich damit verbanden, und den Konflikten, die daraus unweigerlich resultierten. Schließlich geben sie Nachricht vom alltäglichen Dasein in der realsozialistischen „Übergangsgesellschaft" in ihren verschiedenen Phasen und Stadien. Dies waren Stoff und Material der Romane und Erzählungen Christa Wolfs bis zur Mitte der siebziger Jahre. Die späteren Arbeiten seit der Ausbürgerung Wolf Biermanns aus der DDR im Jahr 1976 hingegen zeigen, wie die weiblichen Hauptfiguren dieser Autorin zwangsläufig in die Position gesellschaftlicher Außenseiter geraten, während die Sujets nun in historisch zurückliegenden, schließlich mythischen Gesellschaftsformationen angesiedelt sind.

Doch selbst in diesen Texten noch geht es um den von Christa Wolf selbst früh erfahrenen Zusammenstoß konträrer Wertsetzungen des einzelnen und der ihn umgebenden Gesellschaft, die zu integrieren stets einseitig dem Individuum aufgeben ist – eine Forderung, der sich die imaginierten Charaktere in der Abfolge der literarischen Werke allerdings zunehmend zu widersetzen versuchen. Das Aufeinanderprallen moralisch legitimer Rechte und Bedürfnisse des einzelnen und der politisch-ideologisch begründeten Ansprüche und Forderungen der jeweiligen Gesellschaft macht so den Fokus der Konflikte aus, die in vierzig Jahren literarischer Arbeit Christa Wolfs zentrales Lebens- und Literatur-Material gebildet haben.

Nicht nur explizit in *Kindheitsmuster*[1], der großangelegten literarischen Reflexionsarbeit über die Entstehung und dauerhafte Festigung autoritärer Persönlichkeitsstrukturen, sondern *mutatis mutandis* auch in fast allen ihrer übrigen Werke hat Christa Wolf dabei gezeigt, daß die individuelle Bereitschaft zur Amalgamierung widersprüchlicher, nicht selten sogar strikt gegensätzlicher Verhaltensnormen in einer Person ein Resultat der traditionell obrigkeitsstaatlichen Herrschaftspraxis in Deutschland gewesen ist. Immer wieder und durchaus in völlig unterschiedlich definierten politischen Systemen sind unter dem Regime des Obrigkeitsstaates die moralisch-ethisch begründeten Fragen und Zweifel der Individuen verstummt, da Gehorsam und Unterordnung als letztlich höchste, auch affektiv hoch besetzte Werte tief verinnerlicht waren. Höheren Weisungen zu folgen, dem fraglos anerkannten Mächtigen zu dienen, in seinen Augen sich zu bewähren und auch persönliche Befriedigung bei der Durchsetzung von Herrschaftszielen zu empfinden, zählt zu den Grunddispositionen des autoritären Charakters. Deren innere Genese hat Heinrich Mann im *Untertan* im Hinblick auf das deutsche Bürgertum des ausgehenden 19. Jahrhunderts mit größter Genauigkeit geradezu idealtypisch fixiert. Ihre ‚modernisierte' Erscheinung unter den Bedingungen der sozialistischen Industriegesellschaft der späten sechziger Jahre des 20. Jahrhunderts hat Christa Wolf einmal in einem Bild als das verbreitete Bedürfnis des einzelnen charakterisiert, „Schräubchen (zu) sein".[2]

---

[1] Christa Wolf: Kindheitsmuster. Roman. Berlin, Weimar 1976.
[2] „Man erfreute sich an der absoluten Perfektion und Zweckmäßigkeit des Apparats, den reibungslos in Gang zu halten kein Opfer zu groß schien – selbst nicht das: sich auslöschen. Schräubchen sein" (Christa Wolf: Nachdenken über Christa T.; hier und im folgenden zitiert nach der westdeutschen Sonderausgabe, Neuwied, Berlin 1968, S. 72).

So sehr diese Metapher auf Stalins Vorstellungen von der menschlichen Seele als einer leicht zu handhabenden, funktionellen Mechanik anzuspielen scheint (deren sich die Schriftsteller konsequenterweise als „Ingenieure" bemächtigen sollten), so weist sie im deutschen Kontext doch deutlich auf die Nazi-Diktatur zurück, an die sich der stalinistische DDR-Sozialismus fast nahtlos angeschlossen hatte. Nationalsozialistische Diktatur und SED-Staat nämlich konnten gleichermaßen wirkungsvoll an die im deutschen Obrigkeitsstaat und dann in der Diktatur perfektionierte Verleugnung der eigenen Persönlichkeit und ihrer Wertmaßstäbe appellieren, welche um einer von der politischen Macht proklamierten ‚Sache' willen wie selbstverständlich zurückzustehen hatten. In ideologischen Figurationen weltverbessernder, ja weltrettender staatlicher Autorität hatten beide Regime die jahrhundertelang eingeübten Formen der Religiosität mit denen politischer Gefolgschaft verschmolzen – eine jeweils auf die Person des Staatslenkers ausgerichtete Verbindung von einzelnen Elementen, die in der suggestiven Formel „Mit Gott für Kaiser und Vaterland" ebenfalls schon ihren historischen Vorläufer hatte. Im Inneren der Individuen waren die gefügigen Reaktionen auf „Herrschaft" so als ein gleichsam reflexartig funktionierender Modus lange schon vorbereitet. Den an dieser wechselseitigen Bekräftigung staatlicher Autorität beteiligten Wirkungsmechanismen hat Christa Wolf in *Kindheitsmuster* anhand ihrer eigenen Biographie eine faktenreiche und detailgenaue Recherche gewidmet.

II. ‚Blickwechsel'

Allerdings umreißen die oben skizzierten allgemeinen Bestimmungen zur autoritären Charakterstruktur erst die generellen Bedingungen, die eine so große Zahl deutscher Bürger in diesem Jahrhundert für die Appelle und Kommandos totalitärer Regime so empfänglich gemacht haben. Die Haltbarkeit dieser Disposition gegen alle moralischen Zweifel und vernunftgeleiteten Einwände und ihre Fortdauer auch über bestimmte politische Herrschaftsformen hinweg ist jedoch nur zu erklären, wenn auch die subjektive Seite, die persönlichen Motive und Intentionen mit einbezogen werden. Im Falle Christa Wolfs und ihres Engagements für die sozialistischen Ideale sowie für den Staat, der seine Legitimation proklamatorisch an die Verwirklichung dieser Ziele gebunden hatte, liegt der entscheidende Wendepunkt in ihrem bewußten und willentlichen Bruch mit in der Kindheit oktroyierten Überzeugungen und Denkweisen – eine intentional grundsätzliche Wendung, die indes im folgenden das gesamte, so früh in die Persönlichkeit eingeschriebene Repertoire autoritätsgeleiteter politischer Aktivitäten wieder auf den Plan rief. Um es paradox zu sagen: Ohne den radikal vollzogenen Bruch mit der nationalsozialistischen Ideologie und deren gesellschaftlicher Praxis wäre die Fortsetzung der von dort herstammenden autoritätsgebundenen Haltungen so bruchlos kaum möglich gewesen. Erst der von Christa

Wolf mehrfach in autobiographisch getönten Texten beschriebene *Blickwechsel*³ im Verhältnis zur eigenen Vorgeschichte machte es möglich, die prinzipiell auf Staat und Autorität fixierte Blickrichtung beizubehalten.

Um diesen Sachverhalt indes nicht mit vorschnellen Wertungen und Urteilen abzufertigen, ist es wichtig, sich die Bedingungen der frühen Nachkriegszeit in Deutschland vor Augen zu halten, die gerade die Willens- und Entscheidungsfreiheit der in der Nazi-Diktatur schuldlos mitschuldig gewordenen Jugendlichen erheblich einschränkten. Zum einen sah ja keineswegs nur diese unerfahrene und nach wie vor zum ‚idealistischen' Engagement bereite Generation in der „Sowjetisch Besetzten Zone" die besten Möglichkeiten für eine demokratische Entwicklung gegeben, die ohne die restaurativen Elemente der westdeutschen „Wiederaufbau"-Politik auszukommen und damit einem möglichen Wiederaufleben nationalsozialistischer Tendenzen wirksam zu begegnen versprach. Es ist in diesem Zusammenhang daran zu erinnern, daß nicht wenige im Westen (auch nach wie vor) hochgeachtete Intellektuelle durchaus nicht nur in den Jahren zwischen 1945 und 1949, sondern bis in die fünfziger und teils sogar, wie etwa Ernst Bloch und Hans Mayer, noch bis Anfang der sechziger Jahre dieses Gesellschaftsmodell für zukunftsweisend hielten.

Mit genau diesem Zukunftsgedanken aber verband sich auch für die junge Generation die Motivation, sich für eine sozialistische Gesellschaft – und damit eben zumeist auch für deren „führende Partei" – einzusetzen: Ausschlaggebend war das Bedürfnis, sich als verantwortlich handelnder Mensch einer nun wirklich und nachweisbar „guten Sache" zu verschreiben. Deutlich eher moralisch denn politisch motiviert, votierten sie mit der „antifaschistisch-demokratischen Grundordnung" in der SBZ für das vermeintlich radikal Andere zur nationalsozialistischen Diktatur.

Dieser Wunsch nach grundlegender Änderung der gesellschaftlichen Verhältnisse in Deutschland traf freilich in der KPD mit ihrer Führungsgruppe aus dem Moskauer Exil zurückgekehrter Funktionäre auf eine politisch bereits durch und durch formierte Kraft mit seit den zwanziger Jahren fixierten Strukturen und klaren politischen Instruktionen seitens der „Mutterpartei" KPdSU. Wiederum handelte es sich hier um eine organisierte „Massenbewegung" mit einer führenden „Avantgarde", die ihrerseits relativ umstandslos an die Bereitschaft appellierte, die bestehenden Hierarchien und Rituale anzuerkennen und der höheren Vernunft „der Partei" letztlich doch bedingungslos zu folgen. Was von heute aus sowohl in seinen historischen wie politisch-theoretischen Voraussetzungen als auch in seinen politischen Konsequenzen unschwer als eine Variante des Totalitarismus zu erkennen ist, enthielt gerade aufgrund dieser strukturellen Voraussetzungen nach der Niederlage der nationalsozialistischen Diktatur jedoch auch ein Angebot, das

---

³ So der Titel einer autobiographischen Erzählung Christa Wolfs von 1970, in deren Zentrum die Ernüchterung der Heranwachsenden nach dem faktischen Ende des NS-Staates steht. In: dies.: Gesammelte Erzählungen. Berlin, Weimar 1989, S. 5-25.

den Individuen den Übergang vom einen zum anderen autoritären Regime erleichterte: An die Stelle einer auf Krieg, Eroberung und Massenvernichtung ausgehenden Ideologie trat zum einen die Proklamation humanistischer Werte, die die dauerhafte Sicherung von Frieden, Freiheit und Gleichheit versprachen. Zugleich aber bewegte man sich in politischen Formen, an deren autoritäre Prinzipien und Darstellungsweisen man gewöhnt war, ja, die für die junge Generation die einzig bekannte Funktionsweise politischer Aktivität überhaupt darstellten.

III. Das Erzählen und die ‚guten Absichten'

Betrachtet man die lebensgeschichtliche und literarische Entwicklung Christa Wolfs, so ist auch hier der Wunsch nach autoritativer Bestätigung und Würdigung der eigenen Existenz seitens der herrschenden Macht keinesfalls zu denken ohne den Wunsch, als einzelner Mensch das Gute und Richtige tun und dieses Streben zugleich als Grundsatz und Zielrichtung der Politik in der Gesellschaft insgesamt verbreiten zu wollen. „Was braucht die Welt zu ihrer Vollkommenheit? Das und nichts anderes war ihre Frage, die sie in sich verschloß, tiefer noch aber die anmaßende Hoffnung, sie, sie selbst, Christa T., wie sie war, könnte der Welt zu ihrer Vollkommenheit nötig sein".[4] Was Christa Wolf in *Nachdenken über Christa T.* ihrer fiktiven Hauptfigur zuschrieb, galt für deren reales Autorinnen-Alter ego offenkundig ebenso.

Genau aus diesem Grund aber kann es denn auch mit Feststellungen zum autoritären Charakter allein und dessen immer infantil bestimmten Wunschbild vom sozialistischen Staat als einem erweiterten Familien-Zusammenhang nicht sein Bewenden haben, wie Frank Schirrmacher sie zu Beginn des ‚Deutschen Literaturstreits' in seiner Analyse der „in vielem exemplarische(n) Biographie dieser Schriftstellerin" so einleuchtend entwickelt hat.[5] Was nämlich hier aus der Argumentation ausgeblendet wurde, ist gerade das, was eine Bewertung des Lebens und Schreibens unter deutschen Diktaturen nicht unerheblich kompliziert: die subjektive Ernsthaftigkeit des Wunsches (zumal junger Menschen), der „Welt" zu ihrer Verbesserung zu verhelfen. Wie für nicht wenige andere ihrer Generation war auch für Christa Wolf diese Intention eine persönliche Konsequenz aus der Erkenntnis, daß der Nationalsozialismus programmatisch und systematisch auf die Versklavung und Ausrottung anderer Völker hingearbeitet hatte und sich dazu nicht nur persönlicher Machtgelüste einzelner, sondern ebenso jener gewohnten und weit verbreiteten Bereitschaft zur Unterordnung bedienen konnte. Um die Wiederkehr derartiger Verbrechen zu verhindern, mußte daher „die Welt" von Grund auf verändert werden.

---

[4] Wolf: Nachdenken (Anm. 2), S. 68.
[5] Frank Schirrmacher: „Dem Druck, des härteren, strengeren Lebens standhalten". In: Frankfurter Allgemeine Zeitung, 2.6.1990.

Die neuen, ideologisch zu nationalsozialistischen Postulaten konträr stehenden Ziele galten überdies zunächst allein dadurch als salviert, daß sie sich nicht nur als „humanistisch" deklarierten, sondern daß ihre Anhänger zu Opfern des Nationalsozialismus geworden waren. Die sozialistische Ideologie erschien so gewissermaßen als das in den Überlebenden des Naziterrors noch leibhaftig anwesende Gegenkonzept zur völkermordenden jüngsten Vergangenheit, dem nun endlich historische Gerechtigkeit widerfahren mußte und konnte – die Motive der Buße und Sühne spielten hierbei ersichtlich eine zentrale Rolle. Seine ‚Wahrheit' wiederum schien das politische Konzept darin zu erweisen, daß die KPD zu Zeiten der Weimarer Republik als substantielle Gegen-Macht zur an Boden gewinnenden nationalsozialistischen Bewegung aufgetreten war, der sie dann, unter beträchtlichen Opfern, doch unterlag, bis es endlich der „ruhmreichen Sowjetunion" – wiederum unter Opferung von Millionen Menschenleben – gelungen war, das entfesselte „Böse" mit militärischer Gewalt niederzuringen. Das jedenfalls postulierte die von der Partei verbreitete Vorstellung von der historischen Kontinuität des Kampfes wissenschaftlicher Aufgeklärtheit und Humanität gegen die Mächte der Irrationalität, die die historische Legitimität des deutschen „Arbeiter- und Bauernstaates" begründen sollte.

Es liegt auf der Hand, daß die diesem Geschichtsbild zugrundeliegende manichäische Sicht auf die gesellschaftliche und politische Wirklichkeit, welche wiederum die Grundmuster religiöser Weltanschauung wie auch die binäre Struktur des nationalsozialistischen Weltbildes geprägt hatte, kommunistischen Geschichtsmythen aller Art einen fruchtbaren Boden bereitete. Andererseits disponierte sie in stalinistischer Tradition dazu, in allen kritischen Fragen und Einwänden zur Theorie und Praxis der kommunistischen Parteien, insbesondere natürlich zu derjenigen der KPdSU, reflexartig „den Gegner" zu erkennen, den es zu „entlarven" und unschädlich zu machen galt.

In der Entwicklung, die Christa Wolf sowohl als politisch handelndes Individuum wie in literarischer Hinsicht auf der Basis dieser Voraussetzungen genommen hat, ist nun aber gerade in ihrem Festhalten an der ‚guten Absicht' einer grundlegenden gesellschaftlichen Veränderung das entscheidende Moment zu sehen, das ihre bis zum Ende des DDR-Staates fortdauernde Auseinandersetzung mit dieser in zwei deutschen Diktaturen erlernten und gefestigten manichäischen Weltsicht herausgefordert hat. Ohne Zweifel war es nämlich immer noch der Impuls, an einer Humanisierung der menschlichen Lebensverhältnisse selbst aktiv und verantwortlich mitzuwirken, der sie in den späteren Jahren der DDR zu einer der wenigen sich öffentlich artikulierenden und im Westen wohl meistbeachteten reformistischen Kritikerinnen des „realexistierenden Sozialismus" hat werden lassen. Christa Wolfs Zustimmung zur ideellen, von ihr selbst seit den siebziger Jahren dann zunehmend als „utopisch" bezeichneten Grundlage ihres Staates stand bei alledem offenkundig niemals in Frage. Zugleich aber war es gerade diese grundsätzliche Übereinstimmung, die die in literarische Bilder gefaßte Kritik an der DDR-spezifischen Materialisierung der sozialistischen Idee hervorrief und in ihren Augen auch legitimierte.

Alle guten Absichten jedoch, deren Wurzel in dem Wunsch lag, konkretes historisches Unrecht (wie es bei Christa Wolf in diesem Zusammenhang bevorzugt heißt: „ein für allemal") wiedergutzumachen, wurden schließlich nicht etwa ins Verhältnis zu den inakzeptablen individuellen und gesellschaftlichen Folgen gesetzt, die realpolitisch mit den Jahren aus ihnen erwachsen waren. Vielmehr sorgte die tiefe moralische wie emotionale Bindung, die Christa Wolf Ende der vierziger Jahre mit dem „Projekt Sozialismus" eingegangen war, gerade für die Aufrechterhaltung der Spaltung zwischen Wunsch und Wirklichkeit. „Denn höher als alles schätzen wir die Lust, gekannt zu sein", heißt es gleich zu Beginn der einen frühen Abschnitt DDR-Geschichte und -Biographie reflektierenden Erzählung *Unter den Linden*.[6] Dieses „Gekanntwerden" und die aus ihm resultierende „Lust" schloß für Christa Wolf das Sich-selbst-Erkennen im DDR-Sozialismus nicht einfach nur mit ein. Ihr aktives und öffentliches Bekenntnis zu dieser Gegenwelt zur nationalsozialistischen Vergangenheit bildete vielmehr das Fundament ihrer Schriftstellerinnen-Existenz im ideologischen, materiellen und eben nicht zuletzt auch im literarischen Sinne.

Aufgrund dieses Gefühls persönlicher Verantwortung für das Gelingen des „sozialistischen Experiments" aber wurde sie am Ende auch zum exemplarischen Beispiel dafür, wie die Erblindung gegenüber der Realität der gesellschaftlichen Verhältnisse – die die Autorin zuletzt nicht einmal mehr hatte erkennen lassen, wie überdrüssig die überwältigende Mehrheit der DDR-Bevölkerung aller sozialistischen Experimente war – durch die Leugnung des eigenen Anteils daran hervorgebracht wird. Nur selten einmal wird in einer Lebensgeschichte so augenfällig, wie die der Aufrechterhaltung eines möglichst fehllosen Selbstbilds dienenden „blinden Flecken" in bezug auf die eigene Rolle und ihre Wirkungen unvermeidlich zu einer wenigstens partiellen Blindheit gegenüber der Wirklichkeit insgesamt führen.

Dieser Zusammenhang zeigte sich Ende der siebziger Jahre zunächst in jener (wiederum für Christa Wolfs Intellektuellengeneration in der DDR nicht untypischen) Abspaltung der sozialistischen „Utopie" von der desillusionierenden gesellschaftlichen und politischen Wirklichkeit und schlug sich in ihrem Werk seit den achtziger Jahren – und sogar noch bis in den *Medea*-Text der neunziger Jahre hinein[7] – in literarischen Projektionen und Verzeichnungen der unmittelbaren Gegenwart in immer mythischere Zeiten und Räume nieder: ein Entweichen in ein phantastisches Nirgendwo also auch hier, in dem nun die Vergeblichkeit, die den einzelnen physisch vernichtende Wirkung des Strebens nach einem friedlichen, freien und gerechten Leben nachgerade als eine anthropologische Konstante erscheint. Das Schicksal „des Guten", wenn er sich durch

---

[6] Christa Wolf: Unter den Linden. In: dies.: Unter den Linden. Drei unwahrscheinliche Geschichten. Darmstadt 1974, S. 7.
[7] Christa Wolf: Medea. Stimmen. München 1995.

die aktive Teilhabe an einer moralisch und politisch verkommenen gesellschaftlichen Wirklichkeit nicht kompromittieren will, ist nach diesen literarischen Vorstellungen in der Regel der Untergang in Mord oder Selbstmord, im allergünstigsten Falle aber die gesellschaftliche Isolation und Marginalität.

Nur im scheinbaren Gegensatz zu dieser Botschaft stehen dabei die dramatischen, tragischen Bildnisse großer einsamer Frauenfiguren, die jeweils das Zentrum der menschheitsgeschichtlichen Lehr-Erzählungen ausfüllen. Nicht nur steigern sie in ihrem Rechthaben und Wahrsprechen im dramaturgischen Sinne die Fallhöhe der Ereignisse und verstärken auf diese Weise die Effekte des Tragischen. Zugleich erwachen in den Gestalten Kassandra und Medea immer auch überlebensgroß gespiegelte Selbst-Entwürfe der Autorin, die sich in den literarisch tradierten Rollen der Seherin, Priesterin und Heilerin in mythologische Dimensionen entrückt. Das Urweibliche, Urmütterliche und von den Göttern mit der Kraft des Erkennens Begabte scheitert in dieser Vorstellungswelt an einer harthörigen, aggressiven und machtbesessenen Männerwelt – die Politik in ihrer letzten, allgemeinsten und enthistorisierten Wahrnehmungsform wird hier also zum Schlachtfeld des Geschlechterkampfes.

Bezieht man diese Phantasiebildungen und die ihnen inhärenten Konsequenzen auf den realgesellschaftlichen und biographischen Hintergrund Christa Wolfs, so nehmen sie noch eine weitere, frappierende Färbung an: Hier nun erscheinen sie als Mittel des Unbewußten, Reales in gleich zweifacher Hinsicht unberührbar zu machen – die Autorin in ihren suggestiven klassischen Selbst-Bildern einerseits, ebensosehr aber auch jenes Gesellschaftsmodell, für das sie nach dem Ende der nationalsozialistischen Diktatur votiert hatte und das sie selbst in der Phase seines erkennbaren Niedergangs (oder auch: im Maße seines Kenntlich-Werdens) keineswegs grundsätzlich ablehnte. Indem nämlich Christa Wolfs Neuformierungen der historischen und mythologischen Stoffe zentrale, gleichwohl aber allgemeine und jedenfalls systemübergreifende Themen der europäischen Gegenwart aufnehmen – den Feminismus etwa, die atomare Aufrüstung oder schließlich den Sieg eines politischen Systems über ein anderes –, scheinen sie zwar zunächst und im einzelnen durchaus an Tabus der herrschenden Ideologie des „realexistierenden Sozialismus" zu rühren. Gerade durch ihre Ausweitung ins Allgemein-Menschliche jedoch tabuisieren sie im selben Augenblick um so wirkungsvoller die Auseinandersetzung mit Grundsatzfragen der sozialistischen Wirklichkeit selbst. So können Christa Wolfs große literarische Arbeiten nach 1976 jenseits der ausschließlich literarischen Lektüre schließlich auch als spezifische Zeugnisse ihrer inneren „Verwicklung" in die zweite deutsche Diktatur gelesen werden.

IV. Utopische Gegenbilder

Gerade so, wie sich die Person Christa Wolf politisch vom einfachen Parteimitglied zur Kandidatin des Zentralkomitees der SED, dann aber über die

Jahre zu einer reformsozialistischen Kritikerin wandelt, deren Blick für die wirklichen Verhältnisse sich dennoch durch ihr striktes Festhalten an den „sozialistischen Idealen" zunehmend trübt, durchläuft auch das literarische Werk diese verschiedenen Stadien und präsentiert Formen und Schwerpunkte ganz unterschiedlich gelagerter ideologischer Überhöhungen der Realität. Dadurch aber wird diese in den literarischen Texten durchgängig gleichsam doppelt ‚gerettet'. Denn im Einklang mit den Maximen sozialistischer Literaturauffassung ist auch Christa Wolfs Prosa nach ihrer eigenen Intention bis zum Ende der DDR dazu bestimmt, die Wirklichkeit (und später, mit wachsendem internationalem Ruhm der Autorin und der Expansion ihrer Themen, sogar in der Tat „die Welt") zu verbessern, indem sie in ihren Romanen und Erzählungen zentrale realgesellschaftliche Probleme exponiert. Die ‚Rettung' im Sinne ideologischer Wirksamkeit liegt dabei für die erste Phase der Werkentwicklung darin, daß die dargestellten Verhältnisse trotz aller Mühsal und Widrigkeit stets so gezeichnet sind, als könne die Lösung der jeweiligen Problematik durchaus innerhalb des Bestehenden in Angriff genommen und im Interesse aller Beteiligten dort auch befriedigend bewerkstelligt werden. Die Ursache für diese Darstellungsweise liegt darin, daß Christa Wolf auch entgegen persönlich demütigender Erfahrung lange Zeit davon überzeugt war, daß im Grundsatz alle Seiten – die Individuen nicht anders als die Institutionen von Staat und Partei – grundsätzlich bereit seien, sich selbst, ihre Verhaltensweisen und im Einzelfall erstarrten Auffassungen zu verändern. Diese Hoffnung, die sich auf die programmatisch versprochenen Potentiale des Sozialismus gründete, konnte hier auf diese Weise selbst die Darstellung äußerster Krisensymptome wie versuchten Selbstmord und tödliche Krankheit in ein im Grundsatz doch harmonisches und menschenfreundliches Ganzes einbetten und mit einem vagen Ausblick auf eine bessere Zukunft entschärfen.

In den Werken nach *Kindheitsmuster* hingegen wird einer gegen positive Transformationen so offenkundig resistent gewordenen Realgesellschaft dann nur noch eine in entlegenen Zeiten als realisierbar erscheinende „Utopie" als mahnendes Gegenbild vorgehalten. Da darin Zeit, Szenerie und Thematik zugleich aber auch signalisieren, daß sich absolut setzende Macht und individuelle Verkommenheit offenbar schon seit altersher den Lauf der Welt bestimmt haben, ermöglicht gerade die Abkoppelung der Sujets von konkreter Gegenwart deren Tabuisierung: Die DDR-Wirklichkeit, so sehr die dortigen Leserinnen und Leser die zahlreichen Anspielungen und scheinbaren Parallelen verstanden und gleichsam nachgeschmeckt haben, war von der Autorin als ein Objekt schrittweiser, konkreter Veränderung zu diesem Zeitpunkt offenkundig schon aufgegeben. In dieser Aporie jedoch zwischen vielfach bestätigtem empirischem Erfahrungswissen einerseits und dem ungebrochenen Festhalten an der ideologischen (Auto-) Suggestion bot die „Utopie" als Bezugspunkt und Zentrum einen literarisch gangbaren Ausweg, der die letzte „Wahrheit" über die konkrete Wirklichkeit nicht herausforderte.

Die Autorin in der Rolle der Priesterin, Seherin und Heilerin konfrontierte dabei gewissermaßen die im schalltoten Raum der Macht ungehört verklingende Gegenstimme mit deren propagandistischem Getön und entzog auf diese Weise zugleich ihre eigene objektiv besänftigende und befriedende Funktion innerhalb dieser gesellschaftlichen Ordnung ebenfalls einer an prinzipielle Fragen rührenden Reflexion und Kritik. Nur noch befremdlich oder allenfalls tragikomisch wirken an diesen Werken heute, Jahre nach dem definitiven Stillstand des realsozialistischen Staates und seiner Maschinerien, schließlich die Überzeichnungen, die die Grundlage für Christa Wolfs literarisches Entweichen ins Symbolische herstellten: Der vermauerten Enge und Trübseligkeit der DDR-Realität antwortete in *Kassandra* und *Medea* eine Überhöhung in sagenhafte Pracht und ewigen Ruhm, die nach Homer die Städte Troja und Kolchis auszeichneten. Während in deren so schützenden wie (von außen und innen gleichermaßen) bedrohten Räumen die imaginierte Dichter-Priesterin unter Gefahr für Leib und Leben von Drangsal und Untergang kündete, war diese Übung im wirklichen Leben mittlerweile gefahrlos geworden, da die modernisierte Heldenerzählung alle konkreten Bezüge zwischen der beschworenen „Utopie", die die Züge ihrer sozialistischen Abstammung abgestreift hatte, und der DDR-Realität der achtziger Jahre schon in der Anlage des Textes selbst gelöscht hatte. Wer wollte, konnte *Kassandra* als Parabel auf den Untergang eines großen Reiches lesen, ebenso wie später *Medea* durchaus als bittere Schmähung des sich als höherzivilisiert dünkenden Westens zu lesen war. Der Verzicht der Seherin auf ein Leben im Kompromiß erschien hingegen als ein Schicksal, das ihr aufgrund ihrer besonderen Gaben auch überall sonst und unter allen gesellschaftlichen Umständen zugestoßen wäre.

V. Wahrheit und erzählerische Methode

Seitdem der sozialistische Staat sich als schamlos genug erwiesen hatte, mit dem Mittel der Ausbürgerung ganz unverhohlen sogar auf ein politisches Instrument der nationalsozialistischen Diktatur zurückzugreifen,[8] hatte Christa Wolfs literarische Konzentration auf in der Gegenwart angesiedelte Stoffe ein Ende gefunden (Ausnahmen bildeten die zuvor bereits fertiggestellten Erzählungen des Bandes *Unter den Linden* sowie die Prosaarbeiten *Störfall*[9] und *Sommerstück*[10] der späten achtziger Jahre).

---

[8] „Ich hab damals stark mit dem Gefühl gelebt, mit dem Rücken an der Wand zu stehn und keinen richtigen Schritt tun zu können. Ich mußte über eine gewisse Zeit hinwegkommen, in der es absolut keine Wirkungsmöglichkeit mehr zu geben schien. [...]" (Christa Wolf: Kultur ist, was gelebt wird. Gespräch mit Frauke Meyer-Gosau. In: Klaus Sauer [Hrsg.]: Christa Wolf. Materialienbuch. Neue, überarbeitete Ausgabe. Darmstadt, Neuwied 1983, S. 67 f.).
[9] Christa Wolf: Störfall. Nachrichten eines Tages. Berlin, Weimar 1987.
[10] Christa Wolf: Sommerstück. Berlin, Weimar 1989.

In ihrem Werk war das enthusiastische Engagement der Autorin für die „gute Sache" auf dem Weg vom literarisch noch groben, teils ungebrochen propagandistischen Beginn in Gestalt der *Moskauer Novelle*[11] über bereits substantielle Zweifel in *Nachdenken über Christa T.* bis hin zur Suche nach Spuren der nationalsozialistischen Vergangenheit in der sozialistischen Gegenwart in *Kindheitsmuster* einer buchstäblich aufgeherrschten Ernüchterung ausgesetzt worden[12] – nun wurde es, obwohl politischer Wirkungsabsicht verpflichtet wie eh und je, selbst zu einem Mittel der Verdrängung. Wie nach einem Lehrbuch für die formenden Wirkungen tiefer und anhaltender psychischer Irritation auf literarische Texte demonstrieren die späteren Prosastücke die Funktionsweisen von Verleugnung, Verschiebung und Projektion bis hin zur Etablierung eines literarischen Größenselbst. Der Grund hierfür ist zweifellos in der unbewußt bleibenden Weigerung der Autorin zu sehen, die Analyse der realhistorischen Entwicklung und der eigenen Rolle darin bis zu dem Punkt voranzutreiben, an dem das mit jugendlichem Optimismus Ende der vierziger Jahre in seinen Wertsetzungen radikal umbesetzte Ordnungsschema von „Gut" und „Böse" unweigerlich hinfällig geworden wäre, ja als Schema zur Strukturierung von Wirklichkeit insgesamt hätte aufgegeben werden müssen.[13]

Unvermeidlich hätte sich Christa Wolf selbst dabei über die Tatsache Rechenschaft ablegen müssen, daß „gute Absichten" hier zum zweiten Mal in zeitlich direkter Abfolge zu unvertretbaren Konsequenzen geführt hatten, sie mithin keineswegs zur gewünschten „Verbesserung der Welt", sondern zu einer weitgehenden Entrechtung des einzelnen beitrugen und einen kriminellen Staat abstützten. Unvermeidlich wäre in diesem Zusammenhang überdies auch zu bedenken gewesen, welcher aktive Anteil ihr selbst, Christa Wolf, an der Aufrechterhaltung der (Selbst-)Täuschungen über den totalitären Charakter dieser Gesellschaftsformation zukam.

Am subjektiven „guten Willen", den tatsächlichen Gesellschaftszustand zu erkennen, ihn in der eigenen Arbeit sichtbar zu machen und ihm im konkreten Einzelfall auch durch persönliche Interventionen zu begegnen, fehlte es dabei allerdings durchaus nicht. Im Gegenteil: Seit ihrem ersten literarischen Erfolg, der Erzählung *Der geteilte Himmel*,[14] hatte Christa Wolf gerade diese Ziele in den Mittelpunkt ihrer literarischen Arbeit gestellt und auch ihr persönliches Verhältnis zur „Übergangsgesellschaft" davon abhängig gemacht,

---

[11] Christa Wolf: Moskauer Novelle. Halle/Saale 1961.
[12] Siehe hierzu eindrucksvoll den Essay „Über Sinn und Unsinn von Naivität" (1973). In: Christa Wolf: Lesen und Schreiben. Neue Sammlung. Darmstadt, Neuwied 1980, S. 56-67.
[13] Hiernach dürfte um so deutlicher sein, weswegen nach angestrengter Verhärtung gegen diese Notwendigkeit über immerhin noch einmal mehr als ein Jahrzehnt hinweg Christa Wolfs frühe und relativ kurzfristige Stasi-Mitarbeit als IM „Margarethe" ihrer Erinnerung nach 1989 keinesfalls mehr zugänglich sein durfte und ganz grundsätzlich eine nochmalige Infragestellung ihrer Entscheidung für den Sozialismus als ethische Idee gerade angesichts seines realen Untergangs für sie wie für andere Angehörige ihrer Generation nicht in Frage kam.
[14] Christa Wolf: Der geteilte Himmel. Halle/Saale 1963.

inweiweit sie über eine gründliche Veränderung der Mentalität auf die gesellschaftliche Praxis einwirken konnte. „Zum ersten Mal sind wir reif, der Wahrheit ins Gesicht zu sehen", sagte die Vorbildfigur der Erzählung von 1963, der undogmatische Geschichtslehrer Erwin Schwarzenbach am DDR-Lehrerbildungsinstitut (sic!), noch voller Überzeugung. „Das Schwere nicht in leicht umdeuten, das Dunkle nicht in hell. Vertrauen nicht mißbrauchen. Es ist das Kostbarste, was wir uns erworben haben".[15] Dies war ersichtlich auch Christa Wolfs Credo, dem sie als Schriftstellerin seit den frühen sechziger Jahren zu entsprechen versuchte. In der Absichtserklärung des idealtypischen guten Lehrers, „die Wahrheit, die man kennt, immer und unter allen Umständen zu sagen",[16] wurde allerdings auch bereits die grundsätzliche Problematik benannt, die Christa Wolfs literarisches Werk bis auf den heutigen Tag geprägt hat. Einerseits deutete sie auf die teils massiven Widerstände voraus, die Christa Wolf seitens Partei und Staat seit ihrer Stellungnahme auf dem 11. Plenum des Zentralkomitees im Dezember 1965 erwachsen sollten.[17] Ihr Versuch, in der biographischen Rekonstruktion *Nachdenken über Christa T.* „die Wahrheit" über die Ausgrenzung komplexer und komplizierter Individuen aus der „sozialistischen Menschengemeinschaft" in literarischer Form zur Diskussion zu stellen – unter übrigens ausdrücklich positiver Würdigung dieser Gesellschaft –,[18] stieß dann auf die geballte Abwehr der über die Lektüre im „Leseland" Entscheidenden.[19] Und das sechs Jahre später erscheinende Prosakonvolut *Kindheitsmuster* entfachte eine wütende, teils persönlich verleumderische Debatte,[20] die nur ein weiteres Mal belegte, daß „die Wahrheit [...] immer und unter allen Umständen zu sagen" unter den Bedingungen der sozialistischen Diktatur keineswegs erwünscht war und der von Christa Wolf vorausgesetzte Konsens über die Verbesserung der Verhältnisse durch gegenseitige „solidarische Kritik" selbst ins Reich der Fiktion gehörte.[21] Erst die Verlagerung ihrer Themen in kultur- und geistesgeschichtlich entrückte Zusammenhänge, deren historische Verkleidung und

---

[15] Ebd.; hier zit. nach der Ausgabe München 1973, S. 185.

[16] Ebd., S. 185.

[17] Dieses Plenum, an dem Christa Wolf als Kandidatin des Zentralkomitees der SED teilnahm und auf dem sie sich mit einem Redebeitrag als einzige explizit gegen den Versuch zur Wehr setzte, moderne Kunst und Literatur in der DDR zu verfemen und zu verbieten, „war nicht der erste und nicht der letzte, aber der rigoroseste und folgenreichste Eingriff der SED-Führung in Kunstprozesse und Intellektuellendebatten." Siehe: Günter Agde (Hrsg.): Kahlschlag. Das 11. Plenum des ZK der SED 1965. Studien und Dokumente. Berlin 1991, S. 9.

[18] Wolf: Nachdenken (Anm. 2), z.B. S. 66: „Unter den Tauschangeboten ist keines, nach dem auch nur den Kopf zu drehen sich lohnen würde [...]".

[19] Siehe Angela Drescher (Hrsg.): Dokumentation zu Christa Wolf „Nachdenken über Christa T.". Hamburg, Zürich 1991.

[20] Siehe die Zeitschrift „Sinn und Form" 1979. H. 4. Hierin sprechend für die Position der Partei-Doktrinäre der Aufsatz von Annemarie Auer: Gegenerinnerung, S. 856 ff.

[21] Allein der Umfang der Akte, die der Staatssicherheitsdienst über Christa Wolf anlegte, dokumentiert, für wie tiefgreifend der sozialistische Staat in Wahrheit den Dissens zwischen seiner solidarischen Kritikerin und sich selbst hielt.

"Verallgemeinerung", führten schließlich zu vordergründiger Akzeptanz in den letzten DDR-Jahren.

Damit allerdings war eine andere tragende Größe hinter Christa Wolfs „Wahrheits"-Postulat in Zweifel geraten. Der äußeren Einwirkung der Institutionen und Funktionsträger des Realsozialismus auf ihre literarische Arbeit korrespondierte zugleich eine innere Disposition der Autorin zur Begrenztheit und Selbst-Begrenzung, die sie selbst ebenfalls schon früh benannte. „Manchmal frag ich mich", hieß es etwa in einem Gespräch der Heldin des *Geteilten Himmel* mit ihrem Förderer Schwarzenbach, „ist die Welt überhaupt mit unserem Maß zu messen? Mit Gut und Böse? Ist sie nicht einfach da – weiter nichts?"[22] Diese Frage ist nicht nur wegen der ausschließlich moralischen Kategorien, auf die sie sich bezieht, sondern ebensosehr im Hinblick auf die Implikationen, mit denen sie stillschweigend argumentiert, symptomatisch für jene Denkweise, die Christa Wolf auch in den Augen westlicher Rezipienten zu einer Repräsentantin des DDR-Sozialismus gemacht hat: die *a priori* gefaßte Vorstellung, es könne keinerlei Alternative zu der Grund-Entscheidung für dieses Gesellschaftsmodell geben. Denn jenseits der Kategorien von „Gut" und „Böse" liegt in diesem Denken nur noch der Nihilismus – mit all seinen Äußerungsformen der Gewalt, der Brutalität, der Ausbeutung und dem rücksichtslos geltend gemachten Recht des Stärkeren: all das also, was nach sozialistischer Auffassung „den Kapitalismus" und somit den „Hauptfeind", „das Böse" schlechthin, ausmacht.

Das Festhalten an diesem Werte-Maßstab, dessen Kriterien ihrerseits keiner differenzierenden Kritik oder auch nur spezifizierenden Zuordnung ausgesetzt wurden, bestimmte allerdings nicht nur Christa Wolfs Sicht und Beurteilung „der Welt" bis in den *Medea-Text* hinein.[23] Es sorgte darüber hinaus auch dafür, daß sie die Konfrontation mit der „Wahrheit" der totalitären Ausrichtung des sozialistischen Systems vermeiden konnte. Erst ein Aufgeben der manichäischen Welt-Anschauung, nur ein mit dem Bestehenden nicht grundsätzlich identifizierter Blick hätte die Realität als das, was sie war, erkennbar gemacht.

VI. Auswege der Phantasiearbeit

Ganz elegisch ist denn auch der Blick zurück, der in Christa Wolfs *Sommerstück* auf die Schilderung des Sommers unmittelbar vor der Ausbürgerung Biermanns fällt. In der zu Teilen parallel zur Arbeit an *Kein Ort. Nirgends*[24]

---

[22] Wolf: Der geteilte Himmel (Anm. 14), S. 184.
[23] Hier geht es z.B. um die Frage, wer denn die eigentlichen Barbaren seien: die naturnahen, in ihren Herrschaftstechniken und Genußmöglichkeiten noch nicht so verfeinerten Kolcher oder die dem Luxus und der Äußerlichkeit ergebene Herrscherkaste der Thebaner. Nach Christa Wolfs mittlerweile mutter- und naturmythisch bestimmtem Vorstellungskanon beantwortet sie sich nachgerade reflexartig: Die ‚modernen' Herrschaftstechniken sind die wahrhaft grausamen und brutalen.
[24] Christa Wolf: Kein Ort. Nirgends. Berlin, Weimar 1979.

in den frühen achtziger Jahren entstandenen, 1987 – und damit nach dem Tschernobyl-Tagebuch *Störfall* – überarbeiteten Erzählung sind menschliche Beziehungen und Natur gleichermaßen schon von Vorzeichen des Verfalls und bevorstehenden Endes, von Verlust, Tod und Untergang durchsetzt: auf eine quasinatürliche Weise wird, dies zeigt insbesondere die Natursymbolik des Textes an, diese Welt und mit ihr das Sommer-Idyll der Künstler an einer Art Allgemeininfektion des Lebens zugrundegehen.[25] Auch Christa Wolfs späte Wendung noch einmal zurück zur DDR-Realität thematisierte nun Vergangenes, das bereits zum Vergehen und Scheitern prädestiniert ist, über das ein unerkennbares Fatum sein Urteil gefällt zu haben scheint. Diese in der Erinnerung jäh aufleuchtende literarische „Wahrheit" über die sozialistischen Verhältnisse weist damit indes dieselben Züge auf, die zuvor schon *Kassandra* geprägt hatten: die Projektion von „Natur" auf „Gesellschaft" und den Beginn jenes allein aufgrund der Beschaffenheit der „menschlichen Natur" nicht aufzuhaltenden Weges in den Abgrund.

So war *Sommerstück* denn schließlich auch weit weniger ein Gegenwartsbuch als eine Art Zuschreibungs-Textur, in der die unverkennbaren Anzeichen des Zusammenbruchs eines Staatswesens mit höheren – oder tieferen, mit bloßem Auge jedenfalls nicht wahrnehmbaren – Bedeutungen aufgeladen wurden. Die beklemmende Tristesse des vorgestellten Gesellschaftspanoramas umgab so freilich wenigstens noch der melancholische Glanz eines unverschuldeten Verhängnisses.

Daß Christa Wolf selbst, die in ihren nach der Natur gezeichneten Figurenporträts in *Sommerstück* die Rolle der mütterlichen, unter Entsetzen und Abscheu die Vorboten der End-Zeit wahrnehmenden Schriftstellerin „Ellen" innehat,[26] die Beziehung zur Realität zu diesem Zeitpunkt weitgehend verloren hatte und offensichtlich ein Opfer ihrer Selbstillusionierungen und mythisierenden Schattenspiele geworden war, erwies dann die kurz nach dem Fall der Mauer erschienene Erzählung *Was bleibt* noch einmal wie in einem Nachtrag. Jedes Maß schien verloren, als sie sich in einem im November 1989 überarbeiteten autobiographischen Text vom „Juni-Juli 1979"[27] als Verfolgte des SED-Staates präsentierte, die Verfolgung indes sich als eine kurzfristige Überwachung durch den Staatssicherheitsdienst und der Versuch der Verhinderung und Störung einer Lesung herausstellte. Die anhaltende Verblendung dem Wesen des sozialistischen Staates und seines rücksichtslosen Einsatzes von Machtmitteln aller Art gegenüber dokumentierte sich allerdings wohl am deutlichsten darin, daß Christa Wolf diesen Text zu diesem Zeitpunkt und in dieser Form offensichtlich in aller Arglosigkeit der Öffentlichkeit übergeben hatte.

---

[25] Siehe dazu im einzelnen meinen Aufsatz: Am Ende angekommen. Zu Christa Wolfs Erzählungen „Störfall", „Sommerstück" und „Was bleibt". In: Literatur für Leser 1990. H. 2, S. 84-93.
[26] In der italienischen Ausgabe von „Sommerstück" werden die scheinbar fiktiven Charaktere im Anhang sogar mit einem Personenschlüssel auf ihre lebenden Originale zurückgeführt.
[27] Christa Wolf: Was bleibt. Frankfurt a. M. 1990, S. 108.

Ein Opfer der DDR-Verhältnisse war sie damit auf paradoxe Weise insofern geworden, als sie den Möglichkeiten zur Selbsttäuschung, die Diktaturen ihren Eliten offenlassen, solange diese nur von ihrer grundsätzlichen Übereinstimmung nicht abgehen, unter dem offenbar nicht zu verwindenden Realitätsschock von 1976 bereitwillig nachgegeben hatte. Ein Opfer ihrer „guten Absichten" indes war sie darin nicht minder, die sie unbedingt unter den in der Jugend „ein für allemal" gewählten Voraussetzungen aufrechterhalten wollte. Diese unantastbare Prämisse ihres Lebens und Schreibens in der DDR bewirkte, das eigene Bild von den realen Verhältnissen gegen alle erfahrene Realität so weit zu verschieben und zu verrücken, bis der gute Wille zur Besserung „der Welt" in ihnen wiederum und weiterhin seinen Ort finden, die Autorin selbst aber ihre Rolle als Helferin und Fördererin des „Guten" bewahren konnte.

Damit ist nun freilich nicht primär von bewußten Entscheidungen, sondern von Regungen und Bewegungen des Unbewußten die Rede, die sich dann allerdings – außer in den skizzierten Verschiebungen innerhalb des literarischen Werks – auch in äußeren Entschlüssen wie etwa denjenigen, die DDR nicht und die SED erst im Sommer 1989 zu verlassen, ihren Ausdruck verschafften. Dabei blieben diese unbewußten Fixierungen ohne die anhaltende innere Bindung an die Autorität des Staates wie der „Idee" selbst, die diesem programmatisch zugrundelag, gänzlich unerklärlich: der Grundmechanismus von Zustimmung und Gefolgschaft war – als Mechanismus – bei aller Selbstaufklärung offenkundig doch ungebrochen. Auf diesem Zusammenspiel unbewußter Prägungen basierte dann, wie an den literarischen Texten und ihrer Rezeptionsgeschichte unschwer nachzuvollziehen ist, jene bewußt-unbewußte Erblindung gegenüber den realen Verhältnissen, der gerade die höchsten moralischen Werte dieses Schreibansatzes geopfert wurden: „Wahrheit", „Mut" und „Vertrauen". Sie hatten – bei allen aus westlicher Perspektive unvermeidlichen Einwänden – den *Geteilten Himmel*, *Nachdenken über Christa T.* und *Kindheitsmuster* getragen und deren Wirkung bestimmt. In der mit *Kein Ort. Nirgends* einsetzenden Phase der Werkentwicklung jedoch konnte nur noch, wer selbst sich im realsozialistischen Staat in einer vergleichbar privilegierten und jedenfalls von den gravierenden Einschnürungen und innerstaatlichen Feinderklärungen weitgehend verschonten Position befand, hier seine eigenen Wahrnehmungen bestätigt sehen und sich mit Gestus und Tenor identifizieren.

Das Gesamtwerk Christa Wolfs, soweit es in der DDR entstand, ist damit nicht zuletzt also ein unschätzbares Zeugnis dafür, welche Auswege und Tröstungen die Phantasiearbeit einer nicht vorsätzlich zynischen intellektuellen Elite unter diktatorischen Verhältnissen eröffnet. Die Tatsache, daß die guten Absichten und großen Hoffnungen in diesem Fall als direkte Reaktionen auf die Erfahrung der nationalsozialistischen Diktatur in Deutschland zu sehen sind und sich noch bis in die letzten Verhärtungen und Verblendungen den „real"-sozialistischen Verhältnissen gegenüber stets auf dieses frühe Erleben beziehen, wird Intellektuelle mit dem Anspruch auf kritische Einflußnahme nicht entschuldigen können: Mit ihrem Rückzug auf eine realitätsferne „Utopie" menschenwürdigen Lebens sind sie einer kompromißlosen Kritik ihrer realen Lebensbedingungen bewußt ausgewichen.

Kritische Intellektuelle des Westens hingegen – das ist mit gebotener Selbstkritik sieben Jahre nach der deutschen Vereinigung ebenfalls festzuhalten – sollten sich diesen besonderen Zusammenhang zwischen dem nationalsozialistischen und dem SED-Staat und die daraus entstandenen Folgen für die Wahrnehmung und Bewertung der Realität gründlich in Erinnerung rufen, bevor sie selbstzufrieden und a posteriori auf der Einhaltung einer „korrekten Linie" unter allen Umständen bestehen, die einhalten zu müssen ihnen selbst in der ersten wie der zweiten deutschen Diktatur dieses Jahrhunderts erspart geblieben ist. Christa Wolfs Werk in seiner Repräsentation von Absichtserklärungen, Hoffnungen, Realitätsverzerrungen und ideellen Fluchtbewegungen gibt Anlaß genug, dem Verlauf dieses „inneren Geschichtsprozesses" mit nachdenklicher Aufmerksamkeit zu folgen.

Anthonya Visser

„Die Hoffnung lag im Weg wie eine Falle"

Die Auseinandersetzung mit der sozialistischen Diktatur
in Gedichten Volker Brauns

> Aber Historiker und Sozialwissenschaftler
> [...] müssen Wörter benutzen, die auch die
> Sprache der öffentlichen Debatte bilden.
> [...]
> Verstehen und erklären heißt weder verzeihen noch verurteilen.
> (Mary Fulbrook: Anatomy of a Dictatorship)¹

Als Rede vom Sein als dem ‚Noch-Nicht-Sein', so wäre das literarische Schaffen Volker Brauns zu charakterisieren – und zwar von seinem Anfang an. Daß diese Eigenart ontologisch betrachtet mit der Blochschen Kategorie der „Hoffnung" in direktem Zusammenhang steht, spricht der im Titel dieses Aufsatzes zitierte „Wende"-Text „Das Eigentum" von 1990 eindeutig aus.² Die aggressive Sprache des Gedichts und seine vermeintliche „Ostalgie" veranlaßten westliche Kritiker zu ungemein harten Worten, die sich nicht nur auf den Text, sondern auch auf die politische Haltung des Autors bezogen. Ihm wurde (wie auch anderen Schriftstellern) vorgeworfen, sie hätten zu DDR-Zeiten „den Sozialismus nicht als Sozialismus" angegriffen: „So fungierte die Kritik als vertrauensbildende Maßnahme, um die Akzeptanz der Epochenillusion weiter sicherzustellen". Nun entwerfe Braun in „Das Eigentum" das Bild des verschmähten Liebhabers, der sich einredet, „die Braut war's nicht wert".³

Da das Gedicht zunächst in der ostdeutschen (Partei-)Zeitung *Neues Deutschland* publiziert wurde, ist es nicht erstaunlich, daß es in erster Linie

---

[1] Mary Fulbrook: Anatomy of a Dictatorship: inside the GDR, 1949-1989. Oxford 1995, S. 283 und ‚Preface' (Übersetzung von mir; A.V.).
[2] Volker Braun: Das Eigentum. In: ders.: Texte „in zeitlicher Folge". Bd. 10. Halle 1993, S. 52.
[3] Exemplarisch wird hier auf einen Aufsatz von Horst Domdey verwiesen: Volker Braun und die Sehnsucht nach der Großen Kommunion. Zum Demokratiekonzept der Reformsozialisten. In: Deutschland Archiv 11 (1990), S. 1771-1774, hier S. 1772. Siehe für Angaben vergleichbarer Reaktionen von anderen: Dieter Schlenstedt: Ein Gedicht als Provokation. In: neue deutsche literatur 12 (1992), S. 124-132.

als politisches Pamphlet gelesen wurde.[4] Der ostdeutsche Germanist Dieter Schlenstedt hat der Rezeption des Textes einen Aufsatz gewidmet, in dem die verschiedenen Lesarten und ihre auseinandergehenden Bewertungen dargelegt werden. Die Art und Weise, wie Brauns „Wende"-Gedicht eingeordnet wird, hängt bei den Nicht-Literaturwissenschaftlern eng mit den – intellektuellen und emotionalen – Bedürfnissen des jeweiligen Rezipienten zusammen, wie aus den ausgewerteten Zuschriften an den Autor deutlich hervorgeht. Professionelle Leser sind zurückhaltender, wenn es darum geht, ihre persönlichen Motive offenzulegen, aber Schlenstedt hat wenig Hemmungen, sie trotzdem einem Psychogramm zuzuordnen, das aus Reaktionen von Amateuren auf den Text entstanden war – doch beschränkt er sich hier allerdings auf die vertraute Ost-West-Dichotomie.

Eine Untersuchung zum Umgang mit Brauns Texten durch jene Institutionen in der DDR, die die kulturpolitische (Deutungs-)Macht besaßen, könnte einerseits zu dem Schluß kommen, daß Braun zu den eher oppositionell eingestellten Autoren in der DDR gehörte. Von 1963 an waren seine Texte in Presse und Fachpublikationen immer wieder Angriffen ausgesetzt.[5] Außerdem hatte er des öfteren Schwierigkeiten, neue Texte zu veröffentlichen, so daß vieles mit Verzögerung erschien bzw. aufgeführt wurde.[6] Eine derartige Einschätzung ließe sich dadurch bekräftigen, daß Braun die Petition gegen die Ausbürgerung Wolf Biermanns im Jahr 1976 unterschrieben hat.[7] Und schließlich hat nun Joachim Walther dokumentiert, daß es von Braun eine Stasi-Akte gibt, die ihn in einem „umfangreichen OV" (Walther) unter dem Namen „Erbe" führt, deren personenbezogenen Inhalt der Autor selbst der Öffentlichkeit nicht preisgeben möchte.[8]

Andererseits verstand sich Braun von Anfang an als Marxist,[9] war auch als Unterzeichner der Biermann-Petition Mitglied der SED, konnte, wenngleich oftmals mit großer Verzögerung, fast alle seine Texte in der DDR publizie-

---

[4] Neues Deutschland, 4./5.8.1990.

[5] Vgl. dazu u.a.: Ian Wallace: Forschungsbericht zu Volker Braun. Amsterdam 1986, S. 7-10 und S. 52 f.

[6] Vgl. z.B. zu den Zensurmaßnahmen in bezug auf Brauns „Hinze-Kunze-Roman" u.a.: Zensur in der DDR. Geschichte, Praxis und ‚Ästhetik' der Behinderung von Literatur. Hrsg. von Ernest Wichner und Herbert Wiesner. Berlin 1991, S. 151-161; und vor allem: Ein „Oberkunze darf nicht vorkommen". Materialien zur Publikationsgeschichte und Zensur des Hinze-Kunze-Romans von Volker Braun. Hrsg. von York-Gothart Mix. Leipzig 1993.

[7] Die Erklärung ist u.a. nachzulesen in: Biermann und kein Ende. Eine Dokumentation zur DDR-Kulturpolitik. Hrsg. und kommentiert von Dietmar Keller und Matthias Kirchner. Berlin 1991, S. 136 f.

[8] Joachim Walther: Sicherungsbereich Literatur. Schriftsteller und Staatssicherheit in der Deutschen Demokratischen Republik. Berlin 1996, S. 377. Walther legt dar: „Die OV [OV: Operativer Vorgang; A. V.] waren vor dem Ermittlungsverfahren mit oder ohne Haft die höchste und umfassendste Form der Bearbeitung durch die Staatssicherheit, die eine aufwendige und intensive Bespitzelung ebenso einschloß wie aktive geheimpolizeiliche Maßnahmen" (S. 408).

[9] Wobei die Bezeichnung „Marxist" von seiten des Mielke-Apparats nicht unbedingt als Positivum eingestuft wurde, wie bei Walther nachzulesen ist. Eine IMB (‚Inoffizieller Mitarbeiter der Abwehr mit Feindverbindung bzw. zur unmittelbaren Bearbeitung im Verdacht der Feind-

ren, gehörte dem Schriftstellerverband an und war auch nach Weggang vieler seiner Schriftstellerkollegen und -kolleginnen in der DDR geblieben. Nicht alle Kritiker urteilen über dieses Gebliebensein wie Marcel Reich-Ranicki 1990, der alle nicht aus der DDR ausgewanderten Autoren als „Repräsentanten dieses Staates" und damit als „Mitverantwortliche dessen, was dort geschehen ist", bezeichnete.[10] Eine solche Generalisierung trägt zum Verständnis von historischen Prozessen und Verhaltensweisen kaum etwas bei; sie kann lediglich als Aburteilung fungieren. Trotzdem ist nicht zu übersehen, daß im Zusammenspiel von Selbstverständnis und Öffentlichkeitswirkung (d.h. auch der von seiten des Machtapparats beabsichtigten) namhafte Autoren in der DDR „seit den mittleren 60er Jahren" de facto „einerseits zu scharfen Kritikern, Aufklärern und Tabubrechern im Verhältnis zum realsozialistischen System" wurden und die „Aufgabe der Ersatzöffentlichkeit [übernahmen], andererseits bewahrten sie sich damit ihre gesellschaftliche Schlüsselfunktion und blieben Volkserzieher [...]", wie es Wolfgang Emmerich in der 1996 erschienenen Neuausgabe seiner *Kleinen Literaturgeschichte der DDR* formuliert.[11]

I. Kritik und Apologie

Beide Pole der so umschriebenen Autorposition werden von Emmerich mit der Vokabel „reformsozialistisch" bezeichnet. Der Begriff macht außerdem die Bindung an das „höhere Ziel" der diktatorischen Gesellschaftsordnung sowie die Unzufriedenheit mit dem jeweils erreichten Stadium der Entwicklung deutlich. Für den Verfasser der gar nicht so kleinen Literaturgeschichte der DDR ist es gerade „jene [Literatur; A. V.], die *zwischen* den beiden Polen der blinden Affirmation einerseits und der radikalen Dissidenz andererseits angesiedelt war", die „vielleicht am charakteristischsten für den kontrastreichen Gesamtfundus namens DDR-Literatur" genannt werden kann.[12] Zuvor hatte Emmerich, aus guten Gründen, behauptet:

> „Ich beharre heute nicht mehr so unbedingt wie damals [bezogen auf frühere Auflagen; A.V.] auf dem Verhaktsein der Literatur mit Geschichte und Gesellschaft. [...] Deren Bestes, höchst Subjektives, ihre ästhetische Anmutung, die dem Gesellschaftlichen gerade nicht kommensurabel ist und sie erst als Literatur aus anderen Diskursen heraushebt, droht bei dieser Setzung verlorenzugehen".[13]

---

tätigkeit stehender Personen') berichtete 1963: „Eine viel gefährlichere Gruppe hat sich jedoch um die Lyriker Kirsch gebildet", zu denen auch Braun gehöre: „Sie bezeichnen sich als ,die richtigen Marxisten', ,die junge Elite'. Alle anderen sind nur Dogmatiker, worunter auch die Parteiführung der SED rechne, obwohl sie das nicht namentlich aussprechen" (ebd., S. 725).

[10] In: Süddeutsche Zeitung, 25.6.1990.
[11] Wolfgang Emmerich: Kleine Literaturgeschichte der DDR. Erweiterte Neuauflage. Leipzig 1996, S. 15.
[12] Ebd., S. 22.
[13] Ebd., S. 18.

Das Interesse an der politischen Stellung(nahme) von DDR-Autoren hat nicht nur in der ost-, sondern auch in der westdeutschen Kritik eine lange Tradition. Bei letzterer fällt mitunter auf, wie die bewertende Einschätzung mit einschneidenden (kultur-)politischen Ereignissen revidiert wird. So stellt, um ein Beispiel zu nennen, der britische Germanist Ian Wallace bereits in seinem *Forschungsbericht* zu Volker Braun von 1986 eine solche Verschiebung bei Manfred Jäger fest. Dieser „sonst durchaus kritische[.], aber keineswegs negativ eingestellte[.] Interpret Brauns" nehme 1977 „sein früheres [von 1973; A.V.], im Grunde negatives Urteil zurück": Damals hatte er Braun eines Verhaltens beschuldigt, das durch die Art und Weise, wie er „Kritik und Apologie" miteinander vereinbare, „an Opportunismus grenzt". Später hingegen räumte er ein, wenn Braun in einem Interview an anderen Autoren „Unbestechlichkeit und Konsequenz" schätze, wäre es „‚billig und unfair, zu unterstellen, Braun rühme hier an anderen, was er an sich selbst leider vermisse. Vielmehr dürfte es Braun [...] um ein Verhalten [gehen], das Flexibilität braucht, um nicht zu folgenloser Sturheit zu denaturieren'". Woraufhin Wallace die Vermutung äußert, „daß die Rolle Brauns in der Biermann-Affäre den Kritiker mitbeeinflußt haben könnte".[14] Damit stünde das Verhalten des Autors als Homo politicus als Korrektiv gegen die Texte.

Und genau das ist vielleicht eins der Grundprobleme der politisch orientierten Braun-Rezeption: das für den Betrachter Kontradiktorische in Leben und Werk dieses Autors. Immer wieder hat man versucht, für das Werk Phasen und Linien auszumachen und diese möglichst mit den politischen Entwicklungen in der DDR im Zusammenhang zu sehen. Mehr als einmal wurde jedoch deutlich, daß derart klare Stränge nur um den Preis erheblicher Vereinfachung zu haben wären. Außerdem war und ist es im Grunde genommen auch heute noch schwer zu verstehen, was den mitunter schwer attackierten Braun in der DDR hielt. Wahrscheinlich war Jay Rosellinis Vermutung aus dem Jahr 1983 nicht abwegig: „In der Bundesrepublik sehnen bestimmt nicht wenige Beobachter den Tag herbei, an dem Braun sein Land endgültig verläßt, damit die Praktiken der SED noch einmal angeprangert werden können". Brauns Gehen hätte auch auf die Person selbst bezogen eine Beurteilung des politischen Standorts einfacher gemacht. Er aber blieb und mußte – sich – 1990 in „Das Eigentum" sagen: „Da bin ich noch". Und welcher Beobachter dachte damals, 1983, wie Rosellini, als dieser meinte: „An dieser Stelle möchte ich betonen, daß ich ein solches Ereignis für tragisch hielte: der Weggang Brauns wäre ein großer Verlust für die Menschen in der DDR, denen er noch viel zu sagen hat".[15] Bei dem Verständnis, das, allerdings etwas herablassend, aus Rosellinis Worten für die Lage der ‚Menschen in der DDR' spricht, geht er doch auch von einer starken Bindung des literarischen Schaffens bzw. Wirkens von Volker Braun an die politischen Verhältnisse in der DDR aus: „Wie kaum bei einem anderen Kollegen sind seine Werke mit

---

[14] Alle Zitate nach: Wallace (Anm. 5), S. 14-16.
[15] Jay Rosellini: Volker Braun. München 1983, S. 28.

der DDR und ihrer Entwicklung eng verknüpft: man kann sich schlecht vorstellen, wie er außerhalb der Grenzen seines Landes schreiben könnte".[16]

Es ist allerdings wohl kaum hauptsächlich die politische Meinung oder Haltung eines Schriftstellers, z.B. der Gesellschaftsordnung gegenüber, in der er lebt oder gelebt hat, die über die künstlerischen Qualitäten seines Werks entscheidet; es dürfte insbesondere die Art sein, diese Haltung umzusetzen, die es mehr oder weniger interessant macht – für zeitgenössische, vor allem aber auch für spätere Leser. Brauns Texte sind nicht unbedingt deswegen bedeutend, weil sie von einem „reformsozialistischen" Autor geschrieben sind, sondern aufgrund ihrer Machart, ihres poetologischen Konzeptes.

Es scheint mir außerdem die These vertretbar, daß ein Autor sich in literarischen Texten auf ganz andere Art und Weise mit der ihn umgebenden Realität, und also auch mit den diktatorischen politischen Verhältnissen dieser Realität, auseinandersetzen kann, als dies in seinem persönlichen Leben der Fall ist. Der Unterschied betrifft banalerweise erst einmal die konkreten Folgen einer solchen Auseinandersetzung, er liegt zum anderen aber in der ästhetischen Eigenart von Literatur begründet. Die Entscheidung, für diesen Beitrag Gedichte heranzuziehen, basiert nicht nur auf gattungstheoretischen Kriterien, die der Lyrik generell, eher als der Prosa oder dem Drama, persönlich-emotionale Aussagen zuschreiben. Sie hängt vor allem auch damit zusammen, daß Braun sich zu den mit der „Wende" verbundenen politischen Veränderungen und deren Konsequenzen für sein Schreiben vor allem in lyrischen Texten geäußert hat.

II. „Das Eigentum"

Das Gedicht „Das Eigentum" aus dem Jahr 1990 setzt sich provozierend mit den politischen Veränderungen der „Wende" auseinander. Wie auch immer die Bewertung ausfiel, der Text wurde für wichtig genug gehalten, ihn immer wieder zur Diskussion zu stellen. Außerdem erlaubt die Konstruktion des Textes einen – vielleicht klärenden – Blick zurück auf Brauns Lyrik bis Anfang der siebziger Jahre.

„Das Eigentum" markiert insofern einen Bruch im lyrischen Schaffen Volker Brauns, als hier ein Ich in einer eingenommenen Stellung verharrt, während sich alles um ihn verändert, die Position wechselt. Dabei war es doch gerade das Ich in den Gedichten dieses Autors, das im Verlauf der siebziger und achtziger Jahre immer brüchiger, immer uneinheitlicher geworden war, bei ständig wachsenden Stagnationserscheinungen in der referierten außersprachlichen Wirklichkeit der DDR-Gesellschaft.[17]

---

[16] Ebd., S. 28 f.
[17] Vgl. z.B. für eine eingehende Analyse des Zyklus „Der Stoff zum Leben", der Gedichte aus dem Zeitraum enthält: Anthonya Visser: „Blumen ins Eis". Lyrische und literaturkritische Innovationen in der DDR. Zum kommunikativen Spannungsfeld ab Mitte der 60er Jahre. Amsterdam, Atlanta 1994, S. 121-230.

Das Eigentum

Da bin ich noch: mein Land geht in den Westen.
KRIEG DEN HÜTTEN FRIEDE DEN PALÄSTEN.
Ich selber habe ihm den Tritt versetzt.
Es wirft sich weg und seine magre Zierde.
Dem Winter folgt der Sommer der Begierde.
Und ich kann *bleiben wo der Pfeffer wächst*.
Und unverständlich wird mein ganzer Text
Was ich niemals besaß wird mir entrissen.
Was ich nicht lebte, werd ich ewig missen.
Die Hoffnung lag im Weg wie eine Falle.
Mein Eigentum, jetzt habt ihrs auf der Kralle.
Wann sag ich wieder *mein* und meine alle.

Die Parallelisierung von Leben und Text, die bereits für das Schaffen Brauns vor 1989 kennzeichnend ist, gibt dem Leser auch hier einen substantiellen Hinweis für eine Möglichkeit des Textverstehens. Veränderungen im (Realitäts-)Kontext des Geschriebenen führen zu – mitunter unvorhergesehenen – Bedeutungsverschiebungen: „Und unverständlich wird mein ganzer Text". Der Text wird von nun an anders rezipiert als bisher, aber auch für das lyrische Ich selbst verschiebt sich der Sinn des Geschriebenen und damit des Gelebten: „Was ich niemals besaß wird mir entrissen. / Was ich nicht lebte, werd ich ewig missen". Mit dem Unverständlichwerden des (Lebens-)Textes droht das Verschwinden der Ich-Position: „Und ich kann *bleiben wo der Pfeffer wächst*".[18] Der Bezug auf eigene frühere Texte und auf Hölderlins „Mein Eigentum" unterstreichen diesen Schreiben-Leben-Zusammenhang noch: die Harmonie des Hölderlinschen Ich im Gesang als „Asyl" gegenüber einem „draußen", wo „die mächtge Zeit / Die Wandelbare fern rauscht",[19] hatte Braun in den siebziger Jahren als „volkseigen" definiert (in „An Friedrich Hölderlin"[20]). In „Das Eigentum" ist sie nun völlig abhanden gekommen. Die Unverständlichkeit des Textes gilt für das Ich selbst wie für die anderen, die mit „mein Land" umschrieben sind.

„Das Eigentum" ist zunächst als Antwort auf den „alten Text ‚Das Lehen' (1980), in dem die Frage war: ‚Wie komm ich durch den Winter der Strukturen' ",[21] zu lesen (der Titel ist eine Allusion auf Walther von der Vogelweides Gedicht mit der Anfangszeile: „Ich hab mein lehen"[22]). Diese Lesart ist

---

[18] Brauns Anmerkung erklärt die Verwünschung als Zitat: „‚Die toten Seelen des Realsozialismus sollen bleiben, wo der Pfeffer wächst' schrieb Ulrich Greiner in der Zeit vom 22. Juni 1990" (Texte „in zeitlicher Folge". Bd. 10 [Anm. 2], S. 59).
[19] Friedrich Hölderlin: Mein Eigentum. In: ders.: Sämtliche Werke. Bd. 1,1: Gedichte bis 1800. Hrsg. von Friedrich Beissner. Stuttgart 1946, S. 306 f.
[20] Gegen die symmetrische Welt. In: Volker Braun: Texte „in zeitlicher Folge". Bd. 4. Halle, Leipzig 1990, S. 79.
[21] In: Texte „in zeitlicher Folge". Bd. 10 (Anm. 2), S. 59.
[22] In: In dieser Welt geht's wundersam. Die Gedichte. Texte, Versübertragung und Gedichtfolge nach der Ausgabe von Hubert Witt. Mit einer Einführung von Ursula Schulze. München 1984, S. 267.

fruchtbar für die Fragestellung in bezug auf das Verhältnis von „Ich" und „Land", von Text und DDR.

> Das Lehen[23]
> Ich bleib im Lande und nähre mich im Osten.
> Mit meinen Sprüchen, die mich den Kragen kosten
> In anderer Zeit: noch bin ich auf dem Posten.
> In Wohnungen, geliehn vom Magistrat
> Und eß mich satt, wie ihr, an der Silage.
> Und werde nicht froh in meiner Chefetage
> Die Bleibe, die ich suche, ist kein Staat.
> Mit zehn Geboten und mit Eisendraht:
> Sähe ich Brüder und keine Lemuren.
> Wie komm ich durch den Winter der Strukturen.
> Partei mein Fürst: *sie hat uns alles gegeben*
> Und alles ist doch nicht das Leben.
> Das Lehen, das ich brauch, wird nicht vergeben.

Die Situation des Ich scheint in den beiden Texten weitgehend gleich geblieben: es befindet sich – noch immer – im Osten: „Da bin ich noch". Während der frühere Text allerdings noch von einer Übereinstimmung zwischen Ich und „Ihr", das sich in ähnlicher Lage befand, ausgehen konnte, hat sich dieses „Ihr" im „Wende"-Text im Unterschied zum Ich für einen Gang „in den Westen" entschieden. Diese Positionsverschiebung hat zur Folge, daß es keine „Sprüche[...]" mehr gibt, die dem Ich „den Kragen kosten" könnten. So ist die Umkehrung des Büchnerschen Slogans „Friede den Hütten, Krieg den Palästen" zu „KRIEG DEN HÜTTEN FRIEDE DEN PALÄSTEN" kein politisches Wagnis mehr. Ohne die Berücksichtigung des älteren Textes kann diese Zeile nur als etwas grobschlächtig banalisierendes Urteil über die westliche Gesellschaft gelesen werden. Die in „Das Lehen" beschriebene Existenz wird gekennzeichnet durch Restriktionen („zehn Gebote[...] und [...] Eisendraht") und Mangel – an Lebensfreude (Gärfutter lediglich zum Sattwerden) sowie an zwischenmenschlicher Wärme und Einvernehmen („Sähe ich Brüder statt Lemuren"; „Wie komm ich durch den Winter der Strukturen"). Die materielle Sicherheit, bei von der Vogelweide Grund zur Freude, bei Hölderlin Grund zur Dankbarkeit, täuscht nicht darüber hinweg, daß Wesentliches fehlt: „Die Bleibe, die ich suche"; „Das Lehen, das ich brauch", mit anderen Worten: das Wesentliche ist als Lücke Impuls des Textes.

Gleichzeitig bringt „Das Lehen" zum Ausdruck, daß es keine übergeordnete Instanz gibt, die für die Erfüllung dessen, was zum „echten" Leben gebraucht wird, verantwortlich gemacht werden kann: weder ein Gott (die erste Zeile ist eine Allusion auf Psalm 37, in dem es heißt: „Hoffe auf den Herrn und tu Gutes, / bleibe im Lande und nähre dich redlich"[24]) noch eine

---

[23] In: Volker Braun: Texte „in zeitlicher Folge". Bd. 8. Halle 1992, S. 75 f.
[24] Dort heißt es weiter: „Habe deine Lust am Herrn; / der wird dir geben, was dein Herz

gottähnliche Partei („Partei mein Fürst: *sie hat uns alles gegeben*[25] / Und alles ist doch nicht das Leben"[26]). Wenn „Das Lehen, das ich brauch", „nicht vergeben" wird, stehen dem Ich wohl grundsätzlich zwei Möglichkeiten offen: totale Resignation und damit Abstinenz vom eigentlichen Leben oder das Übernehmen der Eigenverantwortung für die Aneignung des „Stoffes zum Leben". Nicht ohne Grund steht dieses Gedicht in dem zweiten Teil des Zyklus „Der Stoff zum Leben", unter dem Hölderlin-Motto aus dem Entwurf „Der Gang aufs Land", das einfordert: „Schöner freilich muß es werden".[27]

Der so formulierte Veränderungswille ist durchaus als reformsozialistisches Illusionsdenken aufzufassen. Dazu muß man allerdings den bedeutungskonstitutiven Aspekt der intertextuellen Bezüge der Braunschen Lyrik unberücksichtigt lassen. Und gerade dafür scheint es mir kaum möglich, in Anbetracht der Fülle, der Dichte und vor allem der Systematik dieser Bezüge, die sie nahezu zur ästhetischen Methode dieses Autors werden lassen,[28] eine ausreichende Begründung zu finden. Interessant wird es, wenn eine ausschließlich politische und eine von der Ästhetik des Textes ausgehende Lesart in Teilen zu gegenläufigen Sinnkonstitutionen kommen.

Für Horst Domdey „aktiviert" die Zeile „Mein Eigentum, jetzt habt ihrs auf der Kralle" lediglich „den traditionellen Ost/West-, den wir/ihr-Gegensatz, den Braun in den sechziger Jahren in den Mittelpunkt seiner Bekenntnislyrik rückt".[29] Domdey setzt „Land" und „Eigentum" gleich und geht auf die Unstimmigkeit zwischen dem Bild in der ersten Zeile, das dem „Land" selbst das Gehen überläßt, und dem der vorletzten, in dem dieses „Land" in einem raubtierähnlichen Überfall zur Beute gemacht wird, nicht ein. Es ist sicher verführerisch, diese Substantive als Synonyme zu betrachten. Bereits auf einer ziemlich vordergründigen Textebene führt es aber keinesfalls zu Sinnwidrigkeiten, hier zu trennen, indem „ihr" mit denen, die in den Westen gehen, identifiziert wird. Dann muß zwangsläufig mit „Mein Eigentum" auf etwas anderes als „mein Land" gezielt sein.

Ein Blick auf den Hölderlin-Text lehrt, daß die erhoffte und im Gesang zumindest zeitweilig verwirklichte Harmonie des Menschen, mit sich selbst und mit der Natur(gewalt), den Kern des „Eigentums" ausmacht. Man

---

wünscht. [...] Harre auf den Herrn und halte dich auf seinem Weg, so wird er dich erhöhen, daß du das Land erbest; / du wirst es sehen, daß die Gottlosen ausgerottet werden" (Ps. 37, 3, 4 u. 34).

[25] Zit. wird Louis Fürnbergs „Die Partei" von 1949. In: Hans Böhm (Hrsg.): Fürnberg. Ein Lesebuch für unsere Zeit. Berlin, Weimar 1969. S. 176-178.

[26] Die Bezeichnung der Partei als „Fürst" geht wohl zurück auf den Text von der Vogelweides, in dem es u.a. heißt: „der edle gütige könig gab mir unterhalt / daß ich im sommer luft, im winter hitze haben kann". In: In dieser Welt geht's wundersam (Anm. 22).

[27] In: Texte „in zeitlicher Folge". Bd. 8 (Anm. 23), S. 63; vgl. Friedrich Hölderlin: Der Gang aufs Land. In: ders.: Sämtliche Werke. Bd. 2,2: Gedichte nach 1800. Lesarten. Hrsg. von Friedrich Beissner. Stuttgart 1951, S. 582.

[28] Vgl. dazu: Visser (Anm. 17).

[29] Domdey (Anm. 3), S. 1772 f.

könnte auch sagen: die im Gedicht Sprache gewordene Illusion. Brauns Gedicht „An Friedrich Hölderlin" forderte sie Anfang der siebziger Jahre ein, die Harmonie, die er in der abschließenden Strophe vor allem als Desiderat im zwischenmenschlichen Bereich definierte:

Nicht träge
Sind wir geboren, Mann, der *Gott in Stahl gehüllt*
Geht unter den Werktätigen:
Bis doch zu eingeborenem Brauch
Wird, was uns guttut, und
Brust an Brust weitet sich so, daß sie aufsprengt diese eiserne
Scheu voreinander!

Etwa fünfzehn Jahre später ist die Sehnsucht in „Das Lehen" immer noch da, nur jetzt als Feststellung von Nicht-Realität, ohne Anspruchsgestus: „Sähe ich Brüder und keine Lemuren." Während in „An Friedrich Hölderlin" die Verwirklichung der Sehnsucht durchaus im Sozialismus, in der DDR erwartet scheint („Dein Eigentum auch, Bodenloser / [...] // Ist volkseigen" und „der *Gott in Stahl gehüllt* / Geht unter den Werktätigen"), wird in „Das Lehen" nicht nur unmißverständlich Abstand genommen von den Restriktionen und Oppressionen des DDR-Staates („zehn Gebote [...] und [...] Eisendraht"), sondern ebenso von der Vorstellung einer gemeinschaftstiftenden Funktion der – sozialistischen – Staatsidee überhaupt: „Die Bleibe, die ich suche, ist kein Staat." Der Punkt hinter diesem Satz steht im Original. Insofern ist der Ort des „Eigentums" mit dem Hölderlins vergleichbar: ein Nicht-Ort. Gelingt Hölderlin noch die Beschreibung einer Illusion im Gesang als „freundlich Asyl", als „Garten, wo ich [...] // In sichrer Einfalt wohne", bleibt Braun lediglich die annähernde Beschreibung einer Leer-Stelle. So fungiert das Gedicht als „Füll-Wort", dessen Aussagewert zwar groß, dessen Konkretisierung aber wohl in jedem einzelnen erfolgen muß: „Das Lehen, das ich brauch, wird nicht vergeben".

III. „Optimismus mit Trauerflor"

Nicht nur „Das Lehen", sondern auch andere Gedichte aus der gleichen Zeit, für die „Das innerste Afrika" das ausgeprägteste Beispiel darstellen dürfte, geben bei Berücksichtigung der intertextuellen Machart die DDR als konkreten Ort, wo „Der Stoff zum Leben" zu finden sei, weitgehend auf, obwohl sie als Erfahrungsbestand erkennbar die Defizite produziert.[30]

---

[30] Vgl. für eine ausführliche Diskussion dieses Textes: Visser (Anm. 17), S. 173-185.

> [...]
> Nicht im Süden liegt es, Ausland nicht
> wo unverkleidete Männer
> Wo der Regen
> Denn nichts Mächtiges ists, zum Leben aber gehört
> Was wir wollen
>   wo dich keiner
> Das innerste Land, die Fremde
> Erwartet. Du mußt die Grenze überschreiten
> Mit deinem gültigen Gesicht

Daß sich im Gedicht von 1990 das neutrale „Das" im Titel zum eingestehenden „Mein Eigentum" verschiebt, kann als Markierung von Kongruenz und Differenz zum Hölderlinschen Begriff gelesen werden. Was Brauns Texte immer wieder aussprechen, das ihnen Eigene, ist vor allem das Bewußtsein vom „echten Noch-Nicht", um es mit Ernst Bloch zu sagen, des Lebens/Schreibens. „Was ich nicht lebte" war immer wieder Thema des „ganzen Textes", es wurde immer wieder die Notwendigkeit zur Veränderung beschworen, so wie Bloch es in seiner „Ontologie des Noch-Nicht-Seins" beschreibt:

> „Es gilt also, den ganzen Ernst des Noch-Nicht zu zeigen und was ihn verhindert. Er wurde einfach, vulgär verhindert durch die viele *unechte* Zukunft, die täglich, alltäglich vor uns liegt [...]: wenn wir auf der Straße wandern und wissen, daß nach dreiviertel Stunden ein Wirtshaus kommt, so ist das das vulgäre Noch-Nicht. Jedoch an der Straße, die wir in dieser prekären Welt wandern, ist das Wirtshaus, gar als rechtes, noch gar nicht gebaut, muß erst aus dem gut Möglichen, woraus es, selber erst möglicherweise, noch besteht, zum Wirklichen gebracht, erbaut, mindestens fertiggebaut werden.
>   [...]
>   Nicht was nie, sondern was noch nie und nirgends sich hat begeben, aus immer einsichtiger werdenden Ursachen und Hemnissen, das allein veraltet nie".[31]

Wenn literarische Texte immer wieder das „Noch-Nicht" und die Notwendigkeit einer Bewegung in Richtung dessen Verwirklichung versprachlichen, können sie das wohl nur, wenn ihnen – und also auch dem Autor – eine Hoffnung bleibt, und wenn sie als „Optimismus mit Trauerflor" daherkommt:

> „Laßt uns in den Garten gehen und arbeiten, sagt derart Voltaires Candide in der keinesfalls besten aller Welten, erst recht nicht der besten aller möglichen. Optimismus mit Trauerflor wäre hier das rechte und dies Rechte bleibt, ja ist die so kritische wie positive Beschaffenheit der Hoffnung".[32]

Brauns Texte leben bekanntlich von Widersprüchen: Durch die Hoffnung, die auf die Möglichkeit der Veränderung besteht, wird das Ich/der Text an

---

[31] Ernst Bloch: Logikum/Ontologie des Noch-Nicht-Seins. In: ders.: Tübinger Einleitung in die Philosophie. Frankfurt a. M. 1970. S. 210-242, hier S. 224, 242.
[32] Ebd., S. 241.

seinem Ort festgehalten. Das Defizit wird immer wieder in Worte gefaßt, und so wird an einer unverrückbaren Position festgehalten: „Da bin ich noch". Wenn nun aber eine eigentlich gewollte Veränderung („Ich selber habe ihm den Tritt versetzt") bei den Beteiligten zu einem Gefühl von Erfüllung führt, scheint die „unechte Zukunft" erreicht und der Blick auf das „Noch-Nicht" verstellt. Die Figur Walter in der *Übergangsgesellschaft* sagt es in politisch deutlicheren Worten so: „Der Kapitalismus kann alles. [...] Aber sie haben keine Idee mehr. Die wollen nur dasselbe besser, und erhalten, was sich erhalten läßt. Die sehen nichts vor sich".[33] Aus der Sicht des lyrischen Ich ist das der eingetretene Zustand. Das Ich fühlt sich m. E. der Perspektive des „Noch-Nicht" beraubt. Diese Lesart enthielte den Wunsch, den die letzte Gedichtzeile ausspricht, eben diese Perspektive wiederzugewinnen. Dabei realisiert die letzte Zeile selbst zugleich den Anfang in diesem Prozeß: „Wann sag ich wieder *mein* und meine alle". Die Hervorhebung des Possessivpronomens deutet darauf hin, daß dieses „Eigene" von neuem ausgesprochen werden muß. Es liegt in der Art des philosophischen Begriffs des „Noch-Nicht" beschlossen, daß es sich mit ihm nicht um ein „Damals-Nicht" handeln kann. Somit müßte in erster Linie das Ich seine Position aufgeben, um zu erreichen, daß es wieder am gleichen „Ort" wäre wie „alle". Wenn das Ich/der Text das „Noch-Nicht" auf diese Weise wieder in den Mittelpunkt rücken könnte und die Möglichkeit gegeben wäre, daß es von „allen" so gelesen würde, wäre das ein Annäherungsprozeß, bei dem sich beide Seiten gegenseitig wahrnehmen würden – für Literatur wohl unabdingbar. Mit einem unterstellten „Gestus der Vereinnahmung"[34] hat das in dieser Rezeptionsweise schon deswegen nichts zu tun, weil die „echte Zukunft" eine philosophische Kategorie darstellt, die hier nicht politisch konkretisiert, geschweige denn anderen oktroyiert wird.

Alle Braun-Leser kennen durchaus auch Gedichte dieses Autors, in denen das politisch-sozialistische Bekenntnis als Parteinahme für den DDR-Staat nicht nur unübersehbar, sondern auch die wichtigste Aussage zu sein scheint: „die Brust voll Ruhm und Hoffnung, schaufeln ein Vaterland her", heißt es exemplarisch in dem frühen Text „Jugendobjekt".[35] Und vor allem aus dem Band mit dem aussagekräftigen Titel *Wir und nicht sie* wären noch einige zu nennen („Wir und nicht sie": „Das ist mein Land, das seh ich"; „Wir und ihr").[36] Allerdings war dieses Verhältnis auch in der Anfangsphase der Braunschen Lyrik nicht von vornherein so eindeutig und klar, wie manche Gedichte und Äußerungen des Autors und wie die Kritik mitunter glauben macht. Eine etwas ausführlichere retrospektive Betrachtung mag das veranschaulichen.

---

[33] In: Texte „in zeitlicher Folge". Bd. 8 (Anm. 23), S. 123-161, hier S. 136.
[34] Domdey (Anm. 3), S. 1772.
[35] In: Provokation für mich. In: Volker Braun: Texte „in zeitlicher Folge". Bd. 1. Halle, Leipzig 1989, S. 59.
[36] Wir und nicht sie. In: Volker Braun: Texte „in zeitlicher Folge". Bd. 2. Halle, Leipzig 1990, S. 57-101, „Wir und nicht sie", S. 70 f., hier S. 70.

IV. „Platz für tausend Träume"

Eine der ersten Publikationen des Autors in der DDR stammt aus dem Jahr 1962: „Es soll Platz sein für tausend Träume" lautet der auf den ersten Blick programmatische Titel des langen Gedichts in der Zeitschrift *neue deutsche literatur*:[37]

1

Manchmal hoffe ich, nichts sei ich deinem Land schuldig
Was ich bin, wäre ich besser ohne dein Land
Was ich will, wolle ich anderswo
Und ich liebe die Wiesen deines Landes, und es ist mein Land
Wie schön bist du auf den Wiesen unseres Landes!

2

Du hast einen Traum: du sitzt auf einem Stein
Es gibt keine Welt außer dir
Es gibt keine Sorgen außer deinen
Du hast keine Sorgen

In deinen Augen nur
Der letzte dunkle Tropfen Leid
Nun nimmst du ihn mit unters Lid

So wenig kostet ein Traum
So wenig und dreiundvierzig Millionen
Gestorbene

3

Auch mein Vater ist ein Gestorbener
Und meine Stadt sank in den Phosphorgarben
Europas herrlichstes Kleinod ging heim zum Rauch
Und meine Mutter teilt das Bett
Mit der Ergebenheit

Dein Traum ist schön
Seit ich ihn kenne, hasse ich die Schönheit

Und ich hasse die Musik deines Landes
Und ich hasse sein Gedicht
Und ich hasse seine Bilder
Sie sind leer

Und es ist furchtbar, nicht sprechen zu können
Als in deiner Sprache

Und ich hasse den Stuhl, das Bett, das Dach

---

[37] Volker Braun: Es soll Platz sein für tausend Träume. In: neue deutsche literatur 1962. H. 11, S. 30-32.

4

Sieh die Vögel auf den Baugerüsten!
Sieh die stählernen Vögel des Kriegs, die großen Traumausrotter

Sieh die Regen, die ins Land fallen
Wenn sie die Tränen deines Volkes sind:
Noch sind sie kein Maß seines Schmerzes

Und kein Maß seiner Freude

5

Ich liege bei dir in den Nächten
Ich küsse dir den Traum vom Mund
Es soll Platz sein für tausend Träume

Ich liebe die Hilflosigkeit deines Munds und die Zuversicht
   deiner Arme
Ich bin der selbsteloseste unter deinen Verehrern
Ich bin für deine Liebe geschaffen
Ich liebe den Mund deiner Schenkel und die ganze
Unvergänglichkeit eines einzigen Blicks deiner Augen

6

Ich baue Rathäuser in dein Land
Drin die Blicke der Liebenden die Gesetze besiegeln
Und die Werkhallen werden laut: mein Lachen weckte sie
Ich male Felder hin, die keine Handtücher mehr sind
Groß wie die Bettlaken, von denen die letzten
Flüche der ungezählten Verhungerten aufstiegen
Und ich male sie mit dem Schwung der Flüche!
Ich hole den Himmel herab im Düsensog
Ich sticke die Morgenröte noch ins Gewand der Nacht

7

So rasend bin ich vor Liebe!
Der Ungeduldigste bin ich unter den Ungeduldigen
Und der Veränderlichste unter allen Veränderlichen

Ich ergreife Partei für dich
Wenn du veränderlich bist
In den großen Veränderungen deines Landes

8

Jedem Hauch deiner Liebe sind meine Lippen offen
Keinen Hauch deiner Liebe sollst du in dich verschließen

Und ich weiß: ich bin deine Liebe wert
Und ich weiß: du bringst sie mir selbst entgegen
Und keinen Schritt breit nehm ich dir ab

Das Gedicht ist in der hier abgedruckten Fassung – ebenso wie die beiden
vorangestellten Texte in der gleichen Nummer mit den Titeln „Revolution"

und „Für A.P." – im ersten Band von Brauns Werkausgabe nicht enthalten.[38] Darauf wird später noch zurückzukommen sein. Anders als die beiden letztgenannten Gedichte, die sich als selbstsicheres, emphatisches Bekenntnis zum Kommunismus und zur DDR präsentieren,[39] setzt sich „Es soll Platz sein für tausend Träume" mit den Beweggründen dieser Parteinahme auseinander.

Während es sich bei den beiden anderen Texten um eine Art monologischer Rede an ein Gegenüber („Ihr" bzw. „Du") handelt, beschäftigt sich dieses Gedicht in acht Abschnitten auch eingehend mit den andersgearteten Positionen des Du, der Geliebten. Diese Positionen werden als politisch eingestuft. Der erste Abschitt macht bereits eine Inkongruenz zwischen dem Ich und dem Du sichtbar, die als Dichotomie von privat und öffentlich den ganzen Text durchzieht und erst gegen Ende aufgelöst wird. Der Gestus des Öffnungssatzes, „Manchmal hoffe ich", ist viel leiser als die beschwörenden ersten Worte von „Revolution": „Ich gebe mich nicht auf". Diese Verhaltenheit ist auf semantischer Ebene ebenfalls zu verzeichnen: „Manchmal hoffe ich, nichts sei ich deinem Land schuldig". Eine Zuordnung des Ich zum Land, zu „deinem Land" scheint nicht von vornherein gegeben. Die offensichtliche Zusammengehörigkeit von „Du" und „Land" scheint beider Anziehungskraft auf das Ich zu vergrößern, vielleicht – im Fall seiner Beziehung zum Land – erst herzustellen.[40] Es ist weniger die ideologische Ausrichtung des Lands, sondern vielmehr seine – in der Landschaft und durch das Du zum Ausdruck kommende – sinnlich erfahrbare, „natürliche" Gegebenheit, der das Ich bedingungslos bejahend gegenübersteht.

Der Traum des „Du", der im zweiten Abschnitt als eine Art Kombination aus der Nachdenklichkeit, wie sie in von der Vogelweides „Ich saz ûf eime steine" zum Ausdruck kommt, und Mörikescher Weltabgewandtheit beschrieben wird, ermöglicht es dem Ich, die Ursachen für die Widersprüchlichkeit seiner Haltung darzulegen. So einfach es scheint, die Augen zu schließen und das Außen zu vergessen („So wenig kostet ein Traum"), so unmöglich muß das sein in Anbetracht der Toten des Zweiten Weltkriegs: „So wenig und dreiundvierzig Millionen Gestorbene".[41]

---

[38] Texte „in zeitlicher Folge". Bd. 1 (Anm. 35).

[39] Letzteres implizit durch Gleichsetzung von Kapitalismus mit den westdeutschen Firmen „Thyssen und Mannesmann" (Anm. 37, S. 29).

[40] Diese Zeilen sind unter dem Aspekt einer Dichotomie von öffentlich und privat fast als unterschwellige Kritik an dem vielgesungenen Lied der Jungen Pioniere von 1952, „Unsre Heimat", zu lesen, in dem eine Heimatliebe verordnet wird, die die privat-persönliche Dimension des Lebens unberücksichtigt läßt: „Unsre Heimat, das sind nicht nur die Städte und Dörfer, unsre Heimat sind auch all die Bäume im Wald. Unsre Heimat ist das Gras auf der Wiese, das Korn auf dem Feld und die Vögel in der Luft und die Tiere der Erde, und die Fische im Fluß sind die Heimat, und wir lieben die Heimat, die schöne, und wir schützen sie, weil sie dem Volke gehört, weil sie unserem Volke gehört" (in: Lieder auf unserem Weg. Hrsg. von Ernst Heinze u.a. Berlin 1988, S. 56 f.).

[41] Obwohl neuere historische Forschungen zu dem Ergebnis von 55 Millionen Toten kommen, läßt der Auftakt des dritten Gedichtabschnitts doch darauf schließen, daß hier die Toten des Zweiten Weltkriegs gemeint sind.

Der dritte Abschnitt konkretisiert die Konsequenzen dieser zunächst einmal abstrakten Zahl, indem er die Folgen für das persönliche Leben des lyrischen Ich auf bitter-ironische Weise beschreibt:

> Auch mein Vater ein Gestorbener
> Und meine Stadt sank in den Phosphorgarben
> Europas herrlichstes Kleinod ging heim zum Rauch[.]

Der Tod des Vaters und die Vernichtung der Heimatstadt (Dresden) löschen das Manifeste des eigenen biographischen Anfangs zu einem erheblichen Teil aus. In diesen Zeilen fallen die Geschichte des „Lands" und die des lyrischen Ich in eins. In der Tradierung von Identität sind bei beiden Leerstellen entstanden, die sich nicht wegdenken lassen; das ist für das Ich noch nicht einmal in einem selbstgesponnenen Traum wie dem des Du vorstellbar. Es entsteht bei ihm eine Abwehrhaltung, die sich nicht nur auf diesen Traum bezieht: „Dein Traum ist schön / Seit ich ihn kenne, hasse ich die Schönheit", sondern sich auch als Haßgefühle den kulturellen, d.h. den menschengemachten, Bereichen („Musik", „Gedicht", „Bilder" und „Sprache") des „Lands" gegenüber bemerkbar macht.

Die Liebesbeziehung scheint dem Ich seine Verwurzelung in dem Land, die es trotz des Hasses durchaus gibt, bewußt zu machen. Sie ist an die Aspekte Landschaft („Und ich liebe die Wiesen deines Landes") und vor allem Sprache gebunden: „Und es ist furchtbar, nicht sprechen zu können / Als in deiner Sprache".[42] Die Polarität der Gefühle drückt sich auch in der Sprache selbst aus, wenn ein Wort gleichzeitig Frieden und Zerstörung konnotieren kann: „Sieh die Vögel auf den Baugerüsten! / Sieh die stählernen Vögel des Kriegs, die großen Traumausrotter", heißt es in dem vierten Abschnitt, ähnlich wie Regen, als Bild für die „Tränen deines Volkes", nicht von vornherein mit entweder Schmerz oder Freude zu verbinden ist.

Dem Haß, der sich auf verschiedene äußere Aspekte des „Lands" richtet, setzt das Ich in Abschnitt fünf die anscheinend bedingungslose Liebe zum Du gegenüber, deren Kraft sich vom Privaten ins Öffentliche verlagert. In Abschnitt sechs „malt" bzw. „strickt" sich das Ich ein Zukunfts-Bild von dem Land, wie es durch seine (des Ich) Liebesenergie verändert wird (Abschnitt 7). Dem folgen innerhalb dieses Abschnitts drei Zeilen mit unmittelbar politischer Aussage, aus denen nun doch eine Bedingung für die zunächst vorbehaltlos scheinende Liebe des Ich zum Du hervorgeht:

> Ich ergreife Partei für dich
> Wenn du veränderlich bist
> In den großen Veränderungen deines Landes[.]

---

[42] Eine Aussage wie diese stellt die traditionelle Vorstellung der Liebeslyrik auf den Kopf, in der es doch als das höchste Maß an Wesensgleichheit gelten muß, wenn die beiden Liebenden eine gemeinsame Sprache sprechen.

Bereits in der Mitte des Textes wurde dieses Verlangen nach Veränderung des Du auf mehr poetische Weise zum Ausdruck gebracht und zielte auf das Aufgeben des im zweiten Abschnitt formulierten Traums, in dem selbstversunken der Welt der Rücken zugekehrt wird. Das Ich plädiert für eine Öffnung nach außen hin, ein Außen, das es, in Anbetracht seines Hasses und dessen Ursachen, geradezu als veränderbar auffassen *muß*. Mit „den großen Veränderungen deines Landes" dehnen sich die Dimensionen, in denen gedacht wird, auf den politischen Bereich aus. Bereits „Ich ergreife Partei für dich" war eine ins Politische umformulierte „Liebes"-Erklärung, sofern es bei dieser Redewendung doch eher um Standpunkte als um Gefühle geht. Wenn man den Titel dieses Gedichts und dessen Wiederaufnahme in diesem Abschnitt als Allusion an Mao Tse-tungs Rede aus dem Jahr 1957, „Über die richtige Behandlung der Widersprüche im Volke", liest, erweitert sich der politische Horizont erheblich. Die Mao-Rede wurde berühmt unter dem Titel „Laßt hundert Blumen blühen"[43] und war, wie es Hannah Arendt 1966 formulierte, „zwar gewiß kein Plädoyer für die Freiheit, aber sie erkannte doch an, daß es auch unter einer kommunistischen Diktatur nicht-antagonistische Widersprüche zwischen den Klassen und, wichtiger noch, zwischen Volk und Regierung gibt".[44] Die Steigerung der bei Mao begegnenden Zahl wäre so als Vervielfältigung ideologischen Potentials zu verstehen, die durch das Ersetzen von „Blumen" durch „Träume" nicht nur verstärkt, sondern auch individualisiert würde. Auf jeden Fall fällt die Diskrepanz zwischen dem leidenschaftlichen Wunsch nach Veränderung und der ideologischen Unbestimmtheit in der Ausrichtung auf. Dazu kommt, daß das Ziel der Veränderung nicht formuliert wird, so daß der Weg, nämlich die Veränderung, selbst als Ziel erscheint.

In diesem Gedicht wird – und das ist nicht als Aussage über seine Qualität aufzufassen – die persönliche Einstellung eines lyrischen Ich zum Land, in dem es lebt, nicht nur appellierend demonstriert, sondern auch persönlich-historisch fundiert. Das, was in anderen Texten aus der gleichen Zeit so leicht wie unreflektierter Gegenwarts- und Zukunftsoptimismus daherkommt, scheint hier eher ein Ankämpfen gegen die jüngste Vergangenheit und gleichzeitig mahnendes Gedenken dieser Vergangenheit zu sein. Die radikalen Veränderungen, denen sich das Land unterziehen muß, sind die Bedingung für die Liebe des lyrischen Ich, die sich von der Landschaft auf die kulturellen Bereiche überträgt. Die Parallelisierung der Liebe zum Land mit der zu einer Geliebten verstärkt den Gestus des Persönlichen – und außerdem des Konkret-Sinnlichen. Die emphatisch-pathetische

---

[43] Der Text der Rede ist abgedruckt in: The Secret Speeches of Chairman Mao. From the Hundred Flowers to the Great Leap Forward. Ed. by Roderick Macfarquhar u.a. Cambridge (Massachusetts), London 1989 (Text: S. 131-189, Macfarquhars Einführung zu den Geheimreden: S. 3-18).

[44] Hannah Arendt: Elemente und Ursprünge totaler Herrschaft. 4. Auflage. München, Zürich 1995, S. 477.

Ausdrucksweise des sechsten Abschnitts, mit der in Texten wie „Jugendobjekt" oder „Jazz" vergleichbar,⁴⁵ liest sich im Kontext der vorangehenden Abschnitte nicht als bloße sozialistische Kraftmeierei, sondern fast als ein Sich-selbst-Mut-zusprechen.

Wichtig scheint in diesem Zusammenhang das Bestreben des lyrischen Ich, sich nicht festzulegen, wenn es um die Markierung der eigenen Position geht – zumindest nicht dort, wo sie positiv zu beschreiben wäre. Der Tenor seiner Haltung in bezug auf Gegenwart ist Veränderung. Zwar werden Zukunftsziele genannt: Liebe und Freude, keine Verhungerten, Himmel auf Erden („Ich hole den Himmel herab im Düsensog"), aber sie übersteigen nicht das Niveau der allgemeinen Platitüden, die in jeder Heilsbotschaft das Paradies auf Erden beschreiben. Somit scheint der vielfältige Transformierungsprozeß wichtiger als das Ziel zu sein. Er ist darauf gerichtet, die Leerstellen, die die Geschichte des Landes auch im Leben des Ich hinterlassen hat, zu füllen. Gerade die Kopplung von Ich und Allgemeinheit, von privat und öffentlich erzeugt beim Ich ein Verantwortungsbewußtsein, wenn es um die Veränderungen geht. Die Zerstörungen in der eigenen Biographie stellen die Verbindung her, sie sind dem Ich Lücke und Mahnmal zugleich. Die Monosemie des *einen* Traums (zweiter Abschnitt) würde in ihrer Ich-Bezogenheit dieser Doppel-Deutbarkeit von Geschichte nicht gerecht. Insofern markiert Braun mit dem Satz: „Es soll Platz sein für tausend Träume" und mit der Verweigerung, Veränderungen inhaltlich zu konkretisieren, in diesem Text Polysemie. Die Blumenmetapher in Maos Rede zielte zwar nicht auf uneingeschränkte Disparität, sondern in ihr war ein restriktives Element nachdrücklich vorhanden:

> „Letting a hundred flowers bloom [...], how did these slogans come to be put forward? It was in recognition of various different contradictions in society. In the arts and literature it is expressed in letting a hundred flowers bloom. This hundred flowers blooming includes [...] various different kinds of [...] flowers; but it also includes one kind of qualitatively different flower".⁴⁶

Doch ist die geographisch-politische Einschränkung, die in Brauns Gedicht dadurch entsteht, daß der Spiel-Raum mit „dein Land" in gewisser Hinsicht vorgegeben ist, nicht ideologisch festgeschrieben. Mehr-Deutigkeit fungiert als Instrument gegen das Auseinanderklaffen von privat und öffentlich und damit gegen das Vergessen. Veränderung wird dargestellt als Prozeß, der vom Alten wegführt, ohne freilich die Wundschmerzen, die das Alte (i.e. hier der Zweite Weltkrieg) verursacht hat, zu vergessen. Ein wichtiges Instrument in diesem Zusammenhang ist das einzige, was (sich gleich) bleiben wird, nämlich die Landessprache, in der auch das Ich spricht, sprechen muß: „Und es ist furchtbar, nicht sprechen zu können / Als in deiner Sprache".

---

⁴⁵ In: Texte „in zeitlicher Folge". Bd. 1 (Anm. 35), S. 59, 60.
⁴⁶ The Secret Speeches (Anm. 43), S. 164.-

V. „Epitaph für eine alte Kunst"

Hier aber muß noch einmal auf die obige Bemerkung zurückgekommen werden, dieses Gedicht sei in den ersten Band von Brauns Texte *„in zeitlicher Folge"* nicht aufgenommen. In dem ersten Gedichtband des Autors, *Provokation für mich*, der 1965 erschienen ist, gibt es in dem Teil „Auseinandergehen" einen Text mit dem Titel „Epitaph für eine alte Kunst".[47] In Teilen setzt er sich aus Versen des Gedichts „Es soll Platz sein für tausend Träume" zusammen, allerdings meistens in leicht abgewandelter Form. Das Element der Liebesbeziehung zu einem Du ist verschwunden, auch der für den *ndl*-Text so wichtige Aspekt der ganz persönlichen Folgen des Zweiten Weltkriegs ist nicht mehr da: vom toten Vater ist nicht mehr die Rede, aus der einen Mutter sind „Mütter" geworden. Die beiden ersten Strophen lauten nun so:

> Manchmal hoffe ich: nichts
> Schulde ich ihm: was ich will
> Wolle ich anderswo, was ich bin
> Wäre ich ohne dies Land.
>
> Die Furien des Kriegs fielen
> Aus diesem heiteren Himmel
> In die Museen der Worte
> In dieses tönende Land.

Auch in diesem, drei Jahre nach „Es soll Platz sein [...]" publizierten Text ist keine komplette Identifizierung des Ich mit „dies Land" gegeben. Die formalen Veränderungen haben die ästhetische Qualität des Gedichts gesteigert. So ist die erste Zeile, indem sie nicht sofort preisgibt, worauf es später ankommt, nämlich die Beziehung zwischen Ich und Land, zur Öffnungszeile geworden. Dazu trägt das Enjambement von der ersten zur zweiten Zeile erheblich bei. So liest man einen Moment lang eine Hoffnungslosigkeit des Subjekts heraus, von der man nicht weiß, ob sie da ist, weil es im positiven oder im negativen Sinne nichts mehr zu wünschen gibt.

Die Änderung von „dein Land" in „dies Land" mag ein Ver-Rücken der Ich-Position im Vergleich zum früheren Text signalisieren, Land und Ich fallen auch hier noch nicht zusammen, eine gewisse Reservatio mentalis scheint geblieben. Da auf den Teil, der über die Haltung des Du die Begründung dafür einführt, hier verzichtet wird und auch der persönliche Verlust als Kriegsfolge nicht als solcher erwähnt wird, folgt eine viel abstraktere Darstellung der Vernichtungswut des Krieges in der Zerstörung Dresdens:

> Die Furien des Kriegs fielen
> Aus diesem heiteren Himmel
> In die Museen der Worte
> In dieses tönende Land.

---

[47] In: Texte „in zeitlicher Folge". Bd. 1 (Anm. 35), S. 64 f.

> Die Kammersänger, die Schläger
> An den wohltemperierten Klavieren
> Die Blinden vor Dürers Bild: sie auch
> Machten sich stark in den Staub.
>
> Hin zum Rauch ging die Stadt
> In Feuern sank das helle Licht
> Mütter teilen das Bett
> Mit der Ergebenheit.

Gemäß dem neuen Titel betont der Text die Anteilnahme der verschiedenen Künste an dem Geschehen. Literatur, Musik und bildende Kunst so wenig wie deren Betrachter haben die Katastrophe vorhergesehen bzw. etwas gegen sie unternommen: „Die Blinden vor Dürers Bild: sie auch / Machten sich stark in den Staub" (wohl eine Kontamination aus „sich stark machen, sich aus dem Staub machen [was ja nicht mehr ging] und sich in den Staub werfen"). Aus „heim zum Rauch" im *ndl*-Text als Allusion auf „heim ins Reich" ist hier das etwas merkwürdig klingende „Hin zum Rauch" geworden, wohingegen das ursprüngliche, leicht schiefe Bild „Und meine Stadt sank in den Phosphorgarben" (es sind vielmehr die Garben, mit denen eine senkrechte Bewegung assoziiert wird) zu „In Feuern sank das helle Licht" umgeschrieben wurde.

> Sieh diesen langen Regen.
> Wenn das die Tränen sind
> Dieses Volkes: sie sind noch
> Kein Maß seines Schmerzes.

Wie bei „Land" ist auch in bezug auf „Volk" aus „dein" „dies", aus den vielen Regen ist jetzt ein einziger „lange[r] Regen" geworden. Getilgt wurde die Möglichkeit, ihn als „Maß" von entweder „Schmerz[..]" oder „Freude" zu lesen; eine inhaltliche Straffung, die den Übergang zur nächsten Strophe ermöglicht:

> Dieses tönernden Lands
> Lied war Verrat: seine Bilder
> Sind leer: sein Gedicht
> Nehm ich nicht an.

In der ersten besprochenen Fassung ging es bei den erwähnten Künsten um solche „deines Landes", mit denen allerdings, so die Implikation, ein Stück kollektiver Tradierung angesprochen wurde. In der späteren Fassung aber wird das Land als „tönern[...]" beschrieben, nun geht es um die ihm zugeordnete Kunst. Diese Charakterisierung, zusammen mit der Vergangenheitsform des Verbs (das „Lied *war* Verrat"; Hervorhebung A.V.), deutet im Gegensatz zum ersten Text darauf hin, daß es sich bei der Bezugnahme auf die Künste um etwas handelt, das vorbei sei, bei dem das lyrische Ich die Wahl habe, es anzunehmen oder vielmehr abzulehnen, wie es in der letzten Zeile dieser Strophe tatsächlich geschieht. Das Ich hat im Unterschied zum ersten Text einerseits die Möglichkeit, seine eigene Geschichte von der „großen", der des „Lands", abzukoppeln, andererseits schreibt es sich damit, so machen die erste und die letzte Strophe deutlich, in eine neue Geschichte, in die Geschichte eines „neuen Lands" ein. Auch in der Bezugnahme auf die Sprache, die in der früheren Fassung einen Teil der Bindung des Ich an die Vergangenheit ausmachte, hat sich nun etwas geändert:

> Keiner ärmer als: der sprechen kann
> In dieser Sprache, hier habe
> Ich keinen Stuhl, kein Bett
> Kein Dach[.]

War es in dem früheren Text das Ich, das sich der Tatsache bewußt war, nur in „deiner Sprache", d.h. in der Sprache „deines Landes", sprechen zu können und dieses „Zuhause" zu hassen, so distanziert sich das Ich im zweiten Text von „dieser Sprache", die ihm gerade *kein* Zuhause sein kann: „[...] hier habe / Ich keinen Stuhl, kein Bett / Kein Dach". Auch dieser Bruch wird möglich durch die scharfe Trennung von Vergangenheit und Gegenwart.

Die letzte Strophe wartet noch einmal auf mit einer Variation in der Kennzeichnung des „Landes":

> Diesem wehrlosen Land: wäre ich
> Diesem nichts schuldig: was ich will
> Wollte ichs anderswo, was ich bin
> Wäre ichs ohne dies Land.

Das laut-prahlerische, das „tönende Land" der Nazi-Zeit stellte sich letztendlich als „tönern", als zerbrechlich heraus (mit der Zerstörung Dresdens als Bild dafür), und danach, wenn man die Strophenabfolge als chronologische Reihenfolge nimmt, entstand das „wehrlose[...] Land", die DDR. Die abgewandelte Wiederholung der ersten Strophe macht die dort formulierte – seltene – Hoffnung gegenstandslos: diesem Land nichts zu verdanken zu haben, ohne es das sein zu können, was man ist. Die letzte Strophe spricht das in der Form von Fragen an, rein rhetorischen allerdings, die kein Fragezeichen, sondern nur eines deutlichen abschließenden Punkt bedürfen.

Von den wahrgenommenen Aufgaben des Ich in dem bedichteten Land ist hier nicht mehr explizit die Rede, wie jede Bezugnahme auf Persönliches entfällt. Wenn man allerdings dem Titel Rechnung trägt, stellt sich das Gedicht selbst als Umsetzung dessen heraus, was das „wehrlose[...] Land" von einem seiner Künstler erwarten darf, indem es sich von der untergegangenen „alte[n] Kunst" abhebt und sich damit als „neue" apostrophiert, die sich in den Dienst des „Landes" stellt, denn die Qualität des Neuen verdankt sie ihm.

VI. „Provokation für mich"

Der Gedichtzyklus „Der Stoff zum Leben", publiziert in drei Teilen zwischen 1979 und 1990,[48] setzt sich auf explizite Weise mit dem Verhältnis des lyrischen Ich zum „Land" auseinander. Dabei werden unterschiedlichste Aspekte, die für diese Beziehung konstitutiv sind (variierend u.a. von geographischen, philosophischen, politisch-ideologischen bis zu ästhetischen), durchgespielt. Eines der bekanntesten Gedichte dieses Zyklus, das bereits erwähnte „Das innerste Afrika", bildete 1992 für Wilfried Grauert den Anlaß, für Brauns Lyrik einen „Bruch mit der Monosemitradition des Offizial-Diskurses" für die achziger Jahre festzustellen. Eine eingehende Untersuchung dieses Zyklus zeigte aber, daß die von Grauert beschriebene Veränderung zumindest bereits seit dem ersten Teil nachweisbar war.[49]

Der nun vorgenommene Rückblick auf lyrische Texte aus der Anfangsphase des schriftstellerischen Schaffens Volker Brauns macht deutlich, daß die Festlegung der Braunschen Schreibweise auf eine allmähliche Entwicklung weg vom „Offizial-Diskurs" der DDR so gradlinig nur zu behaupten ist, wenn man sich auf ganz bestimmte Texte oder auf ganz bestimmte Lesarten beschränkt. Aus der Analyse des „Tausend Träume"-Gedichts ging hervor, daß von einer durchgehenden ideologischen Festlegung für das künstlerische Schaffen so eindeutig nicht die Rede sein kann. Das Interessante an den Texten dieses Autors dürfte gerade sein, daß sie auf divergierende Weise ihre Aussagen machen und Stellung beziehen.

Es bedürfte einer eingehenderen diachronen Untersuchung nicht nur der Braunschen Lyrik, sondern auch der anderen Gattungen, um zu klären, inwiefern die mit der Um-Schreibung des *ndl*-Gedichts einhergehenden textuellen Veränderungen auf vor allem semantischer Ebene charakteristisch sind für das nachfolgende schriftstellerische Werk dieses Autors. Zum einen spielen gewisse Aspekte, die in dem „Tausend Träume"-Text für die Beziehung zwischen „Ich" und „Land" wesentlich sind, auch in anderen frühen Texten eine wichtige Rolle. Zum anderen sind das gerade diejenigen, die später z.B. für die thematische Kohärenz in „Der Stoff zum Leben" konstitutiv sind. Um ein Beispiel zu nennen: Das Gedicht „Begegnung mit dem alten Freund" aus *Provokation für mich*[50] thematisiert unter den Aspekten Veränderung und Tradition die Frage nach der Notwendigkeit einer neuen Sprache. Das lyrische Ich spricht, im Unterschied zum Freund, diese neue Sprache und tut das mit dem vehementen Anspruch, die Außenwelt mit ihr zu verändern: „Ich werde die neue Sprache / Auf unsere Straßen helfen, in unsere Nächte gießen / In den gelben Mond in den Bäumen der Malerstraße kippen [...]". Das Abreißen der Kommunikationsmöglichkeit zwischen dem Ich und dem Freund führt zum als unvermeidbar dargestellten Bruch: „Der Abschied ist kurz".

---

[48] Gemeinsam veröffentlicht in: Der Stoff zum Leben 1-3. Frankfurt a. M. 1990.
[49] Visser (Anm. 17).
[50] In: Texte „in zeitlicher Folge". Bd. 1 (Anm. 35), S. 66 f.

Es ist in gewisser Hinsicht insbesondere die Annahme der Möglichkeit eines radikalen Bruchs, die hier und in „Epitaph" geradezu als notwendig dargestellt und in „Der Stoff zum Leben" rückblickend (selbst-)kritisch gesehen wird. Dort wird nicht nur für den Neu-Anfang nach dem Zweiten Weltkrieg,[51] sondern auch für die Entwicklung danach betont, daß Traditionslinien unerläßlicher Bestandteil der eigenen Identität sind. In bezug auf das lyrische Schaffen macht dies in diesem Zyklus z.B. das auffallend hohe Maß an intertextuellen Bezügen (auf fremde und auf eigene Texte) deutlich. Der Sprach-Bruch findet hier nicht mehr zwischen sogenannter alter und neuer Sprache statt, sondern wird im Text selbst wiederholt als Bruch zwischen Sprache und Abgebildetem vorgeführt.

Auffällig an diesen späten DDR-Texten ist die unentwirrbare Verschachtelung thematischer Stränge auf verschiedenen Textebenen. Immer wieder wird auch zu dem Zeitpunkt auf die Unentbehrlichkeit von Veränderung, von Bewegung bestanden.[52] In dem oben analysierten frühen Text war damit zwar keine konkrete, aber immerhin eine vage formulierte, auf die Außenwelt gerichtete Zukunftsperspektive verbunden. Davon kann in den späten Gedichten kaum noch die Rede sein. Aber auch dann noch sind Veränderungen unabdingbare Voraussetzung für lebensnotwendige Bewegung. Dann und wann erfolgt diesbezüglich sogar noch eine Art Aufruf, der aber nicht mit dem optimistischen Elan früher Texte einhergeht und eher an das Ich selbst als an andere gerichtet scheint. Ist im zweiten Teil des Zyklus mit der Möglichkeit eines Gangs ins „innerste Afrika" noch die Hoffnung auf die Realisierung einer solchen Grenzüberschreitung verbunden, mit dem letzten Text des dritten Teils, „Tiananmen"[53] scheint diese Hoffnung zerstört. Auf einer vordergründigen Ebene setzt sich „Tiananmen" mit der Zerschlagung des Studentenaufstands in China im Jahr 1989, also mit differierenden Meinungen in einer sich als sozialistisch verstehenden Diktatur, auseinander. Hier wird Hoffnung zwar einerseits noch immer dargestellt als das, was – gedankliche und tatsächliche – Bewegung initiiert, andererseits scheint es nun aber auch die alle Hoffnung zerstörende Macht zu geben, die keine Veränderung mehr duldet: die rollenden Panzer der chinesischen Parteiführung.

Aus der Betrachtung seiner lyrischen Texte geht der Autor Volker Braun als eine schillernde Figur hervor. Es bleibt auch nach der „Wende" schwierig, ihn in bezug auf die DDR politisch einzuordnen. Das ist nicht nur die „Beschreibungsimpotenz" der Literaturkritik, wie er es in „Rimbaud. Ein Psalm der Aktualität" 1984 selbst nannte: „Westdeutsche Lexika führen mich als Re-

---

[51] Vgl. das Gedicht „Material IX: Dresden als Landschaft", in dem der verordnete Zukunftsoptimismus der Nachkriegszeit in der DDR kritisiert wird, weil er eine Bewältigung der jüngsten Vergangenheit ausschloß, somit war „Im Fundament / Der Irrtum eingezeichnet"; in: Texte „in zeitlicher Folge". Bd. 8 (Anm. 23), S. 84-87.

[52] In „Der Stoff zum Leben" durch die beiden den ersten Zyklusteilen vorangestellten Mottos unterstrichen, in denen es u.a. heißt: „Werd ich denn wenigstens mein Land ordnen?" (T.S. Eliot) und „Schöner freilich muß es werden" (Hölderlin).

[53] In: Volker Braun: Texte „in zeitlicher Folge". Bd. 9. Halle 1992, S. 87-89.

publikflüchtigen; wo nicht, dann als ‚linientreuen Propagandisten'. Beschreibungsimpotenz".[54] Das liegt auch daran, daß die Texte uns zwingen, „einen unbekannten Pfad [zu] finden durch die Bedeutungsschichten".[55] Wenn sie konkret werden, dann am ehesten dort, wo sie benennen, was an den Verhältnissen in der DDR „uns ersticken machen kann".[56] Die vielen Beispiele, die sich dafür auflisten ließen – von der *Unvollendeten Geschichte* über den *Hinze-Kunze-Roman* bis hin zur *Übergangsgesellschaft* –, zeugen von einem unermüdlichen Anprangern von Machtstrukturen, Verleugnungen, Verkrustungen usw., kurz, von einem Komplex, der in seiner konkreten Ausprägung das Diktatorische der DDR-Gesellschaft ausmachte und gegen den Braun auch als öffentliche Person immer wieder angetreten ist. In diesem Kampf sind schlechtere und glänzende Texte entstanden. Das *Wie* der hartnäckig eingeforderten Veränderungen blieb unterdessen möglichst vage, auch wenn es gelegentlich mit dem Begriff „Kommunismus" benannt schien.[57]

Die Texte, die nach der „Wende" entstanden sind, muten mitunter als ein krampfhafter Versuch an, die nun veränderten gesellschaftlichen Verhältnisse nicht nur als veränderungsbedürftig, sondern auch als veränderungswürdig seh- und darstellbar zu machen. Und stets nach dem älteren Motto: „Wir müssen, gräßliche Vernunft, Provokateure bleiben".[58] Zu dem sicheren Gespür dafür, was von den Lesern als Provokation empfunden werden könnte, das Braun in der DDR wie kaum einer besaß, ist er nach 1990 aber anscheinend noch nicht gelangt. Nur so ist wohl die manchmal sehr plakative Sprechweise und das Aufgeben der für Braun in den siebziger und achtziger Jahren so typischen historisierenden Betrachtungsweise zu erklären; was zuweilen zu unerfreulichen Banalisierungen führt, wie z.B. in dem Gedicht „Wüstensturm" über den Golfkrieg: „Und Bagdad mein Dresden verlischt".[59] Oder hat Richard Herzinger doch recht, wenn er meint: „Der Vorwurf lautet vielmehr, daß die kritisierten Autoren [u.a. Wolf, Braun und Müller; A.V.] sich weigern, diese Verhältnisse [die westlichen; A.V.] überhaupt wahrzunehmen, weil sie den Blick darauf durch ein ressentimentgeladenes, vorgefaßtes Urteil verstellen"?[60] Das scheint mir, in Anbetracht dessen, was Volker Braun in der DDR an gegenläufigem Denken und Schreiben geleistet hat, doch zu einfach.

---

54 In: Texte „in zeitlicher Folge". Bd. 8 (Anm. 23), S. 7-42, hier S. 17.
55 Ebd., S. 40.
56 Ebd., S. 15.
57 „Wir müssen ins Innere gehen. Das ist ein schrecklicher Gang: in das Ende der Schrecken. Kommunismus oder Barbarei" (ebd., S. 36).
58 Ebd., S. 17.
59 In: Rot ist Marlboro. In: Texte „in zeitlicher Folge". Bd. 10 (Anm. 2), S. 53. Vgl. für eine Interpretation des kleinen Zyklus meinen Aufsatz: „Ost-itis"? Zu Volker Brauns „Wende"-Texten in „Rot ist Marlboro". In: Weimarer Beiträge 1996. H. 1, S. 68-88.
60 Richard Herzinger: Naturschützer im Reich der Transsubstantiation. Zur literaturtheoretischen Einhegung ehemaliger DDR-Schriftsteller. In: Frankfurter Rundschau, 17.6.1993.

Frank Hörnigk

„Kein Verlaß auf die Literatur?" –
„Kein Verlaß auf die Literatur!"

Fünf Sätze zum Werk Heiner Müllers

I. Bilder der Erinnerung

Das Theater Heiner Müllers beginnt mit einem frühen Bild der Erinnerung, einer ersten Erfahrung von Schuld. Er hat die Geschichte immer wieder erzählt; sie war eine der Obsessionen seines Lebens, als Katastrophe des eigenen, frühesten Versagens aussprechbar allein in der Sprache der Literatur und auf diese Weise wenigstens benennbar, nicht aufhebbar, aber so das Weiterleben ermöglichend. 1958 notiert er (seinen eigenen Angaben zufolge) die Geschichte zum ersten Mal. Der in Prosa geschriebene Text trägt den Titel „Der Vater"; sein erster Absatz lautet:

> „1933, am 31. Januar 4 Uhr früh wurde mein Vater, Funktionär der Sozialdemokratischen Partei Deutschlands, aus dem Bett heraus verhaftet. Ich wachte auf, der Himmel vor dem Fenster schwarz. Lärm von Stimmen und Schritten. Nebenan wurden Bücher auf den Boden geworfen. Ich hörte die Stimme meines Vaters, heller als die fremden Stimmen. Ich stieg aus dem Bett und ging zur Tür. Durch den Türspalt sah ich, wie ein Mann meinem Vater ins Gesicht schlug. Frierend, die Decke bis zum Kinn hochgezogen, lag ich im Bett, als die Tür zu meinem Zimmer aufging. In der Tür stand mein Vater, hinter ihm die Fremden, groß, in braunen Uniformen. Sie waren zu dritt. Einer hielt mit der Hand die Tür auf. Mein Vater hatte das Licht im Rücken, ich konnte sein Gesicht nicht sehn. Ich hörte ihn leise meinen Namen rufen. Ich antwortete nicht und lag ganz still. Dann sagte mein Vater: Er schläft. Die Tür wurde geschlossen. Ich hörte, wie sie ihn wegführten, dann den kurzen Schritt meiner Mutter, die allein zurückkam".[1]

Die Erschütterung zwischen der Sekunde des Wachwerdens und dem Moment der Verleugnung: Für das Kind bleibt der Vorgang traumatisch, besetzt mit dem Gefühl von Angst um den Vater, aber zugleich auch schon mit dem ganz und gar unerlaubten Gefühl von Glück, selbst nicht mitgenommen worden zu sein und – nachdem es die Schritte seiner zurückkommenden Mutter hört – nicht allein zurückbleiben zu müssen.

---

[1] Heiner Müller: Der Vater. In: ders.: Germania Tod in Berlin. Berlin 1977, S. 20.

25 Jahre später, in seinem Text Ende der fünfziger Jahre, wird Müller diesen Alptraum des Verrats an dem Vater zunächst schreibend von sich abzutrennen suchen in einer Allegorie des Verrats, den der Vater an dem Sohn begeht: Die Schuld des Vaters – im Augenblick seiner Verhaftung – war, daß er sich nicht als Held des Widerstands erwies. Das Kind erleidet eine Offenbarung des Autoritätsverlustes, den später der Erwachsene weder wahrhaben will noch zu diesem Zeitpunkt bezeugen kann. Dahinter verbirgt sich ein „Kindheitsmuster" und in diesem Sinne eine anhaltende eigene Sehnsucht nach Autorität, die zumal immer versprochen wurde und als dauerhaft anwesend erschien: zuerst in der Rolle des starken Erziehers, des Familienoberhaupts. Die unbestrittene väterlich-patriarchalische Stellung geht in dem Moment seiner Demütigung verloren. Der Vater beruft sich auf die Stärke der SA-Männer, die ihn „aus dem Bett heraus verhaften" und ihn schlagen: Es ist die Wahrnehmung einer Ohnmachts-, aber auch einer Machterfahrung, die sich erweitert in der Aufhebung des privaten Unglücks im Zeichen der darin sichtbar werdenden allgemeinen politischen Niederlage. Die Betonung der öffentlichen Stellung des Vaters als „Funktionär der Sozialdemokratischen Partei Deutschlands" im Text ist ambivalent. Einerseits begründet sie seine Verhaftung und erscheint auf dieser Ebene als Ausdruck eines sich mutig bekennenden Kampfes gegen die Nazis, andererseits manifestiert sich in der Erinnerung an diesen Vorgang das Wissen um die überlegene Stärke der Nazipartei gegenüber allen anderen Parteien: Sie sind die Stärkeren. Das Bild des unterlegenen Vaters wird zur Allegorie der Schwäche der Sozialdemokratie im ganzen; sein späterer individueller „Frontwechsel" zur logisch fatalen Konsequenz seiner (ihrer) Haltung der kampflosen Aufgabe/Selbstaufgabe im Moment der Verfolgung und der beginnenden offenen Konfrontation mit dem Nationalsozialismus. Der persönliche Verrat an den Idealen setzt sich fort – in seiner historisch verallgemeinerten Dimension, folgerichtig auch nach dem Krieg – und verklärt damit die zuerst noch erinnerte kindliche Feigheit und Angst fast als frühreife Hellsichtigkeit:

> „1951 ging mein Vater, um sich herauszuhalten aus dem Krieg der Klassen, über den Potsdamer Platz in Berlin in den amerikanischen Sektor [...]. Er fand seinen Frieden, Jahre später, in einer badischen Kleinstadt, Renten auszahlend an Arbeitermörder und Witwen von Arbeitermördern".[2]

Die Auslassung zwischen den zwei Sätzen des Zitats ist angefüllt mit einer Phantasmagorie sexueller Rache: im elterlichen Schlafzimmer übernimmt der Sohn im Geschlechtsakt mit einer fremden Frau die Herrscher-Position des Vaters:

> „Wir gingen den Weg schweigend. Auf dem Gesicht der Frau war ein starres Lächeln, als sie sich neben dem Doppelbett im Schlafzimmer meiner Eltern ohne Umstände auszog. Nach dem Beischlaf schenkte ich ihr Zigaretten oder Schoko-

---
[2] Ebd., S. 25.

lade. Meine eher höfliche Frage: Wann sieht man sich wieder? beantwortete sie
mit: Wenns gewünscht wird und verbeugte sich beinah vor mir, beziehungsweise
vor der Position, in der sie meinen Vater noch glaubte".[3]

Der war als Bürgermeister gerade nach Westberlin geflohen: seine Stellung
war vakant geworden, der Sohn konnte sie übernehmen. Die damit demonstrierte Abtrennung von ihm und seine Entmachtung als Mann gelingt dennoch nur vordergründig. In der Bereitschaft und Unterwürfigkeit der Frau
tritt er erneut als Übervater in Erscheinung. Der Sohn, der Vater sein will, ist
noch immer nur der Stellvertreter.

Heiner Müller veröffentlichte das Prosastück „Der Vater" erstmals 1977,
erweitert durch zwei Intermedien, von denen mit einiger Sicherheit anzunehmen ist, daß sie erst nach 1958 in den ursprünglichen Text eingeschrieben
wurden. Sie stehen kursiv gesetzt und abgehoben von der ansonsten von 1
bis 10 numerierten Textreihe. Der daraus sich ableitende interpretatorische
Schluß ist folgenreich. In meiner Überlegung markiert er den Übergang von
einer bloßen biographischen Notiz, die psychoanalytisch leicht ausdeutbar
ist, zu einem poetischen, fiktionalen, sehr komplexen Kunsttext. Das diesen
Text eröffnende, vorangestellte Intermedium lautet:

Ein toter Vater wäre vielleicht
Ein besserer Vater gewesen. Am besten
Ist ein totgeborener Vater.
Immer neu wächst Gras über die Grenze.
Das Gras muß ausgerissen werden
Wieder und wieder das über die Grenze wächst.[4]

Es folgt – zwischen den Absätzen 3 und 4 – das Intermedium 2:

Ich wünschte mein Vater wäre ein Hai gewesen
Der vierzig Walfänger zerrissen hätte
(Und ich hätte schwimmen gelernt in seinem Blut)
Meine Mutter ein Blauwal mein Name Lautreamont
Gestorben in Paris 1871 unbekannt[5]

Beide Texte sind als freie lyrische Rhythmen lesbar. Es sind Sprengsätze, die
Müllers Text erst in die Dichtung treiben, Wunschbilder eines alternativen
Lebens, einer anderen Existenz, die in der Qual der geschichtlichen Erfahrung die Sehnsucht nach Zurücknahme der Existenz – eingeschlossen damit
die Hoffnung auf eigene Nonexistenz – einschließt. Aus der Anklage gegen
den Vater wird die Klage über einen Vater, der dem Sohn ein Erbe auflädt,
das er selbst von sich abgetrennt hat. Diese Last der Geschichte erscheint danach allein aufhebbar in der Rigorosität einer Haltung, die nur noch in der

---

[3] Ebd., S. 225 f.
[4] Ebd., S. 20.
[5] Ebd., S. 22.

Trennung, in dem Gewaltakt des Zerreißens der Geschichte ihre Perspektive sieht. Bewußt aufgenommen wird hier das immer wieder zitierte Bild aus *Mauser*: „[...] das Gras noch / Müssen wir ausreißen, damit es grün bleibt"[6] – als Preis und zugleich aussichtslose einzige Hoffnung der Revolution. Es schließt den, der spricht, konsequent mit ein. Er selbst, der Täter, schreibt sein Todesurteil. Was bleibt, ist der Traum von einem anderen Leben, vorgezeichnet und bewundert in der seiner Selbstvernichtung zulaufenden poetischen Existenz Lautréamonts – seines Bruders. Vorgezeichnet auch in der Beschwörung anderer Eltern, Raubtieren gleich, die ein Raubtier gezeugt hätten, wären sie gewesen, was der Sohn sich von ihnen wünschte.

Wenige Jahre später, 1981, im Gespräch mit Sylvère Lotringer, ruft Heiner Müller gerade diesen Text seiner frühen Feigheit noch einmal in Erinnerung. Auf die Frage, weshalb er das Theater als das ihm gemäße Medium angenommen habe, antwortet er: „[...] das kam aus Widersprüchen und Situationen heraus, in denen man nicht aussprechen oder fühlen kann, daß man ein eigenständiges Subjekt ist. Wenn man ein Objekt der Geschichte ist, braucht man andere Figuren, um über die Probleme zu reden".[7] Das ist eine bemerkenswerte allgemeine Stellungnahme, die ihre Konkretisierung erfährt durch die unmittelbar darauf zitierte Kindheitserinnerung an die Verhaftung des Vaters und die sich jetzt direkt daran bindende und angesprochene Beschreibung des Vorgangs als Theaterszene: „Ich habe mich schlafend gestellt. Das ist eigentlich die erste Szene meines Theaters".[8]

Hier wird von nicht weniger gesprochen als dem Vater-Text als Theater-Metapher, als Basistext einer ganzen Dramaturgie. Die Obsession einer sozialen Rolle, die zur Voraussetzung literarischer Arbeit wird, ist Vor-Bild und zugleich das vorläufige End-bild eines der weitreichendsten dramatischen Konzepte, die mit Müllers Texten für das Theater hinterlegt sind. Aber es ist nicht sein letztes Wort in der Sache geblieben.

1992, in seiner Autobiographie *Krieg ohne Schlacht*, spricht er davon, daß die Erinnerung an den Vater und besonders an seine politische Entscheidung nach 1945 für ihn „ein blinder Fleck"[9] sei, eine Erfahrung, der er im Laufe der Jahre gegenüber zunehmend mißtrauisch geworden sei. Eine Korrektur alter Sicherheiten? Vieles spricht dafür – und spricht zugleich nicht gegen Müller. Es ist eine späte Selbsterfahrung (auch „SELBSTKRITIK"), jenseits der erprobten Haltung „IM BESITZ DER WAHRHEIT"[10] zu denken, eine Öffnung gegenüber auch einem anderen Text, der jetzt wiederentdeckt wurde und in dem eine Geschichte bezeugt wird, in der der Name des Kindes, das Heiner Müller war, nicht vorkommt – und doch anwesend bleibt, eben

---

[6] Heiner Müller: Mauser. Berlin 1978, S. 55.
[7] Heiner Müller: Mauern. Gespräch mit Sylvère Lotringer. In: ders.: Rotwelsch. Berlin 1982, S. 68.
[8] Ebd.
[9] Heiner Müller: Krieg ohne Schlacht. Köln 1994, S. 66.
[10] Heiner Müller: Fernsehen. In: Grenzfallgedichte. Hrsg. von Anna Chiarloni und Helga Pankoke. Berlin 1991, S. 55.

weil er es wollte. Das Dokument: Kurt Müller (DER VATER), am 16. Januar 1948. Betr.: Erlebnisbericht aus der Zeit des „nationalen Umbruches".[11]

II. Ende der Utopien

1985 erhält Müller die höchste literarische Auszeichnung der Bundesrepublik Deutschland, den Georg-Büchner-Preis der Deutschen Akademie für Sprache und Dichtkunst in Darmstadt. Seine Ansprache an die Akademie stellt er unter den Titel „Die Wunde Woyzeck". Gewidmet hatte er den Text dem politischen Gefangenen Nelson Mandela.[12] Einen Tag nach der Festsitzung der Akademie veranstaltete die Büchner-Buchhandlung der Stadt eine Lesung mit dem Autor. Aus der geplanten Lesung wurde ein Gespräch, das später unter dem Titel „Ich bin ein Neger. Diskussion mit Heiner Müller"[13] veröffentlicht wurde.

Mit der Erinnerung an diesen Vorgang wird eine der Grundstrukturen der Dramaturgie Heiner Müllers aufgerufen, die Erfahrung des „doppelten Blicks"[14], mit dem Müller immer Geschichte wahrnahm und in die Sprache seiner Dichtung trieb. Er schrieb ihr das Unbewußte des Vorgangs im Bewußten, gleich dem Bewußtsein im bewußtlosen Prozeß, das Unbekannte im Bekannten oder Bekannte im Unbekannten, das immer Gleiche der Erfahrung im immer Ungleichen der Bilder ein, so daß sich eine endlose Versuchsanordnung der Textreihen eines Werkes ergibt. Die Dimensionen „Deutsche Geschichte", „DDR-Geschichte" oder später „Dritte Welt" – als Aufbruch wie als Zurücknahme sozialer Utopien –, aber auch die in den poetischen Entwürfen zu diesen Topoi aufgehobenen Antike- oder Shakespeare-Bezüge als „Vorzeichen" heutiger historischer Erfahrungen sind als kontextuelle Zusammenhänge einer universell verstandenen poetischen Wirklichkeit immer anwesend in den Texten Heiner Müllers, selbst dort, wo sie nicht direkt als historische Erfahrung aufgerufen oder thematisiert werden. Sie sind konstitutiv für sein Werk von Beginn an, schon in jenen frühen Texten, in denen die ganze Konsequenz ihrer dramaturgischen Gewalt von Müller selbst noch gar nicht voll wahrgenommen zu werden scheint oder – wie später – nicht mehr in gleicher Weise als das einmal Erkannte, Eigentliche weitergeschrieben werden wird. Auch für ihn selbst gilt in diesem Zusammenhang wohl der Maßstab seiner radikalen Kritik an Brecht: „Der Autor ist klüger als die Allegorie, die Metapher klüger als der Autor [...]. Die Angst vor der Metapher ist die Angst vor der Eigenbewegung des Materials. Die Angst vor der Tragödie ist die Angst vor der Permanenz der Revolution".[15]

---

[11] Vgl. Kurt Müller: Erlebnisbericht. In: Sklaven 26/27 (1996), S. 36 f.
[12] Heiner Müller: Die Wunde Woyzeck. In: ders.: Material. Leipzig 1989, S. 114 f.
[13] Heiner Müller: Ich bin ein Neger. Diskussion mit Heiner Müller. Darmstadt 1986.
[14] Vgl. Hans-Thies Lehmann: Raum – Zeit. In: Text und Kritik. H. 73: Heiner Müller. München 1982, S. 75 f.
[15] Heiner Müller: Fatzer+/-Keuner. In: Material (Anm. 12), S. 31.

Das Bild „Ich bin ein Neger" kann vor dem Hintergrund solchen Verständnisses des poetischen Textes tatsächlich als eine Metapher gelesen werden, die klüger als ihr Autor ist, die mehr weiß, als er sagt. Das Bild zitiert bewußt die Blindheit einer Erfahrung und gewinnt gerade dadurch ihren Ausweis an Authentizität. Formuliert wird die Gewißheit des lidlosen schmerzenden Blicks von unten in die Sonne, von einem, für den kein Platz mehr am Tisch ist (oder in Wirklichkeit nie war), der vergebens auf das Essen warten wird, wenn er nicht lernt, es sich selbst zu nehmen. Er heißt Sasportas oder Galloudec, ist Woyzeck, der Bruder von Runge (!) oder Herakles, der Befreier und spätere Gaul des Prometheus; er kann auch Ophelia heißen, die der Fluß nicht behalten hat und die die Werkzeuge ihrer Gefangenschaft zu zertrümmern beginnt und Medea wird oder Dascha, die Schwester, die ihr Kind verhungern läßt als Preis ihrer eigenen Befreiung als Frau. Es ist der deutsche Soldat im Kessel von Stalingrad oder der russische Soldat an der Wolokolamsker Chaussee, den sein Kommissar erschießt, weil er mehr Angst vor dem Feind hatte als vor ihm, seinem Vorgesetzten.

Für sie alle spricht Müller: in der Haltung der Solidarität für die Unterdrückten und Opfer sowie aus Ekel vor den Unterdrückungsmechanismen, die sie beherrschen, aber auch mit dem Selbstekel der eigenen Rolle in diesem Gewaltverhältnis, in dem er nur mehr privilegierter Zuschauer dieser Gewalt – und damit selbst zur Schreib-Maschine geworden ist, stehend und schreibend auf beiden Seiten der Front.

Genau an diesem Punkt wird Ende der siebziger Jahre der Sprung in eine andere Erfahrung vollzogen, die einem Endpunkt gleichkommt, der zugleich das Ende einer anderen Hoffnung formuliert, die früher für ihn – und das für lange Zeit – an die Utopie einer Welt geknüpft war. Zusammen mit vielen anderen meinte er darin den möglichen Beginn der „eigentlichen" Geschichte der Menschheit zu sehen und beschwor damit zugleich das Ende des Schlachthauses als Vorgeschichte, als einzige Blutspur. Dieser Traum ist für ihn 1956 im ungarischen Herbst zu Ende gegangen: „Der Ofen blakt im friedlosen Oktober",[16] die Revolution ist erstickt, das Feuer verloschen. Was bleibt, ist das BLABLA einer Rede in die Brandung des Meeres, „im Rücken die Ruinen von Europa".[17] So beginnt der Text der *Hamletmaschine*, der da spricht, ist nicht mehr, sondern „war Hamlet",[18] der seine Rolle aufgegeben hat. Es ist aber auch die Rede des Autors Müller, der in diesem Moment ebenfalls aus seiner Rolle heraustritt, sein Bild zerreißen läßt und damit endgültig aufbricht in eine unbekannte Landschaft – in der festen Erwartung des Anderen „mit meinem Gesicht aus Schnee".[19] (Ganz spät, im Oktober des Jahres 1995, sechs Wochen vor seinem Tod, wird er selbst dieses Bild des „Doppelgängers", des „Antipoden" auflösen und mit seiner letzten Antwort

---

[16] Heiner Müller: Hamletmaschine. In: ders.: Texte 6: Mauser. Berlin 1978, S. 93.
[17] Ebd., S. 89.
[18] Ebd.
[19] Heiner Müller: Der Auftrag. In: ders.: Texte 7: Herzstück. Berlin 1983, S. 62.

versehen.) Doch davor liegt die andere Erfahrung: Es ist der nun sehr direkt formulierte Aufstand der Dritten Welt in seinem Werk, die Schwarze Revolution – der Aufstand des Körpers gegen die Sprache, der auch eine weibliche Revolution ist. Der zentrale Text heißt *Der Auftrag*, und Sasportas ist seine neue und zugleich seine letzte Hoffnung, seine Liebe und gleichzeitig sein Schmerz.

Müllers Stück des Jahres 1979 geht zurück auf die Erzählung *Das Licht auf dem Galgen* von Anna Seghers. Müller hatte Seghers' Text schon früh gelesen und 1958 mit einem eigenen Gedicht beantwortet: „Motiv bei A.S." lautete sein Titel:

Debuisson auf Jamaika
Zwischen schwarzen Brüsten
In Paris Robespierre
Mit zerbrochenem Kinn.
Oder Jeanne d'Arc als der Engel ausblieb
Immer bleiben die Engel aus am Ende
FLEISCHBERG DANTON KANN DER STRASSE
KEIN FLEISCH GEBEN
SEHT DOCH DAS FLEISCH AUF DER
STRASSE
JAGD AUF DAS ROTWILD IN DEN GELBEN
SCHUHN
Christus. Der Teufel zeigt ihm die Reiche der Welt
WIRF DAS KREUZ AB UND ALLES IST DEIN:
In der Zeit des Verrats
Sind die Landschaften schön.[20]

Beide Texte Müllers, das spätere Stück ebenso wie das frühe Gedicht, beginnen mit der Beschwörung einer Erinnerung. Es ist die Erinnerung an die Große Revolution des Jahres 1789, gebrochen durch die Erfahrung der Niederlage, ihres Scheiterns und gewaltsamen Abbruchs für die altgewordenen Avantgarden.

Vorgestellt wird damit eine Erfahrung, die allerdings nicht nur ihr Zentrum in Paris trifft. Auch in anderen Teilen der Welt hat diese Niederlage die Gestalt eines langanhaltenden, vielleicht endültigen Bewußtseins von Hoffnungsverlust angenommen – verbunden bleibt es unauslöschlich mit der Erinnerung an eine Zeit des Verrats. Das Gedicht Müllers endet mit der Betonung der irrationalen Gewalt dieses Zusammenhanges. Die Schönheit einer Landschaft und die Verführung im Rausch „zwischen schwarzen Brüsten" werden zu den unwiderstehlichen Polen solchen Verrats an der Revolution und damit zu den Voraussetzungen des Abschieds des weißen intellektuellen Täters Debuisson von seiner zur „blutverschmierten" Hure herabgesunkenen „Zweiten Liebe" – seiner Revolution.

---

[20] Heiner Müller: Motiv bei A.S. In: ders.: Texte 5: Germania Tod in Berlin. Berlin 1984, S. 80.

Müller nimmt mit dem „Auftrag" dieses Bild des Abschieds von einem Ideal revolutionärer Identität nach zwanzig Jahren erneut auf und erweitert es. In dem Brief, den er dem neuen Text geradezu programmatisch voranstellt, läßt er den ehemaligen Gefährten Debuissons, Galloudec, ihrem gemeinsamen Auftraggeber in Paris eine Botschaft überbringen, die Zeichencharakter erhält als Schlußfolgerung und radikalste Grunderfahrung einer erlittenen geschichtlichen Niederlage:

> „Galloudec an Antoine. Ich schreibe diesen Brief auf meinem Totenbett. Ich schreibe in meinem Namen und im Namen des Bürgers Sasportas, der gehängt worden ist im Port Royal. Ich teile Ihnen mit, daß wir den Auftrag zurückgeben müssen, den der Konvent durch Ihre Person uns erteilt hat, da wir ihn nicht erfüllen konnten. Vielleicht richten andere mehr aus. Es ist wohl so, daß die Verräter eine gute Zeit haben, wenn die Völker im Blut gehen".[21]

Galloudecs Brief gewinnt in seiner Diktion und Anrede die Form eines allgemeinen revolutionären Vermächtnisses. Es ist eine Bitte um die Entlastung aus einem Auftrag und zugleich die Aufforderung an den im Versteck lebenden ehemaligen Kämpfer, ebenfalls sein Gesicht zu zeigen. Mit dem zurückgegebenen Auftrag nimmt er auch seine eigene, individuelle Verantwortung wieder zurück oder an, das heißt, er steht zu seiner eigenen Geschichte und löst damit zugleich einen bis dahin unverrückbar scheinenden Mythos revolutionärer Disziplin endlich ein: das „Einverständnis mit der Auslöschung seines Gesichts"[22] im Namen und im Dienst an der Revolution, die Selbstverleugnung des Subjekts in der Revolution. Die von Paris nach Jamaika entsandten Emissäre Debuisson, Sasportas und Galloudec hatten diese Bereitschaft als Tarnung für ihren Auftrag ursprünglich selbst bestätigt: „Unser Platz ist der Käfig, wenn unsere Masken reißen vor der Zeit".[23]

III. Der glücklose „Engel der Geschichte"

Mit der Erfahrung der Niederlage entsteht jedoch eine andere Lernhaltung, die existentiell ist und außerhalb jeder bisherigen Theorie steht. Denn nun wird das Abnehmen der Masken gerade zur Voraussetzung der noch einzig möglich erscheinenden, vielleicht letzten Chance zur Weitergabe eines revolutionären Auftrags an jene begriffen, die den Vorgängern – vielleicht – nachfolgen werden/könnten oder als Nachgeborene eventuell auch nur – wie aus einem alten „Fahrtenbuch" – deren Erzählung hören: einen unter Umständen unauflösbaren Code, unverständlich wie eine fremde Schrift, aber doch ein Zeichen von Leben. (Christa Wolf hat in ihrer Erzählung *Kassandra* die Frauen des Ida-Berges ihre Hände in Ton drücken lassen; es wäre möglich,

---

[21] Müller: Der Auftrag (Anm. 19), S. 43.
[22] Vgl. Bertolt Brecht: Die Maßnahme. In: ders.: Stücke. Bd. 4. Berlin 1955, S. 265.
[23] Müller: Der Auftrag (Anm. 19), S. 50.

daß die Tonscherben einst anderen Menschen, vielleicht einer anderen Kultur jenseits jeder eigenen Erfahrung, dennoch als eine geheime Botschaft, ein Rätsel – jedenfalls aber als ein Zeugnis anderen Lebens – erscheinen könnten: eine Botschaft, die entschlüsselt werden kann!)

Bei Heiner Müller nimmt Antoine in eben diesem Sinne die Botschaft Galloudecs auf, als er sich dem Fremden, der sie ihm überbringt, nach der Nennung des Namens Sasportas, in seiner eigenen, wirklichen Identität zu erkennen gibt, sich also auch ausliefert.

Sein Gesicht zu zeigen ist in Zeiten der Niederlage die einzige Alternative zum Verrat, der sein Gesicht irgendwann immer auch offenbart, der sich dann spreizt in seiner Lust, die aus der eigenen Qual erwächst und die ihn so mächtig macht. Dieser Gewalt ohne Moral entgegenzutreten mit dem offenen Gesicht der Verzweiflung ist ein Schritt, der die Trauer und Mutlosigkeit nicht verhindert, aber ebenso im Namen der Opfer, der Lebenden und Toten Erstarrung und Tod aufbrechen kann.

Müller greift mit diesem Denkbild – in der mythischen Erscheinung des „Engels der Verzweiflung"[24] schon in der ersten Szene des Stücks – auf das lange zuvor von ihm selbst weitergetriebene Motiv des Engels der Geschichte zurück, das er in Antwort auf Walter Benjamins 9. These zum Begriff der Geschichte[25] bzw. auf Brechts „Reisen des Glücksgotts"[26] schon Ende der fünfziger Jahre im Bild des „Glücklosen Engel" auferstehen ließ:

„DER GLÜCKLOSE ENGEL. Hinter ihm schwemmt Vergangenheit an, schüttet Geröll auf Flügel und Schultern, mit Lärm wie von begrabnen Trommeln, während vor ihm sich die Zukunft staut, seine Augen eindrückt, die Augäpfel sprengt wie ein Stern, das Wort umdreht zum tönenden Knebel, ihn würgt mit seinem Atem. Eine Zeit lang sieht man noch sein Flügelschlagen, hört in das Rauschen die Steinschläge vor über hinter sich niedergehn, lauter je heftiger die vergebliche Bewegung, vereinzelt, wenn sie langsamer wird: Dann schließt sich über ihm der Augenblick: auf dem schnell verschütteten Stehplatz kommt der glücklose Engel zur Ruhe, wartend auf Geschichte in der Versteinerung von Flug Blick Atem. Bis das erneute Rauschen mächtiger Flügelschläge sich in Wellen durch den Stein fortpflanzt und seinen Flug anzeigt".[27]

Mit dem Auftritt des Engels der Verzweiflung wird dieses Bild jetzt qualvoll fortgeschrieben: als Verlusterfahrung jener letzten Hoffnung auf die Bewegung der Steine. Was bleibt, ist nunmehr allein der Rausch des Vergessens und die „Verheißung" eines umgestürzten, zum Abgrund gewordenen Himmels:

---

[24] Ebd., S. 46.
[25] Walter Benjamin: Über den Begriff der Geschichte. In: ders.: Allegorien kultureller Erfahrungen. Ausgewählte Schriften 1920-1940. Hrsg. von Sebastian Kleinschmidt. Leipzig 1984, S. 156-196.
[26] Vgl. Bertolt Brecht: Schriften zum Theater 3. In: ders.: Gesammelte Werke 17. Frankfurt a. M. 1967, S. 948.
[27] Heiner Müller: Der glücklose Engel. In: ders.: Texte 4: Theaterarbeit. Berlin 1975, S. 18.

„Ich bin der Engel der Verzweiflung. Mit meinen Händen teile ich den Rausch aus, die Betäubung, das Vergessen, Lust und Qual der Leiber. Meine Rede ist das Schweigen, mein Gesang der Schrei. Im Schatten meiner Flügel wohnt der Schrecken. Meine Hoffnung ist der letzte Atem. Meine Hoffnung ist die erste Schlacht. Ich bin das Messer mit dem der Tote seinen Sarg aufsprengt. Ich bin der sein wird. Mein Flug ist der Aufstand, mein Himmel der Abgrund von morgen".[28]

Danach fangen die Toten an zu sprechen: „Wir waren auf Jamaika angekommen".[29] Ihr Bericht ist die Geschichte einer katastrophischen Erfahrung, als Erinnerungsarbeit durchgespielt. Doch gerade mit diesem Bericht kann der Flug des Engels aufs neue beginnen. Er kommt wieder in Bewegung, wenn er den Toten die Särge aufbricht und sie damit aus ihrer Vergangenheit befreit. Es ist eine „explosion of a memory".[30] Wenn überhaupt, so die historische Überzeugung Müllers, kann mit ihr das Kontinuum der Geschichte gesprengt werden.

Ende der siebziger Jahre hat der Ort, von dem aus solche Befreiung allein noch zu denken war für den Autor, nur einen Namen: er heißt Afrika, heißt Asien und Lateinamerika – die Dritte Welt. Damals noch – als Traum der Befreiung trotz aller Niederlagen – schien diese Welt die letzte „große Bedrohung für den Westen und die große Hoffnung für unsere Seite [...]".[31] Es war der Traum einer europäischen Linken, die den Traum Sasportas' skandierte in Müllers Text und ihn Gestalt werden ließ in einem Bild jenseits des Rationalismus von Aufklärungsvorstellungen instrumenteller Vernunft und ihrer Blindheit bzw. Beliebigkeit in allen ihren analytischen Bestandsaufnahmen sozialer Verhältnisse in Ost und West. Seinem ehemaligen Verbündeten Debuisson in diesem anderen ‚weißen' Projekt – das seines nicht war/sein konnte und das er mit seinem eigenen Tod beenden mußte – hält Sasportas die Naturgewalt seiner eigenen ‚schwarzen' Revolution entgegen. Sie wird zur Antizipation einer anderen Ordnung und zum Modell eines alternativen Weges dahin. „Wenn die Lebenden nicht mehr kämpfen können, werden die Toten kämpfen [...]",[32] läßt ihn Müller sagen und:

„Mit jedem Herzschlag der Revolution wächst Fleisch zurück auf die Knochen, Blut in ihre Adern, Leben in ihren Tod. Der Aufstand der Toten wird der Krieg der Landschaften sein, unsere Waffen die Wälder, die Berge, die Meere, die Wüsten der Welt. Ich werde Wald sein, Berg, Meer, Wüste. Ich, das ist Afrika, Ich, das ist Asien. Die beiden Amerika sind ich".[33]

Hier scheint ein Bild auf, das die revolutionären Möglichkeiten der Dritten Welt schon damals weit über ihre realpolitischen Bedingungen setzte, sym-

---

[28] Müller: Der Auftrag (Anm. 19), S. 46-47.
[29] Ebd.
[30] Vgl. Explosion of a memory – Heiner Müller – DDR. Ein Arbeitsbuch. Hrsg. von Wolfgang Storch. Berlin 1989.
[31] Müller: Mauern (Anm. 7), S. 64.
[32] Müller: Der Auftrag (Anm. 19), S. 69.
[33] Ebd.

bolisch wahrgenommen in der Gewalt ihrer Körper, in den Dimensionen einer Landschaft und damit im behaupteten Gegensatz zur für Müller heruntergekommenen Sprache der Aufklärung in der alten Ersten Welt. Diese habe historisch ihre Subjektrolle endgültig verspielt. Die neuen Subjekte des Widerstands gegen sie – außerhalb der Dritten Welt – seien deshalb auch nicht mehr in den anachronistisch gewordenen Mustern der als Klassenkampf gedachten Verhältnisse zu suchen. Sie sind also weder in der Perspektive des revolutionären Proletariats – einer Vorstellung des 19. Jahrhunderts – noch in ihren intellektuellen Vorsprechern und vermeintlichen Repräsentanten auffindbar, sondern in den Außenseitern, den Randfiguren und Minderheiten der alten Metropolen und ihrer Integration in die diese alte Welt untergrabenden asiatischen, afrikanischen, lateinamerikanischen Stadtlandschaften des alten Kontinents; Furcht und/oder Hoffnung, wenn „RAUBKATZENATEM WEHT IM PARLAMENT ... DIE PANTHER SPRINGEN LAUTLOS DURCH DIE BANKEN ... HEIMHOLEND IN DAS NICHTS DIE ERSTE WELT".[34]

Es ist ein Bild voller Subversivität, eine Provokation zugleich, die hier aufgerufen wird, aber sehr bald auch schon ein elegisches Bild der Gewißheit über das Ende eines Traums und sein notwendiges Scheitern. Müller weiß es längst, als er über Georg Büchner nachdenkt anläßlich seiner Darmstädter Rede – und dabei zugleich über den Riesen Goyas, in der Erinnerung seiner ersten Erscheinung als „Vater der Guerilla", „der auf den Bergen sitzend die Stunden der Herrschaft"[35] nur noch zu zählen hatte, wie es schien. Jetzt hat ihn die Realität wieder. Und Müllers eigener Schluß?

> „An einem Wandbild in einer Klosterkirche in Parma habe ich seine abgebrochenen Füße gesehn (notiert er), riesig in einer arkadischen Landschaft. Irgendwo schwingt vielleicht auf den Händen sein Körper sich weiter, von Lachen geschüttelt vielleicht, in eine unbekannte Zukunft [...]. Noch geht er in Afrika seinen Kreuzweg in die Geschichte, die Zeit arbeitet nicht mehr für ihn, auch sein Hunger ist vielleicht kein revolutionäres Element mehr, seit er mit Bomben gestillt werden kann, während die Tambourmajore der Welt den Planeten verwüsten",[36]

lautet der vorläufig letzte Befund. In ihn eingeschlossen die Erinnerung an das Schicksal der europäischen Schwestern und Brüder der Guerilla, an Ulrike Meinhof zum Beispiel, „Tochter Preußens und spätgeborene Braut eines (neben Büchner) anderen Findlings der deutschen Literatur, der sich am Wannsee begraben hat, Protagonistin im letzten Drama der bürgerlichen Welt [...] seine Schwester mit dem blutigen Halsband der Marie".[37]

Das Bild einer „bleiernen Zeit" überdeckt längst mehr als nur das letzte Drama „der bürgerlichen Welt", von dem es vordergründig spricht. Es schließt

---

[34] Heiner Müller: Anatomie Titus Fall of Rome. Ein Shakespearekommentar. In: ders.: Texte 9: Shakespeare Factory 2. Berlin 1989, S. 140-141.
[35] Müller: Die Wunde Woyzeck (Anm. 12), S. 114.
[36] Ebd.
[37] Ebd., S. 114 f.

die „Tragödie der proletarischen Revolution" mit ein, aus der heraus sie
wächst! Wenige Jahre später, nach dem Ende des romantischen Traums, mit
Gorbatschow könne neu gelernt werden, bleibt nur noch die letzte Gewißheit der Niederlage: Müllers Engel hat endgültig aufgehört zu fliegen. So
lautet der Text Anfang der neunziger Jahre:

> Glückloser Engel 2
>
> Zwischen Stadt und Stadt
> Nach der Mauer der Abgrund
> Wind an den Schultern die fremde
> Hand am einsamen Fleisch
> Der Engel ich höre ihn noch
> Aber er hat kein Gesicht mehr als
> Deines das ich nicht kenne.[38]

Damit ist der Ausstieg vollzogen, und das nicht nur in dem besonderen Zusammenhang dieses einen Bildes. Geradezu manisch werden die alten Ge-
wißheiten seines gesamten Werkes von Müller aufgerufen, wird die Gültigkeit der alten Bilder infrage gestellt. SELBSTKRITIK: es wächst der fatale
Eindruck des Scheiterns, das Wissen um den endgültigen Verlust der Utopi-
en. Ihre zuvor – selbst in den Momenten radikalster Zuspitzung – noch immer als historisch faßbar gedachten Dimensionen treiben jetzt unaufhaltsam
auf einen Abgrund zu, der in die Koordinaten allgemeiner geschichtlicher
Vorstellungswelten nicht mehr einzubinden ist. Die Hoffnung des „Glücklosen Engel" wird im Bild des „Glücklosen Engel 2" zurückgenommen, sein
letzter Ort (Stand-Ort) ist die Mauer in Berlin, „der Abgrund zwischen Stadt
und Stadt". Für Heiner Müller war dieser Ort von Beginn an immer mehr
als lediglich eine „Staatsgrenze"; ihr Symbolwert: die drastische Realität einer
wirklichen Differenzerfahrung in der Welt.

Es bleibt seine Überzeugung, daß mit ihrem Abriß diese Differenz in der
Welt nicht verschwunden ist, gleichzeitig aber auch „sein" Engel für ihn nicht
mehr erkennbar bleibt. Und das ist eine neue Lage! Die Geschichte ist zur eigenen geworden, ihre historische Dimension ist im Abgrund, den die Mauer
hinterließ, verschwunden. Das Subjekt der Geschichte ist nähergerückt, es
könnte „dein Gesicht" haben, aber der Autor kann es nicht mehr wirklich
entscheiden. Was bleibt, ist die Erfahrung von Einsamkeit, von Fremde und
Vergänglichkeit. Zwar definiert er „seinen" Engel als Symbol für Befreiung,
für Emanzipation, noch immer als in der Welt befindlich, aber er ist nicht
mehr in der Lage, im Gesicht dieses Engels seinem eigenen zu begegnen.

Es ist letztlich die Absage an die Utopie des die eigenen Grenzen über-
schreitenden historischen Subjekts: „Kein Engel sprengt mit Flügeln deinen
Raum", heißt es im noch späteren Gedicht „SELBSTKRITIK 2 ZER-
BROCHENER SCHLÜSSEL".[39] Welch eine Korrektur jenes früh beschwo-

---

[38] Heiner Müller: Glückloser Engel 2. In: ders.: Gedichte. Berlin 1992, S. 100.
[39] Heiner Müller: Selbstkritik 2 Zerbrochener Schlüssel. In: ebd., S. 99.

renen, als Möglichkeit danach niemals zurückgenommenen Anspruchs auf die Bewegung der Steine, unter denen der „Glücklose Engel" von 1958 trotz aller Katastrophen der Welt selbst wieder in Bewegung kommen würde. Denn jener Engel verharrt ja nur so lange auf Geschichte in der Versteinerung, „bis das erneute Rauschen mächtiger Flügelschläge sich in Wellen durch den Stein fortpflanzt und seinen Flug ankündigt".[40] Es ist Müllers Eingeständnis, nun tatsächlich innerhalb seines individuellen Lebensabschnitts nicht nur die Utopien seiner Zeit nicht weiter aufgehoben zu sehen, sondern auch alle bisherigen Aussichten auf sie – für seine eigene Person – als endgültig versperrt bezeichnen zu müssen. Was bleibt, ist eben das Bild einer „leeren Zeit".

IV. Warten auf nichts

LEERE ZEIT

Meinen Schatten von gestern
Hat die Sonne verbrannt
In einem müden April

Staub auf den Büchern
In der Nacht
Gehn die Uhren schneller

Kein Wind vom Meer

Warten auf nichts[41]

Ein Wartestand ohne Arbeit, das schloß sich für Müller immer aus. Seine Texte sah er hingegen ohne Ungeduld als einsame Zeichen an. Damit konnten sie (im Gegensatz zu ihm – in seiner sozialen Existenz) ruhig auf Geschichte warten. Das war seine Überzeugung. Gerade dieses Gefühl der Sicherheit solcher Erwartung ließ ihn lange Zeit so gelassen erscheinen: seine Zeit, als Zeit seiner Texte, würde kommen!

Mit Blick auf die späten Arbeiten Heiner Müllers schlägt diese Verheißung eines produktiven Wartestands im schmerzhaft neuen Bewußtsein des „Wartens auf nichts" überdeutlich um: Müller hat seinen Glauben verloren. Die anbrechende „neue Zeit" nach seiner Zeit eines „Leben[s] in zwei Diktaturen", eines Lebens in einem anhaltenden „Krieg ohne Schlacht", aber mit der Utopie einer Menschheitsbefreiung verbunden: diese neue Zeit erscheint nur noch als die bloße Negation dieses Ideals. Es ist der Verlust der Perspektive auf das Andere, auf die Möglichkeit des Ausbruchs, der zum Leidensdruck, zur Schockerfahrung – und zur letzten Herausforderung wird. Denn jeder Text enthielt bisher eine mögliche Lösung. Selbst in *Herakles 2 oder die Hydra*,[42]

---

[40] Müller: Der glücklose Engel (Anm. 27), S. 18.
[41] Heiner Müller: Leere Zeit. In: ders.: Kalkfell. Berlin 1996, S. 154.
[42] Heiner Müller: Herakles 2 oder die Hydra. In: ders.: Texte 2: Geschichten aus der Produktion 2. Berlin 1979, S. 100-103.

einem der zweifellos bedeutendsten Versuche Müllers, den Gang des Menschen durch die Geschichte als katastrophisch anhaltende Not zu beschreiben, blieb die Aussicht auf eine wachsende Selbsterkenntnis, die ihn in seinem Überlebenskampf letztlich bestehen ließ, erhalten. Es war ein „Training des aufrechten Ganges", denn:

> „[...] in dem weißen Schweigen, das den Beginn der Endrunde ankündigte, lernte er den immer andern Bauplan der Maschine lesen, die er war aufhörte zu sein anders wieder war mit jedem Blick Griff Schritt, und das er ihn dachte änderte schrieb mit der Handschrift seiner Arbeiten und Tode".[43]

Eben solches Vertrauen auf Veränderungen, auf Veränderbarkeit der Verhältnisse kann als die allgemeinste Klammer nicht nur dieses, sondern aller früheren Texte angesehen werden. Das verlorengegangene Vertrauen des späten Heiner Müller in die Welt bleibt von daher als sein letztes Wort ein Zeichen des Abschieds. Es war die letzte Selbsterfahrung, eine Herausforderung für sein Schreiben gegen das Ende hin, und es bleibt eine Herausforderung an die, die nach ihm mit seinen Texten umgehen.

Mit Blick auf die zuletzt notierten, teilweise nur noch hinterlegten Texte beginnt eine neue Lektüre, nicht in der Erwartung, doch noch eine geheime Botschaft der Erlösung zu empfangen, vielmehr in der Behauptung selbstbestimmten Denkens und der darin aufgehobenen Chance, Müllers Verweigerung, seine Absage an uns, unsere Hoffnungen auf ihn zu erwidern.

1995, wenige Monate vor seinem Tod, schreibt er im Münchener Krankenhaus ein Sonett, „TRAUMWALD" betitelt, das ein anderes, sehr viel früher schon einmal beschriebenes Bild der Erwartung auf die erhoffte oder gefürchtete Selbstbegegnung eines Menschen in seinem Gang in eine Landschaft noch einmal thematisiert und endlich auflöst:

TRAUMWALD

> Heut nacht durchschritt ich einen Wald im Traum
> Er war voll Grauen. Nach dem Alphabet
> Mit leeren Augen, die kein Blick versteht
> Standen die Tiere zwischen Baum und Baum
> Vom Frost in Stein gehaun. Aus dem Spalier
> Der Fichten mir entgegen durch den Schnee
> Trat klirrend, träum ich, seh ich was ich seh
> Ein Kind in Rüstung, Harnisch und Visier
> Im Arm die Lanze. Deren Spitze blinkt
> Im Fichtendunkel, das die Sonne trinkt
> Die letzte Tagesspur ein goldner Strich
> Hinter dem Traumwald, der zum Sterben winkt
> Und in dem Lidschlag zwischen Stoß und Stich
> Sah mein Gesicht mich an: das Kind war ich.[44]

---

[43] Ebd., S. 103.
[44] Heiner Müller: Traumwald, Drucksache 11. Hrsg. vom Berliner Ensemble 1995, S. 469.

Das Bild, an das hier erinnert wird, ist Teil der grotesk traumatischen Geschichte des „Mannes im Fahrstuhl" auf seinem Weg zu einem Chef, von dem er – im gleichnamigen Stück – einen *Auftrag* entgegennehmen soll. Als der Fahrstuhl endlich anhält und der Mann ins Freie tritt, befindet er sich auf einer Dorfstraße in Peru. Alles ist erschüttert: jede Ordnung, alle Zeit- und Ortsvorstellungen sind gesprengt: was bleibt, ist das Bewußtsein völliger Ratlosigkeit außerhalb der bekannten Welt. Das darauf einsetzende, langsame Zu-sich-selbst-Kommen mündet in einen Akt möglicher Selbstbefreiung, einen „Spaziergang", an dessen Ende mit Sicherheit eine Konfrontation stehen wird:

> „ich [...] gehe weiter in die Landschaft, die keine andere Arbeit hat als auf das Verschwinden des Menschen zu warten. Ich weiß jetzt meine Bestimmung. Ich werfe meine Kleider ab, auf das Äußere kommt es nicht mehr an. Irgendwann wird DER ANDERE mir entgegenkommen, der Antipode, der Doppelgänger mit meinem Gesicht aus Schnee. Einer von uns wird überleben".[45]

„Der Mann im Fahrstuhl" ist 1979 geschrieben, der Text steht wie ein erratischer Block in Müllers Stück *Der Auftrag* – eher fremd als verfremdend in seiner Gewalt: ein seitdem immer wieder neu und verschieden gedeutetes Zeichen. Die Wiederaufnahme des Motivs im späten Gedicht ist allerdings nicht reduzierbar auf den bloßen Versuch, Bedeutung durch Doppelung zu erreichen, denn das Bild hat sich geändert! Aus der Vorstellung einer einsamen, aber zu durchschreitenden, allenfalls dem Menschen gegenüber gleichgültigen Landschaft ist eine Landschaft des Todes geworden. Der Traumwald ist ein Totenreich, in dem die Tiere und Bäume nur noch die Staffage einer Un-Wirklichkeit sind. Ebenso bricht der neue Text mit der Hoffnung des Mannes im Fahrstuhl, in der Begegnung mit dem Anderen eventuell selbst der zu sein, der überleben wird: denn dieser Andere tritt nun – im Gedicht – gerüstet und bewaffnet dem lyrischen Ich entgegen! Der in dem früheren Text den Anderen erwartet hatte, wird nun selbst erwartet. Es ist eine Begegnung mit sich selbst in einer anderen Gestalt, die mit der Hinrichtung endet, die eine Selbsttötung ist. Erst im Sterben erkennt der Sterbende, daß sein „Ich" als Kind der Grund seines Todes ist.

Hier schließt sich der Kreis. Heiner Müller nähert sich mit seinem späten Sonett jenem Trauma, das am Anfang aller seiner Erinnerungen steht: der Erfahrung der Verhaftung seines Vaters durch die Gestapo im Januar 1933.

> „Es ist diese verhängnisvolle Verquickung von Schuld und Verrat, die das Kind Müller erfährt und die der Autor Müller nicht mehr vergißt. Der Erwachsene Müller mißtraut dem Kind. Er weiß, wozu es fähig ist: in der Krise wird es den Vater verraten! Die Stoßrichtung des Textes zielt auf einen traumatischen Befund: die längst eingestandene Schuld ist noch nicht gesühnt. Wenn aber das Kind bis heute tötet, stellt sich die Frage neu, ob der richtige Weg schon gefunden ist".[46]

---

[45] Müller: Der Auftrag (Anm. 19), S. 62.
[46] Sascha Löschner: Heiner Müllers „Block-Texte" – zur persönlichen Dimension von Geschichte in den späten Texten Heiner Müllers. Unv. Manuskript. Humboldt-Universität Berlin 1996, S. 56.

V. Bilder vom Theatertod

Diese Frage bleibt offen. Nicht offen allerdings erscheint Müllers Haltung in der Sache. Sie lautet: keine Verlängerung mehr des eigenen Verrats durch Schreiben – selbst dann, wenn der Preis solcher Haltung den Tod bedeutet, und er selbst es ist, der als Kind in Rüstung das Urteil gegen sein anderes, wehrloses Ich vollstrecken wird. Und doch: der Text weist über diesen einen denkbaren Schluß hinaus, denn allein durch sein Vorhandensein als Textgestalt stellt er auch einen Sieg über die Gewaltgestalt des Kindes dar. In der Beschreibung des Todes wird seine Schuld mit aufgehoben, wird der Gestus des Schreibens zum Gestus der Demaskierung einer Erfahrung. Sie wird zum Beweis der Fähigkeit des Autors Müller, seiner eigenen Geschichte „ins Weiße im Auge zu sehen".[47] Dadurch wird die Erwartung durchkreuzt, das Maskenspiel einer theatralischen Vorstellung auch in der eigenen Person durchzuhalten; etwa so, wie es die Figur des Valmont in „QUARTETT" vorführt, die ihren eigenen Tod inszeniert und selbst dem Sterben noch einen Genuß abgewinnt, den ihre Gegenspielerin Merteuil nicht teilen kann. Aus der toten Welt verschwindet nur Valmont als Sieger. Müller überschrieb die Szene „Salon vor der Französischen Revolution. Bunker nach dem Dritten Weltkrieg".[48] Der Tod ist hier Selbststilisierung und allgemeine Zeitbestimmung in einem, Erfahrung eines endgültigen Bruchs oder Beginn einer immergleichen Geschichte. Valmonts Zeit ist nicht mehr die Zeit Sasportas' oder der verpuppten, damit aber wie eine Bombe auf ihre Explosion lauernden Ophelia. Deren Zeiten sind abgelaufen, anwesend bleiben sie allein noch als Schattenrisse gegen die glatten Gesichter ihrer Nachfolger. Die Marquise Merteuil, Partnerin und Opfer Valmonts in diesem neuen Spiel, ist insofern wiederum nicht ohne Ophelia zu denken. Sie ist nicht ihre Schwester, wohl aber ein Gegenbild: die im Krebsgang der Geschichte zurückgelassene, verhöhnte Frau von einem Mann, der das Spiel bis in den Tod hinein bestimmt – und beherrscht: „Sie brauchen mir nicht zu sagen, Marquise, daß der Wein vergiftet war. Ich wollte, ich könnte Ihnen beim Sterben zusehen wie jetzt mir. Übrigens gefalle ich mir immer noch."[49]

Valmonts Auftritt endet mit dem Eingeständnis, zu keiner Zeit ohne Maske, ohne Verstellung gespielt zu haben. Der Tod schließt in diesem Sinne mit dem Leben ab, das nur Spiel gewesen ist, genauer Theater: „Ich hoffe, daß mein Spiel sie nicht gelangweilt hat. Dies wäre in der Tat unverzeihlich."[50] Auch das Bild vom Theatertod wiederholt sich noch einmal:

---

[47] Müller: Fatzer +/-Keuner (Anm. 15), S. 31.
[48] Heiner Müller: Quartett. In: ders.: Herzstück (Anm. 19), S. 71.
[49] Ebd., S. 90.
[50] Ebd.

THEATERTOD

Leeres Theater. Auf der Bühne stirbt
Ein Spieler nach den Regeln seiner Kunst
Den Dolch im Nacken. Ausgerast die Brunst
Ein letztes Solo, das um Beifall wirbt.
Und keine Hand. In einer Loge, leer
Wie das Theater, ein vergessnes Kleid.
Die Seide flüstert, was der Spieler schreit.
Die Seide färbt sich rot, das Kleid wird schwer

Vom Blut des Spielers, das im Tod entweicht.
Im Glanz der Lüster, der die Szene bleicht
Trinkt das vergessne Kleid die Adern leer
Dem Sterbenden, der nur sich selbst noch gleicht
Nicht Lust noch Schrecken der Verwandlung mehr
Sein Blut ein Farbfleck ohne Wiederkehr[51]

Auf den ersten Blick erinnert die Situation an jene, die Valmont durchlebt. Aber der erste Blick täuscht. Denn dem Gedicht fehlt alles künstlich Kalkulierte, auch die Attitüde des zynisch überlegenen Spielers, die Valmonts Geste ebenso abschreckend wie brillant machte. Zudem fehlt die Partnerin, vor der und gegen die gestorben wird: sie ist nicht mehr, wie Merteuil im Spiel, anwesend, aber sie ist stellvertretend da als vergessenes Kleid, Erinnerung des Todes, als geheime Botschaft an den, der den Tod jetzt vor sich hat.

Hier kommt erneut die Figur des Sasportas in Erinnerung, der – als er von Debuissons geplantem Verrat erfährt – seinen eigenen Tod ebenfalls vor Augen hat und deshalb seine Anklage gegen ihn allein mit der Hoffnung auf die Toten beschwören kann: „Wenn die Lebenden nicht mehr kämpfen können, werden die Toten kämpfen. Mit jedem Herzschlag der Revolution wächst Fleisch zurück auf ihre Knochen, Blut in ihre Adern, Leben in ihren Tod".[52]

Es ist die Beschwörung der Wiederkehr der Toten, die die Arbeit der Lebenden übernehmen werden und müssen. Debuissons Existenz wird in diesem Moment als bloß schändlich abgeführt. Seine Bitte um die Gnade des Todes, der allein noch den Verrat verhindern könnte, wird zurückgewiesen: „Dein Blut leert unsre Adern".[53] Das ist der Befund, und vor allem deshalb wird Debuisson konsequent der Tod verweigert. Er muß allein bleiben mit seinem Verrat.

Wie anders wirkt dagegen die Lösung des Gedichts: Hier findet der einsame Tod auf der Bühne statt. Die Todesverweigerung als „revolutionäre Utopie" des Stückes wird nicht aufrecht erhalten. Diese wiederum deutliche Differenzerfahrung in der späten Dichtung Heiner Müllers wird zum Lernvorgang. Er beschreibt und begründet die Erfahrung des eigenen Verrats – in der Selbst-Identifikation mit dem vermeintlichen Handlungszwang

---

[51] Heiner Müller: Theatertod. In: ders.: Kalkfell (Anm. 41), S. 154.
[52] Müller: Der Auftrag (Anm. 19), S. 69.
[53] Ebd., S. 56.

Debuissons als dem einzig möglichen Ausweg und damit Zwang zum Weiterleben. Das alles ist nun vorbei!

Noch einmal auf einen „TRAUMTEXT" verweisend, mit dem Heiner Müller wie in einem finalen Vermächtnis die Vollendung seiner Erfahrungswelt als Katastrophe und zugleich als Hoffnung auf die „Nachgeborenen" ausgeschrieben hat, sollen diese Überlegungen zu einem singulären Werk, das nicht einfach in dem massenhaft sich wiederholenden Konflikt einer Literatur aufgeht, die unter den Verhältnissen der Diktatur zwischen den Polen „Vereinnahmung und Selbstbehauptung" ihre Poesie zu formulieren gezwungen war und ist, vorläufig enden.

Es erweist sich: Müllers Text sprengt diesen Rahmen. Sein Prosatext vom Oktober 95 kann als ein letzter Beleg für diese These stehen. Er mündet ein und

> „[...] kulminiert im Bild eines Kessels und der einzig verbliebenen, möglichen Bewegung in ihm auf schmalem Grat zwischen Kesselwand und bodenlos nasser Tiefe. Im voyeristischen Blick auf einen Sterbenden verwirrt sich der Schritt des Eingeschlossenen. Er stürzt in das Wasserloch und mit Entsetzen und Erleichterung sieht er seine Tochter oben auf dem Betonrand, vorerst gerettet, doch schon dabei, herauszukriechen aus dem Korb",[54] in dem er sie getragen hatte: „[...] die Augen auf mir, der aus dem Wasser nicht heraus kann, der Betonrand zu hoch, BLEIB WEG VON MIR DER DIR NICHT HELFEN KANN mein einziger Gedanke, während ihr forderend vertrauender Blick mir hilflosem Schwimmer das Herz zerreißt".[55]

Welches Bild könnte eindringlicher vor einer Haltung, auch einer Rezeptionshaltung warnen, die auf Errettung von dem hofft, der wissentlich untergehen wird! Seine Botschaft, in diesem letzten Moment der Wahrheit, lautet anders: er zeigt von sich weg. Die alte Verdrängung der Möglichkeit, scheitern zu können durch eine Praxis andauernder erfolgreicher Arbeit, manifestiert sich ein letztes Mal – als Korrektur. Denn nun ist auch diese Probe bestanden. Der Mann hat aufgehört, auf eine andere Geschichte oder den Ausbruch aus dem immer Gleichen zu warten – wie sein Text. Mit dem letzten Bewußtsein, von ihr eingeholt zu sein, verharrt er im Raum seiner Gefangenschaft, wartend auf seinen Tod, über sich noch einmal den kindlichen Blick voller Vertrauen auf Errettung, die von ihm ausgehen könnte – ein einziger Gedanke, der „das Herz zerreißt" – aber sein Wissen um die Endgültigkeit des eigenen Endes nicht mehr rückgängig machen kann. Der „Alptraum der Geschichte",[56] im Bild des ausweglosen Kessels zur letzten Konsequenz aller katastrophischen Erfahrungen seines Lebens getrieben, hat Bestand, bleibt ein monströses Zeichen von einem Kriegszustand ohne Ende. Ob das Bild vom „vereisten Kessel" Bestand hat, liegt nicht mehr bei Heiner Müller, ob es diese Wirklichkeit gibt, kann angenommen oder kritisiert werden. Aber auch dann gilt: „Wenige sind wert, daß man ihnen widerspricht".[57]

---

[54] Löschner (Anm. 46), S. 68.
[55] Müller: Theatertod (Anm. 51), S. 154.
[56] Müller: Mauern (Anm. 7), S. 58.
[57] Heiner Müller im Gespräch mit Peter von Becker. In: Theater heute, Sondernummer 1995, S. 30.

Birgit Dahlke

„Temporäre autonome Zone"

Mythos und Alltag der inoffiziell publizierenden Literaturszene
im letzten Jahrzehnt der DDR

Mit der Aufdeckung der IM-Dienste ihrer Aktivisten Anderson und Schedlinski ging der Jungfräulichkeitsmythos der sogenannten unabhängigen oder subkulturellen Szene unter. War „Autonomie" für die jungen Künstler und Autoren selbst lange ein lebensnotwendiger Mythos, um sich aus dem engmaschigen Netz von Institutionen und bis ins letzte vorgeplanter Biographie losmachen zu können, so wurde der „Prenzlauer Berg" vor allem von westlicher Seite nicht erst nach 1989 zum Synonym der „eigentlichen", „anderen" oder „dritten" Literatur der DDR stilisiert. Die Empörung und Irritation, welche die Stasi-Enthüllungen 1991/92 auslösten, hatte eine ihrer Ursachen in der vorherigen vereinfachten Einteilung der DDR-Literatur in „affirmative" und „oppositionelle"/„autonome" Kultur. Der „Prenzlauer Berg", so der Szene-Insider Peter Böthig, „war [...] für Ost und West zu einer Chiffre geworden für eine scheinbar intakte kritische Identität".[1]

I. Ernüchterungen

Jetzt war also gar keine Insel moralisch-integrer künstlerischer Existenz innerhalb der DDR mehr denkbar? Doch: nun rückte die politisch-oppositionelle Szene mit direkt politischen Satiren, aufklärerischen Essays und dokumentarischen Berichten über totgeschwiegene Themen wie DDR-Neonazis, Umweltschäden oder sexuellen Mißbrauch ins Rampenlicht. Lauter ertönten jetzt Stimmen, die schon immer das Elitäre an den experimentellen „Prenzlauer-Berg-Texten" kritisiert hatten. Die ernüchterten Bilanzen der endachtziger Jahre aus dem Umkreis der Szene selbst schienen einer solchen Einschätzung recht zu geben: Jan Faktor und Detlef Opitz beschrieben Ignoranz und Ausgrenzungsmechanismen gegenüber anderen künstlerischen Konzepten als den szenedominanten, Gabriele Stötzer-Kachold legte die gesamte Szene als Männermachtspiel zu den Akten, Uwe

---

[1] Vorwort zu: Peter Böthig, Klaus Michael (Hrsg.): MachtSpiele. Literatur und Staatssicherheit im Fokus Prenzlauer Berg. Leipzig 1993, S. 12.

Kolbe formulierte seine Distanz gegenüber der Effekthascherei der „Aktivisten am Sprachmaterial"[2].

Vor allem Kolbe, Faktor und Leonhard Lorek war die eigene Nischen-Existenz bereits vor 1989 suspekt geworden, selbstkritisch und selbstironisch bis bitter waren ihre Befunde und Appelle ausgefallen. „Das Ende des Untergrundes", hatte auch der Maler A. R. Penck lange vorher konstatiert, „die Illusion war hinüber".[3] Immer deutlicher wurde ein Gruppenstatus abgewiesen, der vor allem von außen zugeschrieben worden war, nicht zuletzt in der Folge einzelner, ausschließlich im Westen erschiener Anthologien der „anderen Literatur aus der DDR".[4] Nach Wolf Biermanns Anklage[5] wurde der Ton härter. Gestritten wurde nun über Möglichkeiten und Illusionen intellektueller Opposition in der DDR. Jan Faktor machte die Bonner Wochenzeitung *Das Parlament* zum Podium seines sezierenden (osteuropäischen) Blicks auf die alternative Kultur in der DDR[6], Uwe Kolbe beschrieb in der Berliner Wochenzeitschrift *Freitag* die DDR-Opposition als „Phantom".[7] „[...] eine Diktatur ist vollkommen untauglich, eine Opposition hervorzubringen", stimmte auch Kurt Drawert ein.[8]

II. Ränder und Nischen

Wohnungslesungen, Super-8-Filme, Körperperformances, Punkrockkonzerte, Grafik-Lyrik-Bücher, freie Theatergruppen, quietschende Eierverpackungen als origineller Zeitschriften-Einband – waren das alles Produkte eines Lebens und Arbeitens in Verkennung der wirklichen Verhältnisse, in der Illusion eines „wahren Lebens im falschen"? „Unser Leben in der Nicht-Lega-

---

[2] Jan Faktor, Annette Simon in: Ariadnefabrik 4/1987; Leonhard Lorek in: Schaden 9/1986; Uwe Kolbe in: Bizarre Städte Sonderheft 1/1989; Gabriele Stötzer-Kachold in: Kontext 5/1989 und in: Böthig, Michael (Anm. 1), S. 129-137; Detlef Opitz in: Sonntag 29/1990, S. 6.

[3] In: Ariadnefabrik 3/1987.

[4] Sascha Anderson, Elke Erb (Hrsg.): Berührung ist nur eine Randerscheinung. Neue Literatur aus der DDR. Köln 1985; Uwe Kolbe, Lothar Trolle, Bernd Wagner (Hrsg.): Mikado oder der Kaiser ist nackt. Selbstverlegte Literatur in der DDR. Darmstadt 1988; Egmont Hesse (Hrsg.): Sprache und Antwort. Stimmen und Texte einer anderen Literatur aus der DDR. Frankfurt a. M. 1988.

[5] Vgl. Wolf Biermann: Der Lichtblick im gräßlichen Fatalismus der Geschichte. Büchner-Preis-Rede (November 1991). In: ders.: Der Sturz des Dädalus oder Eizes für die Eingeborenen der Fidschi-Inseln. Über den IM Judas Ischariot und den Kuddelmuddel in Deutschland seit dem Golfkrieg. Köln 1992, S. 48-64 (vgl. auch Biermanns Eduard-Mörike-Preis-Rede. In: ebd., S. 64-79).

[6] Jan Faktor: Intellektuelle Opposition und alternative Kultur in der DDR. In: Aus Politik und Zeitgeschichte. Beilage zur Wochenzeitung Das Parlament. 1994. B 10, S. 30-37.

[7] Uwe Kolbe: Die Heimat des Dissidenten. Nachbemerkungen zum Phantom der DDR-Opposition. In: Freitag 40/1991, S. 20; Detlef Opitz: Die Fremde des Beobachters. Eine Erwiderung auf Uwe Kolbes Kritik an der DDR-Opposition im Freitag Nr. 40. In: Freitag 41/1991, S. 17.

[8] Kurt Drawert: Sie schweigen. Oder sie lügen. Von der Beschaffenheit einer gescheiterten Elite. In: Böthig, Michael (Anm. 1), S. 79.

lität damals war verdächtig einfach [...]", schreibt Jan Faktor 1992 bilanzierend, jedoch: „Das Leben in der Illusion kann [...] eine Zeitlang kreativ sein". Die (aus Andersons und Schedlinskis IM-Status resultierende) Schonung durch die Stasi habe verhindert, „daß wir in wirkliche Konfrontation mit der Macht kamen und mit der Zeit radikaler wurden".[9] Welche Folgen hätte denn eine solche Konfrontation für die Literatur haben können? Wäre auch diese „radikaler" geworden?

Wenn Mitte der achtziger Jahre von vielen Beteiligten ein Einschnitt innerhalb der Szene-Geschichte angesetzt wird, so mag dies für den Zusammenhalt verschiedener Gruppierungen, Zeitschriftenredaktionen und Lesungskreise zutreffen, für die inoffiziell publizierten Texte jedoch nur bedingt. Nach 1985 fehlen die direkt gegenkulturellen Intentionen der frühen Zeitschriften *Schaden* (Berlin 1984-87), *Und* (Dresden 1982-84), *Mikado* (Berlin 1983-87), *Poesiealbum* (Dresden, später Berlin 1978-84) oder *Entwerter/Oder* (Berlin 1982-89) und solcher Kollektiv-Manifeste wie „Zoro in Skorne" von 1984 (Stefan Döring, Bert Papenfuß, Jan Faktor in *Schaden* 4/1985), in denen in der Avantgarde-Tradition mit den Kategorien „Unkontrollierbarkeit" und „Zügellosigkeit" an der Entstehung einer „temporären autonomen Zone"[10] gearbeitet wurde. Ab Mitte der achtziger Jahre vermischten sich zunehmend, wie auch in der Rockmusik, der bildenden Kunst oder der Fotografie, die Unterschiede zwischen „offiziell" und „inoffiziell". Vormals subkulturelle Nischen lösten sich auf, „unabhängig", d.h. außerhalb staatlicher Strukturen entstandene Literatur und Kunst bewegte sich vom „Rand" auf das „Zentrum" zu, wurde zunehmend staatlich geduldet. Die Akademie der Künste, in der noch 1980 der Vorstoß Franz Fühmanns, bisher in der DDR offiziell ungedruckte Texte und Autoren in einer Anthologie vorzustellen, gescheitert war,[11] wurde 1988 zum Gastgeber einer „Werkstatt Junge Kunst", in deren Rahmen der Herausgeber der inoffiziell publizierten Zeitschrift *Bizarre Städte*, die *Autoperforationsartisten*, die freie Theatertruppe *Zinnober* und die Experimentalband *Expander des Fortschritts* ein Podium erhielten.[12] Im Streit um die Anthologie war Fühmann dem Akademiepräsidenten Konrad Wolf mit einer Argumentation gegenübergetreten, die den Boden poetologischer Positionen vollständig hinter sich ließ:

„Diese Dichter bilden keine Gruppe; die Problematik ihrer Arbeiten wächst aus unserem Leben, das Quälende und Beunruhigende ihrer Fragen stammt von dort, aus der Realität, nicht aus irgendeinem bösen Willen, und es ist, dies

---

[9] Jan Faktor: Sechzehn Punkte zur Prenzlauer-Berg-Szene. In: Böthig, Michael (Anm. 1), S. 92 f., 96.
[10] Bert Papenfuß im Gespräch mit Birgit Dahlke am 3.12.1991. In: Deutsche Bücher (Amsterdam) 1/1992, S. 6.
[11] Zur Geschichte dieser Anthologie vgl.: Uwe Kolbe: Auf meine Art naiv. Literaturbegriff und Moral. In: Böthig, Michael (Anm. 1), S. 84-90, und Klaus Michael: Eine verschollene Anthologie. Zentralkomitee, Staatssicherheit und die Geschichte eines Buches. In: ebd., S. 202-216.
[12] Vgl. Werkstatt Junge Kunst 1988. Arbeitsmaterial der Akademie der Künste. Hrsg. von der Akademie der Künste (= AdK) der DDR. Berlin 1989.

Quälende, nicht durch literaturpolitische Restriktionen aus der Welt zu schaffen, sondern einzig durch Veränderungen im gesellschaftlichen Leben, wozu ebendiese Dichtungen ihren unersetzbaren Beitrag leisten könnten".[13]

Damit wies Fühmann den Marxisten Wolf darauf hin, daß es hier nicht mehr nur um ein unterschiedliches Funktionsverständnis von Literatur ging, sondern darum, sich der öffentlichen Diskussion um die gesellschaftlichen Zustände in der DDR zu stellen.

Auch wenn der Briefwechsel von gegensätzlichen politischen Standpunkten, auch Mißverständnissen zeugt, so stehen sich hier nicht einfach „Geist" und „Macht" gegenüber. In den Briefen läßt sich zugleich nachlesen, wie zerrissen auch der kommunistische Künstler-Präsident Wolf war, wenn er sein vollständiges Unverständnis für die ihm präsentierten Texte äußerte, sowohl, was deren „weltanschauliche Basis", als auch, was deren Ästhetik anging. Andererseits nutzte er seinen Auftritt auf dem X. Parteitag der SED für ein Plädoyer, das sich von heute aus zaghaft liest und in dem sich dennoch Spuren der Konfrontation mit einer ihm gänzlich fremden Welt finden lassen: „Eine zu große Zahl junger Kollegen wird nach meiner Beobachtung zu spät in die Lage versetzt, voll verantwortlich künstlerisch zu arbeiten, und unsere Debütanten repräsentieren somit nur bedingt die neue Generation".[14] Was von manchem 1981 noch als Zeichen kulturpolitischer Positionskämpfe gedeutet wurde, konnte in seiner abgeschwächten und euphemistischen Rhetorik längst keinen Weg zur Analyse der bestehenden Zustände im Lande mehr weisen.

III. Der „Sprung" über die Mauer

Wenn heute der Vergleich der Samisdatliteraturen in der DDR und in osteuropäischen Ländern eine größere Radikalität und längere Tradition in der CSSR, Ungarn, der Sowjetunion zeigt[15] als in der DDR, so ist das wohl vor allem in der Möglichkeit des Ausweichens auf den anderen deutschen Staat begründet, sei es nur als Publikationschance oder als Lebens- und Arbeitsalternative. Warum in der DDR zwar Formen einer zweiten Kultur entstanden, sich jedoch nie eine stabile gesellschaftliche Opposition formierte, erklärt auch der 1985 ausgereiste *Mikado*-Mitherausgeber Bernd Wagner mit der Mauer als „im letzten Notfall zu nehmende Hürde und als Projektionswand eigener und fremder Illusionen". Die Möglichkeit, in westdeutschen Verlagen zu veröffentlichen, schien eine eigene Samisdatliteratur überflüssig

---

[13] Brief Franz Fühmanns an Konrad Wolf am 27.12.1981. Fühmann-Archiv der AdK. Siehe auch den Brief Wolfs an Fühmann vom 17.10.1981 im Wolf-Archiv. Signatur Rep. 02. IIa Nr. 81 und Rep. 02. IIa Nr. 80a (alte Signatur).
[14] Konrad Wolf: Bemerkung auf dem X. Parteitag der SED am 10.4.1981. In: Konrad Wolf: Direkt in Kopf und Herz. Aufzeichnungen, Reden, Interviews. Berlin 1989, S. 337.
[15] Vgl. Osteuropa-Info Nr. 73/74. Hamburg 1988.

zu machen, und „der ununterbrochene Aderlaß abwandernder Hauptketzer verhindert[e] natürlich die Ausbreitung einer Häresie, die Kontinuität, die zu jeder Kulturentwicklung dazugehört".[16]

So mancher Autor kam über das westliche Feuilleton zu Ansehen innerhalb der DDR, nicht zuletzt Sascha Anderson. Die eigentlich zur Veröffentlichung in der DDR vorgesehene Anthologie *Berührung ist nur eine Randerscheinung* machte mit Macht auf die Existenz einer eigenständigen Literatur außerhalb des offiziell Bekannten aufmerksam, auch wenn sie schließlich nur im Westen erschien.[17] Trotzdem sind die Mentorenschaften, die ältere DDR-Autoren für jüngere übernahmen, nicht geringzuschätzen. Christa und Gerhard Wolf, Adolf Endler, Franz Fühmann[18], Elke Erb, Karl Mickel, Heiner Müller, Volker Braun u.a. unterstützten die Jungen nicht nur finanziell, sondern trugen auch zu deren Schutz vor Kriminalisierung bei. Der ästhetische Bruch mit der Väter- und Mütter-Generation war so bei allen Differenzen[19] immer auch begleitet von persönlicher Verbundenheit.

IV. Apolitische Haltung versus politische Brisanz

Die Bedeutung der kulturellen (und sozialen) Praxis der alternativen Szene(n) erschöpft sich aber durchaus nicht im ästhetischen Experiment. Der rigide-apolitischen Haltung eines Teils der Berliner Szene steht aus meiner Sicht die starke politische Brisanz ihrer kulturellen Aktion gegenüber, unabhängig von den Intentionen der Beteiligten. Übrigens war in anderen Städten die Trennung zwischen künstlerisch-literarischer und politischer Alternativszene durchaus nicht ebenso strikt, wie z.B. eine Dokumentation der Leipziger Kulturszene zeigt.[20] Adolf Endler machte zu Recht darauf aufmerksam, daß es bei dem damals dreißigjährigen Lyriker Uwe Kolbe um

---

[16] Bernd Wagner: Tod der Intelligenz. Das Jahrzehnt nach der Biermannausbürgerung. In: ders.: Der Griff ins Leere. Elf Versuche. Berlin/West 1988, S. 114.

[17] Zur Ablehnung einer Publikation in der DDR hatte sicher auch das Gutachten Annemarie Auers für den Schriftstellerverband beigetragen, in dem vom „Programm eines extremen Individualismus" die Rede ist, welcher „die Korrespondenz zwischen dem Individuum und der Gesellschaft in Abrede stellt und zerreißt". Gutachten vom 28.10.1985. Im Bestand des Berliner Schriftstellerverbandes von mir um 1989 eingesehen. Zu den Folgen für die Herausgeberin Elke Erb siehe: Ernest Wichner, Herbert Wiesner (Hrsg.): Zensur in der DDR. Geschichte, Praxis und ‚Ästhetik' der Behinderung von Literatur. Ausstellungsbuch. Berlin 1991, S. 188 f.

[18] *Ein* Dokument solcher Mentorfunktion ist die Mappe „Junge Dichter" im Fühmann-Archiv, in der sich einige Texte befinden, die junge Autoren ab 1975 Fühmann übergaben und zu denen Fühmann seinerseits den Kontakt suchte. Bekanntestes Beispiel einer geglückten Förderung ist Uwe Kolbe. Vgl. Fühmann-Archiv der AdK, Akte 344 (alte Signatur).

[19] Als Beispiel kann hier die Polemik zwischen Braun einerseits und Erb, Anderson, Papenfuß, Melle andererseits gelten. Vgl. Volker Braun: Rimbaud. Ein Psalm der Aktualität. In: Sinn und Form 5/1985, S. 978-998. Dagegen Anderson in: Anschlag 5/1986 und Schaden 8/1985, Lorek in: Schaden 9/1986.

[20] Uta Grundmann, Klaus Michael, Susanna Seufert (Hrsg.): Die Einübung der Außenspur. Die andere Kultur in Leipzig 1971-1990. Leipzig 1996.

1983 nicht hieß: „Poesie ist außerhalb der staatlichen Sprachen", sondern *„Leben ist außerhalb der staatlichen Sprachen"*.[21] Schon in einem Text von 1979 hatte Uwe Kolbe die Situation des Schreibenden „in der stehenden Zeit" wie folgt gefaßt:

> LESER: Die Zerrissenheit ängstigt mich
> SCHREIBER: Die Fahnen faulen die Zeichen
> sind abgenutzt die Losung
> bleibt gleich Tag für Tag
> soll ich das Ende dessen singen?
> LESER: Gib mir mehr Sichres gib mir Trost in einem Neuen
> Entwurf.
> SCHREIBER: Glauben ersetz ich nicht
> durch weiteren Glauben [...][22]

Das Statement enthält nicht nur die Abweisung einer Autorposition, die der älteren Autorengeneration noch zur Zerreißprobe der eigenen Integrität geraten war, wie sich heute in Briefen Franz Fühmanns oder Christa Wolfs nachlesen läßt. Die ähnliche Abweisung einer bestimmten gesellschaftlichen Rolle des Autors in der „Literaturgesellschaft DDR" findet sich bei Bert Papenfuß:

> statt etwas zu unternehmen wie's hinlänglich
> übergebe ich mich, verharre in neurasthenie
> als auferstanden vor die säue zu schmeißen
> was mir weder gebührt noch gehört, übrigens
> erkläre ich euch zu meinen ehrengläubigern
> weiß ich doch jetzt wieviel man pumpen kann
> ohne irgendjemandem etwas schuldig zu sein [...]
> ich zahl euch entweder aus oder drauf, pumpe.[23]

Kolbes poetisches Statement dokumentiert zugleich eine Haltung, die für viele Intellektuelle in der DDR durchaus nicht selbstverständlich war, das Ergebnis eines Ernüchterungsprozesses.

> Ich bin erzogen im Namen einer Weltanschauung
> [...]
> ich kannte keine andere Philosophie denn die herrschende, ich dachte nie, daß es so viele herrschende Philosophien gibt [...][24]

---

[21] Adolf Endler: Wörter, Wörter. Momente neuer Lyrik in der DDR (1985). In: ders.: Den Tiger reiten. Aufsätze, Polemiken und Notizen zur Lyrik der DDR. Frankfurt a. M. 1990, S. 17.
[22] In: Anderson, Erb (Anm. 4), S. 37.
[23] mein credit (1985). In: Bert Papenfuß-Gorek: dreizehntanz. Berlin, Weimar 1988, S. 158. Interessanterweise hatte Papenfuß gerade diesen Text zur von Karl Mickel betriebenen Veröffentlichung in Sinn und Form ausgewählt. Vgl. Sinn und Form 6/1986, S. 1232.
[24] In: Uwe Kolbe: Vaterlandkanal. Ein Fahrtenbuch. Frankfurt a. M. 1990, S. 43. Der Text von 1980 war im Band Bornholm II (1986) der Zensur zum Opfer gefallen.

In einer Gesellschaft, in welcher der Kampf um Deutungsmacht in jedem einzelnen Fall mit so großer Intensität geführt wurde wie in der DDR, erhält die Behauptung von Pluralität, auf welchem Gebiet auch immer, zwangsläufig einen subversiven Status. „Eine neue Öffentlichkeit fordern heißt, eine neue Gesellschaft fordern", schrieb Peter Böthig 1987 unter Bezugnahme auf Gustav Jochmann in der inoffiziell publizierten Zeitschrift *Anschlag* und wurde bald darauf für seine Beteiligung an solcherart selbstverantworteten Aktionen von der Humboldt-Universität „relegiert".

V. Östliche Sprachheilschule

Was anfangs noch unter der Rubrik „linguistische Gedichte" harmlos und in die offizielle Kulturpolitik integrierbar erschien,[25] trug langsam aber stetig zur Demontage eines geschlossenen Denksystems bei. Mit der Ironisierung von Elementen der Herrschaftssprache war die „östliche Sprachheilschule" (Bernd Wagner) am Zerbrechen des Deutungsmonopols der Herrschenden beteiligt. Sascha Andersons Schreibweise des *Neuen Deutschland* (ND) als „eNDe" liest sich von heute aus prophetisch. Stefan Dörings *Wortfege* oder Bert Papenfuß' *Wortflug* arbeiteten energisch an verknöcherten ideologischen Mustern, an den Mauern in den Köpfen *„gegen ferfestigungen/ & bekwemlichkeiten"*.[26] Das Bekenntnis zum „wortschritt" statt Fortschritt und zur „Wortfege", die zugleich als „Fortwege" lesbar ist, löste bei den einen befreites Lachen, bei den anderen schmerzhafte Schocks aus; der scheinbar spielerische kalt-sezierende Blick ließ kein Ausweichen mehr zu: Der Kaiser war nackt. „Freisetzung und Entgegensetzung nichtintegrierter und nicht einzuordnender Realität, des Klangs oder der lexikalischen Assoziation, des Schriftbildes oder der Bedeutung, gegen ein verantwortungslos lineares, aggressiv totalitäres Verständnis. Oder anders gesagt: eine spielerisch willkürliche Bevorzugung des Unwillkürlichen und Unterdrücktgewesenen", hatte Elke Erb in den Texten der Jüngeren entdeckt und damit eine Richtung beschrieben, in die auch ihre eigenen poetischen Befreiungsversuche vom konfrontativen und linearen Denken gingen[27]. Die Auseinandersetzung mit der Herrschaftssprache sollte Raum für die Artikulation der eigenen Erfahrung und der Alltagserfahrung überhaupt schaffen. „Der verschwiegene und verbissene Kampf um die Worte und Bilder wird darum geführt, die Daseinskoordinaten eines

---

[25] Unter dieser Rubrik erschienen die ersten drei Gedichte von Papenfuß in: Temperamente 2/1977, S. 117 f.
[26] Aus Gründen der Nachlesbarkeit zitiere ich nicht aus den Erstveröffentlichungen in inoffiziellen Publikationen, sondern aus den Außer-der-Reihe-Bänden des Aufbau-Verlags: Stefan Döring: wortfege. In: ders.: Heutmorgestern. Berlin, Weimar 1989, S. 103. Bert Papenfuß-Gorek: wortflug. In: ders.: dreizehntanz (Anm. 23), S. 123.
[27] Vortrag auf einer Tagung der Evangelischen Akademie Berlin-Weißensee (um 1981). Manuskript Elke Erb.

Teils dieser, unserer Generation mit Sprache, d.h. mit Literatur neu zu besetzen", formulierte Peter Böthig anläßlich der ersten umfassenderen Ausstellung inoffiziell publizierter Zeitschriften, Künstlerbücher und Lyrik-Grafik-Blätter *Wort und Werk* in der Berliner Samariterkirche am 1.6.1986.[28] Gesucht wurde eine Sprache, die Widersprüche nicht zukleistere und verschleiere. Man müsse

> „über eine sprache verfügen, in der man selbst vorkommt, und eine sprache verlassen können, in der tendenziell jeder versuch ‚ich' zu sagen, ins groteske ausschlägt [...] die vorgegebene und verwaltete sprache des herrschenden diskurses bietet aber schon lange keine reibungsflächen zu produktiver auseinandersetzung mehr, die das eigene erleben und erfahren artikulierbar macht [...]".[29]

VI. Aufkündigung eines „Vertrages"

Am Ende der siebziger Jahre waren bis dahin weitgehend gültige Vereinbarungen über die Funktion der Kunst in der Gesellschaft aufgekündigt worden. „Gegenkraft zur Schulauffassung, zum Staabü-Unterricht, zur Ideologie", „sich wehren", „geistiger Ausbruchsversuch", „die Literatur ist eine Art Opposition", „gegen kollektive Vereinnahmung" hießen die Antworten jüngerer Autoren in einem Interview der *Weimarer Beiträge* 1979. „Meine Generation hat die Hände im Schoß, was engagiertes Handeln betrifft. Kein früher Braun heute".[30] „Alle Formen von Geduld waren bei vielen gleichzeitig aufgebraucht", schrieb Kolbe im Rückblick.[31]

Verweigerung der vorgezeichneten Lebensbahn und intellektuelle Befreiungsversuche waren Züge, die durchaus nicht nur die unterschiedlichen Gruppierungen der jungen Autorengeneration[32] charakterisierten. Das zeigt ein vergleichender Blick auf die Geschichte der freien Theatertruppe *Zinnober* (ab 1980 im Berliner Prenzlauer Berg),[33] auf die Geschichte der DDR-Schmalfilmszene[34] wie auf Diplomfilme der Potsdamer Hochschule für Film und Fernsehen oder auf Texte der Experimentalrockband *Expander des Fortschritts*:

---

[28] Nachzulesen in: Anschlag 6/1986.
[29] Peter Böthig in: Anschlag 9/1987.
[30] Bernd Wagner, Gabriele Eckart, Uwe Kolbe u.a. in: Weimarer Beiträge 7/1979, S. 17, 43, 46 und 52.
[31] Uwe Kolbe: Die Situation. Göttingen 1994, S. 19.
[32] Die Gründung des Liedertheaters Karls Enkel 1977, an der u.a. die von der Szene als opportunistisch abgelehnten Prenzlauer-Berg-Autoren Steffen Mensching, Hans-Eckart Wenzel und Werner Karma beteiligt waren, ihre Experimente mit größeren Theateröffentlichkeiten (Hammer-Revue, Sicheloperette) würde ich den Szene-Aktivitäten als durchaus gleichrangig an die Seite stellen.
[33] Vgl. Dieter Kraft: traumhaft. theater zinnober. improvisationen, spiele, protokolle. Berlin, Weimar 1991.
[34] Vgl. Karin Fritzsche, Claus Löser (Hrsg.): Gegenbilder. Filmische Subversion in der DDR 1976-1989. Texte Bilder Daten. Berlin 1996.

„Ach / was kann man tun / im Zeitalter der Revolutionen / als Trieb reimen auf Treibriemen / im Zeitraffer der Evolutionen // [...] Die REVOLUTION / geht einkaufen. Ja sicher // wir können uns schon / ein Bild machen. Nur wir / sind noch nicht mit drauf".³⁵

Oder im Originalton der Punkband *Die Skeptiker*:

„Ich glaub nicht an das Heute, ich glaube nicht an dich, ich glaub nicht an die Zukunft und hab sie sicherlich".³⁶

In welchem Maße sich Jugendliche staatlichen Integrationsangeboten entzogen, wurde im Verlauf der achtziger Jahre auch offiziellen Stellen immer klarer, wie Forschungsergebnisse des Instituts für Jugendforschung belegen.³⁷ Außer Kontrolle gerieten nicht nur künstlerisch tätige Jugendliche. Insofern ist das kulturpolitische Einlenken, die zunehmende Duldung und Beendigung der vorherigen Ausgrenzungspraxen eher Zeichen einer in die Defensive geratenen Jugend- und Kunst-Politik als bewußte Kurskorrektur. Als der Aufbau-Verlag 1988 auf langjähriges Betreiben Gerhard Wolfs mit dem Band *dreizehntanz* seine neue Reihe „Außer der Reihe" eröffnete, schrieb dessen 33jähriger Autor bereits über 15 Jahre und blickte auf sechs Lyrikbände zurück. Sein Debüt war also keines, ebensowenig wie das der folgenden Reihen-Autoren Schedlinski, Döring, Faktor, Häfner oder Kachold. Viele „Debütanten" hatten nicht nur im Westen bereits eigene Bücher veröffentlicht, sondern auch innerhalb der DDR. Ihre Künstlerbücher und Lyrik-Grafik-Mappen waren Ergebnis enger Beziehungen zu befreundeten Grafikern, deren originelle Gestaltung und Unikatcharakter sie bis heute zu begehrten Sammelobjekten macht.

VII. Vom Alltag der Revolte

Im künstlerischen Selbstverständnis einiger Szene-Autoren gibt es Veränderungen über die zehnjährige Produktionsgeschichte hinweg. So beschrieb Bert Papenfuß die Jahre zwischen 1979 und '82 als „Phase des Aktivismus", in der er durch die Zusammenarbeit mit Punkbands und durch die Verwendung einfacherer, der Popkultur verwandter Textstrukturen versuchte, ein größeres Publikum als bei Lesungen zu erreichen.³⁸ Verzicht auf Autorschaft

---

[35] Mario Persch 1987, Text für: Expander des Fortschritts, zitiert aus dem Manuskript.
[36] Eugen Balanskat um 1987, Text für: Die Skeptiker. Manuskript.
[37] Z.B. „Untersuchung zu informellen Gruppen Jugendlicher" am Forschungsbereich Soziologie der Akademie der Pädagogischen Wissenschaften vom Mai 1988; Expertise „Kunststudenten 1986" am Zentralinstitut für Jugendforschung (= ZIJ) vom Juli 1987; „Problempapier DDR-Rockmusik und DDR-Jugend" am ZIJ von 1988. Alle diese internen Materialien interpretierten den von ihnen beobachteten „Mentalitätswandel" und „Verlust an Idealen" als Zeichen permanenten Anpassungsdrucks und totaler Reglementierung und machten Politik-Vorschläge.
[38] Interview mit Egmont Hesse. In: Hesse (Anm. 4), S. 222.

(wie in den ersten Nummern des *Schaden*) oder ein „Manifest der Trivialpoesie [...] als eine Reaktion [...] auf Poesie die mit Inhalten vollgestopft ist"[39] sind Zeichen dieser ersten Phase, in der avantgardistische Gesten der Ablehnung der Institution Kunst, der Aufkündigung von „Sinn" und der Zertrümmerung und Verballhornung von Sprache vorherrschen. Um 1983/84 begann die Ausreisewelle der Jüngeren, Reisemöglichkeiten für einige Autoren lockerten den vorherigen Zusammenhalt und Kommunikationszwang. Die Alternative „Bleiben oder Ausreisen" wurde zu einem immer wiederkehrenden Thema. „Ich harre aus im Land und geh, ihm fremd", schrieb Barbara Köhler in ihrem „Rondeau Allemagne".[40] „Wer schreibt der bleibt – wer schreit & schreibt Bleibendes, geht dann doch einfach weg", hieß es bei Peter Wawerzinek.[41]

Einen „Leerlauf der Produktion" ab Mitte der achziger Jahre mag Jan Faktor im Vergleich mit der Hoch-Zeit der Manifeste empfunden haben, der Blick auf die Texte und Ausstellungs- und Lesungsdokumentationen bestätigt einen solchen Eindruck nicht. Adolf Endler stellt 1989 fest, „daß sich der Prenzlauer Berg bzw. das Prenzlauer-Berg-Publikum als eine unermüdliche Wanderdüne erwiesen hat, zerrieselnd nach hierhin und dorthin [...]".[42] In den in fast allen größeren Städten aufblühenden Zeitschriften wie *Anschlag* (Leipzig 1984-89), *A3* (Karl-Marx-Stadt 1983-90), *U.S.W.* (Dresden 1984-87), *Ariadnefabrik* (Berlin 1986-89), *Bizarre Städte* (Berlin 1987-89), *Glasnot* (Naumburg und Leipzig 1987-89), *Koma Kino* (Berlin 1987-89), *Liane* (Berlin 1988-90), *Verwendung* (Berlin 1988-90) oder *Zweite Person* (Leipzig 1987-89) formierten sich nun im engeren Sinne literarische Kommunikationskreise. Darin ließ sich eine Art Rückkehr zu den Anfängen der Szene-Zeitschriftenkultur erkennen: Die frühen Zeitschriften waren textzentriert, von graphischen Mappen umhüllte Sammlungen, die Texte unter Leute bringen sollten. Als „literarische information für literarisch interessierte" hatte Kurt Schraeck die nur fünfseitige Textsammlung *Papiertaube* 1979[43] bezeichnet.

Über die für DDR-Verhältnisse spektakuläre Erkenntnis, „daß Literatur auf ihrem Weg in die Öffentlichkeit nicht allein auf Verlage, Redaktionen, Buchhandlungen und Druckereien angewiesen ist", stellen die Herausgeber von *Mikado* fest: „Im fünften Jahrhundert nach Gutenberg wurde zum literarischen Unikat zurückgekehrt".[44] Daraus entwickelten sich – auch in Abhängigkeit von der Möglichkeit, über die Integration des Textes in Grafik das Druckgenehmigungsgesetz von 1979 zu umgehen – Gesamtkunstwerke, in denen Text, Grafik, Foto, Buchbindekunst eine gleichberechtigte Verbindung eingin-

---

[39] Jan Faktor: Das erste Manifest der Trivialpoesie. In: ders.: Georgs Versuche an einem Gedicht und andere positive Texte aus dem Dichtergarten des Grauens. Berlin, Weimar 1989.
[40] In: Barbara Köhler: Deutsches Roulette. Gedichte 1984-1989. Frankfurt a. M. 1991, S. 63.
[41] In: Bizarre Städte 2/1988.
[42] In: Zweite Person 1/1989.
[43] Papiertaube 6/1979. Geleitwort. Ähnliches gilt für die von Thomas Böhme und Thomas Rosenlöcher etwa gleichzeitig in Leipzig herausgegebene Zeitschrift Laternenmann.
[44] Vorwort in: Kolbe, Trolle, Wagner (Anm. 4), S. 7.

gen und die noch dazu vor allem Anlaß gruppenintegrierender kultureller Ereignisse (Lesungen in Einheit mit Konzerten, Ausstellungseröffnungen, Filmpremieren, Performances, Happenings) wurden.[45] Dabei standen die verschiedenen Künste zueinander eben nicht in einem illustrativen Verhältnis, sondern ähnliche, miteinander korrespondierende Prozesse ästhetischer Emanzipation liefen auch in den einzelnen Künsten für sich ab. So beschreibt der Herausgeber des *Foto-Anschlag* (Leipzig 1988), Karim Saab, wie sich in der „Foto-Grafie" Anfang der achziger Jahre die Loslösung von der traumatisierenden „Übermacht der Realität" (gesellschaftlicher Agonie) vollzog und die Fotokünstler sich einer von ihnen selbst geschaffenen „echten Scheinwelt" zuwendeten.[46] Körperbilder wurden in einen Bildzusammenhang mit leeren Räumen gebracht, der eigene Körper wurde zum Forschungsfeld, auch als Ausdruck trotzigen Sich-selbst-Behauptens (z.B. in Arbeiten von Thomas Florschütz, Michael Brendel oder Mathias Leupold). Solche Beobachtungen korrespondierten mit Tendenzen in der Performancekultur, z.B. der *Autoperforationsartisten*, oder mit dem Stellenwert, den Körper-Metaphorik in literarischen Texten Flanzendörfers, Grünbeins, Lubinetzkis oder Stötzer-Kacholds einnahm.

Genau dieser konzeptionellen Nähe entsprangen die gegenseitigen Kommentare: Aktionen der *Autoperforationsartisten* griff Durs Grünbein zur Weiterentwicklung eigener Gedankengebäude auf; Elke Erb fühlte sich durch Bilder von Penck, Cornelia Schleime oder W. A. Scheffler angeregt und bestätigt; Peter Böthig sah sich durch Weiblichkeitsbilder von Angela Hampel veranlaßt, über Zusammenhänge von Geschlecht und Ästhetik nachzudenken; Barbara Köhlers sprachliches Bild vom „Papierboot" nahm Installationen und Bilder befreundeter Leipziger Malerinnen auf.[47]

Die Reihe ließe sich fortsetzen. Text und Bild gingen Verbindungen ein, die beide Seiten in Bewegung brachten, Grenzen überschritten, Maler schreiben und Filme machen (wie z.B. Cornelia Schleime oder A.R. Penck), Autoren zeichnen (wie z.B. Gabriele Stötzer-Kachold und Johannes Jansen) oder Filme machen (Gino Hahnemann, Gabriele Stötzer-Kachold) ließen. Ausstellungen wurden von Dichtern eröffnet, Lesungen von Ausstellungen oder Performances begleitet. Schon das Erscheinungsbild der Unikate attackierte Gestaltungskonventionen literarischer Zeitschriften: Malersiebe, Sandpapier oder Dachpappe (zu Zeiten durchaus Ausdruck von „Versorgungsengpässen") als Einband, Wundertüten voller loser Zettel mit Gedichten, Collagen unter Einbeziehung ganz alltäglicher Materialien, inszeniertes Nebeneinander von künstlerisch Gestaltetem und Vorgefundenem. Die wenigen Exemplare der Zeitschriften „besaß" kaum jemand außer den beteiligten Produ-

---

[45] Auch solche selbstverantworteten kulturellen Formen hatten Traditionen innerhalb der DDR, zu denen ich die Leipziger „Motorbootlesung" von Siegmar Faust 1968, die Berliner „EP-Galerie" von Jürgen Schweinebraden ab 1974, Lesungen bei Erich Arendt, Ekkehard Maas oder Frank-Wolf Matthies und die „Eintopp"-Reihe von Bettina Wegner und Klaus Schlesinger 1974 im Berliner Haus der Jungen Talente rechnen würde.
[46] Karim Saab: Leben & Lösung. Abendländische Fotografie. In: Sinn und Form 4/1991, S. 782-790.
[47] In: Anschlag 7/1987. Siehe auch: Köhler (Anm. 40), S. 52-54.

zenten selbst. So waren Zeit und Ort der Rezeption vorgegeben. Neue Texte wurden oft zuerst in Konzert, Film oder Performance vorgestellt, erst danach zum „Schrifttext".

VIII. Von der Beispielwirkung der Jungen

Die kollektive Emanzipation von den herrschenden Diskursen war vollzogen. Nun wurden die unterschiedlichen poetischen Konzepte wichtiger. Es konstituierten sich Gruppen und Zirkel im Umkreis unterschiedlicher Zeitschriften, die z.T. unabhängig voneinander, auch in Konkurrenz zueinander arbeiteten, zusammen jedoch eine alternativkulturelle Infrastruktur bildeten. Nicht wenige Autoren, Maler oder Fotografen waren an mehreren Zeitschriftenprojekten (darunter auch einigen mit gegensätzlichen Öffentlichkeits-Konzeptionen) zugleich beteiligt.[48] Es existierten sozusagen mehrere „Szenen", in einer Stadt wie Berlin mindestens drei oder vier, nebeneinander. Es gab je eigene Sprachregeln und Leitvokabeln, fast ließe sich von kanonisierten Rhetoriken sprechen.

Diese Entwicklung als Rückfall in den „normalen" DDR-Kunst- und Literaturbetrieb zu charakterisieren, halte ich für falsch. Wenn die „Szene-Aktivisten der ersten Stunde" beklagen, daß der Enthusiasmus und Zusammenhalt der endsiebziger Jahre nicht länger anhielt, so ist das verständlich, kann aber nicht die Basis literaturgeschichtlicher Darstellung sein. Auch in ihrer zweiten Phase bildete die inoffizielle Publikationskultur durchaus keine Selbstverständlichkeit, sie war Provokation und Anregung für viele, auch ältere Autoren, indem sie demonstrierte, daß der Rahmen des Möglichen mit dem zermürbenden Kampf um Textstellen und mit klandestiner Artistik längst nicht ausgeschöpft war. Die Jüngeren hatten das in die Tat umgesetzt, was Autoren vor ihnen oft erwogen, jedoch nie bis zu Ende betrieben hatten: die Autorenzeitschrift,[49] den Autorenverlag. Noch das um 1973 von Ulrich Plenzdorf, Klaus Schlesinger und Martin Stade initiierte Projekt einer Autoren-Anthologie war unter aktiver Beteiligung der Staatssicherheit verhindert worden.[50] Die Jüngeren verzichteten nun im Unterschied dazu von

---

[48] In der von Torsten Metelka und Benn Roolf ab 1987 in Berlin unter dem Schutz der evangelischen Kirche herausgegebenen Zeitschrift Kontext z.B. standen literarische Texte von Kachold, Papenfuß, Schedlinski und Opitz neben politischen Aufsätzen von Konrad Weiß, Uwe Bastian oder Sebastian Pflugbeil. Vgl. Torsten Metelka (Hrsg.): Alles ist im Untergrund obenauf; einmannfrei. Ausgewählte Beiträge aus der Zeitschrift KONTEXT 1-7. Berlin 1990. Der Herausgeber der Bizarren Städte, Asteris Kutulas, war ausdrücklich an einer breiteren Öffentlichkeit interessiert, während die Interviews der Schaden-Autoren (1988 hrsg. von Hesse [Anm. 4]) eher das Gegenteil zum Ausdruck bringen. Texte von Papenfuß waren in beiden Zeitschriften zu lesen.

[49] Im Brief Fühmanns an Kurt Batt vom 15.12.1974 ist die Rede von der „oft besprochenen Idee einer Zeitschrift Der Dürfer". Kurt-Batt-Archiv der AdK, Signatur 224 (alte Signatur).

[50] Ulrich Plenzdorf, Klaus Schlesinger, Martin Stade (Hrsg.): Berliner Geschichten. „Operativer Schwerpunkt Selbstverlag". Eine Autoren-Anthologie: wie sie entstand und von der Stasi verhindert wurde. Frankfurt a. M. 1995.

vornherein auf jegliche Zusammenarbeit mit Verlagen und Institutionen wie dem Schriftstellerverband. Allein durch den Umstand der Existenz außerstaatlicher Zeitschriften- und Verlags-Projekte änderten sich die Verhältnisse entscheidend, nicht nur das Klima: die erste Veröffentlichung einer jungen Autorin war nicht mehr ausschließlich vom Gutdünken des einen oder anderen Verlagslektors abhängig, der Autoren-Status wurde nicht mehr ausschließlich von staatlichen Institutionen verliehen. Gabriele Stötzer-Kachold machte sich unter Schreibenden einen Namen durch ihre ersten Veröffentlichungen in der inoffiziell publizierten Zeitschrift *UND*, Katja Lange-Müllers Kurzprosa war innerhalb der DDR vor allem Lesern der unter Freunden weitergegebenen Kleinstzeitschrift *Mikado* bekannt, daß die Malerin Cornelia Schleime auch Texte schrieb, erfuhr man aus *UND*, *U.S.W.* oder *Schaden*. Viele jüngere Autoren bewegten sich zeitweise in staatlichen und außerstaatlichen Strukturen des Kunst- und Literaturbetriebs gleichzeitig: Barbara Köhler, Bert Papenfuß, Stefan Döring, Kerstin Hensel, Uwe Kolbe u.v.a. Andere wie Heike Drews/Willingham, Raja Lubinetzki, Andreas Koziol, Frank Lanzendörfer, Durs Grünbein, Heidemarie Härtl, Gert Neumann oder Ulrich Zieger waren als Autoren fast ausschließlich innerhalb einzelner inoffizieller Kommunikationskreise bekannt.[51] Als 1987 auf dem 10. Schriftstellerkongreß an bedeutendem Platze und damit in der Öffentlichkeit die Zensur beim Namen genannt wurde, existierten längst mehrere kleinere, verdeckte Öffentlichkeiten nebeneinander.

IX. Keinesfalls nur Spiel

Der Mitte der achtziger Jahre abnehmende Druck auf die künstlerische Alternativkultur ging einher mit zunehmenden Repressionen gegen die politisch-oppositionelle Szene mit ihren Zeitschriften *Arche Nova*, *Aufrisse*, *Grenzfall*, *Oder*, *Umweltblätter* und *Kontext*, wie u.a. heute zugängliche Konzeptionen, Informationen und Direktiven der Staatssicherheit zeigen.[52] Auch wenn es zutrifft, daß spektakuläre Verbote von Zeitschriften – wie der Dresdner Zeitschrift *UND* (1984) und der Hallenser Zeitschrift *Galeere* (1986) – gegen Ende der achtziger Jahre ausblieben, so war der Schritt zur selbstverantworteten kulturellen Aktion für viele doch auch nach 1985 begleitet von Angst. Unsicherheit über geltende Gesetze – von staatlicher Seite bewußt gefördert –, ausstehende Ausreiseanträge, familiäre Bindungen (im

---

[51] Auch wenn einzelne Texte von ihnen in dem einen oder anderen Heft der Auswahl-Reihe oder der Zeitschrift Temperamente des Verlags Neues Leben, vereinzelt auch in ndl oder Sinn und Form zu lesen waren, wie A. Visser dokumentiert. Vgl. Anthonya Visser: „Blumen ins Eis". Lyrische und literaturkritische Innovationen in der DDR. Zum kommunikativen Spannungsfeld ab Mitte der 60er Jahre. Amsterdam, Atlanta 1994, S. 141-150.

[52] Vgl. Klaus Michael: Alternativkultur und Staatssicherheit 1976-1989. In: Materialien der Enquete-Kommission „Aufarbeitung von Geschichte und Folgen der SED-Diktatur in Deutschland". Hrsg. vom Deutschen Bundestag. Bd. III, 3. Baden-Baden 1995, S. 1636-1675.

Unterschied zur Lebenssituation Gleichaltriger im Westen auch schon eigene Kinder) ließen die Konfrontation mit der Macht durchaus nicht selbstverständlich werden. Es scheint, als ließen sich hier geschlechtspezifische Unterschiede beobachten, denn inoffiziell publizierte Texte von Autor*innen* sind zum größten Teil in Zeitschriften nach 1985 zu finden. Texten von ca. zwanzig Autorinnen vor 1985 (darunter Elke Erb, Barbara Honigmann, Gabriele Kachold, Angelika Klüssendorf, Katja Lange-Müller und Raja Lubinetzki) stehen solche von etwa siebzig ab 1985 gegenüber.[53] Gründe dafür vermute ich u.a. darin, daß Frauen in alltäglichen sozialen Netzen weitaus stärker gebunden waren als Männer. Der Bruch mit Konventionen, die Aufkündigung der Elternbindung, die soziale Ausgrenzung bis hin zum Asozialenstatus, das alles waren Faktoren, die einer Bohemien-Existenz offensichtlich entgegenstanden.[54] Das „Spiel mit der Macht" scheinen eher Männer gesucht zu haben, wie nicht zuletzt die Bilanz der „literarischen IMs" vermuten läßt. Eine Autorin, die den Schritt über die Grenze des Erlaubten in mehrfacher Hinsicht konsequent tat, Gabriele Stötzer-Kachold, hatte eine einjährige politische Haft hinter sich, was ihre soziale und künstlerische Haltung radikalisierte.

X. Gruppen, Geschlechter, Generationen

Der Streifzug durch die in den zehn letzten DDR-Jahren entstandenen inoffiziell publizierten Texte zeigt nicht nur Unterschiede zwischen der Art und Weise von Sprachkritik bei Autoren und Autorinnen (die sich zunehmend mit Sprache als „männlich dominiert" auseinandersetzen), er zeigt auch Unterschiede zwischen den beteiligten AutorInnen-Generationen. Während die in den fünfziger Jahren Geborenen sich auf verschiedenen poetologischen Wegen mehr oder weniger an der Herrschaftssprache und deren zugrundeliegenden Denkstrukturen abarbeiteten (was ich, wie gesagt, für überaus notwendig und wichtig halte), gingen die nach ihnen Geborenen „zur Tagesordnung über", bewegten sich sozusagen *neben* Schriftstellerverband, DDR-Fernsehen, Zeitungen, Verlagen und Redaktionen. „Der Überbau ist entmachtet", behauptete Klaus Michael rückblickend.[55] Andersons Bild von den Garnicht-erst-Eingestiegenen, die nach seiner Generation der Aussteiger komme, stellt sich beim Blick auf die Texte als tendenziell zutreffend heraus:

„Wir wissen noch Bescheid. Wir kennen sogar noch die Sprache der Macht. Wir haben unsere Aversion gegen die Macht aus der Kenntnis ihrer Sprache, ihres

---

[53] Vgl. die Bibliographie in: Birgit Dahlke: Papierboot. Autorinnen aus der DDR – inoffiziell publiziert. Würzburg 1997.
[54] Eine solche Einschätzung legen meine Interviews mit Autorinnen der inoffiziell publizierenden Szene nahe. Ebd.
[55] Michael Thulin (Pseudonym): Der Überbau ist entmachtet, der Untergrund tot. In: Kontext 8/1990.

Denkens. Die Generation nach uns versteht die Sprache der Macht nicht mehr, versteht ihr Denken nicht mehr und ist noch freier als wir. Wir mußten uns erst befreien".[56] (Wie zwiespältig sich Andersons Charakterisierung in bezug auf ihn selbst heute auch liest, seine Beobachtung halte ich für treffend.)

Jüngere Autoren suchten nicht mehr in gleichem Maße die Reibung mit der öffentlichen Rhetorik und Grammatik, deren Autorität war für sie von vornherein verschlissen. Für viele war der Umstand alternativer Publikationsmöglichkeiten in- und außerhalb der DDR bereits Voraussetzung, über die sie verfügten oder auch nicht. Diese oft als „Unpolitischsein" beschriebene Eigenart fand in Texten von Durs Grünbein, Johannes Jansen, Karen Matting, Annett Gröschner oder Cornelia Sachse ganz unterschiedlichen Ausdruck. Das bedeutete nicht, die Jüngeren hätten ohne Druck und Angst geschrieben: Einengung, Zerrissenheit, auch Aggression und Selbstaggression prägen Texte und Collagen des 1962 geborenen und 1988 aus dem Leben geschiedenen Frank Lanzendörfer. „leib eigen & fremd" ist ein Zyklus von 1984/85 überschrieben.[57] „Muedigkeit zersetzt das Bl/ut [...]", heißt es bei Annett Gröschner,[58] „die zerrissene sprache zuckt im körperspiegel" bei Gabriele Stötzer-Kachold, in deren experimentellen Texten der eigene Körper zum Kriegsschauplatz des existenziellen Kampfes eines Ich gegen die gewalttätige Außenwelt gerät und Macht stets als männliche Macht erfahren wird.[59] Metaphern des Gefangenseins durchziehen Texte, Grafiken und Fotografien inoffiziell publizierter Zeitschriften gerade in der zweiten Hälfte der achziger Jahre: Anfang 1988 ist in der Kleinzeitschrift *Bizarre Städte* das sarkastische Gleichnis Kerstin Hensels von den Kindern Hänsel und Gretel zu lesen, die das Gefängnis der Alten vor lauter „kunterbunten Stäben" und fetten Speisen vergessen und schließlich, als es morsch geworden ist, mit ihrer Freiheit nichts mehr anzufangen wissen. „Die Schatten warfen ihre Ereignisse voraus", nannte es Mario Persch in *Liane* 3/1988.

Der Tendenz zur scheinbar unpolitischen Literatur der Jüngeren steht übrigens Ende der achtziger Jahre eine erneute Politisierungstendenz gegenüber: Als Anfang 1988 in der FDJ-Zeitung *Junge Welt* ein Kommentar des Chefredakteurs Aktivitäten von Skins im Anschluß an ein Konzert in der Berliner Zionskirche mit denen „junger Literaten" im Kirchenumkreis zusammenrückte, verwahrten sich Johannes Jansen, Leonhard Lorek, Bert Papenfuß, Peter Böthig, Andreas Koziol, Ulrich Zieger u.a. namentlich in einem offenen Brief im *Anschlag* 9/1988 dagegen. Indem sie gar nicht erst auf dessen Veröffentlichung in der *Jungen Welt* vertrauten, sondern *ihr* Podium

---

[56] „Die Generation nach uns ist freier". Gespräch mit Sascha Anderson. In: Der Spiegel 36/1986, S. 75.

[57] In: U.S.W. 4/1985. Siehe auch: „Garuna ich bin". In: Bizarre Städte 1/1987 und in: flanzendörfer: unmöglich es leben. texte bilder fotos. Zusammengestellt von Peter Böthig und Klaus Michael. Berlin 1992, S. 3-29.

[58] In: Liane 2/1988.

[59] Vgl. „Das Haus ist mein Bauch" in: UND 7/1983 oder „an treiben" in: Mikado 3/1984. Auch enthalten in Gabriele Kachold: zügel los. Berlin, Weimar 1989.

für eine Antwort nutzten, wird sozusagen ganz offen auf die Informationskanäle der Stasi gesetzt, über die der Brief u.a. auch seinen Adressaten erreichen wird. In der Essayistik der *Ariadnefabrik* traten an die Stelle der Vokabeln „Sprache", „Zeichen", „Subjekt" und „herrschender Diskurs" nach 1985 „Überbau", „Mauer" oder auch „Revolution", bis schließlich 1989 der politische Essay eine kurze Blüte erlebte.[60]

XI. Ende und Anfang

Der Selbstkritik einzelner Szeneautoren – spätestens mit der Stasi-Offensive gegen die Berliner Umweltbibliothek 1987 wäre ihre rigide-antipolitische Haltung anachronistisch geworden[61] – ist grundsätzlich zuzustimmen, sie ist jedoch nicht auf die Einschätzung der inoffiziellen Literaturszene als Gesamtphänomen zu übertragen. Selbstverantwortete Ausstellungen, Lesungen, Performances, Theaterinszenierungen, über dreißig literarische Zeitschriften- oder Verlagsprojekte und hunderte Künstlerbücher waren Ausdruck und zugleich Feld von Kreativität. Sie ermöglichten Leben und Arbeiten unter Bedingungen einer geschlossenen, einer „durchherrschten"[62] Gesellschaft. Texte von Elke Erb, Gert Neumann, Bert Papenfuß, Andreas Koziol, Gabriele Stötzer-Kachold, Uwe Kolbe, Barbara Köhler u.a. arbeiteten phantasiereich und analytisch, lustvoll und energisch, spielerisch und bitterernst mit an einem Prozeß der Selbstaufklärung über die gesellschaftlichen Verhältnisse, einem Prozeß, der noch längst nicht beendet ist.

---

[60] Neben Kurt Drawert oder Gert Neumann sei hier Durs Grünbein als Beispiel genannt. Vgl. Ariadnefabrik 1 und 2/1990.
[61] Jan Faktor in: Böthig, Michael (Anm. 1), S. 97.
[62] Jürgen Kocka in: Hartmut Kaelble, Jürgen Kocka, Hartmut Zwahr (Hrsg.): Sozialgeschichte der DDR. Stuttgart 1994, S. 547.

Anhang

Wolfgang-Michael Böttcher/Michael Braun

Literatur in der Diktatur

Schreiben im Nationalsozialismus und DDR-Sozialismus

Eine Auswahlbibliographie

Die vorliegende Bibliographie folgt der thematischen und inhaltlichen Gliederung des Buches. Sie erhebt keinen Anspruch auf Vollständigkeit. Der fachkundige Leser wird den einen oder anderen Titel vermissen, dem interessierten Einsteiger in die Thematik soll sie Hilfe zur weiteren Lektüre sein. Der erste Teil führt Titel auf, die sich unter historischen, politikwissenschaftlichen und kulturgeschichtlichen Gesichtspunkten mit Totalitarismus und Diktatur beschäftigen. Der Schwerpunkt liegt dabei auf dem Nationalsozialismus und dem DDR-Sozialismus. Der zweite Teil widmet sich der Literatur im Nationalsozialismus, der dritte der Literatur im DDR-Sozialismus. Bei Veröffentlichungen mit mehreren Verlagsorten ist nur der erste genannt. – Der Bibliothek der Konrad-Adenauer-Stiftung sei für ihre Mithilfe bei den Recherchen gedankt. Redaktionsschluß für die Bibliographie war der April 1997.

I. Totalitarismus und Diktatur

Arendt, Hannah: Menschen in finsteren Zeiten (1968). Hrsg. von Ursula Ludz. 2. Auflage. München 1989.
Arendt, Hannah: Elemente und Ursprünge totalitärer Herrschaft. 5. Auflage. München 1996.
Arntzen, Helmut: Ursprung der Gegenwart. Zur Bewußtseinsgeschichte der Dreißiger Jahre in Deutschland. Weinheim 1995.

Bessel, Richard, Ralph Jessen (Hrsg.): Die Grenzen der Diktatur. Staat und Gesellschaft in der DDR. Göttingen 1996.
Bracher, Karl Dietrich, Gerhard Schulz, Wolfgang Sauer: Die nationalsozialistische Machtergreifung. Studien zur Errichtung des totalitären Herrschaftssystems in Deutschland 1933-1934. 3 Bde. 2., durchgesehene Auflage. Köln, Opladen 1962.
Bracher, Karl Dietrich: Die totalitäre Erfahrung. München 1987.
Bracher, Karl Dietrich, Manfred Funke, Hans-Adolf Jacobsen (Hrsg.): Deutschland 1933-1945. Neue Studien zur nationalsozialistischen Herrschaft. 2. Auflage. Bonn 1993.
Breuer, Stefan: Anatomie der Konservativen Revolution. Darmstadt 1993.
Broszat, Martin, Horst Möller (Hrsg.): Das Dritte Reich. Herrschaftsstruktur und Geschichte. München 1983.

Deutscher Bundestag (Hrsg.): Materialien der Enquete-Kommission „Aufarbeitung von Geschichte und Folgen der SED-Diktatur in Deutschland". 9 Bde. Baden-Baden 1995.

Dröge, Franz, Michael Müller: Die Macht der Schönheit. Avantgarde und Faschismus oder die Geburt der Massenkultur. Hamburg 1995.

Eisenmann, Peter, Gerhard Hirscher (Hrsg.): Bilanz der zweiten deutschen Diktatur. Mainz 1993.

Frei, Norbert: Der Führerstaat. Nationalsozialistische Herrschaft 1933-1945. München 1987.

Friedländer, Saul: Kitsch und Tod. Der Widerschein des Nazismus. München 1984.

Friedrich, Wolfgang-Uwe (Hrsg.): Totalitäre Herrschaft – totalitäres Erbe. Tempe/Arizona 1994 (= German Studies Review. Special Issue).

Fulbrook, Mary: Anatomy of a Dictatorship. Inside the GDR 1949-1989. Oxford 1995.

Gill, David, Ulrich Schröter: Das Ministerium für Staatssicherheit. Anatomie des Mielke-Imperiums. Berlin 1991.

Glaeßner, Gert-Joachim: Kommunismus – Totalitarismus – Demokratie. Studien zu einer säkularen Auseinandersetzung. Frankfurt a. M. 1995.

Grunenberg, Antonia: Antifaschismus. Ein deutscher Mythos. Reinbek b. Hamburg 1993.

Hehl, Ulrich von: Nationalsozialistische Herrschaft. München 1996.

Helwig, Gisela (Hrsg.): Rückblicke auf die DDR. Köln 1995.

Heydemann, Günter, Christopher Beckmann: Zwei Diktaturen in Deutschland. Möglichkeiten und Grenzen des historischen Diktaturenvergleichs. In: Deutschland Archiv 1997. H. 1, S. 12-40.

Hildebrand, Klaus: Das Dritte Reich. 4. Auflage. München 1991.

Hornung, Klaus: Das totalitäre Zeitalter. Bilanz des 20. Jahrhunderts. Durchgesehene und um ein Dokument erweiterte Taschenbuchausgabe. Berlin 1997.

Jesse, Eckhard: War die DDR totalitär? In: Aus Politik und Zeitgeschichte 1994. B 40, S. 12-23.

Jesse, Eckhard (Hrsg.): Totalitarismus im 20. Jahrhundert. Eine Bilanz der internationalen Forschung. Baden-Baden 1996.

Kaelble, Hartmut, Jürgen Kocka, Hartmut Zwahr (Hrsg.): Sozialgeschichte der DDR. Stuttgart 1994.

Kertész, Imre: Meine Rede über das Jahrhundert. Hamburg 1995 (= Hamburger Edition: Angesichts unseres Jahrhunderts, Bd. 5).

Kiesel, Helmuth u. a. (Hrsg.): Heilserwartung und Terror. Politische Religionen des 20. Jahrhunderts. Düsseldorf 1995 (= Schriften der Katholischen Akademie Bayern, Bd. 152).

Kühnhardt, Ludger, Gerd Leutenecker, Martin Rupps, Frank Waltmann (Hrsg.): Die doppelte deutsche Diktaturerfahrung. Drittes Reich und DDR. Ein historisch-politikwissenschaftlicher Vergleich. 2. Auflage. Frankfurt a. M. 1996.

Langguth, Gerd (Hrsg.): Autor, Macht, Staat. Literatur und Politik in Deutschland. Ein notwendiger Dialog. Düsseldorf 1994.

Lepsius, M. Rainer: Plädoyer für eine Soziologisierung der beiden deutschen Diktaturen. In: Christian Jansen, Lutz Niethammer, Bernd Weisbrod (Hrsg.): Von der Aufgabe der Freiheit. Politische Verantwortung und bürgerliche Gesellschaft im 19. und 20. Jahrhundert. Festschrift für Hans Mommsen zum 5. November 1995. Berlin 1995, S. 609-615.

Lukács, Georg, Johannes R. Becher, Friedrich Wolf u. a. (Hrsg.): Die Säuberung. Moskau 1936. Stenogramm einer geschlossenen Parteiversammlung. Hrsg. von Reinhard Müller. Reinbek b. Hamburg 1991.

Maier, Hans (Hrsg.): „Totalitarismus" und „Politische Religionen". Konzepte des Diktaturvergleichs. Paderborn 1996.
Meier, Christian: Vergangenheit ohne Ende? Was die kommunistische von der nationalsozialistischen Geschichte unterscheidet. In: Frankfurter Allgemeine Zeitung, 19.2.1992.
Mitter, Armin, Stefan Wolle: Untergang auf Raten. Unbekannte Kapitel der DDR-Geschichte. München 1993.
Mommsen, Hans: Der Nationalsozialismus und die deutsche Gesellschaft. Reinbek b. Hamburg 1991.

Pehle, Walter H. (Hrsg.): Der historische Ort des Nationalsozialismus. Frankfurt a. M. 1990.

Reichel, Peter: Der schöne Schein des Dritten Reichs. Faszination und Gewalt des Faschismus. München 1991.

Schäfer, Hans Dieter: Das gespaltene Bewußtsein. Über deutsche Kultur und Lebenswirklichkeit 1933-1945. München 1981.
Sperber, Manès: Die Tyrannis und andere Essays aus der Zeit der Verachtung. München 1987.

Thamer, Hans-Ulrich: Verführung und Gewalt. Deutschland 1933-1945. Berlin 1986.

Vetter, Matthias (Hrsg.): Terroristische Diktaturen im 20. Jahrhundert. Strukturelemente der nationalsozialistischen und stalinistischen Herrschaft. Opladen 1996.
Voegelin, Eric: Die politischen Religionen. Hrsg. und mit einem Nachwort versehen von Peter J. Opitz. München 1993.

Weber, Jürgen (Hrsg.): Der SED-Staat. Neues über eine vergangene Diktatur. München 1994.
Wielenga, Frieso: Schatten deutscher Geschichte. Der Umgang mit dem Nationalsozialismus und der DDR-Vergangenheit in der Bundesrepublik. Greifswald 1995.

II. Literatur im Nationalsozialismus

Allemann, Beda (Hrsg.): Literatur und Germanistik nach der Machtübernahme. Colloquium zur 50. Wiederkehr des 30. Januar 1933. Bonn 1983.
Arnold, Heinz Ludwig (Hrsg.): Anna Seghers. München 1973 (= Text + Kritik. H. 38).
Arnold, Heinz Ludwig (Hrsg.): Günter Eich. 3. Auflage. München 1979 (= Text + Kritik. H. 5).
Arnold, Heinz Ludwig (Hrsg.): Thomas Mann. 2. Auflage. München 1982 (= Text + Kritik. Sonderband).
Arnold, Heinz Ludwig (Hrsg.): Gottfried Benn. 2. Auflage. München 1985 (= Text + Kritik. H. 44).

Arnold, Heinz Ludwig (Hrsg.): Ernst Jünger. München 1990 (= Text + Kritik. H. 105/106).

Arntzen, Helmut: Nebeneinander. Film, Literatur, Denken und Sprache der Dreißiger Jahre. In: ders.: Ursprung der Gegenwart. Zur Bewußtseinsgeschichte der Dreißiger Jahre in Deutschland. Weinheim 1995, S. 1-168.

Barbian, Jan-Pieter: Literaturpolitik im ‚Dritten Reich'. Institutionen, Kompetenzen, Betätigungsfelder. Aktualisierte und überarbeitete Ausgabe. München 1995.

Barbian, Jan-Pieter: Die vollendete Ohnmacht? Das Verhältnis der Schriftsteller zu den staatlichen und parteiamtlichen ‚Schrifttumsstellen' im ‚Dritten Reich'. In: Internationales Archiv für Sozialgeschichte der deutschen Literatur 20 (1995) H. 1, S. 137-160.

Barbian, Jan-Pieter: Glücksstunde oder nationalsozialistisches Kalkül? Die ‚Arisierung' des S. Fischer Verlages 1935-1937. In: Menora. Jahrbuch für deutsch-jüdische Geschichte 7 (1996), S. 61-94.

Behnken, Klaus, Frank Wagner (Redaktion): Inszenierung der Macht. Ästhetische Faszination im Faschismus. Ausstellungskatalog Neue Gesellschaft für Bildende Kunst. Berlin 1987.

Berglund, Gisela: Der Kampf um den Leser im Dritten Reich. Die Literaturpolitik der „Neuen Literatur" (Will Vesper) und der „Nationalsozialistischen Monatshefte". Worms 1980 (= Deutsches Exil 1933-1945. Eine Schriftenreihe, Bd. 11).

Berthold, Werner, Brita Eckart (Hrsg.): Der deutsche PEN-Club im Exil 1933-1945. Eine Ausstellung der Deutschen Bibliothek Frankfurt a. M. Frankfurt a. M. 1980.

Bohrer, Karl Heinz: Die Ästhetik des Schreckens. Die pessimistische Romantik und Ernst Jüngers Frühwerk. München 1978.

Bollmus, Reinhard: Das Amt Rosenberg und seine Gegner. Studien zum Machtkampf im nationalsozialistischen Herrschaftssystem. Stuttgart 1970.

Bossard, Marcel: Gottfried Benn und der Nationalsozialismus. In: Neue Zürcher Zeitung, 27.9.1985.

Braun, Michael: „Ein kläglicher Prophet in seinem Fisch". Stefan Andres und die Probleme der inneren Emigration. In: Zeitschrift für deutsche Philologie 115 (1996) H. 2, S. 262-277.

Braun, Michael: Stefan Andres. Leben und Werk. Bonn 1997.

Brenner, Hildegard: Die Kunstpolitik des Nationalsozialismus. Reinbek b. Hamburg 1963.

Brenner, Hildegard: Ende einer bürgerlichen Kunst-Institution. Die politische Formierung der Preußischen Akademie der Künste ab 1933. Stuttgart 1972 (= Schriftenreihe der Vierteljahreshefte für Zeitgeschichte, Nr. 24).

Breuer, Stefan: Ästhetischer Fundamentalismus. Stefan George und der deutsche Antimodernismus. Darmstadt 1995.

Caemmerer, Christiane, Walter Delabar (Hrsg.): Dichtung im Dritten Reich? Zur Literatur in Deutschland 1933-1945. Opladen 1996.

Corino, Karl (Hrsg.): Intellektuelle im Bann des Nationalsozialismus. Hamburg 1980.

Crohn, Claus-Dieter u. a.: Aspekte der künstlerischen inneren Emigration 1933-1945. München 1994 (= Text + Kritik. Exilforschung, Bd. 12).

Cuomo, Glenn R.: Purging an „Art Bolshevist": The Persecution of Gottfried Benn in the Years 1933-1938. In: German Studies Review 9 (1986), S. 85-105.

Cuomo, Glenn R.: Hanns Johst und die Reichsschrifttumskammer. Ihr Einfluß auf die Situation des Schriftstellers im Dritten Reich. In: Jörg Thunecke (Hrsg.): Leid der Worte. Panorama des literarischen Nationalsozialismus. Bonn 1987, S. 108-132.

Cuomo, Glenn R.: Career at the Cost of Compromise: Günter Eich's Life and Work in the years 1933-1945. Amsterdam 1989.

Dahm, Volker: Das jüdische Buch im Dritten Reich. Teil 1: Die Ausschaltung der jüdischen Autoren, Verleger und Buchhändler. Frankfurt a. M. 1979 (= Sonderdruck aus dem AGB, Bd. 20).
Dahm, Volker: Anfänge und Ideologie der Reichskulturkammer. Die „Berufsgemeinschaft" als Instrument kulturpolitischer Steuerung und sozialer Reglementierung. In: Vierteljahresschrift für Zeitgeschichte 34 (1986), S. 53-84.
Dempewolf, Eva: Blut und Tinte: eine Interpretation der verschiedenen Fassungen von Ernst Jüngers Kriegstagebüchern vor dem politischen Hintergrund der Jahre 1920 bis 1980. Würzburg 1992.
Denk, Friedrich: Die Zensur der Nachgeborenen. Zur regimekritischen Literatur im Dritten Reich. 3. Auflage. Weilheim i. OB. 1996.
Denkler, Horst, Karl Prümm (Hrsg.): Die deutsche Literatur im Dritten Reich. Themen, Traditionen, Wirkungen. Stuttgart 1976.
Denkler, Horst, Eberhard Lämmert (Hrsg.): „Das war ein Vorspiel nur...". Berliner Colloquium zur Literaturpolitik im „Dritten Reich". Berlin 1985 (= Schriftenreihe der Akademie der Künste, Bd. 15).
Döring, Jörg: Eulenspiegel schreibt Gespenstergeschichten. Wolfgang Koeppen im Dritten Reich. In: Christiane Caemmerer, Walter Delabar (Hrsg.): Dichtung im Dritten Reich? Zur Literatur in Deutschland 1933-1945. Opladen 1996, S. 105-118.

Faustmann, Uwe Julius: Die Reichskulturkammer. Aufbau, Funktion und rechtliche Grundlagen einer Körperschaft des öffentlichen Rechts im nationalsozialistischen Regime. Aachen 1995 (= Berichte aus der Rechtswissenschaft).
Frei, Norbert: Journalismus im Dritten Reich. München 1989.
Frühwald, Wolfgang: Bilder des Todes. Zur nationalsozialistischen Literatur und ihren Opponenten. In: Rheinische Vierteljahresblätter 59 (1995), S. 181-193.

Gillessen, Günther: Auf verlorenem Posten. Die Frankfurter Zeitung im Dritten Reich. Berlin 1986.
Glaser, Horst Albert (Hrsg.): Gottfried Benn 1886-1956. Referate des Essener Kolloquiums, Frankfurt a. M. 1989.
Graeb-Könnecker, Sebastian: Autochthone Modernität. Eine Untersuchung der vom Nationalsozialismus geförderten Literatur. Opladen 1996.
Grosser, J. F. G. (Hrsg.): Die große Kontroverse. Ein Briefwechsel um Deutschland. Hamburg 1963.
Grunenberg, Antonia: „Und was tatest Du?". Schriftsteller und politische Macht nach 1945. Zum Streit zwischen Thomas Mann und Walter von Molo. In: Gerd Langguth (Hrsg.): Autor, Macht, Staat. Literatur und Politik in Deutschland. Ein notwendiger Dialog. Düsseldorf 1994, S. 110-130.

Hale, Oron J.: Presse in der Zwangsjacke 1933-1945. Aus dem Amerikanischen von Wilhelm und Modeste Pferdekamp. Düsseldorf 1965.
Heidelberger-Leonhard, Irene, Volker Wehdeking (Hrsg.): Alfred Andersch. Perspektiven zu Leben und Werk. Opladen 1994.
Hermand, Jost: Der alte Traum vom neuen Reich. Völkische Utopien und Nationalsozialismus. Frankfurt a. M. 1988.

Hillesheim, Jürgen: Lexikon nationalsozialistischer Dichter. Biographien, Analysen, Bibliographien. Würzburg 1993.

Huder, Walter: Die sogenannte Reinigung. Die „Gleichschaltung" der Sektion für Dichtkunst der Preußischen Akademie der Künste 1933. In: Exilforschung. Ein internationales Jahrbuch 4 (1986), S. 144-159.

Jens, Inge: Dichter zwischen rechts und links. Die Geschichte der Sektion für Dichtkunst der Preußischen Akademie der Künste, dargestellt nach Dokumenten. München 1979.

Josting, Petra, Jan Wirrer (Hrsg.): Bücher haben ihre Geschichte. Kinder- und Jugendliteratur, Literatur und Nationalsozialismus, Deutschdidaktik. Norbert Hopster zum 60. Geburtstag. Hildesheim 1996.

Ketelsen, Uwe-Karsten: Völkisch-nationale und nationalsozialistische Literatur in Deutschland 1890-1945. Stuttgart 1976.

Ketelsen, Uwe-Karsten: Literatur und Drittes Reich. 2. Auflage. Greifswald 1994.

Kiesel, Helmuth: Ernst Jüngers ‚Marmor-Klippen'. In: Internationales Archiv für Sozialgeschichte der deutschen Literatur 14 (1989), S. 126-164.

Kiesel, Helmuth: Wissenschaftliche Diagnose und dichterische Vision der Moderne. Max Weber und Ernst Jünger. Heidelberg 1994.

Kiesel, Helmuth: Literaturgeschichtliches Vergleichen: Ernst Jünger und Christa Wolf. In: Gerd Langguth (Hrsg.): Autor, Macht, Staat. Literatur und Politik in Deutschland. Ein notwendiger Dialog. Düsseldorf 1994, S. 131-152.

Kirchner, Doris: Doppelbödige Wirklichkeit. Magischer Realismus und nicht-faschistische Literatur. Tübingen 1993.

Koslowski, Peter: Der Mythos der Moderne. Die dichterische Philosophie Ernst Jüngers. München 1991.

Kugel, Wilfried: Der Unverantwortliche. Hanns Heinz Ewers. Biographie und Psychogramm. Düsseldorf 1992.

Lämmert, Eberhard: Beherrschte Prosa. Poetische Lizenzen in Deutschland zwischen 1933 und 1945. In: Neue Rundschau 86 (1975), S. 404-421.

Leonhard, Joachim-Felix: Zensur und Vernichtung. Literatur unter der nationalsozialistischen Diktatur. In: Präsident der Universität Kaiserslautern (Hrsg.): Schriftenreihe der Universität Kaiserslautern, Bd. 3. Kaiserslautern 1985, S. 3-32.

Loewy, Ernst: Literatur unterm Hakenkreuz. Das Dritte Reich und seine Dichtung. Eine Dokumentation. Frankfurt a. M. 1983.

Mendelssohn, Peter de: Der Geist in der Despotie. Versuche über die moralischen Möglichkeiten des Intellektuellen in der totalitären Gesellschaft. Frankfurt a. M. 1987.

Michelsen, Peter: Wohin ich gehöre. Thomas Mann und die „innere Emigration". In: Frankfurter Allgemeine Zeitung, 2. 6. 1995.

Mittenzwei, Werner: Der Untergang einer Akademie oder Die Mentalität des ewigen Deutschen. Der Einfluß der nationalkonservativen Dichter an der Preußischen Akademie der Künste 1918 bis 1947. Berlin 1992.

Möller, Horst: Exodus der Kultur. Schriftsteller, Wissenschaftler und Künstler in der Emigration nach 1933. München 1984.

Neumann, Peter Horst: Die Rettung der Poesie im Unsinn. Der Anarchist Günter Eich. Stuttgart 1981.
Nijssen, Hub: Peter Huchel als Propagandist? Über die Autorschaft des Hörspiels „Die Greuel von Denshawai". In: Neophilologus 77 (1993) Nr. 4, S. 625-657.

Ott, Ulrich (Hrsg.): Gottfried Benn. 1886-1956. Eine Ausstellung des Deutschen Literaturarchivs Marbach am Neckar. 3. Auflage. Marbach 1987.
Ott, Ulrich (Hrsg.): Günter Eich. 1907-1972. Eine Ausstellung des Deutschen Literaturarchivs Marbach am Neckar. Marbach 1988.

Parker, Stephen: Peter Huchel als Propandist. Huchels 1940 entstandene Adaption von George Bernhard Shaws „Die Greuel von Denshawai". In: Rundfunk und Fernsehen 39 (1991) H. 3, S. 343-352.
Petrow, Michael: Der Dichter als Führer? Zur Wirkung Stefan Georges im „Dritten Reich". Marburg 1995.
Pfanner, Helmut F.: Hanns Johst: Vom Expressionismus zum Nationalsozialismus. The Hague 1970 (= Studies in German Literature, Vol. XVII).
Philipp, Michael: Distanz und Anpassung. Sozialgeschichtliche Aspekte der „Inneren Emigration". In: Exilforschung. Ein internationales Jahrbuch 12 (1994), S. 11-30.

Reich-Ranicki, Marcel: Verleumdung statt Aufklärung. Deutsche Schriftsteller im Dritten Reich. Zu einem „Zeit"-Dossier von Fritz J. Raddatz. In: Frankfurter Allgemeine Zeitung, 18.10.1979.
Reinhardt, Stephan: Alfred Andersch. Eine Biographie. Zürich 1990.
Rotermund, Erwin: Artistik und Engagement. Studien zur deutschen Literaturgeschichte. Würzburg 1994.

Sauder, Gerhard (Hrsg.): Die Bücherverbrennung. Zum 10. Mai 1933. München 1983.
Schäfer, Hans Dieter: Die nicht-nationalsozialistische Literatur der jungen Generation. In: ders.: Das gespaltene Bewußtsein. Über deutsche Kultur und Lebenswirklichkeit 1933-1945. München 1981, S. 7-54.
Scheffel, Michael: Magischer Realismus. Die Geschichte eines Begriffs und ein Versuch seiner Bestimmung. Tübingen 1990.
Schnell, Ralf: Literarische Innere Emigration 1933-1945. Stuttgart 1976.
Schnell, Ralf (Hrsg.): Kunst und Literatur im deutschen Faschismus.. Stuttgart 1978 (= Literaturwissenschaft und Sozialwissenschaften, Bd. 10).
Schnell, Ralf: Innere Emigration. In: Literaturlexikon. Hrsg. von Walter Killy. Bd. 13. Gütersloh 1990. S. 436-438.
Schoeps, Karl Heinz: Literatur im Dritten Reich. Bern 1992.
Schröder, Jürgen: Gottfried Benn. Poesie und Sozialisation. Stuttgart 1978.
Schröder, Jürgen: Gottfried Benn und die Deutschen. Studien zu Werk, Person und Zeitgeschichte. Tübingen 1986.
Schröder, Jürgen: „Es knistert im Gebälk". Gottfried Benn – ein Emigrant nach innen. In: Exilforschung. Ein internationales Jahrbuch 12 (1994), S. 31-52.
Schütz, Erhard: Zwischen ‚Kolonne' und ‚Ethos' des bescheidenen ‚Standhaltens'. Zu den Romanen Horst Langes und August Scholtis während des Dritten Reichs. In: Christiane Caemmerer, Walter Delabar (Hrsg.): Dichtung im Dritten Reich? Zur Literatur in Deutschland 1933-1945. Opladen 1996, S. 77-95.

Schwilk, Heimo (Hrsg.): Ernst Jünger. Leben und Werk in Bildern und Texten. Stuttgart 1988.

Thunecke, Jörg (Hrsg.): Leid der Worte. Panorama des literarischen Nationalsozialismus. Bonn 1987.

Vieregg, Axel: Der eigenen Fehlbarkeit begegnet. Günter Eichs Realität 1930-1945. Eggingen 1993.
Vieregg, Axel (Hrsg.): „Unsere Sünden sind unsere Maulwürfe". Die Günter-Eich-Debatte. Amsterdam 1996.

Walberer, Ulrich (Hrsg.): 10. Mai 1933. Bücherverbrennung in Deutschland und die Folgen. Frankfurt a. M. 1983.
Wellershoff, Dieter: Gottfried Benn. Phänotyp dieser Stunde. Eine Studie über den Problemgehalt seines Werkes. Köln 1958.
Wessels, Wolfram: Hörspiele im Dritten Reich. Zur Institutionen-, Theorie- und Literaturgeschichte. Bonn 1985.
Wulf, Joseph: Literatur und Dichtung im Dritten Reich. Eine Dokumentation. Frankfurt a. M. 1983.

III. Literatur im DDR-Sozialismus

Anz, Thomas (Hrsg.): „Es geht nicht um Christa Wolf". Der Literaturstreit im vereinten Deutschland. München 1991.
Arnold, Heinz Ludwig (Hrsg.): Volker Braun. München 1977 (= Text + Kritik. H. 55).
Arnold, Heinz Ludwig (Hrsg.): Bertolt Brecht. 2. Auflage. München 1978 (= Text + Kritik. Sonderband).
Arnold, Heinz Ludwig (Hrsg.): Uwe Johnson. München 1980 (= Text + Kritik. H. 65/66).
Arnold, Heinz Ludwig (Hrsg.): Sarah Kirsch. München 1989 (= Text + Kritik. H. 101).
Arnold, Heinz Ludwig (Hrsg.): MachtApparatLiteratur. Literatur und „Stalinismus". München 1990 (= Text + Kritik. H. 108).
Arnold, Heinz Ludwig (Hrsg.): Feinderklärung. Literatur und Staatssicherheitsdienst. München 1993 (= Text + Kritik. H. 120).
Arnold, Heinz Ludwig (Hrsg.): Christa Wolf. 4. Auflage. München 1994 (= Text + Kritik. H. 46).
Arnold, Heinz Ludwig (Hrsg.): Günter de Bruyn. München 1995 (= Text + Kritik. H. 127).
Arnold, Heinz Ludwig (Hrsg.): Heiner Müller. 2. Auflage. Neufassung. München 1997 (= Text + Kritik. H. 73).
Arnold, Heinz Ludwig, Frauke Meyer-Gosau (Hrsg.): Literatur in der DDR. Rückblicke. München 1991 (= Text + Kritik. Sonderband).

Baluseck, Lothar von: Dichter im Dienst. Der sozialistische Realismus in der deutschen Literatur. Wiesbaden 1963.
Begleitband zur Ausstellung Peter Huchel. 2. Auflage. Frankfurt a. M. 1996.
Bock, Stephan: Literatur, Gesellschaft, Nation. Materielle und ideelle Rahmenbedingungen der frühen DDR-Literatur. Stuttgart 1980.

Böthig, Peter, Klaus Michael (Hrsg.): MachtSpiele. Literatur und Staatssicherheit im Fokus Prenzlauer Berg. Leipzig 1993.
Böttiger, Helmut: Die Dichter ziehen sich zurück. Eine Elegie auf das Ende der DDR-Literatur. In: Stuttgarter Zeitung, 16.12.1989.
Brandt, Sabine: Pivilegiert, gegängelt und gebeutelt. Das DDR-Regime und die Rolle der Schriftsteller. In: Frankfurter Allgemeine Zeitung, 16.12.1989.
Braun, Matthias, György Dalos, Alexander Daniel (Mitarb.): Stasi, KGB und Literatur. Beiträge und Erfahrungen aus Rußland und Deutschland. Köln 1993.
Braun, Michael: Jenseits der „Gesinnungsästhetik". Was bleibt von der Literatur aus der DDR? In: Aus Politik und Zeitgeschichte 1991. B 41-42, S. 25-32.
Braun, Michael: „Ein Betroffensein und ein Sichwehren". Zur Schuldfrage im Erzählwerk von Christoph Hein. In: Literatur in Wissenschaft und Unterricht 26 (1993) H. 3, S. 177-192.
Brettschneider, Werner: Peter Huchel. In: ders.: Zwischen literarischer Autonomie und Staatsdienst. Die Literatur in der DDR. Berlin 1972.
Bruyn, Günter de: Dieses Mißtrauen gegen mich selbst. Schwierigkeiten beim Schreiben der Wahrheit. Ein Beitrag zum Umgang mit den Stasi-Akten. In: Frankfurter Allgemeine Zeitung, 18.2.1993.
Buck, Theo (Hrsg.): Zu Bertolt Brecht. Parabel und episches Theater. Stuttgart 1979.

Corino, Karl: Vom Leichengift der Stasi. Die DDR-Literatur hat an Glaubwürdigkeit verloren – Eine Entgegnung. In: Süddeutsche Zeitung, 6.12.1991.
Cosentino, Christine: „Ein Spiegel mit mir darin". Sarah Kirschs Lyrik. Tübingen 1990.

Dahlke, Birgit: Papierboot. Autorinnen aus der DDR – inoffiziell publiziert. Würzburg 1997.
Degemann, Christa: Anna Seghers in der westdeutschen Literaturkritik 1946 bis 1983. Köln 1995.
Deiritz, Karl, Hannes Krauss (Hrsg.): Der deutsch-deutsche Literaturstreit oder: Freunde, es spricht sich schlecht mit gebundener Zunge. Analysen und Materialien. Frankfurt a. M. 1991.
Deiritz, Karl, Hannes Krauss (Hrsg.): Verrat an der Kunst? Rückblicke auf die DDR-Literatur. Berlin 1993.
Dissidenten? Texte und Dokumente zur DDR-„Exil"-Literatur. Wolf Biermann, Jürgen Fuchs, Günter Kunert, Reiner Kunze, Hans Joachim Schädlich u. a. Berlin 1991.
Domdey, Horst: Volker Braun und die Sehnsucht nach der Großen Kommunion. Zum Demokratiekonzept der Reformsozialisten. In: Deutschland Archiv 1990. H. 11, S. 1771-1774.
Domdey, Horst: Die DDR als Droge. Wie kritisch war die DDR-Literatur? In: Deutschland Archiv 1993. H. 2, S. 161-169.
Drescher, Angela (Hrsg.): Dokumentation zu Christa Wolf „Nachdenken über Christa T.". Hamburg 1991.
Dümmel, Karsten: Identitätsprobleme in der DDR-Literatur der siebziger und achtziger Jahre. Frankfurt a. M. 1997.

Einhorn, Hinnerk, Eberhard Günther (Hrsg.): Positionen 5. Wortmeldungen zur DDR-Literatur. Halle 1989.
Emmerich, Wolfgang: Zwischen Hypertrophie und Melancholie. Die literarische Intelligenz der DDR im historischen Kontext. In: Universitas 48 (1993) H. 8, S. 778-792.

Emmerich, Wolfgang: Die andere Deutsche Literatur. Opladen 1994.
Emmerich, Wolfgang: Rückblicke auf die Literatur der DDR. In: Aus Politik und Zeitgeschichte 1996. B 13-14, S. 13-23.
Emmerich, Wolfgang: Kleine Literaturgeschichte der DDR. Erweiterte Neuausgabe. Leipzig 1996.
Endler, Adolf: Den Tiger reiten. Aufsätze, Polemiken und Notizen zur Lyrik der DDR. Frankfurt a. M. 1990.
Erbe, Günter: Die verfemte Moderne. Die Auseinandersetzung mit dem „Modernismus" in der Kulturpolitik, Literaturwissenschaft und Literatur der DDR. Opladen 1993.
Europäische Ideen 1996. H. 99: Diktatur und Widerstand oder: Das Jahrhundert der Spitzel? Hrsg. von Andreas W. Mytze.

Faktor, Jan: Das Polster um uns war künstlich. Was die Inoffiziellen Mitarbeiter zur Entstehung des Freiraums im Prenzlauer Berg beigetragen haben und was dabei zerstört wurde. In: Frankfurter Allgemeine Zeitung, 5.1.1993.
Faktor, Jan: Intellektuelle Opposition und alternative Kultur in der DDR. In: Aus Politik und Zeitgeschichte 1994. B 10, S. 30-37.
Feist, Günter (Hrsg.): Stationen eines Weges. Dokumentation zur Kunst und Kunstpolitik der DDR 1945-1988. Berlin 1988.
Fellinger, Raimund (Hrsg.): Über Uwe Johnson. Frankfurt a. M. 1992.
Fischbeck, Helmut (Hrsg.): Literaturpolitik und Literaturkritik in der DDR. Frankfurt a. M. 1976.
Fricke, Karl Wilhelm: Opposition und Widerstand in der DDR. Ein politischer Report. Köln 1984.
Frühwald, Wolfgang: Die „Endlichkeit dieser Erde". Laudatio auf Sarah Kirsch. In: Literaturpreis 1993: Sarah Kirsch. Hrsg. von Günther Rüther. 2. Auflage. Bornheim b. Bonn 1994, S. 7-16.
Fühmann, Franz: Essays, Gespräche, Aufsätze 1964-1981. Rostock 1983.

Gansel, Carsten, Nicolai Riedel (Hrsg.): Uwe Johnson zwischen Vormoderne und Postmoderne. Berlin 1995.
Gegen den Strom. Zum ersten Mal berichtet Peter Huchel von den Jahren seiner Isolierung in der DDR. Ein Gespräch mit Peter Huchel von Hansjakob Stehle. In: Die Zeit, 2.6.1972.
Gerstenberg, Rudolf: Wie Uwe Johnson die Staatssicherheit verfolgte. Eine Absichtserklärung. In: Johnson-Jahrbuch 1 (1994), S. 45-57.
Goodbody, Axel: Geist und Macht. Writers and the state in the GDR. Amsterdam 1992.
Groth, Joachim-Rüdiger: Literatur im Widerspruch. Gedichte und Prosa aus 40 Jahren DDR. Köln 1993.
Grundmann, Uta, Klaus Michael, Susanna Seufert (Hrsg.): Die Einübung der Außenspur. Die andere Kultur in Leipzig 1971-1990. Leipzig 1996.
Grunenberg, Antonia: Der Aufbruch der inneren Mauer. Politik und Kultur in der DDR 1971-1989. Bremen 1990.

Hager, Kurt: Beiträge zur Kulturpolitik. Reden und Aufsätze. Berlin 1987.
Hammer, Klaus (Hrsg.): Christoph Hein. Chronist ohne Botschaft. Ein Arbeitsbuch. Materialien, Auskünfte, Bibliographie. Berlin 1992.

Hanke, Irma: Alltag und Politik. Zur politischen Kultur einer unpolitischen Gesellschaft. Eine Untersuchung zur erzählenden Gegenwartsliteratur in der DDR in den siebziger Jahren. Opladen 1987.
Heider, Magdalena, Kerstin Thöm (Hrsg.): SED und Intellektuelle in der DDR der fünfziger Jahre. Kulturbund-Protokolle. Köln 1990.
Hein, Christoph: Die fünfte Grundrechenart. Aufsätze und Reden 1987-1990. Frankfurt a. M. 1990.
Helbig, Holger: Beschreibung einer Beschreibung. Untersuchungen zu Uwe Johnsons Roman „Das dritte Buch über Achim". Göttingen 1996.
Herzinger, Richard: Naturschützer im Reich der Transsubstantiation. Zur literaturtheoretischen Einhegung ehemaliger DDR-Schriftsteller. In: Frankfurter Rundschau, 17.6.1993.
Hesse, Egmont (Hrsg.): Sprache und Antwort. Stimmen und Texte einer anderen Literatur aus der DDR. Frankfurt a. M. 1988.
Heukenkamp, Ursula: Soll das Vergessen verabredet werden? Eigenständigkeit und Eigenart der DDR-Literatur. In: Aus Politik und Zeitgeschichte 1991. B 41-42, S. 3-12.
Hildebrandt, Walter: Dichter und Deutsche. Am Beispiel Peter Huchels. In: Deutschland Archiv 1977. H. 7, S. 701-708.
Hörnigk, Frank: Heiner Müller Material. Leipzig 1989.
Hörnigk, Frank u. a. (Hrsg.): Kalkfell für Heiner Müller. Berlin 1996.
Hörnigk, Therese: Christa Wolf. Göttingen 1990.
Hohendahl, Peter Uwe, Patricia Herminghouse (Hrsg.): Literatur und Literaturtheorie in der DDR. 2. Auflage. Frankfurt a. M. 1981.

Jäger, Manfred: Das Wechselspiel von Selbstzensur und Literaturlenkung in der DDR. In: Aus Politik und Zeitgeschichte 1991. B 41-42, S. 13-24.
Jäger, Manfred: Auskünfte. Heiner Müller und Christa Wolf zu Stasi-Kontakten. In: Deutschland Archiv 1993. H. 2, S. 142-146.
Jäger, Manfred: Kultur und Politik in der DDR. 1945-1990. Köln 1994.
Janka, Walter: Schwierigkeiten mit der Wahrheit. Reinbek b. Hamburg 1989.
Johannes Bobrowski. Selbstzeugnisse und Beiträge über sein Werk. Berlin 1967.
Johannes Bobrowski. Selbstzeugnisse und neue Beiträge über sein Werk. Berlin 1975.
Johannes Bobrowski oder Landschaft mit Leuten. Eine Ausstellung des Deutschen Literaturarchivs im Schiller-Nationalmuseum Marbach am Neckar (Marbacher Kataloge 46). Marbach 1993.

Keller, Dietmar, Matthias Kirchner (Hrsg.): Biermann und kein Ende. Eine Dokumentation zur DDR-Kulturpolitik. Berlin 1991.
Klussmann, Paul Gerhard, Heinrich Mohr (Hrsg.): Jahrbuch zur Literatur in der DDR. Bonn 1980 ff.
Klussmann, Paul Gerhard: Anmerkungen zur Geschichte der DDR-Literatur im Jahr 1990. In: Hans-Christoph Graf von Nayhauss, Krzysztof A. Kuczynski (Hrsg.): Im Dialog mit der interkulturellen Germanistik. Warschau 1993, S. 93-109.
Köhler-Hausmann, Reinhild: Literaturbetrieb in der DDR. Schriftsteller und Literaturinstanzen. Stuttgart 1984.
Kolbe, Uwe: Mauerschatten, ins Wort verlängert. Schreiben und Schweigen in der DDR. In: Neue Zürcher Zeitung, 10./11.2.1996.
Kreutzer, Anja: Untersuchungen zur Poetik Günter de Bruyns. Frankfurt a. M. 1995.

Lermen, Birgit, Matthias Loewen: Lyrik aus der DDR. Exemplarische Analysen. Paderborn 1987.
Liersch, Werner: Gab es eine DDR-Literatur? Eine deutsche Literatur in Deutschland. In: Das Parlament, 22.2.1991.
Links, Roland: Literatur als Lebenswelt. Frühe Erfahrungen eines späteren Verlegers in der DDR. In: Aus Politik und Zeitgeschichte 1994. B 10, S. 3-11.
Literarisches Leben in der DDR 1945-1960. Literaturkonzepte und Leseprogramme. Von einem Autorenkollektiv u. a. Ingeborg Münz-Koenen. Berlin 1979.
Literatur für Leser 1990. H. 2: Themenheft „Literatur in der DDR" (Über Volker Braun, Wulf Kirsten, Christa Wolf, Uwe Saeger).
Literatur und literarisches Leben in Deutschland 1945 bis 1949. Eine Ausstellung der Deutschen Bibliothek mit dem Arbeitskreis selbständiger Kultur-Institute e. V. Bonn 1989.
Loest, Erich: Der vierte Zensor. Vom Entstehen und Sterben eines Romans in der DDR. Köln 1984.
Lübbe, Peter (Hrsg.): Dokumente zur Kunst-, Literatur- und Kulturpolitik der SED (1975-1980). Stuttgart 1984.

Mann, Ekkehard: Untergrund, autonome Literatur und das Ende der DDR. Eine systemtheoretische Analyse. Frankfurt a. M 1996.
Mauser, Wolfram (Hrsg.): Erinnerte Zukunft. 11 Studien zum Werk Christa Wolfs. Würzburg 1985.
Mayer, Hans: Der Turm zu Babel. Erinnerung an eine Deutsche Demokratische Republik. Frankfurt a. M. 1991.
Mayer, Hans (Hrsg.): Über Peter Huchel. Frankfurt a. M. 1973.
Mechtenberg, Theo: Die Staatssicherheit im Spiegel der DDR-Literatur. In: Ost-West-Informationsdienst des Katholischen Arbeitskreises für zeitgeschichtliche Fragen 1997. H. 194, S. 3-11.
Mecklenburg, Norbert: „Märchen vom unfremden Leben". Uwe Johnson und der Sozialismus. In: Das Argument 34 (1992), S. 219-233.
Mehnert, Elke: Äsopische Schreibweise bei Autoren der DDR. In: Peter Brockmeier, Gerhart R. Kaiser (Hrsg.): Zensur und Selbstzensur in der Literatur. Würzburg 1996, S. 263-273.
Meyer-Gosau, Frauke: Am Ende angekommen. Zu Christa Wolfs Erzählungen „Störfall", „Sommerstück" und „Was bleibt". In: Literatur für Leser 1990. H. 2, S. 84-93.
Michael, Klaus: Feindbild Literatur. Die Biermann-Affäre, Staatssicherheit und die Herausbildung einer literarischen Alternativkultur in der DDR. In: Aus Politik und Zeitgeschichte 1993. B 22/23, S. 23-31.
Mix, York-Gothart (Hrsg.): Ein „Oberkunze darf nicht vorkommen". Materialien zur Publikationsgeschichte und Zensur des Hinze-Kunze-Romans von Volker Braun. Leipzig 1993.
Mix, York-Gothart: Vom großen Wir zum eigenen Ich. Schriftstellerisches Selbstverständnis, Kulturpolitik und Zensur im „real-existierenden Sozialismus" der DDR. In: John A. McCarthy, Werner von der Ohe (Hrsg.): Zensur und Kultur zwischen Weimarer Klassik und Weimarer Republik, mit einem Ausblick bis heute. Tübingen 1995, S. 179-192.
Mohr, Heinrich: 17. Juni 1953 in der Belletristischen Literatur der DDR. In: Deutschland Archiv 1983. H. 5, S. 478-496.

Mohr, Heinrich: „Das gebeutelte Hätschelkind". Literatur und Literaten in der Ära Honecker. In: Gert-Joachim Glaeßner (Hrsg.): Die DDR in der Ära Honecker. Politik, Kultur, Gesellschaft. Opladen 1988.
Mohr, Heinrich: Mein Blick auf die Literatur in der DDR. In: Aus Politik und Zeitgeschichte 1994. B 10, S. 12-22.
Müller, Herta: Hunger und Seide. Essays. Reinbek b. Hamburg 1995.
Müller, Klaus-Detlef: Brecht und Stalin. In: Jürgen Wertheimer (Hrsg.): Von Poesie und Politik. Zur Geschichte einer dubiosen Beziehung. Tübingen 1994, S. 106-122.
Müller-Waldeck, Gunnar, Walter Pallus (Hrsg.): Neuanfänge. Studien zur frühen DDR-Literatur. Berlin 1986.
Muschter, Gabriele, Rüdiger Thomas (Hrsg.): Jenseits der Staatskultur. Traditionen autonomer Kunst in der DDR. München 1992.

Neuhaus, Volker: Sie glaubten an den Gral. Rückblicke auf die DDR-Literatur: Weil sie das „bessere Deutschland" schaffen wollten, blieben die Schriftsteller bis zuletzt Gefangene ihrer Utopien. In: Rheinischer Merkur, 5.10.1990.
Nijssen, Hub: Der heimliche König. Leben und Werk von Peter Huchel. Nijmwegen 1995.

Plenzdorf, Ulrich, Klaus Schlesinger, Martin Stade (Hrsg.): Berliner Geschichten. „Operativer Schwerpunkt Selbstverlag". Eine Autoren-Anthologie: wie sie entstand und von der Stasi verhindert wurde. Frankfurt a. M. 1995.

Raddatz, Fritz J.: Traditionen und Tendenzen. Materialien zur Literatur der DDR. Frankfurt a. M. 1972.
Rathenow, Lutz: „Schreiben Sie doch für uns!". Was sich die Staatssicherheit einfallen ließ, um die Literatur zu bändigen. In: Frankfurter Allgemeine Zeitung, 27.11.1991.
Reich-Ranicki, Marcel: Ohne Rabatt. Über Literatur aus der DDR. Frankfurt a. M. 1991.
Richter, Hans: Franz Fühmann – ein deutsches Dichterleben. Berlin 1992.
Riehl-Heyse, Herbert: Sturm über der Oase. Warum wir es uns nicht leisten können, die gesamte DDR-Literatur ins moralische Abseits zu stellen – oder: Die mühsame Arbeit des Differenzierens. In: Süddeutsche Zeitung, 4.8.1990.
Rietzschel, Thomas: Anekdoten vom Zensor. Ein Abgesang auf die staatliche Literaturaufsicht der DDR. In: Frankfurter Allgemeine Zeitung, 21.2.1991.
Rosellini, Jay: Volker Braun. München 1983.
Rühle, Jürgen: Literatur und Revolution. Die Schriftsteller und der Kommunismus in der Epoche Lenins und Stalins. Frankfurt a. M. 1987.
Rüß, Gisela (Hrsg.): Dokumente zur Kunst-, Literatur- und Kulturpolitik der SED (1971-1974). Stuttgart 1976.
Rüther, Günther (Hrsg.): Kulturbetrieb und Literatur in der DDR. Köln 1987.
Rüther, Günther: „Greif zur Feder, Kumpel". Schriftsteller, Literatur und Politik in der DDR 1949-1990. 2. Auflage. Düsseldorf 1992.
Rüther, Günther: Hans Joachim Schädlich. Zwischen Fiktion und Realität. In: MUT. Forum für Kultur, Politik und Geschichte 1996. Nr. 350, S. 40-51.
Rüther, Günter: „Man bleibt Teil der Gesellschaft, auch wenn man an ihr leidet". Günter de Bruyn. In: MUT. Forum für Kultur, Politik und Geschichte 1997. Nr. 359, S. 30-43.

Sauer, Klaus (Hrsg.): Christa Wolf. Materialienbuch. Neue, überarbeitete Ausgabe. Darmstadt 1983.

Schädlich, Hans Joachim: Tanz in Ketten. In: Frankfurter Allgemeine Zeitung, 28.6.1990.
Scharfschwerdt, Jürgen: Literatur und Literaturwissenschaft in der DDR. Stuttgart 1982.
Scherpe, Klaus R., Lutz Winkler (Hrsg.): Frühe DDR-Literatur. Traditionen, Institutionen, Tendenzen. Hamburg 1988.
Schmidt, Claudia: Rückzüge und Aufbrüche. Zur DDR-Literatur in der Gorbatschow-Ära. Frankfurt a. M. 1995.
Schneider, Karl Ludwig: Peter Huchel. In: Klaus Weissenberger (Hrsg.): Die deutsche Lyrik 1945-1975. Düsseldorf 1981, S. 177-185.
Schoor, Uwe: Das geheime Journal der Nation. Die Zeitschrift ‚Sinn und Form'. Chefredakteur: Peter Huchel 1949-1962. Frankfurt a. M. 1992.
Schrade, Andreas: Veränderungen im Gegenstand – Veränderungen im Erzählen? Franz Fühmanns Erzählungen aus den siebziger Jahren. In: Weimarer Beiträge 1982. H. 1, S. 83-103.
Schubbe, Elimar (Hrsg.): Dokumente zur Kunst-, Literatur- und Kulturpolitik der SED (1946-1970). Stuttgart 1972.
Serke, Jürgen: Gerechte und Gerächte. Wege und Irrwege der deutschen Literatur. In: Die Welt, 3.10.1990.
Storch, Wolfgang (Hrsg.): Explosion of a memory – Heiner Müller – DDR. Ein Arbeitsbuch. Berlin 1989.

Vieregg, Axel: Die Lyrik Peter Huchels. Zeichensprache und Privatmythologie. Überarbeitete und ergänzte Ausgabe. Berlin 1976.
Vinke, Hermann (Hrsg.): Akteneinsicht Christa Wolf. Zerrspiegel und Dialog. Eine Dokumentation. Hamburg 1993.
Visser, Anthonya: „Blumen ins Eis". Lyrische und literaturkritische Innovationen in der DDR. Zum kommunikativen Spannungsfeld ab Mitte der 60er Jahre. Amsterdam, Atlanta 1994.
Visser, Anthonya: „Ost-itis"? Zu Volker Brauns „Wende"-Texten in „Rot ist Marlboro". In: Weimarer Beiträge 1996. H. 1, S. 68-88.
Völker, Klaus: Bertolt Brecht. Eine Biographie. Reinbek b. Hamburg 1988.

Wallace, Ian: Forschungsbericht zu Volker Braun. Amsterdam 1986.
Walther, Joachim u. a. (Hrsg.): Protokoll eines Tribunals. Die Ausschlüsse aus dem DDR-Schriftstellerverband 1979. Reinbek b. Hamburg 1991.
Walther, Joachim: Sicherungsbereich Literatur. Schriftsteller und Staatssicherheit in der Deutschen Demokratischen Republik. Berlin 1996.
Walther, Peter (Hrsg.): Peter Huchel. Leben und Werk in Texten und Bildern. Frankfurt a. M. 1996.
Wehdeking, Volker: Die deutsche Einheit und die Schriftsteller. Literarische Verarbeitung der Wende seit 1989. Stuttgart 1995.
Wichner, Ernest, Herbert Wiesner (Hrsg.): Zensur in der DDR. Geschichte, Praxis und ‚Ästhetik' der Behinderung von Literatur. Ein Ausstellungsbuch. Berlin 1991.
Wichner, Ernest, Herbert Wiesner (Hrsg.): „Literaturentwicklungsprozesse". Die Zensur der Literatur in der DDR. Frankfurt a. M. 1993.
Wittkowski, Joachim: Die DDR und Biermann. Über den Umgang mit kritischer Intelligenz: Ein gesamtdeutsches Resümee. In: Aus Politik und Zeitgeschichte 1996. B 20, S. 37-45.

Wittstock, Uwe: Von der Stalin-Allee zum Prenzlauer Berg. Wege der DDR-Literatur 1949-1989. München 1989.
Wittstock, Uwe: Die Dichter und ihre Richter. Literaturstreit im Namen der Moral: Warum die Schriftsteller aus der DDR als Sündenböcke herhalten müssen. In: Süddeutsche Zeitung, 13.10.1990.
Wittstock, Uwe (Hrsg.): Günter de Bruyn. Materialien zu Leben und Werk. Frankfurt a. M. 1991.
Wolf, Christa: Auf dem Weg nach Tabou. Texte 1990-1994. Köln 1994.
Wolf, Gerhard: Johannes Bobrowski. Leben und Werk. Berlin 1967.

Zipser, Richard (Hrsg.): Fragebogen: Zensur. Zur Literatur vor und nach dem Ende der DDR. Leipzig 1995.

Autorinnen und Autoren

Barbian, Jan-Pieter, Dr.; geb. 1958. 1987-1991 wissenschaftlicher Mitarbeiter im Fach Geschichte der Universität Trier; seit 1991 Leiter des Fachbereichs „Kulturelle Bildung" an der Volkshochschule der Stadt Duisburg. Mitherausgeber der Studien zur internationalen Filmgeschichte der Cinémathèque der Stadt Luxemburg. Publikationen u.a.: Literaturpolitik im „Dritten Reich". Institutionen, Kompetenzen, Betätigungsfelder (1993, TB-Ausgabe 1995), Zwischen gestern und morgen. Kriegsende und Wiederaufbau im Ruhrgebiet (Hrsg., 1995), Die Entdeckung des Ruhrgebiets. 50 Jahre Ruhrgebiet in Nordrhein-Westfalen (Hrsg., 1997). Zahlreiche Aufsätze zur Kultur- und Literaturpolitik der NS-Diktatur, zur Filmgeschichte der Weimarer Republik sowie zur Geschichte der deutsch-niederländischen Beziehungen im 20. Jahrhundert.

Braun, Michael, Dr.; geb. 1964. Leiter des Referats Literatur der Konrad-Adenauer-Stiftung e.V. und Lehrbeauftragter an der Universität zu Köln. Publikationen u.a.: Exil und Engagement. Untersuchungen zur Lyrik und Poetik Hilde Domins (1993), Faszination Wort. Sprache und Rhetorik in der Mediengesellschaft (Mithrsg., 1995), Stefan Andres. Leben und Werk (1997), Lebensspuren: Hilde Domin (Mitautor, 1997). Aufsätze und Rezensionen zur deutschen Literatur des 20. Jahrhunderts.

Buck, Theo, Dr.; geb. 1930. Bis zur Emeritierung 1996 Professor für Neuere deutsche Literaturgeschichte an der RWTH Aachen. Herausgeber der Reihe Literaturwissenschaft – Gesellschaftswissenschaft und der Literarhistorischen Untersuchungen. Mitherausgeber des Goethe-Handbuchs. Zahlreiche Publikationen zur Literatur des 18. bis 20. Jahrhunderts, vor allem zu Goethe, Büchner, Fontane, Brecht sowie zur Literatur der Weimarer Republik und zur Gegenwartsliteratur (Celan, Johnson, Heiner Müller).

Dahlke, Birgit, Dr.; geb. 1960. Literaturwissenschaftlerin an der Humboldt-Universität Berlin. Mitherausgeberin der Literaturzeitschrift Moosbrand. Publikation: Papierboot. Autorinnen aus der DDR – inoffiziell publiziert (1997). Rezensionen zur neueren deutschen Literatur und Literaturgeschichte.

Groppe, Carola, Dr.; geb. 1964. Wissenschaftliche Mitarbeiterin am Institut für Pädagogik, Lehrstuhl Sozialgeschichte der Erziehung und des Bildungswesens, der Ruhr-Universität Bochum. Publikationen: Das Theorem der Gestaltlosigkeit. Die Auflösung des „anthropozentrischen Verhaltens" in Robert Musils Roman „Der Mann ohne Eigenschaften". In: Germanisch-Romanische Monatsschrift. NF, Bd. 46. H. 1 (1996), Die Macht der Bildung. Das Bildungsprinzip des deutschen Bürgertums und der Stefan George-Kreis 1890-1933 (1997).

Helbig, Holger, Dr.; geb. 1965. Wissenschaftlicher Assistent am Institut für deutsche Sprach- und Literaturwissenschaft der Universität Erlangen-Nürnberg. Seit 1994

Herausgeber des Johnson-Jahrbuchs. Publikationen: Beschreibung einer Beschreibung. Untersuchungen zu Uwe Johnsons Roman „Das dritte Buch über Achim" (1996), Hermenautik – Hermeneutik. Literarische und geisteswissenschaftliche Beiträge zu Ehren von Peter Horst Neumann (Mithrsg., 1996). Aufsätze und Rezensionen zu Friedrich Rückert, Robert Creeley u.a.

Hilzinger, Sonja, Dr.; geb. 1955. Literaturwissenschaftlerin und Kunsthistorikerin. Privatdozentin für Neuere deutsche Literaturwissenschaft; Lehrtätigkeit an den Universitäten Mainz, Marburg, Frankfurt a. M., Dortmund, Graz und der TH Darmstadt. Publikationen u.a.: „Als ganzer Mensch zu leben...". Emanzipatorische Tendenzen in der neueren Frauen-Literatur der DDR (1985), Christa Wolf (1986), „Das siebte Kreuz" von Anna Seghers. Texte, Daten, Bilder (Hrsg., 1995), Anna Seghers: „Die Heimkehr des verlorenen Volkes". Ein Lesebuch (Hrsg., 1996).

Hörnigk, Frank, Dr.; geb. 1944. Professor für Neuere Deutsche Literatur an der Humboldt-Universität Berlin. Mitglied des deutschen PEN-Zentrums (Ost). Mitherausgeber der Zeitschrift Theater der Zeit. Publikationen u.a.: Geschichte im Drama (1981), Heiner Müller Material (1989), Arnold Zweig. Werke. Textkritische Ausgabe in 24 Bänden (Hrsg., 1996 ff.), Kalkfell für Heiner Müller. Arbeitsbuch (Mithrsg., 1996), Stück-Werk. Arbeitsbuch. Deutschsprachige Dramatik der 90er Jahre (Hrsg., 1997). Seit den achtziger Jahren Theaterarbeit als Dramaturg und Autor, u.a. in Dresden und Berlin. Zahlreiche Rezensionen zur deutschen Literatur der Gegenwart.

Kiesel, Helmuth, Dr.; geb. 1947. Professor für Neuere Deutsche Literaturgeschichte an der Universität Heidelberg. Publikationen u.a.: Lessing: Epoche, Werk, Wirkung (Mitautor, 1978), „Bei Hof, bei Höll": Literarische Hofkritik von Sebastian Brant bis zu Friedrich Schiller (1979), Erich Kästner (1981), Literarische Trauerarbeit: Alfred Döblins Exil- und Spätwerk (1986), Briefe von und an Lessing (3 Bde., Hrsg., 1988-94). Wissenschaftliche Diagnose und dichterische Vision der Moderne: Max Weber und Ernst Jünger (1995). Zahlreiche Aufsätze zur Literatur des 18. bis 20. Jahrhunderts.

Kleinschmidt, Sebastian, Dr.; geb. 1948. Chefredakteur der Zeitschrift Sinn und Form. Publikationen u.a.: Walter Benjamin. Allegorien kultureller Erfahrung. Ausgewählte Schriften 1920-1940 (Hrsg., 1984), Georg Lukács. Über die Vernunft in der Kultur. Ausgewählte Schriften 1909-1969 (Hrsg., 1985), Walter Benjamin, Beroliniana (Hrsg., 1987), Denk ich an Deutschland... Stimmen der Befremdung (Mithrsg., 1993), Kinder der Opposition. Berichte aus Pfarrhäusern in der DDR. Hrsg. von Christoph Kleßmann (Mitautor, 1993).

Lämmert, Eberhard, Dr.; geb. 1924. Emeritierter Professor für Allgemeine und Vergleichende Literaturwissenschaft an der Freien Universität Berlin; derzeit Gründungsdirektor des Zentrums für Literaturforschung, Berlin. Zahlreiche Publikationen und Editionen vor allem zur Literaturtheorie, Geschichte des Romans und Wissenschaftsgeschichte. Zum Thema dieses Bandes u.a.: „Das war ein Vorspiel nur ...". Berliner Colloquium zur Literaturpolitik im „Dritten Reich" (Mithrsg., 1985), Bauformen des Erzählens (8. Aufl. 1993), Das überdachte Labyrinth. Ortsbestimmungen der Literaturwissenschaft 1960-1990 (1991), Avantgarde, Modernität, Katastrophe (Mithrsg., 1994), GULAG Europa. Aleksandr J. Solshenizyn: Der Archipel GULAG, Günter Grass: Hundejahre, Andrzej Szczypiorski: Die schöne Frau Seidenman. In: Wer sind wir? Europäische Phänotypen im Roman des 20. Jahrhunderts (Mithrsg., 1996).

Lermen, Birgit, Dr.; Professor für Neuere Deutsche Literatur an der Universität zu Köln. Publikationen u.a.: Moderne Legendendichtung (1968), Das traditionelle und das neue Hörspiel im Deutschunterricht (1975), Lyrik aus der DDR (1987), Lebensspuren: Hilde Domin (Mitautorin, 1997). Zahlreiche Aufsätze zur deutschsprachigen Gegenwartsliteratur.

Meyer-Gosau, Frauke, Dr.; Leiterin des Fachbereichs Literatur an der Bundesakademie für kulturelle Bildung, Wolfenbüttel. Publikationen u.a.: Rückblicke. Die Literatur der DDR (Mithrsg., 1991), Über Grenzen (Mithrsg., 1995), Der Kronprinz von Mandelstein. Überleben in Westerbork, Theresienstadt und Auschwitz (Hrsg., 1996). Zahlreiche Rezensionen und Essays zur Gegenwartsliteratur.

Müller, Herta, geb. 1953 im Banat (Rumänien). Schriftstellerin. Publikationen u.a.: Der Fuchs war damals schon der Jäger. Roman (1992), Herztier. Roman (1994, ausgezeichnet mit dem Europäischen Literaturpreis Aristeion), Hunger und Seide. Essays (1995), Heute wär ich mir lieber nicht begegnet. Roman (1997). Sie wurde mit zahlreichen Preisen ausgezeichnet, u.a. dem Ricarda-Huch-Preis und dem Kleist-Preis.

Rüther, Günther, Dr., M.A.; geb. 1948. Mitglied der Geschäftsleitung der Konrad-Adenauer-Stiftung e.V. und Leiter des Bereichs Politische Bildung; Lehrbeauftragter an der Universität Bonn. Herausgeber der Zeitschrift zur politischen Bildung – Eichholz Brief (vierteljährlich). Publikationen u.a.: „Greif zur Feder, Kumpel". Schriftsteller, Literatur und Politik in der DDR 1949-1990 (2. Aufl. 1992), Politik und Gesellschaft in Deutschland (Hrsg. und Mitautor, 1994), Politische Kultur und innere Einheit in Deutschland (1995). Zahlreiche Aufsätze zur Kulturpolitik und politischen Bildung.

Schäfer, Hans Dieter, Dr.; geb. 1939. Akademischer Rat am Institut für Germanistik der Universität Regensburg. Publikationen u.a.: Wilhelm Lehmann. Studien zu seinem Werk (1969), Horst Lange. Tagebücher aus dem Zweiten Weltkrieg (Hrsg., 1979), Das gespaltene Bewußtsein. Über deutsche Kultur und Lebenswirklichkeit 1933-1945 (3. Aufl. 1983), Am Rande der Nacht. Moderne Klassik im Dritten Reich (Hrsg., 1984); Berlin im Zweiten Weltkrieg. Der Untergang der Reichshauptstadt in Augenzeugenberichten (Hrsg., 2. Aufl. 1991).

Schmitz, Walter, Dr.; geb. 1953. Professor für Neuere deutsche Literatur an der Technischen Universität Dresden; seit 1994 Prorektor für Bildung. Präsident der Deutschen Gesellschaft für Semiotik. Mitherausgeber der Werke von Bettine von Arnim, Georg Britting, Max Frisch sowie der Historisch-kritischen Ausgabe von Reinhold Schneiders Werken. Publikationen zur deutschen Literatur der Romantik und Biedermeierzeit, der Jahrhundertwende und der Gegenwart sowie zur Fachgeschichte von Kulturwissenschaft und Semiotik.

Schröder, Jürgen, Dr.; geb. 1935. Professor für Neuere deutsche Sprache und Literatur an der Universität Tübingen. Publikationen u.a.: Gottfried Benn. Poesie und Sozialisation (1978), Gottfried Benn. Briefe an F. W. Oelze, 3 Bde. (Hrsg., 1977, 1979), Gottfried Benn und die Deutschen. Studien zu Werk, Person und Zeitgeschichte (1986), Geschichtsdramen. Die „deutsche Misere" – von Goethes *Götz* bis Heiner Müllers *Germania*? (1994), Geschichte des deutschen Dramas von 1945 bis zur Gegenwart. In: Geschichte der deutschen Literatur von 1945 bis zur Gegenwart. Hrsg. von W. Barner (1994), Die Stunde Null in der deutschen Literatur (Mithrsg., 1995). Zahlreiche Aufsätze zur Literatur des 18., 19. und 20. Jahrhunderts.

Vieregg, Axel, Dr.; geb. 1938. Associate Professor of German an der Massey University, Palmerston North, Neuseeland. Publikationen u.a.: Die Lyrik Peter Huchels. Zeichensprache und Privatmythologie (1976), Peter Huchel. Gesammelte Werke (Hrsg., 1984), Peter Huchel. stb materialien (Hrsg., 1986), Günter Eich. Gesammelte Werke. Bd. I, IV (Hrsg., 1991), Der eigenen Fehlbarkeit begegnet. Günter Eichs Realitäten 1933-1945 (1993), Unsere Sünden sind Maulwürfe. Die Günter-Eich-Debatte (Hrsg., 1996). Zahlreiche Aufsätze zur deutschen Literatur des 20. Jahrhunderts.

Visser, Anthonya, Dr.; geb. 1959. Wissenschaftliche Assistentin an der Universität Marburg. Redakteurin der Reihe „Amsterdamer Beiträge zur neueren Germanistik". Publikationen u. a.: „Blumen ins Eis". Lyrische und literaturkritische Innovationen in der DDR. Zum kommunikativen Spannungsfeld ab Mitte der 60er Jahre (1994), Im Blick behalten: Lyrik der DDR (German Monitor 32; Mitautorin, 1994). Interviews mit Autorinnen und Autoren sowie Aufsätze und Rezensionen zur Literatur der DDR und ihrer Rezeption.

Walther, Joachim, geb. 1943. Freiberuflicher Schriftsteller. Mitglied des PEN und des Autorenkreises der Bundesrepublik. Publikationen u.a.: Protokoll eines Tribunals. Die Ausschlüsse aus dem DDR-Schriftstellerverband 1979 (1991), Illusionsfassaden oder Welttheater ohne Notausgang. Hörspiel (1992), Verlassenes Ufer. Prosa (1994), Stille.Nacht.Klirrende Fahnen. Hörspiel (1995), Erich Mielke – ein deutscher Jäger. O-Ton-Feature (1995), Sicherungsbereich Literatur. Schriftsteller und Staatssicherheit in der Deutschen Demokratischen Republik (1996).

Wehdeking, Volker, Dr.; geb. 1941. Professor für Literaturwissenschaft/Medien an der Hochschule für Bibliothek und Information Stuttgart (HBI). Publikationen u.a.: Erzählliteratur der frühen Nachkriegszeit (1990), Die deutsche Einheit und die Schriftsteller (1995). Beiträge in: Deutsche Dichter des 20. Jahrhunderts (1994), Metzler Autoren Lexikon (1994), Jurek Becker (1992), Günter Kunert (1992), Hanns-Josef Ortheil (1995), Wolfgang Koeppen. Gespräche (1995), Martin Walser zum 70. Geburtstag (1997), 50 Jahre Marshall-Plan (1997).

Personenregister

Abusch, Alexander 343, 380, 381, 382
Ackermann, Anton 204, 250, 251, 339
Adorno, Theodor W. 243, 379
Äsop 50, 51
Altmann, Gerhard 291
Alverdes, Paul 117
Amann, Max 96, 104, 109, 110, 112, 123, 126
Anacker, Heinrich 116
Andersch, Alfred 10, 20, 21, 121, 147, 148, 153, 159, 238-241, 242
Anderson, Sascha 36, 463, 465, 467, 469, 476, 477
Andreas-Friedrich, Ruth 327
Andres, Stefan 119
Anton, Johann 71, 80, 83, 84
Anton, Walter 80
Apollinaire, Guillaume 240
Aragon, Louis 383
Arendt, Erich 40, 386, 473
Arendt, Hannah 233, 241, 243, 436
Arnim, Bettina von 280
Auer, Annemarie 467
Augstein, Richard 231

Baarove, Lida 112
Bach, Johann Sebastian 311
Bachmair, Heinrich F. S. 311
Bahro, Rudolf 46, 47
Baier, Lothar 182
Baierl, Helmut 11, 283
Barbarossa (d.i. Friedrich I.) 219
Barlach, Ernst 380
Barth, Emil 147
Bartsch, Kurt 287
Basillach, Robert 115
Bastian, Horst 298
Bastian, Uwe 474
Bateson, Gregory 233
Batt, Kurt 474
Bauer, Walter 121
Baur, Wilhelm 104, 109, 126, 127
Becher, Johannes R. 10, 30, 131, 134, 137, 144, 231, 251, 253, 254, 256, 257, 258, 259, 303-342, 343, 344, 371, 378, 380, 381
Becker, Jurek 35, 40, 254, 293, 366
Beheim-Schwarzach, Martin 121

Benjamin, Walter 162, 328, 345, 346, 379, 453
Benn, Gottfried 10, 99, 100, 101, 117, 118, 131-144, 164, 179, 181, 182, 220-226, 243, 252, 284, 339, 393
Benseler, Frank 196
Bereska, Henryk 386
Bergengruen, Werner 25, 26, 113, 120, 146, 171
Berger, Uwe 257, 258
Bergner, Edith 301
Bermann (-Fischer), Gottfried 123, 150, 155
Berndt, Alfred-Ingemar 112
Bertram, Ernst 75, 82, 84, 85, 150
Besten, Ad den 265, 268
Beumelburg, Werner 99, 100
Bieler, Manfred 293
Bienek, Horst 291, 293
Biermann, Wolf 36, 40, 46, 47, 154, 196, 255, 260, 274, 281, 287, 293, 296, 298, 321, 386, 394, 406, 417, 422, 464
Binding, Rudolf G. 100, 117, 137
Birkenfeld, Günther 372
Bischoff, Friedrich 117
Bismarck, Otto von 219
Bloch, Ernst 42, 49, 253, 312, 323 359, 371, 372, 379, 408, 421, 430
Blunck, Hans Friedrich 11, 91, 106, 109, 116
Bobrowski, Johannes 10, 121, 147, 257, 258, 262-268, 269, 339
Bock, Sigrid 201
Böhme, Thomas 472
Boehringer, Robert 70, 75, 78, 83, 84, 87, 92
Böll, Heinrich 152, 156, 386
Böthig, Peter 463, 469, 470, 473, 477
Böttcher, Martin 336
Bohrer, Karl Heinz 167
Bondi, Georg 90
Borchardt, Rudolf 64
Borchert, Wolfgang 147, 234-236
Borges, Jorge Luis 50
Bormann, Martin 109
Bouhler, Philipp 110, 111, 125, 129
Bourdieu, Pierre 155, 156, 157, 285
Boveri, Margret 283
Bracher, Karl Dietrich 98
Bräunig, Werner 257, 258

Brasch, Thomas 291
Braun, Harald 184
Braun, Volker 10, 29, 30, 40, 50, 134, 254, 257, 258, 301, 338, 364, 391, 421-443, 467, 470
Brecht, Bertolt 10, 18, 44, 45, 47, 144, 172, 253, 257, 258, 259, 308, 310, 311, 317, 318, 319, 321, 343-355, 378, 380, 381, 383, 449, 453
Bredel, Willi 257, 259, 382, 383, 384
Brehm, Bruno 116
Brendel, Michael 473
Brentano, Heinrich von 347
Breuer, Stefan 10, 61, 72, 77, 78, 178
Breysig, Kurt 65
Brézan, Jurij 257, 300
Brinkmann, Rolf Dieter 244
Broch, Hermann 169, 170
Bronnen, Arnolt 117
Brüning, Heinrich 96
Brunngraber, Rudolf 192
Bruyn, Günter de 10, 34, 150, 151, 152, 254, 260, 261, 391-403
Buber-Neumann, Margarete 201
Budek, Peter Josef 291
Büchner, Georg 36, 388, 427, 455
Bulgakow, Michail 50
Buñuel, Luis 44
Buridan 396
Byron, George Gordon Noël Lord 16

Campanella, Tommaso 320
Camus, Albert 283
Capote, Truman 31
Carossa, Hans 115, 117, 137, 146, 335
Cassirer, Bruno 154
Ceauşescu, Nicolai 53, 54, 55
Celan, Paul 383, 387
Chagall, Marc 311
Chopin, Frédérik 223, 224, 225
Chruschtschow, Nikita S. 272, 346
Claudius, Eduard 257
Collande, Gisela von 174
Cranach, Lucas 323
Cuomo, Glenn R. 173
Curtius, Ernst Robert 69
Czechowski, Heinz 254, 260

Dahlem, Franz 204
D'Annunzio, Gabriele 284
Dante, Alighieri 318
Darwin, Charles 143
Dau, Rudolf 319
Dehmel, Richard 310
Deicke, Günther 11, 257, 258, 278
Delacroix, Eugène 223, 224

Demuth, Dr. 90
Diersen, Inge 207
Dietrich, Gerd 306
Dilthey, Wilhelm 64, 65, 66
Diner, Dan 18
Dirks, Walter 160
Döblin, Alfred 131, 137, 165, 283, 330
Döring, Stefan 465, 469, 471, 475
Domdey, Horst 428
Drawert, Kurt 285, 464, 478
Drews, Heike 475
Drieu la Rochelle, Pierre 115
Dürer, Albrecht 218, 219, 220, 323
Dwars, Jens Fiete 303
Dwinger, Edwin Erich 11, 116
Dymschitz, Alexander 343

Ebermayer, Erich 118, 121
Edschmid, Kaismir 217
Eggebrecht, Axel 121
Eggers, Kirt 116
Ehrenberg, Paul 157
Eich, Clemens 187
Eich, Günter 10, 121, 146, 173-194, 228, 229, 233, 373, 383, 384, 385
Eisler, Hanns 315, 352, 380
Elias, Norbert 47
Elster, Hanns Martin 182
Elze, Walter 80
Emmerich, Wolfgang 423
Endler, Adolf 260, 296, 467, 472
Engel, Erich 352
Engel, Rudolf 380
Engels, Friedrich 318, 340
Erb, Elke 37, 254, 291, 467, 469, 473, 476, 478
Erpenbeck, Fritz 253, 352
Eucken, Walter 327
Euringer, Richard 374
Ewers, Hanns Heinz 101, 117

Faktor, Jan 36, 463, 464, 465, 471, 472
Fallada, Hans 121, 335
Faust, Siegmar 291, 292, 473
Fechner, Max 204
Fehse, Willi 173, 176, 178, 180
Fetscher, Justus 194
Feuchtwanger, Lion 19, 102, 337
Fischer, Ernst 383
Fischer, Samuel 155
Flanzendörfer (d.i. Lanzendörfer, Frank) 473, 477
Florschütz, Thomas 473
Fontane, Theodor 373, 401, 402, 403
Franck, James 158
Frick, Wilhelm 96

Fricke, Gerd 181
Friedrich II. 88
Friedrich II. (von Preußen; der Große) 219
Friedrich Wilhelm IV. (von Preußen) 331
Fries, Fritz Rudolf 386
Frisch, Max 386
Fritsch, Werner Freiherr von 139
Fuchs, Jürgen 291
Fügen, Hans Norbert 59, 67
Fühmann, Franz 10, 34, 40, 134, 254, 256, 259, 260, 263, 268-276, 278, 282, 290, 324, 386, 465, 466, 467, 468, 474
Fürnberg, Louis 428
Fulda, Ludwig 120
Funk, Walther 103

Gabel, Joseph 234
Gadamer, Hans-Georg 42, 51, 52
Gaiser, Gert 121, 147
Ganghofer, Ludwig 327
Gay, Peter 95
Geisel, Walter 219
Genet, Jean 284
Gentz, Günther 109
George, Stefan 10, 25, 59-92, 217, 315, 326
Gerstenberg, Rudolf 358, 367
Giménez Caballero, Ernesto 115
Giordano, Ralf 253
Glaeser, Ernst 121
Glaser, Hermann 184
Glöckner, Ernst 67
Goebbels, Joseph 18, 60, 96, 100, 103, 105, 106, 107, 108, 109, 111, 112, 116, 118, 119, 120, 125, 128, 163, 183, 184, 185, 187, 188, 189, 215, 226
Göring, Hermann 100
Görlich, Günter 257, 282
Goethe, Johann Wolfgang von 22, 49, 80, 81, 147, 151, 156, 219, 238, 253, 259, 303, 305, 306, 312, 313, 314, 316, 323, 325, 329, 331, 336, 351, 389
Goldberg, Oscar 372
Goldmann, Wilhelm 123
Goldsmith, Ulrich K. 84
Gollin, Annegret 291
Goltz, Joachim von der 117
Gorbatschow, Michail 456
Gothein, Eberhard 81
Gothein, Percy 79
Gotsche, Otto 259
Gottsched, Johann Christoph 151
Goya, Francisco de 455
Graf, Oskar Maria 380
Grass, Günter 134
Grauert, Wilfried 441

Graul, Elisabeth 291
Greiner, Bernhard 197, 214
Grimm, Hans 100, 117
Grimm, Reinhold 142
Grimmelshausen, Hans Jakob Christoffel von 323
Gröschner, Annett 477
Grohmann, Will 243
Grotewohl, Otto 309, 321, 339
Grubbe, Peter 230
Grünbein, Durs 36, 134, 390, 473, 475, 477, 478
Grünewald, Eckhart 82
Grüning, Uwe 371, 386, 387
Grundig, Hans 230, 336
Grunert, Christian 237
Gryphius, Andreas 323
Günter, Erich (d.i. Eich, Günter) 178
Günther, Albrecht Erich 178
Günther, Eberhard 30
Gundolf, Ernst 67, 87
Gundolf, Friedrich 61, 67, 68, 72, 73, 74, 75, 77, 78, 79, 82, 84, 87

Haas, Willy 372, 386
Haase, Horst 328
Hacks, Peter 305
Hadamovski, Eugen 186
Haecker, Theodor 119
Häfner, Eberhard 471
Haegert, Wilhelm 112, 118, 127
Härtl, Heidemarie 475
Hagelstange, Rudolf 147
Hagemeyer, Hans 109, 110
Hager, Kurt 288, 381, 384
Hahnemann, Gino 473
Hampel, Angela 473
Hamsun, Knut 183
Hansen, Helmut 182, 183
Harder, Rolf 303
Harich, Wolfgang 204, 274, 400
Hartlaub, Felix 147, 227
Hasenclever, Walter 330, 371
Haug, Wolfgang Fritz 168
Hauptmann, Gerhart 99, 150, 156, 158, 303, 304, 306, 335
Haushofer, Albrecht 146
Havemann, Robert 46, 47, 274
Hay, Julius 344
Hebbel, Friedrich 333, 334
Heckendorf, Rosemarie 375
Hederich, Karl Heinz 111, 112
Hegel, Georg Wilhelm Friedrich 43, 62, 63, 143
Heidegger, Martin 147
Hein, Christoph 35, 49, 260, 391
Heine, Heinrich 224

Personenregister

Heisler, Georg 200
Heller, Hermann 40
Helmert, Wolfgang 154
Henk, Emil 80
Henniger, Gerhard 300
Hensel, Kerstin 475, 477
Herder, Johann Gottfried 151, 259
Hermlin, Stephan 40, 249, 263, 278, 298, 326, 382, 383, 386
Herrnstadt, Rudolf 204
Hertwig, Manfred 204
Herzinger, Richard 187, 443
Heß, Rudolf 110
Hesse, Hermann 152
Heusser, Nelly 161
Heym, Stefan 40, 253, 260, 274
Hilbig, Wolfgang 254, 274, 291, 293
Hildebrandt, Kurt 67, 83, 84, 85, 88
Himmler, Heinrich 98, 109
Hindenburg, Paul von 77
Hinkel, Hans 100, 104, 105, 149
Hitler, Adolf 10, 19, 26, 60, 77, 96, 97, 105, 108, 111, 112, 125, 126, 128, 132, 139, 159, 160, 163, 169, 172, 201, 215, 216, 217, 219, 220, 229, 231, 232, 238, 245, 269, 345, 371, 372, 375
Hochhuth, Rolf 156
Hocke, Gustav René 147
Höfer, Werner 230
Hölderlin, Friedrich 36, 62, 225, 231, 320, 321, 323, 330, 331, 426, 427, 428, 429, 430
Höpcke, Klaus 274, 288, 401
Hofer, Karl 242, 243, 244
Hoffmann, Wilhelm 373
Hoffmann von Fallersleben, August Heinrich 295, 315
Hofmannsthal, Hugo von 64
Hohoff, Curt 121
Holtz-Baumert, Gerhard 300
Homer 91, 414
Honecker, Erich 255, 274, 279, 284, 400
Honecker, Margot 255
Honigmann, Barbara 476
Hrubin, Frantisek 386
Huch, Ricarda 146, 158, 160
Huchel, Monica 380, 385
Huchel, Peter 10, 23, 24, 122, 146, 182, 228, 229, 260, 267, 293, 354, 371-390
Hugenberg, Alfred 95, 126
Hugo, Victor 16
Hultenreich, Jürgen K. 291
Humboldt, Wilhelm von 62, 70

Ihde, Wilhelm 109, 114, 127
Iwan IV. (der Schreckliche) 284

Jäckel, Eberhard 60
Jäger, Manfred 424
Janka, Walter 196, 204, 274, 340, 386
Jansen, Johannes 473, 477
Jarmatz, Klaus 288
Jean Paul (d.i. Richter, Johann Paul Friedrich) 398, 400, 401
Jens, Inge 145
Jentzsch, Bernd 301
Jewtuschenko, Jewgeni A. 383
Joachim, Hans Arno 372
Jochmann, Gustav 469
Joel, Carl 230
Joël, Karl 65
Johnson, Uwe 10, 254, 260, 267, 293, 357-369
Johst, Hanns 11, 98, 100, 101, 109, 114, 116, 126, 127
Jonas, Hans 48, 49
Jünger, Ernst 9, 10, 24, 25, 50, 113, 118, 137, 146, 163-172
Jünger, Friedrich Georg 23, 146, 168, 171
Just, Gustav 204

Kachold, Gabriele (s. Stötzer-Kachold, Gabriele)
Kähler, Hermann 288
Kästner, Erich 120, 174
Kahler, Erich von 67, 86
Kaiser, Georg 99
Kaiser, Joachim 174, 194
Kaléko, Mascha 120
Kant, Hermann 11, 257, 297, 299, 300, 392
Kant, Immanuel 15, 27, 44
Kantorowicz, Alfred 371, 372
Kantorowicz, Ernst 67, 71, 79-83, 85, 88, 89, 90
Karma, Werner 470
Karst, Karl 187, 188
Kasack, Hermann 121, 147, 176, 177, 324, 377, 379
Kaschnitz, Marie Luise 121, 147, 160
Kayka, Ernst 80
Kempowski, Walter 291, 293
Kerényi, Karl 169
Kerndl, Rainer 300
Kerr, Alfred 100, 102, 333, 334
Keun, Irmgard 232
Kiepenheuer, Gustav 123
Killy, Walter 149
Kippenberg, Katharina 311, 317, 331
Kipphardt, Heiner 293
Kircher, Rudolf 237
Kirsch, Rainer 254, 260, 277, 301, 423
Kirsch, Sarah 10, 40, 254, 260, 276-281, 293, 301, 423
Klabund (d.i. Henschke, Alfred) 224

Klemperer, Viktor 327
Klepper, Jochen 119, 146
Klopstock, Friedrich Gottlieb 339
Klüssendorf, Angelika 476
Klussmann, Paul Gerhard 255
Knittel, John 115
Knuth, Gustav 174
Kochanowski, Erich 100
Köhler, Barbara 472, 473, 475, 478
König David 284
Koeppen, Wolfgang 10, 122, 147, 153, 154, 162, 232
Kogon, Eugen 160
Kolakowski, Leszek 45
Kolbe, Uwe 254, 260, 274, 291, 464, 467, 468, 470, 475, 478
Kolbenheyer, Erwin Guido 11, 100
Kolk, Rainer 71
Kolmar, Gertrud 380
Kolumbus, Christoph 212
Kommerell, Max 60, 67, 71, 72, 73, 79-83, 84
Konsalik, Heinz (d.i. Günther, Heinz) 122
Korrodi, Eduard 150, 158
Koziol, Andreas 475, 477, 478
Krauss, Werner 383
Kreiten, Karlrobert 230
Kreuder, Ernst 228
Krolow, Karl 122, 147, 173, 174, 175
Kroner, Richard 84
Kuba (d.i. Barthel, Kurt) 11, 257, 258, 348, 349
Küpper, Helmut 90
Kuhnert, Arthur A. (Addi) 176, 177, 181, 182, 183, 184, 190, 191, 192, 193, 229
Kuhnert, Thomas 173
Kuhnert, Ursula 181
Kundera, Milan 386
Kunert, Günter 40, 190, 251, 255, 260, 293, 326, 340, 355, 386
Kunze, Reiner 30, 31, 255, 260, 279, 293, 386
Kurella, Alfred 384
Kutulas, Asteris 474

Laabs, Joochen 258
Lämmert, Eberhard 403
Lampe, Friedo 227
Landfried, Klaus 76, 77
Landmann, Edith 75, 78, 83, 86, 87, 88, 90, 91, 92
Landmann, Julius 67, 75
Langbehn, Julius 219
Lange, Hartmut 254, 267
Lange, Horst 113, 147, 180, 181, 182, 227, 228, 229, 236-238, 239
Lange, Marianne 314, 336
Lange-Müller, Katja 475, 476

Langenbucher, Hellmuth 109
Langgässer, Elisabeth 9, 28, 120, 147, 377
Lanzendörfer, Frank (s.a. Flanzendörfer) 475
Lautréamont, Comte de (d.i. Ducasse, Isidore Lucien) 447, 448
Lehmann, Lotte 158
Lehmann, Wilhelm 146, 222
Leibrich, Louis 161
Leisching, Michael 291
Lenin, Wladimir I. 43, 44, 257, 269, 311, 322, 325, 332, 333, 334, 340, 387
Lenz, Hermann 122
Lenz, Jakob Michael Reinhold 351, 352, 388
Leonhard, Rudolf 371
Lessing, Gotthold Ephraim 151, 259, 339
Lessing, Theodor 170
Leupold, Mathias 473
Lewin, Wera 91
Ley, Robert 109, 114, 230
Liebknecht, Karl 340
Liebruck, Bruno 72
Liszt, Franz 224
Loerke, Oskar 22, 24, 99, 118, 146
Loest, Erich 255, 260, 291, 293
Lorek, Leonhard 464, 477
Lotringer, Sylvère 448
Lubinetzki, Raja 473, 475, 476
Ludwig, Emil 102
Lukács, Georg 132, 314, 317, 323, 340, 344, 352, 353, 399
Luther, Martin 46, 151, 219
Luxemburg, Rosa 45, 340

Maas, Ekkehard 473
Maas, Lieselotte 18
Man, Hendrik de 309
Mandela, Nelson 449
Mann, Erika 145, 150, 153, 154, 155, 159
Mann, Golo 145, 148, 150, 157
Mann, Heinrich 41, 98, 99, 102, 136, 137, 154, 228, 406
Mann, Katia 145
Mann, Klaus 69, 131, 137, 145, 150, 153, 283
Mann, Thomas 10, 19, 64, 119, 136, 137, 138, 145-162, 170, 252, 259, 283, 303, 304, 306, 338, 360, 401
Manthey, Jürgen 354
Mao Tse-tung 256, 436, 437
Maraun, Frank 139
Martin, Brigitte 288
Marx, Karl 41, 42, 43, 46, 47, 318, 333, 340, 354
Matt, Peter von 401
Matthies, Frank-Wolf 274, 291, 473
Matting, Karen 477

Maurer, Georg 253, 257, 258
Mauriac, François 283
Mayer, Hans 137, 161, 197, 312, 316, 317, 341, 352, 354, 378, 379, 383, 386, 408
Mechow, Benno von 117
Mehnert, Claus 92
Mehnert, Elke 34
Mehnert, Frank 92
Mehring, Walter 371
Meidner, Ludwig 317
Meier, Christian 168
Meinhof, Ulrike 455
Melanchthon, Philipp 47
Melle, Fritz-Hendrik 467
Mendelssohn, Peter de 145, 150
Mensching, Steffen 470
Menz, Herbert 109
Menzel, Herybert 116
Merker, Paul 204
Metelka, Torsten 474
Meyer, Agnes 148
Michael, Klaus 476
Michelangelo 220
Michelsen, Peter 149
Mickel, Karl 296, 467, 468
Miegel, Agnes 116
Mielke, Erich 422
Mitscherlich, Alexander 168
Mitscherlich, Margarete 168
Mörike, Eduard 434
Mohler, Armin 177, 179
Molière, Jean Baptiste 351
Molo, Walter von 99, 138, 145, 146, 147, 152, 160
Mombert, Alfred 120
Mommsen, Hans 60
Morand, Paul 115
Morus, Thomas 320
Morwitz, Ernst 67, 71, 72, 75, 79, 83, 84, 85, 87, 88
Moses 159
Müller, Heiner 10, 40, 50, 134, 207, 208, 254, 274, 391, 443, 445-462, 467
Müller, Joachim 382
Müller, Klaus-Detlef 344, 345
Müller, Kurt 449
Münchhausen, Börries Freiherr von 100

Napoleon I. 212
Neckermann, Josef 230
Neumann, Gert 290, 475, 478
Neumann, Peter Horst 182
Neutsch, Erik 257, 282, 329
Nicolai, Friedrich 15
Niebelschütz, Wolf von 147

Niedermayer, Max 134, 135
Niemöller, Martin 26, 117
Nietzsche, Friedrich 66, 138, 143, 164, 165
Nipperdey, Thomas 76
Noll, Dieter 298
Nossack, Hans-Erich 122, 147
Novak, Helga M. 321
Nowak, Hans 373
Nowotny, Joachim 257, 300

Oelze, Friedrich Wilhelm 136, 138, 139, 140, 222, 224, 243
Oldenbourg, Friedrich 102, 103
Oldenburg, Julika 291
Opitz, Detlef 463, 474
Orwell, George 39
Ovid 23

Paeschke, Hans 134, 136
Papen, Franz von 96
Papenfuß, Bert 465, 467, 468, 469, 471, 474, 475, 477, 478
Pascal, Blaise 338
Patton, George Smith 148
Paulus 46
Peacock, Ronald 161
Peiner, Werner 216, 217, 229
Penck, A. R. (d.i. Winkler, Ralf) 464, 473
Persch, Mario 477
Petrarca 377
Pfeiffer-Belli, Erich 161
Pfitzner, Hans 149
Pflugbeil, Sebastian 474
Pfundtner, Hans 118
Phädrus 50
Picasso, Pablo 240
Pieck, Wilhelm 314, 316
Pius XII. 156
Plato(n) 27, 70, 90, 320
Pleister, Werner 178, 179, 182, 183, 185, 191
Plenzdorf, Ulrich 254, 260, 395, 474
Pleyer, Wilhelm 116
Poche, Klaus 293
Pönig, Rolf 298
Pohl, Gerhart 121
Popper, Karl 48
Potocka, Delphine 223
Pound, Ezra 284
Pourtalès, Guy de 222, 223, 224
Prater, Donald A. 149
Prieberg, Fred K. 230
Properz 43

Raddatz, Fritz J. 226
Radvanyi, Laszlo 198

Randow, Norbert 386
Raschke, Martin 147, 173, 174, 175, 176, 177, 179, 180, 181, 182, 183, 184, 185, 190, 191, 228
Rathenow, Lutz 291
Rauch, Karl 372
Raulff, Ulrich 74
Reck-Malleczewen, Friedrich 146
Reich-Ranicki, Marcel 196, 336, 380, 382, 387, 399, 423
Reimann, Andreas 291
Reimann, Brigitte 260
Reinecker, Herbert 122
Reinhardt, Max 158
Reinhardt, Stephan 240
Reinig, Christa 386
Reitel, Axel 291
Remarque, Erich Maria 102
Renn, Ludwig 343
Richter, Hans 101
Richter, Hans Werner 148, 231, 262
Richter, Trude 205
Rilke, Rainer Maria 36, 217, 225
Rilla, Paul 161, 353
Rimbaud, Charles 313
Rimbaud, Jean Arthur 284
Ringelnatz, Joachim 371
Rinser, Luise 122, 160, 334
Rohrwasser, Michael 328, 339, 340
Roolf, Benn 474
Roosevelt, Franklin Delano 152
Rosellini, Jay 424
Rosenberg, Alfred 96, 100, 105, 108, 110, 111, 112, 121, 238
Rosenberg, Tina 357, 358, 359
Rosenlöcher, Thomas 472
Rothe, Arnold 69
Rousseau, Jean-Jacques 48
Rowohlt, Ernst 123
Rubens, Peter Paul 229
Rühle, Jürgen 336
Rust, Bernhard 84, 99, 100, 108
Rychner, Max 161
Rytlewski, Ralf 329

Saab, Karim 473
Sachs, Hans 219
Sachs, Nelly 152, 194
Sachse, Cornelia 477
Sahl, Hans 306, 371
Sakowski, Helmut 257, 282
Salin, Edgar 67, 87
Sallmann, Michael 291
Salomon, Ernst von 117
Salz, Arthur 67

Samjatin, Jewgeni 41
Sand, George 222, 223
Sartre, Jean-Paul 159, 285, 383
Sauer, Birgit 329
Schacht, Ulrich 291
Schädlich, Hans Joachim 28, 31, 32, 254, 290, 293
Schaefer, Oda 147, 181, 182
Schäfer, Hans Dieter 146, 174
Schauer, Kurt 181
Schedlinski, Rainer 463, 465, 471, 474
Scheffler, Wolfram Adalbert 473
Schelling, Friedrich Wilhelm Joseph von 62
Schiller, Friedrich 253, 259
Schillings, Max von 99
Schirach, Baldur von 191
Schirrmacher, Frank 391, 409
Schleicher, Kurt von 96
Schleime, Cornelia 473, 475
Schlenstedt, Dieter 422
Schlesinger, Klaus 290, 293, 395, 473, 474
Schlösser, Rainer 100, 109
Schmidt, Andreas 291
Schmidt, Arno 240, 242
Schmidt-Pauli, Edgar von 100
Schmitt, Carl 40
Schnabel, Ernst 122
Schneditz, Wolfgang 161
Schneider, Reinhold 119, 146, 217
Schneider, Rolf 40, 386
Schnell, Ralf 149
Schnurre, Wolfdietrich 122, 233, 234
Scholl, Hans 27
Scholl, Sophie 27
Schraeck, Kurt 472
Schröder, Rudolf Alexander 117, 137, 146
Schulz, Max Walter 300
Schumann, Gerhard 116
Schumpeter, Joseph A. 51
Schwarzschild, Leopold 158
Schweinebraden, Jürgen 473
Schwerte, Hans (d. i. Schneider, Hans) 230
Seeger, Bernhard 257
Segebrecht, Wulf 186
Seghers, Anna (d.i. Reiling, Netty) 10, 144, 195-214, 228, 251, 253, 254, 257, 259, 263, 386, 451
Seidel, Ina 138
Shakespeare, William 74, 312, 351, 449
Sieburg, Friedrich 238
Sieker, Hugo 236
Silone, Ignazio 18
Simmel, Georg 65
Skácel, Jan 386
Sombart, Nicolaus 161

Personenregister 507

Sonnemann, Ulrich 160
Spengler, Oswald 95
Sperber, Manès 40, 46, 48
Spies, Bernd 197, 198
Spranger, Eduard 66
Stade, Martin 395, 474
Staiger, Emil 161
Stalin, Josef W. 43, 44, 132, 201, 204, 205, 206, 232, 256, 269, 271, 272, 345, 346, 380, 407
Stanislawski, Konstantin 352
Stapel, Wilhelm 178, 179
Stauffenberg, Berthold von 71, 84, 92
Stauffenberg, Claus Schenk Graf von 84, 86
Stehle, Hansjakob 385
Stehr, Hermann 22, 23
Stein, Ernst 333
Stein, Hannes 187
Stein, Willi 78
Steinberger, Bernhard 204
Steiner, George 50
Stenzel, Julius 84
Stevenson, Robert Louis 148
Stötzer-Kachold, Gabriele 463, 471, 473, 474, 475, 476, 477, 478
Stoffregen, Götz Otto
Strauss, Arnold 232
Strauß, Botho 133
Strauß, Richard 149, 150
Strehl, Horst 301
Stresau, Hermann 121
Strittmatter, Erwin 257, 258, 288
Suhr, Otto 120
Suhrkamp, Peter 123, 349
Surminski, Arno 291

Tau, Max 154
Theweleit, Klaus 353, 354
Thiess, Frank 113, 119, 145, 146, 147, 149, 160
Thoreau, Henri David 394
Thormaelen, Ludwig 70, 78
Thulke, Karl 109
Tillich, Paul 158
Timmermans, Felix 115
Tischendorf, Joachim 298
Tjulpanov, Sergej 317
Troeltsch, Ernst 66
Trotzki, Leo 346
Tucholsky, Kurt 102

Uhse, Bodo 304, 382
Ulbricht, Walter 205, 251, 279, 306, 317, 328, 336, 348, 352
Urban, Gotthard 104
Uxkull-Gyllenband, Woldemar von 71, 84, 85, 86

Vallentin, Berthold 61, 67, 78
Verwey, Albert 87
Vesper, Bernward 244
Vesper, Will 100, 116, 121
Villon, François 284
Visser, Anthonya 475
Voegelin, Eric 170
Völker, Klaus 353, 354
Vogelweide, Walther von der 219, 426, 427, 428, 434
Volckmar-Frentzel, Theodor 126
Volhard, Ewald 80
Voltaire (d.i. Arouet, François Marie) 430
Vowinckel, Kurt 104
Vring, Georg von der 375

Wagenbach, Klaus 385
Wagner, Bernd 466, 469
Wagner, Richard 156
Walden, Gregor 27
Wallace, Ian 424
Wallau, Ernst 200
Walser, Martin 398
Walter, Hans Albert 201
Walther, Joachim 422
Wandel, Paul 350
Wangenheim, Inge von 282
Wat, Alexander 39
Wawerzinek, Peter 472
Weber, Max 65, 71, 164, 165
Wegner, Bettina 290, 473
Weigel, Helene 343
Weinert, Erich 259, 316, 380
Weinheber, Josef 217, 218, 219, 223, 225
Weisenborn, Günter 121
Weiß, Konrad 474
Wekwerth, Manfred 352
Wellershoff, Dieter 135
Wenzel, Hans-Eckart 470
Werfel, Franz 99, 182
Werner, Ruth 257
Wessel, Horst 347
Weyrauch, Wolfgang 122, 147, 231, 232, 347
Wiechert, Ernst 26, 113, 117, 118, 137, 146, 335
Wiegler, Paul 378
Wiens, Paul 257, 258
Wilhelm II. 303, 331
Winkler, Eugen Gottlob 121, 146, 227
Winning, August 117
Wismann, Heinz 106, 108, 109, 110, 111, 125, 126
Wolf, Christa 9, 10, 32, 34, 35, 40, 50, 195, 208, 254, 256, 260, 279, 298, 338, 391, 396, 405-420, 443, 452, 467, 468

Wolf, Friedrich 44, 144, 336, 352, 380
Wolf, Gerhard 40, 394, 401, 467, 471
Wolf, Konrad 465, 466
Wolf, Richard 204
Wolff, Georg 231
Wolfskehl, Karl 66, 67, 70, 87, 88
Wolters, Friedrich 59, 61, 67, 71, 72, 73, 74, 75, 76, 77, 79, 80, 81, 83, 84, 89
Würffel, Bodo 76, 77
Wulf, Joseph 24

Zaisser, Wilhelm 204
Zieger, Ulrich 475, 477
Zinner, Hedda 377
Zivier, Georg 373
Zöberlein, Hans 116
Zöger, Heinz 204
Zschokke, Alexander 70
Zschorsch, Gerald K. 291
Zweig, Arnold 102, 253, 259, 385
Zwerenz, Gerhard 339, 340